国家社会科学基金项目

On Judicial Publicity
Under the Framework of Civil Proceedings

民事诉讼架构下的
司法公开

毕玉谦◎等著

中国政法大学出版社

2020·北京

图书在版编目（ＣＩＰ）数据

民事诉讼架构下的司法公开/毕玉谦等著. —北京:中国政法大学出版社,2020.11
ISBN 978-7-5620-9718-1

Ⅰ.①民… Ⅱ.①毕… Ⅲ.①民事诉讼法－司法制度－研究－中国 Ⅳ.①D925.104

中国版本图书馆 CIP 数据核字(2020)第 216228 号

出 版 者　　中国政法大学出版社

地　　址　　北京市海淀区西土城路 25 号

邮寄地址　　北京 100088 信箱 8034 分箱　邮编 100088

网　　址　　http://www.cuplpress.com (网络实名：中国政法大学出版社)

电　　话　　010-58908586(编辑部) 58908334(邮购部)

编辑邮箱　　zhengfadch@126.com

承　　印　　北京鑫海金澳胶印有限公司

开　　本　　787mm×1092mm　　1/16

印　　张　　24.25

字　　数　　540 千字

版　　次　　2020 年 11 月第 1 版

印　　次　　2020 年 11 月第 1 次印刷

定　　价　　99.00 元

自近代以来，各先进国家在完成工业革命之后相继推行法治主义，旧时代所奉行人治主义反映的是摄政上的专制和威权，这种社会架构下的司法封闭主义和司法神秘主义因与社会文明基本走向不相吻合而逐步颓废和消亡，历史发展潮流促使司法公开成为司法改革的主旋律。司法公开是司法文明建设的重要组成部分，而司法文明又是某一社会的政治文明和社会文明的不可或缺的构成要件和显著标志。我国正处于社会转型期这一新的历史阶段，由于我国厚重的历史文化沉淀与传统思维定势的传承，面对错综复杂的社会矛盾和利益冲突，司法公开作为司法改革的核心序幕和剧本，其所正在展现或者将要展现的历史使命显得任重而道远。

在当代社会语境下，在学术界和司法界通常受到热捧的司法公开议题主要包括政务公开、立案公开、审判流程公开、庭审过程公开、法官心证公开、裁判过程公开、裁判文书公开、执行公开等。在性质上，司法公开具有内沿型与外沿型之分。其中，外沿型的司法公开包括政务公开、立案公开、审判流程公开、裁判文书公开、执行公开等，这些是司法公开走向制度化、规范化的制高点与战略要塞，内沿型的司法公开包括庭审过程公开、法官心证公开、裁判过程公开，这些是司法公开迈向专业化、职业化的核心领域。

近二十年以来，我国法院系统推行的司法改革与程序革命主要是以外沿型的司法公开为重心，较少触及内沿型的司法公开。这是因为，外沿型的司法公开属于司法改革运动初级阶段所应当扫除屏障、荡平堡垒的浅水区域，它主要针对的是司法环境和体制、机制的改革、完善与重塑，诸如制度创设、机构设置与职能转换等，对人的素质不必提出较高的要求。在转型时期，外沿型司法公开的政治功能及外溢效应显得十分明显，由于其更加注重外表及形态上的革新与转换，与旧体制之间难免会发生藕断丝连、残存死角的现象；而司法公开的内沿型改革则属于司法改革运动在登临高级阶段时所要攻坚克难的深水区段，这种内沿型改革意味着酷似脱胎换骨般的变局或者犹如涅槃重生般壮烈，将不可避免地经历一段阵痛期。因此，它对人的基本素质提出了严峻的挑战，即它对人的基本素质提出了高标准和严要求，例如法官、律师的道德水准、职业素养、专业技能等，公民的道德理念、尚法精神、诚信观念、长远视野、大局意识，甚至党政领导干部清正廉洁的作风、尊重司法的观念、自觉守法的习惯等。

人的基本素质在国家治理层面属于"牵一发而动全身"的软实力,如果欠缺这种软实力或者其存量不足,那么任何涉及司法公开的内沿型改革要么会收获事倍功半的效果,要么会面临功亏一篑的结局。在我国社会转型时期,人的基本素质处于价值洼地状态,这种现象在可预见的未来将长期延存,严重妨碍和制约我国司法公开向纵深推进的力度。在现实中,我们必须正视这种现象。并且,面对这种现象,我们必须有所作为、积极应对。对社会转型时期民事诉讼架构下的司法公开如何开展、如何推进、如何推动等进行深入系统的研究和论证,将有助于从法治化的角度迎接挑战,加快历史发展的必要进程,缩短现实起点与理想目标之间的距离。

"努力让人民群众在每一个司法案件中都感受到公平正义",是习近平总书记在中央政治局第四次集体学习时,对政法机关提出的努力目标和明确要求,体现了我国经济社会发展的必然要求和人民群众的殷切期待。作为理论和实务工作者,我们应当以此为历史契机和时代挑战,为努力实现这一目标而奉献我们的智慧,提出我们的中国方案。

司法公开是司法公正与司法改革的重要环节和关键组成部分。进入 21 世纪以来,我国推行了一系列的司法改革,其改革的目的主要是推动司法公正与效率的提升和改善,其战略性目标在于提高法律权威、树立司法公信力以及完成建设依法治国的社会主义新型国家治理体系。然而,从现实情况来看,近年来,推行司法改革各项举措的社会成效并非完全乐观,特别是有关案件的当事人、诉讼代理人对于民商事案件审理的质量和效率的抱怨和质疑仍未明显减弱。正所谓:"鞋子的尺码是否合适以及感觉是否舒适,要由脚说了算。"事实表明,推行司法改革必须建立长效机制,不能抱有一蹴而就的幻想。因此,就目前我国正处于社会转型时期民事诉讼架构下涉及司法公开的一般性规律进行全面、系统、深入研究,对发现司法改革进程中所遇有的体制、机制、程序机能等方面所存在的障碍、矛盾与问题进行充分的探讨、剖析与论证,对于推动我国的法治化建设以及围绕民事诉讼所开展的司法改革,具有十分重要的理论价值和显著的实践意义。这种理论专项研究,既能为立法机关提供充分、可靠、科学的理论依据,也能为司法机关务实、科学、高效地推行程序革命和程序规则建设提供有力的理论支撑。希望本书的问世能够为我国学术界、实务界对民事诉讼架构下司法公开的内沿型研究与探讨发挥抛砖引玉的效能。

是为序。

毕玉谦

2020 年 3 月

目 录
CONTENTS

司法公开与民事诉讼的基本要义
——以审判公开原则的要旨为中心

第一节 司法公开概述

作为司法制度进步的产物，司法公开是现代法治文明的基本要求，也是司法公正的基本要求。将案件的审判置于公众的监督之下，有利于防止司法专断、消除司法不公。司法公开最集中和最有效的体现是审判公开。从国际层面，一些国际人权公约对审判公开作出了规定，国内层面，不论是一国的《宪法》还是相关的诉讼法均从不同方面对审判公开做出了规定。在我国，《宪法》《民事诉讼法》《刑事诉讼法》《行政诉讼法》等法律以及最高人民法院的一系列司法解释均对审判公开做出了规定。对审判公开含义的认识也随着时间的推移和研究的加深而逐步清晰起来。更值得一提的是，在新一轮司法改革中，最高人民法院通过一系列规范性文件保障审判公开的推进。作为宪法基本原则的"审判公开"与作为民事基本程序法中对当事人权利给予保障的审判公开，是从不同的层面和高度对审判公开做出的规定。从当事人权利保障的角度出发，对民事诉讼中审判公开进行细致解析，厘清其基本含义，无论是对于宪法原则的落实，还是对于当事人诉讼权利的保障，无疑都具有重要意义。

一、司法公开（审判公开）概述

审判公开已成为法治国家的共识，无论是在国际法层面，还是在国内法层面，司法公开都得到了体现。

（一）审判公开的三个层面

一般而言，在目前的法治国家中，审判公开在三个层面存在。

1. 相关国际人权公约的规定

司法公开最集中和最有效的体现是审判公开，基于此，一些国际人权公约对审判公开做出了明确规定。

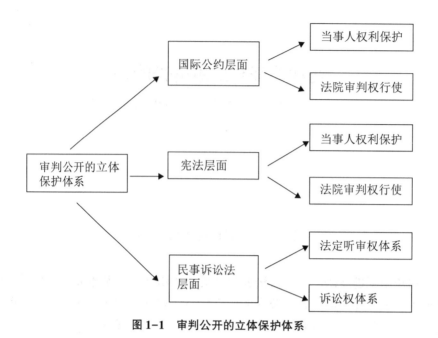

图 1-1 审判公开的立体保护体系

第一，从公民权利保护的角度对审判公开进行规定。《公民权利与政治权利国际公约》14 条第 1 款规定："在判定对任何人提出的任何刑事指控或确定他在一件诉讼案中的权利和义务时，人人有资格由一个依法设立的合格的、独立的和无偏倚的法庭进行公正的和公开的审讯。"从上述规定可以看出，《公民权利与政治权利国际公约》的规定是基于公民权利保护的视角，即刑事案件的被告或民事案件的当事人有获得公开审讯的权利。该规定中包含了应获得听审请求权、公平听讯权的要求。[1]类似条款还存在于《欧洲人权公约》。《欧洲人权公约》第 6 条第 1 项规定："在决定某人的公民权利和义务或者在决定对某人确定任何刑事罪名时，任何人均有理由在合理的时间内受到依法设立的独立而公正的法院的公平且公开的审讯。判决应当公开宣布。但是，基于对民主社会中的道德、公共秩序或者国家安全的利益，以及对民主社会中的少年的利益或者是保护当事人的私生活权利的考虑，或者是法院认为，在特殊情况下，如果公开审讯将损害公平利益的话，可以拒绝记者和公众参与旁听全部或者部分审讯。"欧洲人权法院通过相关判例强调了当事人在诉讼中享有知悉权，强调判决必须说明理由。[2]

第二，从审判权行使的角度对审判公开进行规定。《美洲人权公约》规定："除非

---

〔1〕 Haji N. A. Noor Muhammad，"Due Process of Law for Persons Accused of Crime"，*The International Bill of Rights：The Covenant on Political Rights*，Edited by L. Henkin，New York，Columbia University Press，1981，p. 147，转引自龚刃韧："司法公正的前提——B 公约第 14 条第 1 款与中国司法制度"，载北京大学法学院人权研究中心编：《司法公正与权利保障》，中国法制出版社 2001 年版，第 80 页。

〔2〕 参见 "Ruiz-Mateos v. Spain 案"，Ruiz-Mateos v. Spain，Judgement of 23 February 1993，Series A，No. 262，（1993）16 EHRR 505 判决第 33 段。参见 Van de Hurk v. The Netherlands，Judgement of 19 April 1994，Series A，No. 288，（1994）18 EHRR 481 判决第 61 段。

为了保护司法利益的需要，刑事诉讼应当公开进行。"《美洲人权公约》则从法院审判权行使的角度，对刑事诉讼中的审判公开作出了规定，即审判公开是为保护司法利益。

2. 国内宪法层面的明确规定

国内法层面上，在成文宪法制的国家中，很多国家也都在其作为基本法的《宪法》中对审判公开作出了明确规定。对审判公开的规定分为以下三种情形：

第一，从法院审判权行使的角度对审判公开做出了规定。如《日本宪法》第82条规定的"公开审讯"第1项："法院的审讯及判决应在公开法庭进行。"我国《宪法》在第125条中规定："人民法院审理案件，除法律规定的特殊情况以外，一律公开进行。"

第二，从当事人权利保护的角度对审判公开作出了规定。如，《韩国宪法》第27条第3项规定："所有国民享有得到迅速裁判的权利。刑事被告人除有相当理由外，享有不迟延地得到公开裁判的权利。"此种情形还包括通过确认当事人程序基本权的视角作出规定，程序基本权中将审判公开细化为当事人若干项具体权利。德国是通过宪法确认当事人程序基本权利的典型国家。《德国基本法》第103条第1款明确规定："任何人在法院面前均有听审请求权。"关于听审请求权的具体含义，德国联邦宪法法院将其解释为："法院有义务向当事人提供平等的机会，以使其在裁判前表达其对作为法院裁判基础的案件事实和法律的观点。"〔1〕《德国民事诉讼法》则通过对法院（法官）义务的课加从而达到对当事人听审请求权予以保护的效果。2004年德国颁布的《关于侵犯法定庭审请求权之法律救济的法律》完善了侵权听审请求权的救济途径，进而使听审请求权由一项宪法权利演变成了一项基于宪法权利而在民事诉讼领域具体化了的诉讼权利。美国法上的听审请求权的渊源为《美国宪法第五修正案》和《美国宪法第十四修正案》中的正当程序条款，正当程序的核心要素是对合理的通知及听审权（right to be heard）的保障。

3. 相关诉讼法中的具体规定

针对具体当事人、具体案件而言，对其审判公开权利最直接的保障应该是在具体的诉讼制度中。

在《德国基本法》第103条第1款规定了听审请求权后，随着德国民事司法改革的推进以及《德国民事诉讼法》的修订，听审请求权不仅是德国民事诉讼的具体法律规定，更是成了现行《德国民事诉讼法》的基本原则之一。德国著名法学家奥特马·尧厄尼希认为："最重要的程序原则并且作为每个法治国家程序规则中不可或缺的组成部分的是法定听审权。"〔2〕

---

〔1〕　See BVerfGE 1，418，429；BVerfGE 55，95，98；BVerfGE 84，188，190；BVerfGE 86，133，144，转引自任凡："德国民事听审请求权及其借鉴"，载《西部法学评论》2011年第4期。

〔2〕　［德］奥特马·尧厄尼希：《民事诉讼法》（第27版），周翠译，法律出版社2003年版，第159页。

（二）我国法律上的审判公开

我国《宪法》从审判权行使的角度对审判公开作出了规定，我国《民事诉讼法》依据《宪法》的规定，对民事诉讼中的审判公开作出了具体的规定。虽然《宪法》和《民事诉讼法》尚未从当事人权利保护或者当事人基本程序权的角度对审判公开或者其审判公开的权利基础作出规定，但是最高人民法院通过一系列规范性法律文件尝试着对审判公开的范围、对象、内容作出更加具体的规定。

1. 宪法层面的审判公开

在我国，宪法中的审判公开一般指的是"人民法院开庭审理的时间、地点对外公开，允许群众进入法庭旁听，允许新闻记者采访，判决结果对外公布。对不公开审判的案件，也必须做到判决结果对外公布"。[1]司法公开的实质是司法权运行的公开，它要求司法权的行使不能在秘密的状态下进行，从而保证司法的公正性。[2]我国首部《宪法》（1954年）在第二章第六节"人民法院和人民检察院"的第76条规定了审判公开，即"人民法院审理案件，除法律规定的特别情况外，一律公开进行"。现行《宪法》沿用了首部宪法的规定，在第三章第八节第130条中做了同样的规定，审判公开原则也是与法院独立行使审判权一起作为人民法院工作的基本原则予以规定的。该条同时规定"被告人有权获得辩护"，从条文逻辑上看，司法公开难以涵盖被规定于审判公开之后的辩护权的规定。[3]在作为我国母法的宪法中，司法公开的规定具有"宣示"意义，具体的法律规定及其制度构建仍需相关下位法的具体和细化。

2. 我国《民事诉讼法》中审判公开的规定

在我国，作为基本法《宪法》下位法的《民事诉讼法》《刑事诉讼法》和《行政诉讼法》也对审判公开作出了明确规定。就《民事诉讼法》而言，我国1982年《民事诉讼法（试行）》第103条规定："人民法院审理民事案件，除涉及国家机密、个人隐私或者法律另有规定的以外，一律公开进行。离婚案件当事人申请不公开审理的，可以不公开审理。"2012年《民事诉讼法》第10条规定："人民法院审理民事案件，依照法律规定实行合议、回避、公开审判和两审终审制度。"第134条规定："人民法院审理民事案件，除涉及国家秘密、个人隐私或者法律另有规定的以外，应当公开进行。离婚案件，涉及商业秘密的案件，当事人申请不公开审理的，可以不公开审理。"第148条第1款规定："人民法院对公开审理或者不公开审理的案件，一律公开宣告判决。"第156条规定："公众可以查阅发生法律效力的判决书、裁定书，但涉及国家秘密、商业秘密和个人隐私的内容除外。"从上述规定中可以看出，我国民事诉讼中的审判公开主要是从法院工作和接受（公众）监督的角度出发，规定了审理公开和判决公开（包括裁判文书公开）。2015年《最高人民法院关于适用〈中华人民共和国民事诉讼法〉的解释》（以下简称《民诉法解释》）进一步落实了司法公开的规定：一是严

〔1〕 蔡定剑：《宪法精解》（第2版），法律出版社2006年版，第439页。
〔2〕 胡锦光、张光宏、王锴主编：《司法公信力的理论与实务》，人民法院出版社2011年版，第46页。
〔3〕 杨凡："司法公开的法规范分析"，载《沈阳工业大学学报（社会科学版）》2015年第12期。

格执行开庭审理的规定，对二审、再审程序可以不开庭审理的情形予以限制；二是进一步规范裁判文书制作；三是规定申请查阅裁判文书的范围和方式。[1]

3. 我国审判公开含义的进一步发展

在新一轮的司法改革过程中，最高人民法院通过一系列规范性文件推动着司法公开的发展。在这个过程中，审判公开的含义、范围、对象、内容得到了丰富和完善。

（1）公开举证、公开质证。1999 年 3 月 8 日，《最高人民法院关于严格执行公开审判制度的若干规定》（以下简称《执行公开审判规定》），对公开审判制度的执行作出了明确规定。该规定第 1 条对公开审判的范围作出了界定，即"人民法院进行审判活动，必须坚持依法公开审判制度，做到公开开庭，公开举证、质证，公开宣判"。之后的 10 个条文对如何落实第 1 条的规定做了细化。[2]第 5 条在规定公开举证、公开质证的同时，也规定了能够当庭认证的，应当当庭认证。

（2）（法官）心证公开。1999 年 10 月 20 日，最高人民法院下发了《人民法院五年改革纲要（1999-2003）》（以下简称《一五纲要》）对公开审判予以全面落实。《一五纲要》第 12 条规定："严格执行最高人民法院 1999 年 3 月 8 日发布的《关于严格执行公开审判制度的若干规定》，全面落实公开审判制度。人民法院开庭审判的案件，应当逐步提高当庭宣判率。"第 13 条规定："加快裁判文书的改革步伐，提高裁判文书的质量。改革的重点是加强对质证中有争议证据的分析、认证，增强判决的说理性；通过裁判文书，不仅记录裁判过程，而且公开裁判理由，使裁判文书成为向社会公众展示司法公正形象的载体，进行法制教育的生动教材。"该纲要通过对裁判文书质量的要求，隐含着对法官心证公开的要求，即在裁判文书的说理部分，法官应加强说理，公布裁判理由，以公开其心证。

（3）执行公开。《人民法院五年改革纲要（2004-2008）》（以下简称《二五纲要》）在司法公开的范畴问题上，首次突破审案公开的界限，而延伸至执行及"其他工作"。《人民法院第三个五年改革纲要（2009-2013）》（以下简称《三五纲要》）提出"加强和完善审判与执行公开制度。继续推进审判和执行公开制度改革，增强裁判文书的说理性，提高司法的透明度，大力推动司法民主化进程。完善庭审旁听制度，规范庭审直播和转播。完善公开听证制度。研究建立裁判文书网上发布制度和执行案件信息的网上查询制度"。该纲要进一步扩充了审判公开的内涵，提出完善庭审旁听制度、规范庭审直播和转播、完善公开听证制度、研究建立在裁判文书网上发布制度和

---

〔1〕 沈德咏主编："加强司法解释 规范司法行为 努力开创民事审判和执行工作新局面（序）"，载最高人民法院民事审判第一庭编著：《最高人民法院民事诉讼法司法解释理解与适用》（上），人民法院出版社 2015 年版，第 6 页。

〔2〕《执行公开审判规定》第 2、3 条规定了审判公开的审级范围，即审判公开包括一审公开和二审公开。第 4 条为对社会公开的内容性规定，即"依法公开审理案件应当在开庭三日以前公告。公告应当包括案由、当事人姓名或者名称、开庭时间和地点"。第 5 条从当事人权利保障的角度规定了法庭举证、质证、认证公开。第 6 条规定了宣判公开。第 7 条是违反审判公开的救济条款。第 10 条规定了社会公众的旁听权。第 11 条规定了新闻记者可以以记录、录音、录像、摄影、转播庭审实况。

执行案件信息的网上查询制度。

（4）六项公开。2009年12月8日，最高人民法院发布了《最高人民法院关于司法公开的六项规定》（以下简称《六项规定》）和《最高人民法院关于人民法院接受新闻舆论监督的若干规定》。《六项规定》出台的目的是"为进一步落实公开审判的宪法原则，扩大司法公开范围，拓宽司法公开渠道，保障人民群众对人民法院工作的知情权、参与权、表达权和监督权，维护当事人的合法权益，提高司法民主水平，规范司法行为，促进司法公正"。其从立案公开、庭审公开、执行公开、听证公开、文书公开、审务公开六个方面对司法公开作出了具体规定。《最高人民法院关于人民法院接受新闻舆论监督的若干规定》则旨在规范人民法院接受媒体监督，保障公众的知情权、参与权、表达权和监督权。

（5）审判公开的制度化建设。2013年9月，最高人民法院发布的《切实践行司法为民大力加强公正司法不断提高司法公信力的若干意见》第17条提出"要深入推进审判公开的制度化建设"，即"坚持以公开促公正，认真总结审判公开的成功经验，进一步深化司法公开的各项举措。从有利于强化社会对审判工作的监督，有利于提高审判工作的社会公信力出发，对审判公开的范围、内容、对象、时间、程序、方式等作出明确规定，稳妥有序地推进司法公开，坚持不懈地提高司法透明度，逐步完善司法公开的制度机制"。2013年11月，最高人民法院发布《关于推进司法公开三大平台建设的若干意见》（以下简称《三大平台建设意见》），在审判流程公开和执行信息平台建设中，针对审判公开对象的不同规定了不同的公开内容。在审判流程的公开中，对社会公众公开的是法院机构、人员信息、诉讼指南、指导文件信息等静态信息，其目的为"提升公众对司法的了解、信赖和监督"；对当事人公开的是作为诉讼主体的个体化的信息、审判流程节点信息，三大平台是作为"保障当事人权利的重要手段"。

通过上述总结和梳理，可以得出如下结论：对当事人公开而言，[1]第一，审判公开的范围得以扩大，从庭审公开、判决公开到审判流程公开。最高司法机关通过上述规范性文件，扩大了审判公开的范围，即将审判公开由庭审公开、判决公开，扩展至立案公开、庭审公开、执行公开、听证公开、文书公开、审务公开六个方面。虽然上述规范性文件不是法律，但是在最高司法机关的强力推动下，司法公开得以继续和深入。第二，从公开对象而言，对向社会公开和向当事人公开做了初步区分。从最初的不区分对社会公开和对当事人公开，到《六项规定》对社会公开和对当事人公开的初步区分，再到《三大平台建设意见》针对审判公开对象的不同规定了不同的公开内容。

虽然在新一轮司法体制改革的过程中，审判公开得以强力推进，但是通过上述分析，我们也可以看出，民事诉讼的基本立法中对审判公开的规定较为粗疏，审判公开

---

〔1〕 有学者将我国司法公开取得的成就概括为以下六方面：从公开开庭审理到庭审的网上公开；从庭审公开到审判流程公开；从审判过程公开到执行信息公开；从社会公众旁听宣告判决到社会公众有权查阅生效裁判文书；从判决公开宣告到裁判文书网上公开；从宣判公开到减刑、假释、暂予监外执行、国家赔偿公开。参见刘敏："论司法公开的深化"，载《政法论丛》2015年第6期。

的含义不甚清晰，民事诉讼领域内审判公开的内容、范围、程序、方式等未作出明确规定，造成了司法实践中认识的混淆和冲突。其主要表现在：第一，未彻底区分对社会公开和对当事人公开，造成了审判公开权利基础不甚明晰，缺乏权利保障的直接依据。以《六项规定》为例，其出台目的是"为进一步落实公开审判的宪法原则，扩大司法公开范围，拓宽司法公开渠道，保障人民群众对人民法院工作的知情权、参与权、表达权和监督权，维护当事人的合法权益，提高司法民主水平，规范司法行为，促进司法公正"。虽然其中尝试对人民群众与当事人在审判公开中的权利基础进行区分，但是由于理论研究的滞后，只对人民群众在审判公开中享有"知情权、参与权、表达权和监督权"形成共识，而对当事人在诉讼中享有的"合法权益"是何种权益却没有作出明确的规定。第二，对当事人公开和对社会公开的内容不明确。由于没有明确人民群众和当事人的权利基础，所以虽然上述规范性文件对人民群众和当事人享有的权利均有规定，针对其权利内容有何不同，上述规范性文件是试图进行区分的，但是却未能完全地区分清楚。《切实践行司法为民大力加强公正司法不断提高司法公信力的若干意见》提出了"对审判公开的范围、内容、对象、时间、程序、方式等作出明确的规定……"因此，想要进一步推进审判公开的深入进行，需首先对审判公开的权利基础问题进行研究，以为后续的制度建设提供理论支持。

二、民事诉讼中审判公开的含义

通过上述分析，我们可以看出，在审判公开问题上，国际公约、宪法以及相关诉讼法虽然都有规定，但是各有侧重。那么，从民事诉讼角度而言，审判公开指的是什么？对于作为法院审判工作"主角"的当事人而言，其在诉讼中享有相关公开权的权利基础是什么？权利内容包括哪些？有什么样的救济措施？这些都是我们要进一步研究和关注的。

（一）两大法系民事诉讼中审判公开的含义

在大陆法系国家，学者们对民事诉讼中的公开有着相关的论述。德国学者认为，民事诉讼公开是指在法院面前辩论的公开性和"当事人公开"，前者是指"公开"辩论可以让任何人入场，后者是指当事人正式获悉法院和对方当事人行为的权利。[1]而对当事人公开权利的保障是通过德国法上的裁判请求权及其具体规定实现的。有法国学者认为，民事诉讼公开是指"辩论的公开性"，这就意味着强制准许公众进入辩论法庭，无论是在当事人之间进行法庭辩论还是在宣读判决时都是如此。[2]日本学者三月章教授认为，民事诉讼公开主义是指民事诉讼程序在允许公众旁听状态下进行，其强调民事诉讼公开与其他诉讼公开应该无异，同时民事诉讼公开是指"仅对受诉法院的

---

　　〔1〕　〔德〕奥特马·尧厄尼希：《民事诉讼法》（第27版），周翠译，法律出版社2003年版，第145~147页。
　　〔2〕　〔法〕让·文森、赛尔日·金沙尔：《法国民事诉讼法要义》，罗结珍译，中国法制出版社2001年版，第562页。

言词辩论程序与判决宣示程序"实行的公开。[1]

英美法系国家主要是从刑事诉讼保护被告基本权利角度来讨论诉讼公开问题,一般不对民事诉讼公开予以直接定义。[2]英国著名民事诉讼法学家尼尔·安德鲁斯认为,民事司法公开意指民事司法应该公开进行,以便公众能够见证法律程序的整个过程和庄严。[3]扎克曼教授认为:"作为一项基本原则,法庭程序应当公开进行。在英格兰,我们将这项原则称为公开或透明原则,它包含两个方面的含义:对公众公开和对相关当事人公开。对公众的公开是指社会成员有权参加庭审(court proceedings),有权遵守空间和良好秩序(space and good order)的限制,有权检查(inspect)法庭资料,有权出版公开庭审中通过的资料。除上述社会公众享有的权利外,民事诉讼当事人还有权坚持其争议应在公众能够参与的法庭得到审理。侵犯了这项权利可能会损害诉讼程序的有效性。"[4]

(二)我国民事诉讼中审判公开的含义

我国学者对民事诉讼中审判公开的研究颇多,将学者们的观点加以总结,按照不同的标准,可以做出如下分类。

1. 以公开的范围为区分标准,中国学界的公开理论包括以下几种[5]

(1)审判公开说,即法院对民事案件的审理过程和判决结果向群众、向社会公开的制度。[6]该学说侧重于审判内容的公开,对于审判公开的对象未做特别关注。如,江伟教授认为,公开审判制度是指人民法院对民事案件的审理和宣判应当依法公开进行的制度。[7]柴发邦教授认为,公开审判制度是指依照法律规定,对民事案件的审理和宣判向群众、社会公开的制度。[8]王锡三教授认为,公开审理原则,又称公开原则,与秘密审理原则相对称,就是允许当事人以外的公民自由旁听法院的审理和宣判的原则。[9]左卫民教授认为,公开审判的制度内涵有三方面:一是审理和判决公开;二是向当事人公开;三是向社会公开。[10]上述观点中,审判公开的内容主要集中在法院审理和宣判的公开上。

〔1〕 [日]三ケ月章:《日本民事诉讼法》,汪一凡译,五南图书出版公司1997年版,第381页。

〔2〕 王小林:《民事诉讼公开法理研究》,法律出版社2015年版,第21页。

〔3〕 Neil Andrews, English Civil Procedure-Fundamentals of the New Civil Justice, Oxford University Press, 2003, p. 78,转引自王小林:《民事诉讼公开法理研究》,法律出版社2015年版,第21页。

〔4〕 AAS Zuckerman, Civil Procedure(LexisNexisTM UK 2003)p. 81,转引自王小林:《民事诉讼公开法理研究》,法律出版社2015年版,第21页注释23,中文为笔者翻译,原文为英语。

〔5〕 王小林:《民事诉讼公开法理研究》,法律出版社2015年版,第19~23页。

〔6〕 以江伟老师为代表,常怡老师将审判公开概括为半公开的审判制度和彻底公开的审判制度,二者的界分点在于合议庭的评议(评议过程中的少数意见)是否对外公开。具体参见江伟主编:《民事诉讼法学原理》,中国人民大学出版社1999年版,第330页;常怡:"公开审判制度的新思考",载 http://www.swupl.edu.cn/changyi/lunwen20.htm,最后访问时间:2018年12月3日。

〔7〕 江伟、肖建国主编:《民事诉讼法》(第7版),中国人民大学出版社2015年版,第67页。

〔8〕 柴发邦主编:《民事诉讼法学》(修订版),北京大学出版社1992年版,第89页。

〔9〕 王锡三:《民事诉讼法研究》,重庆大学出版社1996年版,第61页。

〔10〕 左卫民、赵勇:"公开审判新论",载《现代法学》1990年第4期。

（2）司法公开说，即不仅民事案件的审理过程和判决结果要向群众、向社会公开，举证、质证、认证过程也都应该公开。李春霖、潘永隆等教授认为，公开审判制度是指人民法院审理民事案件时，除合议庭评议案件外的法庭审理案件的全部诉讼活动都要公开进行。[1]田平安教授认为，公开审判制度，是指人民法院审判民事案件的活动，除合议庭评议外，依法向社会公开的制度。[2]樊崇义教授认为，民事司法应该向当事人和社会公开，因为当事人和社会公众对民事司法享有知情权。[3]刘敏教授认为，司法公开包括实质意义的公开和形式意义的公开，前者为庭审过程中的举证公开、质证公开、认证公开，庭审中法官的心证公开、判决公开（包括判决的理由公开、判决所适用的法律公开、判决的结果公开）；后者表现为对当事人公开、对社会公开。[4]在司法公开说中，不仅审理与宣判应当公开，审判公开还应当扩展到合议庭评议外的全部诉讼活动。

需要注意的是，在新一轮司法体制改革的大背景下，司法公开的内容和范围得到了前所未有的推进和提高。最高人民法院通过一系列规范性文件的规定，到《六项规定》为止，将司法公开的内容扩展至立案公开、庭审公开、执行公开、听证公开、文书公开、审务公开六个方面。除审务公开是只针对社会公众的公开外，上述前五个环节都包含着对当事人和对社会的公开。对当事人而言，立案阶段的相关信息应当通过便捷、有效的方式向当事人公开；在庭审公开阶段，所有证据都应当在法庭上公开，能够当庭认证的，应当当庭认证。除法律、司法解释规定可以不出庭的情形外，人民法院应当通知证人、鉴定人出庭作证；在执行公开中，执行的依据、标准、规范、程序以及执行全过程都应当向当事人公开；在文书公开中，规定了裁判文书的说理公开，裁判文书应当充分表述当事人的诉辩意见、证据的采信理由、事实的认定、适用法律的推理与解释过程。司法公开的实践表明，为满足新形势下司法公开的需求，司法公开的内容与范围都得到了扩大和加深。

2. 以公开对象为区分标准，审判公开分为向社会公开和向当事人公开

从学理上讲，以公开对象作为区分标准，可以将审判公开分为对社会公开和对当事人公开。我国学者在审判公开的对象问题上持两种观点：有学者认为，审判公开仅指向社会公开，此为审判公开对象的一元化观点；有学者认为，审判公开包括向社会公开和向当事人公开，此为审判公开对象的二元化观点。持一元化观点的有上述柴发邦、王锡三、田平安教授等；持二元化观点的包括上述左卫民、樊崇义、刘敏教授等。学者王福华认为，我国民事诉讼中的审判公开是指人民法院在审理民事案件时，应当将其审判活动向社会公开。这是一种形式意义上的公开，而非实质意义上的公开。实质意义上的民事审判公开，也就是公开制度的程序内涵，是指诉讼程序面向当事人的

〔1〕　李春霖、潘永隆主编：《中国新民事诉讼法学通论》，北京出版社1991年版，第93页。

〔2〕　田平安主编：《民事诉讼法》，中国人民大学出版社2007年版，第92页。

〔3〕　樊崇义主编：《诉讼原理》，法律出版社2003年版，第505页。

〔4〕　刘敏："论司法公开的扩张与限制"，载《法学评论》2001年第5期。

开放以及诉讼资料向当事人的公开。[1]但是，认为民事诉讼中审判公开包含对当事人公开的学者并非多数。司法实践中，也出现了民事审判公开对象一元化的倾向，公开的重心放在了对社会公开上。[2]最高人民法院在于2015年发布的《中国法院的司法公开》白皮书中指出："人民法院加快推进司法公开工作……依托现代信息技术，推进审判流程公开、裁判文书公开、执行信息公开三大平台建设，运用网络、微博、微信、移动新闻客户端等载体，进一步拓展司法公开工作的广度和深度。"[3]2017年，最高人民法院发布的《中国法院的司法公开》白皮书指出："从深度上看，2016年司法公开改革不断向纵深推进，最高人民法院已建成审判流程公开、裁判文书公开、执行信息公开、庭审公开四大司法公开平台。其中，中国裁判文书网现已公开裁判文书超过2600万篇，网站访问量突破55亿次，用户覆盖200多个国家和地区，成为全球最大的司法文书公开平台。"[4]虽然最高人民法院发布的《六项规定》《三大平台建设意见》等规定均已经关注到了对社会公开和对当事人公开的区别，并尝试进行区分，[5]但是由于二元化区分的理论基础尚不清晰，因此对二元化区分的权利内容、范围、公开方式等问题仍存在理论上的障碍。另外，需要注意的是，即使是理论界，也未将审判对象的区分作为审判公开内容和范围界分的前提，二元化区分也未引起理论界的普遍重视。[6]

3. 民事诉讼中审判公开含义的深度分析

通过上述介绍，可以发现，中外学者在民事诉讼中对审判公开的认识存在着不小的差异。

（1）对审判公开的用语不同。在上述中外学者的论述中，可以看出有学者用"诉讼公开"，有学者用"审判公开""司法公开"，也有学者认为无论是使用审判公开还是司法公开都是从审判视角来观察司法公开这一现象，"审判"与"司法"往往指的是审判或司法主体（即法官）的行为，而这样的语义与我国目前民事诉讼中公开的实际情况不符，因而建议使用"民事诉讼公开"一词来指称民事诉讼中的审判公开或司

---

[1] 王福华："民事审判公开制度的双重含义"，载《当代法学》1999年第2期。

[2] 高翔："民事审判公开对象二元区分论"，载《法商研究》2015年第5期。

[3] 罗书臻："最高法院首次发布司法公开白皮书"，载《人民法院报》2015年3月11日。

[4] 曹雅静："司法改革蹄疾步稳 司法公开纵深推进 最高人民法院发布司法改革、司法公开白皮书"，载《人民法院报》2017年2月28日。

[5] 具体内容参见《六项规定》和《三大平台建设意见》。在《六项规定》中，对当事人公开和对社会公开的区分尚不明显。以《六项规定》中立案公开为例："立案阶段的相关信息应当通过便捷、有效的方式向当事人公开。各类案件的立案条件、立案流程、法律文书样式、诉讼费用标准、缓减免交诉讼费用程序、当事人重要权利义务、诉讼和执行风险提示以及可选择的诉讼外纠纷解决方式等内容，应当通过适当的形式向社会和当事人公开。"《三大平台建设意见》中已呈现出了明显区分的趋势。《三大平台建设意见》提出，对社会公开的主要内容是法院地址、诉讼指南、审判指导文件信息等整体静态信息，对当事人公开的主要内容是流程节点动态信息。

[6] 较早关注审判公开二元化区分的学者是王福华教授。其观点参见王福华："民事审判公开制度的双重含义"，载《当代法学》1999年第2期。直接论述民事审判公开对象二元化区分观点的是高翔博士。参见高翔："民事审判公开对象二元区分论"，载《法商研究》2015年第5期。

法公开。[1] 在术语的使用问题上，有很多因素会影响术语的选择。我们要考虑术语的科学性，同时也要考虑其产生和形成的历史背景和使用习惯。从法院审判权行使的角度看，"审判公开"和"司法公开"呈混同或交替使用的状态。不过，无论是使用审判公开，还是司法公开，其都不仅仅包含诉讼中的"审"与"判"这两个阶段，而是将公开延伸到了诉讼中的诸多"点"，并将这些"点"连成了"线"。当下，"审判公开"的含义已经得到了扩张。从当事人权利保护的角度，"民事诉讼公开"无疑是更好的选择。

（2）在审判公开一语是否包括对当事人公开问题上存在着分歧。在大陆法系国家，法国和日本学者认为民事诉讼中的审判公开仅包括对社会的公开，德国学者认为诉讼公开包括对当事人和对社会的公开。《德国宪法》和《德国民事诉讼法》通过对听审请求权的进一步规定，将民事诉讼领域对当事人公开进一步具体化、体系化，从而确立了民事诉讼领域对当事人公开的具体制度。而身为英美法系国家的美国，其虽然也使用"对当事人公开"（litigant-related aspect），但是该用语强调的是当事人有要求诉讼对公众公开的权利（parties to civil proceedings have an additional right to insist that their dispute is adjudicated in a place that is accessible to the public.）。对当事人公开权利的保障也可以在其听审请求权（right to be heard）中寻到依据。美国的听审请求权起源于自然正义原则，进而被正当程序原则所吸收，其包含了一系列对当事人权利的保障。美国听审请求权的内容主要有获得诉诸法院权、受通知权、知悉权、到场权、陈述权、证明权等。在我国学界，对民事诉讼中审判公开是否包括对当事人公开也存在着分歧。在认为审判公开应包括对当事人公开的二元化观点中，审判公开侧重于对当事人程序权利的保护。[2]

（3）审判公开内容不同。在民事诉讼领域中，由于对审判公开的对象未进行区分，因此，对其享有的公开内容和范围方面也存在不同观点。在认为审判公开仅包括对社会公开的观点中，认为审判公开主要指的是审理（辩论）和判决的公开。值得一提的是德国学者的观点，在对当事人和社会公众进行区分的基础上，德国学者认为，对社会公众而言审判公开是"辩论的公开"；对当事人而言，审判公开是"当事人获悉法院和对方当事人行为的权利"。其中包含着当事人知悉权的内容。随着我国学者研究的深入，普遍认为审判公开包括庭审过程中的举证公开、质证公开、认证公开，庭审中法官的心证公开、判决公开（包括判决的理由公开、判决所适用的法律公开、判决的结果公开）。上述审判公开的内容同样因为未做对象性区分，而使其内容范围具有模糊性。

通过上述分析，可以得知，在对审判公开认识上，存在重大分歧的是审判公开是否包括对当事人公开以及基于审判公开对象不同而使审判公开的内容也不同。同时，

---

[1] 王小林：《民事诉讼公开法理研究》，法律出版社 2015 年版，第 25 页。
[2] 见本书前述司法公开二元化学者的观点。

通过上述分析以及最高人民法院的相关规定，也可以得知，在我国，民事诉讼中的审判公开不仅包括对社会公开，也包括对当事人公开，此种分类无疑是公开内容、公开范围和公开方式等问题得到明确的前提。权利基础决定着权利内容和权利边界，以及相应配套制度的构建。就对社会公开和对当事人公开的权利基础而言，学者一般认为，对社会公开的权利基础是知情权。[1]从性质上说，知情权是我国宪法的一项隐含权。[2]在对当事人公开的权利基础问题上，曾因一度采用的民事审判公开对象一元化而认为对当事人公开同样基于知情权。但是，随着研究的深入以及最高人民法院的实践探索，学界和实务界已经认识到二者的权力基础是不同的。最高人民法院在 2009 年发布的《六项规定》中指出，针对社会公众而言，（司法公开是）"为保障人民群众对人民法院工作的知情权、参与权、表达权和监督权"；针对当事人而言（司法公开是）"为维护当事人的合法权益"。《三大平台建设意见》在审判流程公开和执行信息公开中对向当事人公开和向社会公开做了区分，其中向公众公开的主要是法律知识和诉讼程序的一般性介绍，对当事人公开则涉及诉讼中法院针对当事人所进行的相关信息的告知。但是，上述认知建立在缺乏对当事人公开权利基础理论界分的基础上，仍然显得较为模糊，也仍需做进一步分析和厘清。

第二节　对当事人公开权利基础的比较分析

对当事人公开权利的保障包括国际人权公约层面的保障以及国内法的保障。国内法中又分为宪法层面和民事诉讼法层面的保障。从国际人权公约层面而言，《国际人权公约》是将对当事人公开作为"裁判请求权"这一基本人权进行规定的。在国内法层面，几乎所有国家都承认法定听审请求权对于程序权利的重要意义。许多国家在宪法中均规定了程序基本权——法定听审请求权。[3]法定听审属于典型的程序基本权利，是法院程序的大宪章。[4]在民事诉讼层面，大陆法系中有些国家通过将其确定为基本原则，或者通过具体的权利内容、救济程序等规定，来保障听审请求权得以实现。而在英美法系国家的英国，"司法裁判请求权"与普通法和自然法的基本理念相一致。

在国际人权公约层面，对当事人公开体现在司法保障请求权中。司法保障请求权是指当事人要求在某个法院——该法院应对所涉当事人的权利和义务进行裁判——面

---

〔1〕　有学者认为，对社会公开，是对社会公众知情权、参与表达权和监督权的保护。这些权利可在我国《宪法》第35、41 条乃至第 27 条第 2 款、第 2 条第 1 款和第 3 款中找到合宪性依据。具体参见杨凡："司法公开的法规范分析"，载《沈阳工业大学学报（社会科学版）》2015 年第 6 期。

〔2〕　参见高一飞等：《司法公开基本原理》，中国法制出版社 2012 年版，第 9 页。

〔3〕　德国、意大利、希腊、巴西、土耳其、巴西等国的宪法明确规定了听审请求权。《日本宪法》第 32 条被解释为包含了法定听审。西班牙也从要求法官和法院实现有效的权利保护的请求权中推导出了法定听审的权利等。在美国，法定听审的权利来自正当程序的规定。[德] 卡尔·海因茨·施瓦布等："宪法与民事诉讼"，载 [德] 米夏埃尔·施蒂尔纳编：《德国民事诉讼法学文萃》，赵秀举译，中国政法大学出版社 2005 年版，第 168 页。

〔4〕　[德] 卡尔·海因茨·施瓦布等："宪法与民事诉讼"，载 [德] 米夏埃尔·施蒂尔纳编：《德国民事诉讼法学文萃》，赵秀举译，中国政法大学出版社 2005 年版，第 168 页。

前实施公正程序的请求权。[1]作为基本权利的司法保障请求权被规定在 1948 年的《联合国人权宣言》第 10 条，1966 年的《公民权利与政治权利国际公约》第 14 条第 1 款，《欧洲人权公约》《美洲人权公约》等规定中。在内国法中，很多成文宪法国家均在其宪法中规定了当事人的听审请求权。如，1949 年《德国基本法》第 103 条第 1 项规定："任何人在法院面前均有听审请求权。"《韩国宪法》第 27 条第 3 项规定："所有国民享有得到迅速裁判的权利。刑事被告人除有相当理由外，享有不迟延地得到公开裁判的权利。"对当事人公开的权利基础而言，有学者认为，可以在诉讼告知权和听审请求权中找到依据。[2]诉讼告知权是与听审请求权一样的基本的程序权利。有学者认为，当事人程序公开请求权是作为裁判请求权中的程序公开请求权。[3]

一、德国的听审请求权理论

在德国，通过《宪法》《民事诉讼法》《关于侵犯法定庭审请求权之法律救济的法律》等法律的规定，听审请求权由一项宪法权利演变成了有着具体权利内容、救济措施的民事诉讼法上的权利。

（一）德国法上关于听审请求权规定的发展演进

1. 宪法上的听审请求权

德国的法定听审请求权（Recht auf rechtliches Gehör）[4]起源于罗马法中的庭审原则，意即"听取他方陈述"，或"另一方也应当接受审理"。[5]德国学者奥特马·尧厄尼希认为，法定听审请求权是一项诉讼上的原始权利（Urrecht），这项权利从一开始就被规定在《德国民事诉讼法》中，如第 139 条、第 283 条等[6]。第二次世界大战后，随着对基本权利保护的重视，德国巴伐利亚、图林根、梅克伦堡宪法先后规定了听审原则，在此基础上，德国也通过 1949 年的《德国基本法》确认了该原则，从而使听审请求权成了一项基本的宪法权利。该原则"通过《德国基本法》第 93 条第 1 款将其提高为诉讼的基本权利"[7]。

德国是通过宪法确认当事人程序基本权利的典型国家。《德国基本法》第 103 条第 1 款明确规定："任何人在法院面前均有听审请求权。"关于听审请求权的具体含义，德国联邦宪法法院将其解释为："法院有义务向当事人提供平等的机会，以使其在裁判

---

〔1〕　沈冠伶：《诉讼权保障与裁判外纷争处理》，北京大学出版社 2008 年版，第 165 页。

〔2〕　沈冠伶：《诉讼权保障与裁判外纷争处理》，北京大学出版社 2008 年版，第 165~175 页。

〔3〕　对于公开请求权是否属于听审请求权的问题，本章在后半部分将会述及。刘敏：《裁判请求权研究——民事诉讼的宪法理念》，中国人民大学出版社 2003 年版，第 29~33 页。

〔4〕　德国学者将其称为司法请求权，参见［德］罗森贝克、施瓦布、戈特瓦尔德：《德国民事诉讼法》（上），李大雪译，中国法制出版社 2007 年版，第 15~16 页。

〔5〕　任凡："德国民事听审请求权及其借鉴"，载《西部法学评论》2011 年第 4 期。

〔6〕　任凡："德国民事听审请求权及其借鉴"，载《西部法学评论》2011 年第 4 期。

〔7〕　［德］奥特马·尧厄尼希：《民事诉讼法》（第 27 版），周翠译，法律出版社 2003 年版，第 160 页。

前表达其对作为法院裁判基础的案件事实和法律的观点。"〔1〕将《德国基本法》的规定和德国联邦法院的解释结合起来理解，那就是作为当事人基本程序权利的听审请求权的对应面是法院对听审请求权的保障义务，当事人听审请求权的实现离不开法院对当事人的权利保障义务；法院的权利保障义务围绕着当事人听审请求权的实现来进行。随着德国民事司法改革的推进以及《德国民事诉讼法》的修订，听审请求权不仅是德国民事诉讼的具体法律规定，更成了现行《德国民事诉讼法》的基本原则之一。德国学者奥特马·尧厄尼希认为："最重要的程序原则并且作为每个法治国家程序规则中不可或缺的组成部分的是法定听审权。"〔2〕

2. 民事诉讼法上的法定听审请求权

德国学者奥特马·尧厄尼希认为，作为一项原始权利的听审请求权，从一开始就被规定在《德国民事诉讼法》中，主要体现在第 136 条第 1 款、第 139 条、第 283 条、第 285 条、第 335 条以及第 1042 条等规定中，但是其并未对听审请求权的含义作出界定。罗森贝克认为，司法请求权是指当事人有权要求法院实施司法行为的权利，这种权利可以被称为要求司法服务的请求权或者要求提供司法的请求权，简称司法请求权。该权利是针对作为司法管辖主体的国家的一项权利，国家则通过设立以法院为代表的司法机关来满足这项权利，并且国家也有满足这项权利的义务。国家不仅保障当事人向国家声明的可能性，而且赋予了每个参与人要求得到实际有效的保护权利的请求权。

法定的听审请求权是指每个当事人都享有平等的使用诉讼的权利以及要求法院通过司法程序对权利予以保护的原则。〔3〕民事诉讼中的听审请求权是指当事人就民事诉讼中的事实、证据、法律等问题有要求国家（尤其是它的法院）给予充分陈述其意见、主张其权利的机会，使其能富有影响地参与法院解决争议的活动的权利。〔4〕

作为德国民事诉讼基本原则之一的听审请求权，与其他诸如处分原则、辩论原则等〔5〕一样，虽然作为基本原则指导着德国的民事诉讼，但是并未像我国的《民事诉讼法》那样设立专门的章节予以明确规定。这些具有普遍指导意义的基本原则，涉及法院和当事人的职责分担、证据的提出与认定、诉讼的推进等问题，贯穿于整部法典之中，是宪法原则延展到特定程序中加以适用的程序主义。〔6〕

随着德国司法改革对当事人诉权保护的增强，德国进一步完善了对侵犯听审请求权的救济程序。在 2001 年《德国民事诉讼改革法》通过之前，侵犯法定听审请求权的

---

〔1〕 See BVerfGE 1, 418, 429; BVerfGE 55, 95, 98; BVerfGE 84, 188, 190; BVerfGE 86, 133, 144, 转引自任凡："德国民事听审请求权及其借鉴"，载《西部法学评论》2011 年第 4 期。

〔2〕 ［德］奥特马·尧厄尼希：《民事诉讼法》（第 27 版），周翠译，法律出版社 2003 年版，第 159 页。

〔3〕 《德国民事诉讼法》，丁启明译，厦门大学出版社 2016 年版，第 7 页。

〔4〕 任凡："德国民事听审请求权及其借鉴"，载《西部法学评论》2011 年第 4 期。

〔5〕 这些基本原则还包括直接审理原则、诚实信用原则、言词原则与书面原则。参见丁启明："译者前言"，载《德国民事诉讼法》，丁启明译，厦门大学出版社 2016 年版，第 7 页。

〔6〕 ［德］汉斯-约阿希姆·穆泽拉克：《德国民事诉讼法基础教程》，周翠译，中国政法大学出版社 2005 年版，第 60 页。

行为只能向宪法法院提出宪法抗告。其后，随着 2001 年《德国民事诉讼法》的修订，新增了第 321 条之 1 "对侵犯当事人法定听审请求权的救济"，该条款具体规定了当事人的听审请求权的具体救济程序。2004 年颁布的《关于侵犯法定庭审请求权之法律救济的法律》，对《德国民事诉讼法》第 321 条之 1 进行了修改，修改后对于侵犯当事人法定听审请求权的行为，只要当事人认为法院的裁判侵犯了法定听审权，在任何审级当事人都可以提出责问状（即异议，且不限于一审），并可要求在本审级继续诉讼。通过救济途径的完善，使听审请求权由一项宪法权利演变成了一项基于宪法权利而在民事诉讼领域具体化了的诉讼权利。

（二）听审请求权与法官对当事人权利的保护义务

我国学者在对德国民事诉讼中的法定庭审请求权进行研究后，提出法定听审请求权原则的主要内容包括四个方面[1]，有学者将听审请求权归纳为受通知权、知悉权、到场权、陈述权等[2]。无论作出何种归纳，德国民事诉讼法上当事人的听审请求权更多的是通过对法院（法官）义务的规定而体现出来的，或者，更多的是通过对法院（法官）义务的科加从而达到对当事人听审请求权予以保护的效果。

1. 法官的诉讼指挥权

作为德国民事诉讼基本原则的辩论原则与听审权原则，在民事诉讼过程中，需要法官通过相应行为的履行予以保障。《德国民事诉讼法》第 136 条规定了审判长的诉讼指挥权，其中第 3 项规定，审判长应注意使案件得到充分的讨论并使辩论能继续进行，直到终结；必要时，为继续言词辩论，应即时决定下次开庭时间。

2. 法官的释明义务

为提高裁判的透明性，减少裁判突袭，《德国民事诉讼法》第 139 条规定了法官的释明义务。在 2001 年《德国民事诉讼改革法》颁布之前，德国民事诉讼法并未集中规定法官的释明义务。2001 年之后，德国立法强化了法官的释明义务，并且将其集中规定在了《德国民事诉讼法》第 139 条中。该条使用 "释明" "提示" "发问" "催告" 等用语规定了法官的释明义务。其旨在通过对相关问题的提示说明，保障当事人听审权的充分行使。具体包括：

（1）法官对事实问题和法律问题的释明义务。该法第 139 条第 1 项规定："在必要时，法院应当与当事人共同从事实上和法律上两方面对于事实关系和法律关系进行释明并且提问。法院应当使当事人就一切重要的事实作出及时、完整的说明，特别是在对所提事实说明不够时要使当事人加以补充，表明证据方法，提出有关申请。"

（2）对法律观点的释明义务。如果当事人一方对某一法律观点明知而忽略，或认

---

[1] 包括四个方面的内容：一是获得程序通知的权利；二是提出事实主张和提供相应证据的权利；三是知悉对方当事人有关事实与法律问题的攻击防御方法，以及对这些攻击防御方法进行争辩的权利；四是知悉和听取法庭调查或者被法院直接考虑的事实和证据的权利。《德国民事诉讼法》，丁启明译，厦门大学出版社 2015 年版，第 7 页。

[2] 任凡："德国民事听审请求权及其借鉴"，载《西部法学评论》2011 年第 4 期。

为是无关紧要的，在该观点不是仅关系到附属请求时，法院应就该事实进行提示，并提供机会对该事实发表意见，否则不得以该法律观点为基础作出裁判。法院就双方当事人对观点有不同认识的，同样也需进行提示。

（3）对疑点问题的释明义务。在诉讼过程中，如果法院在依职权调查时，发现被调查事项存在疑点，那么法院应提示当事人注意法院依职权调查的事项中的疑点。

（4）释明的时间规定。该条第 4 项明确规定法院释明应尽早作出，并书面记录。法院是否作出释明，只能由记录的内容证明。记录只能在被证明是伪造时，才可以被推翻。

（5）设定释明期间。该条第 5 项规定，如果当事人不能立即就法院的释明作出说明，法院应依当事人申请设定期间，要求当事人在期间内于书状中补充说明。

3. 程序通知义务

（1）改变期间的程序通知义务。根据《德国民事诉讼法》第 225 条的规定，当事人可以申请缩短或延长期间，并且法院对该申请可以不经过言词辩论而直接作出裁判。但是，对于缩短或再次延长期间，必须在询问对方当事人后，方可准许。

（2）言词辩论的催告与通知义务。《德国民事诉讼法》在第 276 条的书面准备程序中规定：第一，如果审判长没有指定言词辩论的先期首次期日，则在将诉状送达被告时，应当催告被告，如果被告要对原告提出的诉讼为自己辩护，则应在诉状送达后两周的不变期间内以书面形式向法院提出；法院的这项催告，应当通知原告。第二，在催告时，应向被告告知迟误规定期间的结果，并告知被告，如果他要对原告之诉提出抗辩，只能通过其所选任的律师进行。第三，在对缺席审判的告知中，应包含对相关法律后果的告知。第四，审判长可以规定期间，命令原告对答辩状提出书面意见。

（3）答辩中的告知义务。《德国民事诉讼法》第 277 条规定，（法院）应当告知被告，答辩应当通过其选任的律师向法院提出，并告知迟误期间的结果。

（4）和解辩论中的讨论义务。虽然德国不是一个调解文化较为发达的国家，但是经过发展和调整，为使诉讼得到友好解决，2001 年《德国民事诉讼改革法》规定了法定调解，在言词辩论前增设了和解辩论程序并强化了庭外调解。根据《德国民事诉讼法》第 277 条的规定，除非当事人在庭外调解所已进行和解尝试或者诉讼外和解明显无望，否则法院在言词辩论之前应首先召开和解辩论。和解辩论中，法官应当就案件事实与法律争议状态与当事人进行讨论，其对案件全部情况的评估不像诉讼那样受到限制，并且在需要时，法官可以向当事人发问，并听取出席的各方当事人的意见。

（5）言词辩论期日的讨论义务。根据《德国民事诉讼法》第 277 条的规定，在证据调查结束后，法院应尽可能就案件事实、争议情况、调查证据的结果再与当事人讨论。

（6）攻击与防御方法的通知义务。根据《德国民事诉讼法》第 282 条的规定，在当事人不预先了解一方当事人的声明及攻击和防御方法就无从对其进行陈述时，法院应当在言词辩论前，以准备书状的形式通知对方当事人，使对方当事人能得到必要的了解。

（7）对当事人陈述权的保障义务。根据《德国民事诉讼法》第 283 条的规定，如果当事人一方由于没有在期日前及时收到关于对方当事人提出的主张的通知，造成其不能在言词辩论中进行相关陈述，在当事人申请后，法院可以确定一个期间，命令当事人在此期间通过书面形式（书状）进行补充陈述；法院可同时规定宣示裁判的日期。法院在裁判时，对于按期提出的陈述，应予考虑，对于逾期提出的陈述，可予考虑。

（8）心证公开的义务。《德国民事诉讼法》第286条对自由心证作出了明确规定，即法院应当考虑言词辩论的全部内容以及已有的调查证据的结果，经过自由心证，以判断事实上的主张是否可以被认定为真实。作为法官心证根据的理由，应在判决中记明。

（三）当事人的权利

（1）到场权。根据《德国民事诉讼法》第141条的规定，基于释明案件的必要，法院应命双方当事人亲自到场。该法第335条在规定不可作出缺席判决的情形时，规定对于未到场的当事人未能适当地（特别是未能及时）传唤的，不能作出缺席判决；对于未到场的当事人，未能及时地将以言词陈述的事实或申请以书状通知的，不能作出缺席判决；在对被告作出缺席判决时，未将指定的言词辩论先期首次期间通知被告，或者未告知被告其对原告之诉提出的抗辩只能通过其所选任的律师进行，以及未告知该法第91条本案终结时费用的法律后果或者是该法第708条第2项"不提供担保的假执行"中的缺席判决的后果的，不能做出缺席审判；在第79条第3款规定的情形下，对当事人自我代理或代理继续的禁止，仅在言词辩论中作出的，或者没有及时通知未到场当事人的不能做出缺席审判。

（2）证据调查参与权。在德国，证据调查应对当事人公开。《德国民事诉讼法》第357条明确规定了证据调查对当事人的公开，即当事人可以参与调查证据。该法第284条进一步规定，经双方当事人同意，法院可以以其认为合适的方式调查证据。合意可以限定对特定证据的调查。只有在诉讼情况发生重大变化时合意方可撤销。

（3）发问权。《德国民事诉讼法》明确规定了当事人的发问权。第一，为了说明案件或证人的各种关系，当事人在认为适当时，有权向证人发问。第二，审判长可以准许双方当事人直接向证人发问，在当事人的律师要求时，应准许律师直接向证人发问。第三，对于发问的合法与否有异议时，由法院裁判。

（4）阅卷权。《德国民事诉讼法》第299条规定了当事人（包括第三人）的阅卷权。第一，当事人有权阅读诉讼文卷，并且可以请求书记科付与其正本、节本和副本；第二，如果第三人能说明其有法律上的利害关系，法院主席团可以不经当事人同意，准许第三人阅读文卷。第三，电子文卷的阅卷方法。法院文卷是电子形式的，阅读文卷时法院书记可以通过将文卷调用到电脑屏幕上的方式或通过将文卷作为电子文档进行传输的方式提供文件的拷贝件。审判长可以依自由裁量权，允许是律师协会会员的诉讼代理人以电子方式获取文件内容，并确保只有诉讼代理人可以获取文件。在文件传输中，文件应加载合格的电子签名并且防止他人无权查看。第四，不许阅览的文卷范围。判决、裁定和命令的草稿，为准备判决、裁定和命令所作的文稿，以及有关评议的文件，既不需阅览，也不许将其副本交给他人。

（四）对侵犯当事人法定听审权的救济

《德国民事诉讼法》第321条之一对当事人法定听审请求权受到侵犯时的救济途径作出了规定。

（1）提出异议的条件。根据该条的规定，当事人只有在"法院侵犯了当事人的法定听审请求权，且该种侵犯对裁判的作出有重要影响"时，才可以提出责问状（书面异议），但是对终局裁判前的裁定不得提出异议。

（2）期间。该异议应当在2周的不变期间内提交，期间自当事人知道其法定听审请求权受到侵犯之时起计算，该时间应当予以证实。作出裁判满1年的，不得提出异议。

（3）受理法院。书面异议应当向作出裁判的法院提出，并且应注明提出异议的裁判，并说明该异议符合"法院侵犯了当事人的法定听审请求权，且该种侵犯对裁判的作出有重要影响"的条件。如有需要，对方当事人可以对异议发表意见。

（4）法院的审查。对于是否准许启动救济程序的审查和决定权在法院。法院依职权审查是否许可当事人提出的异议，对异议是否是按照规定形式、在规定时间内提交的进行审查。如果上述要求有一项不符合法律规定，可以驳回异议。异议缺少正当理由的，可以驳回异议。对驳回异议的裁判不可提出上诉，但法院应简要说明该裁定所依据的理由。

（5）救济程序。经过审查，如果异议正当，法院应当启动救济程序，继续诉讼，诉讼恢复到言词辩论结束前的状态。在书面程序中，诉讼恢复到提交书状的日期。

二、英美法系国家的听审请求权理论

（一）听审请求权的来源

在美国，听审请求权（right to be heard）最初来源于自然正义原则，后来《美国宪法第五修正案》和《美国宪法第十四修正案》关于正当程序的规定中包含着听审请求权的内容。自然正义原则包括两项基本要求：其一，任何人均不得担任自己案件的法官；其二，法官应当听取双方当事人的陈述（aud iatur et altera pars）。而"法官应当听取双方当事人的陈述"就成了听审请求权的渊源。1791年《美国宪法第五修正案》首次提出了"正当法律程序"的规定，即"未经正当法律程序，不得剥夺任何人之生命、自由或财产"。1856年，纽约州法院对"怀尼哈默案"做出了判决，赋予了正当程序条款一种实质性的含义，将其由单纯的程序原则转化为既含程序限制也含实质限制的原则，即程序性正当程序和实质性正当程序。[1]根据《布莱克法律英语词典》的解释，程序性正当程序的含义是指："任何权益受到判决结果影响的当事人，都享受被告知和陈述自己的意见并享有听审的权利。"[2]也即合理的告知、获得听审的机会、提出

---

〔1〕［美］伯纳德·施瓦茨：《美国法律史》，王军等译，中国政法大学出版社1990年版，第56页，转引自任凡："论美国法院对听审请求权的保障——从联邦最高法院判例谈起"，载《法律科学（西北政法大学学报）》2010年第6期。

〔2〕 *H. C. Black's Law Dictionary*, West Publishing Co, 1979, p. 1083.

主张、进行抗辩等是正当程序的基本要素，[1]而这些要素也是听审请求权的权利内容。

1868 年《美国宪法第十四修正案》第 1 款规定："无论任何州均不能不经正当法律程序而剥夺任何人之生命、自由或财产。"前后两个修正案的不同之处在于，《美国宪法第五修正案》针对的是联邦政府，《美国宪法第十四修正案》针对的是州政府。从 1970 年到 1972 年，美国最高法院作出了"格德伯格诉凯利案"等 5 个具有里程碑意义的判决，这几个重要判决通过对"财产和自由"的拓展性解释，大大扩展了正当程序原则的适用范围。目前，除外国人的入境利益不受宪法保护外，当代社会中个人和组织的财产和自由利益几乎都能成为法律上可以主张的权利，进而受到正当程序原则的保护。[2]

英美法系作为判例法国家，在听审请求权问题上也是通过判例进行确认的。在"博迪诉康温迪格案"[3]中，根据康涅狄格州的规定，当事人只有在交付了法庭费（court fee）和文书送达费后才能开始诉讼。而上诉人博迪因贫困无法支付送达费用被剥夺了进行诉讼的权利。博迪提起了对康涅狄格州的诉讼，诉称：第一，州政府的某些规定或者通常有效的某些法条在其实施应用过程中可能是违宪的，剥夺了某些个体应该得到保护的权利；听审请求权（right to be heard）应当受到保护，对某些特定个体而言，一些特定法律的事实威胁或剥夺了该权利；第三，一些费用要求表面上是有效的，但可能违反了正当程序原则，因为其实施剥夺了特定的听审请求权。美国最高法院最后支持了博迪的诉讼请求，并在判决中作出了以下阐述：在不存在相反的、具有优先重要性的州政府利益的情况下，正当程序原则至少要求给予那些必须诉诸法律程序以确定其权利和义务的人一个有意义的听审请求的机会。

（二）英美法系国家听审请求权的内容

根据学者的观点，美国的听审请求权至少包括以下内容：有陈述意见表示系争行动不该采行的机会；提出证据和要求传唤证人的权利；知悉不利证据的权利；交叉询问证人的权利；裁决应当按照所呈现的证据作出；聘请律师的权利；裁决机关对呈现的证据做成书面记录；裁决机关利用书面形式叙明事实与理由，作出裁决。[4]有学者从大量的美国判例中发现，美国听审请求权的内容主要有获得诉诸法院权、受通知权、知悉权、到场权、陈述权、证明权等。[5]

英国当事人的基本程序权利是公正审判请求权。公正审判请求权由不偏倚的法庭、公正的听审、公开的听审、合理期限的听审、附理由的裁判五个要素构成。[6]其听审

---

[1] 汪进元："论宪法的正当程序原则"，载《法学研究》2001 年第 2 期。

[2] 杨炳超："论美国宪法的正当程序原则——兼论我国对该原则的借鉴"，载《法学论坛》2004 年第 11 期。

[3] Boddie v Connecticut, 401 u. S 371, 383, 91 S. Ct. 780, 788, 28 L. Ed. 2d 113 (1971).

[4] 汤维建：《美国民事司法制度与民事诉讼程序》，中国法制出版社 2001 年版，第 65 页。

[5] 任凡："论美国法院对听审请求权的保障——从联邦最高法院判例谈起"，载《法律科学（西北政法大学学报）》2010 年第 6 期。

[6] 参见刘敏：《原理与制度：民事诉讼法修订研究》，法律出版社 2009 年版，第 45 页。

请求权至少包括事先的通知、充足时间的准备、披露责任、听审、律师代理、传唤证人和对证人进行交叉询问、考虑证据和提出意见等。[1]英国法上的听审请求权至少包括以下内容：提前受通知权（prior notice of case）；获得充足准备时间的权利（adequate time to prepare）；开示义务以保障对方知悉相关材料的权利；获得公平审判的权利（a hearing）；获得律师代理的权利（legal representation）；传唤证人和对证人进行交叉询问的权利；审查证据并提出意见的权利（consideration of evidence and submission）。[2]

三、我国的听审请求权理论

我国宪法和民事诉讼法均未规定法定听审请求权，对诉讼中当事人基本程序权利的研究主要集中在学术界。有关学者的研究主要分为以下两个阶段：

（一）裁判请求权理论阶段

（民事）裁判请求权是指任何人在其权利受到侵害或与他人发生争执时都享有的请求独立的不偏不倚的司法机关公正审判的权利。[3]裁判请求权包括诉诸法院的权利和公正审判请求权。公正审判请求权包括程序公正请求权和结果公正请求权。程序公正请求权包括司法中立请求权、平等审理请求权、程序参与请求权、程序自治请求权和程序公开请求权。[4]当事人在诉讼中与知悉相关信息的权利相关的是程序参与请求权和程序公开请求权。前者是指当事人有要求国家（尤其是它的法院）在民事诉讼过程中能够让其富有影响地参与法院解决争议的活动的权利。[5]程序参与权包括程序告知权、出庭权和意见陈述权。

（二）听审请求权阶段

听审请求权是指法院在对一个人的权利、义务、责任进行判定的时候，该当事人就案件的事实、证据材料及法律问题向法院充分发表自己的意见和主张并以此影响法院审判的权利。[6]有学者认为，听审请求权是一项复合性权利，由若干子权利组成，其包括陈述权、辩论权、证明权、到场权、意见受尊重权五项必不可少的内容。[7]

第三节　我国当事人听审请求权制度的构建

一、当事人的权利基础为听审请求权

笔者认为，民事诉讼中当事人公开的权利基础在于程序基本权——听审请求权。

〔1〕 宋冰：《读本：美国与德国的司法制度及司法程序》，中国政法大学出版社1998年版，第289~290页。
〔2〕 Richard Clayton and Hugh Tomlinson, *Fair Trial Rights*, Oxford University Press, 2001, pp. 33~35.
〔3〕 刘敏：《裁判请求权研究——民事诉讼的宪法理念》，中国人民大学出版社2003年版，第19页。
〔4〕 参见刘敏：《原理与制度：民事诉讼法修订研究》，法律出版社2009年版，第29~33页。
〔5〕 参见刘敏：《原理与制度：民事诉讼法修订研究》，法律出版社2009年版，第31页。
〔6〕 参见刘敏："论司法公开的深化"，载《政法论丛》2015年第6期。
〔7〕 参见刘敏："论司法公开的深化"，载《政法论丛》2015年第6期

第七届国际民事诉讼法大会综述报告将听审请求权概括为以下一些内容："人人都有在自己参与的审判程序中提出申请、主张事实和提出证据的权利，相对方应能对此获得通知并陈述意见；而与诉讼参与人的意见陈述权相对应，法院有义务了解当事人陈述的详细内容，并加以斟酌。"[1] 意大利著名法学家卡佩莱蒂认为："该法则（听讯权）的含义多种多样：它们包括当事人获得对其提起诉讼和各种其他程序事项的通知之权利，提出和反驳证据的权利，取证时在场的权利，不受他人之间已决判决的约束之权利，等等。"[2]

（一）诉讼告知权已被受通知权所涵盖

从上述理论的介绍可知，诉讼告知权已经被含义更广泛的受通知权所吸纳，成为受通知权的一部分。如德国的受通知权中均规定法院对诉讼系属的告知义务。

（二）听审请求权不包括公开审判请求权

关于公开审判请求权是否属于听审请求权的问题，德国宪法并不认为公开审判为宪法基本原则或程序基本权。其法定听审请求权不包含公开审判请求权的内容。虽然大法官于第482条解释理由书中提出，诉讼权中包含公开审判请求权，但有学者认为："诉讼权的保障，重要的是使当事人能居于程序主体的地位，在程序上有表示意见的机会，而能影响判决的结果，至于审理程序是采言辞或书面，公开或不公开，属立法者得决定裁量的事项。其决定因素，应视事件的类型或需求而定。"[3]

我国学者认为，程序公开请求权是指当事人有权请求法院在司法过程中做到司法公开。[4] 当事人要求法院公开既包括司法程序的公开（向当事人公开和向社会公开），也包括实质公开，即举证公开、质证公开、判决公开等。[5] 作为民事诉讼基本制度的公开原则既包括对当事人公开，也包括对社会公开。在作为程序基本权的裁判请求权（听审请求权）中再次规定公开原则，混淆了程序基本权与诉讼基本制度的关系，对当事人程序基本权的保护是不利的。听审请求权更侧重于对当事人的实质公开，其对当事人权利的保护比公开审判请求权更为周延，且公开审理不存在对当事人公开或不公开的问题，即使是不公开审理的案件对当事人也是公开的。[6] 因此，对与案件有着利害关系的当事人而言，听审请求权中的受通知权、知悉权、到场权、证明权、陈述权、突袭裁判禁止请求权等不仅可以保证诉讼对当事人形式上的公开，而且能保证实质性公开。因此，听审请求权是当事人申请公开的权利基础。

[1] 陈刚、汪三毛："宪法和民事诉讼程序"，载常怡主编：《比较民事诉讼法》（2000卷），中国人民大学出版社2001年版，第83页。
[2] ［意］莫诺·卡佩莱蒂：《比较法视野中的司法程序》，徐昕、王奕译，清华大学出版社2005年版，第339~340页。
[3] 胡锦光、张光宏、王锴主编：《司法公信力的理论与实务》，人民法院出版社2011年版，第34~35页。
[4] 刘敏：《裁判请求权研究——民事诉讼的宪法理念》，中国人民大学出版社2003年版，第19页。
[5] 刘敏：《裁判请求权研究——民事诉讼的宪法理念》，中国人民大学出版社2003年版，第19页。
[6] 参见谭兵主编：《民事诉讼法学》，法律出版社1997年版，第113页。

二、解析：当事人听审请求权的内容

通过上述分析，我们得知，不同国家通过不同的形式将听审请求权在宪法层面、民事诉讼法层面加以规定。结合上述国家的不同规定，虽然我国现阶段听审请求权中的某些权利是需要加强的，但是从权利体系化的视角，还是将这项复合性权利按照逻辑顺序予以规定更为合理，也可为今后该项制度中其他权利的完善预留空间。因此，听审请求权包括受通知权、陈述权、突袭性裁判禁止请求权。其中，受通知权包括知悉诉讼系属与期日等信息的权利、知悉对方当事人陈述的权利和当事人的卷宗阅览权。陈述权包括当事人的事实陈述权、证明权和法律陈述权。而作为当事人重要权利的证明权包括证据调查权、在场见证权和发问权。具体如下：

（一）当事人的受通知权

受通知权，又称认识权（Informationsrecht），指为使当事人于程序上能进行充分的陈述，应使其及时地收到通知，进而使其可认识到程序的开始、进行、他方陈述以及法院的卷宗数据。受通知权是听审请求权的基本要求，也是当事人能够充分参与诉讼程序的基础，是获得其他权利的前提。[1]当事人的受通知权，主要包括以下权利：

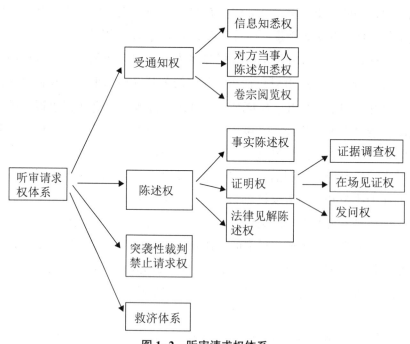

图1-2 听审请求权体系

1. 知悉诉讼系属与期日等信息的权利

《德国民事诉讼法》第166条第1款规定，"送达"是指将书状以该名义所规定的

---

〔1〕［日］三ケ月章：《日本民事诉讼法》，汪一凡译，五南图书出版公司1997年版，第381页。

形式告知某人。该条第 2 款规定，依法或依法院裁定送达的书状，除另有规定外，依职权送达。我国《民事诉讼法》第 125 条、第 126 条和第 128 条分别规定了法院送达起诉状副本、答辩状副本、受理案件通知书、应诉通知书以及告知合议庭组成人员的义务。

2. 知悉对方当事人陈述的权利

对方的陈述必须及时通知当事人。《德国民事诉讼法》第 134 条规定："当事人……应将其持有的、曾在准备书状中引用的文书，在言词辩论前交给书记科，并通知对方当事人。"我国《民事诉讼法》第 125 条规定，人民法院应当在收到答辩状之日起 5 日内将答辩状副本发送原告。

3. 当事人的卷宗阅览权

《德国民事诉讼法》第 299 条也规定了当事人的文书阅览权。根据该条第 1 款的规定，当事人可以阅读诉讼文卷，并且可以请求书记科付与他正本、节本和副本。该条第 2 款规定，第三人如能说明他有法律上的利害关系，法院主席团可以不经当事人同意，准许第三人阅读文卷。

但是，当事人的卷宗阅览权不是无限制的，《德国民事诉讼法》第 299 条第 4 款规定，判决、裁定和命令的草稿以及为准备判决、裁定、命令的文稿，以及有关评议的文件，不允许阅览，也不允许将副本交给他人。

（二）当事人的陈述权

当事人在诉讼中享有陈述权。当事人对个案应适用的法律、构成要件与事实之间的涵射，或法律规范的解释，应当有陈述的机会。法院就当事人有权陈述的事项（包括事实、证据及法律见解）均负有义务予以审酌，并于裁判中说明其理由。

《德国民事诉讼法》第 118 条的"准许程序"第 1 款第 1 句规定，在准许诉讼费用的救助之前，应给予对方当事人发表意见的机会。该条第 2 款第 1 句规定，法院可以要求申请人说明其所陈述的事实。

1. 当事人的事实陈述与法院的阐明义务

《德国民事诉讼法》第 139 条第 1 款规定了法官的释明义务，在必要时，法院应当与当事人共同从事实和法律两方面对事实关系和法律关系进行释明并且提问。法院应当使当事人就一切重要的事实作出及时、完整的说明，特别是在对所提事实说明不够时要使当事人加以补充，表明证据方法，提出有关申请。

2. 当事人的证明权

（1）证据调查权。《德国民事诉讼法》第 357 条"当事人公开"第 1 款规定，当事人可以参与调查证据。该法第 364 条"当事人参加在外国调查证据"第 4 项规定，举证人应尽可能使对方当事人及时知悉调查证据的地点和时间，以便对方当事人能够以适当方法行使其权利。如不通知，法院应考虑举证人是否有权使用该项证据调查记录，或能使用到何种程度。

（2）在场见证权。为使当事人知悉法院是如何进行证据调查的，并能当场表示意见。法院于证据调查前，应通知当事人到场。当事人受通知后，于证据调查日不到场，不能妨碍证据调查的进行，法院继续进行证据调查。《德国民事诉讼法》第 141 条第 1 款第 1 句规定，为释明案件所必要时，法院应命令双方当事人到场。

（3）发问权。《德国民事诉讼法》第 445 条第 1 款规定，一方当事人对于应当由其证明的事项，在不能通过其他的证据方法得到完全的证明，或者未提出其他证据方法时，可以申请就应证明的事实询问对方当事人。《德国民事诉讼法》第 397 条规定了当事人的发问权，即为了说明案件或证人的各种关系，当事人在认为适当时，有权向证人发问。

3. 法律见解的陈述权

当事人对法律见解享有陈述权。如果当事人在诉讼过程中无法知悉法院裁判的法律依据，法院应于作出裁判前，向当事人阐明，使当事人有辩驳的机会。法官应公开其对法律问题的见解。但是，该公开仅限于为防止发生突袭性裁判的目的，且仅限于重要且裁判时采纳的法律见解。"突袭性裁判之防免既然属于听审权之保障领域，则在此范围内，要求法官表明法律见解，实属应当且适当。"

（三）突袭性裁判禁止请求权与法院的阐明义务

突袭性裁判是指当事人依照程序进行的过程，不能合理地预测到法院裁判之内容或判断过程。由于法院的突袭性裁判会使当事人不能充分地提出事实、证据或者法律见解，因此，侵害到了当事人的听审请求权。而突袭性裁判的造成与法院是否充分进行释明有着重要的关系。在此情形下，要求法官进行必要的阐明。如《德国民事诉讼法》第 139 条"法官的释明义务"规定了 5 项法官需进行释明的情形，其中包括对事实关系和法律关系的释明、对法律观点的释明、对法院依职权调查事项中疑点的释明以及释明的形式要件。

三、我国听审请求权制度的构建[1]

（一）宪法中明确规定听审请求权

听审请求权得到了几乎所有国家的认可[2]，有些有成文宪法的国家在宪法中明确规定了听审请求权，如德国、希腊和巴西等国；有些国家的宪法条文被解释为包含有听审请求权的内容，如日本、瑞士、墨西哥等国。在有些没有成文宪法的国家，听审请求权也有较高的地位，如以色列、英国。

我国《宪法》第 33 条第 2 款规定："中华人民共和国公民在法律面前一律平等"，但并未明确规定听审请求权。诉讼法（尤其是民事诉讼法）在具体程序设计和保护当事人权利时，也体现了法律面前人人平等原则。宪法作为一个国家的根本大法，其体

---

〔1〕 鉴于本书后边部分将以审判流程为线索对审判公开进行深入分析，本部分就不再赘述，仅从权利保障的角度对审判公开的完善提出建议。

〔2〕 对这些国家的统计来自〔德〕卡尔·海因茨·施瓦布等："宪法与民事诉讼"，载〔德〕米夏埃尔·施蒂尔纳编：《德国民事诉讼法学文萃》，赵秀举译，中国政法大学出版社 2005 年版，第 168~169 页。

现着国家在程序设计和诉讼制度运行时所遵循的最高理念，为了更好地确保当事人的程序主体地位，实现对当事人参与诉讼时权利的更好保障，笔者建议在我国宪法中规定听审请求权，将对当事人的程序保障上升到宪法层面。[1]作为一个国家母法的宪法是民事诉讼法的制定依据，将听审请求权作为公民的一项基本权利加以规定，无疑可为当事人在诉讼中权利的保护、为民事诉讼制度的完善提供更好的保障。尤其是在越来越重视当事人诉权保护的今天，听审请求权的宪法化具有重要意义。

（二）民事诉讼法上确立听审请求权保障

1. 在民事诉讼法中明确规定听审请求权

作为民事诉讼领域基本法的民事诉讼法，应将听审请求权确定为民事诉讼的一项基本程序性权利。在确立了当事人的听审请求权后，需要对我国的民事诉讼程序进行完善，建立更合理、科学的当事人权利保护体系。可以借鉴和参考上述国家的相关规定，将受通知权、陈述权、突袭性裁判请求权等作为听审请求权的内容。由于民事诉讼是当事人与法院（法官）共同作用的场域，当事人权利的实现需要法院（法官）裁判权的保障。因此，对法官在庭审中的告知或释明义务也应作出更加完善的规定。

2. 完善相关配套制度

目前，我国的一些相关制度正在发挥保护当事人的听审请求权的功能，如送达制度对当事人受通知权的保障，辩论权对当事人陈述权的保障等。听审请求权的完善，不仅需要宪法和民事诉讼法的规定，而且还需要相关配套制度的完善。

（1）建立强制答辩制度，保障当事人的受通知权。强制答辩制度是指在法律规定的期限内，被告应提交答辩状，针对原告所主张的诉讼请求及事实理由进行答辩，应当提交答辩状进行答辩的被告怠于向法院提交答辩状的，在期限届满后不得再次提出抗辩，并因此丧失答辩权利。[2]我国《民事诉讼法》第125条第1款规定："人民法院应当在立案之日起五日内将起诉状副本发送被告，被告应当在收到之日起十五日内提出答辩状。……"第125条第2款规定："被告不提出答辩状的，不影响人民法院审理。"《最高人民法院关于民事诉讼证据的若干规定》（以下简称《民事证据规定》）第49条规定："被告应当在答辩期届满前提出书面答辩，阐明其对原告诉讼请求及所依据的事实和理由的意见。"《民事证据规定》虽然细化了答辩状的内容，但是却仍未规定不答辩的法律后果，很难保证原告知悉被告的意见。强制答辩制度的缺失造成了当事人行使诉讼权利上的实质不平等。[3]因此，从当事人知悉对方当事人陈述的角度出发，应建立强制答辩制度。

（2）完善证据制度保障当事人的证明权。我国《民事诉讼法》经过历次修订，法

---

[1] 具体参见刘敏：《裁判请求权研究——民事诉讼的宪法理念》，中国人民大学出版社2003年版，第33页；任凡："德国民事听审请求权及其借鉴"，载《西部法学评论》2011年第4期。

[2] 肖良平："论我国民事诉讼答辩失权制度的构建"，载《求索》2006年第1期。

[3] 黄山、檀章陈："试论我国民事诉讼强制答辩制度的构建"，载《福建政法管理干部学院学报》2008年第1期。

院在证据调查中的权力不断限缩。《民诉法解释》进一步控制了法院职权调查取证的权力。在由当事人承担举证责任的前提下，在证据调查主要由当事人进行时，我们仍保留了法院（法官）在某些类型的案件中的主动调查权和在某些情形下依当事人申请进行调查的权力。但是，实践中也存在法官依职权调查证据时裁判员和运动员合一的窘境，即遇到了法院依职权调取的证据需不需要质证的问题。虽然这个问题以"法院在庭审时出示法院依职权调取的证据"将其解释为该证据进行了质证。但是，仍难以解释法院双重身份合一的逻辑缺陷。因此，在此情形下，应适用听审请求权对当事人证明权给予保障，要求（通知）当事人在法院依职权调查取证时到场，保障当事人的到场见证权，使该证据的取得过程做到向当事人（尤其是对方当事人）公开，如果证据调查未通知当事人到场，证据调查即被视为属违背诉讼程序的规定，法院不得将此项证据调查的结果作为判决基础。

（3）完善释明制度保障当事人的陈述权。《民诉法解释》扩大了法官释明义务的范围，不过这些规定零散地分布于各条文之中，对于释明事项、范围和方式没有明确规定，司法实践中法官的释明问题和释明的方法及尺度在掌握中存在难度。因此，建议借鉴《德国民事诉讼法》的相关规定，将释明义务作为专门的一个条款予以规定，以通过对法官释明义务的规定，做到对当事人陈述权的保障，进而做到保障相关法律问题、事实问题、证据问题向当事人充分公开。

第二章

民事诉讼程序运行机制与司法公开研究

司法是依法享有司法权的国家机关依据法定职权和程序处理诉讼纠纷的活动；程序是按照一定次序、步骤作出决定的过程；司法程序，顾名思义，指的是规范司法行为和司法活动的程序。司法程序具有明显的过程性和阶段性，是程式、制度、规则的综合体。[1]民事诉讼程序是司法程序的一种，是有其自身运行规律的动态过程，并且形成了特定的运行机制。程序内部各要素、各机制之间的相互影响、相互作用，共同推进诉讼的进程和程序结果的发生。鉴于民事诉讼程序内部各要素之间的相互影响、相互作用，我们在研究程序法问题时必须要以动态、联系的观点来看问题。坚持具体问题具体分析。

近年来，随着研究和实践的发展，理论和实务部门对司法公开的依据、方式、内容、效果等进行了广泛、深入的研究，为我国司法公开制度的构建和完善提供了有益的借鉴和参考。然而，就目前研究的方法和重心而言，仍然是以司法公开制度本身作为本位和对象，并未充分考虑制度运行的过程性、条件性和关联性，这在一定程度上制约了司法公开理论研究的发展。因此，本章主要试图从程序运行和程序分类的角度出发研究司法公开制度的相关理论和实践问题，以期为司法公开制度的研究提供新的视角和有益参考。

第一节　程序运行视角下的司法公开制度研究

司法公开是法治社会的本质要求，它不仅是一项宪法原则和基本诉讼制度，更是促进司法民主、实现司法正义、树立司法公信的重要途径，需要在国家制度层面予以体现。[2]当前，司法公开已经成为现代法治社会普遍遵循的一项司法原则。[3]从最高人民法院《一五纲要》起，我国司法公开制度的大厦在几代法院人的努力下拔地而起，并且已成为中国司法制度的"新地标"。[4]近年来，最高人民法院相继推出了"六公开"、新闻发言人、"三大平台"、裁判文书上网、失信被执行人曝光、庭审直播网、诉

---

〔1〕　参见江必新、程琥："司法程序的基本范畴研究"，载《法律适用》2012年第5期。

〔2〕　参见王小林等：《司法公开理路研究》，法律出版社2016年版，第19页。

〔3〕　参见李林、田禾主编：《中国地方法治发展报告（2016）》，社会科学文献出版社2016年版，第206页。

〔4〕　蒋惠岭："司法公开还有新的增长点吗"，载《法制日报》2015年2月4日。

讼服务网、法院网络电视台等多项文件和措施。[1]在最高人民法院和相关部门的不懈努力下，我国司法公开制度体系已经基本成型。

从比较法来看，司法公开的理念基本上已经成为共识。就民事司法领域而言，一般认为，司法公开制度应当保障公众能够见证法律程序的整个过程和庄严性。[2]这不仅是法院行使审判权的方式，也是诉讼当事人的一项权利。[3]

从司法公开的对象方面来看，司法公开制度可以分为内部公开和外部公开两个方面。内部公开是指审判机关内部以及上下级之间的公开。例如，在法院审判实践中形成的案件"副卷"内容，其中比较全面地记载了法院在办理案件过程中的各种内部流程情况、工作细节和案件合议汇报情况等，此类卷宗只对审判组织内部和上下级之间公开，其他公权力机关和当事人无从查阅。外部公开是指对除审判机关之外的其他主体的公开，包括对当事人的公开、对社会公众的公开以及对其他公权力机关的公开。目前，我国对外公开的基本方式和平台主要有：法院公告、法院官方网站、法治类电视节目、法院开展的公开活动、法院新闻发言人、法院官方微博等。学界在谈论司法公开制度时，一般指的都是外部公开的情形，目前我国对司法公开制度的完善也主要是从加强外部公开的方面来进行的。

从司法公开的客体方面来看，司法公开可以分为信息公开、程序流程公开和裁判理由公开等。所谓信息公开，又分为主体信息的公开和审理标准的公开。其主要功能是公开审判组织组成人员的信息、建立公开透明的裁判机制、在审判工作中杜绝潜规则和暗箱操作等。所谓流程的公开是指对审理阶段、审理过程的公开。其主要功能是让当事人和社会公众掌握案件进展情况从而保障其知情权，减少诉讼拖延等情况的发生，以流程公开促审判效率提升。所谓理由的公开是指法院在作出判决、裁定、决定乃至口头答复时需要说明理由。其主要功能是增强裁判可接受性，提升司法公信力，防止司法武断，以理由公开促裁判公正。

从司法公开的措施方面来看，司法公开相关制度贯穿整个民事诉讼程序运行的全过程。我国的司法公开有三大原则，包括依法公开原则、及时公开原则以及全面公开原则。[4]最高人民法院于2009年12月8日发布并实施了《六项规定》，对司法公开的相关制度作了明确，具体包括立案公开、庭审公开、裁判文书公开、执行公开、听证公开、审务公开。随着实践的发展，司法公开的内容不断丰富、拓展，逐步实现了工作领域全覆盖、审判流程全覆盖、面向对象全覆盖。公开的领域从审判活动拓展到法院情况、审判流程、裁判文书、执行活动、司法政务等各个领域。在方式上也从简单

---

[1] 蒋惠岭："司法公开还有新的增长点吗"，载《法制日报》2015年2月4日。
[2] See Neil Andrews, *English Civil Procedure: Fundamentals of the New Civil Justice*, Oxford University Press, 2003, p. 78.
[3] See Morag McDowell, "The Principle of Open Justice in a Civil Context", 1995 N. Z. L. Rev. 214 (1995).
[4] 参见孙午生：《当代中国司法公开研究》，南开大学出版社2013年版，第105页。

的结果公开拓展到审判的各个环节，完整反映诉讼活动的全貌。[1]

就我国司法公开制度的构建及完善而言，其更类似于一场自上而下的制度变革而非自下而上的制度养成。因此，我国的司法公开制度存在着强大的顶层设计思维惯性。顶层设计思维惯性的优势毋庸置疑，但其缺陷往往是宏观有余而微观不足，内容覆盖面广而制度适配性弱，在具体制度设计上有随意性、主观化的倾向，所以在改革措施上可能存在一方面蜻蜓点水，另一方面矫枉过正的风险。从民事诉讼运行的角度来看，我国司法公开的研究和实践还仅仅停留在相对宏观的层面，尚未从机制运行的角度来思考司法公开的广度、深度及其边界。这在理论研究和实践层面往往会表现出以下特点：

第一，不区分三大诉讼中司法公开制度的差异性。民事诉讼、刑事诉讼以及行政诉讼是三种不同类型的诉讼程序，三者在制度目的、功能、参加人以及基本原则上都存在较大差异，因此，无论是实务界还是学术界在讨论某项具体制度时一般都会结合三大诉讼的制度特点分别加以研究。然而，目前我国在研究司法公开时倾向于笼统地谈论制度构建和改良的问题。客观地说，这是由于我国司法公开制度尚未完善，很多基础性制度刚刚被构建起来，因此在政策和文件制定上必然会抓大放小，从宏观层面出发。但是，随着实践的深入，三大诉讼的差异性需要在司法公开领域得到重视。举例而言，同样是庭审公开制度，一起"民告官"的行政案件和一起离婚纠纷案件可能会面临完全不同的课题。

第二，不区分不同诉讼阶段司法公开制度的差异性。就民事诉讼而言，在立案阶段和庭审阶段，当事人对司法公开制度的要求可能会迥然不同，而庭审阶段的公开与裁判结果的公开在制度层面可能差异性更大。众所周知，在不同诉讼阶段的司法公开措施需要有所区分，但是，目前仍然是仅仅在措施层面讨论这个问题。由于不同诉讼阶段民事诉讼运行存在不同的模式、内容和特质，司法公开制度也应当遵循因地制宜的原则构建相应的规则和例外。但目前的理论及实务界，均鲜有从程序运行阶段性的角度对司法公开问题进行深入研究，这在一定程度上妨碍了司法公开理论的精细化发展。

第三，不区分不同类型诉讼中司法公开制度的差异性。以实体法上的请求权为标准，我们可以将案件划分为普通民事案件、金融纠纷案件、家事案件、劳动争议案件等，不同类型的纠纷在审理方式上会有比较大的差别。我国在司法实践中往往会通过设置相应的审判庭的方式划分不同类型案件的审判部门，不同的审判庭往往在审判方式、庭审风格、裁判文书语言等方面存在比较明显的差异。从程序法的角度，我们可以将案件划分为小额诉讼、公益诉讼、团体性诉讼等，不同类型的诉讼对应相应的程序构造，这种案件类型化审判的方式对司法公开制度的影响不容小觑。例如，私益诉讼和公益诉讼在对司法公开制度的要求上可能会存在较大差异，而一般财产性纠纷与

---

[1] 参见最高人民法院编：《中国法院的司法公开 2013—2016》，人民法院出版社 2017 年版，第 3 页。

涉及身份关系纠纷对于司法公开制度的运行提出了不同的要求。目前，学术界在研究司法公开制度时，尚未就不同类型的诉讼进行差别化研究，对于各类诉讼的特质与司法公开制度之间的关系尚待厘清。

在民事诉讼程序运行机制视角下，我们可以构建出一横一纵两个维度对司法公开问题进行研究。所谓一横，指的是民事诉讼内部的程序分类，例如，小额程序、简易程序、公益诉讼、家事诉讼、商事诉讼等。所谓一纵，指的是民事诉讼程序运行的阶段划分，例如立案阶段、审理阶段和执行阶段等。在此框架下，再来思考司法公开制度的相关问题似乎又有了一个新的研究方向和主线。申言之，在区分不同种类诉讼、不同诉讼阶段的观念下，我们需要将研究的重点从静态意义上的司法公开转向动态意义上的司法公开，从宏观层面的制度研究转向中观、微观层面的机制研究，从而在原则之下构建规则、明确例外，达到理论和制度层面的精致化发展，为司法实践提供更为科学的指引。

第二节　基于民事诉讼程序运行的纵向分析

在阳光司法语境下，如何在纵向上划分民事诉讼运行阶段需要考虑诸多因素。在现代民事司法中，"立审分离""审执分离"无论是在观念层面还是在制度层面都已较为成熟。因此，立案程序、审判程序和执行程序便成了本节民事诉讼纵向划分中最主要的三个板块。在审判程序中，一审程序、二审程序和审判监督程序因其特质不同、功能各异，故而也需要单独探讨。因此，在本节中，我们在纵向上将民事诉讼的运行划分为立案程序、一审程序、二审程序、审判监督程序、执行程序五个板块，分别加以讨论。

一、立案程序——登记制改革与司法公开制度的重心迁移

立案是案件进入诉讼程序的第一道关口，对当事人和法院都具有重要意义。对于当事人而言，通过立案将纠纷付诸法院司法程序解决；对于法院而言，通过立案将纠纷形成法律意义上的"诉"从而进入审判。立案程序包含了起诉与受理两个部分。起诉是当事人的诉讼行为，受理是法院的行为。人民法院对当事人的起诉进行审查后，认为符合法律规定的起诉条件的，予以接受并决定立案审理。[1]由于制度设计不合理、法院"案多人少"的现实压力等因素的影响，长期以来，"立案难"问题一直困扰着民事案件的当事人。实践中，关于何为"立案难"，有学者认为，立案难是大众的一种心理感受，而导致这种感受的原因有两个：一是当事人向法院递交诉状至法院认可起诉这一过程的不便、复杂、繁琐等；二是当事人提起了诉讼，而且也自认为符合起诉

---

〔1〕　参见刘家兴、潘剑锋主编：《民事诉讼法学教程》，北京大学出版社2014年版，第208页。

条件，但诉讼却难以进入实体审理阶段，而在立案环节就被拒之门外。[1]其中，立案程序的不透明是造成民众"立案难"感受的重要原因之一。为了解决"立案难"问题，党的十八届四中全会提出，人民法院对于依法应当受理的案件，要做到有案必立，有诉必理，保障当事人诉权，从而将立案制度改革提上了日程。

其实，自 1999 年《最高人民法院关于严格执行公开审判制度的若干规定》颁布以来，在此后的一系列相关司法文件中，最高人民法院都对立案公开的问题进行了专门规定。[2]概括来说主要有以下几个方面：一是标准的公开。人民法院对各类案件的立案条件、立案流程、法律文书样式、诉讼费用标准、缓减免交诉讼费程序、当事人重要权利义务、诉讼和执行风险提示以及可选择的诉讼外纠纷解决方式等内容，通过适当的形式向社会和当事人公开。二是程序进程的公开。人民法院应当及时将案件受理情况通知当事人。对于不予受理的，应当将不予受理裁定书、不予受理再审申请通知书、驳回再审申请裁定书等相关法律文件依法及时送达当事人，并说明理由，告知当事人诉讼权利。三是工作方式的改进。即要求人民法院强化诉讼服务，整合立案大厅、信访接待窗口、诉讼服务信息平台等功能，建立诉讼服务中心，为诉讼当事人提供"一站式"诉讼服务，集中办理各项诉讼服务事项。

2015 年 5 月 1 日正式推行的立案登记制改革，对于立案公开制度又提出了新的要求，将此前立案阶段的实体审查变革为形式审查。各级法院也先后建立了"诉讼服务中心"，将诉讼引导、诉讼指南、立案以及多元化调解、司法救助、信访及判后答疑等多项职能予以集约化管理，丰富了立案公开的内容和形式。同时，通过立法和司法解释明确对于不予立案的，需一次性告知诉讼当事人不立案的理由，并将立案的各项信息均予以公开。就立案程序的流程而言，大致分为三个阶段：第一阶段为当场审查阶段；第二阶段为释明补正阶段；第三阶段为再次审查阶段。在节点控制方面，上述三个阶段分别对应三个程序节点：在当场审查阶段是一律接收诉状，并且同时备注收到的日期；在释明补正阶段是一次性告知需要补正的材料；在再次审查阶段是自收到补正材料之日起计算立案期间。目前，在立案环节，司法公开制度主要需解决以下几个方面的问题：

第一，标准的公开。实践中，有的起诉虽然符合法律、司法解释的规定，但法院在操作中可能依据其内部规定、文件等司法政策性规范对某些案件的起诉予以限制。[3]这种标准的不透明是造成"立案难"问题的重要原因。因此，立案登记制改革的一个重要内容就是要实现标准的公开和透明。[4]对于那些符合法律规定条件的案件，法院

---

〔1〕 参见张卫平："起诉难：一个中国问题的思索"，载《法学研究》2009 年第 6 期。

〔2〕 参见最高人民法院发布的《关于人民法院加强审判公开工作的若干意见》《关于司法公开的六项规定》《关于进一步加强人民法院"立案信访窗口"建设的若干意见（试行）》《关于深入整治"六难三案"问题加强司法为民公正司法的通知》等司法文件。

〔3〕 参见张卫平："起诉难：一个中国问题的思索"，载《法学研究》2009 年第 6 期。

〔4〕 参见《最高人民法院关于人民法院推行立案登记制改革的意见》《最高人民法院关于人民法院登记立案若干问题的规定》。

必须依法受理，不得以存在内部规定和文件等理由阻挠案件的受理。在实践中，还存在一个比较突出的问题是不按规定操作。标准的公开只是第一步，更重要的是对标准的实施和执行情况的公开。在立案领域，"有案必立"的规则其实早已经明确，只不过出于司法惯性、办案压力等现实因素，立案庭往往并不按照规定行事而将案件拒之门外。可见，"立案难"的关键性问题是"有案不立"。这种情况在当前的体制机制背景下，确实也缺乏必要的监督制约程序。法院不立案，诉讼就自然不会进入立案流程，也就无所谓流程公开了。所以在机制层面必须建立公开的立案反馈机制，在办案信息化的大背景下，可以通过网上公开挂号立案、在线提交材料等方式以网络平台这一相对透明的体系提升公开效果。

第二，流程的公开。立案工作由诸多细节性事务和繁琐的程序构成，立案部门应在遵循立案环节步步公开、人人成为公开主体的基础之上，合理进行职能定位和分工。此次立案登记制改革之后，立案工作被大大简化和规范化。其中，一律接收诉状、一次性告知需要补正的材料、自收到补正材料之日起计算立案期间是对立案工作流程控制的基本装置。随着立案登记制改革的不断深入，传统意义上立案公开所侧重的明确立案条件便于法院审理的功能已弱化，更多地倾向于引导当事人诉讼，确保通过司法途径解决社会纠纷成为常态，故在立案或立案前的阶段提供诉讼指南、司法救助、诉讼风险提示以及扩大诉前的多元化纠纷解决机制等信息的公开，在当前法院普遍存在案多人少矛盾的情形下，更凸显其必要性。从司法实践来看，立案信访窗口逐渐转型为各类诉讼服务中心的组成部分（也有部分法院将诉讼服务中心架设于立案庭，或者两者并列设置），在原有已较为完善的硬件设施基础上进一步扩充功能区域，例如引入第三方调解团体或者法律志愿者服务窗口等。在立案程序网上公开过程中，应当实现与程序节点对接，将相关的诉前程序也纳入司法公开制度的范畴。

第三，理由的公开。对于不符合立案条件的，要及时做好释明工作，细化诉状要件规定，制作诉状样本，为当事人提供示范和指引。对于文书或材料中存在瑕疵的，应当采取较为包容的态度。对于不予受理、不予立案的情形，需要出具书面文书，并且在文书公开的前提下，明确公开不予立案或不予受理的理由和依据，实现实质意义上的司法公开。

二、一审程序——审判方式多元与司法公开制度的内涵深化

就一审程序而言，庭审无疑是其最为核心的环节。无论是在大陆法系还是在英美法系，庭审公开早已经成了一项重要的司法传统和原则。[1]有德国学者认为，民事诉讼公开就是指法庭辩论的公开和"当事人公开"，前者指公开辩论可以让任何人入场，后者指当事人正式获悉法院和对方当事人行为的权利。[2]就我国民事司法而言，党的

〔1〕 See Garth Nettheim, "Open Justice Versus Justice", 9 Adel. L. Rev. 487 (1985).
〔2〕 ［德］奥特马·尧厄尼希：《民事诉讼法》（第27版），周翠译，法律出版社2003年版，第145~147页。

十八届四中全会会议决议提出了"推进以审判为中心的诉讼制度改革"的目标，最高人民法院在其《四五纲要》中将"以审判为中心的诉讼制度改革"目标细化为七项具体任务，其中民事司法改革部分的任务主要集中在证据制度改革和以庭审为中心制度的完善上。[1]在此认识下，庭审网络直播、开放庭审旁听、允许新闻媒体合理报道等工作都在有序开展，相关研究成果已经十分丰富。

2014 年 8 月，中国审判流程信息公开网投入运行。该网以审判流程信息公开网站为核心，以手机短信、电话语音系统、微信、微博、手机 APP 等方式为辅助，自动向当事人及诉讼代理人推送案件流程的八类节点信息，目前，除最高人民法院外，北京等 22 个省、自治区、直辖市均已经建成了省级统一的审判流程信息公开平台，并与中国审判流程信息公开网相链接。[2]2016 年 7 月 1 日起，最高人民法院所有公开开庭案件的庭审原则上均通过互联网直播，实现了庭审直播的常态化。2016 年 9 月，中国庭审公开网正式开通，其是继中国审判流程公开网、中国裁判文书网、中国执行信息公开网之后建立的司法公开第四大平台。至此，中国法院的庭审直播已经走向常态化、立体化。[3]我国司法公开正实现从传统以纸质为主到以电子化和数字化为主的转变以及从静态到动态的飞跃，逐渐从传统庭审旁听的"现场正义"，报纸广播的"转述正义"，到电视直播和网络直播的"可视正义"及移动互联网时代的"即视正义"。[4]

可以说，在庭审公开方面，我们已经进行了大量卓有成效的探索，接下来我们一方面需要在制度落实层面加大力度，保障庭审公开措施落到实处，对于实践中经常出现的旁听人数过多、法庭旁听席位有限等客观问题，要科学、合理地配置旁听权，优先配置特殊人员的旁听权，引入随机分配等方式确定旁听人员。同时，要主动、积极地定期邀请人大代表、政协委员和社会组织代表旁听庭审制度，定期邀请或在个别重大敏感案件中邀请人大代表、政协委员和社会组织代表作为陪审员参加庭审，将庭审公开进一步落实。另一方面，需要在网络直播、电视直播等新型庭审公开模式[5]下重视和解决其在安全可控、隐私保护等方面可能浮现的问题，对公众特别关心、社会影响力大的案件庭审活动应当进行全程同步录音或者录像，及时通过官方网站、微博和微信等方式予以公开，及时回应公众的知情权需求。在网站或诉讼服务平台开设专门板块公开庭审视频，便于公众实时查阅。

与庭审公开制度相比，从程序运行的角度，我们不仅要关注庭审的公开，还要关注

---

[1]　参见蒋惠岭、杨小利："重提民事诉讼中的'庭审中心主义'——兼论 20 年来民事司法改革之轮回与前途"，载《法律适用》2015 年第 12 期，第 2 页。

[2]　参见田禾："推进司法公开促进司法公正"，载《人民法治》2016 年第 11 期。

[3]　参见田禾、吕艳滨：《司法公开由朦胧到透明的中国法院——浙江法院阳光司法第三方评估》，中国社会科学出版社 2017 年版，第 11 页。

[4]　参见支振锋："庭审网络直播——司法公开的新型方式与中国范式"，载《法律适用》2016 年第 10 期。

[5]　See Marilyn Warren, "Open Justice in the Technological Age", 40 Monash U. L. Rev. 45 (2014).

一审其他阶段司法公开制度的运行状况。[1]其中，比较值得关注的有两个方面：一是审前程序；二是调解程序。

（一）审前程序

人民法院在决定立案受理民事诉讼后，开庭审理之前，为保证审理的顺利进行和案件的及时、正确处理，法官需要预先作一些必要的准备工作，这一过程在立法上被称为"审理前的准备"，是第一审普通程序的一个必经阶段。近年来，随着民事审判方式改革的深化，实务部门已经逐渐意识到审前程序的重要性，早在2001年，最高人民法院《民事证据规定》的颁布[2]便使我国民事诉讼基本上过渡到了"审前准备＋最终开庭审理"模式，[3]2012年新修改的《民事诉讼法》及随后出台的《民诉法解释》对审前程序分流以及组织证据交换、召开庭前会议等事项做了更为具体的规定。

证据交换是20世纪90年代后期至今，地方各级人民法院适用普通程序审理第一审案件所采取的整理争议焦点和固定证据的通常方法，对于实现审理集中化、促进诉讼的公平和秩序具有十分积极的作用。2012年《民事诉讼法》在修改过程中也对证据交换制度在立法上予以了肯定。在形式上，人民法院可以根据案件的具体情况选择采取召集庭前会议、单纯的证据交换或者其他方式进行审前准备活动。

与单纯的"审前准备程序"相比，"审前程序"无论在形式上还是在功能上都具备了鲜明的完整性和独立性。审前程序具备其独立的功能，其目的并不仅仅是为庭审的顺利进行提供服务，在我国的司法语境下，更是力求将有待庭审解决的问题提前到"审前程序"中来解决，即通过当事人双方和解或法院调解完成民事诉讼的任务并终结整个民事诉讼程序。[4]可见，虽然历次司法公开制度的设计和完善均未将审前程序作为重点，但是，从程序运行角度，我们必须认识到其重要性。法官在审前程序中除向当事人公开庭前准备程序的事务性事项外，还应向当事人公开实质性案件信息。审前阶段的司法公开对于当事人双方固定证据、整理争点、落实诉讼权利具有重要作用。以美国法为例，当事人在进入民事诉讼程序后，需要经历完备的证据开示程序，目的在于实现当事人之间诉讼信息的对等，由当事人及其律师收集证据、交换证据、明确争点，准备开庭审理的所有工作。以德国法为例，其在民事诉讼法中规定的与审前准备活动有关的工作主要包括送达诉状和答辩状、法院指定辩论日期并传唤当事人、法院命令当事人进行书面准备程序和发布有关命令等。[5]

目前，在我国民事诉讼立法和司法实践中，对于证据交换、整理争议焦点、固定

---

[1]　See Kathryn Houck Sturm, "Judicial Control of Pretrial and Trial Publicity: A Reexamination of the Applicable Constitutional Standards", 6 Golden Gate U. L. Rev. 101 (1975).

[2]　经修改后的《民事证据规定》，2019年10月14日最高人民法院审判委员会第1777次会议通过，自2020年5月1日起施行。

[3]　参见常怡主编：《民事诉讼法学》，中国政法大学出版社2008年版，第375页。

[4]　参见沈德咏主编：《最高人民法院民事诉讼法司法解释理解与适用》（上），人民法院出版社2015年版，第584~585页。

[5]　参见常怡主编：《比较民事诉讼法》，中国政法大学出版社2002年版，第513页。

证据、庭前调解等与实体审理有关的或产生实体后果的程序事项披露不足，这种情况源于我国审前程序的薄弱，特别是审前程序的非正规化。[1] 在今后的一审普通程序修改中，加强审前程序的正规化构建是题中之意。[2] 法官在审前程序中，除了向当事人公开庭审准备进度等事务性信息外，还应通过阐明义务的履行向当事人公开实质性案件信息。审前阶段法官公开实质性案件信息包括对当事人双方进行必要的举证指导；通过证据交换，通过发问或提示的方式促进双方当事人进一步阐述进而确定争点；围绕争点协助当事人固定证据。[3] 一方面，法院在审前程序中经由一方当事人所知悉的案件信息应对另一方当事人公开；另一方面，法官在审判程序中所形成的对案件事实与法律意见的初步判断应适时向当事人公开，从而实现引导当事人诉讼的功能。[4] 可见，在证据交换、庭前会议等制度运行过程中需要加强程序保障的力度，其中，在司法公开问题上实现实质性的进展是极其重要的一环。

（二）法院调解

在我国民事诉讼法上，法院采用调解的方式所适用的程序被称为调解程序，调解程序作为人民法院行使审判权的方式是与审判程序并存的，并且也可以与审判程序同步进行。当代社会的司法理念和诉讼价值观在不断转变，减少对抗性、平和地解决纠纷已经成为民事诉讼最重要的价值。[5] 有学者认为，调解更符合民事纠纷解决中当事人自主处分原则，同时融合了法院的审查、管理、监督以及和解促成功能，避免了双边协商中可能潜在的不平等和低效等弊端，是一种具有更高正当性与合理性的制度。[6] 还有学者认为，相较于审判程序而言，调解程序更具随机性、灵活性，只要双方当事人认可并且有利于调解协议达成，调解在程序上没有严格、具体的限制。[7] 正是由于调解程序在程序构造上过分"自助"的形态使得某些学者做出了调解具有"反程序外观"的评价。[8]

需要注意的是，调解保密原则是调解与审判的重要区别之一，有学者将其区分为调解过程的保密与调解信息的保密两个方面。[9] 特别是在背靠背调解中，当事人对调解保密性的要求非常高，这也是调解制度区别于正式庭审制度的特质与优势。同时，由于调解需要一种和谐的氛围，在有公众旁听的法庭上，当事人双方往往会碍于情面

---

[1]　参见毕玉谦："对我国民事诉讼审前程序与审理程序对接的功能性反思与建构——从比较法的视野看我国《民事诉讼法》的修改"，载《比较法研究》2012年第5期。

[2]　参见毕玉谦："对现行民事诉讼审前程序进行结构性改造的基本思考"，载《法律适用》2011年第10期。

[3]　参见齐树洁主编：《民事审前程序新论》，厦门大学出版社2011年版，第41页。

[4]　参见王小林等：《司法公开理路研究》，法律出版社2016年版，第179页。

[5]　参见［美］迈克尔·D.贝勒斯：《法律的原则——一个规范的分析》，张文显等译，中国大百科全书出版社1996年版，第72页。

[6]　参见常怡主编：《民事诉讼法学》，中国政法大学出版社2008年版，第321页。

[7]　参见毕玉谦等：《民事审判与调解程序保障机制》，中国政法大学出版社2015年版，第24~25页。

[8]　季卫东："程序比较论"，载《比较法研究》1993年第1期。

[9]　参见肖建华、唐玉富："论法院调解保密原则"，载《法律科学（西北政法大学学报）》2011年第4期。

而难以达成调解协议，故调解不适宜在公开的法庭上进行，因此法官在主持调解时应对司法公开作一定的限制。[1]可见，在调解制度被大量运用的今天，如何在司法公开的语境下讨论调解保密原则的适用已经成了一个不可回避问题。笔者认为，从调解程序的理论基础观之，二者是可以调和的。在处分主义下，当事人能够通过对自己权利的"处分"行为来规定程序的进行，法院原则上必须受这些行为的拘束。[2]所以说，当事人的合意处分是法院调解的本质属性。[3]在处分原则项下，当事人可以通过意思自治处分自己的权利，这也是调解保密原则的正当性基础。在司法公开的语境下，我们需要警惕的是，程序非正式化以及调解保密原则等因素的多重作用是否会在实质上限制当事人的处分权，以至于损害当事人的实体权利。也就是说，我们需要讨论的是如何在调解程序中加强当事人的程序保障。具体而言，主要有以下几点：

第一，自愿原则的贯彻。调解权以效率为导向，是一项充分体现司法能动性的制度，其行使方式趋于主动化，改变了审判权消极、超然的基本设定。在调解程序中，法官的司法能动性被放大，加之当下"调审合一"的模式以及现有调解方式的多元化倾向，当事人的处分权存在着被"隐形限制"的危险。[4]因此，法官在审判过程中必须坚持自愿原则，充分尊重当事人的处分权，杜绝以调解为名减损当事人权利的情况发生。也就是说，不能在审判过程中，刻意追求调解结案而实质性损害当事人的权益。

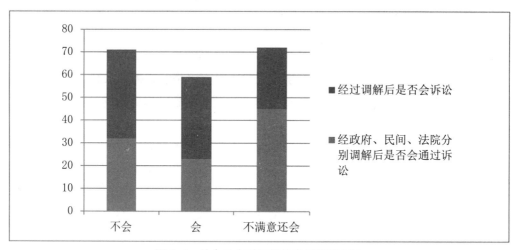

图 2-1　社会公众对调解的意见调查[5]

第二，法官释明权的行使。由于调解程序具有特殊性，法官释明是司法公开制度

---

〔1〕 参见王亚明："审判公开例外的考量与反思"，载《福建法学》2012 年第 2 期。

〔2〕 参见［日］谷口安平：《程序的正义与诉讼》，王亚新、刘荣军译，中国政法大学 1996 年版，第 104页。

〔3〕 参见毕玉谦等：《民事审判与调解程序保障机制》，中国政法大学出版社 2015 年版，第 141 页。

〔4〕 参见毕玉谦等：《民事审判与调解程序保障机制》，中国政法大学出版社 2015 年版，第 296~302 页。

〔5〕 参见王小林等：《司法公开理路研究》，法律出版社 2016 年版，第 59 页。

的关键性保障。释明权能够使有关一方当事人在遇有特定情形时获得司法上的必要救济。[1]释明权的行使应当以辅助双方当事人达成合意、解决纠纷为限度。从司法公开制度来看，在调解程序中，一方面要强调法官释明权的边界，防止法官过度释明、不当释明对当事人造成心理压力，妨害调解的自愿性；另一方面要强调释明内容的适当性，即要向当事人释明调解程序的自愿原则与合法原则，使调解程序的运行符合立法原意，在法定框架下合理运行。

第三，调解方式的透明化。当前一审程序中既有庭前调解、当庭调解、庭后调解，还有"面对面"调解、"背靠背"调解、电话调解、微信调解等形式。在司法公开的语境下，我们需要加强调解方式的透明化，即以双方对席的调解方式为主，以"背靠背"的调解方式为辅。在"背靠背"调解、电话调解等单方接触的情况下，法院应当及时向另一方及时披露有关信息，建立规范化、透明化的调解机制，防止在调解过程中因信息不对称而产生的偏听偏信。

表 2-1　事实认定和法律适用、调解的公开调查[2]

事实认定及法律适用是否应当公开	法院	调解是否应当公开	法院
不应当公开	17	调解案件经当事人同意可以公开	51
应当公开，在裁判文书送达时公开	10	调解案件一律不公开	20
应当公开，在裁判文书中阐明	45	为了保证调解结果的公平性，调解信息应向当事人双方公开	22
应当公开，在裁判文书及送达时均公开	21		

三、二审程序——审判方式优化与司法公开制度的功能实现

相较于西方国家金字塔型的审级制度而言，我国现行的四级两审制是一种柱型结构的司法等级制。每一级法院、每一级程序都有权全面审理事实问题和法律问题，有权直接传唤当事人和证据并重新调查事实，有权根据自己查明的事实作出判决。[3]第二审程序的发生，一方面是基于当事人的上诉权，另一方面是基于人民法院内部层级之间的审判监督权。因此，相较于一审程序而言，我国第二审程序一方面侧重于对上诉人的权利救济，即上诉人通过二审程序改变一审对己不利判决；另一方面侧重于对

[1]　毕玉谦："对民事诉讼中法官阐明权的基本解读"，载《法学家》2006年第6期。
[2]　关于司法结果如何向当事人公开的调研，可参见王小林等：《司法公开理路研究》，法律出版社2016年版，第61页。
[3]　参见傅郁林："审级制度的建构原理——从民事程序视角的比较分析"，载《中国社会科学》2002年第4期。

下级法院的审判活动进行监督。[1]但是，长期以来，在我国"有错必纠"理念的影响下，二审程序之基本功能并非在于通过为当事人提供相适应的程序保障来提升裁判的正当性和认同度，而是将"纠错"作为其核心功能。在此种功能定位下，本应作为事实认定"主力军"的一审法院陷入了当然的错误嫌疑，并自然衍生出了公众对一审法院的不信任和上诉的盲目冲动。[2]由于我国二审程序功能定位上的扩张，造成了其在审理内容上难以对新攻击防御方法加以限制，最终导致其在实践中倒向了复审制。[3]实践中的这种倾向在一定程度上造成了审级分工的消解和审判效率的降低。

在程序运行机制层面，我国虽然在立法上明确了二审审理"以开庭审理为原则，以不开庭审理为例外"，但是在实践运行中却出现了完全不同的情况。实践表明，不开庭审理在实践中有着深厚的土壤，具有成本低、效率高、收益不变、效果更佳、符合司法传统等优势。[4]申言之，我们需要重新考量我国上诉审中言词原则与书面原则的关系。从比较法角度来看，在各国的民事诉讼实践中，由于上诉审担负的使命不同，决定了上诉审案件审理的方式各异。在大陆法系国家的二审程序中，言词审理原则虽然有所弱化，但仍为法院审理上诉案件的主要方式。书面审理作为言词原则的补充，只在法律规定的有限范围内得以使用。[5]我国立法上以开庭审理为原则，以径行裁判为例外，由此确定了言词审理与径行裁判两种审理模式的制度分野。但是，我国在司法实践中的径行裁判并非典型意义上的书面审理，即使在使用径行裁判的二审案件中，法院仍然需要经过询问当事人的程序。在一项调研中，有学者对 A 法院 2010 年至 2012 年 100 件开庭审理的案件和 100 件不开庭审理的案件进行抽样考察发现，开庭审理的案件中调解率为 20.7%，撤诉率为 14.1%，不开庭审理的案件中调解率为 28.4%，撤诉率为 19.6%。不开庭审理的案件调撤率略高。[6]可以说，我国的二审审理方式实际上应该分为正式的言词审理（即二审开庭审理）与不正式的言词审理（即我国司法语境下的二审径行裁判，法院通过组织谈话、询问的方式实现了言词审理的主要功能），其中，非正式开庭存在常态化的倾向而正式开庭存在形骸化的倾向。[7]

由于二审的审理方式区别于一审，因此一审程序中有关司法公开的制度"装置"自然无法套用在二审程序中。最为重要的环节就是在缺乏正式开庭的二审案件中，如

---

〔1〕 参见张卫平：《民事诉讼法》（第 4 版），法律出版社 2016 年版，第 351 页。

〔2〕 参见潘剑锋："中国民事审判程序体系之科学化革新——对我国民事程序及其相互关系的反思"，载《政法论坛》2012 年第 5 期。

〔3〕 参见张卫平：《民事诉讼法》（第 4 版），法律出版社 2016 年版，第 353 页。

〔4〕 李承运："冲突与融合：民事二审审理方式实践运行与规则预设的检视和改造"，载《现代法学》2014 年第 5 期。

〔5〕 参见纪格非："消亡抑或重生：言词原则在民事二审程序中的发展趋势及其启示"，载《法学评论》2012 年第 4 期。

〔6〕 参见李承运："冲突与融合：民事二审审理方式实践运行与规则预设的检视和改造"，载《现代法学》2014 年第 5 期。

〔7〕 参见王聪："形骸化抑或实质化：直接言辞原则在民事二审程序中的实践"，载张卫平：《民事程序法研究》（第 16 辑），厦门大学出版社 2016 年版，第 192 页。

何进行审理过程的公开。二审审理的范围是当事人的上诉请求，其内容既包括事实问题又包括法律问题。同时，在二审裁判结果上分为驳回上诉、维持原判，依法改判，发回重审三种类型。因此，在二审案件的审理方式上应当从内容和结果两方面加以区分。如果上诉的理由是事实问题，那么法院应当提供给原被告双方再次对席争辩的机会。在依法改判的情况下，如果是因为事实问题，那么原则上应当进行开庭审理，给予当事人类似一审的权利保障。这些做法虽然没有形成立法，但是在很多地区的司法实践中都已经这样要求，并形成了惯例。

如前所述，二审的功能一方面是审级监督，另一方面仍是权利救济，所以在对当事人的权利进行实质性变动的情况下，必须赋予其更高程度的权利保障。鉴于言词辩论、双方对席等原则在事实问题查清方面的重要性，除明显不合理的情形外，在当事人以事实问题作为其上诉理由时，二审法院应当给予其再次公开辩论的机会。同时，当二审法院对事实问题进行改判时，理应遵循民事诉讼法中以开庭为原则的规定，通过正式开庭的方式保障当事人的权利，同时实现审理过程的公开性。而对于以法律适用不当为理由的上诉，可以使用径行裁判的方式（实践中法官仍会倾向通过非正式开庭、电话沟通等形式与当事人进行信息交换）进行审理，在此情形下司法公开制度应当主要着力于对二审裁判文书的实质公开，也即就二审认可或不认可一审法院法律适用的理由进行充分的说理。

四、再审程序——书面审理模式与司法公开制度的路径选择

再审程序是指人民法院在法院的判决、裁定生效之后，基于法定事由，对案件再次进行审理所适用的制度。再审的意义主要在于对已经生效的判决、裁定中的错误予以纠正，其在我国民事诉讼法律体系中具有悠久的历史和十分重要的地位。再审程序作为两审终审制原则下的特别救济途径，在政府权力与私人权利配置的二元结构中，不属于当事人的权利事项，而属于审判权的特许或裁量决定的范围。[1]因此，再审立案审查程序不同于一审和二审，法院需要对再审申请进行实质性审查，一旦裁定再审，便打破了原生效判决的既判力，发生中止原裁判执行、重新审理的法律效果。由于我国并无特定的再审实质审理程序，在裁定再审后，需要根据原判决、裁定的审级，确定相应的实质审理程序。因此，再审立案阶段与再审审理阶段的区分较为明显。由于再审实质审理阶段完全套用一、二审程序，所以有关再审程序中的司法公开问题重点集中在其立案程序上。

与二审程序的审限相同，再审法院应当自收到再审申请书之日起3个月内审查并决定是否裁定再审。在审判方式上，再审立案程序相较于二审程序则呈现出了更加彻底的书面审理倾向。我国民事诉讼再审立案阶段并无开庭审理程序，根据司法解释的相关规定，法院可以根据审查案件的需要决定是否询问当事人。当有新的证据可能推

---

〔1〕　参见江伟主编：《民事诉讼法专论》，中国人民大学出版社2005年版，第426~427页。

翻原判决、裁定时，人民法院应当询问当事人。也就是说，再审立案阶段并无开庭程序，而就是否询问当事人以及询问的方式，法官具有较大的自由裁量余地。

由于再审立案程序秉承书面审理原则，因此司法公开的着力点在于裁判理由的公开。虽然再审立案程序最终以裁定书形式作出立案或不予立案的裁定，但是从再审事由来看，该裁定不仅涉及程序性问题，也涉及某些实体问题。因此，与其他程序性裁定书相比，再审裁定书的说理应该比照一、二审判决书的说理部分进行强化，在再审裁定书中应当对申请人的再审理由进行回应，并对再审裁定结果进行充分的释明。实践中，最高人民法院的再审裁定书已经在说理性、可读性方面走在了前列，特别是对于再审不予立案的裁定书，对于事实及法律适用方面的理由阐述均相对比较充分。通过裁定书中的充分说理不仅可以提高裁判的可接受性，也会对统一法律适用起到一定的积极作用。

五、执行程序——执行权行使与司法公开制度的多重效能

执行程序设立的基础是司法执行权，其目的在于通过国家强制力迫使义务人履行法律文书确定的义务。执行权与审判权的区别在于，其不具有判断是非、确定权利归属的功能，只是强调对权利人已有权利的实现。[1]执行权似乎兼具司法权与行政权的特质。我们以执行机构与被执行人之间的关系为切入点，可知民事执行具有单向性、不平等性、主动性、形式化、强制性、职权主义以及效率取向等特征。[2]"执行难"一直是公民普遍关注的话题，也是司法工作中的难题，其严重损害了司法公信力和司法权威。其中，执行信息不公开是执行不力情况出现的重要原因。为贯彻落实执行公开原则，规范人民法院执行流程公开工作，方便当事人及时了解案件执行进展情况，更好地保障当事人和社会公众对执行工作的知情权、参与权、表达权和监督权，进一步提高执行工作的透明度，以公开促公正、以公正立公信，最高人民法院于 2014 年 9 月 3 日印发了《最高人民法院关于人民法院执行流程公开的若干意见》（以下简称《执行公开若干意见》）。其第 1 条规定："人民法院执行流程信息以公开为原则、不公开为例外。对依法应当公开、可以公开的执行流程及其相关信息，一律予以公开，实现执行案件办理过程全公开、节点全告知、程序全对接、文书全上网，为当事人和社会公众提供全方位、多元化、实时性的执行公开服务，全面推进阳光执行。"当前，在执行公开方面，中国执行信息公开网提供被执行人信息、全国法院失信被执行人名单、执行案件流程信息、执行裁判文书信息公开服务，建立了执行案件基础数据库，汇集了全国 3000 多家法院 2356 万件案件信息。目前已经累计公开执行案件信息 3448 万条，提供执行案件信息查询 3766 万人次，公布失信被执行人 288.1 万次，发布失信名单247 万余人，限制购买软卧车票 17 万人次，限制购买飞机票 199 万人次，限制办理信

---

〔1〕 参见刘家兴、潘剑锋主编：《民事诉讼法学教程》，北京大学出版社 2013 年版，第 305 页。
〔2〕 参见江伟主编：《民事诉讼法专论》，中国人民大学出版社 2005 年版，第 486～489 页。

用卡和贷款 10 万人次。[1]

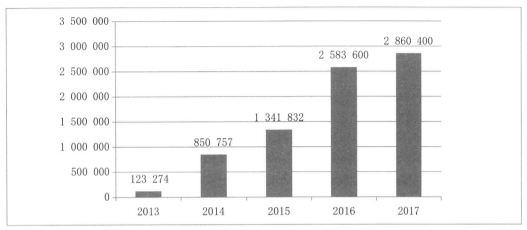

图 2-2　近五年执行案件裁判文书公开数量统计[2]

在执行程序的进程中，主要涉及三方面主体的知情权：一是申请执行人；二是被执行人；三是与执行行为有利害关系的案外人。在公开的内容和方式上，主要有以下几个方面：

第一，执行裁判的公开。在执行程序中，法院会作出相关裁判。法律及相关司法解释规定，对于法院采取查封、扣押、冻结、划拨等执行措施的，应当依法制作裁定书并送达被执行人。法院在其网站应设立专门的裁判文书公开栏目。除不予上网公布的裁判文书以外，人民法院按照有关规定应当将审理各类案件公开宣告的裁判文书上网公布。对于当事人和案外人提起执行异议之诉等情况的，法院需要对实体问题作出判断，因此在司法公开的层面上要比照审判程序保障当事人的诉讼权利。

第二，执行流程的公开。执行的进度和流程是执行人和被执行人最为关注的事项，在推行法院工作信息化的背景下，各级法院在执行程序中更要加强网上执行流程的公开，从而达到以公开促公正、以公开促效率的效果。法院执行工作的全面公开，首先要解决的就是执行工作流程的公开。有学者将其概括为以下几个方面：一是执行立案的公开；二是案件承办人和执行进展的公开；三是执行措施的告知；四是财产处理以及评估拍卖的公开。[3]根据相关政策，除执行请示、执行协调案件外，各级人民法院受理的各类执行案件，应当及时向案件当事人及委托代理人预留的手机号码，自动推送短信，提示案件流程进展情况，提醒案件当事人及委托代理人及时接受电子送达的

---

[1]　参见孟涛："中国司法公开的不均衡现象"，载《人民法治》2016 年第 11 期。另外，根据《人民法院报》刊登的有关信息，截至 2019 年 4 月 1 日，全国范围内已公布失信被执行人名单为 135 069 330 例，限制乘坐火车 20 490 596 人次，限制乘坐火车 5 716 082 人次。参见最高人民法院："数据看板"，载《人民法院报》2019 年 4 月 3 日。

[2]　相关数据来源于中国裁判文书网：http://192.0.101.71，最后访问时间：2018 年 3 月 11 日。

[3]　参见王小林等：《司法公开理路研究》，法律出版社 2016 年版，第 150~151 页。

执行文书。立案部门、执行机构在向案件当事人及其委托代理人送达案件受理通知书、执行通知书时，应当告知案件流程进展查询、接受电子送达执行文书的方法，并做好宣传、咨询服务等工作。

第三，执行信息的公开。司法公开的主要措施有公布执行指南、公布拍卖公告、公开失信人信息等等。2010 年 10 月，为了总结推广各地法院推进司法公开的有效措施和宝贵经验，发挥司法公开示范法院的榜样作用，经各高级人民法院推荐，最高人民法院研究决定：北京市第一中级人民法院等 100 个法院为"司法公开示范法院"（其中高级人民法院 11 个、中级人民法院 33 个、专门法院 1 个、基层人民法院 55 个）。同时，最高人民法院制定《司法公开示范法院标准》，规定法院应在其网站公开执行案件的立案标准、收费标准、执行风险、执行规范、执行程序等信息。在执行案件办理过程中，案件当事人及委托代理人可凭有效证件号码或组织机构代码、手机号码以及执行法院提供的查询码、密码，通过执行流程信息公开模块、电话语音系统、电子公告屏和触摸屏、手机应用客户端、法院微博、法院微信公众号等多种载体，查询、下载有关执行流程的信息、材料等。

执行程序公开不仅涉及流程信息、执行主体的公开，还涉及对执行标的的处置（如公开拍卖程序）、对失信人的限制（如曝光失信人名单、限制高消费）等其他信息的公开。对于失信企业和失信人的曝光，同时也使得司法公开制度具备了一定程度的法律制裁功能，对于失信企业和个人在客观上产生了一定程度的震慑，使其商誉或个人信誉受损。[1]可见，在这个层面，执行程序中的信息公开又具备了新的功能，其不仅仅可以起到促进阳光司法、司法透明的作用，同时也是完成执行程序的必要环节。

第三节　基于民事诉讼程序运行的横向分析

传统的民事诉讼结构以家事纠纷、人身伤害纠纷等传统民事案件为主，随着社会的发展，商事纠纷诉讼、公益诉讼、证券诉讼等新类型案件大量涌现，单一的诉讼程序架构显得捉襟见肘。[2]当前，我国民事诉讼制度改革的基本目标和总体方向是司法现代化和司法专业化，完成从"前现代"向"现代化"的转型。其中，"案件分流""程序分类"是系统重构我国现代化的民事诉讼程序的基本思路。[3]随着我国民事诉讼法的修改和司法解释的出台，简易程序、公益诉讼程序、第三人撤销诉讼程序都有了更加细致的规定。同时，海事法院、知识产权法院、环境资源法院等专门性法院已经建立或正在筹建中，案件分流和程序分类的理念在实践中逐步得到实施和深化。所以，在司法公开制度的研究过程中，我们需要遵循案件分流和程序分类的理念，本节

---

〔1〕　See Francis E. Rourke, "Law Enforcement through Publicity", 24 U. Chi. L. Rev. 225（1957）.

〔2〕　参见傅郁林："迈向现代化的中国民事诉讼法"，载《当代法学》2011 年第 1 期。

〔3〕　参见傅郁林："分界·分层·分流·分类——我国民事诉讼制度转型的基本思路"，载《江苏行政学院学报》2007 年第 1 期。

在横向上将案件分为简易案件、家事案件、商事案件、公益诉讼案件等类型分别加以探讨。

一、小额案件——程序简化与司法公开制度之匹配

现代民事诉讼简易程序的内容非常丰富，"简易程序"也是一个在多种意义上使用的概念。[1]我国新修改的《民事诉讼法》第 162 条规定："基层人民法院和它派出的法庭审理符合本法第一百五十七条第一款规定的简单的民事案件，标的额为各省、自治区、直辖市上年度就业人员年平均工资百分之三十以下的，实行一审终审。"这是我国第一次以立法形式明确规定小额案件的审理制度。至此，我国的简易程序进一步细化为一般简易程序和小额诉讼程序。简易程序的多元化从一个侧面反映了我国的民事司法程序从无到有、从随意到规范、从规范再到分化和简化的发展历程。[2]与普通程序和简易程序不同，小额诉讼程序所受理的案件金额较小，涉及的当事人利益不大，当事人往往倾向于以较小的诉讼成本迅速解决纠纷。因此，小额诉讼程序立法的一个共同特点就是通过独任审理、压缩审限、禁止或限制上诉、降低或免收当事人诉讼费用等方式降低国家和当事人在小额诉讼程序中的投入，使之更加具有成本低廉性的特征。[3]然而，程序的简化和诉讼成本的降低在某种程度上一定会导致程序保障程度的降低，这也是立法在权衡公正与效率价值之后做出的选择。

关于小额诉讼的功能，一方面在于使大众接近司法，另一方面在于合理配置司法资源，对案件进行繁简分流，以减轻法院的压力。[4]《民诉法解释》对小额诉讼进行了更加细致的规定。从小额诉讼制度的实际运行来看，其存在以下几个特点：一是举证期限和审理期限较短。根据司法解释，小额诉讼的举证期限一般不超过 7 日（在特殊情况下，当事人协商确定的举证期可以超过 7 日，但不得超过 15 日），且必须在 3 个月内审结；二是缺席判决率较高。在实际操作过程中，小额诉讼案件大量集中在供水、电、气、热力合同纠纷，银行卡纠纷，物业、电信等服务合同纠纷等几类案由，大公司和企业在程序利用上占据绝对优势。缺席判决率一直居高不下。在缺席审判的情况下，被告无法对原告的诉讼请求提出充分、有效的抗辩，法院只能根据原告的一面之词作出最终的判决。[5]三是小额程序的裁判文书相对简单，说理不充分。《民诉法解释》第 282 条规定："小额诉讼案件的裁判文书可以简化，主要记载当事人基本信息、诉讼请求、裁判主文等内容。"在适用小额诉讼程序审理的案件中，往往是法律关系非

---

〔1〕　章武生："我国民事简易程序的反思与发展进路"，载《现代法学》2012 年第 3 期。

〔2〕　许尚豪："小额诉讼：制度与程序——以新修改的我国《民事诉讼法》为对象"，载《政治与法律》2013 年第 10 期。

〔3〕　参见沈德咏主编：《最高人民法院民事诉讼法司法解释理解与适用》（上），人民法院出版社 2015 年版，第 584~585 页。

〔4〕　全国人大常委会法制工作委员会民法室编：《中华人民共和国民事诉讼法条文说明、立法理由及相关规定》，北京大学出版社 2012 年版，第 270 页。

〔5〕　参见肖建国、刘东："小额诉讼适用案件类型的思考"，载《法律适用》2015 年第 5 期。

常简单，有的案件甚至不需要法律说理，根据生活常识就可得出结论。[1]目前，各地具体的文书简化模式仍在探索之中。

可见，在小额诉讼程序中，一方面，我们要防止小额诉讼程序沦为大公司的收债工具，另一方面在高缺席裁判率的现实下要努力保障被告一方的诉讼权利的实现。因此，在面对大型公司的批量化诉讼时，司法公开制度要侧重保障被告的参审权、知情权和辩论权，防止批量处理带来的错案风险。具体来说，可以改良现存的诉讼通知方式，通过多元化途径保障被告人的知情权和参与权。对于涉及供水、电、气、热力合同纠纷，银行卡纠纷，物业、电信等服务合同纠纷等案件，可以通过在小区张贴公告、发送短信、网站公示等方式通知当事人到案，还可以通过居委会等基层组织的协助提高此类案件的参诉率。同时，在裁判文书简化的过程中，应当注重"繁简结合"，从当事人诉权保障、裁判文书可执行性、回应当事人争议焦点等因素出发，保留当事人基本信息、诉讼请求、主要争议焦点、裁判主文等信息。

二、家事案件——特殊诉讼标的与司法公开制度之边界

在民事诉讼中，家事纠纷的解决因其涉身份情感关系而蕴含特殊的程序原理与程序规定。家事诉讼程序制度与一般民事诉讼程序相比，虽然在制度目的上均有保护私权与解决纠纷之作用，但是在程序进行之原则及方法上有其特有属性，法院在处理家事纠纷时，当事人的处分权与法院裁判权的关系与涉及契约、侵权的财产权利义务的民事纠纷迥然不同。正因为家事纠纷具有特殊性，许多国家和地区才设立了与家事纠纷审理相适应的程序制度。[2]一般的民事诉讼程序以对抗制为特征，但在家事案件中，"刚性"的对抗式诉讼并不适合离婚等家庭纠纷的合理解决。[3]家事诉讼标的具有社会性、公益性等属性。[4]家事审判遵循职权探知主义诉讼形态，以不公开进行为原则，强调当事人本人参与、扩大当事人的诉讼能力，强化家事事件与家事效果事件的合并审判，对诉的变更、合并与反诉较为宽松。[5]

在家事案件中，对于司法公开原则的把握需要关注以下几个方面：

第一，不公开审理制度。司法公开从本质上看是满足案件当事人和社会大众对相关个案知情权的保障，但也是公民基本权利——隐私权——的让渡与博弈。[6]审判公开是司法公开的具体化和制度化，我国民事诉讼以公开审理为原则，以不公开审理为例外，其中涉及个人隐私的案件和离婚案件都属于法定不公开审理的情形。对于何为

---

〔1〕 参见沈德咏主编：《最高人民法院民事诉讼法司法解释理解与适用》（上），人民法院出版社2015年版，第745页。

〔2〕 参见罗曼："论家事诉讼程序与家事审判机构的设立"，载《民事程序法研究》2016年第1期。

〔3〕 参见陈爱武："论家事审判机构之专门化——以家事法院（庭）为中心的比较分析"，载《法律科学（西北政法大学学报）》2012年第1期。

〔4〕 参见张卫平：《民事诉讼回归原点的思考》，北京大学出版社2011年版，第127页。

〔5〕 参见罗曼："论家事诉讼程序与家事审判机构的设立"，载《民事程序法研究》2016年第1期。

〔6〕 参见王小林主编：《信息化时代司法公开的逻辑与进路》，人民法院出版社2015年版，第142页。

隐私，狭义上指有可能对当事人个人情感带来伤害的那些有关当事人个人生活的信息，包括个人生理、家庭不幸等。[1]离婚案件的不公开审理理由与个人隐私案件相同，将其独立于个人隐私案件之外加以规定似有重复之嫌。但从另一个层面上，我们可以将其视为我国法律对于婚姻关系的一种特殊保护，从而区别于其他隐私权单独加以规制。从这个方面来说，这是司法公开原则的例外。从主体方面分析，虽然此类案件对于公众不公开，但是对于当事人仍应当公开，例如在当事人的申请和同意下仍应当保障亲属等的旁听权。

第二，家事调解程序。诉讼事件具有较强的对审性，传统民事诉讼程序是按照处分权主义、辩论主义来进行的，法官裁量权空间受到限缩，法院难以依职权介入事实调查，这种程序构造常常造成诉讼的拖延。因此，通过诉讼事件非讼化的方式达到快速解决纠纷的效果成了很多国家的选择。其中，家事调解是最重要的非讼化纠纷解决机制。因此，在家事调解过程中，我们需要在司法公开问题上进行适当的调整。具体来说，一方面要坚持自愿原则，加强法官释明，实现调解方式透明化；另一方面也要注重家事调解偏重当事人感情与心理慰藉，调解之中带入心理治疗或心理咨询的特殊性。对于涉及当事人隐私、情感创伤等的事项，可以应当事人要求或者主动为当事人保守秘密。

第三，职权主义倾向。基于家事诉讼的公益性特点，法院在审理过程中应当更加注重实质正义的实现以及人道主义的关护。在审理方式上采用职权探知主义，可以主动依职权收集证据、查明事实。[2]鉴于上述特质，在司法公开的层面，一方面要强化法官在审判过程中的释明权，将法官职权探知的情况及时向当事人披露，并做好释法明理的工作；另一方面，虽然涉及隐私等案件的裁判文书可以不公开，但是法官仍要在裁判文书中如实反映法庭行使审判权的方式和理由，对当事人的争议和法院裁判的理由进行充分的说理，提高裁判的可接受性。同时，要加强裁判文书的可读性，运用通俗的语言，融汇法理与人情，倡导和谐、健康、文明的婚姻家庭观念。通过充分的心证公开和理由公开，实现民事审判教育当事人和预防缓解矛盾的功能。

三、商事案件——商主体的品性与司法公开制度之尺度

随着商业的发展，商事关系逐渐成了一种独立于民事关系的社会关系被各国法律和司法实践所确认，并且具备了自己固有的规则内容和调整方法。可以说，民法是权利法，是确认权利归属的法律。而商法是财富法，是促进财富增长的法律。[3]商事诉讼是商主体将有争议的商事权利和义务事项，提交司法审判机构，由其按审判程序作出裁决的制度。虽然我国目前在立法上仍然采取民商合一的体制，但是在理论及实务界，商事审判的独立性和特殊性早已显现并广为认同。与传统的民事审判不同，商事

[1] 参见张卫平：《民事诉讼法》（第4版），法律出版社2016年版，第63页。
[2] 邵明："民事争讼程序基本原理论"，载《法学家》2008年第2期。
[3] 参见施天涛：《商法学》，法律出版社2010年版，第5页。

审判的理念主要包括重效率、侧重动态保护和强调利益均衡、尊重当事人意思自治及促进商事交易效率与安全并重等。[1]

有学者提出，商人比一般民事主体具有更宽容的心理，更易以和平方式解决纠纷，商事审判要更加注重解决纠纷上的自治，实行更宽容的审理程序，减少对抗，采取"柔性审判"。[2]还有学者提出，商事审判对应民事司法中最为正式的诉讼程序并体现司法分工的深化，我国有必要设计专门的商事程序规则。考虑到以英德为代表的国际趋势，法官诉讼指挥权与当事人的程序自我责任的结合、程序繁简安排中的比例原则以及替代纠纷解决机制的应用，都是我国建构商事审判程序时应予考虑的维度。具体而言，我国应当进一步强化诉答程序的对抗性和准备程序的功能特点，把握裁判与调解之间的平衡。商事程序中不宜强调非对抗性因素，应当以当事人个案中的选择为前提。[3]质言之，商事审判模式的构建必须符合商主体的基本品性。就司法公开制度而言，基于商事审判的特殊性和商主体利益的特殊性，需要注意以下几点：

第一，维护商业信誉。在现代商业社会，商业信誉是商主体的一项极为核心的无形资产。商主体之间的纠纷一旦诉诸诉讼往往会影响其商业信誉，进而影响其商业竞争力。实践中，通过诉讼方式进行商战的现象屡见不鲜。在反垄断诉讼、专利纠纷诉讼等现代型诉讼中，法院需要防止媒体对案情进行误导性宣传，使得诉讼成为商战的武器。因此，在司法公开层面，法院应当从维护商业信誉的角度，加强能动司法的能力和制度的灵活性，避免因案件审判过度公开、不当公开而造成相关商主体的利益损失。

第二，保护商业隐私。所谓商业隐私或商业秘密，是指不为公众所知悉，能为权利人带来经济利益，具有实用性并经权利人采取保密措施的技术性信息和经营信息。保护商业秘密可以维护市场经济的诚实信用原则，督促人们遵守商业道德，维护竞争秩序，同时还可以保护智力成果、激励发明创造等，当公开相关内容会侵害他人的商业秘密时，知情权就要受到限制。[4]我国立法及司法解释对于商业隐私的保护已经进行了特别规定，《民事诉讼法》规定人民法院审理民事案件，除涉及国家秘密、个人隐私或者法律另有规定的以外，应当公开进行。在离婚案件、涉及商业秘密的案件中，当事人申请不公开审理的，可以不公开审理。《民诉法解释》规定，涉及国家秘密、商业秘密、个人隐私或者法律规定应当保密的证据，不得公开质证。法院在审理上述案件的过程中，对于可能损害商业隐私情形的，应当履行释明的义务，提示当事人享有申请不公开审理的权利，一旦当事人申请不公开审理，在相关程序运行的各个环节便都要加强保密意识，保护商业隐私。

〔1〕 参见赵万一："商法的独立性与商事审判的独立化"，载《法律科学（西北政法大学学报）》2012 年第 1 期。

〔2〕 参见蒋大兴："审判何须对抗——商事审判'柔性'的一面"，载《中国法学》2007 年第 4 期。

〔3〕 参见曹志勋："我国商事正式程序论纲"，载《民事程序法研究》2014 年第 1 期。

〔4〕 参见倪寿明："司法公开问题研究"，中国政法大学 2011 年博士学位论文，第 39 页。

第三，尊重意思自治。商事关系是一种独立于民事关系的社会关系。商法有自己固定的规则内容和调整方法，交易自由、交易效率是商法的基本原则。在商事案件审理过程中，要重视商主体的意思自治，给予其更多的程序选择权。在司法公开领域也要尽到更高的注意义务，在司法公开的程度和方式上，赋予当事人更多的主动性。例如，在公开审理的商事案件中，如果当事人对某项审理内容或者审理环节作出希望不予以公开的合意，法院可以适当认可这种合意的效力。对于一方当事人申请不公开审理的，法庭应当综合考量公开审理的影响，对审判公开制度进行适当调整。

四、公益诉讼案件——特殊诉讼形式与司法公开制度之协同

所谓公益诉讼，是指非以维护自身民事权益，由特定的机关、社会团体或个人提起旨在维护社会公共利益的追究被告民事责任的诉讼。[1]公益诉讼的特殊性在于，诉讼的提起不是按照直接利害关系人的意愿，而是以抽象的利害关联为依据，使公益诉权的行使超越了纠纷的具体直接利害关联。[2]公益诉讼作为一种特殊的诉讼形式，因其自身结构的原因，不可能像一般解决私益纠纷的民事诉讼那样发挥某些功能，如损害赔偿等。[3]同时，公益诉讼也在诉讼参加、调解、既判力范围等制度上有着特殊规定。虽然公益诉讼制度化的构建尚未最终完成，但随着《民诉法解释》的颁布，我们已经可以初步勾勒出其制度特色。有学者经研究后认为，为促进我国公益诉讼特别是以团体诉讼为载体的公益诉讼的健康、有序运行，对于团体的原告、起诉和判决等重要信息，[4]都应当及时予以公开。关于信息公开的方式，应当充分发挥互联网的信息公示和通知功能，及时使取得原告资格的团体情况以及诉讼之提起和进行的情况充分公开。受诉法院应当将案件的审理和进行情况在"人民法院网"或者最高人民法院的官方网站上予以公示。另外，提起诉讼的团体应当将起诉、和解、调解、撤诉、判决等重要信息以电子邮件或者书面方式通知其他具有原告资质的团体。[5]人民法院认为上述情况有需要向其他社会主体通知或公告的也应当积极采取相应措施，保障公益诉讼的公开性。具体来说，我们认为主要有以下几个方面的问题需要注意：

第一，诉讼参与与诉讼告知。公益诉讼涉及不特定多数人的利益，但具有直接利益关系的人往往不能作为当事人参加诉讼。正是由于公益诉讼具有代表诉讼的性质，为了避免代表人诉讼中的不正当行为，确保诉讼保护公共利益的实现，各国在设计公

---

〔1〕参见张卫平：《民事诉讼法》（第4版），法律出版社2016年版，第338页。

〔2〕参见张卫平："民事公益诉讼原则的制度化及实施研究"，载《清华法学》2013年第4期。

〔3〕参见张卫平："民事公益诉讼原则的制度化及实施研究"，载《清华法学》2013年第4期。

〔4〕例如，取得原告资格的团体的名单等基本情况；已取得原告资格的团体因认定的期限届满而失去资格或因违法行为而被撤销资格等事项；团体在诉讼外行使不作为请求权的事项；团体提起诉讼和申请保全的事项；团体与被告进行诉讼中和解、调解或撤回诉讼等事项；判决的作出和生效等事项；上诉的提起和上诉审程序的进行性事项。参见刘学在：《民事公益诉讼制度研究——以团体诉讼制度的构建为中心》，中国政法大学出版社2015年版，第399页。

〔5〕参见刘学在：《民事公益诉讼制度研究——以团体诉讼制度的构建为中心》，中国政法大学出版社2015年版，第399~400页。

益诉讼时一般都增加了相关的通知或公告程序。[1]我国司法解释规定，人民法院受理公益诉讼案件后，应当在 10 日内书面告知相关行政主管部门。依法可以提起诉讼的其他机关和有关组织，可以在开庭前向人民法院申请参加诉讼。人民法院准许参加诉讼的，列为共同原告。可见，相比于普通诉讼，公益诉讼的性质决定了其在诉讼告知中的特殊性，这也是司法公开制度的着力点。

第二，和解、调解协议的公开。在公益诉讼案件中，当事人可以和解，人民法院可以调解。当事人达成和解或者调解协议后，人民法院应当将和解或者调解协议进行公告。公告期间不得少于 30 日。虽然在私益诉讼中和解、调解具有保密性特征，但是公益诉讼却恰恰相反，由于公益诉讼事关社会公共利益，原告的处分权必须在不损害社会公共利益的前提下行使，协议的内容也应当接受社会的监督。所以，在制度设计上，对于和解、调解协议乃至于和解、调解过程本身都需要以适当的方式加强公开化的程度。法院在公告期满后，结合其他主体提出的异议情况，还要依法对协议的内容进行审查。

第三，"一事不再理"与既判力范围。一方面，人民法院受理公益诉讼案件，不影响同一侵权行为的受害人根据《民事诉讼法》第 119 条规定提起诉讼。另一方面，除法律、司法解释另有规定外，公益诉讼案件的裁判发生法律效力后，其他依法具有原告资格的机关和有关组织就同一侵权行为另行提起公益诉讼的，人民法院裁定不予受理。可见，由于公益诉讼既判力主体范围的不确定性以及"一事不再理"原则，法院必须在审理过程中更加注重司法公开的实现，比如要充分利用电视、报纸或其他媒介及时向社会公众进行案件进展、审理情况乃至案件结果的披露。

第四节　司法公开语境下的程序机制研析与权利保障

司法公开的理念需要具化在程序运行的每一个阶段和每一个领域。从程序运行机制的角度，我们通过一横一纵的划分，从中观乃至微观的研究视角对不同阶段、不同类型的诉讼在司法公开过程中面临的问题与挑战进行了分析。可见，程序的阶段性和多元性对于司法公开制度的高效、合理运行提出了新的挑战。因此，我们在司法公开的语境下，必须找到一个皈依，从而完成机制研析的归宿探寻，这也是我们适用司法公开制度的准绳和主线。

一、阳光司法要考量不同诉讼阶段的审理模式

我国民事诉讼改革的起点和目标问题集中体现在以诉讼模式为关键词的大讨论当中。[2]虽然当事人主导型诉讼模式业已成为各界的共识，但从各种立法动向和改革文

---

〔1〕　参见沈德咏主编：《最高人民法院民事诉讼法司法解释理解与适用》（上），人民法院出版社 2015 年版，第 763 页。

〔2〕　参见任重："论中国民事诉讼的理论共识"，载《当代法学》2016 年第 3 期。

件来看，我们可以发现这种既有共识的抽象和不确定。[1]具体来说，就是在诉讼模式理论与具体规则研究之间存在着一个理论断层，导致宏观的理论不接地气，无法在实践中操作。[2]因此，必须在宏观理论之下体系化地构建中层概念，才能弥合理论研究与实际操作的鸿沟。从民事诉讼程序运行机制的角度来看，审理模式就是一个极为重要的中层概念。

刑事诉讼法学对于审理模式的研究已经形成了相当丰富的成果，并且取得了一定的理论话语权。面向中国实践的审判模式研究，首先必须关注法官心证的形成过程。[3]以此为基础，学者们提出了"庭审中心主义"[4]、"案卷笔录中心主义"[5]、"起诉状一本主义"[6]乃至"新间接审理主义"[7]等刑事审判方式。同时，对于定罪裁判、量刑裁判和程序性裁判的相对分离以及其各自具有的诉讼形态和构造，已经有学者进行了深入研究。[8]可见，随着程序的复杂化和研究的深入，我们发现，在同一种诉讼程序中存在着多种审理模式，而在同一审理模式下，不同的裁判过程中其诉讼形态和构造都会呈现出差异。

就民事诉讼法学而言，对于审理模式的研究主要有以下理论框架：一是职权探知主义与当事人进行主义的划分[9]；二是言词审理与书面审理的划分；[10]三是事实审与法律审的划分[11]。我国在具体的司法实践发展过程中，还提出过"调解型"审判模式和"判决型"审判模式[12]、"马锡五审判方式"[13]等。不同的审判模式、审理方法对于司法公开制度的运行都会产生决定性的影响。例如，在马锡五式的审判方法下，审判的公开性融合在一种非正式化的场景之中，法官心证的形成过程和说理的即时性

〔1〕　参见任重："论中国民事诉讼的理论共识"，载《当代法学》2016年第3期。
〔2〕　参见刘哲玮："论民事诉讼模式理论的方法论意义及其运用"，载《当代法学》2016年第3期。
〔3〕　兰荣杰："从西方回到中国：反思中国刑事审判模式理论研究"，载《中国刑事法杂志》2009年第3期。
〔4〕　参见龙宗智："论建立以一审庭审为中心的事实认定机制"，载《中国法学》2010年第2期；蒋惠岭："重提'庭审中心主义'"，载《人民法院报》2014年4月18日；顾永忠："试论庭审中心主义"，载《法律适用》2014年第12期。
〔5〕　参见陈瑞华："案卷笔录中心主义——对中国刑事审判方式的重新考察"，载《法学研究》2006年第4期。
〔6〕　参见孙长永："日本起诉状一本主义研究"，载《中国法学》1994年第1期；张建伟："审判中心主义的实质内涵与实现途径"，载《中外法学》2015年第4期。
〔7〕　参见陈瑞华："新间接审理主义——'庭审中心主义改革'的主要障碍"，载《中外法学》2016年第4期。
〔8〕　参见陈瑞华："刑事司法裁判的三种形态"，载《中外法学》2012年第6期。
〔9〕　参见张卫平："转制与应变——论我国传统民事诉讼体制的结构性变革"，载《学习与探索》1994年第4期。
〔10〕　参见王福华："直接言词原则与民事案件审理样式"，载《中国法学》2004年第1期。
〔11〕　参见张卫平："民事诉讼法律审的功能及构造"，载《法学研究》2005年第5期。
〔12〕　参见王亚新："论民事、经济审判方式的改革"，载《中国社会科学》1994年第1期。
〔13〕　参见强世功："权力的组织网络与法律的治理化——马锡五审判方式与中国法律的新传统"，载《北大法律评论》2000年第2期；张卫平："回归'马锡五'的思考"，载《现代法学》2009年第5期；郑重："继承与反思：评马锡五审判方式"，载《法制与社会》2011年第2期。

成了这种审判的特点，传统的司法公开制度在这种非正式审判过程中，往往无所适从。

当前，我国无论是立法机关、司法机关抑或是理论界，均对我国民事诉讼改革存在着一些基础性共识，其中最为关键的一项共识是以职权干预型诉讼模式（职权主义）为起点，以当事人主导型诉讼模式（当事人主义）为目标进行转型的共识。[1]虽然在模式转型的过程中会存在曲折和反复，但是当事人主导型的诉讼模式已经确立，并且在民事诉讼的实际审判中职权主义色彩已经越发减弱。那么，在宏观诉讼模式已经基本定型的前提下，对于相对中观层面的审理模式或者审判方式的研究必然要更加细致和深入。审理模式的差异会在对民事诉讼的运行样态产生极为深刻的影响。

在阳光司法的语境下，我们必须要考量不同诉讼阶段的审理模式，并在不同的审理模式之下探寻阳光司法的内容、方式和边界。立案等级制实施后，当场审查、当面立案成了立案工作的主要模式，由于其当场性，司法公开的价值已经被最大化实现。需要注意的就是补正及再次审查的及时性以及裁判理由的公开性，这是立案阶段阳光司法的主要着力点。在一审程序中，审前程序、庭审程序和调解程序各具特色，我国在普通程序中需要继续构建和完善审前程序，在程序正式化的基础上实现过程的公开化。在调解程序中，要在保障调解程序独特价值的同时，以司法公开促调解公正，保障当事人权利的最大实现。在二审程序中，由于言词审理形骸化和程序非正式化的倾向，司法公开的重点一方面是对言词审理原则的落实，另一方面是对裁判结果理由（包括维持及发回裁定）的实质公开。在再审立案程序中，由于秉承书面审理原则，因此司法公开的着力点在于裁判理由的公开。在执行程序中，由于程序原理的差异要区分执行裁判的公开和执行行为的公开，在裁判、流程和信息公开工作上要分别有所侧重。

二、阳光司法要尊重不同类型案件的诉讼特质

不同的诉讼体制有着不同的要求或者说不同的选择反映了特定的诉讼体制或模式。如果没有认识到这一点，我们可能将本该"职权主义化"的家事诉讼程序"当事人主义化"。[2]因此，在不同类型案件的权利保护层面，会有侧重点方面的差异。例如在小额诉讼程序中，低成本、高效率地解决纠纷是其特质，在权利保障程度与诉讼效率的取舍中，对效率的要求更高，因此，在程序保障方面就省略了很多"繁文缛节"。在家事案件和商事案件中，对个人隐私、商业秘密乃至个人名誉、商业信誉的保护是一个重要方面，不公开审判、调解、"柔性审判"等是其制度特色。在信息化社会，在此类案件的处理过程中，媒体的作用也不容忽视，要正确看待新闻自由、司法公开与隐私权之间的关系。最后，现代化工业大生产带来了社会经济的快速发展以及利益格局的深刻变动，出现了许多传统诉讼制度无法涵盖的新型诉讼，环境权诉讼、公害诉讼、

〔1〕 参见任重："论中国民事诉讼的理论共识"，载《当代法学》2016年第3期。
〔2〕 参见张卫平："诉讼体制或模式转型的现实与前景分析"，载《当代法学》2016年第3期。

消费者诉讼等，这些诉讼不同于传统的一对一诉讼形式，而是涉及了不特定多数人的共同利益。[1]所以，针对公益诉讼这样的新型诉讼而言，由于诉讼参加、诉讼告知、既判力范围等诉讼规则的特别规定，司法公开的制度构建也需要及时跟进。总之，在完善我国司法公开制度的过程中需要尊重不同类型案件的诉讼特质，如何在司法公开的原则下合理地处理这些"例外"，在程序运行层面对司法公开制度精致化，还需要我们在实践中不断探索。

三、阳光司法要以权利保障为皈依

阳光司法的理念以及司法公开的各项制度，究其本质是落实程序保障权的体现，即通过公开信息、过程以及理由等方式保护诉讼权利以及知情权、监督权、公共利益等其他权益。所以说，以权利保障的视角来看待司法公开制度是一种目标导向型的思维方法，能够直观地衡量和判断司法公开制度的边界。

在上文中，我们构建了一横一纵的分析框架来考察民事诉讼程序运行机制对于司法公开制度的影响。从纵向上来看，主要是不同诉讼阶段权利保障的差别导致了司法公开制度的重心偏移；从横向上看，主要是知情权、隐私权等外部性权利的介入造成了司法公开制度的边界变动。具体来说，我们可以从纵向和横向两个方面展开讨论。

（一）权利保障的纵向探析

在立案阶段，司法公开制度需要重点保障起诉权，即做到"有案必立""有诉必理"，因此及时立案是关键。立案登记制实施后，形式上的司法公开已经完成，下一步改革的重心应该放在程序运行的优化和裁判理由的公开上。司法公开制度应当以立案过程中的程序节点为抓手，发挥其督促和保障作用。立案阶段的相关信息应当通过便捷、有效的方式向当事人公开。各类案件的立案条件、立案流程、法律文书样式、诉讼费用标准、缓减免交诉讼费程序、当事人重要权利义务、诉讼和执行风险提示以及可选择的诉讼外纠纷解决方式等内容，应当通过适当的形式向社会和当事人公开。

在审理阶段，司法公开制度需要重点保障的是当事人的辩论权和处分权。由于辩论权和处分权是民事诉讼的基础性权利，其在具体的审理阶段又有不同的表现形式和侧重点。审前程序需要保障的是对辩论进行充分准备的权利，因此要求审前双方证据公开、整理争点、固定证据等等；庭审程序侧重的是听审权、陈述权、证明权等保障当事人充分辩论的权利，因此庭审公开、允许旁听等制度应运而生；调解程序重点保障的是处分权的行使，因此保障当事人自愿、法官充分释明以及调解方式和过程的公开是其题中之意。在裁判文书说理的问题上，主要保障的是当事人的知情权，在操作上，由于审判的复杂性使得文书在论证和描述上相当艰难，我们要防止"当面不说、背后才说，庭上不说、庭下才说，口头不说、笔头才说"[2]等情况的发生，要注重裁

---

〔1〕　参见肖建华："现代型诉讼之程序保障——以 2012 年《民事诉讼法》修改为背景"，载《比较法研究》2012 年第 5 期。

〔2〕　参见王小林主编：《信息化时代司法公开的逻辑与进路》，人民法院出版社 2015 年版，第 53 页。

判活动全程说理，法官要更主动、更直接地与当事人交流，通过持续不断地、全面具体地、灵活生动地说理及时回应当事人的诉求，使法官的逻辑推理和法律适用从"隐形"走向"显形"。[1]

在民事强制执行阶段，保障申请人经审判、仲裁或公证等程序而确认的民事权利的实现是该制度的重心。司法公开制度需要重点保障执行人及时获得救济的权利，又要保障被执行人和案外人的异议权、抗辩权等，因此程序进程的公开、执行措施的公开、裁判理由的公开缺一不可。根据相关政策文件精神，下一步要继续健全和完善执行信息查询系统，扩大查询范围，为当事人查询执行案件信息提供方便。人民法院采取查封、扣押、冻结、划拨等执行措施后应及时告知双方当事人。人民法院选择鉴定、评估、拍卖等机构的过程和结果应向当事人公开。执行款项的收取发放、执行标的物的保管、评估、拍卖、变卖的程序和结果等重点环节和重点事项应当及时告知当事人。执行中的重大进展应当通知当事人和利害关系人。

图 2-3　权利保障的纵行探析

（二）权利保障的横向探析

由于案件类型的差异，以实体性权利和相关利益为审理内容的民事诉讼程序在审判方式上也受到了影响。我们可以将这种实体性权利和利益视为司法公开制度运行中的介入性因素。申言之，为了更好地保护上述实体性权利和利益，我们必须在审判方式上作出调整。具体到司法公开制度而言，就是对公开与否、公开的范围、程度、方式等进行调整。

在小额程序中，案件几乎全部集中于物业、电信、银行卡、水、电、暖等公共服务领域。一方面，我们要防止小额诉讼程序成为大公司的收债工具；另一方面，在高缺席裁判率的现实下，我们要保障被告一方的参审权、辩论权。因此，面对大型公司的批量化诉讼，司法公开制度要侧重保障被告的参审权、知情权和辩论权。因此，在诉讼开始的环节，我们要通过加强诉讼告知和释明的方式，努力实现司法公开制度的功能；在诉讼进行的过程中，要及时通过适当方式或公开权威媒体告知权利人诉讼进展；对于诉讼参与人人数众多的，要合理运用代表人诉讼等制度，保障当事人的辩论权。

---

[1]　参见王小林主编：《信息化时代司法公开的逻辑与进路》，人民法院出版社 2015 年版，第 53 页。

在家事案件中，婚姻家庭乃至继承法律关系是审理的内容，隐私权是审理过程中需要保护的对象。由于涉及人身性权利，当事人的处分权受到一定的限制，法院在审理过程中依职权查明案件事实的义务被凸显出来。此时，司法公开制度必须恪守家事案件的诉讼性质以及其要保护的权利的特殊性，区分对当事人的公开和对社会公众的公开，实现制度设计的立体化。

在商事案件中，商业秘密、商誉等是审判过程中需要保护的利益，所以，司法公开制度在此范围内需要进行相应的限缩。要防止司法公开制度的过度扩张使得诉讼成为商主体进行商战的场所，防止商业秘密在审判过程中被泄露。对商主体特殊利益的保护是下一步司法公开制度精细化构建的重点。对于以恶意诉讼、滥诉等行为打击竞争对手、破坏司法权威性的情况，要根据实际情况，及时引导社会舆论，运用强制措施等机制维护诉讼的纯洁性。在一些针对所谓"名人"的诉讼中，也可以类比商事案件，注重保护其名誉权和隐私权。[1]

在公益诉讼案件中，公众的知情权是司法公开制度需要重点保护的权利。公共利益、诉讼参加、既判力扩张是该制度的特点，因此司法公开制度要在程序上以诉讼通知为着力点，保障当事人及相关利益人的权利。同时，要通过媒体公开、新闻发布、案情公告等机制，在审判过程中加强案件信息对社会公众的充分公开。

小额诉讼
- 参审权
- 知情权
- 辩论权

家事案件
- 隐私权

商事案件
- 名誉权
- 商誉
- 商业秘密

公益诉讼
- 知情权

图 2-4　权利保障的横向探析

〔1〕　See Addison E. Dewey, "The Evolving Doctrine of Right of Publicity: Judicial Protection of Celebrity's Pecuniary Interest from Commercial Exploitation of His or Her Identity and Theatrical Style", 22 Creighton L. Rev. 39 (1988).

(三)阳光司法要赋予当事人更多的主动权

民事诉讼的私权自治即当事人意思自治及其诉讼主体地位始终是现代民事诉讼制度的核心和基石,或者说是在"意思自治型"的现代诉讼制度中配置当事人与法院之间的权利-权力及相应责任时不可偏离的基本准则。[1]基于此,有学者提出,在规范层面就应当明确公开审判是一种权利,改变立法上将其定位为权力的现状,因此,在民事公开审判制度场域引入当事人程序性合意机制就应当成为此制度重构的前提。[2]笔者认为,无论是从法院角度出发将司法公开作为一项义务,还是从当事人角度出发将司法公开作为一项权利,都需要考察具体的适用情形及当事人意愿,甄别需要保护的权利或利益,结合具体的程序运行机制。因此,赋予当事人一定程度的主动权,是符合现代司法观念的。

有学者认为,基于民事审判活动的特殊属性和民事诉讼程序的内在运行机理,形式意义的审判公开制度应当确立以不公开为原则、以公开为例外的逆向性制度理念,且当事人的真实意思表示应当成为确定案件是否公开审理的核心指向性因素。[3]笔者认为,在坚持以公开审判为原则的基础上,应当适当考量当事人意愿,在审判公开机制运行过程中给予当事人一定程度的选择权。比较法上的相关制度已经注意赋予当事人此种选择权。如《德国民事诉讼程序法》第 128 条第 2 项规定,法院在得到双方当事人同意后,可以不经过言词辩论而为裁判,即当事人可以选择是否进行公开审判。[4]但是,公开审判的此种程序性合意机制并非能够适用于所有的案件种类,其应当存在着制度的例外性规定,当隐私权涉及公共利益时,则隐私权的主体应当作出适当的牺牲与容忍。[5]又如《欧洲人权公约》第 6 条第 1 款规定:"在决定某人的公民权利和义务或者在决定对某人确定任何刑事罪名时,任何人有权在合理的时间内受到依法设立的独立而公正的法院的公平且公开的审判。判决应当公开宣布,但基于对民主社会中的道德、公共秩序或者国家安全的利益,以及对民主社会中的少年的利益或者是保护当事人的私生活权利的考虑,或者是法院认为,在特殊情况下,如果公开审判将损害公平利益的话,那么可以拒绝记者和公众参与旁听全部或者部分审判。"[6]还如《公民权利和政治权利国际公约》第 14 条第 1 款在确立公开审判是一般原则的同时,于第 3 项规定了一般原则的例外:"由于民主社会中的道德的、公共秩序的或国家安全的理由,或当诉讼当事人的私生活的利益有此需要时,或在特殊情况下法庭认为公开审判会损害司法利益因而严格需要的限度下,可不使记者和公众出席全部或部分

---

[1] 参见傅郁林:"新民事诉讼法中的程序性合意机制",载《比较法研究》2012 年第 5 期。

[2] 参见李潇潇:"民事公开审判原则的理念矫正及制度回归",载《内蒙古社会科学(汉文版)》2015 年第 5 期。

[3] 参见李潇潇:"民事公开审判原则的理念矫正及制度回归",载《内蒙古社会科学(汉文版)》2015 年第 5 期。

[4] 参见《德国民事诉讼法》,丁启明译,厦门大学出版社 2016 年版,第 32~33 页。

[5] 参见王亚明:"审判公开例外的考量与反思",载《福建法学》2012 年第 2 期。

[6] 参见朱立恒:"国外法院裁判与民意冲突解决的基本经验",载《比较法研究》2012 年第 2 期。

审判；但对刑事案件或法律诉讼的任何判决应公开宣布，除非少年的利益另有要求或者诉讼系有关儿童监护权的婚姻争端。"[1]判例法国家在司法实践中也逐步对审判公开制度进行了限制，在明确例外情形的同时更加注重考量当事人的意愿。[2]

就我国现行制度而言，根据民事诉讼法的规定，除了法律明文规定不公开审理或者人民法院认为可以不公开审理的民事案件外，其他民事案件一律公开审理，即使是不公开审理的案件，宣判时也必须一律公开。不公开审理的案件包括涉及国家秘密、个人隐私或者其他法律另有规定的案件。笔者认为，在当今信息网络高度发达的社会背景下，个人信息和隐私权的保护亟待加强。具体来说，就是要明确私益纠纷当事人对于公开审判制度的选择权。一方面，可以适当放宽当事人申请不公开审理的范围，在实际操作中对于当事人一方或双方申请不公开审理的，如果不存在可能侵害第三方及国家利益的情形，法庭应当同意。另一方面，为了平衡当事人隐私权保护以及裁判文书上网的需要，应当赋予当事人要求法院在宣告裁判文书时将当事人关键信息以及涉及当事人隐私部分的内容作出特别技术处理的权利，在裁判文书中将当事人的基本信息予以隐去，并将此种技术处理后的裁判文书上网公示。

四、结语

司法公开制度的完善离不开实践的积累，同时更离不开在实践经验积累基础上的精细化的理论研究。从诉讼程序运行的角度，我们可以改变先前"粗放型"的研究方式，转而从不同类型的程序和案件探寻司法公开制度的内容、方式和边界。随着法院信息化的发展，司法公开与诉讼服务逐步实现全面对接，依托信息化的手段，提升了人民群众获取司法信息，了解司法动态，参与司法过程，监督司法活动，反馈司法评价的便捷性和有效性。在各级法院不断更新司法公开理念，完善司法公开平台，创新司法公开举措，拓展司法公开广度和深度的背景下，我们更需要强调的是司法公开的质量和效果，从而满足不同诉讼阶段、不同类型诉讼中当事人及社会公众多元化的司法需求，最大限度地保障制度运行的合理性，从而达到提升司法透明度和司法公信力的最终目标。

---

[1] 参见赵建文："《公民权利和政治权利国际公约》第 14 条关于公正审判权的规定"，载《法学研究》2005 年第 5 期。

[2] See Emma Cunliffe, "Open Justice: Concepts and Judicial Approaches", 40 Fed. L. Rev. 385 (2012); Rebecca Scott Bray and Greg Martin, "FOI: Closing down OpenJustice in the United Kingdom", 37 Alternative L. J. 126 (2012); Carmen-Mariana Mihalache, "The Principle of Open Accessto Justice", 2015 Rev. Stiinte Juridice 233 (2015).

第三章

庭审公开
——司法的自我阐释与社会认同

第一节　审判公开原则的历史回顾与现状分析

一、司法自我阐释的主要形式

司法的自我阐释主要有两种形式：一种是积极型自我阐释，即通过积极主动的报道、宣传等方式，增进当事人和社会公众对司法的理解，形成社会共识和社会认同；另一种是消极型自我阐释，即由当事人和社会公众通过司法实践去领悟司法默示的自我价值。[1]司法公开，不仅是法院打开大门接受民众广泛监督的过程，更是将法官的形象、裁判的过程全方位展现给公众的一种综合性自我阐释模式。而庭审公开，无疑是给社会公众提供了一个最直接感知裁判过程的机会和平台。

社会科技快速发展，网络与司法结合应用于审判，不仅创新了庭审公开的模式，也使得庭审公开以一种前所未有的广泛度展现在世人面前。以网络直播的形式公开庭审，扩展了司法接近民众的渠道，提高司法透明度，从根本上决定着法官的审判活动能在多大程度上展示给当事人和社会，司法公正能在多大程度上让人们看得见。[2]

目的是制度设计者的意愿，是否能实现还要看接受者的配合。法院作为司法自我阐释的主体，通过庭审直播的方式打开民众接近司法的路径，方式虽积极主动，但阐释的内容却需要由公众自主地去领悟和评判。因此，公众是否愿意走进司法，其走进司法看到了什么？实践中，有多少民众按照公开的路径走近司法来观看庭审并实施监督呢？美国弗雷德里克·绍尔在对上网文书进行调查时发现，一般的公众并不阅读法院的裁判，阅读裁判文书的"观众"多是法律职业者，如法官、律师、法学院学生或教授等，他们将其作为法律推理参考资料。[3]同理可思，在庭审直播的公开方式下，有哪些主体会走进司法？其目的又是什么？

---

〔1〕参见万鄂湘主编：《建设公正高效权威的社会主义司法制度研究》，人民法院出版社 2008 年版，第 122 页。

〔2〕魏胜强："司法公正何以看得见——关于我国审判方式的思考"，载《法律科学（西北政法大学学报）》2013 年第 6 期。

〔3〕Frederick Schauer, "Opinions as rules", *University of Chicago Law Review* 62（4），1995：1455~1475.

　　庭审直播作为法院自身制度建设的一部分，其方式是将庭审放置于完全透明状态。这种公开方式无疑让民众看到了法院力求公正的决心和态度。如果说，直播庭审的方式本身即体现了法院已处于一种被监督状态的话，那么无需考虑民众是否走进司法即产生了监督的效果。但是，透明度的力量，在实践中取决于接受者如何作出反应。[1]法院通过审判对某种价值观的阐释，不单单是靠法院自身的力量来实现，更需要社会的信奉和努力维护。[2]笔者认为，司法阐释的方式固然重要，阐释的内容更是司法获得社会认同的根本。

　　法院无论是解决纠纷还是希望改变社会，其首先要做的均是面对公众，而不是忽视。[3]虽然法院在很大程度上有能力和力量以具体的方式影响社会，但不能迫使社会接受这些变化。总之，法院可以做很多事情，但不能靠自己，它需要社会的合作。[4]但是，司法的本质是尽其所能解释法律，而非迎合大众观点，[5]司法在很多时候也代表少数人的利益。因此，法院通过司法的自我阐释希望得到民众的认可和接受，也同时要注意民意对司法的反作用力，司法应听取民意而不是被民意所绑架。

二、审判公开原则概述

　　从完整的诉讼程序来讲，审判公开应包括庭审公开和判决公开。但从各国诉讼法规定来看，审判公开在传统上是指庭审公开。在英国，审判公开传统是指"公众旁听审判的权利"，而《美国宪法第六修正案》的公开审判是指"在一切刑事案件诉讼中，被告人有权得到公正陪审团的迅速、公开的审判"。我国三大诉讼法均规定了审判公开制度，其含义亦是指庭审的公开。因此，笔者在本章中提到的审判公开与庭审公开含义相同。

　　（一）公开审判是国际司法原则

　　公开审判是人们获得公正审判权的基本要求，也是正当程序所要求的基本制度。最先提出审判应当公开进行的是18世纪时意大利著名法学家贝卡里亚，当时提出审判公开的目的是反对中世纪的司法专横、秘密审判以及刑讯逼供等一系列践踏人权的行为。[6]由此可见，公开审判是相对于历史上的秘密审判而创设的一种诉讼原则，是保障审判公正的一种方式。如果审判不公开，人们便会因看不见而无法相信法官的公正性，即正义需要以"看得见"的方式来实现。英国艾克森勋爵言："秘密使人腐化，在

〔1〕　See Jonathan Fox, "The Uncertain Relationship between Transparency and Accountability", *Development in Practice*, Vol. 17, No. 4/5 (Aug., 2007), p. 666.
〔2〕　See Chad J. Pomeroy, "Our Court Masters", 94 Neb. L. Rev. 401. (2015), p. 415.
〔3〕　See Chad J. Pomeroy, "Our Court Masters", 94 Neb. L. Rev. 401. (2015), p. 415.
〔4〕　See Chad J. Pomeroy, "Our Court Masters", 94 Neb. L. Rev. 401. (2015), p. 415.
〔5〕　傅郁林："舆论与司法的紧张关系扭曲公正"，载《法制日报》2014年7月30日第7版。
〔6〕　参见张红平、张杰："浅议公开审判制度的界限——以直播庭审为视角"，载《山西省政法管理干部学院学报》2015年第3期。

司法亦然，任何事物，经不起讨论及公开的，均非妥当。"[1]

目前，公开审判作为一项国际司法原则，在《世界人权宣言》《公民权利和政治权利国际公约》等国际性公约中都有明确的规定。《世界人权宣言》第10条规定："人人完全平等地有权由一个独立而无偏倚的法庭进行公正的和公开的审讯，以确定他的权利和义务并判定对他提出的任何刑事指控。"[2]《公民权利和政治权利国际公约》和《欧洲人权公约》明确了所有案件都需要公开审判。在国际公约中的公开审判，包括庭审公开和判决公开两项内容。[3]

审判虽以公开为原则，但也有例外规定。《世界人权宣言》《公民权利和政治权利国际公约》等都对公开原则的例外做了规定，归纳如下：第一，基于民主社会中道德的、公共秩序的或国家安全的理由；第二，是诉讼当事人私生活的利益有此需要；第三，是在特殊情况下法庭认为公开审判会损害司法利益。[4]可见，审判公开是对法官审判权的限制，同时也是当事人获得公正审判的权利保障，即，公开是国家的一项义务，是公民的一项权利；而审判公开的例外则告诉我们：当公民的这项权利有可能对国家、社会、道德及个人隐私产生不利影响时，亦应作出平衡与让步。

（二）民事诉讼中的审判公开原则

审判公开在设立之初是基于刑事审判提出的，目的是针对秘密审判和保障基本权利。随着社会发展，公开审判也已然成为诸多国家民事审判的基本原则。"尽管诉讼是一种罪恶，但它的终极目标是正义。这决不能理解为这仅仅是在法院实际参加诉讼的人的正义。诉讼的发生对于法治的维护、对于那些从未亲自参加实际诉讼的多数人正义的实现，都具有重要意义。"[5]美国最高法院大法官小奥利弗·温德尔·霍姆斯曾说过："民事案件的审判应该在公众的注视下进行，这不是因为一位公民与另一位公民之间的纠纷需要公众关注，而是因为这是一个最佳时刻，让那些行使司法的人应该凭公共责任感行事、让每一个公民满意地目睹执行公务的方式。"[6]可见，在民事审判中，对法院公平公正性的监督是公开审判的最主要目的。英国始终坚持庭审公开最大化原则，并将此种观念融入法官的日常审判当中，这无疑是法治化社会所提出的具体要求。[7]

公开审判是审判公正的基本要求，也是正当程序所要求的基本制度。[8]无论是民

---

[1] 李木贵：《民事诉讼法》（上），元照出版有限公司2007年版，第6~25页。

[2] 高一飞等：《司法公开基本原理》，中国法制出版社2012年版，第3页。

[3] 高一飞等：《司法公开基本原理》，中国法制出版社2012年版，第7页。

[4] 高一飞等：《司法公开基本原理》，中国法制出版社2012年版，第6页。

[5] 参见［英］J. A. 乔罗威茨：《民事诉讼程序研究》，吴泽勇译，中国政法大学出版社2008年版，第66页。

[6] Melvin Urofsky："人民的权利——个人自由与权利法案"，http://usinfo. State. gov/regiona/ea/mgck/rop/roppage. htm，July18, 2009.

[7] 肖军、张倩："英国庭审公开制度的新发展与启示"，载《法律适用》2014年第12期。

[8] 高一飞等：《司法公开基本原理》，中国法制出版社2012年版，第3页。

事审判还是刑事审判，公开的目的均趋于一致。但相比较刑事审判中的公开原则，民事审判公开的目的及体现的价值有所不同。首先，从当事人角度讲，刑事审判的公开更倾向于保障被告人的权利，即以基本权利保障为目的；而在民事审判中，当事人基于自己私权受到侵害诉诸司法程序，是当事人选择的一种权利救济方式。[1]因此，对于当事人来说，与其说是对裁判的公正性追求，毋宁说是更加关注裁判结果是否对自己有利。在民事案件中，当事人处分主义居于重要地位。其次，从民众监督的角度而言，审判的公开是一种国家责任，它不依赖于任何利益方的请求。在公众需要的时候，国家应提供公开听审的可能性。[2]因此，对于刑事案件的审判公开，民众享有信息知情权和监督权；而对于民事审判，相对于与自己没有利害关系的普通民众，除非案件极具典型性或具有社会示范意义，否则不会对案件公开审判具有太高的关注度。笔者认为，在民事审判中，民众对国家审判的知情权和监督权，相对于当事人处分权而言，不具有优先性。毕竟民事诉讼旨在解决两造当事人之间的私人利益纷争，该纷争之解决应尽量不要去对其他人之利益造成侵扰，同时应对社会加诸最小的成本。[3]

（三）我国民事诉讼审判公开原则的法律分析

我国《宪法》第130条规定："人民法院审理案件，除法律规定的特别情况外，一律公开进行。被告人有权获得辩护。"《民事诉讼法》第10条规定："人民法院审理民事案件，依照法律规定实行合议、回避、公开审判和两审终审制度。"该法第134条规定："人民法院审理民事案件，除涉及国家秘密、个人隐私或者法律另有规定的以外，应当公开进行。离婚案件，涉及商业秘密的案件，当事人申请不公开审理的，可以不公开审理。"从上述宪法和法律规定可见，我国民事诉讼法中的公开审判虽为原则，亦有不公开的例外。相比较于国际上有关公开原则与其例外规定来看，我国有关公开审判的例外范围较窄。首先，我国民事诉讼法中有关公开例外的规定多指涉及国家秘密、社会和个人秘密和隐私，而国际上对公开的例外范围规定较广，涉及国家安全、社会道德以及个人利益等。第二，英美法系国家和法国、日本等国规定的公开原则，对于个案能否公开，依据法官的自由裁量。而我国在《民事诉讼法》中是否属于例外情形，要依据法律规定或当事人申请。第三，国际法上的公开原则相对应的是民众的自由、信息获得权以及媒体的相关权利，而我国的公开审判则侧重于民众的监督权。

三、审判公开方式的演进

（一）旁听式庭审公开

公开审理是公开审判制度的主要内容，根据公开审判制度的一般要求，人民法院

---

[1]　参见陈瑞华：《看得见的正义》，北京大学出版社2013年版，第105页。

[2]　高一飞等：《司法公开基本原理》，中国法制出版社2012年版，第3页。

[3]　See David J. Gerber, "Extraterritorial Discovery and the Conflict of Procedural Systems: Germany and the United States", 34 Am. J. Comp. L. 467 (1986), 转引自黄国昌：《民事诉讼理论之新开展》，北京大学出版社2008年版，第55页。

在审理案件时，除不得公开审理的案件外，应当公开进行，即允许诉讼参与人以外的公民旁听庭审。[1]因此，庭审公开最传统的方式就是在法庭设置旁听席，允许民众旁听审理。在英国，公众旁听审理的权利被视为审判程序的一个重要方面。《英国民事诉讼规则》第39条第2款规定了庭审公开为一般规则，但主要的庭审规则还是体现在判例法中。[2]美国的庭审公开制度最早可以追溯到13世纪，案件是否需要公开被规定在《美国宪法第六修正案》中，获得"迅速、公开的审判"是被告人的基本权利。《法国民事诉讼法》也明确规定了公开原则。法国实体审判司法机构的表述为："在民主的法国社会中，公开辩论原则是一项涉及公共秩序的程序性原则。这一原则可以消除人们对法官的怀疑，因为它将法官置于法国人民的监督之下了。"[3]

我国《民事诉讼法》规定了公开审判原则，最初的公开方式亦是允许民众坐在旁听席上观看庭审。1999年《最高人民法院关于严格执行公开审判制度的规定》是第一个专门就公开审判问题进行规定的文件。文件不仅包括了公开审判的内容，即公开开庭、公开举证、公开质证和公开宣判，以及不公开案件类型的范围等，还规定了旁听权和旁听制度。《人民法院法庭规则》对旁听制度进行了具体化规定。

在传统的公开审判制度中，另有一种公开审判的方式——公审，是法院将案件从审判庭内移到法庭之外的公开场所，并通过公示让广大群众参加而进行的一种审判方式。其意义和形式均不同于公开审判原则。在我国，公审是指针对具有社会影响力或社会重大意义的案件，其意义重在对民众的教育和震慑，相对于促进司法公正和民众监督权的功能较弱。因此，公审案件之于当事人，不是保障其诉讼权利，而是对当事人（尤其是刑事案件的被告人）名誉权和隐私权的忽视。而对于一个民事审判来说，法官会面临一种让审判淹没于舆论的风险，尤其是在司法公信力不高的社会和国家，公审的"广场化"和"民俗化"很难培养其现代法治所要求的冷静、谦抑的品格和客观公正的判断能力。

（二）媒体介入式庭审公开

随着社会科技的发展，媒体以录音、录像的方式走进庭审，扩展了以旁听形式进行庭审公开的范围。媒体的介入不仅将现代庭审公开的观念引入法院，民众法治意识也借助这些媒体平台呈现多样化的发展路径。毕竟，以旁听形式走进司法的民众相当有限，而允许电视播放庭审过程无疑将会使更多的人观看并了解国家的司法程序。但是，在是否允许庭审录播和录像问题上，各国也表现出了不同的态度。美国联邦司法系统和州司法系统在是否允许庭审直播录播的问题上，各自态度是不同的。州司法系统原则上是允许实行电视录播的，而联邦法院禁止庭审直播录播。[4]其中一个重要原因是联邦法官和州法官的任命方式不同，导致了法官对民众态度截然不同的关注。对

---

〔1〕 参见张卫平：《民事诉讼法》（第3版），法律出版社2013年版，第60页。

〔2〕 高一飞等：《司法公开基本原理》，中国法制出版社2012年版，第13页。

〔3〕 ［法］洛伊克·卡迪耶：《法官民事司法法》，杨艺宁译，中国政法大学出版社2010年版，第451页。

〔4〕 高一飞等：《司法公开基本原理》，中国法制出版社2012年版，第320页。

于任命制的联邦法官，其在审判案件时坚持自己的原则和立场，不必对公众情绪或多数人声音作出反应[1]；而对于选举制的法官，他们不可避免地会在意民众的态度，因为即使是当事人的代理人，也有可能对他们下一任的选举产生影响。[2]

美国最高法院对电视录播审判提出了很多批评意见，旨在通过关闭法庭来拒绝媒体，防止"歪曲事实的宣传"。早期，法国对以录像形式参加庭审一直持禁止态度，后来稍有开放，但庭审直播仍未开放。日本法院允许新闻机构自由报道，但对庭审进行拍照、录播或电视录播，必须经审判长许可。

由此可见，虽然审判公开已成为诸多国家的基本原则，但是以媒体介入、庭审录播的形式进行公开，并未在各国得到广泛的认同。在英美法系国家，对庭审直播所持最大异议来源于庭审直播录播对陪审团造成的潜在影响。人们普遍认为："情感在法律程序中虽然不被承认，但至关重要。因为情绪上的偏见性宣传对陪审员的影响更难以修复和补救。"[3]

（三）直播式庭审公开

网络时代的到来，不仅改变着人们的生活方式，互联网也已成为地方性、国家性和跨国性政府间横向和纵向的协同模式。[4]网络世界从流动性走向无处不在的连接。[5]美国司法信息的电子化公开同样位居世界前茅，美国通过法院公共访问案件管理和案件电子档案系统，实行法院数字化管理，也使公民实现了通过电子平台获得法院信息的权利。但是，美国的司法信息系统并不愿意认可对非文字的接近权利，虽然近年来美国通过司法改革将法庭录音录像传到公务网络上，人们也可以通过法院电子记录公共访问 IT 获得这些音频，但是以网络直播的方式直播庭审尚没有实现。[6]

在 2009 年 12 月，最高人民法院出台了《六项规定》，全方位地推进司法公开。2013 年之后，最高人民法院相继出台了一系列文件，建成司法公开三大平台，分别是中国审判流程公开网、中国裁判文书公开网、中国执行信息公开网。2016 年 9 月，"中国庭审公开网"正式开通，是继中国审判流程公开网、中国裁判文书公开网、中国执行信息公开网之后最高人民法院建立的第四大司法公开平台。至此，中国法院庭审直播走向常态化、立体化，也标志着中国法院司法公开进入了新的历史阶段。[7]

回顾庭审公开的历史经过，最初的公开形式为审判庭设置旁听席，基于法庭空间

---

〔1〕 Chad J. Pomeroy, "Our Court Masters", 94 Neb. L. Rev. 401, (2015), p 410.

〔2〕 Chad J. Pomeroy, "Our Court Masters", 94 Neb. L. Rev. 401, (2015), p 415.

〔3〕 See Robb M. Jones, "The Latest Empirical Studies on Pretrial Publicity, Jury Bias, and Judicial Remedies——Not Enough to Overcome the First Amendment Right of Access to Pretrial Hearings", 40 Am. U. L. Rev. 847.

〔4〕 See "Global lnformation Technology Report 2008~2009: Mobility in a Networked World", http://www.weforun, 2010-7-5.

〔5〕 UN, United Nations E-Government Survey 2010, ST/ESA/PAD/SER. E/131, ISBN: 978-92-1-123183-0, Sales N.: E. 10. II. H2, Printed by the EN Publishing Section, New York, http://www. 2dix. con, 2011-7-5.

〔6〕 [法] 洛伊克·卡迪耶:《法官民事司法法》，杨艺宁译，中国政法大学出版社 2010 年版，第 31 页。

〔7〕 田禾:"庭审公开触'网'倒逼'司法正义'"，载《紫光阁》2017 年第 1 期。

的有限性导致公开的有限性。广场式审判公开的弊端是与法治理性和谦抑性的冲突，录像录播等媒体介入也会导致对庭审现场当事人、证人、陪审团以及法官的干扰。但是，以庭审直播的方式似乎解决了以上所有的问题，其以最广泛的公开方式展现在网络平台。无需法庭安排旁听席、无需录像录播的设备进入法庭、可以避免在公开场合开庭导致的司法无奈。应该说，以网络为平台进行庭审公开，作为司法公开的新形式在督促法官严格遵照诉讼程序、规范司法行为、改进司法作风、维护庭审秩序等方面具有重要的作用。[1]但是，一个人的透明就是另一个人的监视；一个人的责任就是另一个人的迫害。这两对概念的对应关系使我们不得不对庭审公开的广泛模式及其相关权利之间的关系进行思考：谁对谁透明，谁对谁负责？[2]

第二节　庭审直播的价值思考

公开是正义得以实现的一种方式，"正义"是公开的目的。但是，庭审公开在实现"正义"目标价值的同时，因涉及法官的审判权、当事人、诉讼参与人的相关权利以及民众的知情权等，也必然干预了法的其他价值，如自由、秩序等。因此，在审判公开原则设立之初，其功能和目的、公开的广泛性以及例外规定等相互关系，蕴含了法的各种价值之间的平衡。随着庭审公开方式的多样化与广泛化，各种价值之间的平衡将会被打破，庭审公开的广泛性使得其在追求正义的同时，极有可能侵害了其他法的价值。

一、司法独立与言论自由、新闻自由之间的关系

虽然法律是基于多数人意志制定的，但是法院在实施法律的过程中却需要防范多数人，以及公众对其施加的压力。[3]司法权具有谦抑性和独立性，其独立性要求司法在一定情形下需要躲避舆论的监督[4]；而新闻自由和言论自由亦是宪法确认的一项基本的权利。两种权利的内在属性作用于司法公开，体现的是司法独立与民众自由权利之间矛盾的平衡。因此，在面对新闻自由权时，司法独立应作出一定范围的公开和接纳，而对于法院的审判（尤其是正在审理的案件），新闻自由亦应受到一定限制。

二、庭审公开与基本权利保障之间的关系

司法公开并不是司法权力的运行方式，以民为本才是司法公开的初衷。[5]无论是

---

〔1〕 田禾："庭审公开触'网'倒逼'司法正义'"，载《紫光阁》2017年第1期。

〔2〕 Jonathan Fox, "The Uncertain Relationship between Transparency and Accountability", *Development in Practice*, Vol. 17, No. 4/5 (Aug., 2007), p. 663.

〔3〕 Chad J. Pomeroy, "Our Court Masters", 94 Neb. L. Rev. 401, (2015), p. 410.

〔4〕 Chad J. Pomeroy, "Our Court Masters", 94 Neb. L. Rev. 401, (2015), p. 412.

〔5〕 赵春艳："司法公开透明的五年之变"，载《民主与法制时报》2016年4月10日。

刑事案件还是民事审判，公开审判均具有监督法庭公正审判、保障当事人权益，以及民众知情权的功能。民众知情权作为监督权的基础，一个基本价值观就是"信息最大限度公开"原则。而在民事案件中，以网络直播的形式进行庭审公开，将当事人在法庭上的言行举止以及纠纷所涉及的个人利益一并向世人公开，对于当事人来说，其在获得公平审判的同时，也丧失了诸多个人隐私、名誉以及其他不特定利益。适当公开是保障，过度公开极有可能是一种侵害。当多数人的利益趋向一致时，少数人的利益就会得不到保护，这是一个国家最大的危险。[1]有学者认为，审判公开的权利是一种混合性权利，公共利益甚至超出了被告人的利益。[2]因此，公开的范围越大，在当事人获得公正审判恒定的情形下，实质上是当事人的其他附属于人身的民事权利丧失的范围越大。因此，司法公开的广泛性在当事人私益与公众知情权和监督权之间，应有一个度的衡量。

在美国，公民的访问权与被告获得公平审判的权利之间的关系涉及《美国宪法第一修正案》和《美国宪法第六修正案》之间的利益冲突，即公众访问权与被告获得公平审判的权利之间的冲突，这一"冲突"使得美国最高法院一味地思考并尝试对《美国宪法第一修正案》的访问权实施限制。[3]学者邱联恭先生认为，依程序选择权之法理，在不特别有害于公益的范围内，应当允许当事人合意选择不公开审理方式。[4]

第三节　庭审公开的实证研究和效果分析

庭审直播在我国施行以来，除了法律规定不得公开审理的案件，实践中，法官于开庭前向各方当事人释明后，对绝大部分民事案件都进行了直播形式的庭审。因此，在法院的年终考核工作质效评价中，庭审直播的数量和直播率之高毋庸置疑。但是，我们可以从极高的庭审直播率上看到人民法院庭审公开不留死角的决心，却没有看到庭审公开后收获了什么样的效果？实现了什么样的目的？是否达到了周强院长提出的"提升法官庭审驾驭能力、提升庭审质效、提升司法公信力"的司法目标？

一、我国庭审直播的实证调查

庭审直播扩展了司法接近民众的渠道，方便民众走进司法实施监督。但是，民众是否愿意走进司法？其走进司法看到了什么？我们针对不同的群体进行了庭审直播方式和内容的问卷调查。调查方式主要通过网上朋友圈、各种微信群等形式进行，最初将调查对象分为四类：法官、律师、职业群体（包括法学院师生、其他法律工作者、

---

[1] Chad J. Pomeroy, "Our Court Masters", 94 Neb. L. Rev. 401, (2015), p. 410.

[2] Stefan Trechsel, *Human Rights in Criminal Proceedings*, Oxford University Press, 2005, p. 126.

[3] Robb M. Jones, "The Latest Empirical Studies on Pretrial, Publicity, Jury Bias, and Judicial Remedies——Not Enoughto Overcome the First Amendment Right of Access to Pretrial Hearings", 40 Am. U. L. Rev. 841 (1991), p. 842.

[4] 石东洋、刘万里："庭审公开的制度保障与程序控制"，载《桂海论丛》2015年第1期。

新闻媒体人员等）与一般民众。需要说明的是，由于一般民众对庭审直播的形式、内容不太了解，因不懂、不看而导致调查无法进行。因此，在以下调查数据分析中，受调查群体仅包括法官、律师和职业群体三类主体。

（一）庭审直播方式的问卷调查

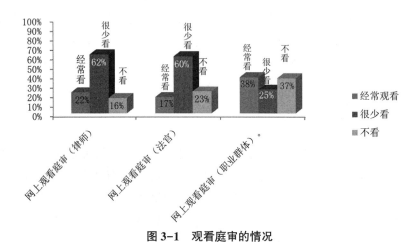

图 3-1　观看庭审的情况

注：本次调查问卷只浏览但未答题的人数多达 400 余人，其中普通民众除非一对一进行问卷，几乎无人回答；其次是法官群体，发动法官同仁在自己法院内部微信群发送问卷，在中级人民法院和基层人民法院，有 80% 只浏览不参与。

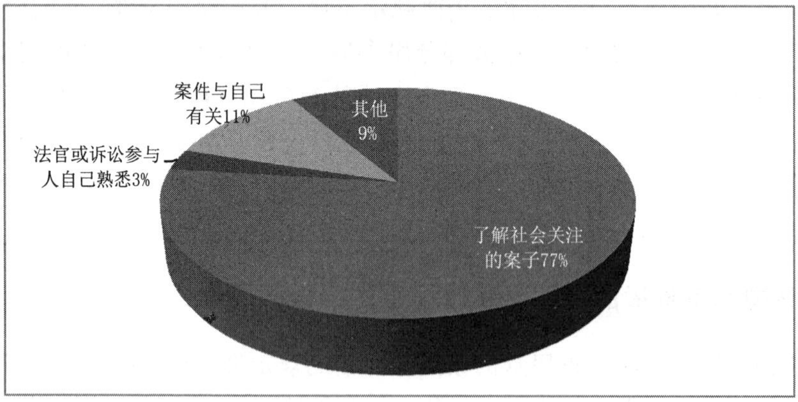

图 3-2　网上观看庭审直播目的（职业群体）

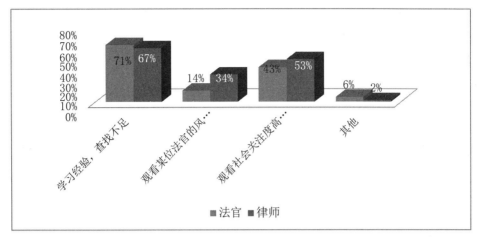

图 3-3　观看庭审直播的原因（法官、律师）

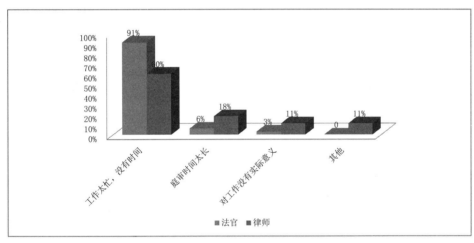

图 3-4　未观看庭审直播的原因（法官、律师）

1. 对于法官的调查

调查图表显示了庭审直播实施近 3 年来，从未看过庭审直播或者偶尔浏览的比例。在所调查的群体中，法官占 83%、律师占 78%、职业群体占 62%。实际上，在本次调查中，只浏览不答题的被调查者以法官所占比例最多。在法官不看庭审的原因中，因工作太忙没有时间的占 91%。如果说庭审直播的主导者是法院，而法官作为导演兼主演也选择熟视无睹，可以说，对于庭审直播的效果，法院自身并未加以关注。即使作为一名法官亦有可能在思考：当每年有数以百万的民商事案件通过庭审直播方式进行公开时，法官会发现自己庭审的案件只属于诸多公开案件中的"沧海一粟"，其结果极有可能放松对庭审公开的谨慎态度。如果说个案的透明度以接受者的反应来评价，其结果恐怕是公开的广泛性与个案的透明度不必然成正比。

2. 对于律师的调查分析

调查表显示，律师不观看庭审直播的原因虽没有法官高度集中，但主要与工作忙、观看庭审不具有实际意义等原因居多。从庭审直播内容和效果分析,律师作为一方当事人的代理人参与庭审,其既是法律职业者,又是民众;既在庭审中扮演着重要角色,又是社会监督的重要组成部分。这个与审判息息相关的职业群体也同样采取了漠视的态度。这不得不使人深思,引起重视。

3. 对于职业群体的调查

从对观看庭审直播的上述群体调查,我们可以发现,职业群体对庭审的关注相对于法官和律师来说较高,其中有77%是关注对社会有影响力的案件。虽然观看的兴趣点各有不同,但深层次分析也是民众监督权的行使。对于普通民事案件,除非与自己有某种牵连,否则人们几乎不关注。

由以上调查可见,从受众群体对直播庭审的态度分析,庭审直播可以扩展民众接近司法的路径,但并未如愿看到广大民众通过观看庭审而实施对司法的监督。虽然民众没有如愿走进司法的原因有多种,但更多的是因为庭审的内容对其没有实际意义。笔者认为,庭审公开方式的变化只能是路径的拓宽,而民众是否走进司法,在于其在庭审中能够看到什么。

(二) 庭审内容的调查分析

以直播方式公开庭审过程,能够使当事人及公众对法院的信任产生重大影响的是对法官的信任。[1]因此,公开开庭的实质效果,主要来自于法官在法庭上如何体现中立性。庭审中,法官是谨言慎行,保持其被动性,还是在不断的释明中与当事人进行互动?基于此,我们亦对庭审中法官如何体现中立性,以及对法官心证形成是否应予公开进行了问卷调查。

1. 法官在庭审中如何体现中立性

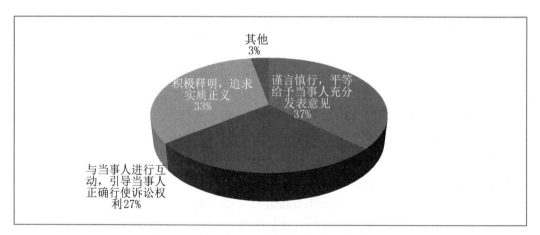

图3-5　庭审中法官中立性表现 (职业群体)

〔1〕　Sara C. Benesh,"Understanding Public Confidence in American Courts, The University of Chicago Press on behalf of the Southern Political ScienceAssociation", *The Journal of Politics*, Vol. 68, No. 3 (Aug. , 2006), p. 703.

由上图可见，对于庭审公开的内容，职业群体的态度出现了较大分歧。但从法官在法庭上表现为积极主动还是消极被动这两个方面讲，建议在庭审中法官充分发挥释明权和诉讼指挥权的占60%，而认为庭审中法官应谨言慎行的占37%。我们在调查中发现，建议法官在庭审中消极被动者，主要是基于对法官业务能力的不信任，认为在很多时候恰恰是法官在法庭上积极主动才使得其丧失了中立性。

2. 法官心证公开的调查

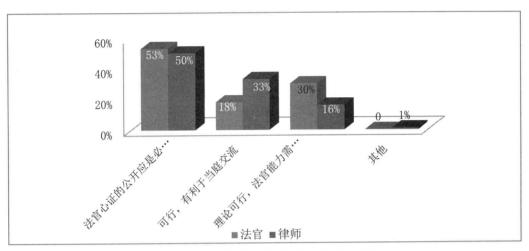

图3-6　如何看待当庭公开心证（法官、律师）

由图3-5和图3-6可见，对于在庭审中公开法官心证，在法官及律师界进行调查的结果是以乐观、积极态度占据多数。如果说，庭审直播的目的是以公开促公正，获得当事人及公众的认同，那么达到这种效果应该是公开方式与公开内容同等关注的结果。在上述调查群体中，无论是不建议法官在庭审中积极主动的职业群体，还是不看好法官在庭审中公开心证的法官和律师，其对法官在法庭上积极作用的否定观点均来自于对法官业务能力的不信任。笔者认为，如果使庭审公开达到"提高法官驾驭庭审的能力，倒逼司法公正"的实质效果，就必须对庭审进行实质化公开。

二、庭审公开实质化内容

（一）庭审直播效果的深层分析

以庭审直播的方式进行庭审公开，从效果上可以分为三层。第一，达到庭审程序规范化，即审判庭的设置符合要求，审判人员、书记员的装束和言行符合法律规定和庭审规则。对于当事人、代理人以及其他诉讼参与人来说，在庭审直播的公开方式下，参与庭审的言行举止也应相对规范。第二，增强程序公正性。庭审是各方当事人公平竞技的场域，法官保持中立尤为重要。因此，给予各方当事人平等的诉讼权利是庭审的重要功能，也是法官的义务和责任。比如，给予各方当事人进行陈述以及充分辩论的机会、保障当事人证据的提交并进行质证的权利，以及对证人、鉴定人出庭义务的要求等。从上述两层含义来看，庭审公开的目的体现的是规范法官言行的程序性效果。如果通过庭审直播的方式，希望提高法官驾驭庭审的能力，继而提升司法公信力，需要庭审直播实现第三层效果，即庭审内容的实质化公开。

（二）庭审公开实质化的内涵

审判是国家赋予审判机关审理案件并给予裁决的专门活动。审理是裁决的形成过程，裁决是审理的法定结果，审判的过程实质是裁决形成的过程。可以说，审判权是审理权与裁决权的合称。刑事案件的庭审实质化，是指从刑事侦查起诉到审判阶段，应以审判为中心，避免审判的空洞化、形式化、律师辩论的形式化，以及公民参与的形式化。而对于民事审判来说，庭审实质化是指：第一，裁判基础形成于法庭之上，不能以庭审以外的因素作为裁判的依据。这不仅仅是辩论主义的核心，也是防止裁判突袭的最佳方式；第二，判决结果形成于法庭，不能在庭审之前形成裁决结果。[1]庭审实质化可以避免先判后审的形式主义。第三，公开庭审过程，实质上是公开裁决形成的过程，因此，仅仅公开当事人的陈述、举证、质证和辩论，不公开法官在庭审中的态度，既不易获得当事人对裁判结果的认同，也无法达到庭审公开的实质效果。对法院的信任不仅取决于与法院打交道的经验类型，而且还取决于人们对案件处理和裁决方式的印象。[2]庭审实质化公开让当事人感受到实质上的公正，以获得当事人的认同并对司法产生信赖。

（三）庭审实质化公开是法官心证形成过程的公开

在民事诉讼中，法庭上法官居于中立的立场，按照庭审的程序，指挥着庭审的流程和方向，当事人在法官的引导下在法庭上进行事实陈述、举证、质证和法庭辩论。但是，法官的认证并未在法庭上公开，且对于法官是否必须在法庭上认证，法律并未进行明确规定，导致法官基于各自经验和认知能力形成带有个体经验性的审判方法，更因无需公开而在案件的审理和认定上根据各自的经验和认知能力形成个体的经验和做法，长期以来对审判质量、司法权威造成的负面影响日益显现，这也成了制约法院审判质效的"瓶颈"。笔者认为，让司法权在阳光下运行是司法文明的应有之义。完美的庭审公开不只是诉辩双方对抗过程的公开，还应当包括法官心证和裁判过程的公开。让当事人及公众能够看到法官在庭审中心证形成的过程无疑是提高民众关注庭审的有效方法。

庭审实质内容的公开，即是法官在庭审中公开其心证形成的过程。按照审理程序可以细化为：诉讼请求的释明和确认、争点的剥离与归纳、举证责任的分配、证据证明力的大小、与待证事实的关联性、待证事实与要件事实的关系、举证不能的后果，以及适用法律等。法官根据案情的不同、当事人诉讼能力的强弱、举证能力的高低进行阶段性确认和释明。对于能够当庭宣判的案件进行当庭宣判，不能当庭宣判的案件

---

〔1〕 陈卫东、霍文琦："以审判为中心推动诉讼制度改革"，载《中国社会科学报》2014年10月31日。

〔2〕 Sara C. Benesh, "Understanding Public Confidence in American Courts, The University of Chicago Press on behalf of the Southern Political ScienceAssociation", *The Journal of Politics*, Vol. 68, No. 3（Aug., 2006）, p. 704.

在庭审结束时应对庭审过程中可以确认的事实进行归纳确认、对需要进一步证明的事实进行释明、对证据是否可予采信作出说明。这样的庭审过程的公开，对于当事人来说，其在法官的指挥和释明下完成诉讼，对于案件的结果会有一个客观的分析和合理的预期；对于民众来说，其不仅看到了庭审中各方当事人的举证、质证和辩论，也看到了法官对于案件所涉证据和事实的态度；而对于法官来说，这种心证公开的形式和结果需要丰富的审判经验，对其庭审驾驭能力也是一个考验和提升。

当然，上述描述和分析仅是一种常规化的法庭审理操作流程，而非提高庭审驾驭能力和提高裁判公信力的唯一路径，亦不可能包含审判实践中所有类型的案件以及一些疑难复杂案件及其衍生问题，因此法官自身行之有效的办案技巧亦可酌情与之结合适用，以最大限度地发挥其功效。[1]

三、庭审实质化公开的意义

如果根本不知道道路会导向何方，我们就不可能智慧地选择路径。[2]审判公开作为一项司法原则，无论是采用旁听、媒体介入还是庭审直播形式，均是在公开形式上发生的变化，这种形式上变化的价值体现在公开的透明度和给予公众参与和监督庭审的机会，而庭审实质公开的价值在于：通过庭审中法官心证的公开，使当事人和公众真正感受到法官在庭审中审判的公正性。

（一）法官驾驭庭审能力的提高

如果说要求法官在庭审中公开其心证形成的过程是对法官的一种挑战，那么在庭审直播形式下公开则更是一种前所未有的挑战。庭审中法官心证的形成是在充分听取了当事人的辩论意见并且与双方进行过充分、有效交流后的一种必然结果。[3]公开这种结果以及形成结果的过程表现的形式是法官在庭审中的释明以及对事实和证据的阶段性确认，是法官驾驭庭审能力的体现。首先，法官与当事人之间的沟通是对话，而当事人与当事人之间是对抗，二者之间的区别不应混淆。也就是说，法官在庭审中的言行不能参与到双方之间的对抗和辩论；其次，法官不仅需要较高的专业素养，同时还要不断积累审判经验、丰富的社会知识以及对社会现象的深层次分析；最后，要具备风险预判与防控的能力。在面对庭审中的突发事件以及外界舆论的压力时，法官不仅能够做到预防和评估，也能在面临问题时理性应对。因此，在庭审公开范围越来越广的形势下，法官必然在法律知识、社会经验、应急处理、舆论的预测分析以及各种价值之间的把握和平衡等方面得到提升，法官驾驭庭审的能力会不断提高。

（二）法官应保持实质中立

我国《民事诉讼法》第8条规定："民事诉讼当事人有平等的诉讼权利。人民法院审理民事案件，应当保障和便利当事人行使诉讼权利，对当事人在适用法律上一律平

---

[1] 毕玉谦："论庭审过程中法官的心证公开"，载《法律适用》2017年第7期。
[2] ［美］本杰明·卡多佐：《司法过程的性质》，苏力译，商务印书馆2009年版，第63页。
[3] 毕玉谦："论庭审过程中法官的心证公开"，载《法律适用》2017年第7期。

等。"该诉讼原则确定了在民事诉讼中，法官应保持中立地位，不仅要保障当事人诉讼权利，而且要平等地保护各方当事人的诉讼权利。

当今，法官持中立原则已在世界各国得到普遍的认同并深入人心，同时也是现代的法治国家所要普遍遵守的一项基本的法治理念。[1]如何体现法官的中立地位，在司法实践中，更多地体现在对法官在庭审中通过语言、表情或行为的要求，法官在聆听各方当事人陈述、举证及法庭辩论时，要保持理性的、不偏不倚的态度，避免当事人产生合理怀疑，这是当事人对法官是否公平的第一判断。因此在实践中法官经常被冠以谨言慎行的态度和行为方式。汉娜·阿伦茨的裁判理论认为，法官作为裁判者不是演员，而是观众。[2]其含义即指法官应作为旁观者，而不应参与其中。也有观点认为，判断本身即具有双重维度：行动者视角与旁观者视角。[3]笔者认为，汉娜·阿伦茨的观点是 20 世纪辩论主义时期的产物和理论，在当下两大法系由辩论主义走向协同主义的诉讼制度发展中，将法官视为一名旁观者，将追求形式公平视为法官中立性体现，已经不再是民事诉讼中的主流思维模式。例如，在法人与自然人之间的诉讼中，抑或在一方当事人未聘请代理人，自己又不懂诉讼规则时，法官消极被动保持中立的立场并不会在双方当事人之间构建公平。因为在双方法律知识不对等的情形下，法官形式上保持中立无法给予双方形成平等对话的平台。因此，庭审公开以公开促公正，是要求法官以一种实质上的公正立场来驾驭庭审，出现在当事人及民众面前。在我国，因为没有强制代理制度，许多民事案件的庭审没有代理律师的参与。在这种情形下，法官的中立性不易体现为消极被动，而是应根据实际情况进行调整双方之间的诉讼地位和权利，以实现实质中立。

（三）提高当事人及公众的认同

裁判的理性和正确性主要是通过当事人的认同来确定的。[4]而裁判获得当事人认同的前提是法庭应确保案件得到了充分的辩论。这是裁判获得正当性的基础，即法官心证的形成是在充分听取了当事人的辩论意见条件下并且与双方进行过充分、必要交流后的一种必然结果[5]。如果法庭上只有当事人的陈述和相互辩论，没有法官的参与和互动，由于当事人不知悉法官对其证据以及陈述如何认识。是否有误解或理解的偏差，是否需要进一步举证等情形，从而对自己的辩论缺乏正确认知。这样的法庭辩论看似是充分的，但实质上却是欠缺的。这导致裁判结果一旦对自己不利，当事

〔1〕 项鹏举："民事庭审驾驭能力的培养与提高"，载《法制博览》2016 年第 12 期（下）。

〔2〕 Shmuel Lederman, "The actor does not judge: Hanna Arendt's Sheory of Judgement", *Pilosophy and Social Criticism* 2016, Vol, 42（7）727～741, p. 732.

〔3〕 侯振武："论阿伦特两种判断概念之间的张力———一种基于行动者与旁观者双重视角的考察"，载《理论探讨》2014 年第 2 期。

〔4〕 ［德］米夏埃尔·施蒂尔纳：《德国民事诉讼法学文萃》，赵秀举译，中国政法大学出版社 2005 年版，第 480 页。

〔5〕 邹碧华、王建平、陈婷婷："审视与探索———要件审判九步法的提出和运用"，全国法院系统第二十二届学术讨论会论文集。

人不仅会对裁判结果不认同，且会因为裁判理由的后置性而进行上诉或申请再审。因此，没有法官心证形成过程的公开，整个庭审过程看似是公开的，但实质上却是封闭的。

法院历来重视社会对其裁决的自愿遵守，以及如何影响他们在社会中的作用。[1]民众的自愿遵守需以司法获得社会认同为前提，而获得社会认同必须是建立在民众与司法的信任关系基础之上的。美国在一项对民众与司法信任关系的调查中发现，一个受过高等教育的人，有陪审员的经验，对法院系统有很强的了解，对政府机构的基本信任就会比较高，在与法院的关系中也会表现出较高级别的信任关系。[2]因此，司法的自我阐释在一定程度上也可以起到宣教和指引作用。当然，司法并不能总是迎合大众观点，在接受舆论监督时，要"听取"民意而不能"听从"民意，更不能被民意所"绑架"。[3]但归根结底，法院在坚持自己价值观的同时，需要得到社会的承认，即使勉强，也要要求公众承认法院行为的合法性和公正性。[4]

笔者认为，我国庭审公开制度改革的重心，不应仅仅是形式意义上的公开，而应该是实质的公开。人们以为直播是最为直观与切实的监督方式，却忽略了直播本身无法解决或者无需直播便可以解决的问题。[5]如何使庭审公开更有效，不仅需要诉讼程序公开透明，更重要的是实质上裁判的依据公正、透明，取决于在庭审中法官合理、合法地运用其庭审指挥权，引导诉讼当事人围绕案件争议焦点有序对抗，[6]并对当事人举证，质证情况进行总结，采信和不采信的理由进行说明，对证据与待证事实的关联性作出分析。如此便可使当事人对案件的预判力提高，使庭审公开达到实质性公正。

第四节　法官心证公开的阶段和内容分析

一、法官心证公开的阶段

法官从接触到案件的诉状、证据材料等诉讼资料开始，即会下意识地根据自己的常识和审判经验对案件作出初步的判断，法官的心证初始阶段开始形成。之后在案件庭前准备阶段、庭审过程中，通过当事人的主张与抗辩、证据的提交与质证、法庭调查与辩论，法官的心证经历着不断形成、质疑、确认与修正的过程。最终，心证形成

---

〔1〕　Chad J. Pomeroy, Our Court Masters, 94 Neb. L. Rev. 401 (2015), p. 410.

〔2〕　Sara C. Benesh, "Understanding Public Confidence in American Courts, The University of Chicago Press on behalf of the Southern Political Science Association", *The Journal of Politics*, Vol. 68, No. 3 (Aug., 2006), p. 704.

〔3〕　刘宪权："民意、舆论与司法公正"，载《解放日报》2012年1月8日。

〔4〕　Chad J. Pomeroy, "Our Court Masters", 94 Neb. L. Rev. 401 (2015), p. 412.

〔5〕　张红平、张杰："浅议公开审判制度的界限——以直播庭审为视角"，载《山西省政法管理干部学院学报》2015年第3期。

〔6〕　参见余素青：《法庭言语研究》，北京大学出版社2010年版，第95页。

的结果以裁判文书的方式作出，在裁判文书中的说理部分，记载了法官心证形成的结果和理由。因此，狭义上认为，法官心证的公开是指裁判文书上结果的公开。但广义上讲，法官心证的公开包括心证形成过程的公开和结果的公开。而公开法官心证形成的过程实质上是指法官与当事人及代理人进行交集的场景，在审理过程中是指审前程序与开庭审理阶段。

（一）审前程序阶段

1. 审前程序的功能

审前程序原指庭审前的一个准备阶段。在美国，制度设置之初是以庭前会议的方式，召集各方当事人对案件进行交流和沟通。通过对案件的沟通，一部分问题得到了解决，而有争议的问题则在沟通之后得到了简化和归纳。因此，审前程序原是基于提高庭审效率的目的而设置。在 20 世纪 60 年代，基于诉讼资源和效率的考量，替代性纠纷解决机制的建立，美国的审前程序发生了质的变化，"审前"所表达的词义不再是审判的前奏。相反，它被设定为一个无需经过审判而结束案件的途径。[1] 在美国，大约 95% 的民事案件是在审前程序中采用和解、其他替代纠纷解决方式得到处理的。也就是说，只有约 5% 的案件进入法庭进行审理。美国审前程序功能的日益多元化不仅使得诉讼活动的中心前移，也极大地影响了大陆法系各国对审判程序的改革。原本将审前程序主要功能认定为为正式审理而进行必要准备的大陆法系各国，对审前程序的从属性也进行了改革。[2]

我国《民事诉讼法》第 133 条第 4 项规定："需要开庭审理的，通过要求当事人交换证据等方式，明确争议焦点。"这条规定中的一个"等"字为开庭前准备工作增添了实质内容，即开启了我国民事诉讼法审前程序之门。首先，对于需要开庭审理的民事案件，在庭前准备工作中，"组织交换证据"不是唯一方式，即规定了方式可多样化。第二"明确争议焦点"，将庭审中的部分工作进行了前移。《民诉法解释》第 224 条[3]、第 225 条[4] 对《民事诉讼法》第 133 条进行了补充和完善，将该条文中的"等方式"进行了充分发挥，并将庭前会议的内容进行了实质性规定。基于庭前会议中包含了部分庭审内容，法官心证的公开应从这一阶段开始。

2. 庭前会议中法官心证的公开

我国法律及司法解释对法官在庭前会议中公开其心证并非没有规定，比如《民事

---

〔1〕 毕玉谦、谭秋桂、杨路：《民事诉讼研究及立法论证》，人民法院出版社 2006 年版，第 508 页。

〔2〕 参见毕玉谦、谭秋桂、杨路：《民事诉讼研究及立法论证》，人民法院出版社 2006 年版，第 335 页。

〔3〕《民诉法解释》第 224 条规定："依照民事诉讼法第一百三十三条第四项规定，人民法院可以在答辩期届满后，通过组织证据交换、召集庭前会议等方式做好审理前的准备。"

〔4〕《民诉法解释》第 225 条规定："根据案件具体情况，庭前会议可以包括下列内容：（一）明确原告的诉讼请求和被告的答辩意见；（二）审查处理当事人增加、变更诉讼请求的申请和提出的反诉，以及第三人提出的与本案有关的诉讼请求；（三）根据当事人的申请决定调查收集证据，委托鉴定，要求当事人提供证据，进行勘验，进行证据保全；（四）组织交换证据；（五）归纳争议焦点；（六）进行调解。"

诉讼法》第 133 条〔1〕规定了需要开庭审理的案件,可通过当事人交换证据等方式明确争议焦点。"明确"二字即是心证的一种公开。《民诉法解释》第 225 条第 1 项也规定了"明确原告的诉讼请求和被告的答辩意见"。稍加分析可知,条款的内容不应理解为双方对诉辩意见的简单宣读,而是要求法官在双方诉辩意见中对争议的事实进行分析、剥离和归纳,然后进行明确。

案例:甲起诉乙,称乙欠债不还,并在诉状中描述借款的经过和具体细节。乙答辩时认可收到甲款项的事实和部分经过,但辩称不是借款,是乙曾经借款给甲,此笔款项是甲对之前的还款,并陈述借款清偿后便撕毁了借条。在庭前会议中,法官在归纳焦点前进行了部分事实的确认和争议事实的释明:第一,对双方已无争议的打款事实进行确认并记录在案。第二,归纳焦点为:争议款项是甲对乙的借款,还是对乙之前借款的偿还;第三,根据举证规则,甲要对该笔款项为借款负举证责任,同时释明被告乙要对该笔款项不是其对甲的借款而是还款负举证责任。

由案例可见,法官对上述无争议事实的确认和举证责任的释明,实质上就是一种心证的公开。其不仅是对争议焦点的归纳,更是一种简化。笔者认为,在审前程序归纳争议焦点,有利于双方当事人尽早围绕争议的焦点收集证据并举证。庭前会议的成功召集,对下一步集中审理非常有益。并且,更为重要的是,通过在审前程序中对案件进行沟通,各方当事人及律师对案件的认识程度以及对手的强弱不会再产生错觉,以无知为基础的自信已不存在。在当事人以及代理人的盲目自信的"气球爆炸"之后,大家都要面对现实。在这种气氛中,解决的结果不一定是在开庭后的裁判,而有可能是在审判日期之前。〔2〕换句话说,在双方当事人对自己的主张和证据有所预测的情形下,纠纷极有可能无需进入下一步审判,当事人即以调解、和解或撤诉的方式解决。

需要说明的是,在我国的司法公开中,审判公开的内容包括庭审公开和裁判文书的公开。对于审前程序阶段是否要公开并未进行规定,而针对庭前会议的召集人是合议庭全体成员、主审法官抑或是法官助理,法律及司法解释均没有作出明确规定。司法实践中法院不作统一要求,法官会根据案件情况自行安排。笔者认为,基于实践考察,如果案件可以调解,那么法官助理就可以进行;如果为开庭做准备,将部分庭审工作前移至庭前会议中,那么应该要求主审法官来主持。除非案件有特殊需要,否则一般不需要合议庭全体参加庭前会议。

(二)开庭审理中法官心证的公开

当事人将纠纷诉至法院,对于整个诉讼过程来说,庭审是一个重要环节,是当事

---

〔1〕《民事诉讼法》第 133 条规定:"人民法院对受理的案件,分别情形,予以处理:(一)当事人没有争议,符合督促程序规定条件的,可以转入督促程序;(二)开庭前可以调解的,采取调解方式及时解决纠纷;(三)根据案件情况,确定适用简易程序或者普通程序;(四)需要开庭审理的,通过要求当事人交换证据等方式,明确争议焦点。"

〔2〕 J. Skelly Wright, "Pre-Trial on Trial", 14 La. L. Rev. 391 (1954), p.399.

人将自己的诉求、证据、辩论意见展现给法官的一个平台。同时，当事人也希望通过自己证据的提交、质证和辩论够说服法官，不仅希望法官能够认真倾听，更希望能够听到法官对其主张的事实是否予以支持、提交的证据是否予以采信。因此，在庭审过程中公开法官的心证是当事人对法院作出的裁判认同与否的关键环节。

1. 整理案件事实，归纳争议焦点

对于未经庭前会议而直接开庭审理的民事案件，人们通常认为，法官在审理时进行的第一次心证公开是"归纳争议焦点"。但笔者认为，在法官归纳争议焦点之前应先行进行一次整理，并将整理结果向当事人公开。首先，对于一审案件来说，针对原被告双方在诉辩意见和陈述中一致认可的事实、当事人自认的事实、免于举证的事实等，法官应先行予以确认，在确认的基础上明确双方争议的内容，并在征求各方当事人意见之后归纳为焦点问题。第二，如果是上诉案件，二审开庭前法官应先行梳理一审裁判中已经采信的证据和确认的事实，然后分析上诉人提出的上诉请求、事实理由、被上诉人答辩意见及二审提交的新证据。在归纳争议焦点前，向当事人公开在一审中各方已经无争议的事实，不仅起到禁反言效果，也是与当事人就二审开庭审理的方向和内容进行沟通。由此可见，法官在庭审中归纳争议焦点，需要先行以公开的方式对案件事实进行整理、确认后再进行归纳，起到简化争议焦点的效果。

案例：卢某与徐某之间有借款关系，徐某在卢某到期未偿还其借款后，将卢某诉至法院，经法院审理后，判决卢某偿还徐某借款 5000 万元。在徐某向法院申请执行卢某财产时，查封了张某名下 7 套房产。张某提起执行异议，认为张某名下 7 套房产是其个人财产，与卢某没有关系，在法院驳回张某执行异议之后，张某提起执行异议之诉。

在执行异议之诉案件中，原告张某起诉被告徐某，主张其与第三人卢某并非夫妻关系，其名下 7 套房产系其个人房产。一审经审理认为张某与卢某虽非合法夫妻关系，但是双方系多年同居关系，且该 7 套房产系在同居关系期间购买，故法院查封并无不当，遂驳回张某要求中止法院执行的诉讼请求。张某不服一审判决向二审法院提出上诉，主要理由为：第一，其与卢某并非合法夫妻关系；第二，卢某所借款项系卢某个人债务，并非与张某的共同债务；第三，其虽然与卢某曾有过同居关系，但是早已分手，其名下财产系个人财产，法院查封错误，请求中止执行。

二审法院开庭后，主审法官在归纳二审争议焦点之前，首先对一审判决确认的事实以及上诉人张某上诉请求的事实、理由，以公开心证的方式进行了梳理和确认：第一，上诉人所称其与卢某并非合法夫妻关系，这一事实一审已经查明，且双方均无异议，故二审不再对该项事实进行审理；第二，对于卢某借款系其个人债务而非与卢某的共同债务问题，对方当事人的诉辩内容中从未提出共同债务问题，一审判决亦未认定为共同债务，法官当庭向被上诉人询问，被上诉人当庭认可系卢某个人债务，而非共同债务，故对于上诉人提出的第二个理由，双方并无争议，亦不属于二审开庭审理范畴。关于上诉人提出的第三个理由，即其与卢某虽有同居关系，但早已分手的问题。首先，法官对上诉人认可其与卢某曾系同居关系的事实进行了确认，但上诉人认为已经解除，一审判决认为双方未解除，且张某名下7套房产购买于同居关系存续期间。故本案二审争议焦点为：张某与卢某的同居关系是否已经解除及解除的时间。各方当事人对二审归纳的焦点无异议。

由上述案例分析可知，法官在归纳争议焦点之前，对当事人的诉讼主张、诉辩事实和理由进行了梳理，对各方在诉状和答辩状中一致认可的事实予以确认，对于不一致的事实是否属于对案件具有直接关系的基本事实进行了明确，起到了剥离和简化争议焦点的效果。需要说明的是，我国《民事诉讼法》及有关司法解释对被告和被上诉人进行书面答辩没有强制性要求，实践中，被告或被上诉人往往直到开庭时才提交书面答辩意见或当庭口头答辩，从而导致法官因诉讼资料不完整而影响心证的形成。因此，实践中，法官对于被告或被上诉人的答辩不宜太过放任，应当要求其按期日进行书面答辩，有助于法官在开庭前整理案件，剔除双方诉辩中的矛盾之处以及促使当事人更正明显错误、荒谬或非理性的请求。[1]

2. 法庭调查中的心证公开

在归纳争议焦点之后，案件进入审理程序。如果说庭审是案件审理的重要环节，那么法庭调查则又是庭审的核心。《民诉法解释》第230条规定："人民法院根据案件具体情况并征得当事人同意，可以将法庭调查和法庭辩论合并进行。"其理由主要有二：第一，并不是所有的案件审判的思路都会严格按照大前提—小前提—适用法律这一顺序开展，在很多情况下，案件事实不仅涉及证据的采信，也同时与法律适用紧密相连。第二，对证据进行质证，实质是双方当事人对证据的真实性、合法性、关联性以及证据的效力发表意见的过程，必然会涉及双方的辩论。[2]由此可见，将法庭调查和法庭辩论统一起来，不仅可以简化诉讼程序，更主要的目的是使得当事人的辩论权得以充分发挥。

在法庭调查和法庭辩论过程中，法官的职责体现为三种功能：第一，不断地对双方争议中逐渐明确的事实或证据进行确认，使得争点越来越小；第二，在对争议焦点进行质证、辩论的过程中，以释明的方式引导、提示当事人对争议点进行更充分的举证和辩论，使当事人充分发挥证据提出权、庭审权和辩论权等程序保障权；第三，控制和管理好庭审的秩序和庭审的方向。诉讼指挥权的有效行使，可以提升裁判迅速、经济性，有助于促进集中化审理，保障庭审的顺利进行。[3]通过诉辩双方的陈述、抗辩、举证、质证，法庭辩论后，争议焦点越来越清晰，最终达到案件事实明确的理想状态。

---

[1] 邹碧华、王建平、陈婷婷："审视与探索——要件审判九步法的提出和运用"，全国法院系统第二十二届学术讨论会论文集。

[2] 参见张卫平："法庭调查与辩论：分与合之探究"，载《法学》2001年第4期。

[3] 参见邱联恭：《程序选择权论》，三民书局2004年版，第157页。

除庭审过程中心证形成的过程公开外,心证公开的阶段还包括心证结果的公开,即裁判的作出。虽然相比于心证过程的公开,裁判文书的说理更为系统、全面。但是当庭说理更为直接、更易交流,对审判人员要求也更高。庭审过程中的公开不仅可以让案件各方当事人知悉法官的心证过程,也可以在公众视野下对法官的自由裁量权进行限制,同时可以消除当事人的合理怀疑,使各方息诉服判。[1]

3. 当庭宣判

当庭宣判,是指人民法院依法在法庭审理结束时直接公开审理结果。当庭宣判不仅充分体现了司法公开、透明和效率,更为重要的是,其在整个诉讼程序中融合了诉讼的直接言词和集中审理原则。当庭宣判将审和判有机贯通,不仅有助于法官心证的公开,且有助于法官独立心证。[2]如果说,在庭审过程中对法官心证进行阶段性确认仅体现了庭审过程中法官心证的公开,那么当庭宣判则实现了法官心证过程完整意义上的公开与透明。

20世纪90年代,我国在进行审判方式改革时,也曾尝试探索当庭宣判制度,由于缺乏庭审实质化审理而使得当庭宣判被认为是合议庭先判后审、庭审形式化。实质上,当庭宣判是"审"与"判"结合的完整模式,为保障其成为庭审公开的最后一个环节,必须要对庭审过程中法官心证形成的过程进行阶段性公开,使得当庭宣判成为水到渠成的必然结果。第一,当庭宣判不仅需要法官具有丰富的审判经验和驾驭庭审的能力,而且需要当事人及代理人的积极配合。因此,在当庭宣判的案件中,当事人的出庭率会大大增加。第二,当庭宣判可以使得庭审受到普遍重视,无论是法官还是当事人或代理人,不仅在庭审之前要把准备工作做到位,在庭审中也要更加认真对待,实现庭审实质化。第三,对于法院来说,当庭宣判可使超审限问题迎刃而解;对于代理律师来说,当庭宣判可使其更加重视庭审,使得律师代理制度更加完善,法治化进程得到进一步发展。

诚然,当庭宣判并非适用于各种民商事案件,尤其是对传统民事案件(如家事、邻里纠纷),当庭宣判的效果反而不如冷处理。留有缓和期有助于家事和邻里纠纷的调解或和解,无疑是更好的化解矛盾方式。对于疑难复杂的案件,由于法律关系复杂,事实和证据难以当庭确认,是否当庭宣判要视具体情况而定。而案件法律关系清楚、事实相对简单的简易审案件、小额诉讼案件则比较适于当庭宣判。

二、庭审中法官心证公开的内容和方式

庭审实质性公开的内容,是指法官针对案件事实、证据、法律等问题,随着庭审进程而不断形成的阶段性心证,也称临时性心证。这种临时性心证不仅包含了对事实、相关法律问题的确认以及对证据的采信,也包含对上述问题的质疑。对于"质疑",在

---

[1] 参见李丹蕊:"审判信息实质性公开的实现进路——基于典型刑事错案产生原因的分析",载《天津法学》2016年第2期。

[2] 朱辉:"司法公开视野下的当庭宣判",载《人民司法》2014年第11期。

庭审中，法官以释明的方式向当事人提出。因此，法官心证公开的方式包括对事实的确认、对证据的认证与释明。

（一）对事实的确认

1. 需当事人证明的事实的确认

第一，在法庭审理中经过各方当事人不断举证、质证后，形成一致的事实，法官应及时对该事实作出认定，并记录在案。第二，对于《民诉法解释》第 93 条[1]第 2 项至第 7 项规定的情形，属于无需举证的事实，但是法官需要释明当事人可以提交相反证据予以反驳或推翻。在当事人不能反驳或推翻的情况下，应对上述事实予以确认。第三，对于有争议的事实，法院不仅应引导当事人进一步举证、质证，还应将该事实无法查实的不利后果一并告知。第四，对于经争议后依然无法认定的事实，法官亦应在庭审中予以公开。

2. 无需当事人举证的事实的确认

在诉讼中，认定案件事实主要基于当事人的举证，但是在以证据认定事实之外，尚有一部分事实无需当事人举证。这些事实的确认或来自于法律规定，或来自于法官的经验法则。因此，对于无需当事人举证的事实的确认，是庭审中法官心证公开的重要内容。第一，法官应在各方当事人诉辩意见中寻找一致的陈述和一致认可的事实，进行公开并记录在案。这类事实不仅无需当事人举证，其公开的效果也是对当事人禁止反言的有效措施。第二，属于《民诉法解释》第 92 条[2]规定的自认情形。《民诉法解释》第 93 条第 1 款第 1 项规定：自然规律及定理、定律，不仅无需举证，且对方不能反驳或推翻。第三，对推定事实的确认。法官应予在庭审中公开，以防裁判突袭。例如，法官基于证明妨碍规则而推定的事实，法官不仅应予公开，并且应将推定事实的理由和法律依据一并公开。第四，对于法院应依职权调查取证的事实，因无需当事人举证，且属于法官的职责性要求，因此需要在调查之前以及调取证据后向当事人公开。

需要说明的是，对于案件事实属于基本事实、间接事实或者与案件无关联事实的，法院在审理中亦应向当事人进行公开。因为案件的基本事实可以作为法律适用的大前提，直接作为定案依据，而间接事实需要与其他事实和证据相互印证才能作为定案依据。而对于与案件无关联的事实，向当事人公开，可以避免当事人对无关联的事实进行进一步举证，浪费诉讼资源和对案件的认知偏差以及对法官的误解。

---

[1]《民诉法解释》第 93 条规定："下列事实，当事人无需举证证明：（一）自然规律以及定理、定律；（二）众所周知的事实；（三）根据法律规定推定的事实；（四）根据已知的事实和日常生活经验法则推定出的另一事实；（五）已为人民法院发生法律效力的裁判所确认的事实；（六）已为仲裁机构生效裁决所确认的事实；（七）已为有效公证文书所证明的事实。前款第二项至第四项所规定的事实，当事人有相反证据足以反驳的除外；第五项至第七项规定的事实，当事人有相反证据足以推翻的除外。"

[2]《民诉法解释》第 92 条规定："一方当事人在法庭审理中，或者在起诉状、答辩状、代理词等书面材料中，对于己不利的事实明确表示承认的，另一方当事人无需举证证明。对于涉及身份关系、国家利益、社会公共利益等应当由人民法院依职权调查的事实，不适用前款自认的规定。"

（二）证据的当庭认证

关于证据应否当庭确认并进行心证公开，实质上是证据的当庭认证问题。当庭认证是指审判法官在开庭审理中基于对当事人及其诉讼代理人提供的和人民法院自行收集的经过当庭质证的所有证据，按照一定的原则、标准、方法进行分析、研究、审查、核实判断，在法庭上确定其证明力有无和大小，进而认定案件事实的审理活动。当庭认证问题在我国《民事诉讼法》及司法解释中规定得相对模糊，在实践操作中，法官也很少对证据进行当庭认证，而是出现在裁判文书中进行认证和说理。这样的证据认证结果往往会使得当事人经庭审质证后无法对证据的采信进行正确预期。本以为自己已经举证充分，但在收到裁判文书后却发现证据未予认定，因此形成诸多不满与猜忌。这显然会降低当事人对裁判的认同性，提升上诉或申请再审率。

1. 证据力的认证

证据当庭认证是庭审公开实质化的重要内容，且意义重大。不仅是裁判作出的重要依据，也是案件当庭宣判的必要条件。在证据复杂的认证系统中，证据力（即证据资格问题）是证据认证的第一道关口，涉及证据的三性，即客观性、合法性和关联性问题。证据的客观性，即真实性问题，法律条文相对明确。比如，当事人提交书证复印件，在无证据证明提交原件确有困难的法定情形下，法官会因书证为复印件而不予采信；证人应出庭，但不出庭且无法定事由的证言一般不予采信；对于证据的合法性，实质上是指证据的形式要件是否符合法律规定。如单位出具的证明材料，依据《民诉法解释》第 115 条[1]的规定需要单位负责人和制作证明材料的人签字或盖章，并加盖单位印章，如果该证明材料形式要件不符合，法官应不予认定，并向当事人释明，其可在补充证据的形式要件后再进行质证。对于证据的关联性，因证据与待证事实之间的关联性大小涉及证明力与证明标准的问题，因此是法官认证的一个难点。

需要说明的是，法官对于证据合法性和真实性的认证是建立在对方不予认可该证据的情形下的。如果一方认可对方提交的复印件的真实性，那么法官不应因为不是原件而不予认定，单位出具的证明亦是如此。因此，对于证据的客观性、合法性，在不涉及他人或社会利益的情形下，只要对方当事人不提出异议，法官便不应依职权不予认定。

2. 证据的证明力与证明标准的认证

证据能否作为定案依据，涉及证明力和证明标准问题。在我国，证明标准的不确定性在于两个难点：第一，需要结合其他证据和案件事实进行全面、客观的综合判断；第二，证明标准是一个盖然性标准，具有不确定性。因此，在庭审中对证据与待证事实之间的关联性，以及能否达到证明标准进行公开认证是一个难点。[2]不仅需要法官

---

〔1〕《民诉法解释》第 115 条规定："单位向人民法院提出的证明材料，应当由单位负责人及制作证明材料的人员签名或者盖章，并加盖单位印章。人民法院就单位出具的证明材料，可以向单位及制作证明材料的人员进行调查核实。必要时，可以要求制作证明材料的人员出庭作证。"

〔2〕［德］米夏埃尔·施蒂尔纳：《德国民事诉讼法学文萃》，赵秀举译，中国政法大学出版社出版 2005 年版，第 371 页。

的综合判断，且涉及法官的自由裁量，其认证的结果对裁判的影响较大，往往可能对案件有预决性。对法官的业务素质要求较高。笔者认为，可以建立对重要的、有争议的证据在认证前进行合议制度，也可以在庭审质证过程中宣布休庭，合议庭对证据进行分析讨论后，再继续开庭并公开认证。

3. 对举证责任相关事项的公开

第一，举证责任的一般规则是"谁主张，谁举证"，因此，在庭审归纳争议焦点后，法官应对各方当事人的举证责任进行明确。随着法庭调查的开始，各方举证、质证后，对于当事人所举证据并未充分证实其主张，但是当事人却认为其已经提交了足够证据的情形，法官应对当事人提交的证据的证明力尚不足以达到证明待证事实的情形进行阶段性确认，并对这种认知上的差距向当事人进行释明，避免当事人在收到判决后才发现自己承担了举证不能的不利后果。第二，举证责任的特殊规则，如高度危险作业致人损害的侵权诉讼、环境污染引起的损害赔偿诉讼、因医疗行为引起的侵权诉讼等，属于举证责任倒置情形，应向当事人公开。第三，涉及举证责任的转换问题。一般存在于被告或者被上诉人提出反驳意见时对原告陈述的一些事实的认可以及新的事实的提出，极有可能涉及举证责任的转换问题。此时，如果当事人对转移到自己身上的举证责任浑然不知，法官应予及时进行确认和释明。需要注意的是，分析举证责任分配时，自始即应注意考虑各种具体因素，努力实现当事人之间实质公平分配责任的概念，寻求一个符合实质公平的形式基准。[1]第四，举证责任的免除。涉及法定免除情形、当事人自认情形、依据证明妨害规则推定的情形，以及法院依职权调查取证情形。对于免除当事人举证责任的上述情形，应依据事实和法律依据进行确认和释明。

案例1：原告翟某起诉于某，主张于某向其借款5万元且到期未偿还，并向法院提交了于某书写的借据。于某抗辩称：该借据不真实，于某从未向其借款，且于某没有任何需要借款的意图。原告翟某在庭审中陈述，其交付给于某的5万元款项未通过银行转账，而是现金交付。

案例2：原告翟某起诉于某，主张于某向其借款5万元，并提交了5万元银行打款凭证，但未书写借据。于某辩称，该5万元款项不是借款，而是其在之前曾借给翟某的，该5万元是翟某的还款。

就案例1而言，首先，在法庭上，翟某提交借据，陈述借款事实，于某在否认借据的真实性时，法院应向翟某释明，其作为原告的举证义务尚未完成，需要进一步提交双方之间履行借款事实的证据，如打款凭证等。此时举证责任并未转移，因此被告的抗辩只是反驳，但此时被告无需承担举证责任。如果原告未通过银行转账，翟某需要进一步陈述于某借款的具体情节或提交其他证据方法予以证实。如果翟某不能进一

---

〔1〕 李木贵：《民事诉讼法》（上），元照出版有限公司2007年版，第6~56页。

步补充打款的相关证据，且对于借款的具体事实陈述不完整，则有可能由翟某承担举证不能的不利后果。对于是否需要对借据上于某的笔迹进行鉴定，应根据借据上的笔迹在双方争执的案件事实中所占据的作用而确定。

就案例 2 而言，对于原告翟某来说，仅仅有打款凭证，并不能证明双方之间存在借贷法律关系。因此，法官亦应向当事人释明进一步举证证明其与被告之间的款项系借贷法律关系。对于被告于某来说，法官应释明被告对其收到这笔款项的合法依据进行说明和举证。如果于某认可原告打款系借款的事实，那么被告的自认便降低了原告的证明标准，即法院可以认定原告与被告之间的借款关系确立，被告在无其他合理抗辩的情况下应偿还该笔借款；如果被告虽认可打款的事实，但抗辩称该笔款项是原告对之前向其借款的偿还，那么被告需要对其提出的抗辩事实负举证责任。

关于被告的否认和抗辩，就上例而言，被告直接否认向原告借款，属于直接否认，如果其辩称虽收到原告款项，但并非借款而是原告的赠与或其他资金往来，那么被告陈述的理由即属于一种抗辩，将会发生举证责任的部分或全部转移。

以上对事实的确认及证据的认证，本身就包含着正反两方面：即对事实和证据的认定和不予认定。对于不予认定的内容，法官一般应以说明理由、提示等方式进行释明。因此，在诸多心证公开的内容中，确认和释明不易区分。由于法官个体认识的差异、业务水平不均，案件的复杂程度亦各不相同，法官在法庭上心证公开内容的多少不能一概而论，还应具体问题具体分析。

（三）法官应予释明的事项

将法官心证形成的过程进行公开，往往会涉及法官在庭审过程中的释明问题。[1]由于法官的释明属于第三方对双方当事人之间自行行使处分权的一种直接干预，因此，理论界普遍认为释明范围应当保证法官不至于取代当事人决定实体内容之形成，旨在实现双方当事人的实质平等。释明不当或过分释明势必会给当事人的处分权带来消极影响。因此，释明应坚守两项原则：第一，坚持公开原则；第二，尊重当事人处分权原则。[2]笔者认为，应将释明作为法官心证公开的方式，因为"释明"本身即是一种公开。

1. 释明权和释明义务

在诉讼过程中，释明是法官针对案件法律关系的性质、诉讼请求的明确性、证明责任以及程序性事项，依职权对当事人进行询问、提示或解释以及提示当事人补充和修复的诉讼行为。法官之释明行为，应属于诉讼行为之一种，且可归类为诉讼指挥。[3]有关释明的规定，虽通称释明权，有时径称释明义务，如释明权亦是义务。不过，释

〔1〕 毕玉谦等：《民事诉讼专家辅助人制度研究》，中国政法大学出版社 2017 年版，第 355 页。
〔2〕 奚晓明主编：《最高人民法院关于买卖合同司法解释理解与适用》，人民法院出版社 2012 年版，第 435页。
〔3〕 姜世明：《民事诉讼法基础论》（修订版），元照出版有限公司 2006 年版，第 106 页。

明权之范围是否与释明义务相同却是值得思考的。一般认为，释明义务的范围比释明权的范围要小，即释明权包含释明义务。[1]笔者认为，释明权和释明义务并非包含关系，释明权属于可以释明的事项，即无释明义务而行使释明，从中立性观点和立场来看，这意味着法官以其客观中立的立场得以自由裁量。[2]因此，未释明不承担相应责任；而释明义务之用语，则意味着"非行使不可"。属于应当释明的事项，法官在应释明而未释明的情况下，导致当事人权益受损，则应当承担相应责任。《最高人民法院关于审理买卖合同纠纷案件适用法律问题的解释》第 27 条[3]规定，在一方当事人未向法院主张调整过高违约金的情形下，法院应当进行释明，而未予释明并按照约定支持违约金的，属于上级法院改判的理由。

2. 法律关系的释明

《民事证据规定》第 53 条规定："诉讼过程中，当事人主张的法律关系的性质或者民事行为的效力与人民法院根据案件事实作出的认定不一致的，人民法院应当将法律关系性质或者民事行为效力作为焦点问题进行审理。"该条是我国司法解释对法官应当释明事项的规定，表明在当事人处分权行使不当时，法官应进行释明，促进当事人实现利益和保障审判程序顺利进行。

案例：嘉业公司与寰臣公司签订了涉及 100 套商品房的买卖合同，嘉业公司共支付了 8000 万元购房款，并进行了备案登记。至此，双方的商品房买卖关系成立。在合同履行过程中，寰臣公司在嘉业公司不知情的情形下，与嘉业公司工作人员一起到有关部门办理了撤销备案登记，寰臣公司随后将涉案房产出售给东方公司。嘉业公司知情后，以寰臣公司与东方公司恶意串通，撤销嘉业公司备案登记为由，提起虚假登记损害赔偿之诉，并要求履行嘉业公司与寰臣公司之间的 100 套商品房买卖合同。庭审中，寰臣公司辩称，嘉业公司与寰臣公司之间实为借贷关系，双方所称购房款 8000 万元，实际只打款 7360 万元，即第一次打款一次性扣除了 2 个月的利息 640 万元，并提交了数次还款的凭证。嘉业公司亦认可双方之间实际为借款关系，经法官释明，嘉业公司变更诉讼请求，以借贷法律关系请求偿还剩余借款及利息。

3. 对当事人陈述事实或诉辩意见的释明

我国法律规定中并没有强制代理制度，因此在民事诉讼中，未委托代理人的民事案件不在少数。由于当事人法律知识的匮乏，在诉讼中对自己的请求、陈述以及诉辩意见，往往不能正确、完整地表达和抗辩。此时，如果将双方当事人之间的平等地位

---

[1]　李木贵：《民事诉讼法》，元照出版有限公司 2007 年版，第 6~34 页。
[2]　李木贵：《民事诉讼法》，元照出版有限公司 2007 年版，第 6~34 页。
[3]　《最高人民法院关于审理买卖合同纠纷案件适用法律问题的解释》第 27 条规定："买卖合同当事人一方以对方违约为由主张支付违约金，对方以合同不成立、合同未生效、合同无效或者不构成违约等为由进行免责抗辩而未主张调整过高的违约金的，人民法院应当就法院若不支持免责抗辩，当事人是否需要主张调整违约金进行释明。"

只停留在程序层面，便是一种实质上的武器不对等。因此 法官应根据具体案件中的实际情况针对弱者行使补偿性之辩论指挥权，以实现对弱者的保护。[1]在对于当事人是否提出抗辩的问题上，应释明当事人享有哪些抗辩权，以此为前提才会有行使抗辩处分权利的可能性，法官行使释明权只会给当事人带更大的处分自由。[2]例如，在诉讼过程中，对一方当事人陈述的事实，另一方当事人既未表示承认也未否认，法官应当释明并询问另一方当事人的意见；在当事人诉辩意见不明确或自相矛盾时，法官无法理解其真实意思的，应直接向当事人发问，让其陈述清楚；如一方当事人的辩论意见未涵盖对方当事人的全部诉讼主张或辩论意见的，法官应当提示其全面陈述意见。释明的恰当行使是法官庭审驾驭能力的体现，有助于庭审的顺利进行。[3]

4. 举证责任的释明

《民诉法解释》第90条规定，当事人对自己提出的诉讼请求所依据的事实或者反驳对方诉讼请求所依据的事实，应当提供证据加以证明。虽然法律规定了事实主张者承担举证责任，否则承担不利后果。但是，不能当然地认为法官处于完全的消极被动状态。而是在当事人不知如何举证，或对举证不能的后果并不理解的情形下，应释明当事人进行举证。为彻底防止发生突袭性裁判并贯彻庭审请求权之保障要求，应同时保障当事人之证据提出权。[4]关于举证责任的承担和转换，笔者在上述内容中已经进行了分析，但也有观念认为举证责任问题在法庭上不仅仅是一种确认，在更多情况下是一种释明。举证责任从效果来讲属于一种举证责任的分配，因此属于确认的内容。但从庭审过程进行动态分析，其更多的是一种释明。实质上，无论是确认还是释明，抑或是二者兼有，都属于法官心证公开的重要内容。

5. 禁反言的规定与释明

禁反言是来自英美法系的规则。英美法系国家一直适用宣誓制度，并逐步发展为禁反言原则。[5]禁反言在美国主要作为一种判决效力制度发挥作用，用于解决生效判决在既判事项方面的法律效力。在大陆法系国家，对禁反言的传统理解以诚实信用原则为依托，目的是排除当事人在诉讼过程中的矛盾行为。我国并没有禁反言的概念，但是，在《民诉法解释》中有着禁反言的内容。主要体现在事实和证据的确认效力方面。《民诉法解释》第229条规定："当事人在庭审中对其在审理前的准备阶段认可的事实和证据提出不同意见的，人民法院应当责令其说明理由。必要时，可以责令其提供相应证据。人民法院应当结合当事人的诉讼能力、证据和案件的具体情况进行审查，

---

〔1〕 参见吴杰："辩论主义与协同主义的思辨——以德、日民事诉讼为中心"，载《法律科学（西北政法学院学报）》2008年第1期。

〔2〕 吴杰："辩论主义与协同主义的思辨——以德、日民事诉讼为中心"，载《法律科学（西北政法学院学报）》2008年第1期。

〔3〕 黄菊秀："民事庭审驾驭能力的培养与提高"，载《人民司法》2008年第1期。

〔4〕 邱联恭：《程序选择权论》，三民书局2004年版，第153页。

〔5〕 沈德咏主编：《最高人民法院民事诉讼法解释理解与适用》（上），人民法院出版社2015年版，第600页。

理由成立的，可以列入争议焦点进行审理。"即对于当事人在前一个诉讼阶段作出对事实和证据的认可，法院应当进行阶段性确认，当事人在后一诉讼阶段作出不同意见时，法院首先持不予采信的态度，除非当事人有充分理由对其前后不一致的诉讼行为进行说明。

由上可见，我国有关禁反言的规定也是建立在诚实信用原则的基础上的，但是并未效仿大陆法系国家对禁反言规则的适用。大陆法系国家要求当事人所实施的诉讼行为前后一致，如果当事人变更其诉讼行为会给对方当事人造成不公平结果，应对前后矛盾的行为予以禁止。[1]比如，日本学者认为，禁反言的法理意味着，在一方当事人有义务从事对方所预期的一定行为，但实际上实施的却是完全违背对方预期的行为时，这种行为应被视为违反信义原则的背信行为而予以禁止。[2]

因为大陆法系对禁反言的适用更加倾向于当事人的矛盾陈述给对方造成了损害，而我国有关禁反言的规定规范的是当事人的真实义务，认为当事人前后不一致的陈述是一种不诚信的行为而应予以禁止。实践中，当事人就在审前程序中认可的事实在法庭审理时作出相反陈述的，以及就一审认可的事实在二审中有不同陈述的，法官一般对后一阶段的意见不予认可，但是庭审中直接释明的并不多见，而是多采用在裁判文书说理部分进行说明。笔者认为，依据我国《民事诉讼法》及有关司法解释的规定，当事人在法庭审理过程中应当诚实守信、负有真实义务、接受自认事实的约束，在当事人作出前后不一致的表述或行为时，法官应当庭予以释明，并给予当事人说明理由的机会，不仅具有理论支持，也符合法律规定，亦可以更加有效地保障当事人的诉讼权利。

实质上，禁反言不仅仅可以在陈述事实和证据认证方面体现功能，在判决的既判力方面也发挥着作用。在我国，一审作出判决后，给予当事人在一定时间内上诉的权利，当事人在法定期限内不上诉的，即视为当事人对一审判决是认可的，一审判决生效。如果当事人在超过上诉期限后反悔，便已丧失了上诉的机会。关于未上诉的当事人是否可以申请再审的问题，最高人民法院有指导性案例认为，在没有新的事实和证据的情形下，当事人基于原来的理由申请再审，法院应驳回其再审申请。可见，我国虽没有针对禁反言制度的明确规定，但是，相关内容不仅体现在事实、证据方面，判决的既判力方面也有类似于英美法系的法律效果。

6. 法院依职权发现错误的释明

当事人提交证据的义务与启动法院调查证据之权力之间的平衡，是考虑于发现真实以外的利益取舍。比如，在将民事诉讼视为"纠纷解决之途径"时，"真实发现之机

---

[1] 沈德咏主编：《最高人民法院民事诉讼法司法解释理解与适用》（上），人民法院出版社2015年版，第600页。

[2] 参见［日］谷口安平：《程序的正义与诉讼》（增补本），王亚新、刘荣军译，中国政法大学出版社2002年版，第175页。

制"即不具备优先性。[1]在我国,法院审理民事案件除涉及公共利益外,依职权干预当事人处分权的事项有两个:其一,是依职权调查取证。虽有明确的法律规定的限制,也有当庭进行质证的要求,但是,并未规定法院认为依职权调取证据的情形应先于向当事人进行释明。导致司法实践中因法院给予一方当事人调取证据而导致对方当事人极为不满。其二,法院在判决生效后发现错误的,如《民事诉讼法》第198条[2]规定,由院长提交审委会启动再审的情形,以及《民诉法解释》第242条[3]规定,在一审判决作出后,当事人未上诉时,法院自行启动审判监督程序的情形。从上述条文看,对于法院依职权启动二审和审判监督程序的情形,法律及司法解释均未规定应予在启动程序之前进行释明,而是在程序启动之时,或在之后的裁判中进行说明。笔者认为,在法院依职权启动程序影响当事人权益的情形下,法官应在启动之前先行向各方当事人释明,给予当事人说明理由和辩论的机会。否则这种程序的启动便是一种典型的裁判突袭。

7. 聘请专家辅助人的释明

目前,我国民事诉讼程序中没有对鉴定过程进行监管的规定。实践中,对于鉴定意见的作出,只要鉴定机构具备资质,检材经双方同意,经鉴定出具意见,其效力往往不可小觑。但是,鉴定经过了怎样的程序、是否科学和客观是目前当事人对鉴定意见不满意的主要原因。因不了解而产生的怀疑并非无法解决。当前,我国《民事诉讼法》及有关司法解释均规定了专家辅助人制度,并要求专家辅助人出庭与鉴定人进行质证,是对鉴定意见作出后当事人不认同的一种程序弥补。但是,如果仅仅考虑在鉴定意见作出后聘请专家辅助人进行质证,也依然是一种事后监督。笔者认为,应当在当事人提出鉴定申请时,由法院释明对方当事人可以聘请专家辅助人,并告知对方当事人其聘请的专家辅助人,鉴定机构的选定、检材的选取以及鉴定的过程、使用的仪器设备、鉴定方法等环节皆可以进行全程监督。在这种监督下作出的鉴定意见,不仅能够避免当事人因对鉴定过程不了解而对鉴定意见产生怀疑,而且在双方进行辩论时也增强了鉴定过程的透明度,有效提高了当事人对鉴定意见的认可度。

案例:在一个确认合同效力的案件中,原告认为合同上其父亲(已去世)的签字非本人所签,故原告要求对合同上其父亲的签字进行笔迹鉴定,并提交了死者生前的

---

[1] See David J. Gerber, "Extraterritoral Discovery and the Conflict of Procedural Systems: Germany and the United States", 34 Am. J. Comp. L. 769 (1986),转引自黄国昌:《民事诉讼理论之新开展》,北京大学出版社2008年版,第55页。

[2]《民事诉讼法》第198条规定:"各级人民法院院长对本院已经发生法律效力的判决、裁定、调解书,发现确有错误,认为需要再审的,应当提交审判委员会讨论决定。最高人民法院对地方各级人民法院已经发生法律效力的判决、裁定、调解书,……发现确有错误的,有权提审或者指令下级人民法院再审。"

[3]《民诉法解释》第242条规定:"一审宣判后,原审人民法院发现判决有错误,当事人在上诉期内提出上诉的,原审人民法院可以提出原判决错误的意见,报送第二审人民法院,由第二审人民法院按照第二审程序进行审理;当事人不上诉的,按照审判监督程序处理。"

部分笔体作为检材，对此被告不持异议。鉴定显示，合同签字与提交的样本不是同一人所签。被告对鉴定意见有异议，于庭审质证时聘请专家辅助人出庭与鉴定人进行质证。专家辅助人提出，按照《笔迹鉴定规范》的规定，笔迹鉴定的检材和样本应具有相近或相似性，本案中检材与样本，一个为楷书模式，一个为草书模式，他们之间不具有可比性，鉴定机构在样本和检材书写模式存在重大差异的情况下没有通知法院补充样本，而是草率作出结论，属于鉴定程序严重违法，并提出对死者在合同上的手印进行鉴定。

本案中，鉴定的检材与样本为不同笔体，由于被告缺乏这方面专业知识，因此未对对方提交的样本在鉴定前提出异议，在鉴定作出了对自己不利的结论后才寻找专业人士出庭对鉴定意见进行质证，虽然从法律规定上是适当的，专家的意见也扭转了不利后果。但是如果在鉴定之初当事人聘请了专家辅助人进行监督，这一问题就不会出现。

在以辩论主义为核心的审判制度中，法官在庭审中扮演的是观众角色。辩论主义的庭审模式认为，裁判者只能是观众，而不能是演员，因此不能参与其中。[1]而在从辩论主义走向协同的现代民事诉讼制度发展下，法官的阐明义务和讨论义务使得法官从消极的、只关注是否遵守了诉讼规则的"观众"变成了积极参与者。[2]现代民事诉讼的法庭已经变成了一个由当事人与当事人之间、法官与当事人之间几乎持续不断的对话场。[3]

目前，当事人处分原则、辩论原则是我国民事诉讼的基本原则。然而，当我国民事诉讼制度改革由职权主义向当事人主义方向发展时，我们却发现实行当事人主义诉讼体制的国家却在加大法官的权力，辩论主义的事实探知原则发生了位移。[4]因此，在民事诉讼的庭审中如何合理分担当事人与法院的作用，以此协同发现案件真实，已经是两大法系一致的走向和目标。[5]

第五节　影响庭审实质性公开的因素及利弊分析

一、影响庭审实质性公开的因素

（一）"看得见"的正义被形式化

将程序正义视为"看得见的正义"，源于一句著名的法律格言："正义不仅应得到

---

〔1〕 The Actor does not Judge: Hannah Arendt's Theory of Judgement.

〔2〕［德］米夏埃尔·施蒂尔纳：《德国民事诉讼法学文萃》，赵秀举译，中国政法大学出版社2005年版，第362页。

〔3〕［德］米夏埃尔·施蒂尔纳：《德国民事诉讼法学文萃》，赵秀举译，中国政法大学出版社2005年版，第372页。

〔4〕 唐力："辩论主义的嬗变与协同主义的兴起"，载《现代法学》2005年第6期。

〔5〕 唐力："辩论主义的嬗变与协同主义的兴起"，载《现代法学》2005年第6期。

实现，而且要以人们看得见的方式加以实现。"[1]如果将庭审直播理解为"实现看得见的正义的方式"，那么人们通过庭审直播看到了什么即为实现了正义？笔者通过调查问卷发现，多数人认为，自从庭审直播后，与之前相比，法官、书记员的言行举止有了很大改变，应该说更加规范了。甚至连当事人和代理人（在庭审直播的方式下）参与庭审时的言行举止也比较审慎。但是，如果庭审公开只要达到了装束整齐、举止规范、谨言慎行，给予各方当事人充分发表辩论的机会，就意味着"正义得以实现"，那么法官的这种中立性便仅仅体现为一种形式上的公平、公正。庭审公开作为使民众走进司法的一种方式，既没有引起民众监督的兴趣，也无法在法律职业群体中产生实际意义。这种只追求庭审公开的形式而不关注庭审公开的内容的方式，会使得庭审公开走向形式化。

（二）受司法权本质属性的影响

司法权作为一种公权力具有特殊性，除了强调权力本身的强制性，还有一个很重要的面向是获得公众的信服。而如何在法律系统和民意表达之间形成良好的互动，对于司法权威而言是一个无法回避的问题。[2]

司法权具有中立性、被动性。国家建立裁判制度的最大目的就在于通过法院和法庭这一窗口，给予每一个公民以公正的关怀，对每个人的权益给予同等的关注。[3]这是司法中立、公正性的体现；而司法的被动性在辩论主义当中显得更加活跃。其体现在一些法律格言中，诸如"没有原告，就没有法官"；"如果原告就是法官，那只有上帝才能充当辩护人"。[4]笔者认为，司法的各种属性并非是一个个独立的存在，体现在司法裁判上需要综合判断与衡量。例如，司法的中立性不能被简单理解为是在庭审中给予当事人平等的地位和诉讼权利，其实质是把握司法被动与能动之间的一个平衡，表现在庭审中是法官在保持司法中立的基础上对当事人进行询问和释明。但是，由于这种平衡难以把握，实践中法官往往采取慎询问、少释明、不认证的态度进行庭审，减少交流以保障形式上的中立。因此，法官形式上的中立性要求与庭审中积极互动行为发生相互排斥，这也是导致实践中法院不愿过多尝试和探索的一个重要原因。尤其是在以庭审直播形式进行公开时，如何把握当庭认证、积极释明与司法被动性之间的关系，在保持中立性的司法原则下对法官是一个极大的挑战。

（三）法官心证形成受主客观因素的影响

法官对于证据的取舍、事实的认定不仅要运用经验法则和逻辑规则，其心证的形成更是离不开法官的自由裁量。由于我国目前司法权威不高，法官的业务水平也处于不断提升状态。因此，法官在形成心证时是运用科学的经验法则还是个人的经验、是

---

[1] 陈瑞华：《看得见的正义》，北京大学出版社 2013 年版，第 102~103 页。

[2] 孟欣然："影响性诉讼案件环境因素研究——基于对中国 2003 年-2013 年影响性诉讼案件的考察"，吉林大学 2016 年博士学位论文，第 73 页。

[3] 陈瑞华：《看得见的正义》，北京大学出版社 2013 年版，第 105 页。

[4] 参见〔德〕拉德布鲁赫：《法学导论》，米健、朱林译，中国大百科全书出版社 2003 年版，第 121 页。

客观的一般良知还是主观的个人良知，不仅时刻检验着法官的专业水准，也是民众是否接受和认同的关键。当一个人对其所审判的人有好感时，其会认为被告根本没有做错，或者认为其罪行是微不足道的。但如果其讨厌被告，情况正好相反。[1]"我之所以认为他如此，是因为我认为他这样。"当法官依据个人经验和良知进行主观判断时，这个案子就出了大问题。[2]诚然，主观或个人良知与客观或一般良知之间的区别是模糊且纤弱的，并且在实践中，这种主客观因素之间有着不断的互动和转换。[3]因此，当法官运用主客观因素难以区分的认知和自由裁量进行判断时，不仅考验着法官裁判说理是否充分，对于法官心证公开更是具有一定的影响。

（四）民意的表达与司法监督的影响

审判公开的方式，从打开庭审之门发展到网络直播平台，受众之广不可预测。如果说这种广泛的传播方式为民众的监督提供了便利，那么提高司法的透明度、倒逼司法公正的声势，不仅是向世人公开法院裁判的过程以及其形成的自身逻辑，公开本身也是一种问责手段。[4]但是，司法的专业性决定了社会公众在面对司法裁判时所获得的信息并不必然真实、客观；司法的对决性使得当事人在利益争执下无法理性、客观地分析及传播；公众的盲从性，也极有可能使得司法的公正性被误读和误导。[5]因此，民意因来源的盲从和主观性使得其在表达并监督司法时，会出现"绑架"司法的无奈。这种民意在进行司法监督时带有的盲从性，不仅出现在我国的司法实践中，在其他国家亦存在。在美国，地方法官为了确保任期届满后再次当选，也极有可能尽力讨好公众以及掌握他们升迁机会的政府官员。[6]而对于美国联邦法院的法官来说，这些影响地方法官的因素都不存在。因为他们自身职业的委任不受制于选民。[7]由此可见，司法的独立与民意的监督都会影响法官在审判席上是谨言慎行还是大胆地公开其心证及形成过程。

二、庭审实质性公开之利弊分析

（一）心证公开的优势分析

（1）从法官角度分析，在我国，民事案件服判率低与司法公信力不高互为因果。

---

〔1〕 Ludwig Wittgenstein, *Tractatus Logico-Philosophicus* (Routledge, [1922] 1988) 6.43, Leif Dahlberg, "Emotional Tropes in the Courtroom: On Representation of Affect and Emotion in Legal Court", Proceedings, 3 Law & Human. 175 (2009).

〔2〕 [美]本杰明·卡多佐：《司法过程的性质》，苏力译，商务印书馆 2007 年版，第 66 页。

〔3〕 [美]本杰明·卡多佐：《司法过程的性质》，苏力译，商务印书馆 2007 年版，第 67 页。

〔4〕 Mitchel de S. -O. -l' E. Lasser, *Judicial Deliberations: A Comparative Analysis of Transparency and Legitimacy*, Oxford: Oxford University Press, 2009: 319.

〔5〕

〔6〕 Lawrence Baum, " What Judges What: Jdges' Goals and Judicial Behavior", *Political Research Quarterly*, Ohio State Unifersity, p. 751

〔7〕 Lawrence Baum, " What Judges What: Jdges' Goals and Judicial Behavior", *Political Research Quarterly*, Ohio State Unifersity, p. 754.

其中一个重要原因是法官的专业素质不高，表现为当事人对法官裁判过程的猜疑和对裁判结果的不认同。而在整个诉讼过程中，法官与当事人针对案件需要正面交集的就是庭审过程，这不仅是当事人提供证据、进行辩论的场所，也是树立法官公正形象、体现业务素质的平台。通过这个平台，当事人希望法官接受自己的意见和观点，法官也希望能给予当事人一个客观、公正、专业化的形象，使得自己最终作出的裁判结果能够获得当事人的认同。虽然对于法官来说，对其业务素质以及庭审驾驭能力具有挑战性，尤其是在当前以庭审直播的形式进行公开情况下，法官会面临前所未有的压力。但是，以"公开促公正"，不仅是一种形式上的手段，更是通过庭审公开对法官提出的内在要求。通过公开能够促进双方当事人与法官的对话与交流，能够增强法官与当事人之间的相互理解与信任，减少误解与误判。法官在庭审中公开其心证形成的过程，无疑是对法官的业务水准提出了高标准、严要求，符合当前法官队伍职业化、专业化、精英化的要求。建立一只高素质审判团队是司法公开的保障，也是树立司法权威、建设法治中国的基石。

（2）从当事人角度来讲，庭审实质性公开可以达到两种效果：第一，降低上诉率和申请再审率。如果法官在庭审中始终保持一种形式上的中立，谨言慎行、不作过多的释明和表态，那么在裁判作出后，当事人对结果的不认同必然会导致诉讼下一个程序的发生。相反，如果法官在法庭上及时进行阶段性确认以及适当释明，给予当事人补充证据、完善辩论的机会，不仅可以使得当事人充分行使诉讼权利，同时还可以使其对裁判结果有一个合理的预期。最终的裁判结果即使对其不利，当事人的服判率也会提高。其次，庭审实质公开可以达到和解或调解的效果。与法官进行互动的庭审过程，可以使当事人对自己诉讼的案件有一个客观的分析，如果当事人认为胜诉率很低，在衡量利弊后可能会积极配合调解或与对方当事人进行和解。因此，庭审中法官心证的公开，可以使得当事人对诉讼的案件有一个合理预判，有助于纠纷的彻底解决。

（3）从公众角度分析，庭审公开是民众接近司法的有效途径，但是接近司法是为了了解司法，以便于更好地监督司法。庭审直播给予民众一个广泛接近司法的平台，如果民众在这个平台上只看到双方当事人的辩论和争执，看不到法官的态度和评价，庭审结束时又没有当庭宣判结果，那么这个庭审对于民众来说就丧失了实质意义。因为除非案件与自己有利害关系，或者在社会上有重大影响，否则没有人愿意花费时间去看一场既看不懂又没有结果的庭审，这样的庭审即使直播，怕也是形同虚设。因此，要想达到民众接近司法、了解司法，以便更好地监督司法的效果，庭审中法官心证的公开必不可少。并且，好的庭审也是一堂生动的宣教法治的课堂，提供给民众法制教育的效果。

（二）心证公开的弊端

任何事物都有两面性，庭审中的法官心证公开也不例外。如果依然从主体角度分析，可以说，法官心证公开的弊端针对的仅仅是法院和法庭审理的法官，而对于当事人和民众却是有益无害。笔者认为，公开法官心证形成的过程，其对法院和法官带来的不利因素可以从两个方面考虑。

（1）公开对法官内心造成压力。以直播方式公开庭审，并在庭审中公开法官心证形成的过程，必然会对法官内心造成压力。其原因在于：第一，法官在面对庭审直播时会因为经验不丰富、业务能力不自信而导致紧张，语言表达失准。第二，法官在庭审中担心自己的确认和释明会受到舆论攻击和质疑，这种外在舆论对法官心理产生的压力会导致法官思维和判断受到影响。笔者认为，上述两种情况的原因主要来自于法官对自身业务水平以及驾驭庭审能力自信心不够。因此，做好庭审前的准备工作，不断丰富审判经验和提高法律专业水准，随着驾驭庭审能力的不断提高，法官公开心证的自信才会逐渐建立。

（2）庭审直播方式公开易导致舆情发生。以直播的方式对庭审进行实质性公开是一把"双刃剑"，运用得好不仅可以提高社会舆论对裁判的认同，提高司法公信力，同时也是一堂法治宣传教育课堂。但是，社会舆论与司法独立一直呈现一种紧张关系，在美国历史上，法官也担心媒体的作用影响公正审判。学者罗伯·史蒂芬认为："除非被告的公平审判权得到更严密的保障，否则在媒体如马戏团般地大肆炒作的案件中，撤销原判判决，其出现频率会愈来愈高。"[1]尤其是在自媒体时代，将庭审以直播的方式公开，使得更多的人参与到庭审当中，民众在基于自己的意愿随意发出自己声音的同时，也带来了不当声音传播的副作用。[2]不仅会影响庭审中法官的心证公开，也常常会对裁判的结果造成影响。

实行庭审公开，建立起司法和民意的沟通桥梁从而形成司法和民意的良性互动，借以增强民众的司法认同感并有利于实现社会的和谐稳定，是一种观念上的理想状态，在实践中确实存在难以把握的平衡。但是，如果从庭审实质性公开的内容来讲，庭审中实质性公开，这种司法自我阐释的效果不仅会使得法官的中立意识增强，驾驭庭审能力提高，也会在宣传中逐渐得到社会民众的认同。

第六节　如何完善庭审直播的实质效果

庭审公开作为法院司法公开制度建设的重要内容，如何保障以直播方式公开庭审的实质效果，需要法院在对外宣传的形式、舆论导向上作出引导，也需要法院在内部的评价机制、审判质效要件上作出要求。方法的选择、价值的评估，最终都必须以类似的、用以支持不同方法和价值的考虑因素作为指南。[3]

---

〔1〕　Stephen，"Prejudicial Publicity Surrounding a Criminal Trial：What a Trial Court Can Do to Ensure a Fair Trial in the Face of a 'Media Circus'"，26 Suffolk U. L. Rev. 1063，1071（1992），转引自高一飞等：《司法公开基本原理》，中国法制出版社 2012 年版，第 363 页。

〔2〕　参见肖军、张倩："英国庭审公开制度的新发展与启示"，载《法律适用》2014 年第 12 期。

〔3〕　［美］本杰明·卡多佐：《司法过程的性质》，苏力译，商务印书馆 2007 年版，第 70 页。

一、庭审直播要有选择性

庭审直播是扩大公开的一种方式，而不是公开的唯一方式。因此，不直播并非不公开，直播庭审只是扩大了公开的范围。在我国司法公开的推进过程中，庭审直播作为与当事人接触最近的一环，可以让更多的民众走进司法，意义非凡。然而，是不是一定要将所有的民商事案件都采用直播的方式进行公开？笔者认为，应进行选择性直播。其原因在于：第一，只要属于公开审理的案件，实践中几乎均进行庭审直播，不仅司法成本增大，且因直播公开的太过普适化而被人们忽视，造成庭审直播的形式化。第二，由于地域差别、法官业务水平参差不齐、审判思路和风格不同等问题，对于事实的确认和证据的认证，尤其是对于当庭宣判的案件，也往往会涉及类案不同判现象。虽然我国不是判例法国家，但是类案不同判依然会成为法院裁判不公的重要理由，对于民众来说，其更愿意相信不同即为不公。第三，庭审公开的案件往往时间长、内容繁琐，对于非专业人士来说，如果与自己无利害关系，往往不会对庭审案件产生兴趣，只有影响度较大的案件才会引起人们的关注。

如何选择直播形式公开的案件类型？第一，必须是可以公开的案件，即法律和司法解释规定不得公开的案件（如民事诉讼中涉及国家秘密、商业秘密、个人隐私的案件）不得采取庭审直播方式进行公开。第二，需经双方当事人同意。因为庭审直播受众面太广，为保护当事人合法诉权以及私权益，需要在征得各方当事人同意的情况下采取庭审直播。从尊重当事人诉讼主体地位的层面考量，司法公开是当事人程序请求权的一项重要内容，在诉讼法学由职权主义向当事人主义侧重的今天，立法层面上确有必要赋予当事人基于自身利益之虑选择程序的权利。[1]如果当事人不同意公开，在提出理由不正当、不充分的情形下，法院在权衡司法公开与当事人私权之间的平衡中可自由裁量。毕竟，直播是公开的一种方式，既然不属于不得公开的案件，那么法院有权决定是否公开或采取什么方式进行公开。第三，公开具有典型意义和社会影响力的案件。这类案件因社会关注度高，且具有引领社会风尚的意义，因此公开开庭且在必要时进行当庭宣判，对法院裁判的公信力及树立司法权威具有积极意义。

二、将庭审驾驭能力作为法院考评内容

在庭审中公开法官心证形成的过程，是法官根据案情发展需要在庭审中自由裁量的选择，法官为了避免释明过多影响其中立性，回避遭受舆论质疑的压力，在法庭上更加希望保持谨言慎行的态度。但这无疑会使得庭审公开的实质效果大打折扣。因此，为提高法官对庭审的驾驭能力、提高裁判公信力，应将庭审直播案件的实质效果作为法官驾驭庭审能力的考评指标。当前，我国各级人民法院虽然关注庭审直播率、文书上网率，但并未将庭审直播的实质效果以及上网文书的说理是否充分作为法官的年终

---

[1] 石东洋、刘万里："庭审公开的制度保障与程序控制"，载《桂海论丛》2015年第1期。

考核指标。笔者认为，将工作量化仅仅体现工作的效率，而无法评价工作的质量。庭审直播的实质效果是一个审判质量的评价标准，因此如果作为考评机制，应对结案数量与审判质量进行综合考评。比如，以庭审中法官对案件焦点的归纳和简化、庭审中对案件事实和证据的阶段性确认、法官行使释明的原因和效果、当庭宣判率以及是否召集了庭前会议等作为考评庭审实质效果的指标。这样不仅有助于完善法院的工作评价机制，并且还有助于促进以"公开促公正"的司法公开目的的真正实现。

另外，将法官审理的案件选为直播案件，作为考评法官庭审驾驭能力的考核指标，每年可由省级法院或最高人民法院选取一些典型的、具有社会指引作用的、社会影响性大的案例作为优秀直播案件，充分体现庭审实质性公开效果：第一，这样既可以调动法官提高庭审质量的工作动力，也可相辅相成地提高裁判的说理，从而增强法官的业务水平；第二，当事人对庭审和裁判认同性增高，司法裁判的权威性也会逐渐提高。第三，庭审典型案例可以与裁判文书一同入选，具有庭审规范化指导意义。

三、强化社会示范效应案件的公开效果

选取具有社会影响力的案件进行庭审直播的优势是相当明显的，如提供民意表达渠道、引导理性舆论、增强司法公信力、进行法制宣传教育等。[1]具体分类如下：①针对可以引领社会风尚的案件，一定要直播庭审，且最好当庭宣判。例如，河南省郑州市中级人民法院终审判决的"电梯劝烟猝死案"，虽然一审判决劝阻吸烟者给予死者补偿，但二审以适用法律错误、损害社会公共利益为依据进行改判，判决劝阻者不应予以补偿，驳回了上诉人（原告）的诉讼请求。该案例引起了社会的广泛关注，并给予了法院判决极高的评价。如果该案在开庭时直播开庭并进行当庭宣判，其社会效果就不仅仅是判决结果的示范效果，法院的庭审也会引起民众、媒体等积极参与的兴趣。可见，司法公开是否能够吸引民众参与和监督，案件的类型更重要。②具有影响力的公益诉讼案件。目前，环境问题和食品安全问题关乎每个人的健康和生命安全，因此社会关注度较高，法院在开庭审理这类案件时不仅要公开开庭和当庭宣判，且应在开庭前对开庭日期进行公开宣告，扩大社会关注度。③具有扩散利益或分散利益（判决的意义具有普遍性）的案件。比如，在美国的一个取消许可证的案例中，原告被要求额外支付 6 英镑，同时被警告，如果不支付这 6 英镑，许可证就会被吊销。于是他提起诉讼，请求法院宣告在这种情况下取消许可证是非法和无效的，并且他胜诉了。表面上，这是原告一个人的诉讼，仅仅涉及他本人的电视接收许可证，但实际上，由于上诉法院的公开确认，原告实际上成了一个普及全国的庞大群体的领袖——该群体成员的唯一共同点就是他们都曾收到一个类似原告收到的那种警告和要求。一个诉讼的提起，可以起到保护所有分散利益的作用。[2]尽管判决的既判力只及于原告，但判决

---

〔1〕 高一飞等：《司法公开基本原理》，中国法制出版社 2012 年版，第 353 页。

〔2〕 ［英］J. A. 乔罗威茨：《民事诉讼程序研究》，吴泽勇译，中国政法大学出版社 2008 年版，第 99 页。

的实际价值具有了普遍效仿的意义。

因此，最高人民法院和各省高级人民法院可以开办优秀庭审直播网，将选取的优秀直播案件归类并进行公开，各级人民法院应在年终根据考核指标，评选优秀庭审案件并报送高级人民法院进行公开，不仅作为法官考核的指标，调动法官庭审实质公开的积极性，案件的庭审样式、内容、结果也能够成为大家相互学习的资源。裁判文书上网和庭审直播改变了法院内部的沟通方式。[1]对于法律职业者来说，这也是寻找类案同判案例的渠道。对社会舆论有积极的引导作用，对广大民众具有法治宣传和教育意义。

四、制作典型庭审的宣传教育篇

庭审直播的目的之一是使得民众走进司法，但是由于网络直播时间长、节奏缓慢，影响观看效果和教育功能。因此，对庭审进行剪辑或技术处理，将具有典型意义的案件做成宣传片进行公开，不仅可以起到案例宣传的作用，也能提高民众观看的兴趣和积极性。实质上，法制宣传的对象不仅仅是一般民众，法律职业者、法学院学生以及行政机关的行政人员都需要接受法治教育。让法院庭审经典案例成为法治宣传的课件，不仅仅具有裁判案例的功效，更可以拉近法院与民众的距离。

庭审直播对公众而言不仅是以司法公开的形式促进司法公正，也是走进司法接受一堂生动的、实践性的法治宣传教育课。对于法官而言，在接受公众监督的同时，其也是进行普法教育的一种方式。法官在审判席上作为普法主体指导着实践课的内容、范围和进程。因此，没有法官心证公开的课堂是一堂不完整的普法宣传。

五、强化当庭宣判的公开效果

在庭审中公开法官心证形成的过程，不仅有利于提高审判效率，避免当事人在裁判作出后提出各种猜忌和质疑，也可以提高公众观看庭审直播的兴趣。庭审不公开宣判，仿佛做完考卷没有参考答案，观众看了半天而不知所终。这样一来，建立庭审直播时所期待的普法教育功能便会大打折扣，甚至会直接影响到观众将来对观看庭审直播的兴趣。[2]但是，案件能否在庭审后直接宣判，还需要根据案件的复杂、难易程度、法官驾驭庭审的能力以及当事人和代理人的配合度来判断。

笔者认为，对于无法当庭宣判的案件，在庭审结束时，法官应与合议庭其他成员进行沟通后，对庭审过程中比较明确的、能够确认的事实和证据进行确认，无法认定的事实以及不予采信的证据应向当事人进行公开，对于需要完善的证据和需要进一步举证的事实给予当事人进一步补充或举证的时间，以及向当事人释明不能举证导致的

---

〔1〕 See Björn Ahl and Daniel Sprick, "University of Cologne, Germany Towards Judicial Transparency in China: The New Public Access Database for Court Decisions", *China Information* The Author（s）2017, 1~20.

〔2〕 宋伟哲："司法改革语境下的视频庭审直播——基于上海法院数据的实证研究"，载《上海政法学院学报（法治论丛）》2017 年第 5 期。

败诉后果，并告知当事人案件将择期宣判。

六、庭审公开需要民众的参与意识

如果说"透明"是司法公开的一种状态，那么"公开"便含有目的性和方向性。因此，所谓公开的确切含义还应包含针对谁以及针对何种情况。[1]以网络直播的形式公开庭审必然应当考虑公开所指向的受众群体，即公众是否具有积极的参与意识。庭审直播作为法院司法改革的重要内容，体现了法院最大限度地让公众参与进来的单方意愿，却无法主导公众参与的自发意识。支持法治是民主的组成部分，以公众参与的形式支持法院对法治的运作至关重要。[2]公众参与性的强弱可以反映出国家法治程度的高低。因此，在使得民众对庭审直播予以关注，并积极参与，让司法自我阐释的功能得以充分发挥，使得单一的司法公开成为双向司法交流方面，庭审实质性的公开将具有重要的实践意义。

让人民群众在每一个案件中感受到公平正义，不仅需要法院打通人民接近司法的通道，更需要法院挖掘典型案例引起人们的关注，需要法官在庭审中彰显业务能力和公平正义，需要当事人认同裁判、证人勇于出庭、媒体的正面宣传，也同时需要民众的法律意识与信任。没有善良的意愿和一定程度的对司法制度的信任，公众就不会愿意作为陪审员参与到司法中来，也不会将冲突交给法院来解决，亦不太可能遵守法院作出的裁决。[3]

七、结 语

司法公开是中国司法改革的重要内容之一，是法院自身制度建设和完善的重要举措。司法公正是法院的职责；给予民众看到公正的机会是法院制度建设的内容。但是，网络公开的效果是法院为了在一个以法律规则为基础的专业司法机构中推进其机构自身的利益。[4]法院这种自身制度的建设和完善仅仅是提高司法公信力的一个因素，在大多数情形下，法院本身无法起到控制作用。[5]司法裁判是否能够得到"公正"的评价或认可，不是司法裁判人员自说自话的结果，而是需要当事人和社会公众的评价和认同。如果当事人或社会公众不予认同，司法裁判机构及其裁判人员无论如何都无法

〔1〕 Jonathan Fox, "The Uncertain Relationship between Transparency and Accountability", *Development in Practice*, Vol. 17, No. 4/5 (Aug., 2007), p. 663.

〔2〕 Sara C. Benesh, "Understanding Public Confidence in American Courts, The University of Chicago Press on behalf of the Southern Political Science Association", *The Journal of Politics*, Vol. 68, No. 3 (Aug., 2006), p. 697.

〔3〕 Sara C. Benesh, "Understanding Public Confidence in American Courts, The University of Chicago Press on behalf of the Southern Political Science Association", *The Journal of Politics*, Vol. 68, No. 3 (Aug., 2006), p. 697.

〔4〕 Björn Ahl and Daniel Sprick, "University of Cologne, Germany Towards Judicial Transparency in China: The New Public Access Database for Court Decisions", *China Information*, p. 12.

〔5〕 Sara C. Benesh, "Understanding public confidence in American Courts", *Journal of Politics* 68 (3), 2006: 697~707.

证立其所做裁判结果的"公正性"或"正当性"。[1]然而,在我们一味追求公众认可的同时,司法的独立性又如何评判?民众的观念对于司法改革而言,不仅仅是过去的、要去努力改变的东西,而且是将来的、要塑造的一部分,因而其具有重要价值。[2]那么,民众对诉讼的真实需求是什么却又是一个庞大的、复杂的课题。

---

[1] 万鄂湘主编:《建设公正高效权威的社会主义司法制度研究》,人民法院出版社 2008 年版,第 123 页。

[2] 参见孟欣然:"影响性诉讼案件环境因素研究——基于对中国 2003 年-2013 年影响性诉讼案件的考察",吉林大学 2016 年博士学位论文。

裁判形成过程的司法公开

第四章

第一节　裁判形成过程公开之问题导论

一、问题的提出

2012 年，党的十八大会议报告提出，要建立健全权力运行制约和监督体系，在司法公开方面要求推进权力运行公开化、规范化，完善党务公开、政务公开以及司法公开和各领域办事公开的制度。同时，十八大还提出了要加强党内监督、民主监督、法律监督、舆论监督，让人们监督权力，让权力在阳光下运行的目标。随后，2013 年党的十八届三中全会又通过了《中共中央关于全面深化改革若干重大问题的决定》，明确提出要推进审判公开，录制并保存全程庭审资料。同时，该决定还提出，要让司法权力在阳光下运行，保障公众对于司法公正的知情权，增强有效监督，促进司法公正，提高人民群众对司法工作的满意度。2014 年，党的十八届四中全会又明确了举世瞩目的"全面推进依法治国"的重大任务，提出要公正司法、提高司法公信力，同时首次提出了要构建"开放、动态、透明、便民"的阳光司法机制的要求。自此，无论是法学界还是社会各界，对司法公开的关注均达到了空前的高度。

然而，司法公开在我国并非一个新兴的时髦话题，我国《宪法》中就有相应规定。我国《宪法》第 130 条规定：人民法院审理案件，除法律规定的特别情况外，一律公开进行。虽然宪法对于司法公开的规定仅泛泛地针对审理案件的公开，但是，这不仅反映了我国根本大法确立了司法公开的理念，而且也反映了立法者早在当时就开始对司法公开进行了探索。除此之外，司法公开的具体法律规则也一直持续出现在三大诉讼法的规定中。但要论及对司法公开制度体系化的建设历程，主要还是体现在最高人民法院在近二十年间出台的几份改革纲要中。早在 1999 年，我国最高人民法院就在对于人民法院改革的纲要性文件中对司法公开制度予以规定，自此开始了司法公开推进之路。在最初的 1999 年，最高人民法院出台的《一五纲要》先是针对人民法院提出了严格执行审判公开、提高当庭宣判率的要求，强调了进一步落实公开审判制度，拉开了司法公开体系化之帷幕。而在《二五纲要》中，最高人民法院除了提出要进一步落实公开审判之外，还首次提出要进行"司法公开"的理念，在此之后，"司法公开"

的概念正式进入了公众的脑海中。同时，该纲要还提出要"确定案件运转过程中相关环节的公开范围和方式，为社会全面了解法院的职能、活动提供各种渠道，提高人民法院审判工作、执行工作和其他工作的透明度"。可见，在这次纲要中，最高人民法院相比之前更进了一步，明确了司法公开的目的，即司法公开是为了提升公众对于司法公正的知情程序，加强司法的透明度。而在五年之后的《三五纲要》中，继续推进审判和执行公开制度的重要性又被再次予以强调。除此之外，最高人民法院在该纲要中还首次提出了针对庭审公开的规定，即完善庭审旁听制度，规范庭审直播和转播——这一点标志着全面的司法公开时期的开端，由此可见，最高人民法院对司法公开的关注范围开始进一步扩大，同时，纲要也体现出了最高人民法院对裁判形成过程中的司法公开的重视度也开始大大提高。2014 年，最高人民法院又出台了《人民法院第四个五年纲要（2014-2018）》（以下简称《四五纲要》），该纲要再度强调了近几年来推进的建设审判流程公开平台、裁判文书公开平台与执行信息公开平台建设的重要性。除此之外，针对裁判形成过程这方面的公开，纲要还提出了全新的要求——要完善庭审公开的制度，并继续完善审判流程公开、裁判文书公开与执行公开平台。另外，《四五纲要》还提出：要建立庭审公告与旁听席位信息的公示与预约制度、设立媒体旁听席，推动全国法院政务网站建设，并尽快建立全国法院统一的诉讼公告网上办理平台和诉讼公告网站。此外，此次纲要还提出了要使当事人可在线获取审判流程节点信息的新要求。从《四五纲要》我们可以看出，最高人民法院作为司法改革（尤其是司法公开）的顶层设计者，将对裁判流程的公开作为司法公开活动的重点，尤其是对庭审公开的问题进行了具体的规定与强调。此外，该纲要还首次将对当事人获取案件信息的要求作为司法公开的内容予以强调，相较之前可谓是巨大的进步。当然，除了最高人民法院对司法公开的反复强调，新近出台的各种法律法规文件甚至是政策中，涉及司法公开的规定也越来越多。由此，司法公开进入了一个黄金时代。

然而，在司法公开被给予高度关注与讨论之后，审慎思考，我们不难发现，现有对于司法公开的关注与讨论，大都集中于对裁判文书的公开与对执行的公开之上，而作为裁判文书质量保障基础的裁判形成过程，除了对其中庭审公开略有关注之外，裁判形成过程的其他环节几乎是无人问津，这不能不说是一大遗憾。因为没有一个合理的裁判形成过程，裁判文书的质量将无法得到保障，这势必会影响执行的有序进行。此外，在对司法公开的理论研究上，几乎所有的研究都立足于监督视角，以监督保障司法活动的正当性，从而认为，社会公众对于司法活动应该享有足够的知情权，以便司法能够"阳光"地运行。实践中，裁判文书的公开也被提到了前所未有的高度。然而，对于民事诉讼而言，裁判文书与执行仅是裁判结果的外化表现以及裁判文书所确定的当事人实体权利的实现，而事关当事人实体权利义务争议解决的裁判形成过程则是民事诉讼的内涵所在。此外，就裁判形成过程而言，庭审程序也只是其外在体现而非真正的内涵所在。因此，反观多年来司法公开在保障司法权威、实现司法公信力方面的效果，其不尽如人意之处不言而喻。究其根源，其中一个重要原因在于，在司法公开的内容方面只是关注了对作为司法活动终点的裁判文书以及执行的公开，而忽略了对作为合理走向终点的裁判形成过程的公开。当然，也忽略了对反映民事诉讼内在属性的司法公开对象的深入研究，即基于民事诉讼作为解决当事人之间私权纠纷的公力救济制度这一内生属性，在民事诉讼过程中更应当侧重于对当事人的司法公开，而非对社会的司法公开。

二、裁判形成过程公开的理论解读

（一）裁判形成过程的结构解读

现代社会关系的复杂以及民众权利观念的勃兴，使得现代社会司法所面临的民事纠纷，无论在复杂化还是多样化方面都达到了前所未有的高度，不仅要解决当事人基于现行实体法所确立的既存权利而产生的民事纠纷，而且还需要解决当事人基于无现行实体法依据的权利而产生的民事纠纷。这就必然要求人们在对待民事诉讼时，不仅应当注重对裁判结果及其实现的关注，更应当注重对裁判形成过程本身的关注，司法公开制度的合理构建也不例外。

裁判形成过程的司法公开是将裁判形成动态过程中的关键环节予以公开的制度。欲构建合理的裁判形成过程的公开制度，离不开对裁判形成过程的结构解读。

解读民事裁判形成过程的结构应当从民事裁判行为本身入手。所谓民事裁判行为，可以理解为是裁判者依法对民事诉讼当事人诉诸司法的诉讼请求是否应当受到保护以及在何种程度上受到司法保护给予判断的行为。由此可见，民事裁判的形成过程实质上是裁判者对当事人的诉讼请求都应当受到司法保护以及在何种程度上受到司法保护的一个认识过程。该过程的本质是一种心理过程，与日常生活中人们对某一事物属性或者某一行为特质的认识过程的思维路径并无二致。

心理学的哲学基础是理性主义与经验主义。在理性主义者看来，通往真理的唯一道路是理性思考；在经验主义者看来，通往真理的唯一道路是细心观察。像其他学科一样，认知心理学既依赖理性主义研究，也依赖经验主义研究。[1]作为一门以研究人类对某一事物或者行为认识心理过程或者内在心理过程为己任的学科，认知心理学以人的认识过程为研究对象，其核心在于研究人类认识的信息加工过程，解释人类认识过程中信息加工的心理机制，即信息的获得、存储、加工、提取和运用。按照当代认知心理学的基本观点，人类认识获得过程不是一个被动地接受或者加工信息、符号和解决问题的过程，而是一个主动地、积极地加工和处理输入信息、符号与解决问题的动态系统。从认知心理学的视角观察裁判的形成过程，不难看出，这一过程实质上是一个裁判者主动地、积极地加工和处理案件信息和解决当事人的诉讼请求能否得到司法保护以及在何种程度上受到司法保护的内在的动态心理过程。[2]具体而言，民事裁

---

〔1〕　［美］Robert J. Sternberg：《认知心理学》（第3版），杨炳钧、陈燕、邹枝玲译，中国轻工业出版社2006年版，第3页。

〔2〕　杨秀清：《民事裁判过程论》，法律出版社2011年版，第56~57页。

判的形成过程是裁判者在获取并认定作为裁判基础的案件事实之后，适用法律或者原理，运用裁判方法进行逻辑论证，最终对当事人的诉讼请求作出裁判的过程。其中，案件事实的获得可以被看作是案件信息的输入环节，案件事实的认定与选择、适用法律或者填补法律漏洞可以被看作是案件信息的加工环节，运用裁判方法进行逻辑论证作出裁判可以被看作是民事裁判的输出环节。因此，裁判形成过程的公开就是这三个环节的公开，由此可见，裁判的输出环节的核心是裁判者运用裁判方法进行逻辑论证的过程，该过程的公开主要体现在裁判文书之中。鉴于本书中有裁判文书公开的专题内容，为防止内容的重复赘述，作者在裁判形成过程公开部分主要对前两个环节及其公开进行论述。

（二）案件信息的输入及其公开

1. 对案件信息输入的理解

自当事人提起诉讼开始，裁判者就会获得当事人希望其知晓的与案件有关的大量事实，或者称之为生活事实。一般来说，这类事实都与引起该纠纷的案件或多或少有着一定程度的联系。由于裁判者并非当事人争议案件的亲身经历者，其获得与案件有关事实的路径是间接的，只能通过当事人对案件事实的主观陈述以及提供与案件事实有关的证据材料这种间接渠道获得案件事实。

当事人因民事权利义务争议而提起诉讼后，基于诉讼地位的对立以及趋利避害的人性，对案件事实可能存在不同甚至是截然相反的理解。据此，当事人在陈述案件事实以及提供相关证据材料时难免只针对于己有利的，而回避于己不利的，甚至违法捏造于己有利的事实并伪造相关证据材料。不难想象，在这种情形下，当事人陈述或者呈现给裁判者的案件事实在绝大多数情况下都是相对片面、不甚完整的。此外，由于当事人还可能存在法律知识的熟知程度以及诉讼能力的不同，其既可能陈述与解决民事纠纷有关的案件事实并提供相关的证据材料，也可能陈述与解决民事纠纷无关的案件事实并提供相关的证据材料。这就导致部分无关于民事纠纷解决的案件事实和证据材料进入审判者的视野，而部分有关于民事纠纷解决的案件事实和证据材料却没有进入裁判者的视野。如果不确定相应的案件信息的输入原则，这部分关涉民事纠纷解决而被忽略的案件事实和证据材料可能便没有机会进入到诉讼之中。因此，裁判者在这个环节中获得的事实，很可能并不完整并带着浓厚的当事人主观性。针对这一点，拉伦茨曾在其著作中写道："判断法律事件的法律家大都以'未经加工的案件事实'作为工作的起点……裁判者考量之后，也会将之排除与最终（作为陈述的）案件事实之外。"[1]其中，拉伦茨在未经加工的案件事实这个词语上加上了引号。这就意味着，尽管相对于之后的诉讼来说，此时呈现给裁判者的事实往往是处于"未经加工"状态、要依赖裁判者之后的筛选和判断进行依法加工方可为最终适用法律作出裁判所用。但对于客观已经发生的案件来说，在这些事实经由当事人以口头方式或者书面方式所表达、陈

---

〔1〕[德] 卡尔·拉伦茨：《法学方法论》，陈爱娥译，商务印书馆 2003 年版，第 161 页。

述于裁判者的那一刻起，这些事实就已经是被当事人经过主观加工了的事实。

不仅如此，当事人所陈述的案件事实与提供的证据材料可能还具有真实性存疑的问题。主要原因有二：首先，时间具有不可逆性。在司法实践中，从当事人之间现实生活中的民事纠纷到发生诉讼而成为需要裁判者裁判的民事纠纷往往具有一定的时间距离。时间的不可逆性使得在这段时间内，双方当事人受记忆、情绪、外在环境等多种因素的影响，可能会对案件事实的陈述以及相关证据材料的提供产生偏差，甚至可能遗忘部分事实与证据材料，这就可能导致案件事实与证据材料真实性存疑。其次，趋利避害是当事人之人性使然。在民事诉讼中，双方当事人作为民事纠纷的对立双方，受趋利避害之人性驱使，当事人在向裁判者陈述案件事实和提供证据材料时往往会选择有利于己的部分，而回避不利于己的部分，甚至可能会捏造于己有利的案件事实与证据材料，这也会导致案件事实与证据材料的真实性存疑。尽管"一套旨在最大化纠纷解决目标的程序不可能同时试图最大化准确的事实发现"，"这种程序不会把事实发现的准确性作为一个独立于纠纷解决的目标来实现，即使是在当事人所界定的事实争点的狭小范围内"[1]，但是对于裁判者来讲，获得相对接近真实的案件事实及其相关证据材料显然是其更好地秉承正义、解决纠纷的重要保障，也是最终作出正当裁判的必要条件。因此，当事人对于案件事实的陈述与证据材料的提供会影响裁判者。

如果说以上两种因素对裁判者获取案件事实的影响是基于诉讼活动本身的特性而产生，且属于具体范畴的内容，那么另一个不仅难以调和，且更具抽象性特色的因素对裁判者获取案件事实的真实性同样具有很大影响，该因素就是由当事人的语言构造与裁判者的语言构造之差异带来的偏差。众所周知，观念需要通过语言去表达，对案情事实的陈述也不例外。对于同样的案件事实，当事人作为非法律职业的表达者与身为法律职业者的裁判者在获取案件事实时可能会产生一些偏差，甚至是非常明显的偏差。正如考夫曼所说，专业语言与日常语言是存在差异的。法律语言并非一种科学的语言，并没有明确的规则，相较于日常语言，法律语言更加抽象，形式严格[2]，而当事人在进行案件事实的陈述时，往往不仅包含了巨大的信息，并且是琐碎的、不具逻辑严谨性的。这种语言模式上的差异，也会使得裁判者在接受当事人传递的案件事实时会发生偏差。如果当事人的语言构造与裁判者大相径庭，裁判者便无法准确地了解当事人描述的案件事实，甚至可能因语言构造的差异而导致对于整个案件事实的认知偏差。由此可见，案件事实获取这一环节看似简单，实则不仅复杂而且至关重要，甚至会对最终的裁判造成不可逆转的影响。由于裁判者所获取的案件事实成了此后认定事实与适用法律作出裁判的基础。因此，明确获取哪些案件事实便显得至关重要。这实际上就是裁判形成过程的初始阶段，即案件信息的输入环节。

由于裁判形成过程实际上是对当事人诉诸司法的诉讼请求是否应当受到司法保护

[1]　[美] 米尔伊安·R. 达玛什卡：《司法和国家权力的多种面孔：比较视野中的法律程序》，郑戈译，中国政法大学出版社 2015 年版，第 160 页。

[2]　[德] 阿图尔·考夫曼：《法律哲学》（第 2 版），刘幸义译，法律出版社 2011 年版，第 137 页。

以及在何种程度上受到司法保护予以判断的过程，这就要求诉讼对象的范围以及作为裁判基础的事实和证据材料由当事人决定和提出。未经当事人请求的事项不得成为审理与裁判的对象，未经当事人提出并经过辩论的事实和证据不得作为裁判的依据。由此可见，在案件信息的输入环节，主要涉及诉讼对象和证据材料的输入。首先，诉讼对象的输入。诉讼对象是指，在诉讼中应当被实现的实体权利的主体，也被称为"诉讼上的请求"。[1]在民事诉讼中，诉讼对象是诉讼的支柱，直接决定裁判者的审理与裁判范围，在此范围内，当事人可以提出攻击与防御的方法。因此，裁判形成的过程也可以被理解为当事人输入的诉讼对象在民事诉讼中得到裁判者何种法律评价以及何种程度的法律评价的问题。由于当事人诉讼技能的欠缺，以及当事人在诉讼开始阶段对对方当事人的诉讼立场及其所拥有的诉讼资料的不甚了解，要求当事人在诉讼的开始阶段就对争议案件的性质以及法律构成要件事实作出正确的法律分析并准确确定诉讼对象通常是不可能的。事实上，有些争议案件往往是伴随着争议案件审理的进行，案件的性质以及案件中的法律构成要件事实才能逐渐清晰并最终得以确定的。因此，如果在诉讼开始时就要求当事人确定诉讼对象且在诉讼进行过程中不得予以变更，则不仅可能不合理地限制当事人诉讼权利的行使以及裁判者审理争议案件的范围，而且还可能为裁判者正确适用法律作出合理裁判设置障碍。为此，赋予当事人在诉讼进行过程中变更诉讼对象的权利就成为必要。[2]其次，证据材料的输入。诉讼对象的输入固然重要，然而，裁判者对诉讼对象进行审理与裁判的过程离不开与争议案件事实相关的证据材料。因此，在民事裁判形成过程初始阶段的案件信息的输入环节，证据材料的输入也是不可缺少的。在民事诉讼中，当事人为了最大限度地获得有利于自己的裁判结果，往往会努力向裁判者提供与支持自己的诉讼主张或者反驳对方当事人诉讼主张相关联的一些证据材料，这些证据材料能否被裁判者采纳作为认定案件事实的依据，直接关系到当事人实体权利的保护。由于当事人诉诸司法解决的民事权利义务争议案件是发生在诉讼开始之前的裁判者无法亲自感知的时空中的一个具体事件，而裁判者作出裁判所依据的案件事实只能是通过诉讼程序规则与证据规则所再现的历史事实，因此，并非所有的证据材料都能将裁判者的认识引向正确的方向，如果不设置相应的过滤性制度，而让当事人提供的全部证据材料都进入诉讼程序，不仅会增加当事人收集与提供证据材料的负担，而且还可能影响裁判者对争议案件事实的正确认定，进而影响民事裁判的公正作出。证据能力正是这一有效的过滤性制度，换言之，输入诉讼程序的证据材料应当是具有证据能力的资料。[3]

2. 案件信息输入的公开对象和内容

在界定案件信息输入内容的基础上，为保障所输入的案件信息具有合理性，有必要明确案件信息的输入原则。日本学者棚濑孝雄认为："审判的本质要素在于，一方

〔1〕 [日]中村英郎：《新民事诉讼法讲义》，陈刚、林剑锋、郭美松译，法律出版社2001年版，第10页。
〔2〕 杨秀清：《民事裁判过程论》，法律出版社2011年版，第116页。
〔3〕 杨秀清：《民事裁判过程论》，法律出版社2011年版，第122~123页。

面，当事者必须有公平的机会来举出根据和说明为什么自己的主张才是应该得到承认的；另一方面，法官作出的判断必须建立在合理和客观的事实和规范基础上，而这两方面结合在一起，就意味着当事者从事的辩论活动对于法官判断的形成具有决定意义。"[1]正如前文所分析的，基于民事诉讼中双方当事人所处于的对抗性诉讼地位，在诉讼的初始阶段，无论是当事人输入的诉讼对象所具有的可变更性，还是当事人输入的证据材料可能具有的不妥当性甚至虚假性，都有必要明确案件信息的输入原则。民事诉讼所解决的民事权利义务争议所具有的私权性质决定了，在民事裁判形成过程的开端，即案件信息的输入环节，应当坚持以当事人为主，以裁判者释明为辅的原则。首先，以当事人为主的原则。民事权利义务争议所具有的私权性质决定了在民事诉讼中应遵循当事人处分原则。因此，在案件信息输入环节坚持以当事人为主的原则，某种程度上也是确保裁判者所作出的裁判具有公信力的需要。正如日本学者谷口安平所指出的："人们对裁判所的信任在很大程度上正是以司法的消极性或自我抑制性为前提的。"[2]在民事诉讼中，为了最大限度地谋求有利于自己的裁判结果，当事人双方往往会根据各自对争议案件的理解，主动提出诉讼主张并提供与其诉讼主张相关的证据材料，从而推进诉讼进程，在这一过程中，裁判者则通常处于消极中立的位置。因此，最后的裁判结果从某种程度上可以说是由当事人自己博弈和推导出来的。因此，在案件信息的输入环节应当坚持当事人为主的原则。其次，以裁判者释明为辅的原则。在案件信息的输入方面确立以当事人主义为主的原则充分体现了民事诉讼所具有的私权处分性，然而，当事人的知识背景、经济能力以及对争议案件的分析能力多有不同，导致当事人的诉讼能力存在一定的差异，由此便产生因当事人输入诉讼程序的案件信息的不同而造成当事人的利益难以得到司法救济的状态。因此，有必要确立裁判者释明为辅的原则，即裁判者通过向当事人释明的方式帮助当事人将未输入诉讼程序的案件信息输入，将输入不适当的案件信息予以更正，将输入案件信息有遗漏不充分的部分予以补充，从而保障当事人的公平对抗，获得有利于自己的合理裁判。

从上述分析可知，案件信息输入阶段司法公开的对象只能是当事人，公开的内容只能是诉讼对象与证据材料。也就是说，裁判者需根据当事人输入的诉讼对象与证据材料的情况，通过释明权的行使促使当事人将有利于争议解决的诉讼对象与证据材料输入诉讼程序，以保障当事人在诉讼程序中公平对抗。

（三）案件信息的加工及其公开

1. 案件信息加工的理解

案件信息的加工过程，就是裁判者对通过案件信息输入环节所获取的案件信息进行处理与加工的具体过程。就民事裁判的形成过程而言，该信息加工环节是连接案件信息的输入环节与作为解决问题的裁判方案的输出环节所不可或缺的中间通道。在这

〔1〕 ［日］棚濑孝雄：《纠纷的解决与审判制度》，王亚新译，中国政法大学出版社1994年版，第256页。
〔2〕 ［日］谷口安平：《程序的正义与诉讼》，王亚新、刘荣军译，中国政法大学出版社1996年版，第9页。

一加工过程中，为了发现当事人的诉讼请求应否得到司法保护以及在何种程度上受到司法保护的裁判方案，裁判者应当对通过案件信息输入环节所获取的案件信息进行主动的、积极的处理与加工。因此，对这一环节的合理规制与公开，无论对准确、合理地形成民事裁判，还是对防止感情司法都是至关重要的。就民事裁判的形成过程而言，案件信息的加工过程实质上包括两个具体环节：一个是通过对实体法事实与证据资料的裁剪最终对形成裁判所依据的案件事实予以筛选并认定的过程；另一个是对形成民事裁判所依据的法律予以发现、选择或者填补的过程。[1]

2. 案件信息加工的内容及其公开

（1）筛选与认定案件事实及其公开。

第一，筛选案件事实及其公开。当裁判者通过案件信息的输入从当事人双方获得了争议案件的诉讼对象以及大量与此有关的案件事实与证据材料，完成了案件信息获取的工作之后，为了保证争议的有效解决，就需要进行案件信息的加工，即围绕诉讼对象对这些庞杂的案件事实与证据材料进行筛选、分类和排除。这样不仅可以排除无益于争议案件解决的案件事实与证据材料，而且还可以避免司法资源的浪费。此外，裁判者对从当事人处获得的有关案件事实的"客观描述"也往往保持审慎的态度。如前文所述，这并不是因为裁判者天生是怀疑主义者，而是因为当事人陈述的案件事实的确或多或少会因为各种因素而存在偏差。弗兰克就认为，法院认定的案件事实很可能根本不是真实情况，而只是法院或者裁判者或陪审员们脑海中认为发生了的那些事情——因此所谓事实，即是法院和裁判者所认为的事实。据此，弗兰克还概括出了一个公式："Decision＝Rule×Fact"，即判决结果等于法律规则乘以案件事实。尽管法律规则相对来说是固定的，但案件的判决结果往往大不相同，原因即在于事实的不确定性和多样性，而这种案件事实的多样性恰恰要依靠裁判者通过自身的判断去体现。因此，弗兰克认为事实是"关于法官注意力的一项函数"。[2]而裁判者在对案件事实进行判断与筛选时，其"注意力"必然会受到各种内部因素与外部因素的影响，导致其对案件事实的采信与排除的处理有所不同。可见，如何吸引裁判者的"注意力"，又如何引导裁判者的思路，最终作用于裁判的形成，乃是研究案件事实对裁判形成之影响的重点所在。

拉伦茨在其著作中概括了几种影响裁判者进行事实判断、筛选的因素，即基于感知之预断、基于对人类行为解释的猜想、其他社会经验判断与价值判断。[3]其中，前二者大多是裁判者作为一个社会的自然人主体而进行的常识判断，而基于其他社会经验的判断，特别是在对案件事实通过价值判断进行筛选与排除时，更需要借助于裁判者自身的专业水平与经验积累。因为对案件事实进行价值判断属于裁判者的内心理性

---

〔1〕 杨秀清：《民事裁判过程论》，法律出版社 2011 年版，第 154～155 页。

〔2〕 Jerome Frank, *Law and the Modern Mind*, Gloucester: Peter Smith, 1970, pp. x～xi, 转引自丌同惠："'事实怀疑论'的背景、类型与矫正策略——兼论中国司法实践中的'事实'"，载《法学》2013 年第 3 期。

〔3〕 ［德］卡尔·拉伦茨：《法学方法论》，陈爱娥译，商务印书馆 2003 年版，第 165～174 页。

思维活动，往往无规则可循，且具有更大的自由裁量空间。实际上，裁判者从其对案件事实的筛选中探寻其可能形成裁判的方向也并非难事，毕竟，裁判者从大量的事实中最终经过判断并筛选出来的法律事实，对于厘清争议案件的脉络与法律适用有着实质性的影响。

除了以上几个被学界广泛讨论并反复论证的因素，还有一个不易为人察觉，但却可能影响案件事实判断与筛选的因素，即裁判者进行案件情况接收时的即时反应。所谓裁判者接收案件时的即时反应，即裁判者在听当事人陈述案件情况时，根据陈述者陈述的内容产生的一种即时的、快速的预断。这种预断，来源于当事人对于案件事实描述的内容、方式，甚至还包括一定的渲染烘托等修辞手段。因此，在当事人以不同的形式向裁判者转述与呈现案情时，裁判者便已经不可避免地据此产生了对此事的初步判断。一般情况下，当事人首先向裁判者叙述的是一个信息丰富的现实事件，随着案件事实的推进，一种或者多种法律关系会逐步出现在裁判者的思维中；紧接着，裁判者会吸收更多有关于自己判断的案件事实；当这些事实达到了一定的数量时，这个法律思维便完成了从量变到达质变的过程，裁判者的初步预断便就此形成。在这个环节内，有学者认为这些"司法陈述资源"对案件事实判断和筛选产生的影响在司法意见的形成中起到了至关重要的作用。这种思想认为：在诉讼中，司法意见的确立当然需要依靠法律自身，但在很多情形下它还常常依靠"周边语境陈述的协作支持"，即当事人对于案情的陈述内容以及陈述模式。[1]显然，当事人如何陈述案情，会对裁判者进行事实判断和筛选产生即时的影响，因为裁判者正是基于当事人所叙述的案件事实对案件的整体方向进行预先判断。由此可见，案件事实的筛选实质上是裁判者围绕当事人的诉讼请求行使审判权对案件事实予以判断与选择的行为。

第二，认定案件事实及其公开。当裁判者完成了对案件事实的筛选工作后，一些相对"核心"的案件事实便进入到了认定事实环节。所谓认定案件事实，是指裁判者对经过筛选的案件事实，运用法定的方法对当事人之间争议的案件事实予以认定的裁判行为。

因为裁判者认定的事实需要与法律适用结合起来形成裁判，因而经裁判者认定的事实可以被概括为一种有别于生活事实的法律事实。梁治平先生对此概括到：所谓法律事实并不是自然生成的……他们是根据证据法规则、法庭规则、判例汇编传统、辩护技巧、法官雄辩能力以及法律教育等诸如此类的事物而构设出来的，是社会的产物。[2]可见，法律事实相比普遍意义上的事实来讲具有更少的天然属性，而具有更多的法律属性。认定事实之所以会成为裁判形成过程中极其重要的环节，是因为在通过诉讼方式解决当事人之间的争议（即定纷止争）的过程中，相对于法律问题来说，案件的事实问题更值得关注。这是因为在大多数情况下，当事人之间关于事实部分的争

---

〔1〕　参见刘星："司法决疑与'故事文学'利用——以《威尼斯商人》为样本"，载《清华法学》2008 年第2 期。

〔2〕　梁治平编：《法律的文化解释》，生活·读书·新知三联书店 1994 年版，第 80 页。

议比法律部分的争议大得多。在裁判过程中，常常出现需要适用的法律十分明晰，而对事实问题的确定却存在大量纷争的情况——对于裁判者而言，裁判的实质事实上就是一种明确与分配双方当事人权利义务关系的过程，对于案件事实的明确与认定，显然就成了明确这种关系的前提。当然，裁判者在确定双方权利与义务的过程中，居于核心地位的许多价值和原则往往力图作用于事实认定的程序，并由此而影响事实审判之真相的本质，[1]这恰恰说明了认定事实这个环节对裁判形成的重要性。

然而，对筛选的案件事实依照诉讼规则与证据规则予以认定的过程不是一步到位的，而是需要分为如下几个具体的步骤进行：首先，裁剪主要事实。合理解决当事人之间的民事纠纷，离不开对争议案件中主要事实的认定。所谓主要事实，又被称为直接事实，是指在判断出现权利发生、变更或消灭之法律效果时直接且必要的事实；换言之，是与作为法条构成要件被列举的事实（要件事实）相对应的事实。[2]由此可见，主要事实实际上是由民事实体法规范规定的对特定民事权利义务关系的发生、变更或者消灭法律效果有直接作用的，并且是必要的事实。该主要事实存在与否或者真伪与否直接影响到裁判者对当事人之间民事权利义务关系具体状态的认定。[3]其次，裁剪证明主要事实的证据事实以及辅助事实。在民事诉讼中，裁判者根据当事人的诉讼请求裁剪出案件的主要事实后，除非该主要事实属于不需要证明的对象。否则，为了判断该主要事实是否存在或者是否真实，裁判者就应当根据主要事实裁剪出证明主要事实所需要的证据事实以及辅助事实。所谓辅助事实，是指用以明确证据能力或证据力（证明能力）的事实。[4]该过程中主要涉及裁判者对证据能力规则以及证据的证明力规则的理解与适用。再次，裁剪与主要事实相关的间接事实。也就是说，根据主要事实以及与此相关的证据事实裁剪出与该主要事实相关的间接事实。所谓间接事实，是指运用经验法则推断主要事实是否存在的事实。在民事诉讼中，经过前两步案件事实的裁剪，裁判者可能会发现，有些主要事实难以直接运用所裁剪的证据加以证明，而需要通过先证明与该主要事实有关的另外一些事实，来间接地推定主要事实是否存在或者是否真实。在此种情形之下，裁判者实际上是依据间接事实来推定主要事实存在与否或者真实与否，为了保障作为推定结果的主要事实的真实，不仅要求作为推定基础的间接事实与作为推定结果的主要事实之间的关系是符合逻辑的，更重要的是要求作为推定基础的间接事实是真实的，因此，裁剪与主要事实相关的间接事实就非常重要。[5]复次，裁剪证明间接事实的证据事实以及辅助事实。该步骤的具体要求与围绕主要事实裁剪出证据事实以及辅助事实的要求是相同的。最后，运用法定方法认定

---

〔1〕 ［英］Adrian A. S. Zuckerman：“法律、事实抑或司法”，吴小军译，载《研究生法学》2004 年第 3 期。

〔2〕 ［日］高桥宏志：《民事诉讼法：制度与理论的深层分析》，林剑锋译，法律出版社 2003 年版，第 340 页。

〔3〕 杨秀清：《民事裁判过程论》，法律出版社 2011 年版，第 158 页。

〔4〕 ［日］高桥宏志：《民事诉讼法：制度与理论的深层分析》，林剑锋译，法律出版社 2003 年版，第 340 页。

〔5〕 杨秀清：《民事裁判过程论》，法律出版社 2011 年版，第 168~169 页。

案件事实。在经过前述裁剪案件事实的相关步骤之后，裁判者有必要对所裁剪出的实体法事实进行分类。对于当事人之间无争议的实体法事实，直接予以认定；对于当事人有争议的实体法事实，则通常依据裁剪出的证据运用证据规则予以认定，特殊情况下运用诉讼自认、推定的特殊事实认定方法予以认定。由此可见，认定事实的过程是一个裁判者的眼光往返流转于诉讼当事人之间，运用证据规则、逻辑推理、经验法则等对证据去伪存真，最终运用认定事实的方法对案件事实予以认定的过程。因此，在作为非知情人的裁判者裁判案件事实的诉讼制度下，受事实发现方法、发现能力、发现成本有限性以及诉讼价值的选择与衡平有限性的影响，裁判者认定的事实具有相对性。

从上述裁剪与认定事实的五个具体阶段来看，实际上可以看作两个大的阶段，由于两大阶段所要求的程序不同，因此，对司法公开的要求也有所不同。第一个大的阶段是案件事实与证据事实及其辅助事实的裁剪阶段，即前述五个具体阶段中的前四个阶段。在这一事实的裁剪阶段，裁判者的行为既离不开当事人的诉讼行为，也离不开裁判者对诉讼规则以及证据规则的理解及适用。因此，为了保障裁判者行为的正当性，司法公开不可缺少，具体要求主要有两个方面：一方面，以证据开示程序作为当事人充分行使其诉讼权利的程序保障，从而保障可供裁判者裁剪的证据事实及其辅助事实的充足。在主要事实与间接事实的认定中，通常的认定方法是依据证据认定案件事实，如果可供裁判者运用的证据事实及其辅助事实不够充足，势必会影响到案件主要事实与间接事实的认定。另一方面，以直接言词原则作为对裁判者裁剪行为的外部制约制度，从而防止裁判者权利的滥用。直接言词原则是直接审理原则与言词审理原则的合称。直接审理原则有两个方面的含义：一是"在场原则"，即在法庭审理时，法官、当事人和其他诉讼参与人必须出席参加庭审活动，当事人在精神上和体力上均有参与审判活动的机会；二是"直接采证原则"，即从事法庭审判的法官必须亲自从事法庭调查和采纳证据，直接接触和审查证据，证据只有经过法官以直接采证方式获得才能作为定案的根据。[1]言词审理原则，是与书面审理原则相对而言的，是指在案件审理过程中当事人以及法院的诉讼行为特别是质证辩论和证据调查都要以言词的形式进行。由此可见，直接言词原则从本质上要求法官必须与证据保持直接接触，并且必须在各方当事人在场的情况下才能调查证据，它是确保任何有可能作为裁判基础的证据都必须通过各方当事人充分辩论、质疑的有效保障。作为现代诉讼制度不可缺少的证据裁判主义必然要求对证据实行辩论主义，而贯彻直接言词原则才能为庭审证据辩论主义提供前提条件，并使证据辩论主义具有其实质的内涵和意义。此外，直接言词原则的贯彻既有利于审判者保持诉讼中立的地位，也有利于为当事人最大限度地行使诉讼权利提供保障。[2]第二个大的阶段是认定事实阶段，即上述五个具体阶段的最后一个阶段。

---

[1] 陈瑞华：《刑事审判原理论》，北京大学出版社1997年版，第184页。

[2] 参见毕玉谦："直接言词原则与证据辩论主义——《最高人民法院关于民事诉讼证据的若干规定》主要问题透视之二"，载《法律适用·国家法官学院学报》2002年第5期。

在事实认定阶段，除了适用特殊事实认定方法之一，即依据当事人自认认定事实无需裁判者的判断以外，无论是适用推定的特殊方法认定事实，还是适用依据证据的通常方法认定事实，都离不开裁判者的判断，特别是在裁判者对证据能力以及证据的证明力形成内心确信以及依据经验法则基于间接事实推定主要事实的过程中，都离不开裁判者的自由裁量权的运用。因此，有必要通过司法公开制度保障裁判者正当行使其自由裁量权，即裁判者在裁判文书中公开其心证过程。

（2）发现、选择法律与续造法律及其公开。在裁判者基于筛选、裁剪的事实运用法定方法认定事实之后，仅仅取得了形成裁判所需要的案件事实，裁判者欲合理解决民事纠纷，判断当事人的诉讼请求能否得到司法保护以及在何种程度上得到司法保护，还需要进一步以认定的事实为依据去适用法律，即发现法律、选择法律，甚至续造法律以填补法律的漏洞。现代民事诉讼所解决纠纷的复杂化以及法律制度的复杂化使得法律适用过程不再是一个简单的输入案件事实（即自动输出所需要适用法律）的过程，而是一个发现法律、选择法律，甚至续造法律以填补法律漏洞的复杂认知过程。这一过程通常可以被分为三个递进的步骤：

第一，根据认定的案件事实发现一个作出民事裁判时明确可以适用的具体法律规范。经过案件事实认定环节后，如果裁判者发现需要裁判的当事人诉讼请求所依据的实体权利是现行实体法所明确规定的既存权利，而且所认定的案件事实也符合实体法律规范的要件事实，此时只是一个发现法律的过程，这一过程仅仅涉及裁判者对具体法律规范的理解与解释。在司法实践中，发现法律的具体方法通常有以下几种：一是通过先验知识发现法律。即裁判者在认定案件事实的基础上，围绕当事人的诉讼请求通过自己的先验知识发现法律。此时，裁判者除了分析案件事实以外，还需要查找大量的相关资料，以寻找其可能会适用的法律。二是通过当事人发现法律。在民事诉讼中，当事人及其诉讼代理人辩论的重要内容之一就是法律的适用问题，当事人（尤其是其代理律师）往往会最大限度地全面搜索对其有利的法律规范，这就为裁判者发现法律提供了最为有效的捷径。

第二，根据认定的案件事实选择适用相关的法律规范。由于实体法律规范的精细化，甚至冲突以及社会关系的复杂化，在司法实践中常常发生法律制度所调整的社会关系领域出现交叉甚至重叠的状况，或者所认定的案件事实难以与某一法律规范的要件事实完全匹配的状况。此时的裁判形成可能会涉及对有关实体法律规范的选择适用，这就离不开裁判者对法律规范本身的理解与解释以及对各种利益的衡量。正如边沁所说，在一部分国家，如果一部分法律仅仅以普通法甚至审判法的形式存在，那么裁判者假如不通过"查询"这些普通法或审判法来了解它们的内容，就无法彻底理解它们的含义，更无法对其加以运用。[1]可见，选择法律的过程实际上体现出了裁判者本身对于法律的理解程度。权力所在之处，即应防止权力之滥用。因此，裁判者选择法律不

---

〔1〕 ［英］边沁：《道德与立法原理导论》，时殷弘译，商务印书馆2000年版，第377页。

仅要受相关法律规定的限制，而且还要受待选法律条文所在之规范性法律文件及其上位法规定的原则的限制。对此，我国《立法法》第五章作出了系统的规定，即上位法优于下位法、特别法优于普通法、后法优于前法。此外，国家政策对法律选择适用的影响也是不容忽视的。有学者认为："事实上，法规在具体案件中的每一种运用，都要求进行政策选择。"〔1〕

第三，根据认定的案件事实续造法律以填补法律的漏洞。虽然法律适用过程是裁判者的主观思维过程，并且在理解与解释法律规范，运用利益衡量与价值判断时赋予裁判者一定的自由裁量权。但是，绝大多数情况下，裁判者仍能够在相对限定的范围内通过对案件事实的理解与梳理明确权利义务关系，并依据这种权利义务关系发现或者选择适用恰当的法律。现实情况总是更为复杂多变。正如拉伦茨教授所感叹的："认知与规定有关的事实关系并非总是像那些典型的例子那么容易，对于仅仅在少数案件的处理时才遇到的素材，法律家常常缺乏必要的先前理解；必要时，他必须努力去取得这些先前理解，在这方面，法学养成的过程无疑仍有若干缺陷。"〔2〕此外，无论一国设置了怎样严格的立法程序，无论立法者多么具有智慧与前瞻性，并经过了多么周密的思考与论证，人的思维与生俱来的局限性必然决定了由立法者所制定的法律制度均无法做到事实上的完美无缺，而且，制定法所具有的相对稳定性也决定了已有的制定法律规范也可能面临环境、伦理道德观念变迁的挑战。当裁判者发现形成裁判缺乏可以适用的实体法律规范时，就会面临续造法律以填补法律漏洞的现实需求。显然，裁判者如何把握需要进行法律续造的案件的难度相对于那些直接可以通过发现或者选择适用法律的案件来说更大了许多。所谓法律续造，是指法官在裁判过程中"填补漏洞""创造法律"的行为，首先表现为一种法律解释的扩大适用：当裁判者第一次对一个概念进行法律解释时，本质上就是在创造法律——因为首次对某个概念进行解释实际上已经超越了现有的解释范围，此时，法律解释就质变成了法律续造，〔3〕这种续造也被称为法的内在续造。可见，从这个角度出发，法律续造就其性质而言本身其实与法律解释并未有任何不同，其都属于对现有的法律概念或者适用范围作出的扩张与创设。而这一个方面的法律续造，也逐渐地将在裁判者明确有具体的规则而弃之不用却援引法律原则来裁决案件的情况囊括其中。在这个方面，先有国外的"Riggs 诉 Palmer 案"将具体的继承要件排除而适用法律原则，后有我国轰动一时的"泸州遗赠案"根据公序良俗原则而排除了遗赠的法定适用。这两个案件中的裁判者都是在存在一个具体的、明晰的法律适用指向的情况下排除了这种法律适用，在有法律规则的情况下排除其适用而直接适用法律原则的情形作出了最终的裁判。在这种情况下，法律续造的呈现形式就相对比较特殊，虽然裁判者并未直接"创设"法律，但因其抛弃了法律适用时规

〔1〕 ［美］美克杜格尔："法律在世界政治中的作用"，载《美国密西西比法律杂志》1940 年第 20 期，转引自葛洪义主编：《法理学》，中国政法大学出版社 2008 年版，第 108 页。
〔2〕 ［德］卡尔·拉伦茨：《法学方法论》，陈爱娥译，商务印书馆 2003 年版，第 90 页。
〔3〕 参见［德］卡尔·拉伦茨：《法学方法论》，陈爱娥译，商务印书馆 2003 年版，第 246~247 页。

则优先于原则的处理模式，直接适用了相对模糊的法律原则，其实就是一种对法律的续造，属于"对法律漏洞进行填补"的模式。事实上，不论是法律续造还是法律解释抑或是弃规则用原则，都必须在严格的范围之内进行：这个范围最大的边界是法的评价空间，最小的边界则是要适用于本案件的事实情况。可见，续造法律相较于发现与选择法律而言，赋予了裁判者更大的自由裁量空间，为了防止裁判者进行法律续造时滥用其自由裁量权，有必要加以规制。对此，我国 2015 年《立法法》第 104 条第 1 款规定："最高人民法院、最高人民检察院作出的属于审判、检察工作中具体应用法律的解释，应当主要针对具体的法律条文，并符合立法的目的、原则和原意。遇有本法第四十五条第二款规定情况的，应当向全国人民代表大会常务委员会提出法律解释的要求或者提出制定、修改有关法律的议案。"该条第 2 款还规定："最高人民法院、最高人民检察院作出的属于审判、检察工作中具体应用法律的解释，应当自公布之日起三十日内报全国人民代表大会常务委员会备案。"从立法法的规定可以看出，我国司法实践中对于法律续造的活动还是以法律解释的方式进行，并且对这种解释限定在了严格的范围之内。同时，从法条的表述可以推出立法者的意图是仍将目前司法过程中法律续造的本质视为一种"准立法行为"，将裁判者进行法律解释的行为解释为对现有立法的适用过程，而并未将法律续造的行为视为真正意义上的法律续造。立法法对于裁判者进行续造的方式严格限制在了"具体应用法律"上，只允许适用现有的解释，并没有赋予其真正意义上的法律续造权力。在法律续造的过程中同样离不开裁判者对法律规范本身的理解与解释以及对各种利益的衡量与价值判断。[1]

由此可见，法律的适用过程并不是一蹴而就的，而是一个螺旋迂回的思维探寻和尝试过程，通过这一过程，裁判者最终会对案件的法律适用产生一个明晰的方向与结论。因此，法律适用具有抽象性。正如恩吉施概括所言："法律人在对案件的法律进行适用时，是目光在大前提与生活之间的往返流转，是一种思想的过程。"[2] 在这一过程中，无论是裁判者对法律规范的解释，还是在选择法律甚至续造法律时所涉及的各种利益衡量以及价值判断，都属于裁判者的主观思维活动，为防止裁判者滥用法律适用权，有必要设置内外部司法公开机制。就内部司法公开机制而言，裁判者应当就法律适用向当事人进行释明。在民事诉讼中，如何适用法律直接影响到当事人之间民事纠纷的解决，当事人有权就法律适用问题进行主张与辩论，虽然发现、选择法律，甚至续造法律作出裁判是裁判者的应有权力，可以不受当事人辩论的制约，但是，在裁判者发现、选择、续造的法律超出当事人主张与辩论的法律问题范围时，为了防止法律适用的裁判突袭，裁判者可就该法律适用向当事人进行释明，当事人可就是否应适用该法律进行辩论，有利于保障当事人充分参与诉讼程序。就外部司法公开机制而言，裁判者应当在裁判文书中就其发现、选择、续造法律作出裁判的理由予以阐明，有利

〔1〕 该部分关于三个步骤的概念参考了杨秀清：《民事裁判过程论》，法律出版社 2011 年版，第 214~216 页。

〔2〕 参见〔德〕卡尔·拉伦茨：《法学方法论》，陈爱娥译，商务印书馆 2003 年版，第 162~163 页。

于提高裁判的公信力。

第二节　裁判形成过程公开的必要性

一、裁判形成过程公开之理论必要性

（一）公开裁判形成过程是程序正义的体现

"程序正义"这一概念发源于英国法，以"正当程序"为理念背景而产生，是指除却考虑实体正义之外，还需考虑程序自身存在的理由和区分程序合乎正义与否[1]，因此，对"程序正义"的追求是民事诉讼价值之体现。过去，我国因为历史、社会环境等原因，在"重实体、轻程序"观念的影响下，民事诉讼自身的价值被忽略。随着社会的进步以及民事诉讼的发展，民事诉讼自身的价值日益引起理论界的重视。为此，工具主义程序理论也逐渐被程序本位主义理论所取代，程序本位主义所要求体现的程序正义也在诉讼活动中越来越被重视。公开裁判形成过程不仅与程序正义理论在法理上一脉相承，同时，其在具体案件中的实施也是程序正义理论具体内涵的体现。

受英国光荣革命的启发，程序正义理论首先由洛克在建立社会契约的过程中逐步发展，随后在美国政治与法律上得到运用，继而成为其法律的重要理论之一。因受到英国传统的保障民权这一观点的深厚影响，程序正义理论主要包含自然正义与正当程序两方面的内涵。自然正义原则主要约束裁判者，要求裁判者在诉讼中不得偏袒、不得作出带有偏见的举动、不得对诉讼结果存在特定的利益等[2]——这些要求实际上表现出了这样一种价值：裁判者与裁判结果以及整个裁判的所有程序都不能有利害关系和偏见，如若不然，则裁判者会被视为缺乏自然正义。而对裁判形成过程中具体环节的公开，可以使当事人更为及时地知晓案件的相关情况，尽早对裁判者或者案件相关人员是否秉承自然正义的理念、是否具有偏见等情况作出判断，从而获得相应的救济，以最大限度地保障自己的权利。程序正义原则之所以会对裁判者提出应保持中立性的要求，也是因为对于需要定纷止争的民商事诉讼来说，裁判者的中立性实际上是裁判得以正常作出的基石，而在判断裁判者是否有失偏颇时，通过公开相应的程序这种方式显然是较为适合与及时的。当然，程序正义除了具有自然正义的内涵之外，还蕴含着正当程序理论的思想。正当程序这一概念萌发于爱德华三世时颁布的伦敦自由律。该律书首次提出：任何人不论身份和地位，非经正当法律程序不得予以流放、处死、没收财产或者剥夺其继承权[3]——而这一正当程序的理论，也成为日后许多国家在制定诉讼法时所参考的依据。更值得注意的是，正当程序这一原则虽然在字面上看似明

〔1〕［日］谷口安平：《程序的正义与诉讼》（增补本），王亚新、刘荣军译，中国政法大学出版社2002年版，第2页。
〔2〕樊崇义主编：《诉讼原理》，法律出版社2009年版，第217页。
〔3〕樊崇义主编：《诉讼原理》，法律出版社2009年版，第218页。

确了以符合法律程序为首要目的的要求，但在其随后的发展过程中，又被逐步加入了更深层次的要求。20世纪初，美国联邦最高法院又根据正当程序的理论引申出了实质性正当程序理论。这一理论认为，哪怕立法时的程序是正当合理的，也不能排除产生不正当、不合理法律的可能性，当法律的实质性内容有违保障公民权利这一目的时，法院就有必要对立法的内容进行审查。[1]据此可以看出，正当程序理论在其产生与发展过程中也在不断完善与修正。因此，公开裁判形成过程中的各个环节作为保障程序得以公平公正进行的最佳手段，其重要性毋庸置疑。

可见，公开裁判形成过程，显然对实现程序正义颇有益处。因为程序正当的要义之一是保障当事人的程序参与权，使当事人充分知晓解决其民事权利义务争议的裁判是如何形成的。正如谷口安平认为："当事人在进行诉讼中的程序参与时，如果他们不考虑参加后能做什么，或者参加后应该做些什么，那么这里的程序正义就会成为没有实际意义的口号。"[2]换言之，当事人只有参与诉讼程序，充分利用自己在诉讼中的地位以及享有的权利来实现自己的诉求，程序正义在个案诉讼中才能得到最大程度的发挥。而公开裁判形成过程，正是保障当事人程序参与权实现的重要措施。

（二）公开裁判形成过程是实现民事诉讼目的之保障

不同的社会环境对民事诉讼有着不同的需要，关于民事诉讼的目的，在不同时期也就产生了不同的学说，其中较为主流的学说包括权利保护说、秩序维护说、纠纷解决说、程序保障说与多元说。权利保护说主张民事诉讼的目的是依据实体法的规定对当事人的实体权利进行保护，以解决禁止当事人进行私力救济产生的相应问题。秩序维护说则认为，民事诉讼存在的意义就是保障实体法的实施，而这种制度又是由国家所建立的，因此民事诉讼的目的就是保障国家实体法所建立的秩序能够正常运转。纠纷解决说顾名思义即是认为民事诉讼的存在意义即是为了解决民商事纠纷，因此民事诉讼的目的显然应是纠纷解决。而程序保障说则从程序正义的相关理论出发，认为民事诉讼的正当与否要看程序是否正当，只有为当事人提供了程序保障，民事诉讼才有赖以存在的意义，因此，民事诉讼程序本身就是民事诉讼的目的。多元说的观点融合了以上学说的特点，认为民事诉讼应该保护当事人之权利、保障程序之正当，并通过解决纠纷来维护社会秩序，维护社会稳定。[3]而正当关于民事诉讼目的学说存在颇多争议时，新堂幸司却提出了另一种观点。他认为：讨论民事诉讼的目的是为了能使之发挥实际作用、产生实际意义，民事诉讼制度应该以实现这种最高价值作为解释论以及立法论的指向标。[4]根据这种思想我们不难发现，以上几种关于民事诉讼目的的学说都将民事诉讼的最高价值追求唯一化了，但在实践中，要将民事诉讼的最高价值抽

---

〔1〕 樊崇义主编：《诉讼原理》，法律出版社2009年版，第220页。

〔2〕 [日]谷口安平：《程序的正义与诉讼》（增补本），王亚新、刘荣军译，中国政法大学出版社2002年版，第14页。

〔3〕 参见江伟主编：《民事诉讼法专论》，中国人民大学出版社2005年版，第61~63页。

〔4〕 [日]高桥宏志：《民事诉讼法：制度与理论的深层分析》，林剑锋译，法律出版社2004年版，第9页。

象为唯一性的一种追求显然是不可能的。据此，高桥宏志在研究了新堂幸司的学说后，进一步对其思想总结道："如果欲让具体性法解释与权利保护、司法秩序维护、纠纷解决的价值三者中任何一者进行连接，那么都可以进行这种结合，无论从哪一个价值出发都可以对法解释作出论证，因此这些价值并不是直接规定具体性解释论进而可以使该解释论获得正当化的根据。"[1]在此，且不论民事诉讼目的之争是否必要，民事诉讼目的无用论是否正确，但起码，新堂教授的理论为研究民事诉讼制度设计提供了一种新的思路。

新堂教授这一理论的重心在于，其认为在民事诉讼中一种理论体系之所以有存在的必要，是因为这种理论体系为民事诉讼实现其最高价值指引了方向，如若这种方向的指引不是唯一的，则这种理论也没有能力排斥其他的学说而独占鳌头。这就意味着——换个角度来看——如果说有一种具体的制度，其不论从权利保护角度、秩序维护角度抑或是纠纷解决的角度来看，都能够有助于实现民事诉讼的最高价值，可以与这三种学说中的任何一个进行连接，还能同时从这三个角度出发去解释立法、论证立法，那么，这样一种制度显然具有获得正当化的理由。而反观公开裁判的形成过程，不论从何种角度来说，其对实现民事诉讼最高价值都是有益的：在权利保护说的视野下，公开裁判形成过程有助于对当事人的权利保障，因为民事诉讼作为对当事人权利予以司法保护的最后一道救济机制，公开裁判形成过程能够使得民事诉讼过程更加公开、透明。如果秩序维护是民事诉讼的最终目的，则公开裁判形成过程有助于诉讼中的当事人在一个统一的程序下有序进行，因为公开裁判的形成有利于民事诉讼监督体系之发展与完善，最终达到保障实体法实施与秩序维护的目的。而对于纠纷解决说来讲，公开裁判的形成过程无疑有利于其诉讼目的的实现，因为一旦要求公开裁判的形成过程，便有利于促使原本可能不为当事人所知的程序更加清晰地呈现在当事人面前，使当事人能够相对及时地知晓诉讼程序是否正义，提高裁判结果的可接受性，从而达到解决纠纷的目的。

可见，关于民事诉讼目的的几种主要学说都能通过公开裁判形成过程这一制度的设定来实现。因此，不论民事诉讼目的论自身有用与否，公开裁判形成过程这一制度显然有助于实现民事诉讼的目的与最高价值，从而使得民事诉讼活动能够更加完善地进行。

二、裁判形成过程公开之现实必要性

(一) 公开裁判形成过程有助于提升司法公信力

司法公信力，指的是社会公众对于司法的集合性的判断与评价[2]，可见司法公信

---

〔1〕 [日]高桥宏志：《民事诉讼法：制度与理论的深层分析》，林剑锋译，法律出版社2004年版，第9~10页。

〔2〕 See Kenneth Dowler, "Media Consumption and Public Attitudes towards Crime and Justice: The Relationship between Fear of Crime, Punitive Attitudes, and Perceived Police Effectiveness", *Journal of Criminal Justice and Popular Culture*, Vol. 10, No. 2, 2003, page 109~126, 转引自胡铭："司法公信力的理性解释与建构"，载《中国社会科学》2015年第4期。

力并不由个人对司法的评断产生，而是判断与评价的总和。在我国，对司法公信力的研究与讨论长久以来主要集中于如何提升司法公信力。对此，有学者经过对司法公信力的实证分析，指出我国目前在司法公信力建设方面存在以下主要问题：其一是部分案件办案质量低下，处理有失公允；其二是部分案件程序违法，程序公正没有得到保障；其三在于案件纠错机制缺失，有错必纠难度较大；其四是部分案件裁判效率低下，技术不够；其五则是部分司法运作作风不良，存在司法腐败现象。[1]

提高司法公信力作为深化人民法院改革的重要目标，理应设置相应的诉讼程序制度作为其实现的保障，而对裁判形成过程进行公开，可以在一定程度上缓解民众对于司法的不信任。总结以上几个导致司法公信力低下的原因，我们可以看出，民众对于司法的评价之所以不高，主要是因为司法机关办案公正性得不到保障，诉讼效率低下以及司法腐败现象的存在。而对裁判形成过程予以公开，对于这些突出问题的解决都有一定的积极促进作用。首先，将裁判形成过程予以公开有利于监督民事诉讼中裁判者的行为，提高审判活动的规范性，提升案件当事人对于诉讼程序的知情程度，促进审判活动更加透明与公正。如果裁判者在裁判过程中对于个别问题的处理产生了偏差，当事人就可以在知情之后立即提出异议，从而督促裁判者更为公平、公正地处理案件；而对社会公众，则可以采取开放公开庭审以及裁判文书等方式，提高其对司法活动的了解程度，使公众在了解的基础上产生对司法的信任，提高司法公信力。其次，公开裁判的形成过程有助于当事人及时知晓诉讼的进程。司法公信力低下的一个重要问题在于当事人对诉讼效率低下之不满，而产生这一问题的原因之一在于对诉讼进程向当事人的公开程度不够。民事诉讼的审理期限相对较长，由于我国现行民事诉讼法缺乏将诉讼进程向当事人公开的相关规定，使得司法实践中难免可能会出现部分法院对于一些民事案件的处理也极尽拖延之能事，往往直到审限即将届满之时才把裁判结果告知当事人，致使当事人在不知晓诉讼进程的情况下通过一些诉讼现象对诉讼效率低下原因的理解产生了一定程度的偏差。而如前文所分析的，将裁判形成过程向当事人公开，不仅可以使当事人客观地理解部分案件诉讼效率低下的原因，而且也可以对提高裁判者处理案件的诉讼效率起到敦促的作用——最高人民法院出台的《四五纲要》就提到，要完善当事人能够及时查询审判节点具体信息的制度。可见，公开裁判形成过程中的具体环节已经成了下一个阶段司法公开所要延伸的领域。一旦裁判形成过程得到公开，裁判者对于主要环节中各类事宜的处理就都会为当事人所知悉，而这种被当事人知悉的状态就会在无形中敦促裁判者更为及时、高效地解决当事人之间的争议案件，从而减少司法审判活动中办案拖沓的情况，提升公众对于诉讼效率的满意度。再次，公开裁判形成过程有利于预防司法腐败。最高人民法院在《四五纲要》中再次强调要构建"开放、动态、透明、便民"的"阳光"司法机制，其中将"阳光"作为司法机制构建的目标，可见"阳光司法"将成为今后司法改革的重心。常言道，"阳光是

---

[1] 参见龙宗智："影响司法公正及司法公信力的现实因素及其对策"，载《当代法学》2015年第3期。

最好的防腐剂"，要将一切权力都放到阳光之下，司法权作为国家公权力的一部分，当然也应该受到当事人与社会公众的监督。而面对司法体制中滋生的部分腐败问题，除了通过法律与党纪党规进行约束之外，以司法公开作为另一种监督的方式并让当事人与社会公众参与其中会起到一定程度的监督作用。而通过公开裁判形成过程，不仅可以保障当事人充分参与诉讼的全部过程，保障社会公众参与庭审程序，而且也可以通过裁判文书公开裁判者的心证形成过程以及裁判文书的网上公开提高司法公开的程度，从而使得社会公众与当事人对司法的判断与评价得到一定的提升，这将提升司法公信力，改善目前我国民众对司法信任不足的状态。

（二）公开裁判形成过程有助于提高裁判的可接受性

在民事诉讼中，追求民事裁判的绝对正确性在司法实践中几乎是不可能的，严格的逻辑推理（即精确的三段论式的推理）在民事裁判的发现过程中是难以做到的，因为法律的发现、争议案件的事实认定以及将作为小前提的案件事实涵摄于作为大前提的法律规范的过程均离不开裁判者的理解、判断甚至猜测。[1]虽然就民事诉讼所承担的解决民事纠纷的社会职能而言，无论是当事人还是社会公众都希望裁判者能够对民事纠纷作出一个正确的裁判，然而，对裁判结果"正确性"的评价标准也并非自然科学意义上的"主观符合客观"的标准。在民事裁判的形成过程中，只要裁判者借助于正当的诉讼程序，充分保障当事人诉讼权利的行使，能够为当事人和社会公众提供一种合理的、可接受的裁判，该裁判理就应被认为属于具有正确性的裁判。

尽管司法机关作为国家的公权力机关作出的裁判具有权威性的特点，然而，这种权威性却无法顺理成章地提高民事裁判的可接受性。对于这一点，曾有学者提出过相对极端却又现实的论述。尼桑认为，所谓裁判的过程，实际上都只不过是一场戏剧，公众往往会从中吸收信息，并希望参与其中。而在这个过程中我们会发现，公众关注的很多时候并非是案件事实的准确性，他们关注案件，大多数的时候只是为了获得裁判事实的可接受性。[2]尽管尼桑的论述带给我们的似乎是一个并不符合法律价值的残酷事实，但这一事实产生的原因很可能是人类的自然天性。因为人类这个群体并不会因为得到食物、住所以及繁衍后代就感到满足。除此之外，人类还热衷于参加某种其认为有价值的事业。在这种事业中，其能够贡献出自己的特殊才能，而不论这种才能是何种性质，又有多么强大。[3]可见，当事人尤其是社会公众对司法机关作出的裁判进行思考与质疑，契合了人类发挥自身价值的需要。因为当社会公众对于案件裁判结果产生了质疑时，其就会通过各种方式抒发自己的思考结果与质疑，当这种质疑强大到一定程度时，司法机关对这种质疑的呼声就自然会感到压力，由此，在对类似案件作出裁判时，就可能会或多或少地受到这种外在舆论的影响。因此，当事人与社会公

---

〔1〕　杨秀清：《民事裁判过程论》，法律出版社 2011 年版，第 276 页。

〔2〕　易延友："证据法学的理论基础——以裁判事实的可接受性为中心"，载《法学研究》2004 年第 1 期。

〔3〕　参见［美］E. 博登海默：《法理学——法律哲学与法律方法》，邓正来译，中国政法大学出版社 2004 年版，第 407 页。

众对裁判结果可接受性的程度很可能会引起学界对"裁判可接受性"标准的思考。

在司法实践中,受"裁判可接受性"的影响,裁判者在对民事案件进行裁判时,除了考虑案件的事实问题与法律适用问题,还将公众对案件裁判结果的心理预期也纳入了裁判时需要考虑的因素中。这种解决民事纠纷的方式无疑是对民事诉讼活动公正性与权威性的损害。然而,在我国法治发展的现阶段,完全不考虑社会公众对于裁判结果的接受程度似乎又是不切合实际的理想状态。因此,公开裁判的形成过程显然是一种有助于提高裁判可接受性的合理方式。换言之,如何让当事人与社会公众相信在民事裁判的形成过程中,裁判者在受到诸如经验、利益衡量、价值判断等非理性因素影响的情况下,其对当事人争议案件的民事裁判不是一种随意性活动,相反的,却是人类活动中对需要说理的要求最为强烈的一项公权活动,这就不仅要求裁判者将其裁判的形成过程以保障当事人程序参与权,通过向当事人公开的方式提高裁判对当事人的可接受性,而且还需要以强化裁判文书说理,通过向当事人与社会公众公开裁判者心证的方式提高裁判对社会公众的可接受性。由此可见,公开裁判形成过程,有助于既保障当事人程序参与权的实现,又满足社会公众对于裁判活动的好奇心理,看似从表面上降低了司法在社会公众心中的神秘感,实际上却有助于提高裁判的可接受性。

(三) 公开裁判形成过程有利于促进司法制度的规范化

从目前来看,尽管我们对于公开裁判过程能够在司法改革中起到什么作用还无法获知,但是,公开裁判形成过程,可以对司法制度的规范运行起到一定的促进作用是毋庸置疑的。由于诉讼这种纠纷解决机制功能的有效实现主要依赖于裁判者,也就是法官对案件的处理,因此,一旦法官在处理个案作出裁判时出现过失或者行为失当,其对案件当事人权利义务产生的负面影响甚至是难以挽回的。对此,丹宁勋爵曾经说道:"法官不是完人,他们可能错判,从而造成冤案……在许多案件里,错判可以通过上诉得到纠正,不过,有些错判则不能 。造成这些错判的原因可能是由于无知、无能、偏见甚至是由于恶意。这些可能使诉讼当事人增加负担、担惊受怕和遭受损害……难道法官不该自己保证或者由政府保证他不作出错判吗?"[1]因此,即使案件的错判能够通过上诉等事后救济手段得到纠正,其在无形之中不仅会增加司法资源的投入,而且也会增加当事人的诉讼成本,更何况还可能存在部分案件不能通过上诉等事后救济的手段去降低损害的情况。因此,有必要考虑设置对错判的预防性机制,而公开裁判形成过程可谓是一种很好的预防性机制。通过公开裁判过程对司法活动进行监督,实际上属于一种权利型的监督模式。所谓权利型监督,是指以权利与权利的关系为基础,恰当配置权利之间的制约关系,以使其能起到限制、遏制权力滥用作用的模式。一般意义的权利型监督主要通过行使批评权、建议权、申诉权、控告权和检举权等来实现。对裁判过程的公开,主要就是通过当事人权利的行使来监督与约束公权力的行使,由此产生对司法机关的监督。在这种权利型监督模式之中,一旦当事人认为其应有的诉

---

〔1〕 [英]丹宁:《法律的正当程序》,李克强、杨百揆、刘庸安译,法律出版社 2015 年版,第 66 页。

讼权利未受到应有的保护，其往往会主动、直接地寻求法律赋予的救济。因此，裁判形成过程的公开会在一定程度上促使裁判者行使其审判权的规范化。也就是说，裁判者在对案件的事实问题与法律问题进行处理，进而作出裁判的各个环节中，会通过更加规范、固定的制度取代那些现有的可能较为混乱与不透明的做法，从而通过司法公开的手段去促进诉讼制度的规范与完善。

另一方面，就裁判者处理案件而言，对其裁判形成过程中关键环节的情况予以公开，有助于约束法官，促使其在裁判形成过程中更加严谨、细致和负责地为行为。因为当裁判者确信自己对于裁判形成的过程（如对案件事实的裁剪与认定以及对法律适用的具体细节）无需为当事人与社会公众所知晓，其工作不过是输出一份外观上符合逻辑的裁判文书时，裁判者对解决民事纠纷的程序规范性的自律要求可能就会降低。而一旦需要就裁判的形成过程向当事人以及社会公众进行公开，那么裁判者势必会持更加审慎的态度去规范解决纠纷的程序过程。因此，不论从权利监督的视角，抑或是从错误裁判的预防视角，公开裁判形成过程中的关键环节对进一步规范司法制度都有着不可替代的作用。

第三节 裁判形成过程公开之制约因素

为了保障民事诉讼所承担的解决民事纠纷功能的有效实现，如上文分析，裁判形成过程的公开具有不可替代的重要作用。然而，在裁判形成过程中，裁判者既要处理事实问题，又要处理法律问题，这就使得裁判形成过程的公开难免会受到许多因素的制约，且这种制约不仅存在于事实问题的处理中，也体现在对法律问题的处理中。在裁判形成过程中，通过诉讼对象和证据资料的输入获得案件有关事实、判断筛选案件事实以及最终认定事实构成了裁判者在形成裁判中处理有关事实问题的几个步骤，而发现法律、选择法律和续造法律则构成了法律适用问题的重要内容。就裁判形成过程中的事实问题处理而言，裁判者要通过各种方式从庞杂繁多的案件事实中筛选出与案件有关的部分，并进一步就这些事实作出具有法律意义的认定。很显然，这些活动都是在裁判者思维领域完成的，而这种思维领域中的活动是裁判者纯粹的精神和意志活动，不仅具有抽象性的特点，而且往往不可为外人所见。因此，在对案件事实进行判断、筛选与认定时，裁判者往往会运用其在长期职业生涯中形成的裁判者思维，即裁判者按照法律逻辑、根据法律方法、法律理念、法律规则以及其在审判活动中积累的经验来思考并且判断的思维模式，是一种精神层面的活动。但是，这种裁判者思维在对事实问题的处理中却起到了巨大的、主导性的作用。虽然前文力所能及地分析了裁判者应如何就案件事实的判断、筛选与认定向当事人进行公开，然而，真正有效做到对案件事实问题的司法公开相对来说还是具有一定难度的。其主要原因在于，事实问题的判断属于裁判者思维活动的领域，易受各种因素的制约。就裁判形成过程中法律问题的处理而言，虽然看起来并没事实问题处理起来那样棘手与抽象，但却是司法裁判活动的核心所在。在一个法治社会中，如何良好地运用法律去解决社会纠纷、缓解与处理社会矛盾显然是法律人孜孜以求的最终目标。因此，在裁判形成过程中审慎地进行法律发现、法律选择，特别是法律续造，是诉讼作为纠纷解决机制体现其独特价值的重要环节。可以试想，我国之所以在过去甚至现今的司法实践中，将司法公开的范围主要集中在裁判文书和审判流程的公开以及执行信息的公开上，而对这些作为裁判形成过程中的关键环节如何进行实质上的公开一直未被提及，在很大程度上正是因为要对事实问题与法律问题的处理进行公开存在诸多因素的制约。其中，内部因素与技术因素对裁判形成过程公开的制约主要体现在对事实问题的处理上，而外部因素的制约则相对在案件法律问题处理上体现得更加明显。

一、裁判形成过程公开中的内部制约因素

民事裁判作为一种以裁判者内心活动为主的纠纷解决机制，裁判者在吸收和接纳案件事实的过程中很容易受到各方面内在因素的影响，而这些内在因素对于裁判思维活动的影响却很难量化公开。裁判者面对一个需要作出处理的诉讼案件，当其接触到案件事实时，会产生一系列有关案件事实的问题，而裁判者要解决这些问题，就需要通过接收各种有关案件事实的信息而逐渐明晰案件的脉络与走向，这些工作全然需要依赖裁判者的思维来完成。因此，裁判者在通过法律思维将发生在法庭外的案件事实接纳到了自己的思维中，从而形成裁判者对案件事实的判断筛选，并以此为基础进行事实认定时，难免会受到诸多内在因素的影响。

（一）裁判者的思维会受直觉之影响

所谓直觉，即指于意识之外的，在某个过程中产生的直接的、情感的因素，是情绪驱动的对象，往往会整体而直接地作用于信息。一般而言，直觉包含推理、观念关系与直接性三种元素，大多数的直觉均是推理与观念关系在直接性的背景下的表现。[1]从直觉的定义可以看出，受到直觉影响获得的判断往往是不受意识控制的，其存在于意识的控制之外，进而反过来影响思维活动。换言之，直觉的活动一般处于潜意识的状态之下。对于大多数人来说，了解自己的何种想法是处于自己的潜意识领域尚且是一项难度很大的工作，而要能将潜意识活动很好地表达或公开，则几乎是不可能完成的任务。正如波斯纳所说，情感和成见都是缩短的或无言的思考形式，与明言的、逻辑的、步步推进的逻辑形成反差，其不仅受培养、教育、同行信仰以及主导社会信仰这些明显因素的影响，而且还受人格的影响。[2]但也是正因为这一点，棘手的问题便出现了：尽管直觉很难被控制，其却在很大程度上对于裁判者判断、筛选案件事实以及认定事实有着极其重大的影响力，继而对案件裁判结果形成实质性的影响。对于直

---

〔1〕　See Amy L. Baylor, "A Three-Componet Conception Of Intuition: Immediacy, Sensing Relationships, and Reason", *New Ideas in Psychol*, Vol. 15, No. 2（August 1997）, page 186, 转引自李安："司法过程的直觉及其偏差控制"，载《中国社会科学》2013 年第 5 期。

〔2〕　［美］理查德·波斯纳：《法官如何思考》，苏力译，北京大学出版社 2009 年版，第 99 页。

觉在判断筛选与认定案件事实以及后来裁判形成中可能产生的作用，美国最高法院的斯图尔特大法官曾有过一个经典的案例：在"雅各布里斯诉俄亥俄州州法院案"中，斯图尔特大法官就其争点曾作出过一个十分特别的解释——在对何为"彻底的淫秽色情物品"进行判定时，斯图尔特认为"一看便知"即是判定的标准，只要是具有普遍道德标准的人都可以在一瞬间认定这属于彻底的淫秽物品的范畴。[1]在这个案件中，斯图尔特大法官用"一看便知"作为判断淫秽物品的标准虽然看上去十分"草率"，但事实上，在这个案件中，正是大法官基于自身（也即一般人）的道德标准的直觉作出了简单、直接的价值判断，才使得直觉并不一定带来错误的方向的观念为大多数人所接受。但是，直觉作为潜意识领域的思维活动来影响裁判者的判断标准，对于当事人来说显然有着相当高的风险。因为从概率上来说，正如直觉常常是正确的一样，有时候直觉也并非永远不会出错。如果潜意识的各种因素形成的直觉引领着裁判者走向了一个相反的方向，那么裁判者在一个案件进入裁判程序的开始环节便可能走错了方向，由此便不难想象在其后的判断筛选与认定案件事实，进而适用法律作出裁判的过程中会遇到怎样的难题。当裁判者习惯了在案件事实不清晰或者存疑时用直觉认定与判断事实，则其也会在这种节约心理资源的方式下形成一种认定事实的惯性，此时，直觉对于整个裁判形成过程的作用可见一斑。可见，裁判者的直觉很可能在绝大多数案件的事实认定中都被或多或少、知或不知地运用着，从而影响着案件的整体走向。

（二）裁判者的思维受习惯与经验之影响

习惯经验作为自古而今绝大多数法律的渊源之一，对裁判者进行审判活动具有不容忽视的影响。当然，并不是所有的习惯和经验都能对特定的裁判者形成同样的影响，不同的裁判者对于不同习惯和经验的了解与认可也是不同的。这也就是说，同样的案件事实，在不同的裁判者看来也许会有不同的认定方式，而这有时仅仅是因为裁判者受到不同经验或者习惯思维的影响。博登海默曾指出："法律实证主义的基本错误之一，是它把有关法律渊源的理论完全或几乎完全局限在那些被称之为法律正式渊源的限定范围中。"[2]在裁判形成过程中，人们总希望法能够穷尽所有生活中的可能性，达到"完整"的标准，这样的希冀自然会被当事人带入到裁判者进行事实认定的过程中。但遗憾的是，正如同法律永远有着无穷无尽的非正式渊源一样，各种各样不同的习惯与经验也在事实判断与认定的过程中影响着某个特定案件的裁判者，导致其得出那些颇为相似或者大相径庭的认定结果。而之所以习惯与经验能够对裁判者的思维和判断产生持续不断的作用力，是因为习惯与经验本身的特殊性。不同于立法与规则，习惯经验往往是笼统、模糊的，且在一段特定的历史时期内保持着相对的稳定性，并在一些问题判断的大方向上保持一致性。这也印证了有学者曾提出的观点："一个规则越是精确，它就越难顺应环境的变化，因此法律的变化总是滞后于社会的变化并很可能造

---

〔1〕　案例参见陈林林："直觉在疑案裁判中的功能"，载《浙江社会科学》2011年第7期。

〔2〕　[美] E. 博登海默：《法理学——法律哲学与法律方法》，邓正来译，中国政法大学出版社2004年版，第457页。

成一些错误。"[1]而习惯和经验，对于具体的规则来说总是在一定的历史时期中处于相对静止的状态，相对于规则更少地受社会变化影响，因而当裁判者对案件事实进行判断筛选时，那些积累许久、根深蒂固的思维习惯与审判经验相较于个别具体的规则而言就会更明确地出现在裁判者的思维中，从而影响裁判者对案件事实的判断。对这种裁判者在判断事实问题时非常普遍地受到经验与习惯影响的情况，拉伦茨也曾在其著作中称，这是因为经验法则往往在裁判者评断前"帮助他勾画好轮廓"，只要在裁判的时刻尚"没有相反的经验法则出现以致动摇它们"[2]，裁判者就会一如既往地维持着这样的经验与习惯，并且持续地受着它们的影响。可见，只有当裁判者对某一类经验与习惯明确地提出了疑问或者抱有成见时，他们的思维才会摆脱这种因素对他们评判处理问题的影响。但问题是，对于绝大多数人（包括裁判者）来说，在许多情况下他们都往往意识不到，甚至是无法发觉他们所依赖的经验法则与习惯的变化与演进，也难以在第一时间捕捉到这些实质上一直缓慢变化着的经验法则发生质变的瞬间，那么此时，这些滞后甚至过时的经验与习惯对于裁判者正确判断与处理案件的事实问题显然已没有什么益处了。

（三）裁判者的思维受其观点偏好与技术因素之影响

对于裁判者个人观点与偏好这类因素带来的影响，格雷教授曾提出过一个颇为经典的问题：假设存在一个案件，除了正确与错误这两种观点以外，没有其他任何东西去指导裁判者，但裁判者所持的观点与他的社区（管辖区域）又是相左的，那么此时，裁判者应以自身的观点为依据作出裁决，还是以这个社区的观点为准?[3]可见，裁判者的个人观点与偏好会对裁判形成过程（尤其是案件事实问题处理）产生影响力这一点是毋庸置疑的。因为对于裁判者来说，其性别、年龄、生活经验，对案件当事人的同情或者讨厌、认可或是反对以及周边因素甚至是当事人的陈述方式都会影响裁判者的判断。另外，不管承认与否，在相关国家的司法实践中，部分裁判者头脑中的种族观念与对于某类案件的特别敏感等因素也在其裁判形成过程中深深地影响着其评判与处理案件的标准。当然，如同人是"社会的人"一般，裁判者作为"社会的裁判者"又身处司法环境之中，其思维当然还会或多或少地受到政治观念的约束，有相当一些裁判者存在着"理性化与官僚化并存"[4]的特点，因此往往有很大一部分裁判者的思维会带有政治思维的影子，这种因素的影响在司法实践中也很难在短时间内刬除。除却这些非技术因素所形成的裁判者个人观点的差异，绝大多数案件的事实问题处理还会因为一些技术因素而不尽相同，这类技术因素主要包括裁判者的逻辑能力、专业水平以及对知识甚至常识的掌握多寡。众所周知，一万个人就有一万种逻辑，裁判者的

---

〔1〕［美］理查德·A. 波斯纳：《正义/司法的经济学》，苏力译，中国政法大学出版社 2002 年版，第 183 页。

〔2〕［德］卡尔·拉伦茨：《法学方法论》，陈爱娥译，商务印书馆 2003 年版，第 169 页。

〔3〕［美］本杰明·卡多佐：《司法过程的性质》，苏力译，商务印书馆 2013 年版，第 108 页。

〔4〕孙之智："郑成良：法律思维的基本规则"，载《中国社会科学院报》2004 年 1 月 29 日。

逻辑能力显然也是不尽相同的，在不同的逻辑支配之下，对案件事实的判断筛选和认识模式自然也会千差百异，最终呈现出来的裁判结果也可能会有相当大的不同。另外，尽管相对于绝大多数普通人来说，裁判者具备相对较高的法律基础与法学思维，但这并不意味着所有的裁判者的专业能力都处于同一个水平线上，如同各行各业的职业人都可能在专业水平上存在良莠不齐的情况一样，裁判者作为审判活动的主体也可能存在着法学功底与处理案件水平方面的差异，而这些不能为裁判者本人控制甚至是觉察的因素，也在很大程度上影响着其判断整个案件脉络的模式。此外，随着科技的发展与社会日新月异的变化，许多新事物（甚至新科技）所涉及的纠纷纷纷涌进了法院的大门，期待着裁判者的公正处理；在这些新事物引发的如知识产权纠纷、医疗纠纷、国际商事活动纠纷等诸多纠纷中，现有裁判者的既有知识能力很可能尚没有囊括处理这些问题的精尖水平，也可能对于这些新问题的关注并不足够。在这种情况下，裁判者在短时间内处理出现在其认知范围之外的案件信息的能力显然也就可能会稍显逊色，至少与熟悉该领域的裁判者相较，其筛选与判断案件事实的能力可能会有所不足，进而影响后来的整个裁判的形成过程。

二、裁判形成过程公开中的技术因素制约

裁判者在处理事实问题时，除了可能受到上述内在因素的影响，公开案件事实的判断筛选与认定的难度还体现在处理事实问题本身固有的难度上。这种固有的难度是由裁判技术因素带来的。作为裁判者，当其获得案件事实并且经过判断筛选最终认定了案件事实之后，接下来的工作就是要将这些认定的案件事实连接起来，形成整体的事实。在这个过程中，裁判者需要将碎片化的案件事实拼凑起来，形成一个完整的、具有因果逻辑联系的事实链条，以便为其后裁判的形成奠定良好的事实基础。遗憾的是，无论是在理论界还是在实践领域，裁判者在整合事实这方面的活动一直鲜少受到关注，这在很大程度上是因为在我国过去很长一段时间的司法实践中，裁判者在事实问题的处理过程中是否存在自由裁量权尚且没有被当作一个问题提出，更毋论去了解裁判者是如何进行自由裁量的了。直到现在，大部分理论界人士对自由裁量权关注的目光也主要集中于证据规则的运用与证明力的问题，对于裁判者在事实问题处理时如何进行自由裁量，即在判断筛选与认定事实方面如何行使自由裁量权还并未给予应有的重视。在这种情况下，大部分研究尚未注意到证据产生的源头，也就是生活意义上的事实是如何作为案件事实呈现在裁判者面前的，这些研究往往忽视了证据所提供的仅仅只是案件事实的各个片断，仅仅是将这些事实片断按照时间顺序机械排列之后得出的过程，只能呈现出一种断裂的事实、一种意义不大的"流水账式的事实"。对于这些断裂的事实如何进行整合，如何重新构建成既无限接近于案件事实又符合法律逻辑的事实链条，显然需要裁判者在了解案件材料前提下进行大量复杂的案件事实加工工作。而这一环节之所以在以往的司法实践以及研究中没有得到广泛的关注，在很大程度上是因为规制裁判者处理事实问题的难度确实显而易见。裁判者要将碎片化的事实

整理、吸收，并最终整合、还原为无限接近于案件真实的事实链条，此时可能会出现案件事实与事实之间的空白地带，而这些事实实际上也可能是裁判形成所需案件事实的构成部分。这些缺失的部分事实需要裁判者根据自己的经验去判断这些事实在其形成对整体的案件事实的认定时是否有影响，以及在其缺失时如何形成一种具有可能性的事实判断。由于对裁判者将这些碎片化的事实进行整合的工作进行过程上的制约显然在实践中很难实施，也就是说，对这部分断裂空间内发生的事实如何去尝试还原使得案件事实在逻辑上具有完整性，也是裁判者行使自由裁量权之范围。因而，对于其在这个环节内的具体行为，确实很难找到一个统一的评判标准去衡量，而公开这一活动显然具有一定的难度。这是因为，裁判者接收到的案件信息大多都是由当事人向其传输的，而双方当事人往往会按照自己的理解、站在自己的立场去描述有关案情，同时，如前文所述，这种描述往往是片面的。对此，有学者认为，因当事人对于案件的陈述是从零碎的事件向叙述文本的转变过程，因此这必然也是一个修辞的过程——因为只有通过修辞，这种转变才能实现。[1] 实际上，这种当事人在叙述时候或多或少带有的修辞色彩的原因其实并不难理解，但不得不承认，这些修辞手段给裁判者更为准确地还原案件事实带来了诸多麻烦，也增加了接近事实真实情况的难度。

在裁判者对案件事实的整合过程中，大部分当事人都会对案情描述进行修辞，而这种修辞主要靠解释事件与挑选事件[2] 这两种方式完成。解释事件，是指刻意放大整个案件中某个具体事实或者细节的作用，并在这些细节中加入周边因素进行渲染。在对于案情进行描述时，当事人往往能够大概明确什么样的描述能够带来什么样的效果、何种描述将会被用于何种目的，以及如何描述事实能够对己方案件的叙述有所助益。因此，当事人往往会选择对其而言最有利、最重要的部分着重描述甚至对裁判者反复强调某个具体细节。当这些对一方当事人有利的事实被反复输入裁判者的思维当中时，支持司法意见便会逐步增加直至被裁判者不知不觉接受。更有甚时，其还能逐步减弱直至化解对立方的疑问与立场。[3] 可见，解释事实看似是对案件的细化与叙述，但因当事人在叙述时加入了大量周边情况之陈述，这部分内容实际上已经带有了相当一部分的修辞色彩，而不仅仅是客观的案件情况描述了。挑选事件，是指当事人选择性地向裁判者输入有关案件的情况，主动弱化或者抛弃一部分其认为对其没有益处的案件信息。相比于解释事件，当事人挑选事件的行为对裁判者认定案件事实来说增加了还原整体的、完整的案情难度，使得不了解案件情况的裁判者对于这部分的注意力大量减少甚至完全忽略。当事人在进行案件事实陈述时加入的修辞手法，显然不在裁判者甚至司法制度可以控制的范围内，但正是由于这些周边因素对裁判者判断事实产生的影响非常之大，因此其也从另一个侧面说明裁判者在认定事实过程中对这些因素的无

〔1〕 刘燕："案件事实，还是叙事修辞？——崔英杰案的再认识"，载《法制与社会发展》2007年第6期。

〔2〕 刘燕："案件事实，还是叙事修辞？——崔英杰案的再认识"，载《法制与社会发展》2007年第6期。

〔3〕 刘星："司法决疑与'故事文学'利用——以《威尼斯商人》为样本"，载《清华法学》2008年第2期。

助与无奈。他们往往无从知晓、无法判断当事人是否使用了修辞手法以及周边因素去影响甚至引导其进行事实处理中的价值判断。因此，对于这些连裁判者自己都难以觉察与控制的因素，司法制度要对其过程进行公开的难度显然很大。但是，这并不代表裁判者在认定事实的过程中就拥有绝对的自由裁量空间与自由认定的标准。因此，为了防止裁判者滥用其自由裁量权导致事实认定的偏差，对于裁判者根据其思维与经验进行加工、还原整个事实的活动理应设置合理的制约机制。而要求裁判者向当事人公开其认知与还原案件事实的结果不仅是相对可行的，而且也有利于保证当事人在民事诉讼中享有的程序参与权的实现。

三、裁判形成过程公开中的外部制约因素

正如裁判者在处理事实问题与法律问题时会受各种内部因素与技术因素的影响，裁判者在对这些问题进行处理的过程中同样也会受到一些外部因素的制约。

（一）社会舆论对裁判形成过程公开的影响

我国司法裁判的形成受外在社会舆论影响的现象由来已久。从古到今，我国的司法始终受着强烈的情理色彩的影响，裁判者在解决民事纠纷的过程中除了要面对法律问题的处理，还常常需要兼顾案件的情理问题。这种情理不仅包括个案中的情理，有时甚至还包括社会效果中的情理。换言之，裁判者还需要考虑其对争议案件所作出的裁判可能面临的社会舆论。有学者对这种现象解释道：在国家意识形态上，一直强调一断于法、法无二解的理念，但是在实践中，我国司法却常常以达到社会效果、平息舆论纷争为价值观展开司法活动。而正是因为我国的司法形态在历史的积累中长期受这种思想的影响，沈家本也对司法的现代化这一概念等同解释为"裁判悉秉公理，轻重胥协舆评"。[1]由此可见，社会舆论对于我国司法裁判活动影响之深重。在这样的司法环境下，裁判活动显然很难独善其身，因此，相当一部分的裁判活动最终落入了道德裁判、舆论审判的窠臼。在这一方面，处于社会关注焦点中的案件往往会在裁判形成过程中令裁判者们十分为难，轰动一时的"泸州遗产案"与"南京彭宇案"等案件即是例证。诚然，鉴于宪法赋予了民众言论自由的权利，因此以社会公众与媒体为代表的特定群体理应有权对社会广为关注的民事纠纷的审判发表自己的评论以及见解，然而，由于我国在公开审判制度的适用方面过于强调了审判活动对社会的公开以及通过外在社会舆论对审判活动的监督以保障司法公正，由此产生了司法实践中大量存在的"媒体审判""新闻审判""道德审判"现象，甚至导致部分案件的当事人恶意借助于各种媒体力量对裁判者施加外在压力。掩卷而思，这种外部社会舆论对裁判者裁判案件所形成的影响，是否早已慢慢偏离了言论自由权利本身的边界，而蜕变为一种对司法裁判活动的绑架？这种意义上的外在社会舆论监督的最终社会效果究竟是保障了

---

[1]　季卫东："中国司法的思维方式及其文化特征"，载葛洪义主编：《法律方法与法律思维》（第3辑），中国政法大学出版社2005年版。

司法公正，还是干扰了司法公正？这显然是值得引起我们注意的。如果裁判者在对民事纠纷进行裁判时，因为害怕社会舆论而对法律适用有所选择或有所回避，那么审判活动作为一种运用公权力解决纠纷的特有机制的意义便会大打折扣甚至荡然无存。

坦诚而言，公开裁判形成中的事实认定与法律适用内容，也不能完全解决这个问题。考夫曼曾经将这些在法治国家中存在的、对法律产生怀疑与不服从的行动称为小额反抗权，并对此列举道：人们不信任掌权者、有勇气公开批评、揭穿罪恶的状态，对不法说不、不参与明显无望的行动、隐忍着承受苦难的服从等行为，都属于民众行使着类似于"非暴力不合作"般小额反抗权的行为。[1]由此看来，外部社会舆论对于裁判形成过程施加的压力也是民众自认为其在行使反抗权的方式。对于这种情况，公开裁判形成过程中的事实认定与法律的适用情况或许能够削减当事人对此产生的质疑，在备受社会关注的重大案件中也能使得社会公众减少对裁判活动的无端臆测，进而减少外部社会舆论对裁判的影响。但事实上，在可能引起社会关注的绝大多数个案的裁判中，裁判者均不可避免地会考量社会舆论对案件裁判的期望，因为绝大多数的裁判者都希望并认为，自己在民事纠纷的处理中能够平衡个案中当事人的利益与社会舆论的期望。然而，一旦裁判者在这个过程中并没有作出令社会舆论满意的裁判，那么，社会舆论对于个案裁判本身甚至对整个司法制度的抨击与评判活动就会愈演愈烈。此外，即使要公开法律适用的过程，也不适合对所有的社会公众均予以公开，这是因为法律适用实际上需要以案件事实为基础，而公开法律适用的过程，就不能避免地要对案件事实予以公开，由此可能涉及对当事人私权的干预。鉴于社会公众可以通过参与庭审与查阅裁判文书的方式大致了解案件情况，因此，对裁判形成过程的司法公开应当限定在案件当事人的范围之内。在这种情况下，仅对案件当事人公开裁判者对法律问题的处理情况尽管并不能导致外部社会舆论直接偃旗息鼓，也不一定能真正消除舆论绑架司法裁判的现象，但至少从程序正义的要求来看，公开裁判者的法律适用过程有利于实现当事人的知情权，从而提高其对裁判的信任。

（二）地方行政因素对裁判形成过程公开的影响

在我国现行司法体制下，无论是法院的设置，还是法院的人、财、物均与地方存在着千丝万缕的联系。换言之，司法地方化的问题在我国一直没有得到根本、有效的解决。因此，裁判者在对民事纠纷予以处理的过程中不可避免地会受到这些外部地方行政因素的干扰。受这种制度设置与社会环境的影响，我国的司法制度长久以来一直带有浓郁的"地方化"色彩，而这种司法地方化主要体现在法院的隶属关系、行政区划、人事任免以及地方保护主义[2]等问题上。首先，我国的法院与检察院作为司法机关，需要对同级人大负责并受其监督。而在这种制度之下，同级地方人大作为对司法活动享有监督权的主体，其在行使监督权的过程中自然不可避免地会对法院与检察院

---

〔1〕 参见［德］阿图尔·考夫曼：《法律哲学》（第2版），刘幸义译，法律出版社2011年版，第227~228页。

〔2〕 杨小军："法治中国视域下的司法体制改革研究"，载《法学杂志》2014年第3期。

的司法活动或多或少地产生一些干扰。裁判者在处理案件时，也就很难避免这些外部因素的影响。其次，我国目前的法院设置体系总体上还是以行政区划作为设置依据，法院辖区与行政区划一致给地方保护主义带来了滋生的土壤，这也为法院审判活动如何避免地方保护主义增加了一定的难度。据此，最高人民法院在《四五纲要》中已经提出了要建立与行政区划适当分离的司法管辖制度，通过设立巡回法庭与跨行政区划的法院等方式刨除地方保护主义。然而，即使跨行政区域的司法制度得以确立，但此类法院毕竟只是少数，要使得司法活动真正摆脱地方行政因素的影响并非易事。此外，由于我国地方行政机关掌握着司法机关的办公经费的拨放，这在无形之中也加剧了地方行政因素对司法裁判获得的影响。最后，地方行政因素对于司法裁判的影响，还可能源自于经济利益的诱惑。在司法实践中，有些案件的当事人属于地方经济发展的支柱性企业，还有的案件涉及地方的重大经济项目，此类案件的处理往往涉及地方的经济利益。因此，裁判者在对该类案件作出裁判时往往会受到地方行政因素的影响。

综上，我国现阶段的司法裁判行为还难以完全摆脱地方行政因素的干预，尽管如此，对裁判形成过程中的认定事实与法律适用环节予以公开在一定程度上还是能够对地方行政干预裁判行为产生威慑力，从而弱化地方行政因素对司法裁判活动的外部影响，进而对审判活动的独立性起到一定的程序保障作用的。

第四节　我国裁判形成过程公开的现状及需解决之问题

一、我国裁判形成过程司法公开之现状

（一）关于裁判形成过程公开的立法现状

1. 裁判形成过程公开的相关指导性文件规定

通过对以往关于司法公开的指导性文件的梳理，我们不难看出，长期以来，我国一直将司法公开的重心与力度放在裁判文书的公开与裁判形成过程中的庭审公开这两大领域，而裁判形成过程中其他的重要环节的公开不仅没有引起应有的重视，甚至几乎未被提及。如若要真正研究裁判形成过程的司法公开并使之能够在司法实践中得到实现，首先要分析有关司法公开的现有法律文件是如何规定的，从而以现有法律文本分析为基础去探寻关于裁判形成过程方面的立法不足。

关于审判活动的公开，在很长一段时间内，存在立法规定相对较少且零散的问题，主要在最高人民法院的几个五年改革纲要文件中有少数零星的规定。直到2009年12月最高人民法院印发《六项规定》，我国才首次全面、集中地关注到了司法公开的问题。《六项规定》提出要扩大司法公开的范围、拓宽司法公开渠道，以保障人民群众对司法的知情权与监督权。该规定首次集中性地提出并划分了立案公开、庭审公开、执行公开、听证公开、文书公开以及审务公开这六个方面的司法公开。而对于裁判形成过程中的公开，在这六个大公开的内容中，《六项规定》主要提出了以下几方面的路径：要

公开立案信息、及时使得当事人知悉立案的情况；要建立有序开放的旁听与报道规则，可以通过直播与视频等方式公开庭审过程；对独任审判员、合议庭成员、审判委员会委员的基本情况应当公开等。通过对该《六项规定》提出的公开路径进行分析，不难看出，直至2009年，对于裁判形成过程的公开还仅仅停留在对程序本身的公开上，而且对于具体公开的方式也没有提出指导性的意见。《六项规定》将审判过程公开的重点放在了立案公开之上，同时提出"可以"公开庭审过程，并未要求庭审必须公开。从这些规定中我们都可以明显地看出，对裁判形成过程的公开还没有形成一个相对明晰的概念。

令人欣慰的是，对于审判流程公开的重视在4年之后的2013年得到了突飞猛进式的发展。2013年11月，最高人民法院出台了《三大平台建设意见》，明确提出要推进审判流程公开平台建设、裁判文书公开平台建设与执行信息公开平台这三大平台的建设。《三大平台建设意见》在第二部分"推进审判流程公开平台建设"中部署了整个审判流程公开中需要具体公开的环节与信息，其中包括法院具体信息、审判委员会与法官的具体信息、整体案件流程的具体构成信息以及其他文件信息等。另外，《三大平台建设意见》还特别指出，人民法院应当加强科技法庭建设，对庭审活动全程进行同步录音录像，做到"每庭必录"与集中长期保存。同时，《三大平台建设意见》还规定了当事人可以申请查阅庭审音像记录。为此，《三大平台建设意见》鼓励人民法院以微博、音视频、图文等新方式公开庭审过程以及推进诉讼中的档案电子化工程，以提高效率、便利当事人。最后，《三大平台建设意见》还总结性地提到，要完善硬件设施和技术条件，以保障司法公开三大平台的建设。显然，《三大平台建设意见》对于审判流程中需要公开的对象进一步扩大，将人民法院除了关于审判组织以外的许多文件信息也纳入了司法公开的范围，相比于2009年的《六项规定》，《三大平台建设意见》已经在信息公开的力度上有所进步。但除此之外，《三大平台建设意见》对于裁判流程公开最大的"亮点"在于要求人民法院以"每庭必录"的原则来进行庭审活动的录音录像，但事实上，这里的"每庭必录"并不代表"每庭必录并公开"，只是规定了当事人可以申请查阅这些记录。另外，《三大平台建设意见》对于当事人可以申请查阅庭审音像记录的处理方式并未给予规定，在一定程度上虚化了当事人依申请公开庭审过程的权利。当然，2013年的《三大平台建设意见》还是有许多创新之处的。由于微博这种新媒体在社会上受到的广泛青睐以及其自身的便捷性，《三大平台建设意见》创新式地鼓励人民法院以这种新形式展开对庭审活动的图片或者文字直播，增加了一种社会公众知悉法院审判活动的途径。与此同时，《三大平台建设意见》也首次明确了司法公开在很大程度上需要依靠硬件设施以及技术条件的支持，表明最高人民法院已经意识到了在司法公开这个巨大的工程中科技力量的重要性。通过上述分析不难看出，《三大平台建设意见》对于裁判形成过程中需要公开的内容仍没有显著的认知进展，仍停留在认为"裁判形成过程公开等同于庭审公开"的观念之下。因此，对于裁判形成过程中需要公开的内容实际上完全未涉及。

此后，2014 年 12 月，党的第十八届中央委员会第四次全体会议通过了《中共中央关于全面推进依法治国若干重大问题的决定》（以下简称《重大问题决定》）。该决定在其第四部分"保证公正司法，提高司法公信力"中着力强调了司法公正对于法治的重要作用，提出要让人民群众在每一个案件中感受到公平正义，因而必须加强对司法的监督，特别提出要构建"开放、动态、透明、便民的阳光司法机制"，同时要切实推进审判公开的进程。可以看出，相比于之前的《六项规定》与《三大平台建设意见》，十八届四中全会通过的《重大问题决定》虽然再次着重强调了要推进司法体制的阳光化、透明化进程，但是，仍然只是统筹规划了司法公开活动的整体方向，并未进一步作出任何细节内容的规定。

2015 年 2 月，最高人民法院根据《重大问题决定》的导向制定的《最高人民法院关于全面深化人民法院改革的意见》——《四五纲要》迅速出台，并在"全面深化人民法院改革的总体思路"中再次强调了建设审判流程公开平台、裁判文书公开平台与执行信息公开平台建设的重要性与迫切性，重申构建"开放、动态、透明、便民的阳光司法机制"。同时，《四五纲要》在"如何构建阳光司法机制"这一栏下再度强调了完善庭审公开的制度与完善审判流程公开、裁判文书公开与执行公开平台的要求。其中，对于如何完善庭审公开制度，《四五纲要》提出要建立庭审公告与旁听席位信息的公示与预约制度、设立媒体旁听席等；对于完善审判流程公开平台建设的具体措施，则规定推动全国法院政务网站建设，以及全国法院统一的诉讼公告网上办理平台和诉讼公告网站的建设。除此之外，《四五纲要》还顺应了大数据时代的要求，提出要建立审判信息数据及时汇总和即时更新机制并推动实现全国法院在同一平台公开审判流程信息。另外，该纲要再次重申了建设诉讼档案电子化的进程的重要性，同时指出公开流程信息要达到使当事人可以在线获取审判流程节点信息的目标。总之，《四五纲要》作为最新五年司法改革的方向标，相比于之前其他的指导性文件对于裁判形成过程公开的规定明显更为细致，首次提出了要使得当事人能够在裁判形成的每个节点都能及时得到案件信息的要求。可见，最高人民法院已经认识到了裁判形成过程中的具体环节可能对当事人产生的影响。另一个方面，《四五纲要》首次提出了要建设法院政务网站，也表明了最高人民法院认为司法公开的对象应该进一步扩大到政务上的公开。这些规定相对于之前关于司法公开的文件规定来说已经有了巨大的飞跃。但遗憾的是，对于裁判形成过程中的哪些信息需要公开、到底如何公开，该纲要仍未进一步说明。

2. 民事诉讼法及司法解释关于裁判形成过程公开的规定

在民事诉讼领域，我国现有法律关于民事裁判形成过程公开的规定不仅非常少，而且对于公开的范围也仅仅停留于程序的规定，主要体现在对庭审公开的规定。对此，《民事诉讼法》第 134 条规定："人民法院审理民事案件，除涉及国家秘密、个人隐私或者法律另有规定的以外，应当公开进行。离婚案件，涉及商业秘密的案件，当事人申请不公开审理的，可以不公开审理。"除了这一条对于庭审公开的规定以外，再无其他有关裁判形成过程公开的规定。

《民事证据规定》第 85 条第 2 款规定：审判人员应当依照法定程序，全面、客观地审核证据，依据法律的规定，遵循法官职业道德，运用逻辑推理和日常生活经验，对证据有无证明力和证明力大小独立进行判断，并公开判断的理由和结果。该条规定不仅对审判人员如何判断证据的证明力提出了具体的要求，而且还要求公开判断的理由和结果。探究该规定所蕴含的诉讼理念，不难看出，该规定确立了一种对裁判者在形成裁判过程中行使自由裁量权进行司法公开的理念。这意味着最高人民法院认为，裁判者在处理事实、证据问题或者法律问题时具有自由裁量的空间，因而这种自由裁量权行使的理由与结果应当公开，以防止自由裁量权的滥用。这显然是司法公开真正从形式公开迈向实质公开的第一步。另外，《民诉法解释》第 105 条规定："人民法院应当按照法定程序，全面、客观地审核证据，依照法律规定，运用逻辑推理和日常生活经验法则，对证据有无证明力和证明力大小进行判断，并公开判断的理由和结果。"

虽然《民事诉讼法》及其司法解释关于裁判形成过程公开的规定非常少，但就其所规定的内容而言，与前文分析的最高人民法院《六项规定》《三大平台建设意见》以及《四五纲要》所规定的内容还是存在较大区别。其核心在于将裁判者在证据证明力方面行使自由裁量权的过程与结果纳入了司法公开的对象范围。尽管如此，现行立法关于裁判形成过程的公开还远远不够，对于裁判形成过程中裁判者如何进行事实、证据与法律问题处理的公开，应当成为司法改革进一步深入推进的重点。

（二）裁判形成过程公开的司法实践现状

鉴于现行立法以及最高人民法院相关规定均将司法公开的主要关注点放在了裁判文书的公开以及立案、庭审与执行三大环节的公开，加之学术界关于司法公开的研究也主要集中在这几个方面，即使关于证据证明力方面的研究取得了较为丰硕的成果，也主要是关于证据证明力及其规则本身的研究，而以裁判形成过程的司法公开为视角对裁判者自由裁量权行使的研究也几乎是一片空白。受此影响，在现行司法实践中，随着 2013 年最高人民法院《三大平台建设意见》与《关于人民法院在互联网公布裁判文书的规定》的出台，深化司法公开成了法院系统的工作重心，尤其是裁判文书的司法公开更是成了重中之重。顷刻间，举国上下的法院都开始进行轰轰烈烈的裁判文书公开，几乎把所有关于司法改革的愿景都倾注在裁判文书公开这一个环节之上。在这股司法公开的浪潮中，全国几千个法院中的大部分法院都在力所能及的范围内建立了自己的网站，并将那些"可以公开"的裁判文书上传到了网络空间。

对于这场司法公开活动是如何进行的，究竟取得怎样的实效，本章以中国社会科学院法学研究所的"浙江阳光司法指数课题组"对浙江省司法公开情况进行调查与分析得出的《浙江法院阳光司法指数测评（2013 年度）阶段性分析报告》（以下简称《阳光司法分析报告》）为样本，对浙江省 2013 年度司法公开的情况以观察司法公开中裁判形成过程公开这一内容在地方法院的实践情况为视角作简单分析。

《阳光司法分析报告》对浙江省司法公开的实践调查主要集中在对"立案庭审公开""裁判文书公开"以及"执行公开"三个方面。其中对"裁判文书公开"与"执行公开"的调查与分析占据了整个报告比重的 70% 左右，对于裁判形成过程当中的司法公开，仅停留在对立案以及庭审公开两方面。《阳光司法分析报告》指出，在立案方面，浙江省 91.7% 的中级人民法院与 96.7% 的基层法院的接待大厅均配置有自助查询设备，仅有 4 个法院没有该配置。同时，全省 103 家法院中有 98.1% 的法院在立案接待大厅设有完整的纸质版诉讼指南，有 50.5% 的法院门户网站的电子版诉讼指南较为完整。此外，浙江省 97.1% 的法院设有对立案信息查询的内部系统，当事人可以通过该系统查询立案信息与进度。在开庭信息的公开上，根据《阳光司法分析报告》的统计，浙江省各级法院对开庭信息的公开基本上都能通过多种渠道实施。其中，103 个法院内只有 1 个法院没有在开庭当日在法院公告栏与电子显示屏上公示开庭公告；公示开庭信息的其中一部分法院还在法院外部面向街道处设置了醒目的电子屏幕滚动公示即将开庭的案件信息，开庭公告公开率达到了 99% 以上。另外，还有相当数量的法院通过微博、博客等新媒体方式发布开庭公告。在庭审公开上，《阳光司法分析报告》并没有涉及何种情形应否公开的问题，只是对庭审的录像率进行了调查，得出浙江省法院有庭审录像设备的法院是 100%，但在实践中，这些法院并不是对每个案件的审理均会予以录像保存。在浙江省的这 103 个法院中，有 4 个法院的庭审录像率（庭审录像的案件占所有开庭案件之比）是 100%，有 97 个法院庭审的录像率超过 70%，有 57 个法院庭审的录像率超过 90%。[1] 从《阳光司法分析报告》调查所得数据来看，浙江省的司法公开涉及裁判形成过程公开的内容仍然只是立案公开与庭审公开，而庭审信息的公开主要是对案件信息的提前公示，虽然《阳光司法分析报告》显示法院庭审录像率较高，均超过 70%，其中有 4 个法院的庭审录像率为 100%，然而，即使庭审录像公开，其实质上也仍然是庭审公开。因此，从浙江省法院关于推行司法公开的实践可以看出，法院对裁判形成过程公开的认知仍旧停留在对庭审程序本身的公开上，这显然是不足够的。

一个案件从进入诉讼到作出裁判，立案、开庭等环节只不过是整个诉讼进程中的不同程序阶段，立案公开有利于保障当事人起诉权的行使，而庭审公开有利于促进直接言词审理原则的落实，便于当事人充分行使其诉讼权利，从而在一定程度上保障裁判的正当形成。但是，就裁判的形成而言，庭审程序也只是对作为裁判基础的事实问题进行审理以及就作为裁判依据的法律问题听取当事人辩论意见的程序，而真正影响裁判结果的乃是裁判形成的各个环节。如前文所述，裁判者首先要获得包括诉讼对象与证据材料在内的案件事实，然后判断筛选并认定事实，最后以认定的事实为依据发现、选择或者续造法律作出裁判。由此可见，真正影响裁判形成的程序环节并非是庭审程序，而是庭审前与当事人诉讼请求相关的事实问题与法律问题。然而，现有的司法公开却恰恰忽略了这些真正能够影响裁判形成的重要环节，而将注意力都放在了作

---

[1] 2013 年浙江省法院司法公开数据来源，参见中国社会科学院法学研究所法治指数创新工程项目组《浙江法院阳光司法指数测评（2013 年度）阶段性分析报告》。

为程序依托的庭审程序上，这显然是不够的。当然，这并不意味着程序本身不需要公开，正如程序本位主义所宣称的那样，只有程序正义才能带来真正的实质正义，而是说，除了庭审公开之外，还应该将真正影响裁判形成，进而影响当事人之间民事纠纷解决的事实问题与法律问题的处理环节予以公开，以真正实现司法公开的目的。当然，要将裁判形成过程予以公开，不仅要受前文所分析的各种因素的影响，还要受社会环境的制约与本土资源的影响。

二、裁判形成过程公开需解决之问题

苏力先生曾在其著作中提出，作为一种制度的现代法治不可能靠"变法"或者移植来建立，而必须从中国的本土资源中演化创作出来，而适合一个国家的法治并非是一套抽象的、无背景的原则与规则，这些都出在一个地方性的知识体系中。[1]因此，根据一个国家与地方本身既有的知识体系来进行法律制度的设计才能更为有效地解决现实问题。从现实来看，我国的司法公开在过去很长一段时间内之所以未得到应有的重视，在很大程度上源于没有与之相匹配的司法环境与适用土壤。就目前的情况来看，我国的司法环境虽然尚未发生实质性的变革，但随着全面推进依法治国方略的深入落实，无论是裁判者的程序正当意识，还是当事人的权利意识都有了很大的变化，司法公开相比于之前已经有了赖以适用的土壤。据此，要推进裁判形成过程中的司法公开、建构适合现阶段司法环境的公开模式，需要厘清一些与裁判形成过程公开有关的理论问题，只有明晰了这些理论问题，才能构建一套既具有理论依据，又具有实践可行性的裁判形成过程的公开制度。

（一）理清司法公开的对象

近年来，司法公开这项活动无论是在理论界还是在司法实践领域都得到了极大的关注，这种热度在党的十八届四中全会《中共中央关于全面推进依法治国若干重大问题的决定》提出要加快司法公开进程之后达到了高峰。研究司法公开相关理论与实际情况几乎成了显学，一时间，众说纷纭、百花齐放。然而，通过对学界大量的文献资料以及实务界实际做法的研究，我们不难发现，这些资料与论述绝大多数都强调了司法公开、司法透明的重要性，同时提出了司法公开之意见与建议，以及如何通过阳光化司法保障社会公众对于司法的知情权，而恰恰未涉及如何通过司法公开保障当事人的诉讼权利。换言之，现有研究忽略了对司法公开对象范围这样一个基础性问题的研究。可以说，司法公开是民事诉讼法所确立的公开审判制度的一种延伸，为了实现司法公正，现有理论对于司法公开抑或是公开审判制度的研究均将主要注意力集中于如何通过外在监督防止司法不公，而对于如何通过诉讼程序制度的内在权利制约机制的构建防止司法不公却几乎未予以关注，之所以出现这种状态，与学术界对公开审判制度中公开对象的范围有着一定的联系。公开审判制度是指人民法院在审理民事案件时，

---

〔1〕 苏力：《法治及其本土资源》（第3版），北京大学出版社2015年版，第19页。

除法律规定的特殊情形外，审判过程和结果应当向社会公开。[1]由此可见，学术界将公开审判制度中公开的对象定位于社会公众。在目前社会公众对司法不公多有微词的社会环境与背景之下，受对公开审判制度理解的影响，司法公开被缩小内涵也在所难免。所谓司法公开，就是指司法对社会公众的社会公开，而不包括对当事人的公开。因为当事人是案件的利害关系人，经历了所有的诉讼程序，无需被纳入司法公开的对象范围。为此，当前对司法公开的大量研究也将其精力集中于司法对社会公众的公开上，而当事人的公开则几乎被忽略了。然而，审慎思考则不难发现，如果说裁判文书与执行向社会公众公开，通过社会公众的监督反过来促进公正裁判以及生效法律文书所确定的当事人权利实现尚且有理可寻，那么在裁判形成过程中将其具体案件事实向社会公众公开，其理论依据何在？是否有违民事诉讼所解决私权纠纷本身的应有属性？但如若对这些具体情况不予公开，则当事人在民事诉讼中应有的程序参与权又如何得到保障？因此，有必要理清裁判形成过程中司法公开的对象范围。

理论界对司法公开之对象进行划分的传统由来已久，可见对审判公开对象进行区分并非空穴来风。对这些理论上的划分，较为主流的观点主要有半公开和完全公开、形式公开和实质公开、法院内部公开和对系统外公开以及对当事人公开和对社会公开等。[2]而目前，无论是理论研究、立法指引还是实践情况几乎都将精力集中于对社会公开这部分。然而，在裁判形成过程中，有必要对当事人和社会公众作为公开对象加以区分，民事诉讼作为解决当事人之间民事纠纷的公力救济机制，为了保障当事人在民事诉讼中的程序参与权，从而对裁判形成过程所涉及的事实问题与法律问题在及时知情的基础上通过行使诉讼权利，以维护其民事权利，有必要就裁判形成过程的各个具体环节向当事人公开。而在这一过程中，除了庭审程序以外的环节，在裁判文书作出之前无需向社会公众公开。由此可见，就裁判形成过程而言，因当事人是最终裁判结果的承受者，诉讼程序公正的要求之一就是保障当事人充分参与诉讼程序，因此，裁判者有职责保障当事人对裁判形成过程的知情权。社会公众则与当事人完全不同，其与当事人之间的争议案件没有任何利害关系，无权参与案件的诉讼程序，即使是目前所推行的庭审公开与裁判文书公开，其目的也并不是保障社会公众的知情权，而是接受社会对审判以及裁判结果的监督，从而反过来促进司法公正。如果从知情的视角来看，在民事诉讼中，社会公众并非知情权的主体，而只是拥有对公开的庭审活动的知情自由。因此，就裁判的形成过程而言，能够向社会公众公开的也只是庭审过程。由此可见，现今理论研究都将司法公开的重心放在对社会公众的公开方面，不能不说是舍本逐末。根据现在司法公开对象混同不予区分的现状，由于对当事人司法公开的理论研究的忽视，致使司法实践中未形成对当事人司法公开的独立并有别于社会公众的范围。因此，往往参照对社会公众公开的标准，将当事人对裁判形成过程的知情权等同于社会公众

---

〔1〕　江伟主编：《民事诉讼法学》（第2版），北京大学出版社2014年版，第73页。

〔2〕　分类参见江必新、程琥："司法程序公开研究"，载《法律适用》2014年第1期。

应有的知情权，这显然是有违诉讼公正的基本要求的。这是因为，当事人作为本案件权利义务关系的实质影响对象，试图通过行使诉权的方式来解决纠纷。而对于这种诉权的保障，除了健全当事人诉讼权利体系之外，还包括构建诉权对审判权的制约机制，在具体的案件中，通过对程序的发动、程度的选择与处分、对程序的异议以及行使公正裁判行为请求权等方式来实现。[1]而当当事人在裁判形成过程中对某些需要公开的程序环节产生了异议时，当事人有权行使其程序异议权，要求公开相关异议内容以保障自己诉权的实现并得到公正的裁判。

当事人在民事诉讼中基于诉权所享有的具体诉讼权利，社会公众显然并不享有。就具体的个案诉讼而言，社会公众作为与案件所涉及法律关系无关的人，其无权参与诉讼程序，对于裁判形成过程中所涉及的事实问题与法律问题的处理，因其涉及当事人的私权利益，社会公众更无权知晓。只是对于公开的庭审活动，社会公众拥有知情的自由而已。当然，即使为了实现阳光司法制度的目的有必要设置司法对社会公众的公开，也只是意味着通过司法公开接受社会公众的监督，从而保障司法公正。因此，我国在司法实践中混同司法对当事人公开与对社会公开的状况甚至忽视裁判形成过程对当事人的公开而重视对社会公开的做法显然是需要改进的。

（二）形式公开与实质公开并重

在目前的司法公开实践中，对于裁判形成过程的公开最为突出的问题在于公开的具体内容存在较大的偏失。因为目前与裁判形成过程有关的公开仅涉及庭审公开，由此可见，该过程的司法公开仅仅停留在形式公开的层面，而未触及对真正影响裁判形成的事实问题与法律问题这些实质内容的公开。所谓形式公开，是指按照法律法规的规定对司法程序的运行步骤、阶段、过程、时间与结果等向当事人以及社会公开。而实质公开，是指司法程序中有关于事实和法律问题的判断过程对当事人以及社会公开。[2]如前文分析，我国现有的几类指导性文件以及民事诉讼法及相关司法解释对裁判形成过程的公开仅仅框架性地规定了立案公开与庭审公开而对于立案与庭审公开的具体内容的规定则相对模糊。可见，现行对于司法程序的步骤与过程进行公开，而不是对影响裁判结果产生的事实问题与法律问题进行公开的做法是典型的形式层面的司法公开。

这种裁判形成过程的形式公开，在庭审公开这一方面表现得尤为明显。如前文所分析的浙江省司法公开的现状，其省内100%的法院都购置了庭审公开的设备器材，具备庭审公开的录像能力。但是，这些拥有庭审公开设备的法院，能够做到100%对庭审过程进行录音录像的法院却只有3%。其余法院对于该案件庭审是否需要录音录像则自由决定。值得我们注意的是，尽管各指导性文件都指出了庭审录像对于建设司法公开平台的重要性，甚至有文件提出了"每庭必录"的指导性要求。但事实上，这并不代

〔1〕 吴英姿："论诉权的人权属性——以历史演进为视角"，载《中国社会科学》2015年第6期。
〔2〕 江必新、程琥："司法程序公开研究"，载《法律适用》2014年第1期。

表所有的案件庭审都必须通过录音录像保存处理才算是做到了庭审公开。一些法院时而对庭审公开录像甚至直播、时而又停止的状况。难免会产生一个问题，既然现在大多数法院在技术设备上能够实现庭审录像，那么其对诉讼案件是否进行录音录像以及哪些诉讼案件需要进行庭审录音录像的判断与选择的标准是什么？对于这样的司法公开现状，甚至连最高人民法院的法官也认为，许多法院在实践中仍旧在庭审公开中饱受批评是因为"一些法院对于群众不关心的案件很公开，对社会普遍关注的案子反而不公开"，"有的法院对公众或媒体关注的案子，要么宣称席位已满，要么故意选只有几个座位的小法庭"[1]。这样的形式主义公开与选择性公开的方式显然是与庭审公开制度设置初衷相悖的。可见，庭审公开作为形式上的司法公开尚且在许多地方流于形式，因而要实现对实质性的事项与问题进行司法公开显然困难重重。

　　形成当今实践中司法公开流于形式的状况的重要原因在于整体司法环境的影响。在过去相当长的一段时间内，我国的整体司法环境要求对个案的审判需追求法律效果与社会效果的统一。诚然，如果一个案件的裁判结果能够两者兼容，实现法律效果与社会效果的有机统一当然是理想的。但遗憾的是，在司法实践中，并非每个案件的裁判都能达到法律效果与社会效果统一的境界。在相当一部分案件的处理中，法律效果与社会效果往往会产生冲突，形成不可兼得的状况。当两种效果发生冲突之时，更侧重于追求社会效果就会导致司法机关在进行司法公开时，为了更好地实现社会效果而注重对社会的形式公开，甚至形式公开本身也异化为另一种形式与躯壳，更不用说实现实质事项上的公开了。基于这种情况，2014年，习近平主席在中央政法工作会议上重新解释了法律效果与社会效果统一的具体路径。习近平主席指出："法律作为人民意志的体现，法治意义上的理是公理，不是歪理；法治意义上的情是绝大多数人公认的常情，不是个别人的私情。公理、常情是构成国法的重要内容，国法是公理、常情必须坚守的底线……只有用法治思维把法理、事理、情理有机结合起来，才能真正实现法律效果与社会效果的统一。"[2]从这次习近平主席对于法律效果与社会效果的阐释中我们可以看出，当个案处理中的社会效果与法律效果产生不可避免的冲突时、当公正与和谐产生冲突时，司法机关仍旧应该用法治的思维去解决法律的问题，追求司法公正，也只有做到法律问题用法律理念解决，才能真正实现法律效果与社会效果的有机统一。因而，要实现裁判形成过程真正意义上的司法公开，显然要从以追求社会效果为最高目标的司法观念中扭转过来，真正从法律角度设置适合我国国情与现状的司法公开制度，确定真正可以公开司法程序中有关于事实和法律问题的判断过程的方式，做到形式公开与实质公开兼而有之，从仅仅达到形式公开的阶段过渡到"外在有形式公开为依托，内在有实质公开为内涵"的制度阶段。

---

〔1〕　评价举例引自 2013 年 12 月何帆在浙江法院阳光司法指数新闻发布会暨司法公开研讨会上的发言稿。

〔2〕　参见"习近平 2014 年 1 月 7 日在中央政法工作会议上的发言稿"，载 http://cpc. people. com. cn/n/2014/0109/c64094-24065903. html? ol4f，最后访问时间：2019 年 3 月 2 日。

（三）司法公开方式与当事人私权利益之平衡

诉讼作为一种国家设置的以公权力解决民事纠纷的制度，其解决民事纠纷的私权性决定了当事人享有处分权，在推行司法公开的过程中，目前较多关注了以外在监督保障司法公正的视角来设置司法公开制度，这就必然会涉及当事人的私权处分与司法公开方式之间的平衡。

根据前文已经分析的《六项规定》《三大平台建设意见》以及《重大问题决定》的规定我们可以看出，裁判文书与执行公开很显然是面向社会公众的，但是对于裁判形成过程中的有关具体内容的公开，上述法律文件以及其民事诉讼法及其司法解释并没有做出相应的具体规定。然而，在司法实践中，鉴于裁判形成过程中所涉及的案件事实往往非常具体，在对这些事实问题以及所涉及的法律适用问题进行处理时往往需要裁判者根据多种因素综合考量。无论是裁判者认定案件事实，还是适用法律均涉及当事人之间的民事权利义务关系的具体内容，有些案件事实甚至涉及当事人的商业秘密。因此，除了庭审程序之外，对于裁判形成过程中的其他具体环节，社会公众无权知晓。虽然社会公众对司法进行外在监督有利于促进裁判形成过程的正当与保障司法公正，但是，毕竟民事诉讼所解决的民事纠纷涉及当事人的私权利益，这就不可避免地会涉及司法公开的方式与当事人私权利益之间的平衡问题。因此，区分对当事人司法公开的范围与对社会公众司法公开的范围是非常必要的，否则势必会打破司法公开的方式与当事人私权利益之间的平衡，从而导致对当事人私权处分的不当干预。前文所涉及的相关规定已经规定了社会公众参与公开庭审、查阅公开的裁判文书以及知悉案件执行情况的权利，已经能够实现社会公众通过外在监督司法，以保障司法公正的社会职能，而社会公众对于裁判形成过程中裁判者处理事实问题与法律适用问题之具体环节予以知晓欠缺理论正当性。

（四）案件事实查明与民事诉讼目的之协调

查明案件事实是裁判者在形成裁判过程中需要处理的首要问题，也是影响裁判结果的关键因素。在司法实践中，长期以来，对查明案件事实的要求有过之而无不及，这一点，无论是在"以事实为依据、以法律为准绳"的基本原则中还是在相关诉讼的具体规定中均有明显的体现。比如，《民事诉讼法》第 2 条就规定："中华人民共和国民事诉讼法的任务，是保护当事人行使诉讼权利，保证人民法院查明事实，分清是非，正确适用法律……保障社会主义建设事业顺利进行。"可见，民事诉讼法是将查明事实、分明是非作为其任务加以规定的。此外，我国民事诉讼法还对查明事实设置了高标准、严要求，具体体现在证据的相关规定上。《民事诉讼法》第 63 条第 2 款规定："证据必须查证属实，才能作为认定事实的根据。"由此可见，对作为认定案件事实依据的证据要求查证属实，很明显与证据裁判主义，即在证据能力以及证据证明力方面裁判者拥有自由裁量权的理论是存在冲突的。

上述有关查明事实的相关规定显示出了还原事实的司法理念，有论者将其归纳为事实探知绝对化理念，即指人们普遍认为，法院或者法官在诉讼中必须要彻底查明事实真相，才能继续对争议的纠纷作出裁判结果。[1]这种严格要求查明事实的理念至今仍然影响着裁判者对于诉讼活动的认知。而在司法实践中，还原事实却受到诸多因素的影响。就主观因素而言，不仅存在裁判者自身的道德素养、专业素养与司法经验的影响，还存在当事人的记忆甚至恶意不诚信行为的影响；就客观因素而言，存在诉讼案件本身的时间与空间因素的影响，这些因素都极大地制约着裁判者还原案件事实的活动，也导致对裁判形成过程中裁判者所查明事实予以公开存在很大的难度。

然而，这会导致司法机关为了还原案件事实对裁判者查明事实的高标准要求，却恰恰忽略了查明事实与民事诉讼目的之间的协调问题。尽管有关民事诉讼目的的学说众说纷纭，但是，无论如何理解民事诉讼目的，都离不开民事诉讼所承担的解决纠纷这一社会功能的实现。如前文所分析，无论裁判者如何睿智并具有多么高的道德素养与专业素养，其都并非案件事实的亲历者，这使得其接触案件事实的途径具有间接性，因此，裁判者对案件事实的还原只能借助于合理的诉讼程序与法定的方法。正因如此，现今世界上大多数国家对民事诉讼中事实的证明标准通常都采用高度盖然性的标准，只要当事人对其主张的事实能够证明到高度盖然性的程度即可。由此可见，高度盖然性证明标准的确立实际上赋予了裁判者在认定事实方面一定的自由裁量权。

由上述分析可知，裁判形成过程中任何环节的设置都应该有助于解决当事人之间的民事纠纷，作为裁判者适用法律前提的事实问题的处理更是如此，因为其本身处理方式的不同必然会影响到裁判者所认定的案件事实，进而直接对裁判结果产生实质影响。因此，为了实现司法公正，有必要对裁判形成过程中的事实问题的处理进行公开。

第五节　裁判形成过程公开之路径建构

毫无疑问，无论是理论研究，还是司法实践运用，司法公开制度都已经被推向高潮。然而，正如前文所分析的，我国目前对司法公开的方式与对象未作出进一步区分，导致裁判形成过程的公开出现了许多问题。对于这种现象，曾有学者指出，我国关于民事诉讼程序制度的设计长期存在着一个单一化的问题，对于不同类型的问题，现有制度设置总是过于笼统，对于某些特殊类型的情况，缺乏具有针对性的程序设置，总体而言显得粗犷而又简单，针对性薄弱。[2]因此，就裁判形成过程的公开进行制度的精细化设计是有必要的。换言之，应该区分对象，并针对不同对象设计公开不同内容的模式。具体来说，对裁判形成过程公开的制度设计，应当区分针对案件当事人的公开与针对社会公众的公开。

一、裁判形成过程对当事人的公开

在裁判形成过程的公开中，针对案件当事人的公开显然是最重要与最核心的部分，

---

[1]　黄松有："事实认定权：模式的选择与建构"，载《法学研究》2003年第4期。
[2]　廖中洪：《中国民事诉讼程序制度研究》，中国检察出版社2004年版，第153页。

但令人遗憾的是，目前我国的司法公开制度却一直没有把这一部分纳入其范围，而且理论界也较少对此进行探讨。但反观裁判文书的公开，我们不难发现，这一问题不仅引起了理论研究的极大关注，而且司法实践中也在最大限度地进行着裁判文书的公开，而且中央与最高人民法院对裁判文书公开的最新指导意见都提出，要加强裁判文书的说理部分，并对说理部分一并进行公开。然而，令人费解的是，目前的司法制度仅仅要求公开裁判文书中裁判结果的说理部分，却未要求对裁判说理产生的具体过程进行公开，颇有些本末倒置的意味。从理论上看，裁判文书作为解决民事纠纷的最终结果，必然是对整个裁判形成过程的最终总结，将裁判文书的说理部分纳入其公开的范围，则代表裁判结果的形成过程已经纳入被社会公众知悉的范围。然而，深入分析我们便不难发现，根据现实情况，如果将这种裁判结果如何产生、裁判者如何运用逻辑推理及专业能力裁判案件的过程都纳入向与案件无利害关系的社会公众公开的范围，那么，就裁判的形成过程而言，当事人作为案件的利害关系人，理应享有比社会公众更具体、更及时的对裁判结果产生实质影响的事实问题与法律问题的知情权。

从另一方面来说，随着对诉讼基础理论以及两大法系诉讼制度研究的渐趋深入，我国诉讼制度理念也逐渐从国家本位转向当事人本位，诉讼模式也逐渐由职权主义模式向当事人主义模式转变，这就要求贯彻约束性辩论原则与处分原则，加强当事人对裁判形成过程的参与和支配。所谓约束性辩论原则是指，只有当事人的辩论中出现的事实才能作为判决的基础；法院应当将当事人间没有争议的要件事实作为判决的基础；法院进行证据调查的范围仅限于当事人提供的证据范围。[1]可见，法院作出裁判所依据的事实与证据均应该来自当事人辩论的范围。而处分原则包括以下几方面的内涵：当事人得以对实体权利进行处分，包括通过起诉启动诉讼，也可以放弃部分或者全部诉讼请求；法院应当在当事人的申请以及诉讼请求范围内进行裁判；当事人得以对程序权利进行处分，包括达成和解、撤回起诉、撤回上诉与撤回申请等。[2]基于民事诉讼所解决的民事纠纷的私权属性，处分原则是约束性辩论原则建立的基础，因此，当事人对于作出裁判所依据的事实与证据范围享有决定权。仅从这个意义上来说，针对裁判在形成过程中可能对当事人的实体权利义务关系形成实质性影响的环节应当及时向当事人进行公开，因为当事人只有在及时知悉诉讼进展的情况下才能够充分、有效地行使其辩论权与处分权，从而争取有利于自己的裁判结果。纵观裁判的形成过程，裁判者需要处理的主要是案件的事实问题与法律问题。因此，对当事人公开的具体内容就应包含裁判者对这两类问题的处理情况。

二、对案件事实问题的公开

根据弗兰克主张的结论主导论的观点，裁判者在处理案件的过程中，在听取当事

---

〔1〕 参见许可："论当事人主义诉讼模式在我国法上的新进展"，载《当代法学》2016 年第 3 期。

〔2〕 参见江伟：《民事诉讼法学关键问题》，中国人民大学出版社 2010 年版，第 46～47 页。

人进行最初的案件信息陈述后便会对案件形成一个模糊的结论。然后，根据这个结论进行进一步的事实查证与吸收，继而进行法律规范的发现以印证他最初头脑中产生的结论。如果裁判者重新考虑或者推翻了最初的结论，则必是因为其使用各种方式仍旧不能发现与其所设想的结论一致的事实或者在查询法律时遇到了矛盾。[1]尽管这种现实主义法学派的观点听起来似乎令人难以置信，但实际上，对于案件事实信息的摄入、判断、筛选及至最终认定事实的过程，的确在很大程度上受着裁判者主观思维方式的影响。尽管人类社会目前的发展阶段尚未达到甚至也没有必要达到能够知悉自然人主观思维活动的地步，但是对于裁判者的思维影响案件处理的情况并非无迹可寻，思维对案件事实的影响最终会呈现在对案件事实的处理方式上。因此，对于案件事实问题的公开，也可以顺着现实主义法学的结论主导观之思维模式，由呈现出来的结果逆向约束裁判者对于事实问题处理过程中应当秉承自然正义，这也是对裁判形成过程进行公开的根本目的所在。据此，可以设置以下步骤，对事实问题的处理进行公开。

（一）对当事人没有争议的事实先予认定并公开

根据约束性辩论原则之内涵，法院裁判案件所依据的事实必须以当事人辩论的事实范围为限，对于经过当事人辩论后无争议的事实，裁判者可以直接先予认定并且将其通过纸质形式或者上传案件双方当事人皆可登录的法院内部网站的方式，对此先行确认并公开，以方便当事人及时知晓。

（二）对与裁判形成无关的事实予以排除并公开

在诉讼进行中，当事人最初输入的案件事实如何逐渐转化为最终作出裁判所依据的案件事实，需要一个过程。在这个过程中，裁判者首先要从双方当事人的陈述以及提供的证据材料中获得相关的案件事实，然后根据自己的经验和理解对这些案件事实进行判断和筛选，最终留下其认为与形成裁判有关的事实部分，而排除其认为于形成裁判无关的案件事实。经过这几个步骤之后被筛选出来的案件事实，就成了形成裁判所需要的案件事实。当然，这些案件事实最终能否被认定作为裁判依据的事实还需要运用法定的认定事实方法。在这个过程中，除了主要运用证据规则之外，裁判者并没有一个相对统一的如何对事实进行处理的标准，对于当事人输入的事实是否与案件有关的判断，在很大程度上是裁判者根据自己的思维与经验法则进行的判断。如果在这个过程中裁判者出现了一些认知方面的错误，将那些本应该被纳入案件事实范围的事实进行了排除，则会影响其后的事实认定与裁判作出，同时也会影响裁判的公正性。实践中，这种错误排除案件事实的情况并不少见，之所以出现这种情况的原因很多时候并非因为裁判者的主观故意，而是因为裁判者相比当事人，对于案件事实的了解总是间接的、需要加以判断的。这种对于案件事实的判断就必然会受到裁判者思维模式与水平的制约，难以做到总是作出正确的判断。因此，为了防止裁判者对案件事实作出错误排除的判断，有必要设置相应的程序制度，应当赋予当事人对此提出异议的权

---

[1] 刘治斌："案件事实的形成及其法律判断"，载《法制与社会发展》2007 年第 2 期。

利，该制度设计不仅符合权利相互制约以保障权利正当行使的原理，而且也有利于当事人权利的保护。因为被错误排除的案件事实很可能是直接影响对当事人之间权利义务关系予以处理的重要事实。由此可见，如果要赋予当事人对裁判者错误排除案件事实提出异议的权利，就必须以裁判者对经过判断予以排除的案件事实对当事人公开为前提，这样的制度设计不仅有利于案件当事人对裁判者在事实认定环节中行使自由裁量权进行监督，也是当事人对此行使辩论权的反向体现。

（三）对案件主要事实与间接事实认定的公开

要实现对案件主要事实认定的公开，首先要明确"主要事实"的概念。所谓案件主要事实又称直接事实，指的是在判断出现权利发生、变更或者消灭之法律效果中直接且必要的事实，是与作为法条构成要件被列举的事实（要件事实）相对应的事实。[1]可见，主要事实实际上是由民事实体法律规范规定的对特定民事权利义务关系的发生、变更或者消灭的法律效果有直接作用的，并且是必要的事实。这些事实如何认定，往往影响着形成裁判时的法律适用，从而影响到当事人能否获得有利于自己的裁判结果。在民事诉讼中，在通常情况下，裁判者应当依据具有证据能力的证据根据证据规则认定案件主要事实。但是，诉讼中经常会存在认定案件主要事实的证据不足。此时，如果与主要事实存在逻辑关系的间接事实已经被证据证明为真实，在这种情况下，如果根据证据规则直接认定主要事实真伪不明，从而让对主要事实承担证明责任的一方当事人承担不利的诉讼后果，则可能出现裁判不公正的现象。因此，可以适用推定这种特殊方法认定案件的主要事实，即根据间接事实推定主要事实为真实。所谓间接事实，是指运用经验法则推断主要事实是否存在的事实。为了保证作为推定结果的主要事实的真实，不仅要求作为推定基础的间接事实与作为推定结果的主要事实之间的关系是符合逻辑的，更重要的是要求作为推定基础的间接事实是运用具有证据能力的证据能够证明为真实的事实。由此可见，哪些事实可以作为间接事实予以认定也是非常重要的，因为间接事实的认定直接影响着案件主要事实的认定，进而影响着裁判的作出。由上述分析可知，为了防止当事人利益遭受不正当裁判的损害，裁判者对于案件主要事实之认定应该向当事人公开，如果该主要事实是根据间接事实推定得出的，还应当向当事人公开间接事实。

此外，在裁判形成过程中，之所以将向当事人公开的案件事实限定于主要事实以及作为推定主要事实基础的间接事实，其中一个至关重要的原因是对诉讼成本的考量。因为在现代社会，通过诉讼方式实现正义不可能无视诉讼成本。对于当事人而言，无论最后的裁判结果如何正当地实现其民事权益，如果当事人为获得该裁判结果而付出过于高昂的诉讼成本，当事人就可能会放弃通过诉讼方式对其民事权益予以救济。在民事诉讼中，需要认定的案件事实范围的宽窄会直接影响当事人的诉讼成本，需要认

---

[1] ［日］高桥宏志：《民事诉讼法：制度与理论的深层分析》，林剑锋译，法律出版社2003年版，第340页。

定的案件事实范围越宽，为了避免承担不利的诉讼后果，当事人需要收集并向法院提交的证据资料的范围就越宽，其由此而支付的诉讼成本也就越高。因此，有必要将认定案件事实的范围限定于形成裁判所不可或缺的案件主要事实以及作为推定主要事实基础的间接事实。

当然，之所以要对裁判形成中的主要事实认定予以公开，是因为在裁判形成过程中，需要认定的主要事实所依托的案件发生在诉讼开始之前的某一个时间，时间所具有的一维性与不可逆性均使得对案件事实的客观还原存在不可避免的限制，而裁判者对于当事人的诉讼请求无权拒绝裁判，这就要求裁判者在遵守诉讼程序与证据规则的情况下尽可能还原案件事实，对案件作出公正裁判。这是因为，司法审判的特性在于，即使法院在无法探明或查明案件事实真相的情况下，法院仍然要对案件作出裁判，尤其是在民事审判中，因为民事诉讼的目的之一就是解决纠纷。[1]因此，裁判者在对主要事实进行认定时，就要围绕解决纠纷这一目的来进行。如前文所述，在过去很长一段时间中，我国的诉讼都处于一种对事实探知绝对化的"偏执"之中，在很多案件中法院为了查明事实，甚至突破约束性辩论原则与处分原则的要求，主动积极地去查明当事人之间民事纠纷的事实"真相"，并对这些依职权获得的事实予以认定。而今，社会的发展促使司法制度逐渐发生了变化，随着程序本位主义观念被普遍接受，民事诉讼模式也发生着潜移默化的转变。在民事诉讼中，裁判者日益重视证据规则与证明标准对裁判案件的作用。在这个过程中，立法者与司法工作者都逐渐意识到，正是因为过去发生的案件事实已经不可能被还原与重现，因此，在民事诉讼中只能适用证据规则进行主要事实的认定。

在具体制度的设计上，对裁判形成过程中主要事实认定的公开，建议通过制定司法解释，以概括式与列举式相结合的方式规定哪些事实可以被认定为案件的主要事实。具体条文如下："对于案件主要事实的认定应予公开。主要事实是指能够产生实体法效果的事实，具体包括：第一，产生民事法律关系或者权利所依据的事实；第二，消灭民事法律关系或者权利所依据的事实；第三，变更民事法律关系或者权利所依据的事实；第四，妨碍民事法律关系或者权利产生所依据的事实；第五，排除民事权利所依据的事实。"

（四）对推定依据的公开

如上文分析，推定作为认定案件主要事实的一种特殊事实认定方法，在司法实践中，当案件主要事实缺乏证据或者证据证明力较低时，如果主要事实与间接事实之间存在合理的逻辑关系，适用推定认定主要事实是非常重要的。然而，对于推定的含义，理论界却莫衷一是。正如德国学者罗森贝克所说：没有哪个学说会像推定学说这样，对推定的概念十分的混乱。可以肯定地说，迄今为止，人们还不能成功地阐明推定

---

[1]　张卫平："事实探知：绝对化倾向及其消解——对一种民事审判理念的自省"，载《法学研究》2001年第4期。

的概念。[1]《布莱克法律辞典》中的推定的定义是："推定是一个立法或司法上的法律规则，是一种根据既定事实得出推定事实的法律规则，推定是在缺乏其他证明方法时所使用的一种根据已知证据作出确定性推断的一种法律设计。推定是依法从已知事实或诉讼中确定的事实出发所作出的假定。"[2]《牛津法律大辞典》的定义是："推定，在证据法中，指从其他已经确定的事实必然或可以推断出的事实或结论。"[3]由此可见，尽管对推定含义的理解有所不同，但是，推定作为一种从已知为真实的事实推定另一事实的规则是共同的。换言之，在裁判形成过程中，推定是依据已知为真实的间接事实依据经验法则推断主要事实的一种特殊事实认定方法，由于推定得出主要事实是根据已知为真实的间接事实与主要事实之间的逻辑关系来实现的，是一种非常态的认定事实方法，对此，也有部分学者持否定态度，因为事实推定产生了一个非常严重的问题，即混淆了推定机制与证明机制的界限、动摇了证据裁判主义这一现代诉讼制度之基石。[4]但是，鉴于民事诉讼承担着解决民事纠纷的重要职能，在裁判形成的过程中，并非所有的作为裁判基础的主要事实均可以依据证据加以证明，虽然当待证事实真伪不明时，证明责任的分配为裁判者提供了裁判的依据。但是，当与案件主要事实存在逻辑关系的间接事实已被证明为真实时，如果因为证据不足认定主要事实真伪不明而由承担证明责任的一方当事人承担不利的诉讼后果，则可能造成裁判之不公，此时适用推定方法认定案件主要事实是十分必要的。

推定的依据是经验法则。所谓经验法则是指人们在长期的生产生活中对事物之间的因果关系进行总结归纳，得出的一种具有普遍意义的理性认识。由于经验法则属于主观范畴，而事物之间的联系是多种多样的，因此并不是所有的联系都可以被称为推定的基础和根据。德国学者汉斯·普维庭对经验法则按盖然性高低进行了分类：第一类是完全不可能有例外的、具有非常高的盖然性的经验法则，基本上可以被看作是必然的。第二类是原则性经验法则，具有高度盖然性但也有例外的可能，可以表述为"如果……则大多数如此"。第三类是简单经验法则，盖然性比较低，可以表述为"如果……则有时是如此"。第四类为纯粹的偏见，即完全不具有盖然性的个人见解和认识。[5]为了保证作为推定结果的主要事实的合理性，可以作为推定依据的经验法则应当是前两类经验法则。尽管如此，也应当设置相应的程序制度防止裁判者滥用经验法则。因此，有必要将作为推定依据的经验法则向当事人进行公开。也就是说，裁判者应当向当事人说明其推定主要事实时适用了怎样的经验法则以及如何根据经验法则得

〔1〕 ［德］莱奥·罗森贝克：《证明责任论——以德国民法典和民事诉讼法典为基础撰写》，庄敬华译，中国法制出版社 2002 年版，第 206 页。

〔2〕 Henry Campbell Black, *M. A. Black's Law Dictionary*, 6th Edition, St. Paul, Minn, West Publishing Co, 1990.

〔3〕 ［英］戴维·M. 沃克：《牛津法律大辞典》，北京社会与科技发展研究所组织翻译，光明日报出版社 1988 年版，第 714 页。

〔4〕 龙宗智："推定的界限及适用"，载《法学研究》2008 年第 1 期。

〔5〕 参见张卫平："认识经验法则"，载《清华法学》2008 年第 6 期。

出主要事实与间接事实之间存在逻辑关系。

（五）对证明主要事实与间接事实的证据与辅助事实的公开

如前文所分析，在通常情况下，裁判者是根据证据认定案件的主要事实，作为证明主要事实的证据不仅应当具有证据能力，而且其所具有的证明力在证明案件主要事实时需达到证明标准的要求。证据能力与证据的证明力实际上都属于事实问题，证据能力系证据资格问题，涉及证据资料是否具备客观性、关联性与合法性的问题；而证据的证明力涉及证据与作为证明对象的案件主要事实之间是否存在联系以及联系的强弱问题。当裁判者在对证据能力与证据证明力进行判断时，如果存在疑惑，就需要用辅助事实加以明确。所谓辅助事实，是指用以明确证据能力或证据力（证明能力）的事实。[1]在特殊情况下，当裁判者无法根据证据认定案件主要事实，而需要根据间接事实推定主要事实时，就要求作为推定基础的间接事实必须是根据证据证明为真实的事实，此时同样会涉及证明间接事实的证据是否具有证据能力与证据证明力的判断问题。该内容与证明主要事实的证据所涉及的内容相同，在此不做赘述。由此可见，用来证明案件主要事实与间接事实的证据及其辅助事实对裁判者认定主要事实与间接事实是非常重要的。因此，为了防止裁判者认定主要事实与间接事实的偏差，裁判者应当向当事人公开证明主要事实与间接事实的证据与辅助事实。

（六）对诉讼中自认事实的公开

证据裁判主义要求根据证据认定案件事实，从而保证事实认定的正当性。但是，原则与例外总是相伴左右的，在某些特殊情况下，可以不经证据证明或者在缺乏证据证明的情况下而直接依据法律规定的特殊事实认定方法认定案件事实，如同推定作为特殊事实认定方法一样，自认也是如此。

自认制度作为一项重要的证据规则，直接涉及当事人以处分权为基础的约束性辩论与裁判者事实认定权之间的关系。关于自认的理解，有学者认为，所谓自认是指在诉讼上，一方当事人就对方当事人所主张不利于己的事实作出明确的承认或某种表示，从而产生相应法律后果的诉讼行为。[2]也有学者认为，自认是指在口头辩论或准备程序中，当事人做同对方当事人的主张相一致的、对自己不利的陈述。一般而言，自认仅能在诉讼中作出，并且只能针对事实问题作出。另一方面，自认不问动机，且一旦作出就不得在后来推翻。[3]由此可见，自认制度的核心在于一方当事人在诉讼中对于对方当事人所主张的于己不利的事实表示认可。对此，《民诉法解释》第92条规定："一方当事人在法庭审理中，或者在起诉状、答辩状、代理词等书面材料中，对于己不利的事实明确表示承认的，另一方当事人无需举证证明。"

---

〔1〕　［日］高桥宏志：《民事诉讼法：制度与理论的深层分析》，林剑锋译，法律出版社2003年版，第340页。

〔2〕　毕玉谦：《民事证据原理与实务研究》，人民法院出版社2003年版，第588页。

〔3〕　参见［日］兼子一、竹下守夫：《民事诉讼法》（新版），白绿铉译，法律出版社1995年版，第103~104页。

在民事诉讼中一旦成立自认，作为自认的法律效果，法院受该自认事实的约束，应将该自认事实作为裁判的依据。基于自认的这一法律效果，自认对法院的约束力并非来源于该事实的真实，即不因为双方当事人对该事实的认可或认识的一致性而具有一般真实或盖然真实性，而是源于民事诉讼法中辩论主义这一基本原则。[1]自认的对象只能是案件事实。如前文分析，案件事实包括主要事实、间接事实与辅助事实，自认在对法院产生约束效力的同时，也产生免除对方当事人证明责任的效力。因此，自认的适用对象应当是作为证明对象的主要事实。由于间接事实是推定主要事实所依据的基础事实，为了保证推定事实的可信性，要求间接事实应当真实。由此可知，间接事实不得适用自认制度。辅助事实是用以明确证据能力与证据证明力的事实，属于裁判者依职权调查范围内的事实，也不得适用自认制度。

主要事实直接影响裁判的形成，进而直接影响当事人诉讼请求能否得到司法保护。因此，对于当事人自认的事实，裁判者应当向当事人公开。如果裁判者认为当事人自认的事实与其查明的事实不符而不予确认的，也应当向当事人公开并说明。当然，为了保障当事人诉讼权利的充分行使，对于裁判者不予确认当事人自认事实的情况，应当赋予当事人异议的权利。

三、对法律适用问题的公开

在裁判形成过程中，裁判者依法认定案件事实之后，就涉及法律适用问题，即根据认定的案件事实发现、选择或者续造法律作出裁判。可见，法律适用同样也是裁判形成过程中非常重要的一个环节。因此，裁判者在处理案件的法律问题时，也应该向当事人公开。这是因为，首先，裁判者在认定事实的基础上发现、选择或者续造法律作出裁判时，不仅需要运用自己的经验，有时还可能需要进行利益衡量，甚至还可能受到外部社会舆论以及地方行政因素对司法裁判的影响。此外，在裁判形成的过程中，裁判者对事实问题的处理所需要解决的只是依法运用诉讼程序规则和证据规则围绕当事人的诉讼请求还原当事人之间争议案件的事实，即依法还原案件事实的客观过程。而法律问题则与此不同，裁判者在适用法律作出裁判时，实际上是一个价值判断的主观过程，这个过程不仅体现一个裁判者的内在道德与专业素养，而且往往可能受到外在国家的司法制度与社会环境的影响。如果说处理事实问题仅仅需要裁判者秉承自己的良心，公正地运用自己的专业知识与逻辑推理的话，那么对于案件法律问题的处理，显然还需要考量更多的社会因素，这些都有可能导致裁判者在适用法律时出现偏差。因此，无论是为了保障裁判者适用法律的正当性，还是为了保障当事人的权利，都有必要对裁判者适用法律的环节予以公开。其次，就我国目前司法实践中的法律适用问题而言，一个突出的重要问题就是法律适用不统一，甚至相同案件适用法律作出的裁判结果大相径庭。这种状况的出现在很大程度上源于制定法自身，因为制定法规范是

---

〔1〕 张卫平：《转换的逻辑：民事诉讼体制转型分析》，法律出版社 2004 年版，第 417~418 页。

由一些法律概念按照其内在的逻辑组合而成的，具有抽象性，有些不完全法律规范还具有模糊性，在法律适用中离不开裁判者的理解。甚至还可能出现针对某些特殊新型案件，基于制定法自身的局限性而存在没有可供适用的具体法律规范的情况。此时，就离不开裁判者的续造法律行为。此外，我国目前实行两审终审的审级制度，根据我国现行民事诉讼法的规定，绝大多数民事案件都是由基层人民法院作为第一审，中级人民法院以上的法院即成为终审法院，终审法院不仅在大多数情况下级别较低，而且终审法院数量较多且层级较为复杂，在这种情况之下，要实现法律适用的统一颇有难度。最后，除了司法制度本身给法律适用带来的问题以外，传统文化与社会环境对法律的影响力也不容小觑。当法律问题在现实中遭遇困难与瓶颈，不知从何处着手解决时，梁治平先生曾提出过一个重要方法，或许能为我们解决这些问题指引方向。梁治平先生提出，关于中国的法律讨论，基本上都集中在"是什么"与"为什么"之上，而对于历史上的"不是什么"以及"为什么"却没有得到过正面的展开。因此，对这些问题之处理，要遵循着"用法律去阐明文化，用文化去阐明法律"的原则。[1]我国的法律适用问题，在有些情况下也需要通过这个方法追本溯源地去解决。事实上，中国传统文化对法（尤其是裁判者在运用法律解决纠纷时）产生的影响无疑是深远的，直到现在，法律与诉讼的形态也深受传统文化的影响。对此，日本学者滋贺秀三曾总结道："在西方国家，法是正义的化身，因而法学是关于正义的学问；而中国的法律长期受律学历史的影响，将法律认为是关于决断刑法、责任轻重的学问。"[2]因此，在我国，对"正义"这个概念的认知常常被"义"这类传统思想所超越，而"义气观"反作用在法律与诉讼中，就产生了人情世故的关系对诉讼的影响。由上述分析可知，裁判者适用法律的过程实质上就是一个主观价值判断的过程，这一过程往往会受到裁判者自身内在因素与社会外在因素的影响，因此，有必要向当事人公开裁判者适用法律的过程，以防止裁判的不公正。

对法律适用过程的公开，不仅是对于司法制度的一次前所未有的革新，也是重塑法律文化观的开端。所谓文化或者文明，就其广泛的民族学意义而言，乃是这样一个复杂整体。它包括知识、信仰、艺术、道德、法律、风俗以及所有其他作为社会一员的人习得的能力和习惯。[3]因此，公开裁判形成过程中的法律适用，不仅需要使其符合其合理性，同时还需要符合所处社会的文化。然而，对于一种法律制度能否在自身运作良好的前提下满足所处的社会文化，还需要一定的评判标准。格雷教授就曾对试图构建符合法律文化观的新制度提出过以下的问题，以判断这种新的制度是否能够契合该制度所处的文化环境，并在这种文化环境中得到良好运转。格雷教授首先提出：

---

〔1〕 参见梁治平："用文化来阐明法律"，载《法制日报》2015 年 4 月 22 日。

〔2〕 参见 [日] 滋贺秀三："中国法文化的考察——以诉讼的形态为素材"，载《比较法研究》1988 年第 3 期。

〔3〕 [美] 爱德华·泰勒：《原始文化：神话、哲学、宗教、语言、艺术和习俗发展之研究》，连树声译，上海文艺出版社 1992 年版，第 2 页。

"可知的事情怎样才能够为人所知？是所有人都能被认为能获得这种知识，还是只有一部分人具有此能力？如果是后者，怎样鉴别？随后，他又就此继续问道：如何分配决策权才能确保所有重大决定最终出自能够作出明智决断的人之手？应采用何种制度、标准和程序来建立和维护此社会？权威的基础又是什么？"[1]根据格雷教授的提问，结合公开裁判形成过程中的法律适用，我们可以看出，司法机关作为行使司法权这种公权力的主体，将裁判案件的权力交到了法官的手中，这是因为作为裁判者的法官因具有专业的裁判能力与责任，可以承担通过适用法律解决当事人之间民事纠纷的社会职能，因此他们在裁判活动中扮演着最重要的角色。但是，我们并不能保证这些专业的裁判者能解决所有的问题，也不能保证他们永远都不犯错。因此，在没有其他更好方式的情况下，运用权力制衡理论，通过向当事人公开其权利行使过程，对裁判者适用法律的过程进行监督，也是一种有效保障裁判制度发挥应有价值的良好途径。因此，可以从以下几个方面对裁判形成过程中的法律问题进行公开：

（一）对案件定性的公开

在裁判者完成了案件事实的认定之后，进入法律适用阶段所面临的第一项工作就是对案件所涉及法律关系的定性问题。因为裁判者具体适用法律解决民事纠纷，需要以明确案件所涉及法律关系的性质为前提，以案件性质为基础，才能进一步在现有法律规范体系中发现或者选择可供适用的具体法律规范，或者在出现法律漏洞时，续造法律以解决纠纷。由此可见，对于不同性质的案件，其法律适用当然也会截然不同。因此，当裁判者在认定事实的基础上对案件性质形成了一定的、明确的认识之时，其应当向当事人公开对案件性质的判断。

（二）对发现或者选择法律的公开

在裁判形成过程中，当裁判者明确了案件所涉及法律关系的性质之后，就需要在现有法律规范体系内寻找可供适用的具体法律规范。如果裁判者发现了可以适用的具体法律规范，其直接适用该法律规范作出裁判即可；如果裁判者发现有若干个可能适用的具体法律规范，此时就需要根据经验、利益衡量、价值判断等选择某一个适用于该案件的具体法律规范作出裁判。为了防止裁判者在发现或者选择法律时出现偏差，从而影响裁判的公正性，应当向当事人公开发现或者选择法律的具体情况。

公开发现或者选择的法律是法律安定性的要求。所谓法的安定性，指的是法律应该是安定的，不应该随着时间被予以差别运用，这是任何一部实在法因其实在的特性都应具有的特质；[2]法的安定性要求作为实在法的重要特质，在合目的性与正义之间居于中间地位，它既是公共利益的要求，又是正义的要求，对发现或者选择的法律予以公开，正是为了防止因法律被肆意适用而出现类案不同裁判结果的现象。尽管裁判

---

〔1〕 参见［美］亚伯拉罕·艾德尔、伊丽莎白·弗罗尔："关于法文化概念的思考"，梁治平译，载《比较法研究》1994年第Z1期。

〔2〕 ［德］古斯塔夫·拉德布鲁赫："法律的不法与超法律的法"，舒国滢译，载郑永流主编：《法哲学与法社会学论丛》（四），中国政法大学出版社2001年版。

者发现或者选择法律的过程是其内心的理性判断过程。但是，一旦裁判者适用其发现或者选择的某一具体法律规范作出裁判，裁判者的内心理性判断行为就外化为了解决当事人之间民事纠纷的结果。因此，裁判者应当向当事人公开其发现或者选择某一具体法律规范的理由。对此，我国《民事诉讼法》第 152 条规定，民事诉讼的判决书应该写明判决认定的事实和理由、适用的法律和理由。虽然从形式上看，我国民事诉讼法对案件的事实认定与法律适用都作出了应当在判决书中说明理由的要求，但由于该条文被规定得相对宽泛，并未对关于事实认定与法律适用应该公开哪些具体问题予以规定，因此在实践中，许多案件的判决书对于法律适用问题都是一笔带过或者浅浅提及，甚至有部分判决书中出现了"根据有关法律的规定判决如下"的泛泛表述，从而使民事诉讼法所要求的说明法律适用理由流于形式。对于当事人来说，只有知道裁判者适用了哪一个具体法律规范以及为什么适用该法律规范作出裁判，当事人才能确定自己在本案中的权利是否受到正当程序的保障。这一点对于事实清楚、权利义务明确，需要适用的法律规范明显的案件而言，其意义也许并不十分重要。然而，当裁判者在发现或者选择法律时面对的是前文中所分析的那些需要进行利益衡量、价值判断的案件时，裁判者如何权衡不同利益群体的位阶，如何权衡不同权利的位阶，都需要通过适用不同的法律规范来体现。因此，对于这些案件而言，裁判者公开其发现或者选择法律时所考量的因素和理由就显得尤为重要。

（三）对解释与续造法律的公开

在裁判形成过程中，通常情况下，裁判者均可以根据认定的事实发现或者选择具体的法律规范作出裁判。但是，在特殊情况下，可能会出现没有任何具体的法律规范可供适用的情形，即存在法律漏洞需要弥补。关于法律漏洞的理解，不同的学者各有不同，有学者认为法律漏洞是现行法律体系中影响法律功能且违反立法意图之不完整性。[1]也有学者认为法律有没有漏洞以及什么是法律漏洞应从法律是什么这一问题来着手。[2]在裁判形成过程中出现法律漏洞时，裁判者可能会有两种处理方式：一是根据法律原则弥补法律漏洞进行裁判，这就涉及裁判者对所适用的法律原则以及该法律原则与所要裁判案件之间的关系的理解；二是根据立法目的续造法律规范作出裁判，以弥补现行法律规范的漏洞，这也涉及裁判者对立法目的的解释。由此可见，在解释法律与续造法律这个环节，裁判者不仅拥有相当大的自由裁量空间，而且解释与续造法律事实上属于对法律的创设，因而裁判者一旦完成了这种法律创设并据此作出裁判，对当事人就会产生可能在之前的诉讼历史中未曾出现过的后果。正因为如此，大多数学者都对裁判者在实践中进行法律创设保持审慎态度。但是，随着近年来社会的快速发展，许多新型民事纠纷进入了民事诉讼，制定法所具有的局限性与稳定性可能使现有的法律呈现出明显的滞后性，法律漏洞在所难免，裁判者需要解决问题而非回避问

---

〔1〕 梁慧星：《民法解释学》，中国政法大学出版社 1995 年版，第 261 页。

〔2〕 吴丙新："法律漏洞的语境分析"，载《山东大学学报（哲学社会科学版）》2003 年第 5 期。

题。因此，为了防止裁判者滥用其自由裁量权，有必要对裁判者解释与续造法律向当事人进行公开，才能使当事人及时获知裁判者通过解释与续造法律创设法律的情况，从而对裁判者不当创设法律的行为行使相应的救济权。因为不合法的法律创设是具有危害性的，正如有学者所指出的，凡正义根本不被追求的地方，凡构成正义之核心的平等在实在法制定过程中有意地不被承认的地方，法律不仅仅是"非正当法"，它甚至在根本上就缺乏法的性质。[1]可见，在裁判形成过程中创设法律时，虽然我们很难以一个统一的标准去判定这种创设法律是否合法。但是，一般来说，我们对于法律解释与法律续造合法与否的界限可以参考这些标准进行判断：裁判者要制约的法律关系是不是属于法律评价的范围，如果属于法外空间，则创设就不合法；这种法律创设的关系应不应该受法律的调整，对于那部分虽然在法律评价空间内但却没有达到需要法律进行调整的法律关系，进行创设也是不必要的；这种创设有没有可能被普遍化。由此可以看出，法律创设是否必要、合法的标准实际上相当抽象、复杂，而对裁判者进行法律解释与续造的情况向当事人进行公开，实际上只是为了给当事人在裁判者进行法律创设时提供一种提出异议的基础。换言之，如果对法律创设的情况不予公开，则当事人只有在得到裁判结果时才能对这部分活动知晓，则其只能通过上诉与申请再审的方式维护自身的权益；而如果当事人早在裁判形成过程中就知悉了这种情况，便增加了一种使当事人得到更好的救济的可能性。类似的制度设计，在美国得克萨斯州的民事诉讼中就有体现。根据得克萨斯州民事诉讼的制度规定：一旦法律推定被作出，当事人如果认为这种法律推定是不正确的，则其可以立即通过查找被遗漏的内容，并针对这些被遗漏的法律采取行动——如向法庭提交遗漏法律以及相关内容的异议，或者通过上诉等行动，去避免错误的法律推定。[2]这项制度的积极意义在于，在诉讼过程中，当事人认为裁判者在法律发现过程中进行错误推定时就可以通过对该法律推定提出异议的方式来避免这种错误的产生，而不必要等到获得裁判结果时再通过上诉等方式来救济自己的权利。可见，对裁判者解释与续造法律的情况向当事人进行公开，可以赋予我国民事诉讼中的当事人对裁判者行为的异议权。其不论在对公权力行使监督权的方面，还是在更有利于对当事人的救济方面，都是具有积极意义的。

第六节　对社会公众公开裁判形成过程中的特殊问题

在裁判形成过程中，对社会公众的公开并不是一个核心问题，因为民事诉讼所要解决的民事纠纷涉及当事人之间的私权利益，社会公众与案件所涉及的法律关系没有任何联系，无权知晓裁判形成过程中的具体环节，只是为了规范诉讼程序的有序进行，

---

〔1〕 ［德］古斯塔夫·拉德布鲁赫："法律的不法与超法律的法"，舒国滢译，载郑永流主编：《法哲学与法社会学论丛》（四），中国政法大学出版社 2001 年版。

〔2〕 See Stacy R. Obenhaus, "Some Practical Suggestions for Dealing With the Presumed Findings Rules in Texas Civil Procedure", *The Appellate Advocate*, Vol. 16, Issue 4A（Spring 2004）, page 5~9.

对于依法向社会公开的某些特殊环节（如公开审判案件的庭审程序），社会公众享有知情的自由，从而行使公众的监督权而言。事实上，在裁判形成过程中能够对社会公众予以公开的部分主要是立案公开与庭审公开这两个方面。由于立案公开只是对案件立案流程基本信息的公开，前文已经提及，不再赘述。在此，笔者仅对裁判形成过程中的庭审直播公开问题与对媒体公开问题进行分析。

一、庭审直播的公开问题

2010 年，《最高人民法院关于人民法院直播录播庭审活动的规定》规定人民法院可以选择公众关注度高、社会影响力大与具有法制宣传教育意义的公开审理案件进行直播与录播。同时，其还规定了不得进行直播与录播的案件范围，即涉及国家秘密、商业秘密、个人隐私、未成年人犯罪等依法不公开审理的案件、检察机关明确提出不直播、录播的刑事案件以及当事人明确提出不直播、录播并有正当理由的民事与行政案件和其他不宜直播与录播的案件。随着最高人民法院该规定的出台，我国司法实践中的庭审直播与录播公开虽然已经越来越普遍，但许多庭审直播公开的方式并不统一、稍显混乱。目前，在司法实践中，我国法院对庭审的直播形式除了通过电视直播与通过电台直播以外，使用最多的是网络直播。其中，微博直播成了庭审直播中最为新兴的方式，我国相当一部分法院已经对微博直播进行了尝试，更有一部分法院将微博直播当作庭审直播的主要方式。然而，微博直播在带来庭审直播便利的同时，也产生了一些问题：首先，微博直播的方式很不规范。对于微博直播，有的法院采用图片配合文字的方式进行直播，有的法院采用短视频的方式进行直播，还有一些法院仅仅采用文字方式进行直播；还有一些法院存在庭审直播内容不完整的问题，对于庭审的实际情况没有完全呈现，所谓的庭审直播只是对庭审中部分情况予以公开，使得庭审直播片段化。因此，对于在微博这类平台上进行的庭审公开，还是应该采取相对规范统一的方式，或建立相应的微博公开的具体制度，以规制微博公开的方式与方法。另一方面，对于不进行直播与录播的案件，可以增加一类普通民商事案件当事人申请不直播或者录播的案件类型。因为一旦对案件进行直播、录播，该案件双方当事人就会随着庭审的直播与录播曝光于社会公众的视野。因此，对于不属于社会影响重大、公众关注度很高的案件，应该赋予案件当事人申请自己的案件可以不被录播与直播的权利，在不影响司法制度正常运行情况下应当尽量满足案件当事人的需要。

二、庭审程序对媒体的公开问题

庭审程序对社会的公开，不仅包括对社会民众的公开，还包括对媒体的公开，也就是允许媒体对庭审程序进行报道。这样不仅有利于媒体行使监督权，而且也有利于促进庭审的规范化。相比于过去传统媒体的情况，现代媒体形式更加多元化，除了以广播电视、报纸杂志为代表的传统媒体，现代媒体还包括以微博、微信为代表的新媒体以及成千上万的自媒体。所谓自媒体，是指"普通大众经由数字科技强化、与全球知识体系相连之后，一种开始理解普通大众如何提供与分享一些他们本身的事实、他们本身新闻的途径"。[1]简而言之，自媒体就是那些个人传播者用电子化手段，向不特定的人群传递媒体信息的方式。可见，自媒体虽然也被称为"媒体"，其运营的主体实际上却是自然人。因此，是否允许新媒体与自媒体参与裁判形成过程中的庭审程序，还值得商榷。

一般而言，裁判形成过程对媒体的公开主要是通过记者旁听审判、记者采访司法人员、公开发表报道以及发表司法评论等方式进行，媒体通过这些方式对司法活动进行监督实际上源自于言论出版自由与新闻自由。事实上，媒体与司法制度的关系在我国一直没有得到应有的重视，而一旦媒体与司法公开之间的关系能够得到进一步规范，则无论是对司法活动来说，还是对媒体自身的发展来说都是非常有益的。对于这一点，美国的媒体与司法制度之关系相对较为完善。在美国，司法与媒体的关系主要体现在以下方面：首先，《美国宪法修正案》第1条与第6条都赋予了新闻媒体参与法院审判的权利，即言论与出版的自由不受任何形式的剥夺的权利；其次，美国司法制度也将新闻媒体的权利限定在一定范围内，要求其在报道的过程中保证审判能够公正地进行，不对审判形成不当的干扰；最后，美国的司法制度还要求媒体在裁判没有作出之前不得发表带有倾向性的报道，也不得公布任何关于尚未审结的案件的信息，对违反以上规则的新闻媒体，法院有权对其进行处罚。[2]从现实来看，美国媒体对裁判中的案件进行报道的模式也发展得十分成熟，而我国媒体与司法制度之间的关系却没有相应的法律对其予以规定、约束。也正因如此，目前我国媒体对司法活动的促进作用也相当有限，在部分社会关注度高的案件审理中，媒体与司法甚至产生了一些负面的紧张关系，形成了新闻审判、媒体审判的不当现象，从而导致了司法公信力的下降。

在传统媒体和我国司法制度之间的关系尚未理顺的情况下，将新媒体（尤其是自媒体）也纳入其中可以对审判活动予以报道的媒体范围内显然操之过急。就以微博与微信为代表的新媒体来说，要在其平台上建立用户、注册账号并发表评论往往易如反掌，对于这些用户的建立，新媒体平台无需对其进行审查。大多数平台只需要通过一个虚拟邮箱就可以完成用户注册，任何人都可以在这些新媒体平台上发表自己的观点。以目前我国的情况来看，就热点新闻与社会焦点问题而言，社会公众在微博与微信上对这些事件的关注度与发表评论的数量明显高于那些传统媒体。可见，在网络门槛越来越低的当今社会，如果赋予这些新兴的媒体平台与自媒体同传统媒体同样的对司法审判活动的参与权与报道权，显然可能会导致某些没有资质的传媒主体对裁判进行失实报道，另一方面也可能导致网络审判，从而加剧媒体审判的风险。因此，针对现阶段的情况，在裁判形成过程的公开中建立相应的制度规范媒体对司法活动的参与与监督是很有必要的。该制度应该包括明确媒体对司法裁判活动的新闻报道权限，并且明

---

〔1〕 王文军："法治新闻报道的传播学分析"，载《法学》2011年第9期。

〔2〕 参见最高人民法院经济庭："司法审判与新闻监督"，载《人民司法》1998年第11期。

确哪些类型的媒体与平台有报道审判活动的权限。另外，该制度还应包括在审判过程中媒体进行报道时应遵循的规则，以及违反该规则应承担的相应法律后果，以防止形成媒体对司法活动不当干扰与影响的状况，在一定程度上改善当前媒体对裁判过程参与和报道模式混乱的现状。

第五章

法官心证公开与突袭性裁判之防范

第一节　法官心证的基本界定

一、法官心证的法理定律

所谓心证，从狭义上而言，是指法官在事实认定时，在主观认识上所得确信的程度状况。从广义上来讲，是指法官就系争事件所得或所形成的印象、认识、判断或者评价。这种意义的心证，根据民事审判所具有的相关特征来观察，可能包括法官的法律上见解在内，而并非仅指将其法律上认识判断或评价予以完全除外的情形。[1]

从认识论的角度而言，"心证"这一概念具有普遍性的意义。在通常意义上，它指的是，人们有目的地对于客观事物进行认识所产生的某种确信程度的反映。然而，作为一种专门的法律术语，在此所讲的"心证"专指法官在审判上就特定的认识对象所形成的认识结果的反映，它始终处于法官职务行为中的核心地位。

从对"心证"进行研究的角度，有学者认为，"心证"一词属于舶来品，在近代欧洲国家最早以"自由"一词作为修饰语组成"自由评估（衡量或权衡）"（libreevaluation，freieBeweiswürdigung，free evaluation）这一法律术语，而相对应的"自由心证"一语见诸法律，早期系由日文翻译而得，并且最早始现于我国清末的《民事诉讼律》。在解读上，心证有程度问题，与"说服"有关，但与评估（evaluation）一语不尽相同。[2]心证是一种人的主观心理状态，它体现的是一种人的内心确信，只不过这种内心确信所呈现的程度不同而已。

在此，我们所论及的"心证"专指法官的心证，而有观点则认为，"法感"是产生心证的基础和动因，并且这种"法感"是不可跨越的。[3]事实上，这种所谓的"法感"是法官在审判环境下所产生的一种条件反射，并由此所触发的职业生涯上的一种心灵感应。所谓法官的心证，是指法官在形成裁判过程中就诉讼请求的识别、争点的

---

〔1〕　参见姜世明：《民事程序法之发展与宪法原则》，元照出版有限公司 2009 年版，第 124 页。

〔2〕　参见李学灯：《证据法比较研究》，五南图书出版公司 1992 年版，第 710～711 页。

〔3〕　参见盛雷鸣："心证透明化制度研究"，载《东方法学》2015 年第 1 期。

确定、证据的采信、待证事实的判断、法律的适用等一系列问题进行探求、研判所获得的某种程度的感知、认识、判断或见解。这种主观认识是一种心理状态，指的是某种程度上的确信。

法官的心证是其内心确信程度的反映。这一某种程度的确信可分为三种形态：①肯定性的确信；②否定性的确信；③肯定性与否定性处于平衡状态的确信。其中，肯定性的确信是一种积极意义上的确信，否定性的确信是一种消极意义上的确信，而肯定性与否定性处于平衡状态的确信在法律效果上往往被视为属于否定性确信的一种特别范畴。所谓某种程度的确信，从量化和等级的角度，大致可分为：其一，排除合理怀疑的确信；其二，高度盖然性的确信；其三，盖然性占优的确信；其四，肯定性与否定性处于平衡状态的确信（亦称真伪不明状态下的确信）；其五，盖然性较低的确信。

鉴于审判上存在事实审与法律审的区别，法官的心证有狭义与广义之分。所谓狭义的心证仅限于法官在事实认定上所获得某种程度确信的主观心理状态。从广义上来讲，心证是指法官就系争事件所得或所形成的印象、认识、判断或者评价。

笔者认为，广义的心证不应仅仅限于法官在事实认定上所获得的某种认识，还包括法官在诉讼过程中对于法律问题、证据问题、程序问题等认识、解读或判断。在学理上，如果仅仅从狭义的角度来界定心证的内涵显然是不全面和不充分的。因为这种观念仅仅是从大陆法系三段论当中由小前提决定大前提而得出的一种假设性推论，即在事实认定的基础上进行法律适用，从而对某一案件得出裁判的结果。"诉讼程序的进行过程也就是法官拟定司法判决的过程。"[1]事实上，对案件事实的认定是一个极为复杂的认识和判断的程序过程，这个过程既涉及证据问题，也涉及程序问题。同时，作为某一诉讼上的争点，既可能涉及事实问题，也可能同时涉及法律问题，很难截然分开。这表明，现代司法程序的有机构成正在悄然打破人们在传统意义上的思维定势，可以说，广义上的心证代表着当今社会司法现代化的基本走势。

有一种观点认为："心证的概念来源于自由心证。"[2]但作为一种（证据）制度，自由心证是相对于法定证据而言的。[3]在当代，尽管传统意义上的法定证据制度随着旧时代早已走向了灭亡，但取而代之的现代意义上的法定证据制度已经进化和演变成为消除自由心证主义弊端的克星和工具。因此，现代意义上的法定证据制度的功能作用主要体现在从立法者的角度划定了司法者实行自由心证的范围，除了在英美法系证据制度当中大量存在以外，在大陆法系诉讼法典当中也不乏其存在的空间和领域。因

---

〔1〕 ［法］洛伊克·卡迪耶：《法国民事司法法》，杨艺宁译，中国政法大学出版社 2010 年版，第 410 页。

〔2〕 参见焦统继、王松："论心证公开"，载《法律适用（国家法官学院学报）》2001 年第 12 期。

〔3〕 对此，有学者指出："自由心证是相对于'法定证据'而言的。"李祖军："自由心证与法官依法独立判断"，载《现代法学》2004 年第 5 期。另有学者指出："自由心证原则之所以称为'自由心证'，是相对于法定证据原则而言的。"张卫平："自由心证原则的再认识：制约与保障——以民事诉讼的事实认定为中心"，载《政法论丛》2017 年第 4 期。

此，即使在法定证据条件下，也存在心证问题。可见，在此所说的"心证"与法官的审理活动和裁判行为有关。

传统意义上的心证被认为是一种秘密心证，[1]而现代意义上的心证被定义为一种公开化的心证，借以担保产生心证条件和前提的正当性，以及心证形成过程的正确性、合理性。近年来，基于对程序正义、保障当事人的听审权以及其他程序性权益的考虑，有关法官的心证以及心证的公开正逐渐受到理论界和实务界的重视，但在许多情况下都是从法院的阐明权或释明权角度作为切入点的，以便利于法院正确地行使诉讼指挥权，防止突袭性裁判的发生。

出于诉讼程序正义的考虑，裁判的正当性基础在于，法官心证的最终形成是在充分听取了当事人的辩论意见条件下并且与双方进行过充分、必要交流后的一种必然结果。在我国正处于社会转型时期这种特殊的历史背景条件下，当今审判实践当中的"秘密心证"和突袭性裁判现象还较为普遍，对司法的实质公开和裁判的正当性提出了严峻挑战，故应当充分认识到这种现象的危害性。

二、法官心证公开的法理基础

所谓法官心证公开的法理基础，是指在理论上主张法官心证公开的依据所在和学理之源。有必要强调的是，法官心证公开是司法现代化的必要组成部分，是人类社会走向高度文明的必然的阶段性产物。如果不包含法官心证公开，司法公开只能是一座空中楼阁。从当今司法改革和程序革命取得的阶段性成果来看，以下思想观念和认识可作为法官心证公开的法理基础：

（一）诉讼主体平等主义

在传统意义上，民事诉讼强调法官居中裁判，保障双方当事人的诉讼地位平等。但是，这一观念始终不能掩盖的是其中那种固有的国家与有关民事主体之间发生管理与被管理这种诉讼垂直关系的思维定势。由此带来的后果是，法院的权力过于强悍，诉讼程序的推进主要由法院来操纵，法院与当事人之间缺乏必要的互动，诉讼当事人的地位和角色过于消极、被动，甚至被作为诉讼客体来对待，法院与当事人相互之间无法有效地交换那些对审理和裁判有价值的信息。

在当今的法治主义条件下，司法的现代化要求法院与双方当事人同为诉讼主体，享有平等的诉讼地位，尽可能保持一种平行对话式的关系结构，应当尊重当事人身为程序主体的地位，不应使其沦为被支配的客体。对此，有学者认为，在法治国原则之下，当事人的人性尊严（Menschenwürde）应当予以保障，当事人作为程序的主体而并非程序的客体，对于直接影响其诉讼利益的法律观点与事实观点，应有表达意见，影

---

[1] 参见彭鹏："论民事诉讼中的心证公开"，载《法制与社会》2016 年第 9 期；唐静："论民事诉讼庭审中的心证公开"，载《法律适用》2014 年第 4 期。

响法院就特定观点作出判断的权利。[1]在民事诉讼发展史上，如能将当事人享有平衡和制约法院职权作为一项诉讼权利，的确具有里程碑意义。这是因为，"在诉讼程序中之所以要注重形式手续，目的是为了保护当事人，防止法官的专断行为"。[2]在民事诉讼中，正是因为法官与当事人之间扮演不同的角色而相互克制，才能有利于排除偏见、专断、任性对审判程序正常运行的干扰。法国资深大法官雅克·诺尔曼（Jaques Normand）曾提出，法官和当事人的角色分配是这样的：当事人控制纠纷（maitrÎse），法官引导诉讼（direction du procès）。[3]事实上，"审判可以被看成是一种交流过程"。[4]然而，在法院与当事人之间产生相互交流关系的前提条件是，法院与当事人具有相同的诉讼地位和平等的诉讼主体人格，如此才能有助于产生那种有价值的信息或资源相互交换的审判格局，即"你给我事实，我给你法律"，"人们常常用这种谚语来概括法官和当事人在诉讼中的地位：当事人具有就诉讼客体提供具体证据的权利和义务，法官具有就诉讼客体提供法律依据的权利和义务"。[5]

根据现代民事诉讼理念，"诉讼一经成立，就产生了作为诉讼主体的法院及双方当事人之间进行交涉的领域，在此基础上所为的种种诉讼行为作为诉讼程序向前发展"。[6]也就是说，作为当事人的个人不应当是纯粹的诉讼程序的客体，当事人应当从诉讼客体中解放出来，作为程序的主体应受到尊重，其在判决程序过程中的主体性应得到保障。"由于作为民事诉讼对象的私人之间生活关系的调整，以私人自治为原则，故由此派生而成的纠纷处理方式当然也应广泛承认当事人的主导权。"[7]具体而言，作为程序上的主体，裁判的效力有可能损害到其权益的当事人，在裁判作出之前，有权请求获得就裁判事项所涉及的事实和法律陈述见解、反驳对方主张和对法官临时产生的心证提出质疑的机会。如果能借助当事人（含律师）在事实上和法律上的知识、能力，将更有益于弥补法官能力之不足。"当事人可以根据列举的标准请求（权利主张）法官就某一内容进行判断；当事人也可以根据列举的标准明确主张事实和法律解释，以主体身份参加审判。这样才有可能构建以当事人为中心的诉讼构造，这种积极的诉讼活动，可以为法官的深思熟虑提供丰富的信息。"[8]

法官形成心证的过程及就裁判得出的结论，可能隐含谬误或偏差。对此，并非不可能经由法官以外的人在诉讼过程中及时提出主张、资料或意见，以适当的方式介入

〔1〕参见刘明生等："突袭性裁判防止之研究"，载民事诉讼法研究基金会编：《民事诉讼法之研讨》（十八），元照出版有限公司2012年版，第188页。

〔2〕［法］让·文森、塞尔日·金沙尔：《法国民事诉讼法要义》（上），罗结珍译，中国法制出版社2001年版，第16~17页。

〔3〕［法］洛伊克·卡迪耶：《法国民事司法法》，杨艺宁译，中国政法大学出版社2010年版，第390页。

〔4〕［美］杰罗姆·弗兰克：《初审法院——美国司法中的神话与现实》，赵承寿译，中国政法大学出版社2007年版，第201页。

〔5〕［法］洛伊克·卡迪耶：《法国民事司法法》，杨艺宁译，中国政法大学出版社2010年版，第400页。

〔6〕［日］兼子一、竹下守夫：《民事诉讼法》（新版），白绿铉译，法律出版社1995年版，第5页。

〔7〕［日］三ケ月章：《日本民事诉讼法》，王一凡译，五南图书出版公司1997年版，第179页。

〔8〕［日］六本佳平：《日本法与日本社会》，刘银良译，中国政法大学出版社2006年版，第85页。

法官形成心证的认识过程而得以纠正或完善。[1]实际上，在法官采用公开心证、表明法律见解的阐明方式时，当事人及其委托的诉讼代理人（律师）将更有机会与法官进行事实上及法律上的讨论，而可借此弥补法官知识、能力之不足，发挥实际参与心证的形成过程，以确保裁判的合理性、客观性，并协同寻求"法"之所在，促进司法民主化等机能。

在我国，目前有一种观点认为："法官心证是法官在裁决上形成的心证。"[2]事实上，这种表述是不科学的、不严谨的。这种观点有重实体轻程序之嫌，它完全忽略了当事人在法官心证形成过程当中的程序主体地位，也完全忽略了当事人在法官心证形成过程当中应当享有的参与权。事实上，心证公开分为心证形成过程的公开与心证（最终）结果的公开。心证形成过程的公开主要体现在庭审过程中法官在依职权向当事人进行事实或证据调查的过程中以适当方式公开其心证的情形，另外还包括庭审终结前合议庭成员就案件有关问题所进行评议时在法官相互之间公开心证的情形。而心证（最终）结果的公开，仅能体现在裁判文书当中法官所作出的最终判断和有关说理部分。目前，在我国的审判实践中以及最高人民法院的有关司法解释及法律文件中特别强调庭审终结后法官在制作裁判文书过程中心证（最终）结果的公开，而忽视了庭审过程中心证形成过程的公开。

笔者注意到，庭审过程中法官心证的公开与裁判文书当中法官心证公开存在如下本质不同：第一，庭审过程中法官心证的公开是一种临时性的公开而裁判文书当中法官心证的公开则属于终局性心证的公开。第二，庭审过程中法官心证的公开是采用口头形式，而裁判文书当中法官心证的公开则采用书面形式。第三，庭审过程中法官心证的公开的目的主要是听取双方当事人的意见，防止和改正心证形成过程中所产生的错误、偏差或不当之处；而裁判文书当中法官心证的公开，其主要目的是向当事人表述对有关问题作出判断的依据和理由。第四，鉴于庭审过程中法官公开的心证具有可塑性即可改变性，为了实现最佳的预期效果，心证公开的方式因案而异以及视双方当事人的诉讼能力而为，为了维护司法的中立性与公正性，其中也充满了技术性、策略性或技巧性，大多采用开导、提醒、启发、解释、暗示、求证等言语方式，但在必要时也不排除采用明确的表达方式；而裁判文书当中法官心证的公开因具有终局性即结论性质，在文书表达上必须采取明确无误、逻辑缜密、严谨有据、条理清晰的方式。第五，庭审过程中法官公开的心证，就事实问题、法律问题和证据问题等的表述不具有系统性、全面性、充分性，其明确程度也远不能与裁判文书当中的法官心证公开相比较，但却能够作为裁判文书中供法官公开其心证的不应忽略的基础性材料。比如，在庭审过程中，对一方当事人提出主张与其提供证据之间价值关系的评价，对该方当

[1] 参见邱联恭等："突袭性裁判"，载民事诉讼法研究基金会编：《民事诉讼法之研讨》（一），民事诉讼法研究基金会1980年版，第35页。

[2] 叶兆茂："民事诉讼的证明责任与法官心证"，载 https://www.chinacourt.org/article/detail/2004/03/id/110554.shtml，最后访问时间：2020年2月1日。

事人而言是最为关切的，因为这涉及该方当事人是否需要继续提交补充证据，而对方当事人对于法官在此问题上持有何种心证也极为关注，因为这涉及该对方当事人是否需要再增加反证。从经验的角度讲，如果法官不刻意以适当方式提示该方当事人有继续举证的必要的话，就意味着该方当事人所提供的证据能够暂时满足法官心证的需要。反之，法官通常会提问该方当事人：是否还有其他需要补充提交的证据云云。对此，相对一方当事人也应当从中对法官的心证状态作出合理的安排；而裁判文书当中法官心证的公开，就当事人所争议以及法院所认定的事实问题、法律问题和证据问题等所做的论证分析按要求都应当做到条理清晰、论证充分。例如，法官应当对有关证据的采信作出全面、具体论证，说明为何在不同证据种类中要采纳这种证据而拒绝采纳彼种证据，或者说要充分说明在不同证据中仅采纳此证据而不采纳彼证据的理由。即使是对于法官不予采纳的证据，也应当作出说明，即或是因为证据来源不合法，或是因为证据本身不真实，或是因为该证据与本案缺乏关联性等。总之，就是要阐明不予采纳的原因或理由。

（二）当事人的听审请求权主义

所谓听审请求权，在域外又被称为听审保障权，它源自德国法并且是其中一个重要而独特的概念。然而，（法定）听审请求权，在译文当中极不统一，日本把它翻译为"法定审问权""法律的听闻权"。[1]总而言之，这种不同的译文所涵盖的内容均涉及对当事人诉讼权利的程序保障，以调整法院与当事人之间的诉讼法律关系，优化诉讼结构，强调当事人在审判中享有获得正当程序的权利。恰如学者许士宦教授所指出的那样，突袭性裁判的发生，系未予充分保障当事人的程序权所致。[2]鉴于各国或地区对德国法上所界定的"法定听审请求权"在理解和规定上各有差异的状况，加之各国或地区对此问题的认识能够形成的最大公约数为：通过从主张当事人的诉讼权利的角度形成对国家权力的制约来寻求程序正义。

在德国，听审请求权既是宪法上的一项程序基本权，又是诉讼法上的一项复合性的诉讼权利，同时也是一项诉讼基本原则。[3]"法定听审请求权是宪法所确认的程序法基本原则。"[4]根据《德国基本法》第103条第1款的规定："任何人在法院面前都享有法定听审请求权。"（Vor Gericht hat jedermann Anspruch auf rechtliches Gehör.）"作为诉讼的基本权利应当保证裁判在不存在'未使当事人知晓'，以及'未考虑当事人陈述的程序瑕疵'的情况下作出。"[5]听审请求权之所以被称为"诉讼基本权或者程序基

[1] 蓝冰："德国法定听审请求权的意涵及历史"，载陈刚主编：《比较民事诉讼法》（总第7卷），中国法制出版社2008年版，第18~19页。

[2] 参见许士宦：《诉讼理论与审判实务》，元照出版有限公司2011年版，第76页。

[3] 蓝冰："德国法定听审请求权的意涵及历史"，载陈刚主编：《比较民事诉讼法》（总第7卷），中国法制出版社2008年版，第1页。

[4] Musielak, Grundkurs ZPO, 4. Aufl. 1998, Rdnr 93, 转引自蓝冰："德国法定听审请求权的意涵及历史"，载陈刚主编：《比较民事诉讼法》（总第7卷），中国法制出版社2008年版，第7页。

[5] [德]奥特马·尧厄尼希：《民事诉讼法》（第27版），周翠译，法律出版社2003年版，第161页。

本权", 其目的在于强调诉讼保障的重要性。这种保障不仅仅限于公民对国家权力享有防卫权, 而且也含有当事人参与程序并发挥应有作用的意义。[1]将当事人在司法程序中所享有的基本权提升至宪法层面, 无形中增添了这种基本权的含金量, 比人们在想象中显得更加至高无上。"法定听审请求权要求向当事人提供机会以使其可以针对所有对裁判重要的问题发表意见。"[2]"法院只能以此前当事人可以对其发表意见的事实和证明结果为基础而进行裁判。"[3]因此, 在学理上, 所谓民事诉讼上的听审请求权, 是当事人在诉讼上所享有的请求司法救济的权利, 实质上就是一种程序保障权, 即根据宪法和法律的规定, 在民事诉讼过程中就法院形成心证和最终裁判所依据的事实、证据和法律问题等, 当事人在获取法院形成心证的必要信息前提下享有请求（要求）向法院提供充分的陈述意见和主张机会的权利。

根据域外有关法理解说, "'法定听审原则'"被称为'民事诉讼法的通用原则',[4]'整个民事诉讼法的支柱'[5]或者'诉讼法的基本思想'"。[6]可见, 法定听审原则在指引民事诉讼过程中具有举足轻重的地位。它立足于强调以下三方面的内容: 第一, 在构建法治国家的法律体系当中, 其法律地位具有宪法诉讼化的性质。第二, 对于法院与当事人之间的权责重新分配, 突出和强化了当事人的诉讼主体地位, "法院保障听审权的义务和当事人对于信息的权利是相对应的"。[7]第三, 强调在诉讼过程中实行当事人权利优先主义, 即"民事诉讼首先不是要求当事人履行义务, 而是让当事人行使权利"。[8]第四, 明确法院的审理和判决应当受当事人听审请求权的拘束, 承担保障当事人充分享有听审请求权的义务, 即"当事人应当在涉及其权利的裁判作出之前'发表意见', 以便可以对程序及其结果施加影响"。[9]

---

〔1〕 蓝冰: "德国法定听审请求权的意涵及历史", 载陈刚主编: 《比较民事诉讼法》（总第 7 卷）, 中国法制出版社 2008 年版, 第 6~7 页。

〔2〕 [德] 马克斯·福尔考默: "在民事诉讼中引入听审责问", 载 [德] 米夏埃尔·施蒂尔纳编: 《德国民事诉讼法学文萃》, 赵秀举译, 中国政法大学出版社 2005 年版, 第 258 页。

〔3〕 参见《联邦宪法法院裁判的官方汇编》（第 55 卷）, 第 95、98 页, 转引自 [德] 马克斯·福尔考默: "在民事诉讼中引入听审责问", 载 [德] 米夏埃尔·施蒂尔纳编: 《德国民事诉讼法学文萃》, 赵秀举译, 中国政法大学出版社 2005 年版, 第 252 页。

〔4〕 BayObLG 1951, 16, 18, 转引自蓝冰: "德国法定听审请求权的意涵及历史", 载陈刚主编: 《比较民事诉讼法》（总第 7 卷）, 中国法制出版社 2008 年版, 第 9 页。

〔5〕 OLG Nuernberg MDR 57, 45, 46, 转引自蓝冰: "德国法定听审请求权的意涵及历史", 载陈刚主编: 《比较民事诉讼法》（总第 7 卷）, 中国法制出版社 2008 年版, 第 9 页。

〔6〕 OLG Koeln NJW 52, 1191, 转引自蓝冰: "德国法定听审请求权的意涵及历史", 载陈刚主编: 《比较民事诉讼法》（总第 7 卷）, 中国法制出版社 2008 年版, 第 9 页。

〔7〕 参见《联邦宪法法院裁判的官方汇编》（第 89 卷）, 第 28、35 页等, 转引自 [德] 马克斯·福尔考默: "在民事诉讼中引入听审责问", 载 [德] 米夏埃尔·施蒂尔纳编: 《德国民事诉讼法学文萃》, 赵秀举译, 中国政法大学出版社 2005 年版, 第 251 页。

〔8〕 [德] 迪特尔·莱波尔德: "当事人的诉讼促进义务与法官的责任", 载 [德] 米夏埃尔·施蒂尔纳编: 《德国民事诉讼法学文萃》, 赵秀举译, 中国政法大学出版社 2005 年版, 第 392 页。

〔9〕 参见《联邦宪法法院裁判的官方汇编》（第 9 卷）, 第 89、95 页;（第 39 卷）, 第 156、168 页;（第 65 卷）, 第 171、174 页, 转引自 [德] 马克斯·福尔考默: "在民事诉讼中引入听审责问", 载 [德] 米夏埃尔·施蒂尔纳编: 《德国民事诉讼法学文萃》, 赵秀举译, 中国政法大学出版社 2005 年版, 第 251 页。

有学者认为，听审请求权包括知悉权（Recht auf Orientierung）、陈述权（Recht auf Äußerung vor Gericht）和要求法院履行知悉和审酌义务的请求权三个方面。[1]其中，所谓知悉权是指，当事人享有请求法院提供充分的与诉讼有关信息、资料的权利。这些信息、资料不仅来源于对方当事人向法院提供的陈述、发表的意见以及诉讼资料和证据材料，而且也来自于法院在双方当事人获取陈述、意见以及诉讼资料和证据材料的基础上就事实、证据和法律问题所形成的认识和观点（即心证）。同时，知悉权也意味着当事人享有阅览卷宗的权利。所谓陈述权是指，一方当事人在从对方当事人、法院以及其他为法律所允许的必要渠道所获得信息（包括涉及法院心证的信息）、资料的基础上，就事实、证据或法律等问题享有在法院面前陈述的权利。鉴于法官在诉讼过程的不同阶段中所形成的心证具有可塑性和可变性，有根据的、有针对性的、合理性的陈述将有可能对法院业已形成的临时性心证产生实质性的影响，直至改变这种心证的发展方向和内涵结构。因此，陈述权属于听审请求权的核心内容。所谓要求法院履行知悉和审酌义务的请求权，是指法院应当在全面获取当事人的主张、陈述、意见和诉讼资料、证据材料（包括针对法官的心证所提出的陈述、意见和有关诉讼资料、证据材料）之后，在形成和制作判决的过程中对其加以考虑和履行说理的义务（Zur Kenntnis nehmen und in Erwägung ziehen）。"法院的知悉和审酌义务被德国联邦宪法法院的判决视为法定听审请求权的'固有核心'。"[2]

正如"（法定）听审请求权"的翻译有不同版本那样，以德国法定听审请求权的含义为标准，许多国家对此的理解和规定也各不相同。德国将听审请求权保障等同于程序正义，即当事人的个人权利对国家权力的制约，法定听审请求权被定位于个人相对于国家的权利。如果法院侵害听审请求权，就会危害程序正义，当事人有权因此获得司法救济。因此，就程序正义的实现而言：一方面，德国在把听审请求权保障作为一般性的诉讼原则时，听审请求权就是当事人寻求公正程序的诉讼权利；另一方面，从宪法与民事诉讼法的关系来看，听审请求权又是一项代表国家权力的法院应当保障的一般性的程序基本权。[3]

英美法系各国采用广义的（法定）听审请求权，也就是把开启诉讼程序的裁判请求权和德国法上自诉讼系属到裁判作出期间的听审请求权，全部纳入广义的听审请求权。这是对听审请求权最为宽泛的界定，并且体现为正当程序条款，换句话说，英美法各国将裁判请求权和听审请求权均纳入了正当程序条款。[4]

---

[1]　蓝冰："德国法定听审请求权的意涵及历史"，载陈刚主编：《比较民事诉讼法》（总第7卷），中国法制出版社2008年版，第4页。

[2]　蓝冰："德国法定听审请求权的意涵及历史"，载陈刚主编：《比较民事诉讼法》（总第7卷），中国法制出版社2008年版，第4页。

[3]　蓝冰："德国法定听审请求权的意涵及历史"，载陈刚主编：《比较民事诉讼法》（总第7卷），中国法制出版社2008年版，第22~23页。

[4]　蓝冰："德国法定听审请求权的意涵及历史"，载陈刚主编：《比较民事诉讼法》（总第7卷），中国法制出版社2008年版，第23~24页。

（三） 当事人的诉讼防御权主义

在民事诉讼上，所谓当事人的诉讼防御权，亦称程序自卫权，是指当事人在诉讼过程中对于法官经过审判活动所形成的对其不利的心证享有自卫防御的权利。这种诉讼上的防御权是当事人对法官心证所享有的一种程序抗辩权。更进一步，当事人的这种诉讼防御权是直接针对法院对其形成不利心证的防御权和抗辩权。当事人所享有的诉讼防御权的对象包括事实问题、法律问题、证据问题及程序问题等这些有可能导致对有关当事人程序利益和实体利益产生不利影响的一切事项。在诉讼上，当事人的程序利益和实体利益是可以相互切换的，很难说，法院对于当事人程序利益的判断与衡量，对其实体利益不会造成何种消极影响。

在民事诉讼上，传统的理论始终注重当事人之间存在着诉讼上的攻击与防御格局，[1]但是，当事人之间这种诉讼上的攻击与防御的目的是在诉讼上赢得法官对其有利的心证。一旦与预期相反，在有关当事人获得了法官对其不利的心证时，原本当事人之间的诉讼对抗有可能进一步延伸为有关当事人与法院之间的诉讼对抗。[2]然而，传统的理论却对此视而不见，在本质上等同于忽略了当事人对其不利的法官心证所应享有诉讼防御上的自卫权，在当事人不主张和不享有这种自卫权的条件下，无形当中犹如给法官这种"秘密心证"披上了一件合法的外衣。由于长期以来在理论上对法院的"秘密心证"始终未能加以有力的批判和清算，由此引发法院突袭性裁判这种现象在实务上普遍存在。只要客观上法院在有关裁判事项上存有任何谬误、偏差或不当的可能性，当事人的这种诉讼上的防御权就存在合理性和必要性。尽管从理论上讲，法官对其错误或不当的心证有自我纠错能力，但在实践中，这种自我纠错能力的显现通常是外力作用的结果，即与有关错误或不当心证有利害关系的当事人及时提出质疑或对此加以辩驳，导致法官对有关心证重新加以审视和斟酌，这样才有可能促使法官产生自我纠错的行为。在此过程中，有利害关系的当事人对此所提出的质疑或辩驳就是其行使诉讼防御权的表现。

与当事人的听审请求权所具有的一般性程序基本权特性相比较，当事人的诉讼防御权应当归属于一种特别的程序性权利，法官在诉讼过程中对其形成不利益的心证情形下才能享有。凡法官在诉讼过程中并无对一方当事人产生不利的心证的，该方当事人即无享有这一权利的必要。在此需要指出的是，虽然法官所公开的心证对一方当事人不利益，但是该方当事人没有及时提出异议或者不加争执的，也应视为放弃这一权

---

〔1〕 "所谓攻击方法，系为诉（或反诉）提供理由而由原告提出的一切事实上的主张，请求原因事实的主张，以及为剥夺抗辩、再再抗辩的效果所作的事实上的主张（抗辩与再再抗辩的否认及再抗辩的主张）。""所谓防御方法，系为排斥诉（或反诉）而由被告（反诉时则为反诉被告）提出的一切事实上的主张（请求原因事实与再抗辩事实的否认及再再抗辩的主张）。其中，还包括这些主张提供依据的证据提供声请（举证）。对此，有时称为攻击防御方法，有时又称请求原因或抗辩，则主要是着眼于原、被告的立场，或者根据举证责任分配关系得出的名称。其实质都具有诉讼行为的性质，都是作为一种取效性诉讼行为的事实上主张的形态。"参见 ［日］三ケ月章：《日本民事诉讼法》，王亚凡译，五南图书出版公司 1997 年版，第 321 页。

〔2〕 当事人提出上诉或者申请再审等都可视为当事人向法官心证行使抗辩权的体现。

利。所谓对当事人不利益的心证，既包括程序上的不利益，也包括实体上的不利益。在大多数情况下，对当事人不利益的心证主要是对一方当事人不利益的心证，但是也不排除对双方当事人均不利益的心证。例如，原告要求被告支付 100 万元违约金，被告抗辩认为不应当支付违约金，但是根据法官的心证，有可能在裁判上判定被告承担 20 万元违约金。对此临时性心证，无论是原告还是被告均提出质疑并予以反驳，在此情形下，双方当事人均享有诉讼上的防御自卫权。

当事人的听审请求权主要是限于在开庭阶段当事人当庭所享有的程序保障权，开庭阶段既是双方当事人之间在诉讼攻击与防御上发生对抗最为激烈的阶段，也是法院的审判权与当事人的诉权之间发生互动最为频繁的阶段，同时也是法官心证形成的核心阶段和鼎盛阶段。相较而言，当事人享有的诉讼防御权既可发生在开庭阶段，也可发生在最终裁判作出之前，即终局性心证形成之前。这是因为，法官在开庭阶段只能公开其临时性心证，当然也不排除对于许多简单的民商事案件而言，法官在开庭阶段所公开的临时心证与其终局性心证并无二致，尤其是在当庭宣判的情形下更为如此。然而，对于那些疑难、复杂、社会影响较大的案件，[1]在开庭之后至裁判文书制作出来之前，是法官由临时性心证过渡到终局性心证的关键时期。从一般可操作性的角度而言，当事人针对法官在开庭阶段公开的对其不利临时性心证行使诉讼防御权不存在障碍，但是，在开庭之后，一旦经过合议庭的评议，或进一步认真查阅双方当事人提供的诉讼材料及庭审笔录，或经过深思熟虑的思考和研判等环节，作为裁判文书制作人的法官，如其终局性心证与其在此前向当事人公开的临时性心证相比发生了重大变化，除非再行开庭向当事人公开这种变化了的心证，以便当事人能够及时行使诉讼防御权，否则将导致产生剥夺当事人的诉讼防御权的后果。

按照一般的司法逻辑和社会的普遍认知，在贯彻庭审中心主义的条件下，既然开庭阶段是法官心证形成的核心阶段和鼎盛阶段，那么之后裁判文书的制作应当全面、客观和真实地反映这一庭审过程。因此，法官的终局性心证也应当在开庭阶段最后一次言词辩论结束时产生，以免法官的心证在开庭之后受到外来因素的影响。值得注意的是，近年来，我国法院审理民商事案件的当庭宣判率有逐渐上升的趋势。对案件的当庭宣判能够有效地防止法官向当事人公开的临时性心证与终局性心证差异较大现象的出现。当然，在审判实务上，无论是要尽可能多地采用当庭宣判的方式，还是强调法官的临时性心证应当尽量与终局性心证保持一致，都与法官审判的独立性、法官心证的独立性以及法官职业道德提升、职业能力成熟具有密切的关系。我国正处于社会转型时期，我们应当充分认识到，现有法官的职业道德的提升和职业能力的成熟还存有较大空间，这些情况反过来又束缚了法官审判的独立性和心证的独立性。例如，目前我国法院内部实行的个案监督制度恰好反映了这一实际状况。2015 年 9 月 21 日，《最高人民法院关于完善人民法院司法责任制的若干意见》第 24 条规定："对于有下列

---

〔1〕 应当指出的是，这些类型案件占总体案件的百分比并不算大，约为 10%~15%。

情形之一的案件，院长、副院长、庭长有权要求独任法官或者合议庭报告案件进展和评议结果：（1）涉及群体性纠纷，可能影响社会稳定的；（2）疑难、复杂且在社会上有重大影响的；（3）与本院或者上级法院的类案判决可能发生冲突的；（4）有关单位或者个人反映法官有违法审判行为的。院长、副院长、庭长对上述案件的审理过程或者评议结果有异议的，不得直接改变合议庭的意见，但可以决定将案件提交专业法官会议、审判委员会进行讨论。院长、副院长、庭长针对上述案件监督建议的时间、内容、处理结果等应当在案卷和办公平台上全程留痕。"

与当事人的诉讼防御权所不同的是，当事人的听审请求权所涉及的法官心证公开通常涉及以下情形：第一，某一争点究竟是属于事实观点，还是属于法律观点，或者二者兼而有之；第二，某一间接事实对于认定案件主要事实是否具有重要价值；第三，一方当事人或者双方当事人因认为不重要等原因而忽略的观点（但在法官看来足以具有相当重要价值）；第四，当事人是否需要提交补充证据；第五，一方当事人的陈述是否构成自认证据；等等。基于诉讼效率以及程序安定性的考虑，为了保障当事人的听审请求权，在开庭审理过程中，针对上述情形，法官负有公开心证的义务。但是，在开庭审理之后至裁判文书最终形成之前，如果最终以法院的名义所形成的终局性心证与法庭（法官）在开庭审理过程中已向当事人公开的临时性心证因已发生变化而出现不同，有关当事人不享有诉讼防御权。在此情形下，法庭可不承担另行安排开庭审理的义务。

相较而言，当事人的诉讼防御权所涉及的法官心证公开通常涉及以下情形：第一，与确定审理范围有关的争点确定；第二，涉及与个案有关的举证责任分配问题（其中包括一般当事人主张的免证事实是否能够成立等）；第三，涉及有关法律关系的性质、民事行为效力等问题的认定；等等。在开庭审理过程中，针对上述情形，法官负有公开心证的义务。在开庭审理之后至裁判文书最终形成之前，如果最终以法院的名义所形成的终局性心证与法庭（法官）在开庭审理过程中已向当事人公开的临时性心证因已发生变化而出现不同，有关当事人则享有诉讼防御权。在此情形下，法庭应当承担另行安排开庭审理的义务，以便当事人提出主张、陈述意见、补充提交证据等等。在保障当事人的诉讼防御权问题上，有学者指出："法院不应秘密适用法律，而应当公开说明其观点。如果现在是以另外一种与当事人所持的观点不同的法律观点来考虑诉讼，那么，还应给予当事人比往常更多的机会来阐明自己的观点。"[1]为了防范由此而引发的突袭性裁判，有学者明确认为："当法官意欲根据一个双方当事人都未明示提出的要点作出判决时，他确信自己没有侵入当事人领地的唯一方法，是在作出最终判决之前将该要点告知当事人；如果必要，这要通过对案件的追加辩论来实现。只要当他认为他的介入有利于法律实现正义，他就应该毫不犹豫地这么做；但作为底线，如果当

〔1〕［德］鲁道夫·瓦塞尔曼："从辩论主义到合作主义"，载［德］米夏埃尔·施蒂尔纳编：《德国民事诉讼法学文萃》，赵秀举译，中国政法大学出版社 2005 年版，第 376 页。

事人没有获得就此发表意见的机会，则他永远不能以推理作为判决的基础。"〔1〕德国联邦宪法法院在有关已作出的判决中亦认为："当事人应当在涉及其权利的裁判作出之前'发表意见'，以便可以对程序及其结果施加影响。"〔2〕

第二节　法官心证的基市类型刍议

一、检视法官心证基本类型的中心议题

从司法逻辑上讲，判决形成的过程，也是心证形成的过程，同时也是心证公开的过程。"从审判实务过程观察，则为透过原告的请求原因，被告之抗辩，原告之再抗辩的过程，逐渐形成法官的心证，于法官形成完全的心证时，即终结言词辩论，而为终局判决。"〔3〕在判决形成的过程中，伴随着的是一个复杂的法官心证形成的逻辑过程。其复杂性主要表现在：其一，法官心证形成的过程，是当事人的主张、举证、辩论行为与法官心证的互动过程，当事人的主张、举证、辩论行为直接影响、制约法官心证形成的内容；其二，法官心证形成的过程具有阶段性和渐进性，即法官心证的内容随着程序的阶段性而不断发生变化，反过来又在调整、促动当事人后续的主张、举证、辩论行为；其三，法官的心证具有多样性表征，这一特点实际上给裁判形成过程带来了某些不确定性。对此，有学者指出："法官于审判过程中，将其当时所得初步之暂时心证适度向两造当事人公开，俾其知悉目前裁判的动向，适时的提出有利于己之事证，以使法官因其新事证变动其初步的暂时心证，避免当事人受突袭性之裁判。"〔4〕

法官心证形成过程是一个较为漫长、分阶段性且较为复杂的过程。按照阶段性的标准来划分，大致可以分为初步形成、基本形成、基本固定、最终形成或最终固定等形态。案情的复杂性以及程序发展的不确定等因素所决定，在上述四种形态相互之间的演绎过程中，当遇有新的信息或资料被吸收或介入时，心证的原有轨迹和形态会发生修正、调整、改变。这种变化既可能是小幅变化，也可能是大幅变化，甚至还会发生颠覆性的根本变化，因此还不断会出现反复循环状态。给心证带来变化的缘由，既可能是法官本人，也可能是一方当事人或者双方当事人，还可能是其他法官，甚至还有可能是案外因素。可见，法官心证的多样性表征给裁判形成过程的确定性增添了许多变量，因此，对于法官心证进行类型化研究具有重要的理论价值和实证意义。例如，将心证划分为临时性心证与终局性心证就有利于冲击和克服心证封闭主义和心证神秘

〔1〕　See 1978 Rev. trim. dr. civ. 712~713，转引自［英］J. A. 乔罗威茨：《民事诉讼程序研究》（上），吴泽勇译，中国政法大学出版社 2008 年版，第 162 页。

〔2〕　参见《联邦宪法法院裁判的官方汇编》（第 9 卷），第 89、95 页；（第 39 卷），第 156、168 页；（第 65 卷），第 171、174 页，转引自［德］马克斯·福尔考默："在民事诉讼中引入听审责问"，载［德］米夏埃尔·施蒂尔纳编：《德国民事诉讼法学文萃》，赵秀举译，中国政法大学出版社 2005 年版，第 251 页。

〔3〕　陈计男：《程序法之研究》（三），三民书局 2001 年版，第 95 页。

〔4〕　陈计男：《程序法之研究》（四），三民书局 2005 年版，第 36 页。

主义思潮，因为无论是心证封闭主义者还是心证神秘主义者均仅仅承认推崇终局性心证而排斥心证的临时属性。如果承认心证的临时属性势必将不得不承认当事人的诉讼主体地位以及享有要求法官公开其心证的权利，反之，如果仅仅承认心证的终局属性，将等同于否定当事人享有法官心证形成过程的参与权，进而否定法官承担的心证公开义务。再如，将法官的心证分为庭审上的心证与庭审外的心证，将有助于人们思考如何防范与遏制审判实践中庭审外的心证排挤和替代庭审上的心证等错误倾向，从而为司法体制改革和审判机制完善寻找最佳的突破口和切入点，促进法官职业能力的提高，并提升当庭宣判的概率。

对法官心证进行类型化研究，有助于发现、识别和认识法官心证的内在规律，即从客观上的不同角度对法官心证进行全方位、系统化的观察与检视，有助于克服那种仅从表面、直观、静态的角度看待法官心证问题，并采取简单、机械、片面的方式推行心证神秘主义的错误倾向。

对法官心证进行类型化研究，主要取决于以下诸种因素：

（1）心证形成的规律性。从心证形成的一般规律来讲，在正式庭审之前，法官经过庭前阅卷及庭前准备程序应当及时形成初步临时性心证，经过庭审双方当事人的全面、充分对抗，能使法官业已形成的初步性心证得到充分的检验和验证，使当中的疑惑、疑点逐步排除，为固定心证乃至最终确定心证提供必要的条件。

（2）心证形成的阶段性。法官心证形成的阶段性是由不同程序阶段的特定功能和设计意图所决定的。前一阶段的程序往往会成为后一阶段程序推进的前提，后一阶段程序的演进则以吸收前一阶段程序效果为动力源。心证的形成系以当事人的主张为起点，以当事人的举证和辩论为焦点，并以心证公开后当事人相继发动的攻击与防御为节点。其中不排除有相互交替反复的过程。"在诉讼审理之各适当时点或阶段，法官晓谕当事人其就某待证事实之存否、已得何种内容之心证或作成何种判断（如：有关待证事实与证据方法关联性、调查某证据之必要或证明难易等事项之判断），始有助于当事人于各该时点、阶段认识、掌握争点为何、待证事实为何、应否提出相关事实或证据，实质参与事实之认定、审理过程。"〔1〕

（3）心证形成的复杂性。"对于正确的心证是一个复杂的意见形成过程的结果。"〔2〕法官在庭审过程中所形成的心证，因受到各种因素的影响，有时会历经一个错综复杂的过程，因此并非当庭就必然能够形成正确的心证。其难免会受到双方当事人辩论技巧、盘根错节的案情细节的误导，导致心证出现某些谬误、偏差，或者无法消除心证当中存在的种种疑点或不实之处，有时表现为不确定性的心证。对上述这些情形的出现，需要后续另行组织开庭审理，或者于庭后采取阅读庭审笔录、认真思考、不断反思、合议庭评议等方式，对当庭形成的心证进行补充、校验、补救与完善。其中，庭

---

〔1〕 许士宦：《新民事诉讼法》，北京大学出版社 2013 年版，第 38 页。

〔2〕 ［德］彼得·戈特瓦尔特等："法官的裁判和理性的论证"，载 ［德］米夏埃尔·施蒂尔纳编：《德国民事诉讼法学文萃》，赵秀举译，中国政法大学出版社 2005 年版，第 477 页。

后阅卷有助于整理思路查明案件庭审中未决的疑点，以便补强心证，只有当庭后阅卷不能达到预期的目的时，才有必要再次开庭。

（4）心证形成的封闭性。法官心证形成的过程是一种典型意义上的逻辑推理过程，但这一过程具有内在的封闭属性，外人无从观察与知晓，因此法官在庭审过程当中应当以适当方式将这一过程公开，使当事人理解法官如何在综合分析证据的基础上对待证事实形成内心确信的理由。严格意义上的司法公开是公开司法裁判的形成过程，说到底就是公开法官在形成裁判过程当中的心证，以保障当事人的听审请求权、诉讼防御权等程序性权利。恰如有学者所言："国家不能在效率化的名义下，拒绝提供保护权利之服务或缩减服务的内容，进而使民事诉讼沦为无法利用的腐朽制度。"[1]

二、法官心证基本类型的展开

类型化的研究有助于对于研究的对象进行定性和定量研究，以便观察、认识和把握有关事物在不同情况下的特征、属性和规律。按照不同的标准，法官的心证可以分为不同的类型。

（一）临时性心证与终局性心证

以心证在诉讼程序的不同阶段所呈现的状态与法律效果为标准，可以将法官的心证分为临时性心证与终局性心证。所谓临时性心证，是指法官自介入案件审理伊始至庭审结束时就审判上的有关事项所产生的心证。在诉讼上，法官产生临时心证的节点一般在庭审前的阅卷之后，疑难案件会在庭审过程中的证据调查（尤其是在经过对当事人的调查询问之后）阶段形成。所谓终局性的心证，是指法官在庭审结束之后以及在制作裁判文书过程中就审判上的有关事项所产生的心证。法官终局性的心证是法官制作裁判结果的最终依据。

从发展阶段上来看，临时性心证是某一特定心证的起点和持续过程的一部分，而终局性心证则是该心证的终点与末端。与终局性的心证相比较，法官的临时心证具有以下主要特点：第一，可塑性。所谓心证的可塑性是指，法官的心证在诉讼过程中对特定的对象所产生的内心确信处于不确定状态。在很大程度上，这种不确定状态系受到来自于一方当事人或者双方当事人持续不断施压影响所产生的结果的反映。第二，过程性。心证的形成过程可以被理解为临时心证的产生、发展、变化、固定的过程，系临时心证逐渐成熟并走向终局性心证的过程。

对某待证事实的证明标准在实践中表现为心证的程度，究竟对某一待证事实需要何种证据以及何种数量的证据才能够达到其最低限度的证明标准，在何种情况下，法官就此获得内心确信，在出现对方当事人的抗辩与反证或反驳性陈述之后，很可能致使法官就该待证事实原已形成的内心确信受到实质性的削弱。故此，法官在庭审过程中的心证往往具有临时性质。

---

〔1〕　［日］新堂幸司：《新民事诉讼法》，林剑锋译，法律出版社 2008 年版，第 8 页。

在原则上，任何审判上的事项都可能作为双方当事人所争议的对象。例如，就个案当中的特定待证事实而言，它为双方当事人提供了诉讼上的攻击与防御的机会，同时为法官心证的形成提供必要的前提条件，使得法官的心证有可能进一步接近于案件真实的发现，最大限度地接近"客观"意义上的事实真相。双方当事人为实现其诉讼利益，其所投入的时间、精力及其他成本的努力并非是无限的，而是相对有限的。只要法官能为双方提供攻击与防御的机会，除非其中一方无能为继下去，否则法官只能以此为终点，旋将其临时性心证转换为终局性的心证。正是在法官与双方当事人之间就法官的临时性心证不断进行交流、互动的过程当中，随着诉讼的终结那一时刻的到来，法官的临时性心证也就随即被定格在终局性心证的节点之上。由此而决定了终局性的心证在转换为裁判结果的过程当中，系在双方当事人均对此已有所预期的条件下所产生的一种自然的表象。

（二）庭审上的心证与庭审外的心证

所谓庭审中的心证，是指在开庭审理过程中，法官就事实问题、法律问题等所形成的心证。庭审上形成的心证具有以下特点：第一，庭审上所形成的心证是对庭审外特别是庭审前所形成心证的核实、印证和补救；第二，由双方当事人的共同参与，法官心证的形成（有可能）是在双方当事人就证据问题、事实问题和法律问题等进行充分攻击与防御条件下所形成的，因此这种心证具有强大的生命力；第三，为了防止和排除因当事人就证据问题、事实问题和法律问题提出的主张、陈述的事实、发表的辩论意见或抗辩意见等存在错误、遗漏、偏失或因就有关问题产生的误解对法官形成正确的心证产生的不良影响，在法庭调查和法庭辩论过程中，法官可以适当的方式向当事人公开其心证。在听取有关当事人的解释、说明、补救的基础上，法官对其原有的心证加以调整、改进、补充和完善。因此，在庭审上系将法官的心证作为当事人辩论的议题，或者说，法官以适当方式将其心证作为与当事人进行交流、讨论的议题。

所谓庭审外的心证，是指在开庭审理之外，法官就事实问题、法律问题等所形成的心证。所谓开庭审理之外，其范围既包括开庭审理之前的审前准备阶段，也包括两次或者两次以上开庭审理之间的期间，还包括最后一次开庭审理终结之后至裁判文书作出之前的阶段。在审判实践中，基于庭前阅卷，经由就事实及法律问题所进行的分析提炼，使得大部分承办法官已经就案件的主要问题形成了初步心证，庭审提纲能够体现法官形成初步心证的基本思路。对庭审提纲进行充分解读有助于发现法官心证在哪些问题上还存在疑点，需要进一步进行调查询问。可见，法官通过庭前阅卷所形成的心证是法官心证初步形成的摇篮。法官通过庭前阅卷所形成的心证属于庭审外心证的重要组成部分。另外，庭审外的心证还包括合议庭成员在庭前或开庭审理之外其他时间段内就案件进行评议时所产生的心证，这种心证的形态主要是合议庭成员就案件主要问题达成一致认识所形成的心证以及产生分歧之后经过充分讨论形成一致意见或多数意见所产生的心证。

（三）确定性的心证与不确定性的心证

法官在诉讼上对于特定的事项已经产生肯定性或者否定性的心证，均可被称为确定性的心证。反之，法官在诉讼上对于特定的事项既不能产生肯定性的心证，也无法产生否定性的心证，这两种情形均可被称为不确定性的心证。[1]

确定性的心证与不确定性的心证，既可发生在临时性心证当中，也可发生在终局性心证当中。在诉讼过程中，法官心证的形成并非一蹴而就，而是法官在阅卷、开庭审理、合议庭之间的交流与独立思考过程中逐步加深主观认知的过程。在此过程中，法官对于有关证据问题、事实问题、法律问题等，会存在摇摆不定的状态，在主观上不能按照相关的证明标准产生某种确信度。法官在审判上产生不确定性的心证，往往会对发动某一诉讼攻击或提出某种诉讼主张的一方当事人造成不利的法律后果，因为无法得出确定性的心证，在此会被认定为具有消极的否定性效果。

（四）独任制法官的心证与合议制法官的心证

所谓独任制法官的心证，是指在实行独任制条件下按照诉讼程序由一名法官主持庭审活动并制作裁判文书所产生的心证。独任制法官的心证的形成过程由该独任法官自主决定，无须与他人协商。所谓合议制法官的心证，是指在实行合议制条件下由3名或者3名以上（奇数）法官（含陪审法官）组成合议庭在共同审理案件并制作裁判文书过程中所产生的心证。合议制法官心证形成的过程较为复杂，在许多情况下取决于合议制成员相互协商、妥协的结果，尤其是庭审终结之后，为了达成终局性心证，在合议庭评议过程中当法官之间就有关审判事项难以达成共识时甚至会动用表决以少数服从多数的形式决定终局性的心证。在庭审过程中，对于某些重要事项在合议庭成员之间产生严重分歧如确定争点范围、确定专业鉴定的范围、在某一诉讼阶段是否允许当事人撤诉[2]、变更诉讼请求、追加诉讼当事人等，也不排除采用这种表决的形式。在采用表决形式决定合议庭心证时，如遇有合议庭成员的意见不能形成简单多数，原则上，合议庭的心证取决于审判长的心证。另外，为了提高诉讼效率、保证合议庭对外的一致性，在庭审过程中合议庭不可能对任何事项都采用休庭协商来决定形成何种心证，而是通常随机由审判长代表合议庭统一形成心证，当然也不排除在合议庭成员相互之间配合默契的条件下，由审判长以外的其他合议庭成员以合议庭的名义在庭审上公开心证。

（五）一审法官的心证与上诉审法官的心证

所谓一审法官的心证，是指法官在一审程序中就审判上有关事项所形成的心证。所谓上诉审法官的心证，是指上诉审法官于上诉审程序过程中所产生的心证。上诉审

---

[1] 有论者按照法官心证形成内心确信的程度，将法官的心证分为确定性心证、倾向性心证与动摇性心证。参见李杰："论刑事案件法官心证的形成——基于庭审实质化角度下说服责任的考察"，载 https://www.chinacourt.org/article/detail/2004/03/id/110554.shtml，最后访问时间：2020年1月20日。

[2] 例如，我国《民事诉讼法》第145条第1款规定："宣判前，原告申请撤诉的，是否准许，由人民法院裁定。"

法官的心证与一审法官的心证之间具有独立性，并且这种独立性又具有某种相对的承受性以及不同程度的否定性。所谓具有独立性是指，上诉审法官心证是在上诉审程序中所独立形成的心证，与原一审程序存在客观时空上的不同，故此这种上诉审程序不是对原一审程序的简单重复。所谓具有某种相对的承受性是指，上诉审法官的心证是上诉审法官按照上诉审程序对案件进行审理并对原一审法官的心证进行审查、核实、研判的基础上产生的，这种承受可分为概括性的承受和选择性的承受，在审判实践中主要体现在维持一审判决或部分改判中所体现的法官心证。所谓不同程度的否定性，主要分为全部否定、部分否定和概括性否定，在审判实践中相应体现在二审法院作出全部改判、部分改判和发回重审中所体现的法官心证。

"在大多数案件中，初审法官在事实认定方面有着巨大的自由裁量权，这是一种在上诉时上诉法院很少干预的自由裁量权，因此，在大多数情况下，这种对'事实的自由裁量'几乎是没有限制的。"[1]故上诉审法官心证的形成难以重复或复制一审法官那样所基于一审程序的全面性、完整性基础与环境体系，使得上诉审法官的心证不得不建立在形成一审法官心证资料的基础之上。例如，凡一审程序已经就有关事实问题和证据问题等对当事人或证人进行的调查询问，二审法院不必重复进行，只需查阅一审时的庭审笔录，但可在此基础上进行补充调查询问。上诉审法官心证的形成，系将双方当事人在二审当中提出的主张、事实陈述或有关证据材料、一审法官的心证等一并作为审查判断的对象。

三、我国审判实践中凸显的问题与反思

对于法官心证类型化的研究，有助于我们对法官心证产生、变化和发展的内在规律有更加进一步的理解和认识，也有助于对正处于社会转型时期条件下我国审判实务当中所出现矛盾和问题进行反思以及开辟一个新的视野以便对其重新加以界定、辨析与应对。其关注点主要表现在以下几个方面：

（一）关于临时性心证与终局性心证问题

在审判实务上，法官的临时性心证与终局性心证是相对而言的。对于当事人而言，在诉讼过程中唯有稳步地掌握法官心证形成、变化和发展的基本动向，才能有利于正确引导其开展诉讼上的攻击与防御，使当事人对于裁判的结果有合理的预期。正如罗卡斯所言："正义不仅要得到实现，而且要以人们能看得见的方式得到实现。"[2]随着社会的不断发展，民事诉讼法学理论也不断为法官与当事人之间的关系重新加以界定并注入新的活力。在学者的眼里，法院与当事人之间在解决纠纷的过程中不再是一种充满猜疑并相互排斥的紧张关系，取而代之的是，"在民事诉讼中，法官与当事人之间

---

〔1〕 ［美］杰罗姆·弗兰克：《初审法院——美国司法中的神话与现实》，赵承寿译，中国政法大学出版社2007年版，第60页。

〔2〕 See J. R. Lucas, *On Justice*, Oxford Univ. Press, 1980, pp. 1~19, 转引自盛雷鸣："心证透明化制度研究"，载《东方法学》2015年第1期。

存在着一种密切合作的关系。诉讼程序只有在法官和当事人的团结协作下才能够进行下去，并最终导致判决的产生"。[1]然而，法官与当事人之间这种密切合作的关系不应当仅仅止步于"汝给我事实，我给汝法律"这种古典意义上的关系结构之上，而应当随着社会文明的进步与发展进化为"汝给我事实，我给汝心证"这种交换格局。"程序是交涉过程的制度化。"[2]在司法过程中，法官与当事人之间的健康、稳定与信赖关系在很大程度上取决于为双方当事人在庭审中所掌握的法官的临时性心证与之后在裁判文书当中固定下来的终局性心证的一致性程度。其中的任何变量和不确定性都会为突袭性裁判打开方便之门。

从我国目前推行司法公开的改革动向来看，有关法律性文件和审判实务都过于强调公开终局性心证的重要性和必要性。例如，有观点认为："通过公开判决书向社会公开法官心证，是确定司法权威和法律可预期性的重要途径。"[3]这种言论在当下具有相当的代表性，但对法官在庭审过程中公开其临时性心证问题却始终避而不谈。可见，我国当下所推行的司法公开的程序性改革仍然任重而道远。笔者认为，通过公开判决书及其裁判理由向社会公开法官心证，仅具有社会政治功能，而不能够解决技术功能上防范突袭性裁判的问题。因此，在个案当中向当事人公开法官临时性心证，以及尽可能多地推行当庭宣判制度以保持法官的临时性心证与终局性心证的高度一致性，同时，对那些不宜实行当庭宣判的案件而言，也应尽可能地防止和避免当事人所业已掌握的临时性心证与庭外产生的终局性心证之间的落差。

（二）关于庭审上的心证与庭审外的心证之间的关系

诉讼程序是有不同的阶段所组成的空间结构，每个阶段都有不同的既定目的和各自功能，如果将诉讼的过程看作是一种流水作业的话，那么其主轴就是法官心证的形成过程，"对于正确的心证是一个复杂的意见形成过程的结果"。[4]无论双方当事人在形式上是如何组织其诉讼上的攻击与防御，但其最终的目的都是促使法官朝着有利于其诉讼请求或抗辩主张的方向发展和推进。在民事诉讼中，实行庭审中心主义的目的是贯彻直接主义、言词主义，以便法官形成正确的心证。"当事人应当在涉及其权利的裁判作出之前'发表意见'，以便可以对程序及其结果施加影响。"[5]鉴于开庭审理是形成法官心证的主要途径和重要场合，如果事后法官在制作裁判文书时所形成的终局性心证与法官在庭审中的感知（心证）大相径庭，那么必然会导致当事人感受到法官

〔1〕［法］洛伊克·卡迪耶：《法国民事司法法》，杨艺宁译，中国政法大学出版社 2010 年版，第 389 页。

〔2〕季卫东：《法律程序的意义》（增订版），中国法制出版社 2012 年版，第 33 页。

〔3〕郑红英："心证公开的重要意义"，载 https://www.chinacourt.org/article/detail/2004/01/id/98889.shtml. 最后访问时间：2019 年 12 月 18 日。

〔4〕［德］彼得·戈特瓦尔特等："法官的裁判和理性的论证"，载［德］米夏埃尔·施蒂尔纳编：《德国民事诉讼法学文萃》，赵秀举译，中国政法大学出版社 2005 年版，第 477 页。

〔5〕参见《联邦宪法法院裁判的官方汇编》（第 9 卷），第 89、95 页；（第 39 卷），第 156、168 页；（第 65 卷），第 171、174 页，转引自［德］马克斯·福尔考默："在民事诉讼中引入听审责问"，载［德］米夏埃尔·施蒂尔纳编：《德国民事诉讼法学文萃》，赵秀举译，中国政法大学出版社 2005 年版，第 251 页。

在庭审外形成的心证实际上主宰着裁判的结果，如同自身被剥夺了影响法官形成最终心证的权利。

从保障当事人的主体权利以及保障心证形成过程的正当性角度而言，庭审上的心证应当成为终局性心证的基础。然而，在目前的审判实践中，审限内的大量时间用于阅卷、评议、论证和撰写文书，真正的庭审时间并不太长，导致许多案件中庭审外的心证资料成为终局性心证的基础。由于双方当事人没有实际参与这种庭审外心证的实际形成、变化过程，因此其严重侵犯了当事人的听审请求权和诉讼防御权，引发了突袭性裁判，损害了法院的司法公信力。

事实上，法官心证的公开应当将重心放在庭审过程中而不应仅仅将重心置于裁判文书制作过程中的观点受到了一些具有先进司法理念法官的认同。例如，生前曾经担任上海市高级人民法院副院长的邹碧华法官就指出过：有些人认为，只要在判决书中公开了认定事实的结果和适用法律的观点，就是公开心证结论和法律观点，这是一种误解。心证结论和法律观点公开不应是到了裁判文书制作阶段才予公开。在判决书中公开事实认定结果和法律观点只是一种事后公开。心证结论和法律观点公开的目的是让当事人用尽法律资源，选择正确的诉讼请求、诉讼主张及抗辩、举证、质证，所以一定要做到事前公开。[1]

（三）关于确定性的心证与不确定性心证之间的关系

在哲学理念上，长期以来，我们一直试图追求人对客观世界的认识能力所具有的无限能动性。毫无疑问，从战略角度、宏观格局及长期定力上看，这种理念和追求具有真理性质。然而，受到这种思维定势的极端束缚，在我国的审判实践中，人们的惯性思维往往僵化到在许多情况不能辩证地认识和看待个案当中法官心证的确定性与不确定性之间的关系问题。例如，就原告主张的某一待证事实而言，原告提出的本证与被告提出的反证同时存在。在诉讼过程中，由于双方当事人与法官之间互动关系的持续发展，在法官公开其临时性心证之后，双方当事人各自发动后续性（包括提供补充证据在内）的攻击与防御。其结果可能会出现如下几种情形：其一，法官的临时性心证为——原告主张的待证事实能否成立处于不确定状态，而法官的终局性心证为——原告主张的待证事实能否成立处于确定状态，即能够得以成立，或者不能得以成立；其二，法官的临时性心证为——原告主张的待证事实能否成立处于确定状态，而法官的终局性心证为——原告主张的待证事实能否成立处于不确定状态；其三，法官的临时性心证为——原告主张的待证事实能否成立处于不确定状态，而法官的终局性心证为——原告主张的待证事实能否成立处于不确定状态；其四，法官的临时性心证为——原告主张的待证事实能否成立处于确定状态，而法官的终局性心证为——原告主张的待证事实能否成立处于确定状态，即能够得以成立，或者不能得以成立。

在独任制审理条件下，独任法官常常因为在上述第二种情形和第三种情形中出现

---

[1] 郭春雨："如何让法官心证说服当事人"，载《人民法院报》2016年5月21日。

不确定的心证而感到纠结和苦恼；而在合议制审理条件下，如果一个法官出现积极（肯定型）的确定性的心证，另一个法官表达消极（否定型）的确定性的心证，第三个法官为不确定性心证时，则相当于合议庭的整体心证处于不确定状态。合议庭的这种整体不确定状态下的心证往往会被视为合议庭成员在事实认定上出现了严重分歧。另外，在法律适用等问题上也会出现相同情形，也同样被习惯性地认为是合议庭成员在法律适用问题上出现严重分歧。这种所谓在专业上的"严重分歧"往往被界定为属于"疑难、复杂"案件的范畴。目前，在我国的审判实践中，当合议庭成员的心证在认定事实、法律适用问题等方面出现上述严重分歧时，往往是引入外力的干预来解决这种分歧和矛盾。在现有的法院体系内，这种外力的干预包括审判长联席会议、专业法官会议、审判委员会等。[1]当然，我国尚处于社会转型时期，法院内部的适当个案监督还有存在的必要，但是，必须建立在合理范围之内。从真理的相对性角度来看待这一问题，无论是在认定案件事实上所出现的不确定性心证，还是在适用法律上所出现的不确定性心证，均为正常状态。在合议庭成员之间就这些问题所出现的分歧也应当以正常的心态来应对。从技术上来看，在认定案件事实上所出现的终局性心证为不确定性心证时，即表明案件事实处于真伪不明状态，按照客观证明责任法则作出裁判即可；而在适用法律问题上，应当坚持"法官知法"的法则，尽可能由直接参与案件审理的法官作出独立的判断。当然，基于我国目前基本国情的考虑，在坚持这一原则的同时，作为有一种特别例外，可适当考虑采用引入外力干预的必要方式，但也应将其限制在尽可能小的范围之内。

（四）关于合议制条件下法官的心证问题

与独任制法官心证相比，在审判实践中，合议制条件下法官的心证出现的问题较为突出。

目前，在我国采用合议制审理案件，比较突出的问题是，合议制审理方式不能发挥预期的功能和作用，存在严重的"形合实独"现象。[2]这种现象主要表现在，在庭审前，合议庭全体成员并不参与阅卷，仅由承办法官单独阅读卷宗，而省略了向合议庭汇报案情或由合议庭其他成员直接阅卷的环节。其结果是从接触案卷材料形成心证的初始阶段起，仅由承办法官对涉及案件有关问题形成心证，在开庭前，其他合议庭成员对于案情少有了解，甚至一无所知，如果其他合议庭成员对案情有所了解的话，也主要是依赖承办法官阅卷后所形成的心证。按照现行的规定，审判长负责对合议庭成员进行庭审分工，但是在实际办理案件过程中，不少基层法院"案多人少"的矛盾

---

〔1〕　2015年9月21日，《最高人民法院关于完善人民法院司法责任制的若干意见》第24条规定："对于疑难、复杂且在社会上有重大影响的案件，院长、副院长、庭长有权要求独任法官或者合议庭报告案件进展和评议结果。院长、副院长、庭长对该案件的审理过程或者评议结果有异议的，不得直接改变合议庭的意见，但可以决定将案件提交专业法官会议、审判委员会进行讨论。院长、副院长、庭长针对上述案件监督建议的时间、内容、处理结果等应当在案卷和办公平台上全程留痕。"

〔2〕　周小化："浅议合议制决策功能的实现及完善"，载 https://www.chinacourt.org/article/detail/2013/08/id/1054086.shtml，最后访问时间：2019年9月22日。

比较突出，由于案件数量增多，庭审不断增加，如果要求合议庭成员全程参与案件的审理难度较大。现有的承办人制度决定了每位法官大部分精力都应专注于完成自己的繁重审判任务，很难顾及他人主审的案件，因此个案的实际处理主要由承办法官一人承担。因为每一个合议庭成员在不同的案件中都有担任承办法官的机会，确实难有更多的时间和精力来关注其他合议庭成员承办的案件。根据有关规定，合议庭成员在进行评议时，应当认真负责，充分陈述意见，独立行使表决权，不得拒绝陈述意见，或者仅作同意与否的简单表态，即使同意他人意见的，也应当提出事实根据和法律依据进行，分析论证。但是，在审判实践中，当合议庭在就案件进行评议时，受传统文化当中"以和为贵"思想的影响，即使其他合议庭成员对案件有自己独立的看法或不同心证，但忌惮于得罪承办法官，基于在自己承办的案件当中亦会得到对方作出对等"回应"或相应"报复"等顾虑，其可能要么保持沉默，要么提出一些"不疼不痒"的建议。久而久之，合议庭成员各自承办的案件几乎成了每位承办法官独享心证权力的"自有领地"，合议庭难以发挥预期的专业分工、集体智慧等功能，承办法官一人在庭审过程中形成的心证就能够堂而皇之地成为合议庭成员集体作出裁判的来源和根据。

另外，在我国目前的庭审过程中，"重实体、轻程序"的观念依然影响着一些合议庭成员的思维方式，注重程序就是应当注重开庭审理的实际过程。开庭审理主要分为法庭调查和法庭辩论两个阶段。这两个阶段都离不开法庭的调查询问。法庭询问或者向当事人发问是法官实施法庭调查权的具体表现，也是体现法官心证公开的主要方式。法庭询问是法官与当事人就案件当中所涉及证据问题、事实问题和法律问题等进行交流的重要途径，它有利于双方当事人了解法官所关注的问题，及时掌握法官心证活动的基本动向。采用合议制审理方式，具有"纠错""修偏""平衡"的功能，因此，应当使得庭审过程成为形成心证、不断修正和完善心证乃至于固定心证的主要场域。但在审判实践中，一些合议庭成员存在"陪而不审""合而不议"的现象，大部分都采用由审判长或承办法官一问到底的方式，其他合议庭成员只看不问，有的表现得心不在焉。也就是说，其他合议庭成员并未实际参与整体心证形成的过程。由于行政、人情以及成员固化等外在因素的影响，合议庭成员只是在形式上参与了案件的审理，但是实质上不能独立、自由表达意见，也就是无法站在不同的角度运用集体的智慧形成统一的、科学的、严谨的、全面的、合理的心证。

（五）一审法官心证与上诉审法官心证之间的关系问题

从世界范围来看，有的国家在民事诉讼中实行三审终审制，有的国家则实行两审终审制。其中，两审终审制当中的一审（又称初审）和二审（又称上诉审），既是事实审，又是法律审；三审终审制当中的一审和二审在发挥的作用和功能上与两审终审制大致相同，而其第三审则为法律上诉审。由于一审属于基础审，它是产生上诉审（二审或第三审）的前提或基础，上诉审法官的心证是在对一审法官心证进行审查、复核、验证的基础上产生的，二者之间所产生的基础和条件不同，并且又具有相互独立性，因此对一审法官心证与上诉审法官心证进行划分具有重要的意义。

从各国的情况来看，将第二审程序作为上诉审程序所采用的模式主要有三种基本类型：更新主义（即复审制）、限制主义（即事后审制）和续审主义（即续审制）。根据更新主义，第二审法院应当全面地重新收集一切必要的诉讼资料，当事人也可以不加限制地提出新事实及新证据，并在此基础上作出裁判。根据限制主义，第二审法院应当专注于审理一审法院的裁判内容及其诉讼程序有无错误，因此只能以一审所采用的诉讼资料及当事人的主张作为审查的对象，禁止当事人在二审中提出新事实及新证据。而根据续审主义，第二审是一审的继续和发展，因此第二审的诉讼资料并不限于一审原有的诉讼资料，当事人在二审中还可以提出新事实及新证据。当论及和评价上述三种模式的科学性、合理性和可行性时，很难说有一个统一的标准，主要取决于有关国家的具体国情。但无论如何，很少有国家会考虑采用第一种模式，这是因为，在复审制条件下，二审法院的心证可以完全置一审法院的心证于不顾，应重新寻找切入点，全面地收集诉讼资料，导致司法资源的浪费。加之当事人可以不加限制地提出新事实及新证据，增加了当事人的诉讼成本，造成当事人轻视和不尊重一审庭审过程，相当于使二审与一审的作用和功能同质化。

从我国目前正处于社会转型时期的具体国情来看，第二种模式和第三种模式也不完全适合。这是因为，在事后审制条件下，虽然强调二审法院仅应专注于审理一审法院的裁判内容及其诉讼程序有无错误，但是这种制度模式对于司法环境的成熟性和法官的素质有相当高的要求，而我国大量的二审案件是由各地中级人民法院审理，相对于高级人民法院和最高人民法院而言，中级人民法院法官的理论水平、业务能力偏低，其社会的认同度和信任度以及法官的现状还不足以使其受到社会的普遍尊重。[1]另外，其对地方保护主义和外来干预主义的抗干扰及抵御能力也往往会引起社会的普遍担忧。因此，这些现象和因素难以有效保障二审法院的审判质量。在审判实践中，出现错误、偏差及不当之处的概率明显较高。如果第二审只能以一审所采用的诉讼资料及当事人的主张为审查的对象，完全禁止当事人在二审中提出新事实及新证据，将不利于二审程序发挥纠错和监督功能，不利于对当事人进行必要的程序性救济。而在我国目前所实行的续审制条件下，将二审作为一审的继续和发展，导致二审采用的诉讼资料几乎不受一审原有诉讼资料的限制，并且，当事人在二审中还有权提出新事实及新证据。对我国而言，这种模式的弊端主要表现在，当事人有权提出新的事实和新的证据，甚至还能提出新的主张不利于诉讼当事人将一切必要的时间、精力和资源全部投入于一审程序，不尽合理地提升了诉讼当事人将二审程序作为改变一审程序不利局面的预期，并且有可能使一审法官在穷尽一切必要的可能性条件下所形成的相对正确、合理的心证在二审程序当中受到质疑并处于不安定状态，使得一审法官的工作热情和事业心受到挫伤。因此，为了有利于促进司法公正以及诉讼效率，第二审程序的基本功能和目的应当仅限于对一审法院心证的正确性、合理性和妥适性进行审查和复核。其具体的

---

〔1〕　参见常怡主编：《民事诉讼法学》，中国政法大学出版社 2008 年版，第 482~483 页。

审查和复核对象包括事实认定、法律适用及诉讼程序三个方面，二审所采用的诉讼资料原则上应当以一审所采用的为限，除非认为确有必要，否则不接受新的事实和新的证据。因此，较为适合目前我国具体国情的是上述第二种和第三种模式的折中，即有限的续审主义或有条件的限制主义（或称有限的限制主义）。也就是说，在二审程序当中，如果二审法院发现一审法院所形成的心证的瑕疵较为明显，且主要是由当事人的原因所致，在二审中所采用的诉讼材料应当以一审采用的诉讼材料为限，并且原则上禁止当事人提出新的主张、新的事实和新的证据。如果二审法院发现一审法院所形成的心证的瑕疵较为明显，且主要是由法院的原因所致，在二审中所采用的诉讼材料就不应当以一审采用的诉讼材料为限，并且应当允许当事人提出新的主张、新的事实和新的证据。如果二审法院发现一审法院的心证的瑕疵较为明显，其中既有法院的因素，也有当事人的因素，原则上也不应以一审采用的诉讼材料为限，并且应当允许当事人提出新的主张、新的事实和新的证据。

第三节　法官心证的基本性格

一、探索法官心证基本性格的要义

长期以来，民事诉讼法理论主要集中于强调保障当事人在诉讼上当事人之间的平等地位和平等权利，欠缺从诉讼主体地位的角度来保障当事人与法院之间的平行关系结构。尤其是大陆法系诉讼模式习惯性地将当事人的主张、事实陈述和法律观点等作为庭审调查的客体，并且通过采取让当事人之间就证据问题、事实问题、法律问题及程序问题等发表质证意见、辩论意见等方式进行交流。然而，这种严格意义上仅限于当事人之间的交流，并不足以保障这些司法信息在系统结构内正常传导与流通的循环性，其主要"瓶颈"与"栓堵"来自于法官心证的自我封闭性。

"诉讼是以行使审判权的法院和接受其审判权的双方当事人成为主体，由这些主体之间所为的种种行为积累起来达到其目的，所以诉讼采取了程序的形态。"[1]诉讼过程是法官与双方当事人相互之间通过有效的司法信息传递产生相互交流而形成裁判的过程。其中，司法过程是法院与当事人之间、当事人与当事人之间以及当事人与法院之间的三种形态互动与交流关系的反映。只有这种三种形态互动交流模式并存与互联互通，才能有助于司法信息在三者之间发挥系统性循环传导的程序功能。解决纠纷要在发现真实与尽可能降低诉讼成本之间取得平衡点，实践中，降低诉讼成本的切入点主要取决于法官在就某项待证事实获得必要心证之后，如何尽快以适当方式，将此信息转达给有关一方当事人。同时，也有助于敦促另一方当事人及时作出必要反应，进行相应的、必要的攻击与防御。

从司法实践上来看，现行民事诉讼法理论及现行法仅强调法院与当事人之间、当

---

〔1〕〔日〕兼子一、竹下守夫：《民事诉讼法》（新版），白绿铉译，法律出版社1995年版，第5页。

事人与当事人之间的互动与交流，忽略了当事人与法官之间的互动与交流。因法院处于中立裁判者地位，在逻辑关系上，法院与当事人之间是一种正向交流，当事人与当事人之间是一种平行交流，而当事人与法院之间是一种反向交流。由于当事人与法院之间这种反向交流的缺失，无法建构起"回应型"的审理与裁判模式，法院通过程序机制从双方当事人方面获得的司法信息进入其心证体系之后，未能有效地将经消化、分解、吸收后的心证内容及时反馈给双方当事人，以至于形成了法院与当事人之间单向交流的格局。这种现象产生的根源在于法官心证的封闭性，从而影响了法院与当事人之间形成一种正常、健康、有益的平行互动与交流关系。从交流机制上来讲，法院是通过法官的心证来往于当事人之间，进行反向交流与互动的，由于法院与当事人之间这种反向交流与互动的渠道不畅，导致法院与当事人之间的司法信息不对称，从而直接影响了法官与当事人之间在诉讼上的对话与沟通，同时反过来也给当事人之间的相互交流（攻击与防御）形成掣肘。由于在诉讼过程中当事人未能及时接受到来自法官心证反馈的信息，那么必然导致当事人之间在诉讼上的攻击与防御处于空转状态，诉讼程序的持续性推进会失去方向感与动力源，当事人之间的法庭辩论只能处于初级形态，因失去有效的针对性而无法在必要的深度与广度内展开。事实上，诉讼程序各个阶段的主导、运行与推进都是以法官的心证来发挥杠杆和调节作用的。"法官在任何特定的案件中所作出的裁决，并不取决于法律体系中的特定规则，而是取决于法官对案件事实所做的特性提炼和类别归属。"[1]正是由于法院通过就事实认定或法律适用等方面在不同的诉讼阶段获得的临时性心证向双方当事人适时披露，引导双方当事人据情进行必要的攻击与防御，不断地推动着法院的司法判断活动或有关结论逐渐描绘出终局性心证的裁判蓝图。再则，这种引导促使双方当事人不间断地掌握主张、抗辩、陈述、事案解明、举证与辩论的方向，有助于节约司法资源和降低当事人的诉讼成本，增强双方当事人与法院之间的互信。

长期以来，法官心证的封闭性似乎被一种神秘色彩所掩饰，然而，在现代社会强调司法公开的历史背景下，有必要对于法官心证的基本性格进行探讨与研究，以利于对其基本属性和内在规律进行认识、识别与塑构。

二、法官心证基本性格的展开

根据司法公开以及程序正义的基本要求，在诉讼上，法官心证具有以下基本性格：

（一）适时性

所谓法官心证的适时性，亦被称过程性，是指在诉讼终结前的各个阶段，法官的心证对于来自双方当事人的有关事实陈述、诉讼材料、证据资料、辩论意见以及法律观点等均有听取、评价、斟酌、采纳的过程性机能。同时，因诉讼各个阶段的分工与职能不同，法官心证的适时性也是由诉讼的阶段性所支配的，即诉讼的推进系不断游

---

〔1〕　〔美〕理查德·瓦瑟斯特罗姆：《法官如何裁判》，孙海波译，中国法制出版社 2016 年版，第 26 页。

离于法官不同心证状态的反映。

法官心证的适时性体现的是，在个案的审理当中，法官心证的形成针对个案的特点有一个逐渐摸索、知识沉淀、经验积累、信息捕捉、逻辑推理、合理性判断的过程。即每一个诉讼阶段都会具有相应的法官心证。例如，法官最初的心证通常是在查阅过当事人在庭前提交的诉讼文件和证据材料后形成的，如果实行庭前证据交换或召开庭前会议的话，在此阶段也会形成与前期不同的心证。不同诉讼阶段决定了法官心证的形成绝非系一次性形成的，而是一个具有多轮次的反复性和递进性的过程。

法官心证的适时性取决于以下几方面的原因：第一，从时间段上而言，有狭义与广义之分。其中，就狭义的时间段而论，法官心证的开启、演变、形成直至固定，始于接受案件材料之日直至庭审终结之时。从严格意义上而言，法官心证的适时性应限于这一时间区间。但是，在审判实务上，法官心证的形成与裁判文书内容的形成并非共享同一个时间段。一般而言，在采用独任制审理方式时，独任制法官心证形成的情形较为单一，法官心证的形成与裁判文书内容的形成共享同一个时间段的情形较多，可能性也较大。然而，在采用合议制审理方式时则不然，因为即使庭审终结，但不同的法官之间可能会存在不同的心证。因此，在许多情况下是采用折中或者相互妥协的方式就事实问题、证据问题以及法律问题所涉及的心证达成一致。另外，合议庭成员即使能够达成一致，当具体落实到裁判文书上时有时也会出现新的问题，而不得不在合议庭成员之间就裁判文书的内容重新协商，力求达成一致。因此，在庭审终结之后，法官的心证仍有可能发生变化，当然，这种变化属于一种特别的例外。在庭审终结之后，法官心证仍有可能发生变化，这就属于广义上的时间段。第二，法官心证的适时性还应包括心证获取信息、情报、资料的来源及渠道。在此方面也有狭义与广义之分。就狭义而言，法官心证获取信息、情报、资料的来源及渠道通常应仅限于在诉讼过程中所涉及的当事人以及信息、情报、资料的持有人。但就广义而言，它还包括法官在职务上或本人在生活上所获知的有关知识、信息、情报、资料等等。因为法官也毕竟是社会之人，并非生活在真空之中，特别是社会常识、原理、常理、人情世故、交易习惯、经验法则等，在无形中会对法官心证的形成和演变产生直接或间接的影响。第三，在审判实务上，法官心证的形成是按照特定的时空顺序和程序的阶段性不断推进的过程。例如，在初步接触双方当事人的诉讼材料和证据资料之后，法官要对如何开庭以及如何形成正确、客观、全面的心证进行规划和设计，将审理思路在庭审询问提纲当中加以体现；如果采用庭前会议或者证据交换等庭前审理方式，法官要在当事人提出的诉讼请求、事实主张和证据资料的基础上整理争点、确定案件的审理范围。在正式庭审过程中，法官要在证据调查和事实调查过程中通过调查询问等方式就事实问题、证据问题以及法律适用问题公开其心证。在法庭辩论阶段，法官可通过行使阐明权就事实问题、证据问题以及法律适用问题等向当事人表明其忽略、误识、遗漏、偏颇之处。可见，上述各诉讼阶段所涉及的庭审询问提纲、争点整理意见、法庭调查询问以及行使阐明权等均为法官公开心证的载体或方式。这也是法官心证适时性的突出体现。

（二）临时性

临时性是一种暂存的时间状态，它所要表达的是一种事物及形态随时等待改变或被替代的节点性化身。所谓法官心证的临时性，是指法官心证在逐步形成、演变过程中直至裁判文书形成之前，其心证对原有内容的适时可变性。在许多情况下，心证的这种临时性表现为多种可能性之间的相互关系结构。也就是说，在双方当事人的攻击与防御架构下，就事实问题、证据问题或者法律问题等，法官的心证就其中某一问题存在多种选择的可能，受各种主客观因素的影响，每一种可能都具有可变性。因此，在诉讼的各个阶段，不能排除法官的一种临时性的心证转变为另一种临时性的心证，或者某一种临时性心证的成长轨迹出现了某种变轨现象。

法官心证的临时性主要是由诉讼程序的阶段性以及有关程序所设定的价值目标所决定的。当法官向当事人公开其心证时，通常会以适当方式习惯性地暗示这种心证仅处于暂定状态而并非最终的结论，[1] 以鼓励当事人积极地协助和配合法官在后续阶段改进、完善、充实或者改变对其不利的心证。

法官心证主要包括法官对待证事实的认识、证据评价以及法律适用的意见等内容，法官心证的临时性是由法官心证形成过程的特殊性所决定的：第一，当事人程序性权利保障体系。当事人的程序性权利的多元化格局及其实际行使，是法官心证最终形成裁判的必要条件。这种权利组合体如同过滤装置，系法官临时性心证转化为终局性心证的必经之路，也是铸成约束和制衡法官心证的天然法律程序屏障。同时，诉讼的阶段性为当事人适时行使这些程序权利来调整、限制或改变法官的心证提供了巨大空间。第二，心证的形成是一种不断改进、完善的过程。在诉讼过程中，法院所公开的应当是各该审理阶段所形成的暂时的心证。因为心证度的高低是受审理过程所呈现的心证形成资料的质量等因素所左右的，具有相当的变动可能性。所以，在当事人对于法官所公开的心证有所回应而提出资料之后，法院才可能再修正其认识判断。不过轻率的心证公开，也有招致误会或伤及司法权威之虞，因此法官应在审慎研判各审理阶段所收集的资料之后，才能够公开其暂定的心证。而且，法官在事后发现其认识判断存在偏差、谬误、不当时，自应做出适切的修正，法院如果事后形成与其已经公开的心证不同的心证，还应以适当方法（暗示、婉转、间接等类方法）赋予双方当事人再加讨论的机会，[2] 以尽可能保证心证的正确性、合理性和妥当性。第三，双方当事人的意见博弈与对抗性。为双方当事人就某一待证事实及其法律适用提供攻击与防御的机会，就有可能不断地接近于对案件真实的发现以及更加准确地适用法律，最大限度地接近"客观"意义上的事实真相与寻求、发现"法"即"权利"之所在。然而，双方当事人为实现其诉讼利益，其所投入的时间、精力及其他成本的努力并非是无限的，而是

---

〔1〕　参见［日］岩佐善已等「民事訴訟のプラクテイスに關すのるの研究」（一九八九年）二頁以下，转引自邱联恭：《程序制度机能论》，三民书局 2002 年版，第 237～238 页，注三三。

〔2〕　参见姜世明：《民事程序法之发展与宪法原则》，元照出版有限公司 2009 年版，第 129 页。

相对有限的，只要法官能为双方当事人提供攻击与防御的机会，除非其中一方无法继续下去，否则法官只能以此为终点，将其临时心证转换为终局性的心证，在双方当事人均对裁判的结果有必要预期的条件下作出。第四，证明标准决定了法官内心确信的程度。对某待证事实的证明标准在实践中表现为心证的程度，究竟对某一待证事实需要何种证据以及何种数量的证据才能够达到其最低限度的证明标准，在何种情况下，法官就此获得内心确信。在出现对方当事人的抗辩与反证或反驳性陈述之后，很可能致使法官就该待证事实原已形成的内心确信受到实质性的削弱，故此，法官在庭审过程中的心证往往具有临时性质。

（三）开放性

所谓法官心证的开放性，是指法官的心证在向当事人公开的基础上，对于法律允许当事人提交的一切诉讼材料、证据资料、事实陈述、辩论意见、法律见解等具有的斟酌、评价、研判、接受、采纳的一种程序属性。

法官心证的开放性是一种程序上的性格，它源自于当事人的辩论主义、法官的自由心证主义以及正当诉讼程序主义之间的有机结合。在诉讼上，法官心证的开放性对于法官而言具有义务导向型功能，而对于当事人而言则具有程序权利保障的价值取向与应用功能。在诉讼的各个阶段，法官心证的开放性均具有适时性及持续性特点，是法官临时性心证中所可不可或缺的特性。

法官心证的形成是伴随着审理过程的不断推进而得以持续的过程，在此过程中，法官心证以其特有的方式不断向双方当事人发出各种信号和信息，也不断接收到来自双方当事人的反馈信息。这种司法意义上的信息交流不断充实、调整、修正法官心证的内容，以此来保障终局性心证的正确性、合理性和稳定性。

在诉讼上，法官心证的开放性是由以下因素所决定的：第一，诉讼程序的公开、透明是保障法院裁判合法、有效性的前提条件。诉讼程序的公开、透明最终应当体现为司法过程的公开、透明，而这一问题的主题应当量化为法官心证的公开，而法官心证的开放性是法官心证与外界所展示的一种持续性状态。第二，法官心证的开放性是与法官心证的封闭性相对而言的，法官心证的封闭性是封建社会司法专横的主要特征，它旨在以发动突袭性裁判的形式剥夺当事人的程序保障权，是与现代司法理念与正当程序原则相背离的。在当今的社会条件下，如果一味推行法官心证的神秘主义，将对提升司法公信力造成极大的妨碍。第三，在审判实务上，法官心证的开放性并非取决于人的主观认识和理性选择，而是一种审判规律的体现。坚持法官心证的开放性有利于杜绝心存偏见、先入为主的审判陋习，有利于剔除法官心证中的谬误、改正法官心证中的偏差以及弥补法官心证中的不足。

（四）可塑性

所谓法官心证的可塑性，是指在诉讼过程中法官对于待证事实、证据评价及法律适用等主观认识因在不同的诉讼阶段适时受到当事人陈述的意见、提交的证据资料以及法庭就证据调查和事实调查获得新的认识等影响而不断发生改变、修正与完善。在这一过程中，法官的心证始终处于被重新塑造的状态。法官的临时心证具有可塑性，心证的形成过程可以被理解为临时心证的产生、发展、变化、固定的过程，系临时心证逐渐成熟并走向终局性心证的过程。

为了保障心证的正确性、客观性与妥当性，在审理过程中，法官具有一种天然的求证心态，即冀望公开其心证，让双方当事人在透明化的状态下就事实问题、证据问题和法律问题开展攻击与防御，以此来验证其心证本身是否存在偏差，以求改进与修正。可见，法官的心证内容并非是一成不变的，而是具有相当的可塑性的。

法官心证的可塑性是由以下几方面决定的：第一，"审判过程是并且始终是一个由人主导的过程，因此错误是不可避免的"。[1]人在主观上对于客观事物的认识存在谬误和偏差本身就难以避免，况且，法官作为法律专家面对的客体（即法律纠纷）属于一种非常特殊的专业领域，因为参与诉讼的双方当事人存在利益冲突与程序对抗，法官必须穿梭往来于双方当事人各自就事实问题、证据问题和法律问题等所塑造的几乎完全相反的空间和领域当中，以寻求合理性与正当性。这使得法官完全不像自然科学领域的专家那样只面对从已知到未知的单纯议题。第二，法官心证所具有的可塑性表明其具有可被辩驳性和可被批判性。在诉讼过程中，法官对于事实问题、证据问题以及法律问题等的认识在起点时段显得较为粗糙，随着程序的推进，不断迎接来自双方当事人的挑战与角力，心证的外在造型与内在品质不断发生改变与重塑，唯有诉讼的终结才意味着这一过程的终止。法官心证所具有的这种可被辩驳性和可被批判性，事实上为法官心证不断被更新和完善提供了必要的前提和条件，使其内容不断去伪存真。对此，邱联恭教授指出，法官形成心证的过程及就裁判得出的结论，可能隐含谬误或偏差。对此，并非不可能经由法官以外的人在诉讼过程中及时提出主张、资料或意见，以适当的方式介入法官形成心证的认识过程而得到纠正或完善。[2]第三，在诉讼过程中，法官心证的形成并非是一次性的过程，它不得不经历双方当事人反复、多次拉锯式的诉讼博弈，逐渐被塑造其轮廓和造型并逐渐被刻画定型，这个过程"随当事人对心证形成活动或结果之信服度、信赖度，而发生变动并固定化"。[3]在这一过程当中，双方当事人都是法官塑造其心证的参与者，都是法官心证外形及内置的设计者。法官对于其心证的塑造不过是按照双方当事人各自提供的图纸和方案进行技术性处理和在有机性整合的基础上进行格式化创设的结果。

（五）可预测性

所谓心证的可预测性，是指最迟在最后一次言词辩论终结前，当法官形成对一方当事人不利心证时，应当以适当的方式使该方当事人对这种心证有所知晓和预判，以

---

〔1〕 ［美］杰罗姆·弗兰克：《初审法院——美国司法中的神话与现实》，赵承寿译，中国政法大学出版社2007年版，第105页。

〔2〕 参见邱联恭等："突袭性裁判"，载民事诉讼法研究基金会编：《民事诉讼法之研讨》（一），民事诉讼法研究基金会1980年版，第35页。

〔3〕 参见邱联恭：《程序制度机能论》，三民书局2002年版，第42页。

便展开必要的攻击与防御。

"民事诉讼可以说是一种程序现象。而民事诉讼法是以这种程序现象作为规范的对象，因此存在着强烈的程序安定之要求。"[1]可见，心证的可预测性是由诉讼程序的安定性所决定的，其主要目的在于保证有关当事人及时行使辩论权，就法官有可能对一方当事人形成不利的心证，及时赋予其攻击与防御的机会，防范突袭性裁判的发生。对此，姜世明教授指出，程序法律安定性所表达的意义在于利用法律制度的民众对于法律及制度得有预测性、可估计性，对其应承受的风险及成本也能够加以计算，并具有信赖制度及贯彻法律平等性的意义。[2]

法官心证的可预测性主要包括预知和预判两项基本内涵，它是一种权利属性，即在终局性心证形成之前，有关当事人对于这种临时性心证的主要内容应享有合理预知与应用施策的权利。"通过民事诉讼的解决，应当是一种遵照实体法规并在程序上保障让应胜诉者获胜的解决。因为，当这种意义的解决获得保障时，私人可以预测裁判的结果，并使自律地依据实体法基准来规范相互生活关系成为可能，进而使社会生活整体得以安定。"[3]"诉讼法提供选择权的事实，并不意味着关于诉讼问题的司法裁决必定是不可预测的。"[4]在言词辩论终结前，在法官的心证仍处于临时性状态时，应当使当事人能够充分预测法院在事实认定、重要证据分析以及适用法律上所持有的基本见解和认识，以保障当事人在能适时提出充分资料、陈述必要意见以及证据分析的情况下，得到法院的裁判。

目前，在我国的审判实践中，法院形成的裁判性心证系在当事人一边摸索法院的心证活动，一边提供诉讼资料和证据资料的情况下发生的，而法院并不顾及当事人的这种心证摸索行为，以至于当事人因其采取这种暗中心证摸索而提供的诉讼资料与证据资料最终并未发生预期的效果，进而对法院的裁判产生怀疑和不满。这种质疑和不信任的直接结果就是迫使当事人继续寻求更高层级的司法救济。

有学者认为，为了达成值得当事人信赖的心证结果以及防止发生发现真实及促进诉讼的突袭，应当使当事人能预测法院的审理状况（含心证作业的形成），以便取信于当事人，应当以基于心证公开（Überzeugungsaussprechen, Offenbarung der Beweiswürdigung）的讨论及法官表明法律上的见解后的法律上的讨论（Rechtsgespräche）为必要前提。[5]为双方当事人的诉讼攻击与防御创设可预测性的空间，不仅能够避免法院作出突袭性裁判，同时也有助于法院在事实认定上更加接近实质上的真实，借以化解和改善法院与当事人可能存在的紧张关系，建立一种司法互信，即使最终出现的是一种对其不利益的裁判结果，亦会有利于增加其可接受度，因为至少在产生这种结局的过程上其是

---

〔1〕 [日]新堂幸司：《新民事诉讼法》，林剑锋译，法律出版社2008年版，第38页。

〔2〕 姜世明：《民事诉讼法基础论》，元照出版有限公司2006年版，第13页。

〔3〕 [日]新堂幸司：《新民事诉讼法》，林剑锋译，法律出版社2008年版，第7页。

〔4〕 [英]J. A.乔罗威茨：《民事诉讼程序研究》，吴泽勇译，中国政法大学出版社2008年版，第56页。

〔5〕 参见邱联恭：《程序制度机能论》，三民书局2002年版，第39页。

令人信服的。因此，法院的这种心证公开的模式不但对自由心证主义不构成背离，反而有助于其多元功能性的实现。司法裁判的内在性目的是定纷止争，而外在性的目的在于借助于裁判来树立法律的权威与司法的公信力。

三、法官心证基本性格的程序魅力

法官的心证是法官司法人格的体现，并且能够体现强烈的时代色彩与音符。传统司法理念往往从国家治理的角度来设定法院与诉讼当事人之间的垂直性关系，以家长式的管理模式将法院的职权凌驾于当事人的诉讼权利之上，在诉讼过程中，法官的心证始终秘而不宣，如暗箱操作。然而，随着社会的发展与时代的变迁，现代司法以坚持依法治国和司法公开为己任，强调法院的职权与相应义务及司法责任的对应性，同时倡导司法民主化与诉讼主体地位平等原则，在法律上为当事人提供各项程序性权利保障，促进法院与当事人之间平行交流关系的形成。其结果是，法官心证的公开为司法公开的践行开辟了广阔的视野与空间领域。

在现代司法理念架构下，法官心证的公开是由法官心证的基本性格所决定的，这些性格包括适时性、临时性、开放性、可塑性和可预测性。这些基本性格对于程序的转型正义具有决定性的涵摄力和影响力。其主要表现在以下几方面：

（一）法院与当事人之间双向互动型对话模式

在传统的民事诉讼架构下，由于受旧时"官本位"观念的影响，法官倚仗权势，不能容忍将当事人视为平等主体的一部分。因此，在心理上独霸心证，将心证作为权力不可分割的一部分而拒绝与当事人分享。在审判上，法官的心证基本上是处于自我封闭状态，在裁判作出之前，法官极端排斥与当事人之间就事实问题和法律问题等进行交流，突袭性裁判随之成为一种常态。在过去那种时代背景下，法官心证不可能具有适时性、临时性、开放性、可塑性和可预测性等代表现代司法文明特征的基本性格。

但是，在新的历史条件下，即使从公权力出发，法官也没有必要将具有公共属性的心证视为一种私人藏品而占为己有。在公平正义和司法公开的理念主导下，法官应当将其心证作为一种公共产品。"有关民事诉讼程序运转的法律规定实际上是与对话规则和对于理性论证程序的要求相一致的。"[1]在诉讼的各个阶段，法官都会采用平等对话的模式，与双方当事人在攻击与防御的架构下共同创造心证并共同享有心证。

在诉讼活动中，这种双向互动型对话模式是社会转型正义的一种时代性标志。因为在此之前，法院与当事人之间是一种调查与被调查的单向型关系模式，在这种关系结构下，法院还不能将当事人完全接受为一种平等主体，因此，当事人还不是法院的平等对话伙伴。但是，随着社会的变迁，这种局面被打破，因为人们认识到，"程序的本质特点既不是形式性也不是实质性，而是过程性和交涉性"。[2]"法院越是公开坦率

〔1〕［德］彼得·戈特瓦尔特等："法官的裁判和理性的论证"，载［德］米夏埃尔·施蒂尔纳编：《德国民事诉讼法学文萃》，赵秀举译，中国政法大学出版社2005年版，第482页。
〔2〕季卫东：《法律程序的意义》（增订版），中国法制出版社2012年版，第32页。

地表达其法律观点并且对其加以讨论，就越能符合目标地完成讨论。如果法院像在证据指示的最初实践中一样只是给予当事人'加密的'说明，那么不仅会造成参与人浪费更多的时间来解密说明，也存在当事人误解法院的危险。"[1]因此，法院与当事人之间的双向交流才能有助于打破各方信息不对称的格局。无论是何种形式的交流或对话，从来都不可能仅走"单行道"。在形式上，法院与双方当事人进行交流与对话的对象是事实问题、证据问题、法律问题等。但在实质上，这种交流与对话的对象是法官的心证。因为在诉讼上，无论是从辩论主义还是处分权主义角度，当事人之间的攻击与防御的最终目的都是影响法官的心证。同时，正是基于法官的心证性格具有适时性、临时性、开放性、可塑性和可预测性，法官的心证会反作用于当事人之间的攻击与防御，然后，法官的心证有可能产生新的调整或变化。在诉讼终结之前，这种作用与反作用现象处于一种持续性状态。另外，值得注意的是，如果法官的心证性格是不可改变的、终局性的、不可预测的，那么也就不存在法院与当事人之间就心证进行交流、互动的必要和条件。

（二）从程序正义走向实体正义

在传统诉讼模式之下，权利人寻求救济，当事人主张的实体权益因缺乏必要的渠道而难以在公平正义的前提条件下转变为现实利益，这便形成了一种实体法上的"白条现象"。因此，仅仅依靠实体上的正义，就等于没有正义，"徒法不足以自行"，实体正义必须通过程序正义来实现。

在诉讼过程中，如果法官心证完全处于密不可知的状态下，就相当于阻塞了权利人通过程序正义实现其实体利益之路。因为在这种状态之下，法官心证的性格具有封闭性、终局性、排他性和不可改变性等特征，法官拒绝就事实问题、证据问题和法律问题等与当事人进行平等对话和交流，会使得心证的内容充满谬误、偏差、偏私、偏见、不妥或失当，以至于法官对于当事人主张所依据的事实和法律根据所存在的误解或误判无法得到排查，同时也会使得当事人对于法官的心证感到深不可测，从而无所适从、无法防备。缺乏程序正义的裁判必将毁损实体正义的基石。

"在辩论原则之下，当事者应该主张的事实如果因某种原因没有提出来的话，法院应当根据当事者的主张责任判定他败诉。但是，这种情况下，从其他证据等看来宣告未作主张的当事者败诉，常常包含着违反实体正义的危险。所以，法官这时就应该行使释明权，暗示当事者提出应主张而尚未主张的事实，或者促使他就某个问题进行举证。"[2]因此，法官心证应当具有适时性、临时性、开放性、可塑性和可预测性这些基本性格，它们是保障程序正义的基础。

----

〔1〕［德］鲁道夫·瓦塞尔曼："从辩论主义到合作主义"，载［德］米夏埃尔·施蒂尔纳编：《德国民事诉讼法学文萃》，赵秀举译，中国政法大学出版社 2005 年版，第 375 页。

〔2〕［日］谷口安平："民事诉讼的纠纷解决过程"，载［日］谷口安平：《口述民事诉讼法》，成文堂 1987 年版，第三章，转引自［日］谷口安平：《程序的正义与诉讼》（增补本），王亚新、刘荣军译，中国政法大学出版社 2002 年版，第 146 页。

近几十年以来，德国采用立法形式倡导法官心证公开主义似乎走在了世界前列。例如，根据《德国民事诉讼法》第139、273、278条的有关规定："主审法官必须确保双方当事人通过所有相关事实充分表明了自己的立场并申请了合适的动议；特别是补充了权利要求所依据的事实之不足的陈述，并展示了证据手段。为此，法官将和当事人讨论争议点，提出问题。法官还负有这样的责任，即确保当事人不会受到判决中某些发现的突袭，因此必须对准备的书面文件及当事人提交给法庭其他材料的不足之处给予充分的注意。以使当事人能获得补正案件不足的机会"。[1]同时，"《德国民事诉讼法》第278条第3款也禁止在法律适用时作出突袭裁判：法院必须提请当事人注意'其已经忽视的或者认为无关紧要'的对裁判重要的法律观点并且基于其发表意见的机会。"[2]其中所展示的基本法意无不与法官心证的基本性格有关。

（三）法官角色的转换

"法官的裁判只不过是行使国家权力的一种高雅的形式。"[3]法官心证的基本性格决定了在诉讼过程中法官心证成了一种公共产品或公共资源。这种公共产品和资源是法院与当事人在平等对话过程中生成和演绎而来的，导致法官的角色在诉讼过程中发生了转换。其不仅仅是心证的缔造者，在正义转型的条件下，对双方当事人而言，其首先只有成了心证展示者，才有资格成为解决双方争议的裁判者。因为，毕竟"对于正确性的心证是一个复杂的意见形成过程的结果"。[4]

在观察如何发生法官角色的转换过程中，应当关注的是，双方当事人在诉讼上的攻击与防御首先是说服法官形成对其有利心证的过程，然后是法官将业已产生的对双方当事人有利和不利的心证再与双方当事人进行讨论和对话的过程，也即说服当事人尽可能接受其心证的过程。在此过程中，"庭审自法庭对案件的争点介绍开始，主审法官简要陈述案件事实（有争议的和无争议的），争议的问题，并指出哪些系争点有待进一步的辩论和证明"。[5]"法官的指示可能促使原告陈述下面这样的事实：通过该事实将使另外一个诉讼请求得以具体化并且因此（根据二分肢的诉讼标的概念）引入一个新的诉讼理由，即新的诉讼标的。"[6]"根据《德国民事诉讼法》第139条第1款，法

---

〔1〕〔德〕达格玛·克斯特尔-沃尔特恩、阿德里安·A.S.扎克曼："律师在德国民事诉讼中的角色"，载〔德〕米夏埃尔·施蒂尔纳编：《德国民事诉讼法学文萃》，赵秀举译，中国政法大学出版社2005年版，第461页。

〔2〕〔德〕罗尔夫·施蒂尔纳、阿斯特里德·施塔德勒："法官的积极角色——司法能动性的实体和程序"，载〔德〕米夏埃尔·施蒂尔纳编：《德国民事诉讼法学文萃》，赵秀举译，中国政法大学出版社2005年版，第427页。

〔3〕〔德〕彼得·戈特瓦特："法官的裁判和理性的论证"，载〔德〕米夏埃尔·施蒂尔纳编：《德国民事诉讼法学文萃》，赵秀举译，中国政法大学出版社2005年版，第473页。

〔4〕〔德〕彼得·戈特瓦特："法官的裁判和理性的论证"，载〔德〕米夏埃尔·施蒂尔纳编：《德国民事诉讼法学文萃》，赵秀举译，中国政法大学出版社2005年版，第477页。

〔5〕〔德〕达格玛·克斯特尔-沃尔特恩、阿德里安·A.S.扎克曼："律师在德国民事诉讼中的角色"，载〔德〕米夏埃尔·施蒂尔纳编：《德国民事诉讼法学文萃》，赵秀举译，中国政法大学出版社2005年版，第460页。

〔6〕〔德〕罗尔夫·施蒂尔纳、阿斯特里德·施塔德勒："法官的积极角色——司法能动性的实体和程序"，载〔德〕米夏埃尔·施蒂尔纳编：《德国民事诉讼法学文萃》，赵秀举译，中国政法大学出版社2005年版，第418~419页。

官对判决的事实基础的影响限于下面这个范围：澄清有歧义的陈述并且在特定的范围内建议当事人补充。"〔1〕"法官在其指示义务（《德国民事诉讼法》第 139 条）的范围内，应当致力于让当事人提出'有益的申请'。就此而言，他应当促使当事人变更和补充申请。同时，《德国民事诉讼法》第 139 条第 1 款原则上允许法官提醒当事人注意没有清楚表述的或者是完全相互矛盾的实体申请，他可以建议当事人提出救助申请并且例如可以向原告指出：他不能单独要求向其为给付。"〔2〕上述这些体现法官公开心证的行为模式并非包含了实践当中的所有做法和范式。正如有学者所指出的那样："今天，法院承担着比不能轻易地从现行法律中看出的还要多的公开其法律观点的义务。"〔3〕但是，这些做法和范式都是法官心证基本性格的反映与重要载体。法官主持审判并就其心证的形成和完善与双方当事人展开对话与交流毕竟是一个充满挑战性的与法律专业、程序技术有关的复杂过程。因此，在此过程中，法官不仅是心证的展示者，还应当成为心证的解释者和说明人。"案件可能非常复杂且涉及专门领域的问题，或者引起了解释上很困难的法律问题。在这些条件下，当事者与法官之间的意思沟通不够而引起法院未能充分理解当事者主张的情况很可能发生。如果这样，辩论原则显然就起不到预期的作用。简单说来，法官如果没有听懂当事者主张，就应该主动发出询问要求当事者回答，一直到自己真正理解了当事者的意思为止，这就是释明权所包含的第一方面的内容。这个方面的内容可以说是使辩论原则得以成立的前提，或者说是辩论原则的内在功能之一。"〔4〕

（四）诉讼关系结构的调整与优化

在传统民事诉讼条件下，由于法院常常处于居高临下的强势地位，将在诉讼当中产生的心证据为己有，由于法官心证围墙的构筑给当事人的心理蒙上了阴影，不但当事人与当事人之间存在着紧张关系，而且双方当事人与法院之间也存在着紧张关系。这种不健康的紧张关系会对公正、合理、有效地解决争议造成不利影响。这种双重的紧张关系使得法官的心证在法院与当事人形成了"背靠背"的局面。在心理层面，"背靠背"与"面对面"是一种完全反背的物理结构，因此当事人与法院之间的心理距离远远大于物理距离。很难想象在这种状态下法院作出的裁判能够符合当事人的合理预期。

而在程序正义转型条件下，"现在程序的基本特征是：处于平等地位的个人参加决

---

〔1〕 ［德］罗尔夫·施蒂尔纳、阿斯特里德·施塔德勒："法官的积极角色——司法能动性的实体和程序"，载［德］米夏埃尔·施蒂尔纳编：《德国民事诉讼法学文萃》，赵秀举译，中国政法大学出版社 2005 年版，第 423~424 页。

〔2〕 ［德］罗尔夫·施蒂尔纳、阿斯特里德·施塔德勒："法官的积极角色——司法能动性的实体和程序"，载［德］米夏埃尔·施蒂尔纳编：《德国民事诉讼法学文萃》，赵秀举译，中国政法大学出版社 2005 年版，第 419~420 页。

〔3〕 ［德］鲁道夫·瓦塞尔曼："从辩论主义到合作主义"，载［德］米夏埃尔·施蒂尔纳编：《德国民事诉讼法学文萃》，赵秀举译，中国政法大学出版社 2005 年版，第 375 页。

〔4〕 ［日］谷口安平："民事诉讼的纠纷解决过程"，载［日］谷口安平：《口述民事诉讼法》，成文堂 1987年版，第三章，转引自［日］谷口安平：《程序的正义与诉讼》（增补本），王亚新、刘荣军译，中国政法大学出版社 2002 年版，第 145~146 页。

定过程，发挥各自的角色作用，具有充分而对等的自由发言的机会，从而使决定更加集思广益、更容易获得人们的共鸣和支持"。[1]基于法官心证所具有的适时性、临时性、开放性、可塑性和可预测性等基本性格，在诉讼过程中，法官的心证作为一种公共产品和资源，可以供双方当事人充分利用，并实际参与法官心证的实际形成过程。其结果是：法官的心证处于法官与双方当事人这三种主体等距离的平行关系结构之中。因此，在理想主义者看来，"在民事诉讼中，法官与当事人之间存在着一种密切合作的关系。诉讼程序只有在法官和当事人的团结协作下才能够进行下去，并最终导致判决的产生"。[2]事实上，因法官的心证所展开的这种所谓"密切合作"的法院与当事人之间的关系是一种复合型关系：既包括当事人之间的诉讼对抗与利益竞争，又包括法院与双方当事人之间的诉讼合作关系。因此，有学者以更高的站位和更宏大的视野来看待这一问题的本质："毫无疑问，民事诉讼中法官与当事人相互之间的地位问题，是一切民事诉讼制度的中心问题，它揭示了民事诉讼与人类历史上对一些重要的政治、思想问题不断变化的解决方式之间的密切联系。"[3]

（五）可替代性纠纷解决机制

社会发展以及工业化所带来的直接后果是，各种民商事案件激增，法院办案压力不断加大，这成了各国在特定的历史条件下都曾遇到过的一种普遍现象。基于有限司法资源的投入与诉讼成本的不断提高以及司法万能主义不再受到人们的追捧，自从 20 世纪后半叶以来，各种可替代性纠纷解决机制或模式应运而生。

受到法官心证基本性格影响，在诉讼过程中，法官与当事人之间就心证展开对话与讨论，以对话协商代替诉讼对抗有利于改善当事人之间业已存在的紧张关系，同时也有利于增强法院与当事人之间的信任关系。"随着案件的逐步明朗，法官会和当事人进行讨论，并且有时会暗示一些关于该案可能结果的暂时性观点。因此，如果一个案件对一方当事人来说其请求是很脆弱或没有希望的，法官就会积极鼓励这个当事人放弃诉讼或者建议调解。"[4]实践证明，法官与当事人之间及时就心证展开对话与交流有利于当事人达成和解以及增加法院调解的概率，这已被许多国家的司法实践所印证。从这一方面来讲，如果拒绝公开心证，就等同于剥夺当事人的程序选择权。

第四节　法官心证公开的基本范围

一、法官心证公开基本范围的维度

所谓心证公开，是指法官将其在诉讼审理中（自研阅起诉状时起）就事实问题、

---

〔1〕　季卫东：《法治秩序的建构》，中国政法大学出版社 1999 年版，第 80~81 页。

〔2〕　［法］洛伊克·卡迪耶：《法国民事司法法》，杨艺宁译，中国政法大学出版社 2010 年版，第 389 页。

〔3〕　［意］莫诺·卡佩莱蒂等：《当事人基本程序保障权与未来的民事诉讼》，徐昕译，法律出版社 2000 年版，第 53 页。

〔4〕　［美］约翰·H. 朗本："德国民事诉讼程序的优越性"，载［德］米夏埃尔·施蒂尔纳编：《德国民事诉讼法学文萃》，赵秀举译，中国政法大学出版社 2005 年版，第 672~673 页。

证据问题及法律适用问题等形成的心证,在法庭上或程序进行中,向当事人或利害关系人开示、披露,使其有所知悉、认识或理解。

雷万来教授早些年并不赞同心证公开的这种提法。他认为,在裁判作出之前将法官的临时心证公开给双方当事人是欠妥的,尤其是将公开的范围扩及一切心证就更为不妥。其既会引起一方当事人的不满,又会为"司法黄牛"提供滋生环境。他主张以心证资料的公开代替心证公开。[1]如果将心证资料理解为产生心证的依据或者信息来源的话,其显然不能达到心证公开的预期目的。公开心证资料显然是明确划定了法官引用心证资料的范围,虽然它有助于明确法官在多大范围内排除那些与形成心证无关的资料,但是却无法排解当事人对法官为何做出这种取舍而产生的种种疑虑,更无法揭示法官是如何具体运用那些被认为具有价值的资料来作为形成其心证的基础的。因为在推理过程中和逻辑的空间里,不但不同的认识主体会基于不同的资料而得出不同的认识与结论,即使是相同或同一认识主体亦会基于相同的资料而得出不同的认识与结论。因此,公开心证资料与公开心证本身具有本质上的差异。

在英美法系国家,有关法官心证公开的界定与范围通常有其特殊性,与大陆法系缺乏可比性。这主要是由以下原因所致:第一,在传统上,英美法系实行陪审团审理方式,这种审理方式会对立法和庭审活动产生深远影响;第二,在英美法系,律师在民事诉讼中发挥主导作用,甚至部分替代了大陆法系中原本由法官承担的角色,形成了极具特色的法官与律师职业共同体机制;第三,包括陪审团以及法官在内的事实审理者在庭审活动中处于消极被动地位;第四,庭审采用一次性进行,即奉行极端的集中审理主义;第五,在采用陪审团审理的条件下,有关事实心证由陪审团共同决定,有关法律心证则由法官作出判断,且相互处于分离状态。在两大法系于法官心证议题上缺乏可比性的条件下,鉴于我国长期以来受到大陆法系法律文化与庭审模式的影响,笔者在此所讨论的法官心证公开以及心证公开的范围,均以大陆法系民事诉讼活动为重心。

在法官心证公开的范围上,理论界始终存在争议。有一种观点认为,法官心证公开的对象仅应涉及事实认定而不应涉及法的适用。其立论根据是,辩论主义只是涉及事实关系,对法律的判断则是法官以国家的法律作为尺度进行衡量的结果,故不受当事人的陈述和意见的约束。[2]对此,笔者不予认同。在实践中,作为当事人争议的焦点与法院审理的对象,在许多情况下,事实认定与法的适用难以分离。例如,甲与乙先是订立了一份合同买卖。事后,甲、乙与丙又签订了一补充协议,约定乙在买卖合同中的付款义务由丙承担。后来,丙在支付部分货款后不再履行付款义务。甲根据合同法有关第三人代为履行的规定将乙诉至法院,要求乙支付其余货款,乙则以适用合同法上有关债的转移规定为由予以抗辩。对此争议,主要涉及对有关法律条款的认识

---

〔1〕 参见邱联恭等:"心证公开——着重于阐述心证公开之目的于方法",载民事诉讼法研究基金会编:《民事诉讼法之研讨》(七),民事诉讼法研究基金会 1996 年版,第 287~288 页。

〔2〕 [日]兼子一、竹下守夫:《民事诉讼法》(新版),白绿铉译,法律出版社 1995 年版,第 72 页。

与见解的不同，法官同时需要双方举证来证明相应的基础事实，以便对法的适用形成必要的心证。在对该案的审理过程中，双方当事人有可能在基础事实上不存在争议，反倒对法的具体条款适用条件与前提有不同的解读，法官在此情况下在对法的适用条件与前提进行解析时所形成的心证，亦不可能离开对有关基础事实的认识。可见，法官对法的适用的见解在当事人存在争议时应当作为心证公开的对象，以便听取双方的辩论意见。但在实践中，对法的适用心证公开是有条件的，即在争点经整理和确定之后，如果该争点中并不包含有关法的适用，就不涉及心证公开问题。在学理上，有日本学者将对法的适用的心证公开称为法的观点指出义务。[1]

在理论上，对于阐明权行使态样的研究往往与法官心证公开的范围有关。对此，在日本主要有以下学说：其一，学者矶村义利将其分为纠正不明了的阐明、除去不当的阐明、补足诉讼材料的阐明及提出新诉讼资料的阐明等四项。[2]其二，学者奈良次郎将上述四项分类，再加上举证的阐明为五项。其三，学者中野贞一郎将其分类为积极的阐明与消极的阐明，该说所称"消极的阐明"是指就当事人积极地提出特定的陈述、主张，法院行使阐明权指摘其矛盾、不明了或不符合真义之处，赋予其补充的机会的情形；而所谓的"积极的阐明"则是指当事人所作出的陈述、主张不适当，或者不为适当的陈述、主张时，法院积极地暗示、指摘，以使其作出纠正的阐明情形。[3]其四，学者小岛武司以前说为基本，将积极的阐明再分类为统治的阐明（除去不当的陈述或主张，使审理的重点明确，而省去无益的审理，阻止审理的混乱，以此为目的的阐明）和助成的阐明（由补充、提出直接必要的陈述、主张、举证，以符合事件的真相以及当事人提起本件诉讼的真意，以此为目的的阐明）。[4]其五，将其分为辩论主义领域的阐明和处分权主义领域的阐明。但是，在上述分类中，本身及相互之间的区别并不明确。有的认为，第一种学说中的纠正不明了的阐明及第二种学说中举证的阐明，相当于消极的阐明，而补足证据资料的阐明及提出新诉讼资料的阐明则是积极的阐明。[5]有的认为，消极的阐明主要是指第一种学说中的纠正不明了的阐明及包括一部分诉讼资料的补足。相对于此，积极的阐明则包括，除去不当的阐明、一部分的诉讼资料的补足以及提出新诉讼资料的阐明等。[6]

在理论上，阐明权的行使是法官心证公开的一种主要方式。对于阐明权的行使是否有范围及其范围如何，有日本学者认为，既然阐明权是由代表国家权力的法官以给予当事人一定影响为目的行使，在性质上属于公的行为，因此由赋予法官裁定权的目的这一点应该可以导出一定的界限。但就其范围如何，有以下三种学说：其一，阐明

〔1〕　参见［日］高桥宏志：《民事诉讼法：制度与理论的深层分析》，林剑锋译，法律出版社 2003 年版，第364 页。
〔2〕　［日］磯村義利「闡明権」，民事訴訟法講座第二巻，昭和二十九年，四七三頁以下。
〔3〕　［日］中野貞一郎「辯論主義の動向と闡明權」，「過失の推論」，昭和五三年，二一五頁以下。
〔4〕　［日］小島武司「闡明權行使の基準」特別講義民事訴訟法，昭和六十三年，三三二頁以下。
〔5〕　［日］山本和彦「闡明義務」，ジュリスト民事訴訟法の争點新版，昭和六十三年，二三二頁以下。
〔6〕　［日］小島武司「闡明權行使の基準」特別講義民事訴訟法，昭和六十三年，三三二頁以下。

权没有过度行使时，不产生违法的问题；第二，过度行使阐明权时，可成为声请法官回避的事由；第三，针对阐明权的不当行使，有必要赋予对方防御的机会，即可以成为上诉第三审的理由。

"法定听审请求权要求向当事人提供机会以使其可以针对所有对裁判重要的问题发表意见。在实体的诉讼指挥的范围内，法院可能有义务向当事人告知为有效地使其（包含了信息权利的）表达意见的权利所必需的信息。"〔1〕从历史发展以及社会进化的角度来看，在诉讼过程中实行法官心证公开是人类逐渐告别蒙昧司法、走向更加文明司法的一种标志性转折点，同时以法官心证公开为起点，再到对法官心证公开的范围逐渐扩张的意义和价值的认识、理解。我们有理由相信，法官心证公开范围的不断扩张，不仅将有利于推进法官职业化并使之不断向前迈进的步伐，而且在此过程当中，也会有利于在法官与当事人（律师）之间建立一种新型的诉讼文化关系，使裁判变得更加有预期、值得信赖以及更加公正。

有鉴于此，笔者认为，至少在目前的情况下，法官心证公开的范围在广义上应当包括事实问题、证据问题和法的适用问题等方面。其中，狭义上的范围以事实问题为限。在实务上，法官对事实问题的心证公开最为常见，而对证据问题和法的适用问题的心证公开虽也较为多见，但从普遍性而言不如前者。因为法官对事实问题的心证公开属于共性议题，而法官对证据问题和法的适用问题的心证公开则属于个性议题，因个案而异的特点更为显著。

二、法官心证公开基本范围的展开

在一般意义上，尽管法官心证公开的范围应当包括在事实问题、证据问题和法律问题上的认识和观点，这也是最为常见的情形。然而，在诉讼实务上，由于某些案件具有复杂性、特殊性，导致法官在庭审过程中形成心证并对裁判的结果造成实质影响的其他相关事项或环节也不得不被纳入心证公开的范围之列。主要包括如下内容：

（一）法院有关诉讼争点上的观点

为贯彻集中审理主义、保障当事人适时审判请求权及防止突袭性裁判，在通常情况下，法院在庭审前（主要是调查证据前）有义务将重要的诉讼上的争点加以确定并告知当事人。诉讼上的争点主要包括事实上、证据上及法律上的争点三种类型。例如，《德国民事诉讼法》第138、139、278条规定："当事人有揭示真相的义务，即便在诉答程序中，为防止突袭，法庭必须表明，他所认为的一方当事人展现的所有相关事实，是否忽略了某个重要法律系争点，应给予该当事人予以补正的机会。"〔2〕

在法院整理争点的过程中，双方当事人也负有相应的诉讼协力义务，因为，法官

---

〔1〕［德］马克斯·福尔考默："在民事诉讼中引入听审责问"，载［德］米夏埃尔·施蒂尔纳编：《德国民事诉讼法学文萃》，赵秀举译，中国政法大学出版社2005年版，第259页。

〔2〕［德］达格玛·克斯特尔-沃尔特恩、阿德里安·A.S.扎克曼："律师在德国民事诉讼中的角色"，载［德］米夏埃尔·施蒂尔纳编：《德国民事诉讼法学文萃》，赵秀举译，中国政法大学出版社2005年版，第460页。

的认识也是从争点整理过程中当事人主张、举证而来的。故在此过程中，法院应适时指令当事人就事实认定、证据效力以及法律适用等问题进行适当、全面的辩论。为了这种辩论得以深入、有效及有针对性地开展，法院应当以适时发问、告知等方式向当事人公开其临时心证，以便对当事人进行适当引导。在必要时，如发现当事人一方或双方的陈述有不明了或不全面的，应令其明确叙述或者加以必要补充。

在争点整理过程中，被告方常常会提出相应的诉讼抗辩，如消灭时效的抗辩、清偿的抗辩等，对此，法院如能及时将其证据评价以及就有关事实问题和法律问题的认识等向当事人公开其心证，在实践中会有助于促成当事人达成争点简化协议。当然，在法院公开心证的情况下，当事人之间是否能够达成争点简化协议，最终仍由双方当事人在衡量其实体利益及程序利益基础上作出决定。假如在此情况下，法院未能适时公开其心证，当事人因未能从法院方面获取相关必要的信息来作为评价、判断的基础，反而有可能愈加固执己见，在有关问题上会加剧对立，不得不浪费更多劳力、时间和费用。因此，在辩论主义、法官知法主义以及自由心证主义架构下，从诉权和主张责任的角度，事证的收集是当事人的权能，而从审判权和程序管理的角度，认定事实、适用法律则为法院的职责。如法院在有关争点问题上未能适时公开其心证，其结果势必会造成当事人就无充分的信息资讯来判断是否提出事实、是否须提出主张等。因此，法院适时公开心证显然有助于当事人行使程序选择权及程序处分权。

（二）法院有关事实认识的观点

法院有关事实的观点，亦称事实观点。它主要涉及司法推理三段论中的小前提，即事实认定问题。事实认定问题通常被认为系对法官心证最为狭义的界定。在诉讼上，当事人对其某一特定的诉讼请求应当提出相应的事实主张。例如，原告向被告主张5万元债权并要求对方给付，为此，原告应向法院陈述因该债权所产生的原因事实，如果被告抗辩主张对原告亦享有债权并应予抵销的，也应向法院陈述相应的原因事实。因此，法院就当事人之间争议事实的认识与判断，便涉及法官向当事人公开心证的范围。"现在民事诉讼就变成了一个几乎是持续不断的对话，法官与诉讼参与人——就像沃尔弗拉姆·亨克尔所肯定的表述的一样———起根据当事人的利益整理出法律上重要的案件事实并且就其行为的后果问题对当事人给予指示。当然，应当承认不同的法院可能会对讨论义务有不同的理解。"[1]

德国学者通常认为，法院在诉讼过程中有关事实的观点包括事实上的评价（Tatsachenwürdigung）和证据上的评价（Beweiswürdigung）两个方面。[2]事实上，在严格意义上，二者之间确实存在着相对性。

在实务上，对某一证据能力的评价与事实认定本身有时缺乏直接的、必然的联系。

---

[1]　[德] 鲁道夫·瓦塞尔曼："从辩论主义到合作主义"，载 [德] 米夏埃尔·施蒂尔纳编：《德国民事诉讼法学文萃》，赵秀举译，中国政法大学出版社2005年版，第373页。

[2]　参见刘明生等："突袭性裁判防止之研究"，载民事诉讼法研究基金会编：《民事诉讼法之研讨》（十八），元照出版有限公司2012年版，第175页。

例如，"法院必须向当事人指示有错误的或者是不完善的证据申请。与此相反，在律师诉讼中也许仅当存在明显的疏忽时法官才可以对完全没有举证的当事人给予指示。法院原则上无需明确地建议当事人在失败的举证后提出新的证据或者提出反证，但无论如何在实施了证据调查之后对证据能力（Beweisfähigkeit）给予指示就足够了（《德国民事诉讼法》第278条第2款第2句）"。〔1〕而事实评价主要涉及主要间接事实的评价。法院心证公开的范围将不仅限于法律观点，还应涉及事实观点，但是这种事实观点不仅包括主要间接事实，还应当包括与法律或者事实性质难以界分的事实观点。〔2〕

尽管在诉讼上，法院公开心证范围的广泛性对于保障当事人的听审请求权具有重要意义，但德国学界就法院公开心证的范围是否涉及事实观点问题曾出现过以下几种观点：

（1）持否定说的观点认为，为了防止诉讼程序不必要的复杂化以及延迟现象的发生，法院公开心证的适用范围必须被限定在必要的事项，也就是法观点。〔3〕因此，法官公开心证的范围并不包含事实观点。〔4〕

（2）持附条件否定说的观点则强调法观点与事实观点往往无法明确分离，并且，法律上的判断与阐明如果不包括事实观点，将使得当事人难以理解，因此主张应当放弃严格法观点与事实观点的分类，在有疑问的情形下，法官应将相关特定观点进行阐明。〔5〕根据该观点，当客观上能够明确辨明某项观点属于单纯意义上的事实观点时，法院不负公开心证的义务。

（3）持肯定说的观点认为，法院应与当事人从事实方面讨论争讼关系，并且因为法观点与事实观点往往相互结合、难以分离，故法院就事实观点也负有公开心证的义务。〔6〕

（4）持折中说的观点认为，应当直接放弃法观点与事实观点的区别，而使得阐明义务产生的标准设定为当事人是否就法官所欲采取的"一项观点"（ein Gesichtspunkt）有所忽略或误认。这将有助于使得诉讼程序的进行变得更加简单化并节省时间。〔7〕

尽管存在上述分歧意见，但德国当时的主流观点还是认为，法观点与事实观点在实际诉讼中往往难以分开或者被区别，法院应就事实观点或就难以被分开的或区别的

---

〔1〕 ［德］罗尔夫·施蒂尔纳、阿斯特里德·施塔德勒："法官的积极角色——司法能动性的实体和程序"，载［德］米夏埃尔·施蒂尔纳编：《德国民事诉讼法学文萃》，赵秀举译，中国政法大学出版社2005年版，第425页。

〔2〕 邱联恭教授认为，形成心证的过程难以离开法律适用问题，在庭审过程中，法官注意何者应为法律适用的要件事实，从当事人所主张的一系列历史性事实中确定应作为要件事实的事实。参见邱联恭等："突袭性裁判"，载民事诉讼法研究基金会编：《民事诉讼法之研讨》（一），民事诉讼法研究基金会1980年版，第59页。

〔3〕 BT-Drucks. 7/5499, S. 1.

〔4〕 Bischof. NJW 1977, 1900.

〔5〕 MünchKomm-ZPO/Prütting, 2. Aufl. , § 278 Rn. 30.

〔6〕 Musielak, NJW 2000, 2772.

〔7〕 Putzo, NJW 1976, 3；Schneider, MDR 1977, 833.

观点加以阐明。[1]

在诉讼实务中，为了全面性地防止突袭性裁判，更加充分地保障当事人的听审请求权，在法观点之外，应当在承认事实观点具有独立性的基础上，对于那些性质难以界定的事实观点，为法院设定心证公开的义务。正是基于法观点与事实观点常常难以区别这种客观现象，并且对当事人而言，明确认识事实观点与法律观点具有同等重要性。[2]因此，法院应就当事人所忽略或误认为不重要的法观点与事实观点，在公开心证以便为其提供表达意见机会后，将其作为裁判的基础。[3]

就事实观点而言，如果法院欲采取某项重要间接事实的观点，但其并未导致当事人有提出其他证据的必要，为防止突袭性裁判，法院仍有将此事实观点向当事人予以公开的必要。在法院就证据评价观点向当事人予以公开的情况下，即使并未导致当事人有补充事实主张或声明的必要，为保障当事人的听审请求权，也应当赋予当事人提出相反证据评价观点的机会。在此情况下，法院负有适时公开与此相关心证的义务。另外，关于证据评价观点法院所负有的心证公开义务，不得以基于法院就间接事实公开其心证可导致当事人有补充证据的可能性为其要件。

当事人就法律观点无争执的情形，与当事人就事实主张无争执的情形不同，在当事人就法律观点无争执的情形下，基于法院知法原则，法院不受当事人无争执法律观点的拘束。在当事人就事实主张无争执情形下，则基于辩论主义的要求，法院受当事人不争执事实的拘束，应径行将其采为裁判的基础。

作为传统大陆法系的鼻祖，德国法有关诉讼程序改革的任何举动，都有可能对其他大陆法系国家或地区产生影响。2001年《德国民事诉讼法》新法修正后，法院应阐明的范围将不仅限于法律观点，还应涉及事实观点、与法律或者事实性质难以界分的观点。[4]对此，有学者指出，根据《德国民事诉讼法》第139条的规定："主审法官被要求与当事人就案件的事实和法律问题进行交流，并可向当事人提出自己的疑问。"[5]

另外，值得关注的是，2014年修订的《德国民事诉讼法》第139条第1项规定，在必要时，法院应与当事人共同就事实上和法律上两方面对于事实关系和法律关系进行阐明并且提问。法院应当使当事人就一切重要的事实作出及时、完整的说明，特别是在对所提事实说明不够时，应使当事人加以补充，表明证据方法，提出有关申请。该项规定体现了强化法院公开心证义务的倾向。对此，相关的解释指出：立法者认为，

[1] Putzo, NJW 1976, 3; Schneider, MDR 1977, 833.
[2] BT-Drucks. 14/4722, S. 78, 转引自刘明生等："突袭性裁判防止之研究"，载民事诉讼法研究基金会编：《民事诉讼法之研讨》（十八），元照出版有限公司2012年版，第198页。
[3] BT-Drucks. 7/5250, S. 9, 转引自刘明生等："突袭性裁判防止之研究"，载民事诉讼法研究基金会编：《民事诉讼法之研讨》（十八），元照出版有限公司2012年版，第198页。
[4] 刘明生等："突袭性裁判防止之研究"，载民事诉讼法研究基金会编：《民事诉讼法之研讨》（十八），元照出版有限公司2012年版，第205页。
[5] 转引自［美］约翰·H.朗本："德国民事诉讼程序的优越性"，载［德］米夏埃尔·施蒂尔纳编：《德国民事诉讼法学文萃》，赵秀举译，中国政法大学出版社2005年版，第673页脚注。

为提高裁判的透明度，应尽量使当事人对裁判结果并不感到意外。因此，在程序设计上应当有助于当事人了解法院对案件事实和法律适用的评价，并且赋予当事人表达意见的机会。在形式上，德国的程序改革将对法官阐明义务的规定整合在《德国民事诉讼法》第139条当中，进一步明确了法官阐明义务的作用。在内容上，规定法院对案件事实的认定与双方当事人的认识均不同时，法院也需要公开其心证。[1]可见，德国法上已经明确承认，法院有关诉讼上产生的事实观点（尤其是那些重要的事实观点）负有向当事人公开心证的义务。它意味着在过去相当一段时间里，学界曾经围绕着该问题引发的争论即将接近尾声。

（三）法院有关证据评价的观点

按照德国的学说见解，事实观点包括事实上的评价和证据上的评价。[2]当然，这可归属于一种较为传统的认知模式。在解释论上，尽管对证据的评价与事实认定存在密切的关系，但对证据的调查和评价能够相对独立于事实问题的认定与评价。况且，在审前程序以及庭审程序中对证据的调查与评估属于一种专门的程序。另外，在实务上往往会出现一些关键性的证据，对案件事实的整体认定起到决定性的作用，在当事人之间颇为敏感，法院对此也会予以特别的关注，往往会投入更多的时间和精力来听取双方当事人的意见，并对此进行深刻的分析、研究与研判。

在理论和实务上，法官在庭审过程中对证据的评价能否作为心证公开的对象存在不同观点。通常而言，当事人对某一证据发生争议主要涉及对某一证据的证据资格与证据力的评估，以及在特定情况下的举证责任问题等。在实务上，证据资格通常涉及某一证据的真实性、合法性问题，而证据力则涉及某一证据与待证事实之间的关联性。法官心证公开的直接目的是听取当事人的辩论意见，以便形成正确、合理的心证。它是法官自由心证主义与当事人辩论主义相结合的产物。而传统辩论主义在观念上仅认为心证公开的对象应为主要事实，也就是要件事实，不直接涉及证据。对此，笔者认为，对某一待证事实的认定在许多情况下系综合认定的结果，其基础资料除一定数量的证据材料外，还包括庭审调查所获得的信息资料及感受，以及对某些生活常识、经验法则、交易习惯的认知等，凭借单独某一证据来认定特定待证事实的情形较少。但这并不能排除在特定情形下，对于某个或某些能够起到举足轻重地位的关键性证据的认识与评价会在当事人之间引起激烈争议，鉴于该类证据的分量与特定待证事实的认定直接相关，法官在必要时以适当方式公开其临时心证有助于有关当事人进行防御性辩论。例如，对一方举出的某一关键性证据，另一方以该证据系采用非法手段取得为由要求法官予以排除。该证据是否应予以排除决定着特定待证事实是否能够被认定。对此，法院应当适时以适当方式公开其心证，从而表明究竟是以该取证方式具有显著的反社会性（如采用抢夺、盗窃等）为由予以排除，还是以严重侵犯他人人身权、隐

〔1〕 参见《德国民事诉讼法》，丁启明译，厦门大学出版社2016年版，第36页脚注。

〔2〕 参见刘明生等："突袭性裁判防止之研究"，载民事诉讼法研究基金会编：《民事诉讼法之研讨》（十八），元照出版有限公司2012年版，第175页。

私权（如秘密窃听、监视等）为由予以排除，或认为从法益的衡量与利益的权衡来看，有关取证方式对权益人的侵害尚未达到应当排除证据的程度。

就证据评价而言，为了使当事人能够预测法院对于其所提出的证据或法院依职权提出的证据的评价结果，法院应当告知当事人其所提出的本证活动或者反证活动是否成功与失败。在法院调查证据后，对于当事人提出证据可否使当事人形成确信或动摇法院已形成的确信，当事人无法事先知悉。"经过证据获取阶段，法庭和律师将就证据的证明力进行评估，如有需要将进一步补充证据。"[1]证据的评价是法官的责任，而并非当事人的责任。因此，法院应当阐明、告知当事人在何种情形下其负有具体的证据提出责任与有举证的必要。举证的必要与具体的证据提出责任说明在何时点当事人必须提出本证或反证，以避免自己受败诉的不利益。如果负举证责任的当事人未能提出充分的证据以使得法院就该事实形成确信，此时其具有提出本证的必要，负担具体的证据提出责任（die konkrete Bweisführungslast）。在这种情况下，法院应当告知当事人有提出本证的必要，如果其已提出充分的证据使法院就待证事实形成积极确信，举证的必要与具体的证据提出责任即转移至对方当事人，对方当事人虽不负举证责任，但负举证责任的当事人已成功举证使法院就该事实形成确信，对方当事人必须提出反证，以动摇法院关于该事实已形成的确信，以避免败诉的不利益。在这种情形下，其具有提出反证的必要，负担具体的证据提出责任，而法院应当告知对方当事人有提出反证的必要性，但法院无需告知当事人就其证人证言或书证是以何种形式形成心证，各个证据证明力有百分之几，以及当事人完全未提出的证据。法院仅仅将证据评价的结果（不足以形成确信或者难以动摇已形成的确信的事实观点）向当事人公开其心证即可，就如何形成该证据评价的结果，法院不负心证公开义务。[2]

法院尤其应当注意事实评价与证据评价之间的结合关系，其应就从证据资料中所引导出的重要间接事实公开其心证，以防止突袭性裁判的产生。例如，在就同一事项依据数个间接事实进行复合推理的情形下，如果法院一方面认为当事人所提出的重要间接事实无法以证据证明，另一方面又认为有另一重要间接事实，得依职权加以斟酌，此时法院应同时进行证据评价与事实评价的心证公开。在这种情况下，对证据评价结果进行心证公开的意义在于，使提出该间接事实的当事人就该事实有补充提出证据的机会。对事实评价结果进行心证公开的意义在于，使对方当事人有提出与新间接事实相互矛盾间接事实与反对证据的机会。如果法院未能从证据资料得知新的重要间接事实，而当事人提出的证据不足以证明其所提出的重要间接事实，这时，法院应告知该当事人再补充提出证据，或者主张其他重要间接事实，其应将此证据评价结果的观点及须提出其他相关重要间接事实的观点进行心证公开。当一方当事人所提出的重要事

---

[1] [德]达格玛·克斯特尔-沃尔特恩、阿德里安·A.S.扎克曼："律师在德国民事诉讼中的角色"，载[德]米夏埃尔·施蒂尔纳编：《德国民事诉讼法学文萃》，赵秀举译，中国政法大学出版社2005年版，第462页。

[2] 刘明生等："突袭性裁判防止之研究"，载民事诉讼法研究基金会编：《民事诉讼法之研讨》（十八），元照出版有限公司2012年版，第206页。

实已获充分证明时，法院应当告知对方当事人负有提出反对的间接事实与反对证据的必要性，法院应当就此证据评价与补充间接事实的必要性进行心证公开。[1]

（四）法院有关法的观点

这里所要指出的是，法的观点（亦称法观点）在定义上与法律观点（亦称法律见解）并非同一概念，也就是说，法观点并不仅限于法律关系或权利主张的判断，有关特定法律构成要件的解释也属于法观点。当某一法条规定出现漏洞有待填补时，在这种法续造的情形下，也属于法观点的范畴。可见，法观点的范围要比法律上的观点的范围更为广泛。

在此所指的法观点，应当按照广义上的理解来界定，即包括全部私法（民商事实体法规范）规范、已经形成共识的法律概念、习惯法、法律原则、契约原则以及个别契约条款。德国民事诉讼法及学术界就诉讼标的的理解，主要采用新诉讼标的理论两个构成要素的学说。因此，在防止法观点突袭性裁判上，法院心证公开义务显得特别重要。比如，在请求权竞合的情况下，法院必须阐明有关同一给付产生的另外一个新的请求权，这些属于法观点心证公开义务的范畴。对此，有学者指出，在请求权相互影响的前提下，各个请求权影响的程度如何、彼此之间的差异性如何，均属于法观点判断的范畴。[2]

除上述事项以外，对法观点及其判断问题的理解在广义上还可包括如下范围：

（1）当事人提出的事实主张是否已足以充分具体化为构成要件事实的评价结果，即当事人提出的事实主张及提供相关的证据是否能够充分还原为构成要件事实所预期的那种法律适用效果。

（2）涉及一方当事人主张责任与举证责任的分配以及是否实际发生转换的认识。原则上，主张责任的分配应当依据证明责任的分配来决定。当负主张责任的当事人忽略或误认主张责任的分配时，法院应对其持有的这项法律观点公开其心证；而作为客观举证责任的规范，则为法院提供了一种当要件事实陷于真伪不明时裁判的规则。如果对举证责任的分配在判断上出现错误，将导致不公平的裁判结果，即原本有望胜诉的当事人却因错误地判断举证责任而未提供充分的证据，造成要件事实于诉讼终结时陷于真伪不明而败诉。为此，法院必须明确判断待证事实举证责任的分配，在当事人就此有误认或忽略的情形下，应当及时公开其心证。当举证责任因法律特别规定或透过法院法续造的活动而转换时，如果当事人忽略或误认举证责任转换的法律观点，法院必须以阐明方式公开其心证。对此，有学者强调，在诉讼实务上，法院尤其应当注

---

〔1〕 刘明生等："突袭性裁判防止之研究"，载民事诉讼法研究基金会编：《民事诉讼法之研讨》（十八），元照出版有限公司2012年版，第206~207页。

〔2〕 参见刘明生等："突袭性裁判防止之研究"，载民事诉讼法研究基金会编：《民事诉讼法之研讨》（十八），元照出版有限公司2012年版，第181页。

意当事人是否同时忽略或误认了主张责任与举证责任的分配与转换。[1]这是因为，"程序通过当事人的举证责任的分担和公开的论证过程，来保证信息和证据的可靠性，以及对事实与规范进行解释的妥当性"。[2]

（3）在审判实践中通常会遇到的适用或者不适用当事人约定的契约条款、定型化契约条款的解释，损害赔偿额的计算方法，意思表示的解释，尤其是契约条款的解释等。

（4）就法律行为有效或者无效的认定。

（5）在审判实务上，当事人提出的防御方法涉及不同的法律观点。例如，原先法院认为有意思表示得撤销规定的适用，其后认为意思表示归于无效，因而变更其法律观点。再如，原先法院认为意思表示因被欺诈而撤销，其后认为应属于构成因意思表示错误而撤销的情形。[3]

（6）经验法则。虽然经验法则并非法律规定，但也具有法律规范的性格。经验法则主要包括一般生活上的经验法则与特别专业上的经验法则。在审判实践中，经验法则有助于法律规范的具体化，当其适用取决于价值判断或特定的实际习惯时，则构成应适用的法律规范的一部分，具有法律规范的性格。另外，对于间接事实与待证事实之间具有关联性的判断也离不开经验法则。因此，当法院决定采用某一重要经验法则（尤其是特殊专业的经验法则）时，当事人完全无法预见，因该经验法则的适用而给其带来不利益后果的一方当事人将无机会提出反对主张，以推翻该经验法则。对此，有学者指出，与经验法则相结合的重要间接事实观点在诉讼上所具有的重要性并不亚于重要的法律观点，其诉讼的成败也能产生直接影响，对当事人权益及利害影响甚大。为此，为防止突袭性裁判的发生，法院应以当事人所能理解的方式对有关经验法则以及与此相结合的重要间接事实的观点向该当事人公开其心证。[4]

（7）外国法的适用。在庭审过程中，法院是否有必要就其法律见解向当事人公开其心证曾备受争议，但近年来，学界逐渐形成了一种共识。"法官与当事人之间进行法律对话的意义正在于教导当事人，即促使其注意到诉讼和防御中所提出的法律问题。仅当法院以这种方式发挥教导式的影响时，当事人才能在诉讼中恰当地实施诉讼行为。"[5]按照法院知法原则（iura novit curia），法的适用为法院的权限，法院的法适用不受当事人所提出法律主张的拘束。但依据"汝给我事实，我给汝法"的原则，法院

---

〔1〕　刘明生等："突袭性裁判防止之研究"，载民事诉讼法研究基金会编：《民事诉讼法之研讨》（十八），元照出版有限公司 2012 年版，第 204 页。

〔2〕　季卫东：《法治秩序的建构》，中国政法大学出版社 1999 年版，第 26 页。

〔3〕　Vgl. Stein/Jonas/Leipold, 22. Aufl., §139 Rn. 67, 转引自刘明生等："突袭性裁判防止之研究"，载民事诉讼法研究基金会编：《民事诉讼法之研讨》（十八），元照出版有限公司 2012 年版，第 203 页。

〔4〕　Vgl. Rosenberg/Schwab/Gottwald, Zivilprozessrecht, 16. Aufl., §110 Rn. 11 ff, 转引自刘明生等："突袭性裁判防止之研究"，载民事诉讼法研究基金会编：《民事诉讼法之研讨》（十八），元照出版有限公司 2012 年版，第 204~205 页。

〔5〕　［德］鲁道夫·瓦塞尔曼："从辩论主义到合作主义"，载［德］米夏埃尔·施蒂尔纳编：《德国民事诉讼法学文萃》，赵秀举译，中国政法大学出版社 2005 年版，第 379 页。

法的适用，须以当事人主张的事实为基础；法适用的前提，应当以当事人所简略主张的事实为前提。

无论是在立法层面，还是在审判实务层面，对法观点在概念及适用范畴上做较为广义的解释都具有重要意义，因为对案件事实的认定及对与之相应的法律进行恰如其分的理解属于"法官知法"原则的必然反应。"法官持有与当事者不同的法律观点时，不应以'法律问题是法官的专属权限'为理由而保持沉默，而应当向当事者进行开示，并尽量求得共同的理解。这样的开示近来被法学界提到法官的义务的高度，称为'法律观点开示义务'，并被作为程序保障的重要内容之一。"[1]为此，法院应当先选择相关的法律规定（即法律观点），然后寻找与此法律观点直接结合的法定构成要件要素，据情对这些构成要件要素进行解释，也应当根据其他不同的法律观点来进行。当对构成要件的意义与内容有疑义时，法院必须透过正确的解释方法使其具体化，例如采用文义解释、目的性解释、体系解释、历史解释以及一般法律原则使其具体化。[2]如果其呈现法律漏洞，则必须加以填补，即依据其规范的目的，透过类推适用或者目的性限缩的方法来填补这些漏洞。在诉讼中，当法院所采用的解释方法、漏洞填补的必要性与方法为当事人所无法预见时，为防止突袭性裁判的产生，法院应以阐明的方式向当事人公开其心证。[3]

法院在诉讼过程中应当以公开心证的必要方式向当事人告知其所忽略或误认的法律观点，并使其能够依据个案情形补充与该法律观点相结合的事实主张。最终，使其包括导出法律效果的法律构成要件。当构成要件被明确之后，法院随之要检验当事人已提出的事实是否足以实现与充分满足这些构成要件的具体要素。其属于一种大前提与小前提涵摄的过程，其大前提是抽象的法律规范构成要件（透过解释使其明确化），其小前提是当事人提出的具体事实。对于当事人提出的各项事实，应当判定是否属于主要事实（构成要件事实），其所提出的事实是否是充分与具体化形成要件事实的评价结果，而非评价的过程或理由。如果法院认为当事人就此有所忽略或误认，法院应将该观点向当事人公开其心证。[4]

"法官依据什么样的法律框架来审理本案也应该为当事者所充分理解。如果法官头

---

〔1〕 ［日］谷口安平："民事诉讼的纠纷解决过程"，载［日］谷口安平：《口述民事诉讼法》，成文堂1987年版，第三章，转引自［日］谷口安平：《程序的正义与诉讼》（增补本），王亚新、刘荣军译，中国政法大学出版社2002年版，第146页。

〔2〕 Larenz/Wolf, AT des BGB，§28 Rn. 128; Stein/Jonas/Leipold, 22. Aufl.，§139 Rn. 67，转引自刘明生等："突袭性裁判防止之研究"，载民事诉讼法研究基金会编：《民事诉讼法之研讨》（十八），元照出版有限公司2012年版，第203页。

〔3〕 Vgl. Rosenberg/Schwab/Gottwald, Zivilprozessrecht, 16. Aufl.，§131 Rn. 30，转引自刘明生等："突袭性裁判防止之研究"，载民事诉讼法研究基金会编：《民事诉讼法之研讨》（十八），元照出版有限公司2012年版，第203页。

〔4〕 Vgl. Rosenberg/Schwab/Gottwald, Zivilprozessrecht, 16. Aufl.，§131 Rn. 32, 33，转引自刘明生等："突袭性裁判防止之研究"，载民事诉讼法研究基金会编：《民事诉讼法之研讨》（十八），元照出版有限公司2012年版，第203页。

脑中的法律框架与当事者并不一致，就可能带来所谓'判决时不意打击'的危险。例如当事者双方都从侵权行为这一角度来展开攻击防御，而法官却一直站在不当得利的立场看待案件。等到败诉一方的当事者发现判决理由是根据不当得利时，当然会产生'如果早知道，从这个角度自己也有不少主张和证据可以提出'的不满。"[1]在法律问题属于双方当事人所争执（例如租赁权），而法院不同意双方当事人判断某项法律观点（例如分管权）的情形下，法院应当表明其法律见解，使当事人就此具有获得充分的攻击、防御的机会。对于法律问题的心证公开，德国法上有明确的规定。对此，有德国学者评价称："对法律问题的讨论也属于《德国民事诉讼法》第 139 条中的任务范围，事实问题和法律问题经常交织在一起，而当事人只有清楚法院持何种法律观点时，才能知道自己必须提出何种事实。"[2]

有的学者认为，开展诉讼的重点并非在于使当事人对抽象法律问题发表意见，以讨论对当事人毫无影响的抽象法律问题。法院阐明特定观点的目的并非是使当事人对法律上的逆反心理有所准备，而是为了使当事人能够提出完整的事实。[3]对此，有学者持有不同看法，认为即使当事人就事实无争执，或已提出完整的事实，其仍可能因法院不同法观点的适用而造成突袭性裁判。当事人作为程序的主体，其也应当就影响其诉讼胜败的法观点有发表意见的机会，借此提出不同的观点来影响法院涉及法观点的判断，并借以避免法院涉及法律适用上的错误。[4]

（五）法官有关重要间接事实的观点

在事实认定过程中，除主要事实外，间接事实也扮演着十分重要的角色，而其中涉及重要间接事实的认定，完全取决于法院的据情判断。因其涉及法院的主观判断，故当事人难以预见法院在某一涉及重要间接事实的认定上究竟持何种态度。在概念及特征上，对于何为诉讼上的重要间接事实，实体法上并未加以规定。与通常已有明文规定的构成要件事实有所不同的是，重要间接事实带有强烈的法院主观认识与价值判断色彩。

在审判实务上，重要间接事实通常是指法院认为该间接事实与待证事实的关联性在判断和认定上能够成为重要的考量因素。例如，在交通事故案件中，对于判断驾驶人是否有过失这一要件事实问题，其中是否饮酒、超速、有无驾照、有无注意车前状况等诸种因素当中，哪个因素构成法官最后认定其有过失的重要事实，这一重要事实

〔1〕［日］谷口安平："民事诉讼的纠纷解决过程"，载［日］谷口安平：《口述民事诉讼法》，成文堂 1987 年版，第三章，转引自［日］谷口安平：《程序的正义与诉讼》（增补本），王亚新、刘荣军译，中国政法大学出版社 2002 年版，第 146 页。

〔2〕［德］鲁道夫·瓦塞尔曼："从辩论主义到合作主义"，载［德］米夏埃尔·施蒂尔纳编：《德国民事诉讼法学文萃》，赵秀举译，中国政法大学出版社 2005 年版，第 374~375 页。

〔3〕Helbig, Verbot von Überraschungsentscheidungen, S. 97, 转引自刘明生等："突袭性裁判防止之研究"，载民事诉讼法研究基金会编：《民事诉讼法之研讨》（十八），元照出版有限公司 2012 年版，第 193 页。

〔4〕刘明生等："突袭性裁判防止之研究"，载民事诉讼法研究基金会编：《民事诉讼法之研讨》（十八），元照出版有限公司 2012 年版，第 193 页。

便是重要的间接事实。

尽管重要的间接事实是否适用辩论主义在理论上存有争议，但是，学者刘明生则对在重要间接事实是否适用辩论主义问题上持否定态度。他认为，在实务上，法院常常会因为对某些证据材料（如证人的陈述，当事人就某些案件具体细节的陈述，或有关书证所载明的内容）进行延伸解读，进而获悉一些重要的间接事实，如果法院试图将其作为裁判的基础，就必须首先要告知当事人其所要采用的重要间接事实是什么。因为，法院可依职权自行定夺在认定重要间接事实上所持的观点，而这本身就有可能造成突袭性裁判，故法院对此负有公开心证的阐明义务。[1]有学者指出，法院对其在诉讼上所认为的重要间接事实的观点进行心证公开的意义在于：第一，使得当事人有机会提出相反的重要间接事实；第二，如果当事人在此之前已经提出了一个重要的间接事实，但经法院调查证据后认为该事实不存在，此时法院必须同时阐明其证据评价，以便当事人就其所提出的间接事实补充提出证据或者提出新的间接事实。[2]

在诉讼上，当事人常常会在提出主要事实后，顺便提出若干重要的间接事实。其逻辑定式是，先证明这些重要间接事实的存在，然后再以这些间接事实依据经验法则推论主要事实的存在。就法院所欲依职权在审判上斟酌的重要间接事实观点，当发现被当事人所忽略或误认这些重要事实观点时，法院应当公开其心证，使当事人有表达意见的机会，以便使其可适时提出相对立的其他重要的间接事实，或者进行其他间接事实的补充。在相当程度上，这些重要的间接事实观点也能够直接决定诉讼的成败。[3]

（六）法官认为当事人之间难以界定其属性的观点

在诉讼上，法观点与事实观点往往难以明确区隔，[4]就个案而言，因事实认定与法律适用密不可分，因此确定无疑地将某一观点单纯归于法律上的观点或者事实上的观点常常会使人感到力不从心，或者在努力实现的目标过程中显得遥不可及。当一项特定观点究竟是属于事实观点还是属于法律观点在性质上难以认定时，如果法院仍将该观点采为裁判的基础，将使突袭性裁判成为一种现实。故为保障当事人的听审请求权与公正程序请求权，法院有必要将该观点以心证公开的方式加以阐明。

当事人的诉讼行为与法院的审判行为在事实认定与法律适用上具有双向互动性。按照通常的思维模式，当事人所需提出的事实通常是以法律上的判断为前提的，以便

〔1〕 参见刘明生等："突袭性裁判防止之研究"，载民事诉讼法研究基金会编：《民事诉讼法之研讨》（十八），元照出版有限公司2012年版，第181~182页。

〔2〕 参见刘明生等："突袭性裁判防止之研究"，载民事诉讼法研究基金会编：《民事诉讼法之研讨》（十八），元照出版有限公司2012年版，第182页。

〔3〕 Vgl, Deubner, FS für Schiedermair, S.81，转引自刘明生等："突袭性裁判防止之研究"，载民事诉讼法研究基金会编：《民事诉讼法之研讨》（十八），元照出版有限公司2012年版，第205页。

〔4〕 关于性质难以界定的观点，以表见证明为例，其性质在学理上存在争议，如认为其属于德国民事诉讼法第286条自由心证的一种表现的话，就是属于一种事实观点。但是，如果认为表见证明的存在属于一种证明度的降低，则属于一种习惯法的规范，而成为一法规范。参见刘明生等："突袭性裁判防止之研究"，载民事诉讼法研究基金会编：《民事诉讼法之研讨》（十八），元照出版有限公司2012年版，第182页。

尽可能使其符合法律上的命题，从而产生预期的法律效果。根据法律规定以及法院在法律上的判断，当事人提出与此相符合的事实主张。而从法院的角度来看，法院根据当事人所提出的事实与调查证据的结果，认定待证事实的存否，再检验该事实状态是否以及在何种范围内被包含于抽象的构成要件之内。在此过程中，法院必须将事实上评价结合法律上评价向当事人公开其心证，如果法院的心证公开仅涉及法律上的评价而并未包含事实上的观点，将难以使当事人对此获得正确的理解。为了保障当事人的听审请求权，在事实问题和法律问题难以界定或存在争议的情况下，法院应当就其在事实问题和法律问题上的认识有同时公开心证的必要。

出于保障当事人的听审请求权以及公正程序请求权的考虑，现行《德国民事诉讼法》第 139 条所适用的对象，既包括法观点、事实观点，也包括性质难以界定的观点。

（七）法院针对当事人之间存在分歧的观点

在诉讼上，无论是事实观点还是法观点，法院与当事人之间都会产生各种分歧。其主要情形为：其一，法院与其中一方当事人存在分歧；其二，双方当事人存在一致的见解，但这种见解与法官的见解存在分歧；其三，双方当事人之间存在分歧，同时法院并不认同任何一方当事人的见解。对于其中法院不同于双方当事人判断的观点，可同时评价为双方当事人忽略的观点。对此，为了保障当事人的听审请求权以及防止发生突袭性裁判，无论是作为诉讼指挥者、程序管理者，还是裁判者，法院都不得将自己的观点直接作为裁判的基础，应当向当事人公开其心证，以赋予当事人陈述意见的机会。

在学理上以及立法解释论上，围绕着法院与其中一方当事人存在分歧以及存在何种类型的分歧时法院是否仍负有公开心证义务的问题存在争议。有德国学者认为，从《德国民事诉讼法》第 139 条第 2 项第 2 句法条文义可知，如果认为就不同于一方当事人判断的观点，法院也负公开心证义务，将导致强制法院不得不负有过度提供资讯义务，往往会造成对一方当事人有利，而对对方当事人不利的效果，难免会与当事人发生直接对立，势必会引起违反法官偏颇性的要求之虑。并且，如果法院须就每一项与一方当事人判断不同的观点公开其心证，将造成明显的诉讼迟延。[1]对此，另有学者有不同看法，即认为，《德国民事诉讼法》第 139 条第 2 项第 2 句的心证公开义务依照法条的文义，虽然仅限于法院不同于双方当事人判断的情形，但法院就不同于一方当事人判断的情形，必须根据《德国民事诉讼法》第 139 条第 2 项第 1 句导出这方面的义务。当一方当事人主张某项重要的观点，对方当事人主张另一不重要的观点，双方当事人提出相互对立的不同的主张时，法院虽无须对一方当事人主张的不重要观点予以公开心证，但其必须对主张不重要观点的当事人公开其心证，其误认对方当事人主

[1]　Musielak, NJW 2000, 2771; Koch, Prozessförderungspflicht. S. 95，97，转引自刘明生等："突袭性裁判防止之研究"，载民事诉讼法研究基金会编：《民事诉讼法之研讨》（十八），元照出版有限公司 2012 年版，第 214 页。

张的观点为不重要，但实际上该观点为重要的观点。[1]对此，我国有学者指出，不论是误认自己提出的观点还是误认他人提出的观点，一方当事人均误认某项重要观点为不重要。在这两种情形下，对于重要观点的错误判断，均会对该当事人造成诉讼法上的不利益。一方当事人与法院之间关于法律与事实观点判断上的差异性，将造成该当事人遗漏未主张重要事实的观点以及与该观点相关的事实与证据主张。为了防止法院的突袭性裁判，不能因为当事人错误判断特定法律观点或者事实观点，而由其承担如此错误判断的不利益。[2]

在审判实务上，法院与当事人之间以及当事人相互之间在事实观点和法观点上存在不同的见解是一种较为普遍的正常现象。一项特定观点的变更有可能基于法院涉及特定观点判断的变更，也有可能基于一方当事人或双方当事人自己涉及特定观点判断上的变更，因而导致法院与一方当事人或双方当事人就特定观点判断上发生歧见的状况。在通常情况下，法院通过阅读当事人提交的诉讼资料、依职权调查询问或听取当事人之间的辩论等方式，往往会了解和掌握双方当事人在事实观点和法观点上的态度。但相反的是，当事人却对法院在此方面的认识与见解一无所知，仅仅凭借主观上的臆断与猜测，难以在诉讼上开展正常的攻击与防御。因此，法院以适当方式与当事人就有关分歧进行交流与对话是非常必要的。这种交流与对话的过程就是法院公开其心证的过程。当双方当事人持有不同的法观点或事实观点时，法院如果采用与其中一方相同的观点，仍需告知另一方当事人。对此，吕太郎教授指出，法院在对一方当事人或者双方当事人的观点有不同意见时，也负有阐明义务。[3]

（八）法院认为具有重要意义的特定观点

在法理上，所谓法院认为具有重要意义的特定观点是指某一特定观点所具有的重要性质在于，如果该特定观点为当事人明显忽略或者认为不重要，除非法院公开其心证，否则当事人将在未进行必要的攻击与防御的条件下遭受突击性裁判并损害其实体权益。

在德国学理上，所谓当事人明显忽略特定观点，是指该项观点并未在诉讼过程中被当事人所提出或呈现。所谓当事人就特定观点有所误识的情况，是指该项观点当事人已经在诉讼当中提出，但当事人却认为其并不重要。

在诉讼上，法院认为具有重要意义的特定观点主要发生在以下情形下：

（1）对一方当事人或者双方当事人明显忽略的重要观点，或者误认为不重要的观点（如并非与附属请求相关），法院在庭审进行中决定采用该观点前，应当以公开心证

---

〔1〕 Vgl. Laumen, Rechtsgespräch, S. 176，转引自刘明生等："突袭性裁判防止之研究"，载民事诉讼法研究基金会编：《民事诉讼法之研讨》（十八），元照出版有限公司2012年版，第214~215页。

〔2〕 刘明生等："突袭性裁判防止之研究"，载民事诉讼法研究基金会编：《民事诉讼法之研讨》（十八），元照出版有限公司2012年版，第215页。

〔3〕 刘明生等："突袭性裁判防止之研究"，载民事诉讼法研究基金会编：《民事诉讼法之研讨》（十八），元照出版有限公司2012年版，第228页。

的必要方式明确指出该观点，并赋予当事人陈述意见的机会。例如，法院原先持有某项法观点，但在庭审过程中发现应采取另一项法观点，这种突发性变更可被称为典型的被双方当事人忽略特定法观点的情形。

（2）诉讼上的事实认定与法律适用通常处于相互交叉、互为影响状态，法院应当就其发现的由某一事实观点的忽略或误识致使在法观点上产生忽略或误识，或者由某一法观点的忽略或者误识致使当事人在事实观点上产生的忽略或误识公开其心证。

（3）在诉讼过程中，就各同一性质观点而言，也会发生相互交叉、相互依赖、互为影响的状况，为防范因某一观点忽略或误认而造成其他观点的忽略或误认，法院应就其发现的如下情形及时公开其心证：即因忽略某一法观点而造成其他法观点的忽略，某一事实评价观点的忽略而造成其他事实观点的忽略，忽略某项特定证据观点致使事实观点误认，或者因忽略事实评价观点造成证据评价观点产生误认。对不同观点之间所发生的相互交叠性影响，法院在公开心证的同时，应当就两种观点之间的逻辑结构、关系属性进行必要的解释、说明。

（4）基于"汝给我事实，吾给你法律"的原则，当事人的事实主张与法院在法律上所作出的判断相互作用、互为影响。在实务上，当事人可能因自己事实主张并不充分而忽略某项观点的重要性。其结果是，当事人所作出的事实主张会对法院在法律上的判断产生实质影响。相应的是，法院作出的法律判断也会对当事人所提出的事实主张造成实质性影响。为了保障事实的认定与适用法律的正确性，法院应当就因当事人提出声明或事实主张的不足而导致忽略的特定观点公开其心证，以便当事人作出必要的反应。例如，当事人因未主张适切的准主要事实（比如在交通事故损害赔偿案件中，有关足以推认过失存在的酒醉驾车的事实，或超速驾驶的事实），因而认为其所主张的事实已足以推认过失的存在，此时，法院不仅应就当事人涉及准主要事实主张的不足加以阐明，并且须就当事人所忽略的"过失不存在"观点加以阐明，法院必须防止这方面的突袭性裁判。[1]

（5）法的适用、事实认定与当事人所提出的法律上、事实上的证据主张具有交互影响、相互依赖的逻辑关系。对这种关系的认识与解读采用心证公开的方式加以阐明，有助于当事人提出诉讼上重要的法律主张（相反的法律主张或者法律主张的补充），以及使得当事人的主张明了化，对其诉讼上的声明加以调整或转换，补充事实与证据方面的主张。特别是，法院应就当事人忽略或误认某项特定观点而导致其声明不符合诉讼目的以及事实与证据主张不足的情形公开其心证。

（6）当一方当事人或双方当事人已提及某项重要的观点，但其疏忽未提出与此观点相结合的主张时，其可被认定为误认该观点不具重要性，法院与当事人之间因此而

---

〔1〕 刘明生等："突袭性裁判防止之研究"，载民事诉讼法研究基金会编：《民事诉讼法之研讨》（十八），元照出版有限公司2012年版，第193页。

存在所谓的"特定观点重要性判断上的歧义"。也就是，当事人认为其所提及的观点不重要，而法院认为该项观点重要。在此情形下，因当事人仍将坚持其所主张观点的正确性，也仅能提出与此观点相符合的主张，而未提出法院认为重要与正确的主张。因此，如果法院不将其所采纳的正确观点加以心证公开，将弱化当事人所提出法律论据、事实主张与证据主张的分量，对当事人造成不利的结果。[1]

（7）在请求权竞合的情况下，除当事人所主张的请求权以外，法院还应就当事人忽略的其他由同一给付地位所导出的新的请求权加以阐明，必须就此新的观点加以心证公开。为了使得当事人能够正确理解这些请求权的意义与内容，保障当事人就这些请求权有表达意见的机会，并且使其有补充必要性事实的机会，法院不仅须就个别新的请求权加以心证公开，还须就这些请求权之间的差异性以及其相互之间的影响性加以心证公开。[2]

（8）当双方当事人在诉讼中均未提及某项重要观点时，如果该观点从当事人主张的事实或证据资料中可以明显推知，则属于双方当事人均忽略这一重要观点的情形，法院应当公开其心证。

（9）当一方当事人提起某项重要观点，但从其所提出的主张无法辨识出其认真提出与此相关的主张，或者其虽然如此提出，但事后却放弃原先的观点改采其他观点时，在这种情况下，法院应当就一方当事人自己误认为不重要的事实观点公开其心证。

（10）如果在诉讼中一方当事人指出某项观点系诉讼上重要的观点，法院也采相同的见解，但对方当事人明确表示该观点并不重要，或者并未表示意见时，这种情形可被评价为该对方当事人误认为该项观点并不重要，但实际上却属于重要范围。[3]在这种情形下，法院应当公开其心证。

（11）在诉讼实务上，可能一方当事人曾经提及某项重要观点，但其事后不再就其有所论究，而对方当事人也未对此发表意见，或者提出其他不重要的观点，在这种情况下，双方当事人均误认为曾在诉讼中出现的某项观点为不重要，但实际上该观点属于重要的观点，对此观点，法院应当公开其心证。

（12）在诉讼中，有可能双方当事人均提及某项重要的观点，但事后却放弃了原来的观点而改采其他观点，这种情形可谓属于双方当事人误认重要观点为不重要的情形，对此，法院应当公开其心证。[4]

（13）当双方当事人均未改变其所采取的观点，但法院变更其原先所采用的观点，

---

〔1〕 Vgl. Laumen, *Rechtsgespräch*, S. 252，转引自刘明生等："突袭性裁判防止之研究"，载民事诉讼法研究基金会编：《民事诉讼法之研讨》（十八），元照出版有限公司2012年版，第196页。

〔2〕 刘明生等："突袭性裁判防止之研究"，载民事诉讼法研究基金会编：《民事诉讼法之研讨》（十八），元照出版有限公司2012年版，第202页。

〔3〕 刘明生等："突袭性裁判防止之研究"，载民事诉讼法研究基金会编：《民事诉讼法之研讨》（十八），元照出版有限公司2012年版，第210~211页。

〔4〕 刘明生等："突袭性裁判防止之研究"，载民事诉讼法研究基金会编：《民事诉讼法之研讨》（十八），元照出版有限公司2012年版，第211页。

因而作出不同于双方当事人的判断，法院可能在诉讼前阶段与双方当事人采取相同的观点，但随着诉讼程序的进行，却认为另一种不同的观点才发现属于重要的观点，因而欲变更其观点。对于这种情形，法院必须就双方当事人忽略与不同于双方当事人判断的观点公开其心证。

（14）法院也可能在诉讼前阶段与一方当事人采取不同的观点，但其后采取与其相同的观点，与对方当事人不同的观点。在这种情况下，因法院变更其见解而造成该对方当事人误认为另一方当事人先前所主张的观点属于不重要。对于这种情形，一方当事人会误认某项观点为不重要，法院须将正确重要的观点予以心证公开。[1]

（15）在诉讼上，有时还可能发生法院与双方当事人均变更其原先所采取观点的情况。在这种情况下，可能造成一方当事人误认某项观点的重要性，或双方当事人均忽略某项重要的观点。对此情形，法院应当公开其心证。

特定观点阐明义务的目的不仅在于防止特定观点突袭性裁判，还在于保障当事人有机会提出与这些观点相结合的声明、事实与证据主张，以补救处分权主义与辩论主义的缺陷。在当事人忽略或误认特定观点的情形下，法院不仅须阐明该项观点，并且应就由此直接导致的事实主张上的不足加以阐明。如果一方当事人已经提出某项重要观点，但其并未以此作为标准而提出相结合的主张或其后变更采取其他观点，法院不仅应将此重要观点予以阐明，还应就因认为某项重要观点不重要而导致的事实补充必要性也加以阐明。例如，一方当事人认为其所主张的事实涉及委托契约的性质，对方当事人主张该契约的法律性质为承揽契约，而法院认为该契约的性质为承揽契约，此时一方当事人认为某项法律观点不重要，法院应阐明承揽契约的法律性质，并使该当事人有补充关于承揽契约要件事实（尤其是涉及特定给付效果发生的事实）的机会，或是其有提出不同法律观点推翻法院所采用法律观点的机会。[2]法院就特定法律观点的判断前提，系当事人已提出若干基础的事实。当事人所提出的事实具有划定法院法律适用范围的作用，超越这一事实范围，法院就不得作出法律上的适用。如果当事人的事实主张愈加充分、愈加完整，可为法院作出更正确的法律判断提供基础。[3]

三、对处于社会转型时期我国法官心证范围的认识与界定

从各国立法以及司法情况来看，法官在庭审中的心证公开已成为贯彻司法公开、司法民主的关键环节。目前，从大陆法系有关国家或地区的立法例来看，对于心证公开的范围是采用一般性的非强制公开义务+列举式强制公开义务模式。由于现代司法理

---

〔1〕　刘明生等："突袭性裁判防止之研究"，载民事诉讼法研究基金会编：《民事诉讼法之研讨》（十八），元照出版有限公司2012年版，第211页。

〔2〕　刘明生等："突袭性裁判防止之研究"，载民事诉讼法研究基金会编：《民事诉讼法之研讨》（十八），元照出版有限公司2012年版，第191页。

〔3〕　刘明生等："突袭性裁判防止之研究"，载民事诉讼法研究基金会编：《民事诉讼法之研讨》（十八），元照出版有限公司2012年版，第193页。

念借助于心证公开理论研究的推动，对于有关法律条款的理解，其潜在的心证公开所涉及的范围要远远大于立法上的明文规定，进而使得法官在审判实践当中所承担的心证公开成为一种一般性义务，导致心证公开的范围实际上受到淡化处理。这也就意味着，基于司法公正、公平正义以及当事人程序保障权（含听审请求权、辩论权、诉讼防御权等）的考虑，在庭审过程中，法官就事实问题、证据问题和法律问题等负有心证公开的一般性义务，即没有设定范围上的限制，以便引导法官与当事人之间以及当事人与当事人之间就有关议题进行对话、交流（辩论），构建法官与当事人之间以及当事人相互间正常、健康的诉讼关系，即法官与当事人之间应界定为一种合作、协助关系，当事人之间应界定为一种"对抗不树敌、竞争非恶性"关系。也就是说，要强调合法对抗、理性竞争。

在德国、日本等大陆法系有关国家或地区，近几十年以来，由于司法改革、立法完善以及程序革命的推动作用，有关立法条文的不断增加及司法判例数量日益增多，将法官心证公开的强制性义务范围逐步扩大，主要针对的是在有可能发生突袭性裁判的情况下对有关当事人进行必要的司法救济。例如，《德国民事诉讼法》第139、279条等等；《日本民事诉讼法》第147、149、165条等等。

从近年来我国立法及司法解释涉及要求法官承担心证公开义务的情形来看，其中提出明确要求的情形较少，且主要限于有关司法解释。但是，作为一种审判活动的内在规律，在庭审当中法官心证的公开有利于引导当事人开展诉讼上的攻击与防御，也有利于在各个阶段促使诉讼程序的推进，否则在现代司法理念指导下的民事诉讼则无法有效推进和展开。因此，从这个意义上讲，暂且不论我国现行《民事诉讼法》《民事诉讼法解释》中的许多条款实际上隐含了对法官负有公开心证义务的要求。也就是说，在审判实务上，法院必须通过公开心证才能使有关条款具有可操作性。其中较为明显的包括《民诉法解释》第35、36、43、44、73、74、80、81、92、93、94、95、96、98、99、100、101、102、103、104、106、107、108、109、110、111、112、113、114、115、121、124、142、144、146、174、190、208、209、210、218、219、225、230、233、240、241、242、248、256、258、269、274、280、281、293、301、312、313、315、332、333、337、338、342、398、401、405、426条。

至少在理论层面，只要是有利于法官形成正确的心证，在诉讼过程中对法官心证公开的范围就不应当有任何限制。目前，从有关国家和地区的立法和司法实践来看，作为法官心证公开义务，主要可划分为强制性义务和非强制性义务。所谓强制性义务，是指在诉讼过程中一旦法官违反这项义务，其产生的后果将包括受此不利影响的有关当事人可向上诉审法院提请救济，上诉审法院可据情采取依法改判或发回重审等裁判。所谓非强制性义务，亦称选择性义务，是指对某些心证公开义务的承担由法官据情决定，即使法官认为没有必要公开其心证也不会对其所作出的裁判产生不利影响。在法理上，这种选择性的公开心证义务具有倡导性和鼓励性特征。从有关国家立法和司法的情况来看，这种强制性义务和选择性义务具有相对性，除非立法作出明确规定，否则选择性的心证公开义务一般不会转化为强制性的义务。当然，最高法院或者上级法院的有关判例也将对下级法院的裁判产生影响。

从我国目前的有关情况来看，虽然最高人民法院有关司法解释对在某些情况下法官负有公开心证的义务作出了明确的规定。例如，2020 年 5 月 1 日起实行的经修改的《民事证据规定》第 53 条第 1 款规定："诉讼过程中，当事人主张的法律关系性质或者民事行为效力与人民法院根据案件事实作出的认定不一致的，人民法院应当将法律关系性质或者民事行为效力作为焦点问题进行审理。但法律关系性质对裁判理由及结果没有影响，或者有关问题已经当事人充分辩论的除外。"再如，《民诉法解释》第 226 条规定："人民法院应当根据当事人的诉讼请求、答辩意见以及证据交换的情况，归纳争议焦点，并就归纳的争议焦点征求当事人的意见。"但上述内容并未对这些义务的性质作出明确的界定，对于在诉讼过程中法官违反上述心证公开义务是否将会产生某种法律后果以及将产生何种法律后果，均未给出明确答案。因此，有关当事人在二审程序中申请救济时，二审法院应当作出何种处理决定，有时也显得无所适从。

根据现代司法理念及审判的公平与正义的基本要求，法官在诉讼过程中负有心证公开的一般性义务，这种一般性的义务主要属于非强制性的义务，但如果在审判实践中不顾主客观条件的限制而过多地将一般性的非强制性义务转换为强制性义务，虽然在某种程度上有助于办案质量的提升以及维护当事人各项程序保障权，但缺乏必要的时间积累会诱发"揠苗助长"现象的出现。因此，在短时间内尚不能对法官道德素养、职业化水平、庭审能力建设、当事人及律师的协同能力及审判运行机制等提出过高要求的情况下，考虑到我国处于社会转型时期这一特殊的历史阶段，如果不充分顾及客观条件的限制而在审判实践中推行急功近利的做法，势必会造成适得其反的后果。在我国目前的国情条件下，对这一问题的研讨具有重要的实践意义和应用价值。为此，笔者提出如下建议：即将法官心证公开义务分为强制性义务与非强制性义务。无论是从理论上还是从实务上，凡法官违反心证公开的强制性义务和非强制性义务均有可能导致突袭性裁判的发生，只是对当事人的程序保障权造成的损害在程度上各不相同而已。

（一）关于法官心证公开的强制性义务

在庭审过程中，当遇有法官必须予以公开心证的情形而未予公开时，一旦裁判是在这种条件下形成的，就必然会导致突袭性裁判现象的发生，于是，当事人的辩论权的行使势必会受到严重妨碍，甚至被视同遭到剥夺。导致在法律上有必要规定法官心证公开强制义务的主要原因是：在有关情形下，如法官不公开其心证，当事人的辩论权势必会受到严重的妨害，对裁判的公正性势必会造成严重损害。我们应当充分认识到，当事人之间行使辩论权不是为了辩论而辩论，它系当事人通过言词辩论来影响法官形成心证的权利。当事人的辩论权分为形式上的辩论权和实质上的辩论权。在诉讼上，当事人的形式辩论权是一种初步辩论权；在法官公开其心证之后，当事人才能享有实质上的辩论权。按照审判流程以及诉讼的阶段性，在经当事人初步行使辩论权即形式辩论权之后，只有在法官公开其心证的条件下，当事人才能够进一步行使辩论权，即实质上的辩论权。当事人行使的辩论权是当事人听审请求权和程序防御权的重要组成部分。目前，在我国的审判实践中，当事人的形式辩论权能够得到保障，但普遍存在的问题是，当事人实质辩论权无法得到有效保障，也即，当事人的辩论权无法得到"充分的"保障。只有通过法官公开其心证，才能为当事人之间全面、深入地开展言词辩论指明方向、凸显焦点。我国《民事诉讼法》第200条第9项规定，违反法律规定，剥夺当事人辩论权利的，人民法院应当再审。根据《民诉法解释》第324条的规定，违法剥夺当事人诉讼权利的，可以认定为《民事诉讼法》第170条第1款第4项规定的严重违反法定程序。即"原判决遗漏当事人或者违法缺席判决等严重违反法定程序的，裁定撤销原判决，发回原审人民法院重审"。根据《民诉法解释》第391条的规定，原审开庭过程中不允许当事人发表辩论意见的，应当认定为《民事诉讼法》第200条第9项规定的剥夺当事人辩论权利。在逻辑关系上，如果法官拒绝公开其心证，当事人行使辩论权就会失去其意义和价值，同时也会违背当事人行使辩论权的目的性，等同于被剥夺了实质辩论权。为此，许多国家或地区在立法上均将法官行使阐明权或者释明权作为法官的一项程序性义务，即心证公开的一般性义务，并将其中一些义务的违反设定有相应的法律后果，从而划定出了心证公开的强制性义务范围。在此，需要指出的是，笔者在此所论及的法官心证公开，主要涉及法官临时性心证的公开。也就是说，法官应当使当事人及其律师充分理解，其公开的心证系某种特定阶段的临时性心证，而绝非终局性的心证。这种临时性心证此后还存在发生各种变化的可能性。笔者认为，在我国现有的国情条件下，对心证公开强制性义务的设定应充分考虑有关情形下有关义务违反的严重性、我国法官和律师的业务素养以及司法环境等因素。依据这一标准，笔者认为，在实务上，对在下列情形下所获得的心证，法官负有心证公开的强制性义务：

（1）对案件有关争点问题所获得的心证。在诉讼过程中，有关争点问题主要涉及事实争点、证据争点和法律争点等。[1]其中，证据争点涉及证据的采信及事实认定，因此又与事实争点密切相关。另外，法律争点的确定通常又以事实争点为基础。在实务上，法官对争点事实所获得的心证包括对争点事实范围的确定和对争点事实结果的认识。对此，我国《民事诉讼法》第133条第4项载明的"通过要求当事人交换证据等方式，明确争议焦点"的内容以及《民诉法解释》第226条明确要求法官应当公开其归纳争点的心证并征求当事人的意见，系旨在要求法官公开其对争点事实范围确定的心证。争点的确定涉及审理范围的确定，即涉及法庭调查的范围以及当事人辩论范围的确定，因此直接关涉当事人诉的利益，决定了当事人的举证范围以及当事人的攻击与防御范围之确定，因此对于当事人的诉讼利益和实体权益影响甚大。对此，法官

---

[1] 对此，《民诉法解释》第228条明确规定："法庭审理应当围绕当事人争议的事实、证据和法律适用等焦点问题进行。"

必须及时公开其心证。

（2）对案件有关要件事实所获得的心证。要件事实又称争点事实、系争事实、主要事实、待证事实等。争点事实是指用于确定存在争议的法律效果与法规构成有关的那些要件事实。对此，日本学者三月章教授认为："辩论主义之所以只适用于主要事实，是因为其与辩论主义纯属不同领域的自由心证主义相关。法院必须在这一自由心证主义的作用下发现事件的真相。"〔1〕

案件事实主要包括要件事实、间接事实以及辅助事实（证据事实）等，在事实认定中，要件事实属于基础性事实，对于当事人的请求权基础的确定具有重大意义。在当事人之间对于要件事实的确定存在争议时，法官必须及时公开其心证；而在目前的国情条件下可对间接事实、辅助事实等不要求法官负有强制公开心证义务，仅负非强制公开心证义务。

（3）对判决、裁定结果有实质性影响的事实所获得的心证。《民事证据规定》第35条第1项规定"诉讼过程中，当事人主张的法律关系的性质或者民事行为的效力与人民法院根据案件事实作出的认定不一致的"。其中，"法律关系的性质""民事行为的效力"属于对判决、裁定的结果有实质性影响的事实，应当归于这一范畴。〔2〕并且，这两种情形在实务上较为常见。例如，在一合同纠纷中，甲主张以无偿占有其房屋为由要求乙归还，并按市价支付占有使用费。乙辩称双方系长期租赁关系，并已一次性支付过租金。对此，甲主张该笔款项系其从乙处所借款项，与房屋无关。对此，如果法官获得的临时心证无论系双方间存在租赁关系还是借贷关系，则均应向当事人公开。再如，在一起借贷合同纠纷中，甲以乙违约逾期拒不还款为由要求其支付本金和违约金，乙则以合同无效为由进行抗辩。对此，如果法官获得的临时心证系合同应为有效，但同时认为合同约定的违约金过高，为防止对乙造成裁判突袭并使其做必要的防御，法官应当及时公开其心证。

另外，值得注意的是，《民诉法解释》第335条规定："民事诉讼法第一百七十条第一款第三项规定的基本事实，是指用以确定当事人主体资格、案件性质、民事权利义务等对原判决、裁定的结果有实质性影响的事实。"

在诉讼上，对判决、裁定结果有实质性影响的事实往往在当事人之间存在争议，需要法院及时作出判断和认定，否则将严重影响后续程序的推进。因此，法官对此负有强制性公开心证的义务。

（4）对特定举证责任的界定和负担所获得的心证。在诉讼过程中，在许多情况下当事人的举证责任受到当事人主张责任的影响，对于当事人的一般性举证责任，法官

---

〔1〕［日］三ケ月章：《日本民事诉讼法》，汪一凡译，五南图书出版公司1997年版，第187页。
〔2〕2020年5月1日起实行的经修改的《民事证据规定》第53条第1款规定："诉讼过程中，当事人主张的法律关系性质或者民事行为效力与人民法院根据案件事实作出的认定不一致的，人民法院应当将法律关系性质或者民事行为效力作为焦点问题进行审理。但法律关系性质对裁判理由及结果没有影响，或者有关问题已经当事人充分辩论的除外。"

并不负有强制性心证公开义务，但当事人对于对此发生争议以及某些基于特殊情形产生的举证责任，法官根据案件事实对此所获得的心证，有向当事人负有强制性公开的义务。[1]例如，在因受某些案件当中法律关系的性质（故出现举证责任的倒置）、证据偏在于一方当事人以及因非举证人的证明妨碍等原因影响导致发生举证责任的转换等情形下，如果此时法院不能一锤定音，诉讼程序将无法正常开展。再如，《民事证据规定》第31条第2款有关于对需要鉴定的事项负举证责任的当事人，如有懈怠应承担举证不能法律后果的规定。

（5）因证据评价足以改变诉讼上攻击与防御的格局所获得的心证。在诉讼过程中，当事人之间的诉讼攻击与防御往往以提供相应的证据作为获取某种战略优势的利器以及谋取克敌制胜的法宝。这种成王败寇式的诉讼效果的出现通常取决于对证据的评价。在形成最终的裁判文书之前，这种对于描述诉讼动态中的证据评价是法官适时的心证过程，如果不及时向双方当事人予以公开，将会对当事人产生实质性的误导。即要么盲目乐观，期盼胜诉结果的降临，而最终很可能则是如同竹篮打水，空欢一场；要么无所适从，只得消极静观其变、错失良机。例如，前者就原告而言，其自信己方已提供的本证具有充分性，但实际上在法官看来，原告本证与被告反证二者间的证明力处于平衡状态，如果这种状态在有关当事人无所作为的情况下持续下去进而成为一种终局性心证，结果显然会超出原告的预期。[2]再如，就某一待证事实而言，双方当事人均负有主观证明责任而相应提供本证和反证，但究竟本证是否能够抵御反证或者本证是否能够推翻反证对于双方当事人而言均无十分的把握，这完全取决于法官心证当中的证据评价，证据评价中自然会包含有关证据是否具有关联性，其中法官也会认为，当事人可能会掌握在法官看来具有关联性的证据，但是当事人并未提交，这显然系法官与当事人之间在认识论上的差异所致。如果法官此时未能及时公开其心证，有关当事人势必会遭到突袭性裁判，同时有关当事人难免会以提起上诉等方式寻求更高层级的司法救济。为此，我国《民事诉讼法》第170条第1款第2项规定，第二审人民法院对上诉案件，经过审理，如发现原判决、裁定认定事实错误或者适用法律错误的，以判决、裁定方式依法改判、撤销或者变更；该法第170条第1款第3项规定，原判决认定基本事实不清的，裁定撤销原判决，发回原审人民法院重审，或者查清事实后改判。该法第200条第1项规定，有新的证据，足以推翻原判决、裁定的，人民法院应当再审。该法第200条第2项规定，原判决、裁定认定的基本事实缺乏证据证明的，人民法院应当再审。可见，我国现行法为当事人提供了在一审或二审当中遭受包括突袭性

---

〔1〕　例如，《民诉法解释》第91条规定："人民法院应当依照以下原则确定举证证明责任的承担，但法律另有规定的除外：（一）主张法律关系存在的当事人，应当对产生该法律关系的基本事实承担举证证明责任；（二）主张法律关系变更、消灭或者权利受到妨害的当事人，应当对该法律关系变更、消灭或者权利受到妨害的基本事实承担举证证明责任。"

〔2〕　在学理上，就法官的心证而言，当双方当事人的举证使得案件事实处于真伪不明状态时，法官必须穷尽一切必要的证据调查方式，其中要求当事人补充提交必要的证据材料。只有在采取这些必要的救济措施之后，如果仍无法避免这种真伪不明状态时，在这种条件下，法官才能按照客观证明责任法则作出对原告不利的裁判。

裁判在内的审判错误、不当或瑕疵损害的制度性保障。[1]然而，如果法院在一审或二审庭审过程中当原有的诉讼攻击与防御格局发生变故需要当事人作出必要的调整或对应，则应当及时履行心证公开义务，以保障当事人的听审请求权或程序防卫权，这将会在相当程度上有助于防范审理和裁判上的错误或瑕疵。因此，有必要将法官因证据评价足以改变诉讼上攻击与防御的格局所获得的心证及时予以公开，作为一项强制性的义务。

（6）因双方当事人就一方主张免证事实发生争议所获得的心证。《民诉法解释》第93条规定有7种类型的免证事实，对于这些事实，当事人无需举证证明。其中包括根据自然规律以及定理、定律能够确认的事实，众所周知的事实，根据法律规定推定的事实以及根据已知的事实和日常生活经验法则推定出的另一事实等。在法理上，对于这些免证事实的认定通常涉及三种情形并采用二种方式：其中一种方式是由法官在审判上依职权主动认知。针对的情形是，当事人对于免证事实并未提出相应明确的主张或提出确认申请。其中，对于众所周知的事实和根据日常生活经验法则推定出的事实，在个案中结合其他证据对于待证事实的认定，在审判实践中最为常见。而在另外一些情形下，一方当事人提出相应的主张，对方当事人提出反驳意见，对此，在当事人并未提出申请确认的情况下，法官在认为有必要进行确认否则将影响程序的正常进行时，可依职权对有关免证事实作出认知判断。另一种方式是，一方当事人主张免证事实并申请法院进行确认，法官根据当事人的申请，对有关免证事实作出的认知。这种司法上的认知实际上就是法官心证公开的体现。在审判实践中，对于免证事实作出司法认知有助于节约诉讼成本和司法资源，保证办案质量，增强当事人对于裁判结果的可预期性，并有助于双方当事人对于其诉讼攻击与防御及时作出必要调整。因此，对于双方当事人就免证事实发生争议或者一方当事人就免证事实提出司法认知申请，法官应当负有公开心证的强制性义务。

（7）对有关法律及法律适用所获得的心证。《民诉法解释》226条规定："人民法院应当根据当事人的诉讼请求、答辩意见以及证据交换的情况，归纳争议焦点，并就归纳的争议焦点征求当事人的意见。"其中所涉及的争议焦点理应包括法律问题。在诉讼过程中，在当事人就法律及法律适用产生争议时，法官应结合对案件事实的调查和当事人提供的相关证据，就法律及法律适用所产生的争议进行归纳，以便作为审理范围，并向当事人公开其心证。根据《民事诉讼法》第170条第1款第2项的规定："原判决、裁定认定事实错误或者适用法律错误的，以判决、裁定方式依法改判、撤销或者变更。"该法第200条第6项规定，原判决、裁定适用法律确有错误的，人民法院应

---

[1]　相比较而言，根据《德国民事诉讼法》第529条规定，控诉法院原则上受一审法院事实认定的约束。因此，当事人必须在一审中提出其全部主张并进行相关举证，否则其在二审中进行主张将遭受失权后果。这种规定并有助于将案件事实的审理重心集中在一审程序中，使更多的案件可以通过一审终结，当事人只有对于一审判决的法律问题存在有争议时方可控诉。当然，这并不能排除控诉审法院如果有具体理由就一审院对于裁判上的重要事实认为不正确或不完整时，可以不受一审法院事实认定的约束，对事实进行重新认定。根据《德国民事诉讼法》第531条的规定，当事人在下列情况下可以提出新的攻击或者防御方法：其一，一审法院明确忽略或者认为不重要的；其二，由于程序瑕疵，在一审中未提出的；其三，非因当事人过失，在一审中未提出的。

当再审。根据《民诉法解释》第 390 条的规定，违反法律适用规则，导致判决、裁定结果错误的，应当认定为《民事诉讼法》第 200 条第 6 项规定的原判决、裁定适用法律确有错误。其中，适用法律错误的情形，除了实体上的错误以外，还应当包括程序上的错误，以便解决长期以来"重实体、轻程序"的错误倾向。因此，在一审庭审过程中，法官除了在确定争点范围上须就法律问题公开心证以外，在法官就法律问题形成终局性心证之前，还必须向当事人公开其心证，以便有关当事人享有辩论权和防御权，并实际参与法官就法律问题的心证形成过程。如果法官拒绝以适当形式在就法律问题形成终局性心证之前向当事人公开其心证，应当被视为在法律适用程序上存在重大瑕疵，构成突袭性裁判，而应当被认定系适用法律错误的范畴。

（二）关于法官心证公开的非强制性义务

鉴于法官心证公开属于一般性义务，因此除了上述强制性义务以外，凡涉及其他法官心证公开义务均属于非强制性义务。从各国的有关情况来看，心证公开的强制性义务的设定主要通过立法以及司法判例的形式加以确认。随着社会的发展与进步，并伴随着法官及律师的职业能力的提升，原本属于非强制性的心证公开义务有愈来愈多地转化为强制性义务的趋势。

第五节　法官心证公开与突袭性裁判之防范

一、对突袭性裁判的基本认知

法院的裁判行为是法院根据当事人所提交证据并在进行评价之后，在认定案件事实的基础上，适用法律就有关诉讼请求作出审判上的裁断或宣示。所谓裁判突袭，又称突袭性裁判，在德国并非是法律上的用语[1]，它是指当事人在诉讼程序中因无法对裁判结果及其所依赖的心证形成过程作出合理的预测与判断，因而是在不能组织相应的攻击与防御的状态下不得不接受裁判所带来的冲击。[2]关于突袭性裁判对于司法的危害性，德国的罗尔夫·本德教授（享有"斯图加斯"模式之父的美誉）认为，到突袭性裁判是"司法之癌"，对于司法的危害是非常严重的。[3]

从历史演进的规律性来看，一种行为一旦被重新定义，人们将会发现其中孕育着某种颠覆性认识的横贯出世。突袭性裁判的概念以及防范裁判突袭的价值理念是现代社会条件下诉讼改革与程序革命的一种必然结果，是秉持正当程序理念与意识的产物。即使在现代社会以来的许多年间，突袭性裁判大量存在并被视为一种再正常不过的司法现象。裁判突袭与法官的自由心证（尤其是形成心证的方式与程序）有很

---

[1] 参见沈冠伶：《诉讼权保障与裁判外纷争处理》，北京大学出版社 2008 年版，第 20 页。

[2] 对此，沈冠伶教授给出的定义是："当事人依据程序进行之过程，不能合理地预测到法院裁判之内容或判断过程。"参见沈冠伶：《诉讼权保障与裁判外纷争处理》，北京大学出版社 2008 年版，第 20 页。

[3] 刘明生等："突袭性裁判防止之研究"，载民事诉讼法研究基金会编：《民事诉讼法之研讨》（十八），元照出版有限公司 2012 年版，第 254~255 页。

大的关系，自 1877 年德国确立法官在裁判上对证据的运用和对事实的认定实行自由心证主义以来，这一问题就显现于世。

突袭性裁判的发生，分为广义与狭义二种认识。其狭义的认识，系由原本隐存于法官心证的形成过程的谬误或偏差所致，这种形成裁判的结论所涉及的事实认定、证据分析与法律适用等，如果经由法官预先以适当方式公开其心证，使对其产生不利益的当事人及时提出主张、资料、意见等攻击与防御，有可能促使法官改变其心证或予以必要的补救，而不至于使当事人在未有任何预期及防范的情况下遭受不利益的裁判。而广义的认识不仅限于法官在心证形成过程中及其裁判观点是否存有谬误或偏差，即使不存在这种假定性命题，即无论法官的心证在作为裁判基础的事实认定、证据分析或法律适用等方面是否存在谬误与偏差，只要形成对当事人产生不利益的判断结论，在有关当事人事先虽尽必要的注意也未有任何预期或攻击防御的情况下遭受裁判，就应视为裁判突袭的发生。

二、突袭性裁判之法理解析

突袭性裁判具有以下特点：第一，突袭性裁判的结果是法院在制作裁判文书之后产生的；第二，突袭性裁判产生的原因发端于诉讼过程；第三，法官的心证及其形成过程在突袭性裁判中对外具有封闭性；第四，当事人对于法官的心证及其裁判结果事先缺乏可预测性。

在诉讼过程中，一方当事人可能会面临来自两方面的突袭：一是发端于对方当事人的突袭，其中包括主张突袭、证据突袭和程序性突袭。当事人的突袭与以往的随时提出主义及法院疏于程序管理有关。而当今正当程序理念意识的崛起和相应规则的日渐完备，使得随时提出主义被适时提出主义所替代。它通过程序的转型正义为诉讼权利塑造了一个全新的领域，即诉讼权利在程序的"刻盘"上具有失权的"法度"，不及时行使将失效。这无疑具有某种革命性意义。但在实践中，也须处理好完全禁止随时提出主义与合理限制随时提出主义之间的关系，在此基础上应运而生的是适时提出主义。

突袭性裁判是对现行裁判行为及裁判过程进行审视、检讨、重新认识和重新定义的结果，对这种现象进行防范将对诉讼程序的变革产生如下重要意义：第一，它对法院与当事人之间的关系格局和边际进行了重新塑造与勾画，即由垂直纵向关系向横向平行关系转换。第二，在权属形态上，使得诉讼的推进由法院的权力主导型向法院的义务主导型转换。第三，使得诉讼上所发生的当事人之间的攻击与防御态势也同时衍生出双方当事人对法院裁判心证的攻击与防御。[1]第四，在法治意义上，历史性地体现了对于裁判权力的限制与约束。第五，它体现了对于当事人诉讼主体地位的尊重与

---

[1] 当然，这种法院心证在此应当表述为法院的临时性心证。另外，当事人对于法院的临时心证在诉讼上主要处于一种防御地位。但从战略意义上，最好的防御就是主动进攻，在诉讼上也是如此。

听审请求权的程序保障。

从长期以来的实践情况和习惯做法来看，针对当事人在辩论中所持的立场和观点究竟是否给法官的心证造成影响以及造成了何种影响，如果"谜底"只能够在诉讼终结以后只能由法院通过裁判文书才能予以公开的话，那么至少将说明两个问题：其一，当事人在诉讼上的辩论权被肢解为两个断面或部分，其中一部分得到了行使，而另一部分则被剥夺了。这是因为，当事人行使辩论权在影响法官心证方面未能彻底实现其立法初衷和设计上的预期。鉴于法官的心证具有不可预测性，根据法官知法原则以及当事人辩论主义原则，当事人在事实上、证据上及适用法律等问题上的主张及攻击防御方法[1]与法官的主观认识和审理思路是否相符合将变得十分重要。在不相符合的条件下，显然将产生对当事人不利的影响。在普遍性地接受法官也存在误识、误判可能性这种认知的前提条件下，为什么不在庭审过程中尽可能地消除这种误识、误判以避免将其保留在裁判文书当中？对此，在庭审过程中，确切地说，在法官形成心证的过程中，当事人享有进一步说服法官并促使其改变或完善心证的权利。这种权利理应作为辩论权当中一个重要的组成部分。其二，法官的心证在诉讼过程中始终处于"秘而不宣"的状态。法官将其心证始终保持在这种状态直至诉讼终结也不向当事人披露，无非存在三种可能性认识或考虑：一是有关心证并不成熟，在最终形成裁判文书之前还有较大的改变、完善空间，这其实是一种缺乏自信的表现；二是对公开心证有一定的顾虑，担心受不利心证影响一方当事人的指责，甚至担心该方当事人提出要求其回避的申请；[2]三是认为在诉讼过程中即使不向当事人公开其心证也不违反法律，并且认为这种做法已经习以为常。事实上，上述这三种心态，即使在没有法律明确规定法官在庭审过程中不适时公开其心证也并不违反法定程序的前提条件下，也应当被认为是对如何形成正确的心证于理念上、观念上和方法上存在错误性认识。这是因为，就个案的审理而言，法官心证的形成是一个循序渐进的过程，在客观上会留下特定的轨迹。同时，这种轨迹并非是直线、一次性形成的，其过程充满了曲折、停顿、徘徊、反复等。这反映了法官在对案件事实、证据评价和适用法律等问题上往往会充满犹豫不决、矛盾重重、静待观望、坐观其变、豁然开朗等主观心理状态。因此，为了消除形成心证过程中的障碍以及摆脱举棋不定的心态，在庭审过程中，法官会被迫及下意识性地以各种方式向当事人公开其心证，以便对当事人的诉讼主张和攻击与防御的方向进行技术性的引导。当然，在通常情况下，这种公开心证在方法上具有暧昧性和随机性，有时需要考验当事人（主要是律师）的敏锐直觉、悟性领会、逻辑分析的能力，因此，这种公开心证的力度有时是相对有限的。

---

〔1〕 主要包括辩论理由、辩论方法、辩论逻辑和辩论资料等等。

〔2〕 陈计男教授曾指出，突袭性裁判数量居高不下的一个原因是，在司法权威尚未建立之前，民众法律意识不强，法官当庭告知心证会引起不良后果，如申请法官回避，想方设法给法院施压。参见邱联恭等："突袭性裁判"，载民事诉讼法研究基金会《民事诉讼法之研讨》（一），民事诉讼法研究基金会 1980 年版，第 55~56 页。

三、突袭性裁判的基本类型

当法院在诉讼过程中未经心证公开这一环节却径行制作裁判文书并加以宣布时，这种裁判方式之所以被称为系裁判突袭，是因为审理法官经查阅双方当事人提交的诉讼资料和证据资料以及庭审调查，认为其所形成的涉及某一待证事实、关键性证据材料或法律见解对一方不利益的心证，不经该方当事人的陈述、辩解及补充提交有关诉讼资料或证据资料，而径行作出对其不利益的裁判。而该方当事人对此并无预期，以至于其无法进行相应的攻击与防御。换言之，如果其对此心证有必要、合理的预期，而采取相应的攻击与防御，法官很有可能会因此改变对其不利益的心证，或至少会部分改变其心证，心证的改变将直接导致裁判结果的不同。

在理论上，作为法院的裁判行为与模式，根据不同的角度和对象，裁判突袭主要可被分为发现真实的突袭、适用法律的突袭和促进诉讼的突袭三大基本类型。

（一）发现真实的突袭

所谓发现真实的突袭，是指法院未在言词辩论终结前使当事人充分认识或者预测法院所要认定的事实以及该事实所包含的具体内容，以至于当事人在对其不利的事实认定并未实施充分攻击与防御的情况下直接接受法院的裁判。

在学理上，发现真实与法院在审判上对案件事实的认定具有逻辑上的重合性。主要表现在：第一，这种真实并不等同于完全客观上的"真实"，而是一种法律意义上的真实，它体现了法官在主观心证上对案件事实的认识与把握；第二，这种真实系法官在审理过程中尽可能穷尽一切必要的手段和方法在现有条件下尽可能接近客观真实所取得的结果，它体现了客观真实与法院主观真实之间的逻辑距离；第三，从发现真实的方法和角度上来观察，除了事实认定之外，还应包括证据评价以及推理过程，因为无论是事实认定、证据评价还是推理过程，都与发现真实直接有关，尽管在界定事实认定与法律适用的关系问题上，事实认定应当包括证据评价与推理过程。也就是说，事实认定、证据评价和推理过程都可以作为适用法律的前提条件。

在民事诉讼上，当事人所提出的诉讼主张反映了辩论主义和处分权主义的内在张力。在法院形成的审理心证和裁判心证过程中，在当事人未主张某项事实或者其主张并不完全时，法院根本就不能将其作为形成裁判的基础。如果法院擅自斟酌该项事实，则会因违反辩论主义而构成辩论主义上的突袭性裁判。另外，按照一般的诉讼状况，在当事人未表明有关诉讼标的的情况下，法院就不应就此进行审理并作出裁判，这是基于处分权主义的要求。如果当事人在诉讼上并未表明诉讼标的，法院却就该诉讼标的进行审理并作出判决，这便构成处分权主义上的突袭性裁判。因此，如当事人未标明诉讼标的，或者在其表明存在明显不足的情况下，法院自应不得对这种情况下的诉讼标的进行审理并作出裁判。

发现真实的突袭，又可分为认定事实的突袭、证据评价的突袭和推理过程的突袭。

1. 认定事实的突袭

事实认定上的裁判突袭，主要系法官在就作为裁判的基础事实的认定，在听取双方的辩论意见之后所作出一种判断，在未交由当事人提出质疑，或未与当事人进行讨论的情况下，法官径行作出裁判。这种裁判所涉及的对案件基础事实的认定完全超出当事人的预测与诉讼准备。也即，如果法院事先公开其心证，或许当事人为此将会提出新的主张、事实陈述或证据资料，其最终结果有可能导致法院对案件基础事实所形成的心证发生改变。例如，甲要求乙偿还借款，乙以还款期限未到为由予以抗辩。而法院经过证据调查和事实调查认为，当事人之间并不存在借贷合同关系，而是存在一种合伙经营关系，故以二者系合伙经营关系为由驳回甲的诉讼请求。法院将合伙经营关系作为裁判基础事实所作出的认定完全超出了甲的预期，未经必要的主张、事实陈述和证据上的准备，使其猝不及防。

在诉讼上，当事人主张的事实究竟如何以及是否为法院所接受和认定，是适用法律的前提条件，往往能够对裁判结果造成直接影响。

在理论上，认定事实的突袭还可以被更加具体地划分为有关要件事实认定上的突袭、有关重要间接事实认定上的突袭、有关一般间接事实认定上的突袭[1]，以及有关经验法则认知上的突袭等。

德国斯图加特模式（Stuttgarter Modell），系德国斯图加特地方法院审判长本特尔（Benter）于1976年创造的著名审理方式，即在判决前公开合议庭的心证，同时公开法院的法律意见，并听取当事人的意见，主要以要件事实为中心开展法庭上的讨论。该模式实行律师强制主义，当事人本人也在场。它被评价为对防止"认定事实的突袭"有明显功效。[2]为防范认定事实的突袭，《德国民事诉讼法》第139条第1项规定，法院应当使当事人就一切重要的事实作出及时、完整的说明，特别是在对所提事实说明不够时，应使当事人加以补充，表明证据方法、提出有关申请。

2. 证据评价的突袭

在诉讼过程中，因双方当事人分别负担相应的本证责任和反证责任，然而，一方当事人提出的本证，与相对一方提出的反证，究竟效果如何，即是否有利于形成内心

---

〔1〕 在缺乏直接证据的情况下，法院对事实的认定常常依靠当事人提供的间接证据或通过庭审事实调查（询问方式）获得的事实信息。例如，甲作为原告要求被告乙归还所欠借款，对此，乙予以否认。因乙当时书写收到借款的凭据被甲遗失，故甲举证包括：其一，手机短信，即乙在收到甲的借款前一日收到乙用手机发来的几则短信，言称要向甲借款5万元用于为其子办婚礼，并约定次日到甲的公司办公室取款；其二，取款凭证，以证明其在收到乙的短信后附近银行取款5万元；其三，证人证言，以证明乙次日到甲办公室被甲单位二位职工遇见的事实；第四，照片，以证明乙儿子的婚礼如期举行，甲受邀参加并现场担任证婚人发言的事实；第五，手机短信，以证明甲事后向乙索要借款遭拒的事实。上述若干个间接证据呈现相互分离状态，无法直接认定甲主张的待证事实，须有赖于法院的推理。在实务上，通常会有二种可能：其一，通过推理得出的判断对甲有利；其二，通过推理得出的判断对乙有利。如果在作出裁判前未能向甲或乙公开其推理过程中形成的心证，以便使有关当事人对经推理获得的认识予以攻击、防御或陈述意见，则为推理过程的突袭。

〔2〕 参见邱联恭等："突袭性裁判"，载《民事诉讼法之研讨》（一），民事诉讼法研究基金会1980年版，第44页以下。

确信、是否有助于法官形成对其有利的心证，则完全属于法官的证据评价范畴。因此，证据评价属于法官的责任，而并非当事人的责任。如果负有举证责任的一方当事人未能提出充分的证据以便法官就相关事实形成确信性心证，法官基于此应负有公开其心证的义务，以阐明的方式告知该方当事人有提出本证的必要。如果该方当事人提出的本证或者该方当事人在被告知之后补充提交的相关本证证据，使得法官就待证事实形成了对其有利的确信，此时，举证的必要与具体的证据提出责任就会转移至对方当事人。在此情形下，法官负有向该对方当事人告知其心证已发生变化的义务，使得该对方当事人能够及时提出相应的反证或者对已提出的反证进行强化或者补充，以动摇法官就该事实所形成的对其不利的心证。因此，在诉讼过程中，法官就证据评价所负有的心证公开义务，有助于使当事人及时预测法官对其所提出的证据或法院依职权提出证据的评价结果，以便双方当事人对其所提出的本证或反证是否足以影响法官的心证及时加以掌握，以备不测。

在诉讼上，法院所作出的证据评价有可能影响到法院对于案件事实的评价，从而推导出包括但不限于重要间接事实的有关认识。当事人所提出的各项证据，就该待证事实而言，在调查证据结果和斟酌全部辩论意旨之后，可否使法院形成确信，或者动摇其确信，就此部分证据评价的结果，法院负有阐明义务。如不履行相应的阐明（心证公开）义务，就会导致证据评价上的突袭的发生。

3. 推理过程的突袭

推理过程突袭性裁判，是指法院未使当事人在言词辩论终结前得以充分预测到法院就某待证事实存否的判断过程及其结果（其中包括形成心证的资料及心证的具体状态：肯定性心证、否定性心证，或者真伪不明的心证），导致当事人在未能适时提出必要陈述或充分资料等情况下，接受法院的裁判。

对此，学者刘明生认为，这种突袭性裁判通常发生在法院作出的三项判断过程中，即：其一，就某事实的存否，法院关于心证度的判断或者过程；其二，证明度的判断或者过程；其三，心证度已是否达到证明度的判断或者其过程。[1]学者邱联恭教授亦提出了相应的看法，即更加明确地指出，推理过程中的突袭概念与应用范畴涉及以下三种情形：其一，有关心证度实际上已达到何种程度，即某一事实被认为有何种程度的真实性的判断或其过程；其二，有关证明度本身应为如何，即某一事实存否的心证应该被形成至何种程度的判断或其过程；其三，有关某事实存否的心证度是否已达到证明度的判断或过程。[2]

就上述学者对推理过程突袭性裁判的界定，主要涉及如下学理及实务上的应用问题：第一，关于证明度的判断。所谓证明度，是指某种待证事实所需要内心确信的程

---

〔1〕　刘明生等：“突袭性裁判防止之研究”，载民事诉讼法研究基金会编：《民事诉讼法之研讨》（十八），元照出版有限公司 2012 年版，第 221~222 页。

〔2〕　参见邱联恭等：“突袭性裁判”，载民事诉讼法研究基金会编：《民事诉讼法之研讨》（一），民事诉讼法研究基金会 1980 年版，第 41 页。

度，即可信度或确定性的概率（盖然性）在多大程度上即可满足认定该案件事实的需要。证明度在概念上与某一类型案件的证明标准有直接的关联性。比如，涉及身份关系的案件与涉及财产关系的案件适用不同的证明标准，前者要求的概率往往明显高于后者。民事公益诉讼案件所适用的标准通常也高于普通民商事诉讼案件。另外，就某些要件事实而言，证明民事欺诈行为所需要的证明标准显然要高于证明一般民事行为所需要的证明标准。第二，关于心证度的判断。所谓心证度，是指法官在庭审以及制作裁判文书过程中，就双方当事人提出的诉讼主张和抗辩主张所依据的证据以及陈述意见在证据评价及事实认定基础上就待证事实所产生内心确信的程度。在证明度上，不同类型的民商事案件对于法官的心证度有不同的要求。同时，即使在同一个案当中，对于特定待证事实的认定，不同的法官在心证所显示的内心确信上也有不同的个性化反映。第三，关于证明度与心证度之间关系的认识。在逻辑关系上，证明度为心证度的产生确立了一种最低限度的适应标准。在审判实践中，法官就特定待证事实在心证上的内心确信必须至少等同于该最低限度的标准才能符合满足认定该待证事实的必要条件。可见，证明度系产生特定心证度的必要条件，而特定的心证度是实现证明度的功能及价值的具体体现。

关于推理过程的突袭，主要是就当事人所提出的证据可否使法院形成确信，或者当事人所提出的反证可否动摇法院已形成的确信。在这些判断过程中，法院负有阐明义务。具体而言，就某事实的存否、法院所作出的有关证明度的判断及过程、与心证度是否已达到证明度的判断及过程，法院负有推理过程的阐明义务。其中，也包括具体证据提出责任的分配。但刘明生认为，就当事人所提出的证据到底是有百分之几的心证度，或者是该证明度是百分之几，这其实是无法去阐明的。比如书证10%，人证20%，这对于法院而言未免过于苛刻。因此，法院仅负有所谓证据评价结果的阐明义务。申言之，当事人所提出的各项证据，就该待证事实而言，法院在调查证据结果和斟酌全部辩论意旨之后，可否使法院形成确信，或者动摇其确信，就此部分证据评价的结果，法院才负有阐明义务。其并不负有事实上的讨论义务，或者阐明义务。[1]

另外，学者邱联恭教授认为："推理过程的突袭"的发生，不仅限于某事实存否是突袭性裁判的发生，还包括在该判决之前就某证据应否予以调查作出判断时所发生的突袭性裁定在内。[2]对此，笔者认为，该种观点在整体框架结构上系对发现真实的突袭所涉及的有关因子进行进一步量化分析的体现。对当事人申请或声明的某项证据是否应当进行调查以便纳入证据评价的视野，有时会对心证度产生实质性的影响。对当事人申请或声明的某项证据而言，有本证与反证之分，因此在证明功能上，既有可能增强法官临时心证的确信度，也有可能削弱法官临时心证的确信度，甚至能够成为压垮

---

[1] 参见刘明生等："突袭性裁判防止之研究"，载民事诉讼法研究基金会编：《民事诉讼法之研讨》（十八），元照出版有限公司2012年版，第185页。

[2] 参见邱联恭等："突袭性裁判"，载民事诉讼法研究基金会编：《民事诉讼法之研讨》（一），民事诉讼法研究基金会1980年版，第41页。

其中一方当事人的"最后一根稻草"。因此，在诉讼的特定阶段，特别是临近终结之际，当一方当事人申请或者声明某项证据以便进行法庭调查及作出判断时，如果该项证据有可能发挥"四两拨千斤"的功效或者有可能无足轻重，法官应当适时公开其心证，为当事人提供攻击、防御的机会。另外，法官还应当对其可能作出裁定的必要性进行说明和阐释。

（二）适用法律的突袭

所谓适用法律突袭，是指法院在适用法律时未就对适用何项法律以及对该法律的理解向当事人公开心证便作出裁判的行为。根据法官知法的原则，法院对法律的适用本不属于辩论主义的应用范围，但现代司法理念倡导司法公开，从而打破了这一传统禁忌。加之适用法律与事实认定密不可分，各国随即便将法院心证公开的范围扩大至法律适用领域，作为当事人听审保障权制度的一部分，以防止适用法律上的突袭。

按照一般的理解，为了防止适用法律上的突袭，法院公开心证的范围主要限于特定的法律条款及有关法律观点。按照德国学者的界定，所谓法律观点，为全部的私法规范，除法律规定外，还包括已固定的法律概念、习惯法所承认的法律原则、契约规则以及个别的契约条款。[1]

在学术界，在防范适用法律突袭的应用范围上存在较大争议。有关学者将不应纳入心证公开的范围划定为：法院法律见解如何形成的过程，其采用的理由与论据，法律见解在学术上争论的详细状况，或者法院所欲采用判决的全部理由。[2]在此问题上，德国学界更有不同争论。一种观点认为，法官仅就法观点而不就诉讼观点（事实观点）负心证公开义务，其目的除了有防止突袭性裁判之意图外，还更立足于保障听审请求权。故将适用范围仅限定为法观点，旨在防止诉讼程序不必要的复杂化以及延迟现象的发生。[3]另有一种观点认为，法观点与事实观点往往无法明确分离，如果法律上的判断与阐明不包括事实观点的话，将使得当事人难以理解，故应当放弃严格法观点与事实观点的分类，在有疑问的情形下，法官应将相关观点进行阐明。也就是说，某种观点能够被明确界定为事实观点时，法院不负心证公开的义务。[4]还有一种观点认为，因法院公开其法观点而导致当事人有补充主张事实必要时，法院才负有相应的心证公开义务。[5]后来随着社会的发展以及立法上的需求，有一种观点在此问题上逐渐占据上风，这种观点认为，在诉讼实务中，法观点与事实观点常常难以分开，并且对当事

---

〔1〕 Vgl. Koch, Prozessförderungspflicht. S. 55，转引自刘明生等："突袭性裁判防止之研究"，载民事诉讼法研究基金会编：《民事诉讼法之研讨》（十八），元照出版有限公司 2012 年版，第 221 页。

〔2〕 刘明生等："突袭性裁判防止之研究"，载民事诉讼法研究基金会编：《民事诉讼法之研讨》（十八），元照出版有限公司 2012 年版，第 221 页。

〔3〕 BT-Drucks. 7/5499, S. 1，转引自刘明生等："突袭性裁判防止之研究"，载民事诉讼法研究基金会编：《民事诉讼法之研讨》（十八），元照出版有限公司 2012 年版，第 197 页。

〔4〕 MünchKomm-ZPO/Prütting, 2. Aufl., §278 Rn. 30，转引自刘明生等："突袭性裁判防止之研究"，载民事诉讼法研究基金会编：《民事诉讼法之研讨》（十八），元照出版有限公司 2012 年版，第 197 页。

〔5〕 Helbig, Verbot von Überraschungsentscheidungen, S. 97，转引自刘明生等："突袭性裁判防止之研究"，载民事诉讼法研究基金会编：《民事诉讼法之研讨》（十八），元照出版有限公司 2012 年版，第 193 页。

人而言，明确认识事实观点与法观点具有同等重要性。[1]鉴于法的适用与事实认定为彼此交互发生影响与相互依赖的过程，二者彼此交互发生作用，故并无必要再绞尽脑汁与花费时间去判断某一特定观点究竟是属于法观点还是事实观点。[2]如果法院在法律上的评价所涉及的阐明未能包括事实观点上的阐明，将使当事人无法理解，因此，法院除阐明法观点以外，也应当同时阐明事实观点。[3]近年来，将法律问题纳入突袭性裁判的应用范围已成为德国、英国、比利时等国家的主流观点，即认为，"法官知法"的基本原则并不与此相矛盾，法律并不是套用在案件事实上固定的事物，而是随着辩论的进行在当事人和法官的共同合作下必须要"发现"的事物。[4]

在诉讼实务上，适用法律上的突袭有可能发生在以下几种情形：其一，双方当事人对某一法律问题存在争议，而法院所持观点均不同于双方当事人的情形；其二，当遇有双方当事人对法院所持的法律观点并未顾及的情形；其三，虽然法院与双方当事人之间就某项法律观点是一致的，但在法律上陈述出现不同的情形；其四，当出现双方当事人误认为某项法律观点不重要的情形；其五，当出现某项法律观点被一方当事人所忽略或者误认为不重要的情形。当出现以上情形时，法院应适时表明其法律见解，使当事人就此有获得充分攻击防御的机会。

对有关待证事实所涉及的举证责任及其分配规范，通常规定在有关实体法当中，它直接涉及当事人在诉讼证明问题上的本证责任与反证责任。在诉讼实务上，为了获得诉讼上的有利地位，双方当事人之间就举证责任及其分配容易出现争执。在有些情况下，实体法当中所涉及的举证责任及其分配规范也需要进行必要的解读。在此问题上，法院与有关当事人之间也可能存在不同的理解。对于举证责任及其分配规范的适用属于法观点的基本范畴。在庭审过程中，当某项应适用于事实认定的举证责任规范，如未能被应负有举证责任的一方人所预测到，则无法期待或者要求其从事充分而必要的举证活动。因此，在个案审理中，法院应当根据有关案件类型的个性，就实体法规范进行解读并在斟酌相关诉讼法上要求的基础上，如发现应由一方当事人就某项事实负有举证责任但该当事人未能作出合理的认知或存有不同的判断时，法院应适时就其持有的法律观点予以心证公开。在诉讼过程中如出现法律所规定的因当事人行为导致举证责任发生转换或进行必要调整的情形时，如发生一方当事人或者双方当事人就此发生争议、忽略或误认的情形，法院也负有公开心证的义务。

---

〔1〕 BT-Drucks. 14/4722, S. 78, 转引自刘明生等："突袭性裁判防止之研究"，载民事诉讼法研究基金会编：《民事诉讼法之研讨》（十八），元照出版有限公司2012年版，第198页。

〔2〕 Vgl. Schneider, MDR 1977, 883, 884, 转引自刘明生等："突袭性裁判防止之研究"，载民事诉讼法研究基金会编：《民事诉讼法之研讨》（十八），元照出版有限公司2012年版，第200页。

〔3〕 Vgl. Laumen, Rechtsgespräch, S. 61, 转引自刘明生等："突袭性裁判防止之研究"，载民事诉讼法研究基金会编：《民事诉讼法之研讨》（十八），元照出版有限公司2012年版，第200页。

〔4〕 参见 ［德］米夏埃尔·施蒂尔纳编：《德国民事诉讼法学文萃》，赵秀举译，中国政法大学出版社2005年版，第172页。

（三）促进诉讼的突袭

所谓诉讼促进（Prozeßförderung），是指为了保障诉讼的进行和对程序的利用能够在质优、高效、快捷的条件下推进，以便尽可能减少在时间、费用、人力、物力、劳力等资源上的投入与耗费，法院应当与当事人、其他诉讼参与人或程序关系人之间为此进行充分、及时、有效的沟通、协助与配合。

在依法治国与现代司法理念条件下，诉讼促进已经成为或者正在逐渐成为各国民事诉讼中包括法院、当事人、证人、鉴定人、勘验人、翻译、其他专家等在内的诉讼参与人或程序关系人的一种法定程序性（诉讼）义务。

所谓促进诉讼的突袭，是指因当事人未能适时预测到法院心证形成过程及其内容，导致其未提出有可能对其带来程序利益以及实体利益的资料或意见，反而耗费了大量时间、费用、人力、物力、劳力等资源，在盲目摸索的情况下提供了几乎没有价值或者价值不符合预期的资料或意见。[1]例如，原告主张被告 2 万元借款到期未还，而被告则抗辩主张借款关系并未成立。双方都提供了陈述意见及相应的证据。在庭审过程中，如果法官的心证已确认，借款关系并未成立时，就应当及时以适当方式公开其心证，以便双方当事人就此心证展开攻击与防御，使得法官有进一步检验其心证是否正确的机会，而不应当在不公开该项心证的情况下，使得双方当事人不得不同时就被告到期是否已还款的主张展开攻击与防御，造成不必要的诉讼成本和资源的浪费。在上述列举中，退一步讲，即便后来法院在听取双方当事人提供新的陈述意见和证据资料以后改变了原先的心证，认为借款关系业已成立，那么也就将顺其自然地将被告到期是否已还款的事实作为心证的对象，使双方当事人就此开展攻击与防御。这样就既有利于尽可能防止浪费司法资源，以节约诉讼成本，还能够保障对案件事实认定的正确性，达到防范诉讼促进上的突袭性裁判之目的。

事实上，有时法院的心证难免存在错误、失当、欠妥、漏洞及其隐患，如果能够通过法院的心证公开，使得当事人适时合理预期或知晓法官的心证，相信当事人将会有针对性地提出有关资料和意见，以促使法院及时纠正其偏差，或至少为法院在一定程度上对其错误、不当的心证提供补救、矫正、改进与完善的机会。当然从时间节点上来讲，法院越是能够尽早就诉讼上出现的事实上、证据上和法律上等方面容易引起争议的观点公开其心证，就能够及时引导当事人有针对性的提出意见和资料，也就越能够有利于节省时间、降低诉讼成本。假如法院将其庭审中所形成的错误、不当心证留存至裁判文书当中，使得有关当事人不得不通过上诉审程序寻求司法救济。从程序上来讲，虽然上诉审法院可通过自行改判或发回重审的方式来保证裁判的正确性，但在补救因原审法院的错误判断所已造成的程序上的浪费已无回天之力。如果这种现象

---

〔1〕 对此，学者沈冠伶教授认为，所谓促进诉讼的突袭，是指"未适时地使当事人预测法院之裁判内容或判断过程，而使当事人无法促使法院采取更为节省劳力、时间、费用之诉讼活动，或无法再支出一定之劳力、时间、费用，即可能经济地接近真实"。参见沈冠伶：《诉讼权保障与裁判外纷争处理》，北京大学出版社 2008 年版，第20 页。

大量存在，那么整个社会将不得不为此耗费共同"买单"。将防止促进诉讼突袭性裁判作为关注、研究、应对的范围与对象，将有助于彰显完善司法机制、充实司法程序、保障当事人迅速和有效实现其实体权益的价值功能。

在双方当事人之间的攻击与防御条件下，双方当事人各自有自己的逻辑性设计与战略性考虑，由于个案的情况千差万别，有关当事人在事实问题上或法律问题上各有侧重。由于法官在诉讼过程中形成的临时心证，最终都将转化为裁判文书当中的终局性心证。为此，当事人都不得不对法官所形成的心证和审判思路倍加重视与关注，因为只有双方当事人都充分参与到法院形成心证的实际过程当中，才有可能使自己的利益最大化。因此，在庭审过程中，为了防范诉讼促进上的裁判性突袭，在以下情形下，法院应当公开其心证：

（1）在庭审过程中，除了听取双方当事人的意见和调查阅读其提供的有关资料以外，法院也会依职权对案件的事实问题、证据问题和法律问题进行思考，以便形成审理思路和裁判基础和内核，但当法院从有关当事人所提供的资料和陈述的意见来看，在法院心证当中已占据重要地位的某些事实观点和法律观点被当事人所忽略时，不仅有碍于当事人听审保障权的享有，还会关闭法院收集来自于有关当事人在此问题上提供有关信息资料的渠道。在技术层面，事实认定与法的适用二者之间的相互依存度极高，如果当事人忽略了某一事实观点，就有可能会相应地忽略某一法律观点；反之，如果当事人忽略了某一法律观点，也有可能会相应的忽略某一事实观点。如果当事人忽略某项特定证据观点，也有可能会相应地导致其对某项特定事实观点的忽略，另外，如果当事人忽略某项特定事实观点，也有可能会相应忽略特定的证据观点。与此同时，如果当事人忽略了某一事实观点，也有可能会导致当事人忽略与该事实观点具有直接关联性的其他事实观点；如果当事人忽略了某一法律观点，也有可能会导致其忽略与该法律观点具有直接关联性的其他法律观点。在诸如此类的情形下，法院应当就因当事人提出声明或事实主张的不足而导致忽略的特定观点适时公开其心证。

（2）在庭审过程中，基于案件的特点及法律关系的复杂性所致，有些案件在事实观点、证据观点以及法律观点上显得千头万绪，需要进行必要的整理以便突出重点。但双方当事人基于各自利益的考虑、往往各有侧重、莫衷一是，难以在聚焦的特定范围内进行充分的辩论或对话，造成了诉讼上的迟延。对此，有学者指出，如果法院不能及时就诉讼上重要的法律观点与事实观点加以阐明，当事人将提出不重要的事实资料与不必要的证据，造成诉讼迟延与不必要上诉的结果。[1]故此，在庭审过程中，对于当事人明显认为不重要的事实观点、证据观点或法律观点，无论是当事人有意还是无意而为之，法院均及时应当公开其心证，以纠正当事人的偏差，适时掌控和调整庭审活动的发展方向。

---

[1] Vgl, Rensen, Hinweispflicht, S. 138 ff, 转引自刘明生等："突袭性裁判防止之研究"，载民事诉讼法研究基金会编：《民事诉讼法之研讨》（十八），元照出版有限公司2012年版，第224页。

（3）在庭审过程中，对于争点在技术上予以排查、筛选和把控以及对于争点进行及时的整理，有利于双方当事人充分利用其优质资源，有效地置身于诉讼上的攻击与防御。然而，有时当事人对某些争点在性质上究竟应当归于法律争点还是事实争点存在分歧，如果这种分歧始终没有定论，将对法院的争点整理造成妨碍，同时给随后的审理程序带来诸多不确定因素。为此，法院应当适时公开其心证，就该种观点究竟是属于事实观点，还是属于法律观点，或者说是属于难以界定的观点发表看法，以便听取双方当事人的意见。[1]事实上，在许多情况下，事实争点与法律争点之间存在模糊界限，难以明确划分，这与当事人的主张及其提供的陈述意见、证据资料不清晰、不充分不无关系。也就是说，法院就特定法律观点所作出的判断，是以当事人提出的有关基础事实为前提。故此，当事人主张及陈述的事实越详尽、涉及的细节越清晰，并且提供的证据资料越全面、完整且越充分，就越有利于法院对适用法律所依据的基础事实作出明确的判断，从而有利于划分事实观点与法律观点之间的界限。

考虑到裁判性突袭的类型化特点，大凡强调对发现真实突袭性裁判的防范，其重点都将被置于对当事人的实体性权利保障上，如果侧重强调对推理上的突袭性裁判以及诉讼促进上的突袭性裁判的防范，将会侧重于对当事人程序性权利的保障。

四、引发法院突袭性裁判的成因与分析

在审判实践中，突袭性裁判（Überraschungsentscheidungen）对于司法公正与效率的危害是显而易见的，它不仅使法官心证的形成处于"畸形"状态，而且还会严重危害当事人对于司法的信赖。[2]也即，通过损害当事人的程序性利益进而损害当事人的实体性权益。因此，为了防范乃至最终根除裁判突袭这种现象，必须先对产生裁判突袭这种现象的成因进行分析和认识，才能做到有的放矢、精准施策。

从目前各国的民商事案件的上诉审率及再审率比较来看，我国明显高于其他法治较为成熟的国家或地区，当事人寻求通过上诉审及更高审级法院的司法救济冲动与频率居高不下，导致这种现象的常态化的主因之一就是我国一审的突袭性裁判。

在诉讼中，常常有这样一种情况：即一方当事人在诉讼上投入的精力、人力、物力、财力等与最终从裁判上所获得的利益严重不成比例，导致当事人对司法失去信任。究其原因，有该方当事人自身的原因，如对己方借助诉讼所获得利益期望值过高，[3]在

---

〔1〕　对此，有学者认为，当事人参与这些重要观点形成过程并于程序中发表意见，将提高败诉当事人对于第一审法院判决接受的意愿，并因而放弃上诉至第二审法院的念头。如此将能使诉讼纷争在第一审诉讼程序就获得真正的终局的解决，更加迅速实现当事人实体法上的权利。Dazu vgl. BT-Drucks. 7/2729, S. 35 ff. ; BT-Drucks. 14/4722, S. 62. Laumen, Rechtsgespräch, S. 162. Stein/Jonas/Leipold, 21. Aufl., §278 Rn. 1; Stein/Jonas/Leipold, 22. Aufl., §139 Rn. 59, 转引自刘明生等："突袭性裁判防止之研究"，载民事诉讼法研究基金会编：《民事诉讼法之研讨》（十八），元照出版有限公司2012年版，第224页。

〔2〕　Kubisch, Überraschungsentscheidungen im Zivilprozeß, NJW Heft 29（1965）, S. 1316, 转引自邱联恭：《程序制度机能论》，三民书局2002年版，第5页。

〔3〕　比如，当事人举证难度过大，一些关键性证据已不复存在，关键证人无法寻得等等。

利益损失上过分夸大对方的责任而无视或不愿正视自身的责任，盲目地收集与争点无关的证据，聘请缺乏必要庭审经验和能力或办案精力不够的律师等。由于我国长期以来受大陆法系文化的深刻影响，有关的立法、法理学说抑或审判实践无不以法院职权主导主义为指针，当事人最多在程序上享有程序选择权和负有诉讼协助义务，诉讼程序的推进主要以法院对事实、证据或法律的认识、选择和判断为依归。在发现案件真实、证据的运用和法律适用上，法院与双方当事人之间的关系往往体现为一种操控与被动的关系，而每当法院在上述各方面产生何种认识或作出何种判断，虽然系建立在听取双方的观点和意见的基础之上，尤其是形成对一方当事人不利的判断时，亦会采取适当方式来听取该方当事人的意见。但是，在此基础上，法院所形成的心证究竟如何，这才是当事人所最为关注的。也就是说，一方当事人对另一方当事人在事实认定、证据评价以及适用法律问题上的立场及观点、理由，虽然有兴趣了解，但最终的目的还是关注其对法官的心证能够产生何种影响，以便能有一种合理的预期。在庭审过程中，当事人享有对于法院不利心证的这种预期的权利，其目的在于能够及时进行攻击防御，尽可能地避免不利的裁判后果。这在理论上可以理解为系当事人在诉讼上享有辩论权的一种自然延伸或适度扩张。然而，如果从正本清源基点出发的话，诉讼上的辩论[1]虽然发生在双方当事人之间，但当事人在辩论中所持的立场和观点是讲给法官听的，其目的显然是影响法官的心证。

在审判实践中，由于法官常常对形成裁判的心证推行神秘主义，形同采行现代版的独断专横式审理与裁判模式。甚至常常使得双方当事人各自都以为"有利的裁判天平"将向己方倾斜。法官给心证的形成及其过程披上神秘色彩，试图使其心证处于封闭状态，以至于与其有利害的当事人不得不始终基于主观揣测对可能形成的裁判后果捕风捉影，这一过程将迫使当事人在无端摸索中耗费不必要的人力、物力、时间、精力等诉讼成本。

突袭性裁判的危害性在于：其一，它剥夺了当事人对裁判结果的可预测性能力，这种裁判结果是在法院与当事人的信息不对称和缺乏必要的沟通与交流的条件下产生的，系在未使当事人充分认识和理解法院的审理思路和裁判要点，保障其实际享有充分陈述意见和辩解机会的情况下作出的。这种裁判不仅贬损了其应有的程序正义的品质，也无助于当事人对司法的信赖。其二，法院突袭性裁判的一种副产品是造成当事人无效地耗费人力、精力、财力、物力，或这种投入被裁判的结果所证明与产出根本就不成比例，严重不符合当事人对裁判结果的期待。这种损耗即使在事后的救济程序中也是无法弥补的，即当事人的这种损失具有不可恢复性。[2]其三，诉讼上，在始终

---

[1] 其中包括但不限于事实上、证据上、法律上等事项。

[2] 对此，学者陈鹏光认为，突袭性裁判的特征，往往是无法透过事后的救济来弥补其浪费程序利益及诉讼经济的缺陷，因此必须将重点放在审理过程当中的阐明，包括审理过程中要如何及何时来阐明。参见刘明生等："突袭性裁判防止之研究"，载民事诉讼法研究基金会编：《民事诉讼法之研讨》（十八），元照出版有限公司2012年版，第244~245页。

未能参与法官心证实际形成的过程，未能与法官就证据分析、事实认定和法律适用进行充分交流和讨论的情况下，当事人不可能感受到程序的正义与法律的公平对待。

突袭性裁判作为一种法律现象，其出现具有特定的历史背景，为了有利于防范和消除这种顽疾，有必要对于其成因进行深入探讨，定位其症结，以便对症下药、因应施策。基于促发突袭性裁判的原因是多方面的考量，笔者认为，对裁判突袭的成因进行定性与定量分析，应当从以下几个方面进行认识与反省：

（一）受法律传统当中某些腐朽观念所困扰

人类社会是一个不断进化、循序渐进的发展过程。科学进步推动社会发展，而作为社会发展的标志，首当其冲的往往是思想意识与观念的更新。其中，"官本位"思想意识在涉及国家与民众之间的关系问题上长期处于统治地位，成为严重影响新兴社会关系建立与发展的桎梏。突袭性裁判的发生与"官本位"思想不无关系，其主要表现在法院于审判当中的本位主义思想与意识，这种以自我为中心的观念是导致当事人在诉讼活动中的主体地位被边缘化或者说被"矮化"的思想根源。在诉讼过程中，当事人所提供的陈述意见和证据资料仅作为法官形成心证的一种技术性"端口"被利用而已，实际上对法官心证的形成过程无法产生实质性的影响，更无法撼动法官心证主观擅断的格局。其结果是，"官本位"思想意识为法官在形成心证过程当中的主观擅断提供了温床，是古代乃至近代"司法专横"在现代社会历史条件下的一种"翻版"。

（二）长期受缺乏"批判精神"的司法习惯所影响

从哲学意义上来看，真理与谬误的一个主要区别是，凡是真理都有接受任何挑战和批判的勇气和胸怀。这是因为，一切真理都不具有终极性，真理始终都处于不断自我更新和不断完善的过程中。在审判实践中所发生的突袭性裁判，从法官临时性心证的产生到终局性心证的形成均回避了来自双方当事人的挑战、质疑与批判，是违反法官心证形成内在规律与自然法则的体现，无法保障法官最终心证及其裁判结果的正确性、合理性与妥当性。

（三）忽略正当程序的司法理念

在现实审判实践中，法院形成的裁判性心证，系在当事人一边摸索法院的心证活动，一边提供诉讼资料和证据资料的情况下发生的，而法院并不顾及当事人的这种心证摸索行为，以至于当事人因其采取这种暗中心证摸索而提供的诉讼资料与证据资料最终并未发生预期的效果而对法院的裁判产生怀疑和不满。这种质疑和不信任的直接结果就是迫使当事人继续寻求更高层级的司法救济。司法裁判的内在性目的是定纷止争，而外在性的目的在于借助裁判来树立法律的权威与司法的公信力。在现代司法理念当中，"看得见的正义"被视为正当程序的集中体现，也就是说，正义应当以看得见的方式实现。正如罗卡斯所言："只要遵守了自然正义原则，人们作出决定的过程就能达到最低的公正性：使那些受决定直接影响的人亲自参与决定的产生过程，向他证明决定的根据和理由，从而使他成为一种理性的主体。经过这种正当的程序过程，人们

所作出的决定就具有了正当性和合理性。"〔1〕

在诉讼活动中，基于诉讼的阶段性，法官的心证是由临时性逐渐走向终局性的过程。在这一过程中，或因案件本身的复杂性所致，或因双方当事人对抗性强度所致，法官临时性心证的路径和走向充满了不确定性。为使双方当事人对法官的临时性心证的基本走向有合理的预期，以便在诉讼上进一步开展攻击与防御。法官适时公开其临时心证的基本内容有助于当事人对于其心证的大致走向有一个合理的预判，这就是"正义以看得见的方式"实现的具体体现。然而，在审判实践中，在发生突袭性裁判的情形时，当事人对于法官形成何种临时性心证始终处于暗中摸索和主观揣测之中，在没有赋予其便利和机会组织必要的攻击与防御来对其不利的心证施加影响的条件下便转化为终局性心证，这种现象已构成对于正当程序理念的严重挑战。

"事实审理制度，应要求法院践行信赖程序，在充分保障攻击防御机会下，以不伴随任何突袭为值得当事人信赖之真实的确定，为其追求之首要目标。"〔2〕发现真实与促进诉讼系构成审判程序的矛盾体，对这二种价值观的理解不应刻意存在孰先孰后，二者互为前提与必要条件。对当事人而言，必须借助于诉讼的正当程序在实现其程序利益的最大化时才有助于实体权益的实现。对法院而言，裁判的正当性基础在于，使裁判心证的形成过程兼顾实现程序正义和实体正义，创造性地为当事人实现其程序和实体利益的最大化提供条件与空间。

（四）漠视与变相剥夺当事人的程序保障权

当事人在诉讼上所享有的程序保障权，是程序自治权和程序救济权的一种概括性总称，旨在对应于法院的诉讼指挥权、程序管理权、事实调查权与证据采信权。当事人的程序保障权具体包括当事人的在场见证权、主张权、质疑权、发问权、异议权、辩论权、请求法院认知权、请求法院确认权、要求对方解明权、听审请求权、对法官不利心证的防御权等，这些程序性权利均对发现事实真相具有正面支配性功能。

当事人的程序保障权是由当事人的诉讼主体地位所决定的。事实上，法院与诉讼当事人同为诉讼主体，二者之间唯有通力协助，才能有利于达成诉讼目的。具体而言，所谓当事人的程序保障权，是指在当事人初步向法院陈述法律意见和提交相关证据资料之后，对法院可能作出对其不利的判断享有预测权和防御权以及改变法院错误及不当判断的参与权。〔3〕这些诉讼权利是程序保障权分解所致，其中，预测权是针对终局性心证而言，防御权和参与权是针对临时性心证而言。决定当事人对这些预测权、防御权和参与权的享有和具体行使的三个前提是：第一，在客观上，诉讼程序具有阶段

---

〔1〕 See J. R. Lucas, *On Justice*, Oxford Univ. Press, 1980, pp. 1~19, 转引自盛雷鸣："心证透明化制度研究"，载《东方法学》2015 年第 1 期。

〔2〕 参见邱联恭：《程序制度机能论》，三民书局 2002 年版，第 42 页。

〔3〕 对此，学者邱联恭教授指出，法官形成心证的过程及就裁判得出的结论，可能隐含谬误或偏差，对此，并非不可能经由法官以外的人在诉讼过程中及时提出主张、资料或意见，以适当的方式介入法官形成心证的认识过程而得以纠正或完善。参见邱联恭等："突袭性裁判"，载民事诉讼法研究基金会编：《民事诉讼法之研讨》（一），民事诉讼法研究基金会 1980 年版，第 35 页。

性；第二，法官的心证并非一次性形成，而在主观上具有可塑性；第三，除了临时性心证以外，法官的终局性心证也有出现错误的可能性。因此，当事人所提出的陈述意见和资料是否符合预期的胜诉目标，不完全取决于当事人主观意志和客观努力，反而在相当程度上取决于法官的主观判断与定夺。在此情形下，当事人在诉讼上对法官的心证享有"试错权"，当事人的这种权利主要针对法官的临时性心证。事实上，法官在庭审中所形成的临时心证是其享有"试错权"的一种结果。法官负有公开其临时心证的义务是其形成终局性心证的前提条件，否则，漠视或剥夺当事人的这些程序保障权的结果就会引发突袭性裁判。

（五）辩论原则未能得到完全、彻底的践行

在审判实践中，之所以发生突袭性裁判，与未能全面、彻底地贯彻辩论原则不无关系。双方当事人行使辩论权是各自在诉讼上组织攻击与防御的必要形式。但是在一方当事人行使辩论权的对象，仅为另一方当事人提出的主张、陈述意见、诉讼资料、证据材料等，而在未能针对法官所形成的临时性心证条件下，民事诉讼上的辩论原则不能得到完全、彻底的贯彻执行。这是因为，双方当事人行使辩论权只能针对形成法官临时性心证的资料，无法针对法官形成临时性心证的过程以及该临时性心证的走向或转化为终局性心证的过程。在法官未能公开其临时性心证的情况下，双方当事人行使辩论权无法介入法官临时心证的形成过程以及由临时性心证转化为终局性心证的过程。

审判实行法院自由心证主义，但形成该自由心证的过程应当是公开、透明的，并且，在实务上，心证的形成过程既有始点，又有终点，既有主体，又有客体。其中，心证的始点为法院在审前初次接触该案件材料之时，终点系最后言词辩论结束之前或者最迟在制作裁判文书完成之前；心证的主体为享有裁判权的法官，心证的客体为案件事实、证据和法律适用。心证的结果应属于符合当事人预期的合理范围。当事人系心证的辩论主体，法官为推动程序的开展并充实程序的内容，须给予当事人充分的辩论权。这种抽象意义上的权利，在诉讼过程中通常被具体化为一种当事人攻击与防御，它主要涉及三个层面：即事实认定、证据与案件事实间的证明关系及法律适用。法官的心证须经当事人的攻击与防御才能形成，并因当事人的攻击与防御而被改变，最终因经历过当事人充分的攻击与防御而被固定于裁判文书当中。双方当事人应当作为法官心证形成过程的积极参与者、推动者。就法官形成事实认定、证据的评价和法律意见的基础资料须充分听取双方当事人的意见，并为此提供机会。提供这种机会的前提条件是，法官在庭前准备和庭审过程中适时就事实认定、证据的价值和法律适用的看法和思路向当事人进行披露，这种（公开）披露义务是法官形成其心证的必要条件。如果法官在行使审理权和裁判权过程中，不充分、不及时履行心证（公开）披露义务，使当事人对审理的对象、范围（事实争点）、事实认定与法律适用的结论没有任何预期，其最终的裁判结果的形成就会缺乏正当性的基础。

五、对法院突袭性裁判的防范与克服

长期以来，在我国审判实务中，对待法官的心证问题讳莫如深，这给法官心证的形成披上了神秘的外衣。事实上，这种对法官心证形成过程的"闭门锁窗"，在给双方当事人及社会公众关上知悉和了解之门的同时，也为体制内和体制外不当干预打开了天窗，突袭性裁判在所难免。这与党中央所提出的让每个案件当中的当事人都能够感受到公平正义的要求不相符合。事实证明，经过四十年的改革开放，司法改革也已步入深水区，遇到了瓶颈性的障碍。过去二十年以来，我国推行的司法改革，主要以形式主义意义上的司法公开为重点。这在司法改革的初始阶段是必要的和不可或缺的，是一种初级阶段的产物。然而，司法改革接下来的重点应当放在程序革命之上，首当其冲的当属法院的心证公开与对突袭性裁判的预防与消除问题。

长期以来，在我国的审判实务上，当事人对裁判所涉及的事实认定与法官心证形成过程的信服度和接受度明显处于较低水准，甚至较为严重地透支了人们对司法公信力的期盼。在审判当中一味将实体真实与程序真实、实体公正与程序正义撕裂开来，法院只侧重于实体真实和实体公正，忽略甚至漠视当事人诉讼权的程序保障，将程序真实与程序正义抛弃至遗忘的角落，其结果必然是突袭性裁判的发生。而在具体个案中，判断突袭性裁判是否发生及程度如何，取决于在诉讼过程中法院为形成心证以及为检验心证的正确性、可靠性在辩论终结前的各个阶段是否适时给予当事人机会，以便于其能够预测到法院的审理活动将导致对其造成实体上或程序上某种程度的不利益，并及时进行必要的攻击与防御，以促使法院在最终判断上对原有心证作出相应的调整或改变。当然，只要存在这一过程，即使法院仍维持业已公开的心证，也应视为突袭性裁判的现象被有效防范或遏制。法院在持有临时性心证的过程中，该心证具有不确定性和可塑性，并且这种不确定性和可塑性实际上与以下因素有关：其一，案件的复杂性与程序的阶段性；其二，当事人间的"武器"不平等；其三，法院与当事人信息的不对称导致当事人的疏忽或懈怠；其四，与法院主观上的疏忽、误识、偏颇等不当行为有关。

传统的民事诉讼程序意识比较片面地强调当事人之间的攻击与防御，也就是注重当事人之间的对抗。然而，在法院就事实问题、证据问题或者法律问题等形成临时性心证的那一时刻起，即便是在秉持中立立场的基础上形成的，但只要是对一方有利而对另一方不利的心证，该方当事人就理应享有程序上的自卫权利。在一定程度上，突袭性裁判与正义理念、程序意识及审判习惯有关，不能说是法院刻意而为，而应当从历史的、发展的和辩证的眼光来看待这一问题。只要是从转换观念、有利于当事人的程序保障和司法公信力维护的基点出发，无论是理论界还是实务界，都容易在防范突袭性裁判必要性问题上达成共识，有可能产生争议的是防范突袭性裁判的具体方式与路径，其中包括法院在多大程度和范围内以及在何种诉讼阶段以及采用何种方式公开心证等问题。

基于引发突袭性裁判的诱因具有传统性、系统性、专业性、多发性等特点，笔者认为，应从以下几方面制定相应的防范措施：

（一）在观念上应当革除传统文化与思维定势的影响

观念决定人的意识，意识则决定人的行为。长期以来，受传统文化的影响，我国的审判模式被界定为职权主义，也就是审判程序的开展与诉讼的推进由法院来主导。20 世纪末，随着审判方式改革的兴起，我国主推的是诉讼当事人主义审判模式。在 20 年之后的今天，旧有的审判方式虽有结构性的变动但并没得到根本性的改变。也就是说，这些年改革实践的重点是在当事人之间建立形式上的诉讼平等，而没有考虑在法院与当事人之间建立某种平等关系。在法理上，虽然同为诉讼主体，但在审判实务上，当事人仅被作为证据调查、事实调查以及提供和输送诉讼资料和信息的客体，而就事实、证据和法律问题等未被作为平等对话、交流的主体。在回应型和服务型审判模式未能得以有效创设的条件下，法院与当事人之间的交流主要表现在"汝给我事实，我给汝法律（裁判）"这种旧有的意识形态基础上。对此，司法过程民主化和司法程序的民主化旨在强调当事人的主体地位和权利保障，法院与当事人之间的交流也应当过渡和进化到"汝给我事实，我给汝心证"这种司法过程的民主化、公开化的历史阶段。因此，克服官本位主义及提倡司法过程的民主化乃是在观念上防范突袭性裁判的战略定位。

尽管法院无义务在制作裁判文书时、向双方当事人送达之前公开裁判的结果，即对原告的各项诉讼请求（事实主张是否支持及理由）是支持还是驳回，支持多少，驳回多少，支持和驳回的理由是什么等。这与法院的心证公开并无直接关系，法院应事先以适当方式向双方当事人公开、透明的是产生这些裁判结果的基础性资料（诉讼资料和证据资料）以及围绕这些资料所形成的临时性心证。一方面，使当事人进行必要的攻击与防御；另一方面，有助于法院兼听则明，使法院对其不正确的认识、偏颇及时加以修正、改进和完善，并对可能出现的疏漏进行补救，尽可能避免或减少当事人经过上诉发回重审或改判的概率，减少诉累、降低诉讼成本。

防范突袭性裁判制度的建立具有系统性和体系化特征，它离不开以下诸种要素性条件的具备，其中包括法官应具备相应高尚的职业伦理修养和职业素养，律师应具备优良的伦理道德品质、较强的业务能力等等。

（二）在立法上应作出相应的明确规定

近年来，在我国学术界就突袭性裁判及其防范问题，部分学者在有限范围内进行过讨论和论述，但尚未引起我国立法界和实务界的必要注意，以至于裁判性突袭的现象依旧普遍存在。为了扭转这种局面，必须在立法上寻找突破口。因为我国具有制定法的传统习惯，从法院的角度必须严格执法，特别是启用那些能够起到打破常规、废除传统陋习的新型程序规则，如果缺乏明确的立法，在审判实务上就不能做到旗帜鲜明地加以推行和应用。

早在多年以前，德国的法理及审判实务就对突袭性裁判持否定态度。德国在其制定的《审判程序简化促进法》（Das Gesetz zur Vereinfachung und Beschleunigung gerichtlicher Verfahren, BGBI 1976 I 3281）第 278 条中要求法院就诉讼关系和争点做概要说明，听取到场当事人本人的意见，并且必须与双方当事人进行讨论。就当事人所忽视或认为不重要的法律观点，应当在赋予陈述意见的机会之后，才能据为裁判理由。[1] 同时，《德国民事诉讼法》在 2001 年修订时还在其第 139 条新增第 4 项内容，即法院必须尽早尽其阐明义务，当然也包括该条第 2 项有关特定观点突袭性裁判防止的阐明义务。故透过法院尽早阐明其所欲采用的法律观点或事实观点，当事人就可尽早将其诉讼资料集中在重要的部分，而不会造成诉讼相关资料散漫化，且去除不重要的资料，使当事人提出的事实资料及法律资料更加集中化。这些内容都体现了对突袭性裁判加以防范的旨意。

在立法上，应当考虑将现有司法解释中有关法官心证公开的内容及事项加以必要的整合和梳理。在此基础上，除设定总的原则以外，针对诉讼阶段性的特点，分别作出具体或特别规定与要求。在涉及立法的内容上，应借助公开心证及表明法律见解的阐明方式，使当事人能就实体利益与程序利益的大小及轻重加以衡量、作出抉择。在防止裁判突袭的程序设计上，当事人所扮演的角色应更积极、主动。当事人通过提出主张、表明理由、事实陈述、提供资料等方式来提请法院考虑其利益关切。

（三）在诉讼中应当推行集中审理主义

所谓集中审理（集中辩论）主义（Konzentrationsmaxime）系指尽可能由一次言词辩论期日作为终结诉讼的理想性目标，为达成短期内终结某一案件的目标，就该案件举行的庭审辩论，或集中于一次言词辩论期日一并举行，或持续举行数次言词辩论期日而在时间上不予分割，且在该数次期日之间不审理其他案件。[2] 它是使程序集中化的一种设计理念与规则的总和。

集中审理主义原为英美法系民事诉讼程序所奉行的一项原则。近几十年以来，两大法系相互借鉴、相互接近的一大亮点就是大陆法系借鉴英美法系的集中审理主义。采用集中审理主义有助于克服大陆法系传统意义上程序过于松散、诉讼拖延以及当事人随时可发动诉讼突袭等弊端。在英美法系实行的完全集中审理模式下，在仅有一次辩论期日当中，一方突然提出主张、事实陈述或证据资料将会构成诉讼突袭，另一方当事人对此将会提请法庭不予考虑，法庭通常会照准此项申请。而在大陆法系传统采用的分段式审理模式下，即使在庭审过程中，一方突然提出某一主张、事实陈述或证据资料，法院基于发现真实、保障实体公正的考虑也并非一定会予以禁止。法院认为必要时，会据情安排另一次开庭来解决此问题。一方当事人在庭审中对对方当事人发动的诉讼突袭，也同时意味着系对法院的心证形成过程发动的突袭，因为当事人的某些主张或证据资料为法院所始料不及，因而会对心证的稳定性造成冲击或动摇。但为

〔1〕参见邱联恭：《程序制度机能论》，三民书局 2002 年版，第 40 页。
〔2〕参见邱联恭：《程序制度机能论》，三民书局 2002 年版，第 210~211 页。

了保障对方当事人的程序利益，法院必须为对方当事人提供必要的时间，以便观察对方的防御或另行攻击是否足以达到吞并或抵消他方的攻击的目的，最后才能考虑和决定心证的稳定性问题。

突袭性裁判的发生与大陆法系传统上早已固化的诉讼格局和程序框架的设计不无关系。因此，为了防范突袭性裁判的发生，必须深入推行脱胎换骨型的程序改革。这种程序改革的努力方向就是通过集中审理对现有的松散型诉讼构造加以整合、更新和重塑。突袭性裁判的发生具有全局性和系统性，其中包括统合于发现真实突袭之下的事实认定上的突袭、证据评价上的突袭、推理过程的突袭以及与前述具有平行关系的诉讼促进上的突袭和适用法律上的突袭等。

德国的程序改革经验表明，在程序改造上如果不对固有的诉讼结构进行重组更新，那么对于突袭性裁判的防范便只能在有限范围内，无法取得战略性的突破，因此通过集中审理主义的引入，不仅有助于防范发现真实上的突袭这种基础性的突袭行为，而且还有助于克服诉讼促进上的突袭这种带有深层次及结构性的突袭行为，有利于促使诉讼程序的改革由原先注重实体真实转圜于注重程序正义这种历史性的嬗变与飞跃。

在审判实践中，审理方式可分为完全集中式审理方式与分割式审理方式。有日本学者曾经对两大法系的审理方式做过这样的分析，即在英美法系集中审理方式下，法官（或陪审团成员）往往较偏向于采用直观型事实认定，而在大陆法系采用分割审理方式的情况下，法官偏重于采用分析型事实认定。从心证形成的时间进程来看，直观型的事实认定系对证据全部为直接综合反应而形成的判断作用；而分析型的事实认定系逐一加以推理分析、整理检讨而形成的判断作用。[1] 可以说，两大法系的审理方式在比较优势上各有所长，二者之间完全可以取长补短。即采用英美法系的集中审理方式有助于解决大陆法系在事实判断过程中因过于分散、再三反复导致忽略案件整体原貌等弊害。因为，随着分段式审理程序的推进，这种弊害会使得法官形成记忆淡忘，在对案情的把握上出现细节不详而滋生尤柔寡断的情形。同时，为弥补集中审理可能造成的证据分析不足、逻辑推理弱化以及重感性、轻理性等缺陷，法院应实行包括表明法律见解在内的心证公开。

集中审理能使当事人及其律师在连贯性的庭审活动中，对证据及接受庭审调查的当事人、证人、专家等陈述或意见进行综合分析，在就事实与法律问题与法院共同探讨的条件下，基于所达成的共识，排除、限缩有害于其利益追求的不必要争点，及时使法官对其因职业偏见可能对证据评价和事实认定上的偏差予以调整、匡正。集中审理有助于当事人与受诉法院形成相同或近似的心证。

在客观上，为保障法官的心证的正确性、合理性与妥当性，如当事人适时提出意见或主张，乃至提出充分的资料或证据分析，或许法院尚有机会来改变、修补或完善

---

〔1〕　参见［日］後藤勇「民事裁判におゎる事實認定」（司法研修所論集八三號，一九九〇年）一九頁以下，转引自邱联恭：《程序制度机能论》，三民书局 2002 年版，第 236 页，注三二。

其心证。如果说，在实践中，有的法院采用判后答疑等形式来补救的话，即使在当事人的质疑中认识到裁判中的不足，也只能是让当事人通过上诉审解决问题。而事实上，这些问题原本就应当在一审中一并解决。这既有利于与当事人建立信赖关系，化解当事人对法院的不满情绪，也有利于降低当事人通过上诉审寻求救济的概率，有利于节约法院的司法成本和降低当事人的诉讼成本。

在实践中，由于未经充分的庭前准备，在庭审过程（即言词辩论期日）中，一方当事人往往会突然提出某一事实主张，并突然举出相应的证据，导致对方仓促应对，处于无法或难以充分、有效进行攻击与防御的状态，这种被动下的反驳及无法及时提出必要反证的局面就是通常所称的诉讼突袭。为防范此类情形的发生，导致当事人交互发动诉讼突袭，在诉讼上就要求法院应当事先召集双方当事人对事实、证据或法律上的争点进行整理。但这种争点整理的前提条件是，双方应紧紧围绕原告的诉讼请求和事实主张以及被告的抗辩主张就案件事实、证据以及法律观点进行充分的交流。在此过程中，法院应予充分的关注。当双方就程序问题发生争执而无法通过相互协商解决时，法院应当事人的请求或依职权予以必要的干预。

鉴于法院形成裁判上的心证是在把握发现真实与尽可能降低当事人的诉讼成本和法院的司法成本之间所获得的一种平衡，[1]为避免裁判突袭的发生，法院在开庭前要尽早及尽量多地掌握来自双方当事人的诉讼资料、证据资料和其他信息资料，以防徒增当事人不必要的成本投入。为此，因一方当事人的迟延行为，而造成对方诉讼成本增加和法院司法资源浪费的，可考虑对责任人予以罚款处理并赔偿对方当事人的损失。如证据突袭或其他诉讼行为突袭等，以及其他不当拖延诉讼程序的情形。

（四）切实维护当事人的程序保障权

一般认为，当事人有辩论、主张、举证及争执证据证明力等机会，其程序保障的主要内容。一方面，防止突袭性裁判的认识具有促使程序内容具体化、实用化的积极意义；另一方面，防止推理过程的突袭的认识，可以使得司法机关和当事人都更充分地意识到以心证公开为内容的信赖程序的必要性，直接有助于充实程序保障内容。[2]为防范法院的裁判突袭，在我国，有必要在立法和实务上将审判权的行使建立在以保障当事人辩论权为中心的基础之上，促使审判的职能从权力型向义务型转化，以促进大陆法系类型的民事诉讼体系转型为以正义为主导，有效推进民事诉讼中的辩论主义对法院自由心证主义的制衡与钳制。法院应通过防止特定观点突袭性裁判的阐明义务，维护当事人的程序保障权，法院公开心证的义务，其目的不仅在于排除处分权主义与辩论主义的不足，并且在于维护以禁止突袭性裁判为基础的程序保障权。

---

〔1〕 减低当事人的诉讼成本，有助于增强其透过裁判的获得感，即便一方当事人从裁判上获得的利益大不如原本所期待，但其至少没有枉费过高的且不必要的诉讼成本，这其实是一种相对的获得感；而对法院而言，每一位法官同时审理数十件案件，甚至更多的案件，其时间与精力也毕竟是有限的，故实务上，节约和有效使用有限的司法资源往往成为法院不二的选择。

〔2〕 参见邱联恭：《程序制度机能论》，三民书局2002年版，第58页补注。

（五）竭力打造法院与当事人之间的平等对话、充分讨论的平台

德国对 1977 年实行的《民事诉讼法》进行了大幅度的修改，强化了法官权限，通称为简素化法，以与过去民事诉讼法加以区别，简素化法所呈现的诉讼基本原理，简言之，是应以"由法官与当事人一同进行讨论，把案件真相澄清"的理论，也就是所谓的协同主义。该协同主义理论是建立在这样一种认识基础之上的，即法官应积极地去照顾、支援属于社会的弱者之当事人。这种意识形态的新理论，称为社会的民事诉讼。社会的民事诉讼理论，重视法官与当事人之间的讨论，借由法官的"补偿的辩论指挥"来实现实质的当事人武器平等。以区别于原始的辩论主义所注重强调当事人形式上的武器平等。[1]

协同主义表现在《德国简素化法》之中。如该法第 278 条第 3 项规定："法院除仅于关于附带债权（或译为附带请求）外，就当事人显然忽略或误为不重要之法的观点，非给予当事人表明之机会，不得以该法的观点为裁判。"我国新修正的民事诉讼法受到了德国民事诉讼法的影响，强化了法官职权，凸显出了协同主义。综合来看，我国新修订后的民事诉讼法的辩论主义已经与我们传统所接受日本通称的辩论主义与德国的协调主义不尽相同，将来如何运作及发展动向，值得注意。[2]

从当事人与法官之间的垂直关系来看，上述有关加重法官阐明义务的增修，赋予了当事人辩论权以实质保障，改变了传统的审判实务所持隐藏心证及法律观点的见解。该项见解是认为事实如何认定（心证如何形成）及法律如何适用，是属于法官专权领域，并非外人所能加以干预，就此认定事实、适用法律的法院职权事项，也不应由当事人加以申述。[3]虽然根据"法官知法"原则，适用法律是法官的职责，当事人所持法律见解对于法官并无拘束性，但是该原则即使具有免除当事人证明"法"存在的责任，或排除其因举证困难遭到丧失权利的危险等作用。不过，这毕竟不意味着可以无视当事人的程序主体地位及听审请求权。该项原则的采用，并不具有在审判过程不必使当事人预测到法官的法律见解或不应致力于防止其法律上判断对当事人发生突袭等意义。也就是说，法官虽然须根据"法"进行裁判，但在实际的审判过程中适用法律时，"法"与"事实"二者常系相牵连而难以明确区分的。因此，赋予当事人预测法院所持法律见解的机会，才能有助于使得当事人预知如何提出对裁判具有决定性意义的事实、证据，防止发生突袭。法官认定事实的情形也是如此。在诉讼审理的各适当时点或阶段，法官晓谕当事人其就某待证事实的存在与否、已获得何种内容的心证或作成何种判断（比如，有关待证事实与证据方法的关联性、调查某一证据的必要性或证明难易等事项的判断）。这才有助于当事人在各该时点、阶段认识、掌握争点是什么、待证事实是什么、应否如何提出相关事实或者证据，实质参与事实认定、审理过程。一般性的阐明义务明确揭示了突袭性裁判的避免发生是作为阐明权行使的指标，

〔1〕参见李木贵：《民事诉讼法》（下），元照出版有限公司 2007 年版，附 21 页。
〔2〕参见李木贵：《民事诉讼法》（下），元照出版有限公司 2007 年版，附 22 页。
〔3〕参见姚瑞光：《民事诉讼法论》，中国政法大学出版社 2011 年版，第 298、733 页。

要求法官就影响裁判结果的事实及法官所采用法律适用的观点，使得当事人有机会作出必要的陈述及适当完整的辩论。这就使得在一定范围内，为避免来自法院审理活动所造成发现真实的突袭（含认定事实的突袭、推理过程的突袭）、促进诉讼的突袭及法律适用的突袭，也就是科以法官负心证公开及法律见解表明的义务，[1]提供其对事件所认知、形成有关法律、心证的资讯。在此限度内，当事人对于法院应有公开心证、表明法律见解的请求权。据此，应认知尊重当事人身为程序主体的地位，不应当使其沦为被支配的客体。而且，如果能够借助当事人（含律师）在事实上和法律上的知识、能力，将更加有助于弥补法官的能力不足之处。实际上，在法官采用公开心证、表明法律见解的阐明方法时，当事人及其委托的诉讼代理人律师将更有机会与法官进行事实上及法律上的讨论，而可借此弥补法官知识、能力上的不足，实质上参与评议，以确保裁判的合理性、客观性，并协同寻求"法"法之所在，促进司法民主化等机能。[2]

法院的裁判和法律一样具有社会导向功能，它是将法律适用于特定人、关系和事件后所制造出的一种社会公共产品。同时，法院裁判在个案中的断情说理、评判是非曲直以及对当事人利益的平衡与取舍也是一种公共政策的体现，影响深远，或对社会上正在发生或者将要发生的相同或类似事件产生某种程度的波及力。有鉴于此，法院裁判的最终形成应当慎之又慎，这就具体涉及如何对待法官心证及其形成过程的问题。

长期以来，我们注重当事人之间的对抗，以便为法院对事实作出判断和适用法律提供依据，但当事人在诉讼对抗上的目的是参与法官心证的形成过程，使法官心证的形成无论在事实、证据以及法律适用上都朝着对其利益最大化的方向发展。从我国的审判实务来看，法官的心证公开因未被制度化、法律化、规范化，[3]其结果是，法院在审理过程中所形成的心证主要来自于双方当事人为诉讼上的攻击与防御而向法院提供的有关主张、陈述、意见及诉讼资料和证据材料，并没有来自于法院形成（临时）心证之后双方有针对性地再行提出主张、陈述、意见及诉讼资料和证据材料。因此，法官形成心证的过程在结构上残缺不全，遗漏了核心的部分。应当说，这种心证形成模式是建立在"心证无瑕"的假定之上，没有"试错"的意识和"试错"的空间，无意间给法官心证的形成过程留下了暗箱操作的"胎记"，剥夺了当事人对法院对其不利心证享有的防御权。

"民事诉讼程序作为现代社会中民事纷争解决机制之一环，必须透明化、去权威化与实质平等化，朝向一个对话沟通式的程序进行方式，使当事人两造能经由程序之进行，对于法与事实为相互之理解与学习，亦能使法官与当事人共同寻求存在于当事人间之法，以确立当事人生活之准则，并有助于纷争之真正解决。"[4]为防范法院的突袭

---

〔1〕 参见许士宦：《集中审理与审理原则》，新学林出版有限公司2009年版，第10页。

〔2〕 参见许士宦：《集中审理与审理原则》，新学林出版有限公司2009年版，第11页。

〔3〕 对此，应当指出的是，有关司法解释对案件争点整理心证公开应当被作为一种例外，因为它并非系体系化、系统化和制度化建构上的一种立法型设计。

〔4〕 参见沈冠伶：《诉讼权保障与裁判外纷争处理》，北京大学出版社2008年版，第21页。

性裁判，打造法院与当事人之间的平等对话、充分讨论的平台与机制显得十分必要。当事人之间存在利害冲突，在诉讼上形成对抗和辩论关系。其中的逻辑关系是，利害冲突催生诉讼上的对抗，而这种诉讼上的对抗是一种攻击防御，在诉讼过程中实际享有的是一种辩论权，其相互辩论是做给法官看的；而法院与当事人之间并不存在这种利害冲突，因此对抗和辩论关系无从谈起，因法院与当事人之间是一种审判关系，故法官心证应当建立在法院与当事人的讨论而不是辩论之上。

采用讨论法院心证的方式具有缓解法院与当事人之间紧张关系的功能与意图。对此，日本学者提出，法官与律师在法庭上讨论法官的心证，有助于建立相互间的信赖感。[1]邱联恭教授指出，由于心证公开以后的法庭上的讨论有利于防止突袭性裁判的发生，故可使当事对裁判更信服，如果法院不公开心证，就难以使当事人尽情地讨论。心证公开有助于整理法官与当事人间的争点。即使受不利心证影响的一方当事人最终对公开的心证仍不服，但法院可集中就最后的争点撰写判决，以收到简化判决书之效。[2]

在庭审过程中，对于法官心证的讨论并非是按照某种会议议程由参会人先后发言，而是由法院和当事人据情进行沟通、信息交流，以便于双方当事人重新组织攻击与防御，使法院形成终局性心证。通过对法官心证进行这种"讨论"，为有关当事人提供攻击和防御的有效空间，使当事人对法院心证的摸索得到实质性的回应，并产生某种合理的预期，这种引导性的启发与回应性的跟进有助于法院与当事人建立起信赖关系。法院事实上是在以适当方式公开其心证，试探有关当事人的反应和信息反馈，即是否采取必要的攻击与防御。这种互动有时出现在法院与一方当事人之间，有时出现在法院与双方当事人之间，直到当事人一方或双方均穷尽其所能展现所有攻击与防御之能事，并为法院所认识和理解。在此时点上，法院的心证因定格而形成终局性的判断。

（六）不断提升法官的业务素质

在审判实践中，审理方式可被分为分割式审理方式与完全集中式审理方式。为了消除分割式审理的弊害，固然应当致力于促使审理的集中化，同时，为弥补集中审理可能造成的证据分析不足等问题，应实行公开心证（表明法律见解）程序。为此，在由职业法官认定事实的审理模式下，具有直接促使当事人及律师与法官形成心证及探寻"法"的过程等重要功能，受诉法院依其所负阐明义务，以防止突袭性裁判的发生。相应，当事人及律师将有机会针对法官的事实判断及证据评价进行更为充分的攻击和防御或进一步陈述其意见，其中包括进行证据分析，甚至与法官在法庭上进行对话、

---

[1]　P. Calamandrei「訴訟と民主主義」小島武司・森征一譯，一九五四（一九七六），转引自邱联恭等："突袭性裁判"，载民事诉讼法研究基金会编；《民事诉讼法之研讨》（一），民事诉讼法研究基金会 1980 年版，第 61 页。

[2]　参见邱联恭等："突袭性裁判"，载民事诉讼法研究基金会编；《民事诉讼法之研讨》（一），民事诉讼法研究基金会 1980 年版，第 60~61 页。

讨论，使其辩论活性化。[1]

实践中，突袭性裁判的发生主要是因法官未能适时公开心证。随着司法改革的不断推进，无论是理论界还是实务界都较为容易在法院应否公开心证问题上形成共识，但关键的问题是，法官应当如何在诉讼的不同阶段适时采用何种方式来公开其心证。法官公开心证所采用的方式、手段和技巧属于司法能力和庭审驾驭能力的范畴。尤其是在国家的法治建设处于初级阶段、社会人文环境及司法心理尚未成熟之时，如果法官在心证公开的具体过程中缺乏审时度势意识、不注重必要的策略与方法，将会直接在法官与一方或双方当事人之间引发对立情绪。因此，法院公开心证与法官业务素质的提升乃至庭审经验的积累不无关系。

从我国目前的司法改革进程来看，法官队伍的职业能力建设属于重点之一。就法官心证公开所要求的职业素质而言，它是一种综合性司法职业能力的体现，主要表现在以下几方面：第一，有相当的程序观念与程序意识。第二，对法律有准确理解和灵活运用能力。第三，有较为扎实的法理基础，对实体法和程序法有统合性和有机性的把握。例如，对当事人某一诉讼请求和事实主张的评判，既涉及实体法（如有关法律、司法解释、合同约定等）的适用，又涉及事实认定与证据评价，三者之间存在逐渐契合、相互印证的认知与推理过程。当出现直接证据与间接证据之间发生冲突以及在缺乏主要事实而需要间接事实加以推定时，对于待证事实的认定有多种可能性同时存在。法官在心证形成过程中，究竟将何种证据界定为关键性证据或将何种间接事实认定为关键性间接事实以推定主要事实存否，并作为评判实体权利的依据，显然需要相应的职业能力。第四，注重司法经验的积累和谙熟司法心理的内在规律；第五，具有必要的心证公开意识、方法、策略与技巧。

在英美法系偏重采用的直观型事实认定模式下，因较少进行精密的分析判断，导致其难免会陷入粗糙推理或在心证形成过程中掺杂较浓厚的主观情感等危险。但是，裁判者在实行彻底的集中审理机制情况下，较能经由综合判断的过程观察及纵览案件的全貌真相。这也应归因于英美法传统上较为彻底地实行当事人主义的诉讼架构。使当事人（主要是律师）在庭审过程中能够据情进行相当细腻的证据分析，有助于裁判者作出综合判断。[2]

在大陆法系偏重采用分析型事实认定模式的情况下，因其偏重于就证据（如证人证言、当事人本人陈述）持续性进行分析检讨，并多次研阅有关调查证据的笔录，再行依据经验法则作出推理判断，故较适合于就案情复杂的案件所涉及的间接事实与主要事实之间的关联性进行详细的事实审理。但是，因其事实判断过程过于分散并呈现再三反复的状态，较易忽略案件的整体原貌，难免会顿生优柔寡断等弊害。这种弊害

---

〔1〕 参见邱联恭：《程序制度机能论》，三民书局2002年版，第237页，注三三。

〔2〕 参见邱联恭：《程序制度机能论》，三民书局2002年版，第236页，注三二。

随着分段式审理程序的推进，会使裁判者容易造成记忆淡忘或模糊不清的情形。[1]鉴于对证据的分析判断由法官主导进行，法官的终身职业化的内在习性会导致法官职业偏执、偏向或偏好。这种情况无疑会给事实认定的正确性带来负面、消极的影响。[2]

（七）重视律师的庭审应对能力建设

自近代工业革命以来，专业技术突飞猛进，社会分工更加细腻。在司法领域，律师代理业务也得到了长足的发展。在现代社会条件下，律师业的发展也面临着转型升级问题，即由过去的粗放式单纯增量型扩张进入到提质增效型发展或增量型扩张与提质增效型发展并存的历史时期。我国社会处于历史转型时期，情况更为复杂，即在粗放式单纯增量型扩张尚未完成阶段，社会发展又迫切提出了提质增效型发展的时代性要求。具体而言，在创建强有力的职业共同体理念的感召之下，法官队伍的职业化、专业化、优质化与律师队伍的职业化、专业化、优质化具有同步性。律师只有通过出庭活动才有可能与法官建立职业关系。并且律师只有通过其出色的庭审表现才能促使法官接受其专业意见和建议，才能更有利于维护其被代理一方当事人的合法权益，可见，律师的出庭能力建设是出庭律师职业化、专业化、优质化的重中之重。

律师庭审应对能力属于诉讼当事人武器平等问题的一部分。对此，有国外学者指出，在当事人之间，实际上往往存在着法律知识上或社会经济上的种种差异，导致当事人就裁判所必要的事实及证据的收集、主张或举证，未能处于真正的平等地位，无从贯彻武器对等原则。[3]应当认识到，在我国尚未推行律师强制诉讼代理主义的条件下，诉讼当事人双方的武器平等问题显得尤为突出。由于一般诉讼当事人没有必要的法理基础、法律训练和庭审经验等，与法官就心证进行交流存在极大的障碍，故应当引起必要的注意。

从全国范围内来看，律师队伍的出庭能力建设不容乐观。尽管法官队伍包括庭审驾驭能力在内的职业化建设在当前远远不能满足现实需求，但这种建设本身是一种国家行为，其执行力明显超过处于散兵游勇状态下的律师队伍建设。而为防范突袭性裁判的发生，在不同的诉讼阶段法官适时就事实、证据和法律等问题公开其心证以及法官与律师间就法官的心证展开交流与对话，期间充满着庭审技巧、艺术和技术含量。从目前来看，全国法院入额法官人数为12万余人，而全国从业律师的人数为46万人。[4][5]从

〔1〕参见邱联恭：《程序制度机能论》，三民书局2002年版，第236页，注三二。
〔2〕参见邱联恭：《程序制度机能论》，三民书局2002年版，第236页，注三二。
〔3〕Vgl. Hans-Willi Laumen, Das Rechtsgespräch Zivilprozeß, 1984, S. 122 ff, 转引自邱联恭：《程序制度机能论》，三民书局2002年版，第121页，注一九。
〔4〕2019年12月4日，司法部召开世界律师大会首次新闻发布会。司法部律师工作局局长周院生介绍：目前，我国律师人数已近46万，律师事务所3万多家，年均办理各类法律事务1000多万件；中国律师事务所已经在世界30多个国家和地区设立了分支机构，中国律师每年办理涉外法律事务超过10万件，业务涵盖反倾销及补贴调查、涉外知识产权争议、境外投融资等各个领域。http://news.gmw.cn/2019-12/04/content_ 33375386.htm，最后访问时间：2020年3月5日。
〔5〕根据司法部政府网于2018年4月3日发布的有关信息，截至2017年底，全国共有执业律师36.5万多人，比2016年增长11.5%。7500多家党政机关、人民团体和800多家企业开展了公职律师、公司律师工作。从律

总体情况来看，法官的业务素养明显高于律师。由于法官队伍职业化建设与律师队伍职业化建设之间存在明显的不平衡性，在审判实践中，即使法官适时采用各种含蓄、暗示、启发、诱导等技巧性手段、方式和方法公开其心证，以便双方当事人借此重新组织或调整其在诉讼上的攻击与防御，但有关出庭律师缺乏必要悟性、忽略、不能正确领会的情形发生的概率甚高。律师和法官不能在庭审活动中进行有效的交流和沟通也是引发突袭性裁判的原因之一。因此，律师应具备较强业务能力、熟练掌握庭审技能，具备优良的伦理道德品质。

为了防范突袭性裁判的发生，律师的出庭能力主要应体现在：第一，在法官就与个案有关的事实、证据和法律为形成初步心证之前，律师根据该案法律关系的性质、特点以及法官的专业性偏好、思维模式、审判风格等个性化因素提出强有力的主张、陈述、意见及诉讼资料和证据材料的能力。第二，律师在诉讼各个阶段适时理解、领会与判断法官心证内容的能力；第三，针对法官心证的内容与法官进行交流、讨论的能力，从中产生对裁判最终可能性结果的预测与合理把控；第四，在与法官进行交流、讨论的基础上，对原有诉讼上的攻击与防御进行重塑或调整的能力。

另外，近年来，随着法官队伍职业化、专业化、精英化已基本实现了历史性的转型，相对应的诉讼代理制度的职业化应当适时跟进，实现诉讼代理制度的职业化转型就是推行律师强制代理制度。所谓律师强制代理，是指进行诉讼必须选择律师为诉讼代理人，无律师作为诉讼代理人的本人也被禁止参与诉讼活动的一项制度。要求必须有精通法律事务的律师实施诉讼，对于避免程序进行时的无谓消耗及充实审理等方面均有很大的益处，同时还能大幅提高司法制度的运行效率。虽然在任何地区采纳这种委任律师的法律制度均很容易，但如果不具备完善的律师报酬公定制度及对于无资力者加以救助的法律制度和条件，其具体的实施便非常困难。在德国法中，除最下级的区法院以外，地方法院以上的法院在诉讼中均采用律师强制代理的方式，尤其是在法律审中，只有联邦最高法院认可的少数优秀律师才能参加。日本在引进德国法时，之所以采取不同的原则，与当时日本律师力量明显不足有紧密的关系。在日本，律师人数不足并且相对集中于某些地区的现状显得十分突出。在某种意义上，实现律师强制主义不可欠缺的前提条件是律师报酬的明确化。例如，德国执行严格的律师报酬公定制度。对此，日本学者的意见并不一致。[1]从我国目前的情况来看，律师的人数与全

(接上页) 师类别看，专职律师32.3万多人，兼职律师1.2万多人，公职律师1.8万多人，公司律师3800多人，法律援助律师6600多人，军队律师1500人。从年龄结构看，30岁以下的律师6.6万多人，占18.2%，30岁（含）至50岁的律师23.3万多人，占63.9%，50岁（含）至80岁的律师6.1万多人，占16.7%。从文化程度看，本科以上学历的律师33.7万多人，占92%，在国境外接受过教育并获得学位的律师5100多人。https://mp.weixin.qq.com/s？_biz=MzA3NTY5MTkwNg%3D%3D&idx=1&mid=2649293727&sn=deb9137fdb468f1ed96c138905ceb508，最后访问时间：2019年3月21日。

〔1〕 ［日］三ケ月章：《日本民事诉讼法》，王一凡译，五南图书出版公司1997年版，第242~243页。

国总人口比仍处于较低水平，且律师的执业分布非常不均匀，主要集中在商业发达的城区。因此，直接全面地推行律师强制主义的条件还没有完全成熟，应当对此设计一套渐进式实施方案。例如，对第一审普通程序案件、上诉审理案件和再审案件以及其他专业性较强的案件率先推行律师强制代理制度，以不断适应诉讼程序和审判模式现代化的转型需要。

从封闭到开放：裁判决策公开的可能性分析

——以裁判文书少数意见公开为中心展开

第一节　少数意见公开制度的基本命题及域外考察

一、少数意见公开制度的基本命题

当前，司法公开工作在法院系统开展得如火如荼，其受到的重视程度之高可以说在法院系统前所未有。在这股热潮中，裁判文书少数意见公开被视为一项司法公开的重要举措在部分法院被推出。一个代表性的事例是，2015 年 12 月，北京市知识产权法院在审理一起"情侣图形"商标行政纠纷案件中，合议庭对原告提交的在先商标注册证、在后著作权登记证书能否构成著作权法意义上的初步权属证据产生了分歧，最后该院依据多数意见作出一审判决，并同时在判决中载明了少数意见及其理由，此举被认为是"一次突破性的尝试"。[1]

所谓少数意见，顾名思义，就是指合议庭少数成员的意见，或者说是不同于多数意见的意见，通常表现为反对意见（即对多数意见的结论与理由均不同意）、不同意见（即同意多数意见的结论但不认可其理由）、补充意见（即认可多数意见，但有进一步支持该意见的观点）。[2]从世界范围来讲，少数意见公开是英美法系的一项制度，但在英美法系与大陆法系不断融合的大背景下，许多大陆法系国家也开始出现了少数意见公开制度。其中，阿根廷、芬兰和瑞典等国的法院判决对少数意见的展示已经非常充分，基本接近美国最高法院的做法。[3]

就我国法院而言，实际上，早在 1999 年至 2005 年间，广州市海事法院、上海市第二中级人民法院、北京市第一中级人民法院便都先后尝试过在判决书中公开少数意见[4]，当时对理论界和实务界都造成了很大冲击。但该制度在其后相当长的一段时间内并没有能够在全国法院推广，也未得到最高司法机关在司法政策层面的认可。究其

---

〔1〕　祝文明："我国裁判文书首现'少数意见'"，载《中国知识产权报》2015 年 12 月 23 日。

〔2〕　参见冯泠："少数意见公开和我国合议制度改革的思考"，载《江汉大学学报（人文科学版）》2004 年第 2 期。

〔3〕　参见张志铭：《法律的操作分析》，中国政法大学出版社 1998 年版，第 207 页。

〔4〕　参见张泽涛："判决书公布少数意见之利弊及其规范"，载《中国法学》2006 年第 2 期。

原因，该制度在理论界引起的巨大分歧可能是重要因素之一。争论的焦点主要集中在两点：一是少数意见公开是否会削弱法院的权威性。反对者认为，这种做法会影响法院的声望和威信，因为只有在判决书以全体一致的名义作出时，才不会引起公众对司法权威的质疑，如果公开少数意见或者反对意见，可能会让当事人对于法院判断的严肃性产生困惑，甚至会生出"如果更换合议庭成员，可能会得出不同审判结论"的假设，[1]更有甚者，可能会刺激一些败诉当事人的排斥心理，坚定其不断申诉或上访的决心。[2]二是少数意见公开是否会影响法官判断的独立性。反对者认为，将法官反对意见公开"会给法官审判活动增加压力，特别是在一些敏感以及重大问题上公开个人见解需要极大的勇气"[3]，会对法官独立审判造成影响。

　　客观的分析，上述两点质疑虽然听起来都有一定的道理，但其实无论在理论上还是从其他国家既有的实践来看，二者都是不太站得住脚的。首先，法院的权威不是也不应该是建立在合议庭全体成员意见一致基础上的，而是应该基于裁判文书论证严密、说理详实、使公众能够心悦诚服接受，基于审判过程和裁判结果公开、透明。而且，美国、英国及部分大陆法系国家的实践表明，公开少数意见并未对司法权威产生多少减损，反而会展示出法官的慎思明断及负责任的精神，从而增进司法公信和权威。其次，公开个人意见，对一些法官而言可能是压力，但不公开个人意见，对另一些法官而言也可能造成压力。因为对他们而言："该判决的理由或结论并非是本人意见，却要被迫署名，这是对法官法律信仰的践踏，而基于审判纪律，还不能将本人不同意该判决言于外界，这种背离法律信仰之痛苦实难以体会。"[4]更何况，基于司法责任制的原理，每名法官都应该对其司法行为负责，包括作出判决时发表的意见。否则很难解释，为什么独任制下法官的个人意见都要完全对外公开，而在合议制下，某些法官的个人意见却可以不用公开？

　　那么，厘清了上述质疑，是否意味着少数意见公开制度在我国的移植就不会再有障碍了呢？笔者以为不然。姑且不论由这一制度的实施所带来的工作量增加可能会招致许多工作负荷沉重的法院的本能抵制（不过这一问题可以在技术层面得到解决，后文将有论述），仅从理论和制度层面来看，笔者认为，少数意见公开制度要想在我国实施，必须要解决三个基础性的问题：第一，从制度依据上，该制度是否会与合议庭秘密评议原则相抵触？第二，从运行基础上，该制度在我国是否有真正科学的合议制度作保障？第三，从制度目的上，该制度是否能够真正实现让法官在司法裁判决策中的真实想法得到公开？特别是对于第三个问题，少数意见公开制度可以说是裁判决策公开的一个缩影，它可以在很大程度上反映出人们对于撩开司法决策神秘面纱的一种渴

〔1〕　蔡永彤："判决书中公开不同意见议题之重拾"，载《东方法学》2010 年第 6 期。
〔2〕　贺小荣："判决形成过程的信息披露与公信风险"，载《人民法院报》2005 年 9 月 13 日。
〔3〕　罗文禄："论判决文书形成过程中的反对意见"，载《四川大学学报（哲学社会科学版）》2002 年第 6期。
〔4〕　蔡永彤："判决书中公开不同意见议题之重拾"，载《东方法学》2010 年第 6 期。

望，以及社会公众希望法官将其每项判决依据和裁量基准都说得明明白白、清清楚楚的期待。正如有学者所言："公正、公开的司法程序，是消解公众猜疑、正当化个案判决的有效装置……法院必须贯彻公开审判、开示应公开的信息并说明判决依据。"[1]但是，裁判决策是否能够真正公开？公开的是否一定是法官决策中真实的意思？围绕这些问题，笔者将在后文中展开探讨。

二、少数意见公开制度的域外考察

少数意见公开制度因为与各国的法律文化传统、法律体系结构、司法职能定位等因素密切相关，所以在不同的国家所处的地位和具体规定差异较大。尤其是在英美法系和大陆法系国家，历史上曾对该项制度存在截然相反的认识，并由此形成了不同的判决风格。不过，随着两大法系不断加强融合，大陆法系国家对待少数意见公开制度的观点也发生了改变。下面，笔者将分别介绍两大法系主要国家在少数意见公开制度中的相关做法。

（一）英美法系的少数意见公开制度

英美法系国家一直都有允许司法判决广泛利用并充分展示法官的不同意见的传统。例如，在英国，除枢密院之司法委员会（Judicial Committee of the Privy Council）外，各级法院都要求参与审判的所有法官各自对外宣布其独立作成之判决，而不得数人集合，仅作出一多数意见。[2]司法裁决中的不同意见首次被接受要到 1798 年的 "Gindley v. Barker 案"。在此案中，法官们十分明确地指出：负责个案审判的诸多人员不应总是对于案件以同样的方式去思维。出版发行法庭意见的传统由美国联邦最高法院首席大法官马歇尔引入美国。[3]

在美国，法院判决呈现出论证性、对话性以及在判决中展示不同意见作出选择性判决的特点。[4]从联邦最高法院来看，大约只有 1/3 左右的案件能够形成一致意见，其他则是依据多数意见或相对多数意见进行判决。在意见不一致时，就会出现"并存意见"和"反对意见"。"并存意见"是指赞同判决结论，但是对法律推理和逻辑有不同意见；"反对意见"则是反对法院判决的意见。[5]从实证的数据来看，美国自 1801 年出现第一份法官不同意见判决书至 1971 年，大约有 1/4 的判决附有少数意见；自 20 世纪 80 年代以后，约有 3/4 的判决附有少数意见。[6]在美国，观念上认为，公开与发表法官的不同意见是法律反思精神的诉求和体现，是对将来智慧的提前预支。尽管判

---

〔1〕 陈林林："公众意见在裁判结构中的地位"，载《法学研究》2012 年第 1 期。

〔2〕 参见法治斌：《人权保障与释宪法制——宪法专论（一）》，月旦出版公司 1993 年版，第 329 页。

〔3〕 参见刘国庆："普通法系国家司法判决中反对意见的成因分析与价值论纲初探"，载《法制与经济（中旬刊）》2008 年第 12 期。

〔4〕 参见龙宗智：《刑事庭审制度研究》，中国政法大学出版社 2001 年版，第 432 页。

〔5〕 参见张泽涛："判决书公布少数意见之利弊及其规范"，载《中国法学》2006 年第 2 期。

〔6〕 Morton Horwitz and Onando do campo, "When and How the Supreme Court Found Democracy: a Computer Study", 14 quinnip L1Rev11（spring, 1994）.

决中的不同意见并不像判决理由那样具有对未来法院判决的拘束力，但是它却具有说服力。因此，联邦最高法院要求在判决中必须公开法官的不同意见。[1]实践中，美国最高法院在其所审理的全部案件中，大约只有1/3到1/4的案件能够形成一致意见，更多的时候是频繁出现并存意见或反对意见。[2]

在加拿大，情况更为极端，加拿大最高法院几乎不寻求达成一致意见；首席大法官既不提议也不从事与其同僚们的合作或磋商，大多数法官所形成的意见并不充作官方意见。有时，法院对多元论的青睐已被讥为一种"司法无政府"状态——这无疑是一种夸张。[3]

在英美法系国家和地区，无论是理论界还是实务界，基本上都对少数意见公开制度持肯定态度。其主要理由有：第一，有助于判决公正。"因为少数法官在提出不同意见时都必须附具理由并进行论证，这样，法庭在制作判决书时，就必须针对少数意见，有的放矢地进行有说服力的论证和反驳，从而令人信服地解决案件中可能存在的争议问题。"[4]真理产生于理性的争论之中，从这个意义上讲，少数人意见对于法院发现案件事实真相和公正判决大有裨益。[5]第二，体现了审判独立。审判独立原则要求法官可以基于自己的内心和理性对事实认定和法律适用作出判断，而不必受任何外在因素的干涉。"如果将少数法官的不同意见在判决书中予以公布，正是切实有效地保障法官良心与确信自由的手段，因此，任何审级和任何管辖法院的法官，均应享有提出不同意见书的权利。"[6]所以，美国学者认为，如果不允许少数法官在判决书中发表自己的不同意见，实际上便违背了审判独立原则的基本要求，因为对判决持异议的少数法官不能在判决书中发表自己的不同意见，且还不得不违心地署名，这在逻辑上是难以自圆其说的。[7]第三，彰显了司法民主。"对于法院评议的结果与法官之间无法消除的意见分歧，从民主原则的角度审视，实在没有任何理由要求对其绝对保密。同时，通过公开不同意见实现法院评议过程的公开化，也将有利于社会公众对司法活动的监督，避免误判或品质不佳的判决。"[8]第四，提升司法公信力。因为公开和透明是司法权威赖以存在的重要基石之一，而少数意见公开制度正是司法权运作公开、透明的具体体

---

〔1〕 参见万毅、林喜芬："判决中的不同意见公开制度研究"，载《法律科学（西北政法学院学报）》2008年第1期。

〔2〕 ［美］Henry Abraham："美国最高法院的各种意见书"，载宋冰编：《读本：美国与德国的司法制度及司法程序》，中国政法大学出版社1999年版，第447页。

〔3〕 ［美］H. W. 埃尔曼：《比较法律文化》，贺卫方、高鸿钧译，清华大学出版社2002年版，第194页。

〔4〕 张泽涛："判决书公布少数意见之利弊及其规范"，载《中国法学》2006年第2期。

〔5〕 Morton Horwitz and Onando do Campo, "When and How the Supreme Court Found Democracy a Computer Study", 14 quinnip L1Rev11（spring, 1994）.

〔6〕 Morton Horwitz and Onando do Campo, "When and How the Supreme Court Found Democracy a Computer Study", 14 quinnip L1Rev11（spring, 1994）.

〔7〕 参见张泽涛："判决书公布少数意见之利弊及其规范"，载《中国法学》2006年第2期。

〔8〕 万毅、林喜芬："判决中的不同意见公开制度研究"，载《法律科学（西北政法学院学报）》2008年第1期。

现。而且，公布少数人的意见也体现了判决是每个法官独立自主地作出的，而不是无条件地附和或者遵循上级领导的意见所作出的，从而可以避免给社会公众造成"铁板一块地团结一致"的假象〔1〕，同时也能让公众相信法官是经过审慎思考作出判决而非不假思索地人云亦云，从而有利于提高民众对裁判的信服程度。第五，有利于促进法律的再发展。"针对多数见解而提出的不同意见，有时会提出对某一法律问题的另一种全新的看法，这种看法在裁判当时可能处于少数、居于劣势，但日后却有可能成为多数见解甚至修法的依据。"〔2〕而且，虽然少数意见不具有拘束力，但在许多情况下，"这些少数人意见最终同样会得到援引和尊重，因为今后法院在处理类似案件时也可能会援引这些少数人意见，以论证其判决的合理性和公正性"。〔3〕因此，少数意见已在事实上成了美国精英法官培养和产生的重要途径。著名的美国联邦最高法院霍姆斯大法官就被称为"伟大的异议者"，在他发表的少数意见中，有许多异议均对美国社会生活造成了重大的、积极的影响。〔4〕

（二）大陆法系的少数意见公开制度

大陆法系国家在传统上一直反对少数意见公开制度。比如，在法国，理论界与实务界均将判决中的不同意见视为有损法院权威的异质物，因此，法国一直态度坚决地反对公开法官的不同意见。其判决书具有一种"整体性"的特点，在论证风格上是非论证性的、威权式的、结论性的。虽然在法国大革命时期，因为在立法理念上青睐于英美法系的民主倾向，也曾尝试过采行公开合议的制度，但很快就废弃了。在德国，19世纪末，新《德国刑事诉讼法典》的起草者们曾经提议采用英美法系公布不同意见的模式，但却遭到了一致拒绝，时人认为公布不同意见的制度与法庭的权威和法官之间的友好关系不相容；（它）将导致拜占庭主义，并将寻求公开性。它会助长虚荣和争论。倘若不同意见的表达成为通则，则不会再有什么一致的判决，法院作为一个权威机构面对外界，它的判决是法院的判决。法院的主要功能是公正地判决各个案件和维护法律的权威，而不是挑起对法律问题的科学讨论。〔5〕

大陆法系国家反对少数意见公开制度的主要理由有：第一，损害了法官的独立性。因为评议秘密原则在大陆法系被视为"法官独立的守护神"，而不同意见的公布将披露法官们在评议过程中所持的个人见解，从而有可能使法官被外界贴上属于某一种价值观、某一政党或某一经济计划集团的标识。在一个多元化的社会中，这可能使法官承

---

〔1〕 Morton Horwitz and Onando do Campo, "When and How the Supreme Court Found Democracy a Computer study", 14 quinnip L1Rev11（spring, 1994）.

〔2〕 万毅、林喜芬："判决中的不同意见公开制度研究"，载《法律科学（西北政法学院学报）》2008年第1期。

〔3〕 张泽涛："判决书公布少数意见之利弊及其规范"，载《中国法学》2006年第2期。

〔4〕 参见王启庭："判决不同意见书的法律价值与制度建构——司法公开与裁判文书的创新"，载《社会科学研究》2006年第4期。

〔5〕 参见万毅、林喜芬："判决中的不同意见公开制度研究"，载《法律科学（西北政法学院学报）》2008年第1期。

受来自公众方面的压力，从而危害到法官的内在独立性。[1]第二，影响了法院的威信与声望。因为判决书如果以全体一致的名义作出，那么社会公众就不会质疑法院判决的权威性。相反，如果判决书中有不同甚至是反对意见，那么这种判决就会让社会公众的信服度大打折扣，法院的威信和声望就难以确立。[2]第三，破坏了合议庭的和谐与整体性。因为合议庭在审理案件时强调的是整体意志而非法官的个人意见，如果公布少数人意见，容易使合议庭的法官过早地处于一种对立状态，双方为了表明立场，可能会采取更加极端的立场，从而使得双方更难以通过沟通达成一致的判决结论。[3]第四，有被不正当利用的可能。因为不同意见在转变为定型化的判例之前，容易诱发同类诉讼，招致滥诉，尤其是以微弱多数判决的案件，因有逆转的可能，将频繁出现同类诉讼，甚至可能被当事人用以故意宣泄个人感情，刁难不同意见者，甚至提及特定法官的名字肆意漫骂等。[4]

不过，在二次世界大战之后，随着两大法系融合的加强，不少大陆法系国家移植了少数意见公开制度。目前，除法国和意大利外，多数大陆法系国家都已在判决中公布少数意见。比如，德国曾对不同意见公开制度持反对态度，但在1966年的"镜铁案"判决之后，公开不同意见的做法开始获得认可。到1970年为止，法律虽然没有准许持不同意见的联邦宪法法院法官提出不同意见书的明文规定，但是在联邦宪法法院的实务上已有公布法官不同意见书与公布表决结果的情况出现。联邦宪法法院也曾在1969年以9票对6票作成决议，赞成实施不同意见公开制度。最后，德国于1970年修订《联邦宪法法院法》时增订了第30条第2款，即准许评议时就判决结果或判决理由不表赞同的法官提出不同意见书，且法庭可以在其裁判中公布表决结果之比例关系。[5]而在日本，1947年制定的《日本法院法》第11条规定，最高法院/各法官必须在裁判书上表示自己的意见。这就是日本最高法院不同意见制的法律依据。《最高法院裁判事务处理规则》又将第11条加以具体化。其第13条规定："各法官在裁判书上表示意见时，必须明确其理由。"但是，下级法院并不采用意见表示制。其理由是：下级法院的法官不接受国民审查，下级法院的裁判含有事实性判断的部分，且要接受上级法院的复审，很有可能被上级审所取消，所以，下级法院法官的少数意见不应公示。不同意见制在日本经过多年的运行，得到了充分的展开并已基本定型。[6]不过，无论

---

〔1〕 参见万毅、林喜芬："判决中的不同意见公开制度研究"，载《法律科学（西北政法学院学报）》2008年第1期。

〔2〕 参见张泽涛："判决书公布少数意见之利弊及其规范"，载《中国法学》2006年第2期。

〔3〕 参见张泽涛："判决书公布少数意见之利弊及其规范"，载《中国法学》2006年第2期。

〔4〕 参见刘风景："不同意见写入判决书的根据与方式——以日本的少数意见制为背景"，载《环球法律评论》2007年第2期。

〔5〕 参见万毅、林喜芬："判决中的不同意见公开制度研究"，载《法律科学（西北政法学院学报）》2008年第1期。

〔6〕 参见刘风景："不同意见写入判决书的根据与方式——以日本的少数意见制为背景"，载《环球法律评论》2007年第2期。

是德国还是日本，其少数意见公开制度都是十分有限的。因为德国虽然规定对联邦宪法法院采行不同意见书制度，但是联邦最高法院并未施行该制度，而且各邦立法者就各邦之宪法法院也未作类似规定，致使德国至今也只在联邦宪法法院施行。[1]而日本的少数意见公开制度只适用于最高法院的大法庭和小法庭，不包括其他各级法院。[2]

第二节　少数意见公开与秘密评议原则

一、少数意见公开与秘密评议原则及合议制异化

秘密评议原则是一项历史久远的法律原则，无论是大陆法系，还是英美法系，都对此有所规定。当然，在两大法系中，这一原则的含义还是有所区别的。大陆法系的秘密评议原则包含两项内容：一是评议过程不公开；二是参与评议的法官在事后应就评议过程与评议结论保密，而英美法系的秘密评议原则主要指第一方面。[3]

总结起来，秘密评议原则被认为主要有以下作用：第一，有利于保障法官的审判独立。此种对独立的保障作用，一方面体现在评议过程的封闭，有利于为法官评议创造一个私密的环境，使其在不受外界干扰的情况下从容地整理自己的思路、遵从自己的内心表达对案件的意见，另一方面则体现在法官发表意见时，无需担心其意见会被外界知悉，因此免受因其意见标新立异或与社会公众意见不合而遭到舆论压力之苦，从而进一步保障法官理性、自由、独立地表达自己真实的想法，确保裁判结论的妥当、公正。第二，有利于保障法官的人身安全，"防止不满诉讼结果的当事人对持不利于其观点的裁判者进行打击报复"。[4]特别是在社会转型期的当下，各种社会矛盾集中爆发，且竞相涌入法院寻求解决，法官成了纠纷利益各方的焦点所在。"对法官不满，认为法院裁判不公而报复法官的事件屡见不鲜，轻则谩骂，动辄殴打，更有甚者甚至持刀刺杀法官，法官的人身安全受到了极大威胁。"[5]如果公开法官评议意见，容易让相关法官陷入危险境地。第三，有利于提高判决的权威性。秘密评议保留的司法的神秘感能够让民众因为这种神秘感和距离感而对司法保持敬畏。

正是基于秘密评议原则的上述功能，许多学者认为，公开少数意见与秘密评议原则的核心要义相悖。笔者对此不以为然。从理论上分析，公开少数意见与秘密评议原则的主要功能并不相抵触，而秘密评议原则上述功能中的一部分其实并非是秘密评议

---

〔1〕　参见陈淑芳："法院判决之不同意见书　德国法学界对此一问题之讨论"，载《政大法学评论》1999 年第 62 期。

〔2〕　参见刘风景："不同意见写入判决书的根据与方式——以日本的少数意见制为背景"，载《环球法律评论》2007 年第 2 期。

〔3〕　参见江苏省徐州市中级人民法院课题组马荣、葛文："合议庭评议过程保密与结论适当公开"，载《人民司法》2015 年第 15 期。

〔4〕　刘俊："对不同意见写进判决书的不同意见"，载《江苏法制报》2005 年 9 月 9 日。

〔5〕　刘俊："对不同意见写进判决书的不同意见"，载《江苏法制报》2005 年 9 月 9 日。

原则应该或者能够担负的功能。首先，公开少数意见不会对法官独立的评议过程造成干扰。因为公开少数意见时，评议已经结束，法官的判断已经作出，不可能再对合议庭的结果产生影响。其次，法官担心承受意见公开后的舆论压力或当事人的打击报复不应该成为少数意见不能公开的理由。一方面，舆论压力或当事人打击报复是任何作出裁判的合议庭或者独任法官都可能面临的问题，不能因为担心上述压力，所有的裁判意见都不公开了，这于逻辑上无法说通；另一方面，在当今日益公开透明的司法环境下，每一名法官对其作出的裁判结论都应该有面对社会公众评论甚至批评、指责的心理准备，而不是退缩闪躲，甚至为此违心发表自己的意见。只要法官是基于良心、根据法律作出的结论，那么大可淡然面对这种舆论压力而无需承担任何的法律责任，这也应是司法责任制的应有之义。至于当事人打击报复的问题，秘密评议原则并不能保证法官不受到当事人的打击报复。对于一些行事极端的当事人来说，只要是不符合其利益的裁判结论，其都有可能去报复法官。在合议庭意见不公开的情况下，其甚至可能去报复所有合议庭成员。所以说，防范当事人打击报复，这应该是司法保障体制着力解决的问题，国家应该为法官的正当履职提供坚实、有力的保障。最后，借由司法神秘提高司法权威已经不符合世界司法发展的趋势。历史已经证明，期望通过司法神秘主义建立司法权威并不可能，最终充其量只是导致司法威权，其与现代多元、民主的政治理念和发展潮流已经格格不入。裁判只有承担起向整个社会辨法析理的使命，主动接受社会的监督，以公开的态度和方式努力去说服公众，才能真正收获司法公信，树立司法权威。

当然，以上只是一种理论上应然的分析，从实然的角度，针对少数意见公开与我国法律上的秘密评议原则的关系还必须回归到制度文本上分析。虽然我国的诉讼法没有对此进行规定，但从相关法律及司法解释规定的内容及体现的精神来看，我国的秘密评议原则更加接近于大陆法系。比如，《法官法》规定，法官不得泄露国家秘密或者审判工作秘密。虽然未明确审判工作秘密何指，但《最高人民法院关于执行〈中华人民共和国刑事诉讼法〉若干问题的解释》第112条规定："开庭审理和评议案件，必须由同一合议庭进行。合议庭成员在评议案件的时候，应当表明自己的意见。如果意见分歧，应当按多数意见作出决定，但少数意见应当记入笔录。评议笔录由合议庭的组成人员在审阅确认无误后签名。评议情况应当保密。"从该规定我们可以看出，合议庭评议情况无疑属于审判秘密。而最高人民法院印发的《人民法院工作人员处分条例》第42条则进一步规定："故意泄露合议庭、审判委员会评议、讨论案件的具体情况或者其他审判执行工作秘密的，给予记过或者记大过处分；情节较重的，给予降级或者撤职处分；情节严重的，给予开除处分。"从中可以看出，不仅是参与评议的法官，而且包括知悉合议庭评议情况的法院工作人员也均不得泄露相关情况。（当然，此处的禁止性规定主要是约束法院工作人员对外公开，而非绝对禁止内部公开，因为我国审判委员会制度的存在，合议庭评议情况的对内公开实际是允许的。）这之中既包括评议过程的情况，也包括每位法官评议意见的情况。所以说，如果现阶段在我国实行少数意见公开制度，实际上就是公开合议庭的少数意见，这种做法客观上与上述规定确有相悖之处。这应该也是少数意见公开制度在我国推行所需要克服的制度障碍。

二、少数意见公开与合议制异化

司法裁判的基本组织形式包括合议制和独任制。独任制指由法官一人单独行使审判权，而合议制则是由三人以上的法官或者法官与陪审员一起行使审判权。从决策机制的分类来说，独任制对应的是个体决策，而合议制则属于群体决策。"其特征是多人参与、平等参与、共同决策和独立审判。"[1]合议制的主要优点在于：第一，体现司法民主，增强裁判的合法性；第二，集中集体智慧，增强决策的正确性；第三，进行群体决策校验，增强结论的可接受性；第四，相互制约监督，降低司法腐败的可能性。当然，合议制也存在缺点，主要是容易导致诉讼延缓、效率低下、司法成本高企等。

显而易见，少数意见公开只会存在于合议制中。但并非在所有的合议制运行情况下都能为少数意见的产生提供土壤。我们认为，只有在合议制得到真正地、充分地、完全按照这一制度本身目的运行的情况下，少数意见公开才有适用的意义和可能。一般认为，合议制的内涵包括共同参与机制、民主决策机制、职责分配机制、监督制约机制、合理考核机制、责任承担机制。[2]只有在上述机制都能建立并运行到位的情况下，合议制才能被认为是一种真正的合议制。但从我国的现实情况来看，上述机制很多都存在缺位或者被扭曲的情况，合议制在我国的司法实践尤其是基层司法实践的运行中已经被严重异化了。

（一）合议制异化的表现

在实务上，合议制的异化主要表现在以下几个方面：

第一，陪而不审。在司法实践中，合议庭表面上是三人以上组成，但案件的实际承办人才是合议庭的主角，承担了绝大部分实质性的审理工作，包括庭审前阅卷、拟定庭审提纲、依职权进行调查、主持法庭调查和询问等活动，[3]而其他合议庭成员在开庭前基本不参与案件，在开庭时往往是走过场。笔者在调查 B 市某区法院的陪审情况时发现，该院 2014 年、2015 年民事案件的陪审率均达到 85%以上。许多人民陪审员甚至成了职业的"陪审员"，长期驻庭陪审，多的有时一天能够陪审五六个庭审，其对案件和庭审的参与程度可想而知。不只是陪审员"陪而不审"，许多作为合议庭成员的法官也常常是"友情客串"，许多法官虽在法庭上听审，但常常在忙着其他案子的事情，在许多情况下合议庭成员是在开庭前很短时间内才被"拉郎配"。

第二，合而不议。实践中，在许多情况下，合议庭并非面对面坐下来进行评议，

〔1〕廖永安、李世锋："我国民事合议制度之运行现状——以一个欠发达地区基层法院的民事审判为考察对象"，载《社会科学》2008 年第 4 期。

〔2〕廖永安、李世锋："我国民事合议制度之运行现状——以一个欠发达地区基层法院的民事审判为考察对象"，载《社会科学》2008 年第 4 期。

〔3〕周永恒："基层法院法官合议制度的调查与思考"，载《山东审判》2007 年第 1 期。

"而是由承办人分别征求其他合议庭成员的意见，或者将自己的意见向合议庭其他成员打声招呼，'通个气'，其他成员在合议庭笔录上签名了事。更有甚者，甚至出现先判决、再补合议笔录等现象，承办人或者书记员将判决书中本院认为部分想当然地分割开来，作为合议庭成员评议时的语言而载入合议庭笔录，再找合议庭成员签名了事"。[1]

第三，议而不争。笔者通过调查一些合议笔录发现，合议庭在合议时主要都是承办人发言，包括事实认定、法律处理意见等在内，大多数是由承办人提出方案，其他成员均是简单表示同意。也有一部分笔录显示，各合议庭成员自说自话，各自的观点没有交集或针锋，且所述内容基本与判决书中的本院认为部分相同，很明显是由裁判文书改造而成。还有少部分笔录中虽然有合议庭成员的不同意见，但在许多情况下阐述的理由非常简略、牵强，而且不同意见之间的争论回合很少，很快就能达成一致意见，这样的笔录看上去具有明显的人为营造评议中存在争议的痕迹。

（二）合议制异化的原因

上述合议制异化的种种表现，其实归结为一点就是"形合实独"，即在大多数情况下，合议制沦为披着合议庭外衣进行审判的独任制。对于导致这种现象的主要原因，笔者认为有以下方面：

第一，案件激增导致的审判资源短缺。以北京市某一基层法院为例，2016 年民事审判法官的人均结案约为 400 件。而且，近年来，随着经济社会的不断发展，以及立案登记制的实施，法院收案还在呈现不断上升之势。而相应的审判力量受编制、法官培养周期以及法官辞职等因素的影响，并未有明显增强。这导致为了完成审判任务，法官办案都是"一个萝卜一个坑"，想办好自己承办的案件往往都力不从心，很难有精力和心思投入到其他法官承办的合议案件中去。因此，在作为合议庭成员参与其他法官承办的案件时，这些法官难免会敷衍了事。如果所有法官都全身心投入到合议案件中，那么意味着一件合议案件所消耗的审判资源将是一件独任制案件的 3 倍，对审判资源已经捉襟见肘的基层法院来说，这将是难以承受之重。

第二，民事诉讼法关于程序性质与审限挂钩的规定所限。依据我国民事诉讼法的规定，事实清楚、法律关系明确、争议不大的案件适用简易程序，其他案件适用普通程序；简易程序适用独任制，审限一般为 3 个月，在特定情况下可延长至 6 个月；普通程序适用合议制，审限一般为 6 个月，在特定情况下可延长至 6 个月甚至更长。上述规定实际上是一种将程序性质、裁判组织形式、审限"打包捆绑"规定的方式。而在实践中，许多相对简单的案件，由于案件积压或者其他一些原因，导致这些案件被法官安排进行处理时，已经过了简易程序的审限，法官不得不将其转为普通程序以合议制方式进行审理。易言之，这些案件不是因为其案情复杂而是因为审限因素才适用合议制的。在此情况下，如果严格适用合议制，从案件本身的处理来说实无必要，所

---

[1]　周永恒："基层法院法官合议制度的调查与思考"，载《山东审判》2007 年第 1 期。

以许多法官"为了迎合法律关于组成合议庭的规定而采用相互帮衬，或者邀请作为法律'门外汉'的人民陪审员'凑数'的变通'潜规则'也就自然大行其道"。[1]

第三，案件承办制度的规定制约。我国法院普遍采用案件承办制度，即一个案件必须确定具体的承办法官，由其主要对案件负责。在案件承办制下，承办人作为最主要的案件行为主体，承担着案件绝大部分的工作，同时对案件质量承担更多责任。而且，在统计办案数量和考核法官业绩时，合议制案件往往被统计为承办人的工作量，而不会被计入合议庭成员的工作量。[2]虽然最高人民法院2015年出台的《关于完善人民法院司法责任制的若干意见》明确规定"合议庭成员对案件的事实认定和法律适用共同承担责任"，但在相应的考核机制上并未作出明确规定。因此，合议庭中承办人之外的其他成员基于合议案件与其升迁、奖惩等实际利益关系不大这种现实考量，往往不愿过多地参与到承办人的合议案件中。加之承办法官往往对案情更加了解，而其他合议庭成员在不愿过多花费精力投入案件的情况下，也就会顺水推舟，甘当配角。

第四，从众心理作遂。社会心理学上有一种从众现象，即个体在群体生活中常常会不自觉地遵从群体压力，在知觉、判断、信仰和行为上放弃自己的主张，趋向于与群体中多数人一致。[3]这种现象在合议庭的运行中也经常出现，在许多情况下，部分合议庭成员不能坚持自己的观点，会转而选择多数意见，甚至是放弃自己的思考，而盲从他人的意见，从而使一种意见很容易成为一致意见。导致这种现象的原因主要有：①合议庭成员在能力上的差异。不仅法官与陪审员之间存在能力上的差距，特别是法律专业知识上的差异，法官与法官之间也存在个体能力和资历上的差距。在这种情况下，能力稍差、资历稍浅的成员在合议时往往会出现自信不足的问题，不敢随意发表自己的意见，担心贻笑大方，因此往往会采取从众策略，以规避相应的职业风险。②合议庭成员在案件信息掌握上的差异。实践中，案件承办法官与非承办人所掌握的案件信息量是严重不对称的，承办法官对案情最为了解，而其他成员主要根据承办法官提供的信息对案件作出判断。这种信息资源先天上的差距，使得非承办人在讨论案件时对于承办法官存在一种心理劣势，从而不愿或难以提出不同意见。

第五，人情因素使然。中国是个人情社会，这种强烈的文化因子不可避免地会渗透到法院、法庭或合议庭的日常运作中。就合议庭的评议而言，这种人情因素主要体现为两个方面：一是权力性人情。虽然从法律规定上讲，合议庭成员一律平等，但在合议庭成员中存在院长、庭长等领导的情况下，其他成员由于顾及院、庭长在管理上的权力，或者认为他们是业务权威，从而在心理上会自觉或不自觉地对作为院、庭长的意见产生服从。二是关系性人情。合议庭成员都是同处一个法庭，朝夕相处，关系密切。因此，在评议时，一些成员为了维持和谐的人际关系，或者为了相互作为非承办人组成合议庭时互行方便，从而在合议时对他人所承办的案件奉行"好人主义"，基

---

〔1〕 沈寿文："合议制的性质与合议庭的异化"，载《中国宪法年刊》2015年第10期。

〔2〕 参见周永恒："基层法院法官合议制度的调查与思考"，载《山东审判》2007年第1期。

〔3〕 参见郭亨杰主编：《〈心理学〉——学习与应用》，黄希庭顾问，上海教育出版社2001年版，第348页。

本不提反对意见。

（三）合议制异化对少数意见公开的影响

在实务上，合议制异化对少数意见公开的影响主要有：

第一，合议基本形成的都是一致意见，使少数意见公开缺乏适用的前提。从前述原因的分析可以看出，实践中的合议其实并非没有不同的意见，但由于上述因素的综合作用，导致不同意见尚未形成就"胎死腹中"，或者形成之后很快便"流产"，最终归为一种意见。这种表面上的一团和气，不仅让合议制流于形式，而且也让少数意见公开制度成了"无本之木、无源之水"。

第二，合议中虚造的少数意见，使少数意见公开的意义大打折扣。公开的少数意见本应是经过合议庭的审慎思考、充分辩驳后保留下来的意见，只有这样的少数意见才能充分发挥少数意见公开制度应有的促进法官审慎履职、保证裁判公正、彰显司法民主、增进司法公信等作用。但在实践中，在合议笔录中出现的许多少数意见在很多情况下却是为了应景或者为了制造一种真正评议的假象而拼凑出的意见，这些意见并没有严密的逻辑论证，甚至存在明显的滥竽充数痕迹。将这样的少数意见公开，对于发挥少数意见公开制度的作用无任何助益，只会增加民众对裁判者素质的质疑、降低司法公信力。

第三节　少数意见公开与裁判决策中的隐性因素

在传统的法学理论中，司法"三段论"被认为是法官进行裁判决策的基本方法。其中，法律规则提供大前提，案件事实提供小前提，然后在此基础上得出司法结论。这也是法条主义者的基本观点。他们认为，司法决定都是由法律确定的，而不是由法官的个人因素确定的。[1]法官要做的只是根据自己的专业知识去查清案件事实，并找到相应的法律文本或先前有效的判例予以适用。但案件的裁判真的只是法律规则"三段论"自然演绎的结果吗？裁判文书以及庭审程序中所展现的是法官全部真实的思维过程吗？笔者以为并不尽然。实际上，在许多情况下，法官在进行裁判时考虑的不仅仅是法律规则，或者说并不完全按照"三段论"的逻辑顺序进行思考。很多隐性因素渗透于法官的裁判决策过程中，并真实地影响着司法裁判，但在公开的程序与裁判文书中却往往难见其踪影。那么，裁判决策中的隐性因素有哪些？隐性因素是否会影响公开的效果和意义？是否需要通过进一步加大公开力度或其他方式让其显形？对于司法公开包括少数意见公开制度的运行来说，这些问题都需要面对和思考。

一、隐性因素之一：法官直觉与经验

早期的现实主义法律家认为，在疑难案件的决策中，法官个人的直觉或洞见是起

---

[1]　参见［美］理查德·波斯纳：《法官如何思考》，苏力译，北京大学出版社2009年版，第38页。

主导作用的。[1]美国联邦法院著名法官、法学家理查德·波斯纳也持相同观点。他认为："直觉在司法决定中扮演了一个主要角色。"[2]不过，直觉论也存在缺陷，因为其"并未厘清结论性判断的形成机制，反而导向了司法的非理性形象"。[3]尽管直觉的作用在理论界存在争议，但从实践的角度，有审判经验的法官大都承认直觉在裁判决策中的作用。这种作用起码在以下两方面得以体现：其一，在疑难案件决策中的作用。疑难案件之所以疑难，往往是因为其在法律适用上存在模糊不清、法条冲突、法律漏洞等情形，或者案件事实难以认定。这些案件大多交织着不同的价值取舍和利益平衡，让法官难以抉择。比如，在网络侵权案件中，如何平衡互联网环境下个人隐私保护和公民言论自由的关系；在涉及"滴滴打车"引发的劳动争议案件中，如何处理好现有法律规制与促进新兴业态发展之间的关系；等等。而法官的职责和使命让其不得拒绝裁判，有时还被要求必须在法定期限内迅速做出裁判。在此情况下，许多法官最终只能依据自己的直觉和经验来作出决定。这种直觉虽然是一种无意识的选择，但实际上，一名法官的直觉往往是其多年的法律知识训练和审判经验积累形成的潜意识的知识储备，是其法律阅历和经验的集大成。所以，波斯纳认为："当一个决定要取决于数个因素时，运用直觉，而不是努力清醒地分别评估各个因素，然后将之结合形成一个最终结论，也许更好……直觉得到的决定会比分析性推理得到的更精确也更迅速。"[4]其二，丰富了法官决策的思维方式。传统的"三段论"模式其实只是一种理想的法官决策模式，因为在司法实践中，只有少数法律关系简单、案情事实清楚的案件才会直接适用"三段论"作出裁判，而在多数案件中，法官面对受理的案件，作为大前提的法律规则往往并不明确，需要法官去寻找或甄别，而作为小前提的事实也模糊不清。在此种情形下，法官经常是根据直觉和经验形成一个初步的结论，然后随着审判进程的推进，在适用法律和调查事实之间不断比对、调适最初的结论，从而得出最终的结论。此即所谓"目光的往返穿梭"理论。[5]最终的结论可能是初步的结论，也可能推翻初步结论或者部分改变初步结论。当然，还有一种情况，就是法官笃信自己的直觉判断，其根据自己的直觉作出的初步结论往往也是最终的结论，而其后的审判过程或者决策过程就是其通过查找相关法规、查明相应事实以支持其结论，并撰写出一份能够言之成理且符合"三段论"逻辑结构的裁判意见的过程。这种先有结论后找理由的裁判决策模式被称为结论先行法或反向法。[6]

---

〔1〕 参见陈林林、杨桦："基于'态度'的司法决策"，载《浙江大学学报（人文社会科学版）》2014年第3期。

〔2〕 ［美］理查德·波斯纳：《法官如何思考》，苏力译，北京大学出版社2009年版，第100页。

〔3〕 陈林林、杨桦："基于'态度'的司法决策"，载《浙江大学学报（人文社会科学版）》2014年第3期。

〔4〕 ［美］理查德·波斯纳：《法官如何思考》，苏力译，北京大学出版社2009年版，第101~102页。

〔5〕 参见［德］卡尔·拉伦茨：《法学方法论》，陈爱娥译，商务印书馆2003年版，第13~14页。

〔6〕 张媛娇："疑难案件中法官的隐形决策——以《最高人民法院公报》案例为范本"，载《上海政法学院学报（法治论丛）》2014年第2期。

二、隐性因素之二：法官偏好与异议厌恶

从理性的视角，人都有趋利避害的本能。法官作为有血有肉、有思想有情感的社会个体，自然不可避免地会受到个人本能的束缚。根据司法行为的经济学理论，法官也被视为理性、自利的效用最大者。作为法官效用函数变量的因素，主要包括收入、休闲、权力、名誉、自尊、工作本身的快乐（挑战性、激励性）以及从工作中寻求的其他满足。[1]法官对上述因素的偏好会很自然地渗透进法官的决策过程中。"在案件最终的决策过程中，法官通常会考虑自身的利益，哪种行为更利于自己的利益表达——比如展示才能、转移风险、少担责任——他就通常会倾向于这种行为。"[2]比如，在其他因素大致相当的情况下，一些工作压力更轻、更愿意展示个人才能、更愿意寻求挑战的法官往往更愿意在裁判文书中详尽说理，更加充分展示决策思路。在面临可能产生信访风险的案件时，法官往往愿意将其案件交由审判委员会帮助决策以分担风险。此外，根据司法行为的态度理论，法官决策的一个重要变量是其政策偏好或态度。[3]这种政策偏好可能来自于其政治观点，也可能来自于本人的生活经历。比如，在消费者权益保护案件特别是一些涉及职业打假人起诉的案件中，不同法官基于不同的政策取向，对于同类型的案件是否适用三倍赔偿或者按照食品安全法规定适用十倍赔偿存在不同的处理方案。

法官的偏好还会影响少数意见发表这一行为本身。波斯纳法官将其称为"异议厌恶"现象，即多数法官都不喜欢发表异议意见，持多数意见的法官也不喜欢别的法官对其意见有异议。[4]造成这一现象的原因主要有二：一方面，如果异议被提出，持多数意见的法官需要不厌其烦地修改裁判文书，以便躲过异议中的任何坚实打击。这会耗费其更多的时间和精力，使其对休闲的偏好不能满足，而且法官都不喜欢被批评，这也是其对名誉和自尊的偏好使然。另一方面，基于前述原因，持少数意见的法官担心，如果自己经常持异议，对自己的同僚是一种伤害，可能会引起同事关系的恶化甚至同僚的报复（比如同僚也以经常的异议来对待自己），这样会影响到自己对休闲、名誉、自尊等的偏好。

三、隐性因素之三：政治考量与结果实用主义

尽管法官作为司法者，其首先应当恪守其独立、中立、专业、消极的职业本色，但不可否认，法官这一职业本身就自带政治属性，而且往往级别越高的法院，这种政

---

[1] 参见［美］理查德·波斯纳：《法官如何思考》，苏力译，北京大学出版社2009年版，第33~34页。

[2] 马生安、周永军："法官定案决策行为变异现象探究"，载《南通大学学报（社会科学版）》2015年第3期。

[3] 参见［美］理查德·波斯纳：《法官如何思考》，苏力译，北京大学出版社2009年版，第18页；陈林林、杨桦："基于'态度'的司法决策"，载《浙江大学学报（人文社会科学版）》2014年第3期。

[4] ［美］理查德·波斯纳：《法官如何思考》，苏力译，北京大学出版社2009年版，第30~31页。

治属性越明显。比如，波斯纳就认为美国最高法院是政治性法院。而在当下转型时期的中国，基于法律本身尚不健全、经济社会快速发展与文化传统之间的脱节、社会价值多元化、政治经济发展中的城乡和地区差异等因素，不只是高层级法院的法官，连基层法官在办案过程中也需要同时扮演好司法与政治两种角色，在考虑法律因素的同时也要进行必要的政治考量。特别是在两种角色存在冲突时，法官更是要谨慎选择。实践中，法官主要在一些难办案件中需要进行政治考量。这些难办案件主要包括涉群体性案件、掺杂历史政治因素的案件、社会广泛关注且引发争议的案件等。而需要考量的政治因素包括主流的公众意见、传统的伦理价值、是否危及社会稳定等。

在以下两种情形下，法官的政治考量必不可少：一是案件本身具有争议性而相应法律法规欠缺或者存在相互冲突；二是案件具有可资适用的法律规则，但适用的后果会与社会基本道德或者民众的公平正义观相抵触。在上述情形下，"对于转型司法中的中国法官而言，在难办案件中充分吸纳民意和凝聚社会共识，以满足民众对实体正义的要求和期盼的压力明显大于适用与之冲突的法律规定"〔1〕因此，对于大多数法官来说，他们会在对裁判的系统后果进行政治判断和利益权衡后，作出衡平性的判决以获得社会支持。这种选择实际上是一种结果实用主义的考量，与美国法律实用主义"依据司法判决可能产生的效果作出决定"〔2〕的内涵是一致的。

四、如何看待隐性因素

(一) 隐性因素有其存在的合理性与必然性

对一个法治主义者来说，理想的图景是：所有的法律都是清楚明了的，能够提供应有尽有的规则来满足公众对于社会未来稳定而明确的预期；法律适用过程应当或者最好能够对号入座，无需自由裁量，无需填补和创造。〔3〕然而，现实是骨感的。法律条文天然的滞后性使其在面对纷繁复杂和飞速发展的社会生活时，不可避免地会出现法律漏洞、法条冲突等情形。这时就需要法官行使裁量权来填补漏洞、消弭冲突。即使存在可资适用的法律规则，但由于法律语言本身的模糊性，以及如何将具体的案件事实与繁多的法律规则相互对应的问题，也会不可避免地给法官留下自由裁量的空间。因此，"想用全盘性理论来清除或压缩司法裁量，这是堂吉诃德式的努力"。〔4〕正是因为法官自由裁量权的存在，隐性因素才会在其间发挥作用。而法官也正是借助这些隐性因素，"在法律原则、法律条文与千差万别的复杂案件之间建构起一座桥梁，使法的安定性与妥当性得到兼顾。"〔5〕

---

〔1〕 郭琳佳："判决的背后：难办案件中法官隐形决策的正当化研究"，载《法律适用》2011年第10期。

〔2〕 ［美］理查德·波斯纳：《法官如何思考》，苏力译，北京大学出版社2009年版，第37页。

〔3〕 参见张媛娇："疑难案件中法官的隐形决策——以《最高人民法院公报》案例为范本"，载《上海政法学院学报（法治论丛）》2014年第2期。

〔4〕 ［美］理查德·波斯纳：《法官如何思考》，苏力译，北京大学出版社2009年版，第107页。

〔5〕 郭琳佳："判决的背后：难办案件中法官隐形决策的正当化研究"，载《法律适用》2011年第10期。

（二）需要警惕隐性因素可能带来的负面效应

尽管隐性因素在裁判决策中不可避免，但其可能带来的负面效应也需要防范和警惕。首先，需警惕法官在隐性决策中的裁量权滥用。有学者担忧："如果疑难案件的裁判很大程度上取决于法官对不可言说的隐形因素的把握和取舍，其结果既不会客观也很难预测，规则之治难免异化为'法官之治'。"[1]虽然这种担忧有些过虑，但如何防止人情、恣意、枉法等不良因素夹带在隐性因素中渗入法官决策的确是一个亟待解决的问题。其次，需防止陷入短视的实用主义司法，即只考虑个案的处理效果而不顾及其余。理智的法律实用主义告诉法官，审判除了要考虑手头案件的后果，还要"考虑一个决定的、包括制度在内的系统后果"。[2]因此，需要努力寻求个案正义与普遍正义的最佳平衡。

（三）隐性因素的存在会降低法官决策意见公开的效果

尽管司法裁判不能被简化为三段论，但直到今日，法律形式主义仍是法律职业界的主流意识形态，法官仍以司法三段论的形式撰写判决；个案判决之正当性的首要标准是裁判的规范性依据是否合法。[3]这也是裁判决策区别于其他决策活动的重要标准。"只有在法官决策所运用的区分符码是合法/非法时，我们才能说，这是具有法律属性的司法决策。"[4]因此，尽管隐性因素在裁判决策中发挥了实际甚至决定性的作用，但法官一般不会公开承认，以避免外界对其公正性产生怀疑和产生无谓的职业风险。所以，法官会寻找一些法律依据或进行法律解释，对其决策中的隐性因素进行技术性的"包装"，使其判决或决策具有正当化的"外衣"并符合三段论的逻辑，但同时也将决策过程中的隐性因素巧妙地掩盖起来。即使裁判文书或决策过程公开，外界也很难从字里行间找寻到对决策发挥真正作用的隐性因素，从而使得相关公开制度的效果有所减损。当然，这并非说少数意见公开制度没有价值，而是指出其局限性。

第四节　如何构建符合中国国情的裁判文书少数意见公开制度

对于裁判文书少数意见公开制度的构建和运行而言，秘密评议原则的定位、合议制度的运行状态及裁判决策中的隐性因素等构成了非常重要的制度运行环境。如前所述，我国要想构建少数意见公开制度，首先必须修改现有的关于秘密评议原则的规定，将秘密评议仅限于在评议之时秘密进行，而在评议之后应当允许评议过程和结论公开。在扫清这一制度障碍的基础上，还需对合议制度进行系统改造，并对裁判决策中的隐性因素进行合理规制，同时结合我国国情对少数意见公开制度的具体规定进行设计。

---

〔1〕　张媛娇："疑难案件中法官的隐形决策——以《最高人民法院公报》案例为范本"，载《上海政法学院学报（法治论丛）》2014年第2期。

〔2〕　[美]理查德·波斯纳：《法官如何思考》，苏力译，北京大学出版社2009年版，第218页。

〔3〕　参见陈林林："公众意见在裁判结构中的地位"，载《法学研究》2012年第1期。

〔4〕　宾凯："从决策的观点看司法裁判活动"，载《清华法学》2011年第6期。

一、完善合议制度

总体思路是，针对实践中存在的"形合实独"问题，扩大独任制的适用范围，纯化合议制的适用，使"好钢用到刀刃上"，让一些真正有需要的案件归入合议庭审理，并完善评议规则和相应的考核制，确保合议制能在实践中得到真正落实。之所以如此考虑，主要是基于以下原因：①有利于增加审判力量，提高审判效率，缓解"案多人少"矛盾。②不会对案件审判质量产生负面影响，因为长期的审判实践已经表明，大量的案件在"形合实独"的情况下依然得到了妥善解决，说明即使在独任制下，这些案件仍然可以得到有效处理。而且，在审判生产力得到释放的情况下，法官可以抽出更多时间和精力研究疑难复杂案件，从而利于提升案件的整体审判质量。③符合当今世界民事诉讼制度发展的潮流。"无论是英美法系还是大陆法系其他国家，均出现了合议制适用范围不断缩减，而独任制则有不断扩大的趋势。"[1]比如，德国在2001年修改民事诉讼法时，极大地扩展了独任法官在一、二审程序中的运用；日本地方法院在审理的民事案件中，除了控诉案件由合议制处理外，一审案件原则上都是由一名法官独任审判。[2]

具体的完善建议包括：①将独任制扩大适用至普通程序，改变简易程序与独任制、普通程序与合议制一一对应的关系，使适用普通程序审理的案件既可以使用独任制，也可以使用合议制。一审案件以独任制审理为原则，以合议制审理为例外，只有一些案情确实疑难复杂、发回重审或进行再审的案件才适用合议制；二审案件以合议制审理为原则，以独任制审理为例外，对一些案情相对简单、法律争议不大的二审案件，可以考虑使用独任制。②完善评议规则。明确规定评议应当采取面对面方式进行，每位成员均应说明结论和阐释理由；评议要及时，原则上应一次进行完毕；评议一般应按照法官资历、职务为参照确定发言顺序，资历浅、职务低者顺序在先。③完善法官业绩考核制度。明确合议庭所有成员对案件负责，各成员在合议时发表意见的情况作为追究责任时的重要考量因素；将合议庭审结的案件计入每名成员的工作量，并将法官参与庭审和合议的情况作为其职责予以考察。

二、合理规制裁判中的隐性因素

（一）要求法官必须加强裁判说理

实践中，法官越是遇到疑难复杂案件和在裁判决策中渗入隐性因素，就越是不愿意在裁判时多进行说理，一方面是担心言多必失，说多错多，另一方面是觉得许多裁判理由不足向外人道也，想糊弄过去了事。这种裁判文书导致的后果是，让公众对判决产生一种系武断、草率作出之感，即使其判决结果正确，也容易招致非议和怀疑，

---

〔1〕 王聪："审判组织：合议制还是独任制？——以德国民事独任法官制的演变史为视角"，载《福建法学》2012年第1期。

〔2〕 段文波、高中浩："德国独任法官制度改革与启示"，载《西南政法大学学报》2016年第1期。

同时也容易让法官丧失纠正其直觉和个人情感或者政治考量中的一些错误因素的机会。因为"司法意见最好可以理解为一种解说的努力：何以可能依据逻辑的、步步相扣的推理获得这一决定，哪怕它实际是依据直觉获得的。这制衡了容易出错的直觉推理，因为直觉推理的特点就是压缩了和说不清"。[1]所以，法官必须在裁判文书中加强逻辑说理，在说理中思考，在思考中不断校验、修正裁判决策中的隐性因素，使其正当化甚至显性化。

（二）必须在法律范围内寻求隐性因素的正当性

法官审判独立且必须对法律负责是各国法律普遍规定的司法原则，特别是在成文法国家更是如此。依据法律进行裁判，既是法官为自己的决策寻求凭借的客观需要，也为社会公众评价司法裁判提供了标准，在司法体系内外之间架起了沟通和形成共识的桥梁。因此，法治社会的基本要求就是规则之治。隐性因素虽然在裁判决策中实际发挥作用，但其必须以法律的原则和精神为归依，借助法律解释的规则、法律技术手段和法律术语等，将一些存在冲突的价值判断问题、政治问题、个人偏好等都转化为法律问题。[2]比如，某个案件中存在对某些事实如何认定的公众意见，法官在考虑这些意见时认为很有道理，但不能直接依据这些公众意见作出判定，而必须寻找到相应的可以判定的法律依据，或者进行某种法律解释将上述公众意见嵌入其中。只有这样，作出的决策才是正当的（起码在形式上保证正当）。当然，无论法官的技术手段如何运用、纯熟与否，其都必须时刻坚守公平正义的价值理念，时刻保持良知。

三、我国少数意见公开制度的具体设计

裁判决策是司法审判的核心内容之一，裁判决策的公开对于促进司法公正、提升司法公信具有十分重要的意义，理应成为司法公开的内容之一。然而，不同于庭审过程公开、裁判文书公开等这些具有实在载体的司法公开内容，裁判决策是一个动态、复杂的过程。在这个过程中，裁判决策既表现为庭审调查、合议庭评议等外在的活动，也包括法官运用个体的感觉、记忆、思维等认知能力对于案件事实、法律规范进行判断和选择的内心活动。法官的决策行为受到规则、目标、人数、能力、时间、环境等各种因素的影响。[3]如何将法官在决策过程中的真实想法和意见展现出来是裁判决策公开中的一大难点。而少数意见公开制度适用中所遇见的问题，就非常具有典型性和代表性。

从制度选择的逻辑看，裁判文书少数意见公开制度彰显了宪政民主的价值追求，符合公开、透明的现代司法发展潮流，对于提升法官专业能力、遏制司法腐败、提升司法公信等都有着重要意义。因此，引入该项制度，对于我国司法现代化建设自然大有裨益。但一项法律制度能否移植成功，除了制度本身的优劣外，这项制度与受移植

---

〔1〕 ［美］理查德·波斯纳：《法官如何思考》，苏力译，北京大学出版社2009年版，第103页。
〔2〕 参见郭琳佳："判决的背后：难办案件中法官隐形决策的正当化研究"，载《法律适用》2011年第10期。
〔3〕 张雪纯："合议制与独任制优势比较——基于决策理论的分析"，载《法制与社会发展》2009年第6期。

国家的制度环境和土壤是否契合与相融更为关键。就我国少数意见公开制度的构建而言，除了结合我国国情对相关制度规定进行更加精细化的设计外，还必须对我国合议庭制度进行系统改造，以确保少数意见公开制度能够得到真正落实。同时，对于法官决策中一些隐性因素的规制也必不可少，这有利于保证公开意见的真实性。当然，这种规制是为了促进法官自由裁量权的规范化行使，而不是否定或压制法官自由裁量权的行使。只有这样，少数意见公开制度才不会只是"看上去很美"，而是能够真正发挥其应有的制度价值。为此，笔者就未来的设计方案提出如下建议：

（一）关于公开少数意见制度的适用法院

有人主张可以在全国各级法院全面推开，有人主张主要适用于上诉审法院，[1] 还有人主张仅限于最高人民法院，因为最高人民法院是终审法院，其判决最具判例价值，其整体素质较高。[2] 而从美国的规定看，公开少数意见的法院限于联邦和州的上诉法院和最高法院。[3] 笔者认为，结合我国国情，公开少数意见制度应主要适用于二审法院，而对于一审法院法官则不作强制要求，其可以自行决定是否公开少数意见。主要理由是：①一审判决并非终审判决，其无论是多数意见还是少数意见，均非最终意见，强制要求其公开少数意见意义并不大；而二审判决为终审判决，对于辖区一审法院类似案件的审理具有很重要的判例指导作用，因此让其公开少数意见价值更大。②一审法院大多是基层法院，而现在基层法院工作任务一般较上级法院更为繁重，强制要求基层法院在裁判文书上中公开少数意见会进一步加大其工作压力，很可能会因为基层法院力不从心而遭到抵制。③赋予一审法院法官公开少数意见的自主决定权，有利于保障一审法院一些审判能力强、愿意公开表达自己的法官公开自己少数意见的权利。虽然一审判决由于面临当事人可能的上诉而可能失去效力，但在很多时候当事人也可能放弃上诉，从而使一审判决成为生效判决。此时，一审法院在判决中公开少数意见也会变得有意义。

（二）关于公开少数意见的性质

对于反对意见的公开是法官的一项权利还是义务，理论界存有争议。大多数学者主张，就我国实际而言，应将反对意见的公开确定为法官的权利。因为，"公开反对意见的目的就是要在制度上为法官独立自主履行职责提供制度保障，使其具有行使权力的路径，而不是课以负担，置法官于两难境地"。[4]

笔者认为，我国如果实施少数意见公开制度，应将其定位为法官的义务更为合适。主要理由是：①如前所述，我国少数意见公开主要适用于二审法院，而二审法院的工

---

〔1〕 张泽涛："判决书公布少数意见之利弊及其规范"，载《中国法学》2006 年第 2 期。
〔2〕 刘风景："不同意见写入判决书的根据与方式——以日本的少数意见制为背景"，载《环球法律评论》2007 年第 2 期。
〔3〕 刘昀晟："裁判文书中引入少数意见的价值体认与实践构想"，载《郑州大学学报（哲学社会科学版）》2016 年第 1 期。
〔4〕 罗文禄："论判决文书形成过程中的反对意见"，载《四川大学学报（哲学社会科学版）》2002 年第 6 期。

作任务相对于一审来说较为轻松，强制要求其公开少数意见并不会对其审判工作造成不能承受之负担。②对于我国来说，施行少数意见公开制度对于防止暗箱操作、促进司法公正、维护法官独立、增强司法透明度等具有更为重要和紧迫的意义。如果将其规定为法官的一种权利，那么在实践中，很多法官都可能会因为出于省事、怕麻烦等心理而放弃使用这一权利，从而使少数意见公开制度面临被空置的风险。到时，即使这一制度的规定再完善，也不过是一纸空文而已。当然，在公开少数意见时，对于是否强制公开持该意见法官的姓名，笔者认为不必如此，应该将姓名公开的自主权交由法官自己行使。如此，有利于避免法官在当前的司法环境下受到一些无谓的伤害。

（三）关于少数意见公开的内容

有学者主张，在我国，公布少数意见应主要针对法律问题，而不能包括事实问题，"因为法官对案件事实的认定，很大程度上取决于自身的感觉和经验，往往难以通过严谨的说理、论证来证明自己主张的合理性"。[1]在美国的司法实践中，少数意见也是仅针对法律问题而不涉及事实问题。[2]对此，笔者认为，我国的少数意见公开的内容应包括事实和法律两方面的内容，因为美国与我国不同，其事实部分由陪审团进行认定，法官只负责解决法律适用问题，所以少数意见公开针对的也主要是法律问题。而在我国，法官的审理要兼顾法律问题与事实问题，而且这两方面的问题常常是混在一起、相互包含的，有时难以截然分开，很多时候事实问题还是法律问题的基础和前提。所以，只公布法律问题的少数意见，既不利于少数意见公开制度目的的实现，在实践操作中也存在一定难度。

（四）关于少数意见在判决书中的体现形式

已有的少数意见在判决书中公开的形式包括：①将多数意见与少数意见并列，在多数意见论述完之后再论述少数意见；②将少数意见记载于合议庭署名之后或者在判决书之后以附件形式另页发表。我们赞同第一种形式，因为这种形式有助于将多数意见与少数意见的理由论证进行对照，既便于公众阅读，也利于促进多数意见法官加强说理，增强判决的可接受性。为确保这一目的达成，少数意见的论述必须具明理由，由持少数意见法官撰写，而持多数意见法官撰写合议庭多数意见，多数意见必须对少数意见的论理进行回应和针对性阐释。

---

〔1〕张泽涛："判决书公布少数意见之利弊及其规范"，载《中国法学》2006年第2期。
〔2〕刘昀晟："裁判文书中引入少数意见的价值体认与实践构想"，载《郑州大学学报（哲学社会科学版）》2016年第1期。

第七章

陪审制与司法公开

陪审制是由职业法官之外随机抽选的普通公众作为陪审员参与案件审理过程，与法官分工负责、共同审判案件的相关法律规范的总称。从历史起源上看，现代陪审制主要是基于资本主义兴起过程中公众对抗王权的需要而兴起，并随着社会的发展而不断完善的。陪审制度被认为是司法民主的重要象征之一。另外，需要指出的是，陪审制也是司法公开的重要制度基础，对于司法公开也有极为重要的促进作用。

第一节　陪审制与司法公开的关系现状

一、陪审制的发展与现状概况

陪审制早期形态为古希腊和古罗马的民众会议，如古罗马的"库里亚民众会议"即履行司法职能。[1]现代陪审团制度源于英国。英国 1215 年《大宪章》就有 "No free man shall be taken or imprisoned... except by the lawful judgment of his peers or by the law of the land"（非经同侪之审判，或依习惯法，自由民不受拘捕监禁）的记载。一个普通农民，他的左邻右舍同乡之人，就是他的 "peers"。[2]普通公民参加审判标志着民众对国家司法权的分割，也使得为本地民众所信奉的价值准则成了衡量政府以及专业法官意志的砝码。[3]

时至今日，陪审员的范围已经远远超出了以往邻居的范围，许多国家均把陪审员的范围扩大到当地的一般公众，如美国有一种挑选陪审员的方式为从电话黄页中随机挑选。在美国，当事人，特别是刑事被告人要求陪审团审理的权利更是作为根本性权利被规定在其宪法中。《美国宪法》第 3 条规定，对一切罪行的审判，除弹劾案之外，均应由陪审团作出；《美国宪法修正案》第 5 条规定，非经大陪审团提起公诉，人民不受死罪或其他剥夺公权罪之审判；第 6 条规定，刑事诉讼被告人（被控罪行法定最高

---

〔1〕　李昌道、董茂云："陪审制度比较研究"，载《比较法研究》2003 年第 1 期。

〔2〕　慎事既心："从陪审团的变迁看陪审团制度是否适合中国"，本文来自最高人民法院法官何帆主办的微信公众号"法影斑斓"，载 http://www.guancha.cn/ShenShiJiXin/2014_01_12_199086.shtml，最后访问时间：2018 年 4 月 23 日。

〔3〕　贺卫方："恢复人民陪审制度?"，载《南方周末》1998 年 10 月 23 日。

刑为 6 个月以上者）享有由犯罪行为地的公正陪审团予以迅速而公开之审判的权利；第 7 条规定，普通法上的诉讼，诉讼标的在 20 美元以上者，当事人有权要求陪审团审判。每年平均有 100 万民众被邀请以陪审员的身份从事案件的审理活动；[1]每年陪审团审理的案件总数有 15 万件~30 万件之多；进入审判程序的案件，采用的仍然主要是陪审团审判，由陪审团审理的侵权诉讼和刑事案件分别占进入审判案件的 80% 和60%。[2]从世界范围来看，比较法上各国普遍建立了自己的民众参与司法制度。除了较早的英美国家及德国、法国之外，俄罗斯于 1993 年通过了英美式的陪审法，西班牙 1995 年通过了宪法建立陪审制，日本于 2004 年通过了裁判员制度，韩国于 2008年建立了陪审制。韩国陪审制的做法是民众做出的事实判定，不具有拘束力，效力取决于法官，法官可以忽略陪审团做出的决定，但必须要说明理由。[3]这些陪审制度的设立与实践对于促进社会公开也具有重要的意义，这些陪审员也成了司法公开的参与者、实践者与推动者。

二、陪审制促进司法公开的现实意义

人民主权不仅表现为公众对国家事务、社会事务的参与权，人民的知情权是人民主权原则的具体体现。[4]笔者认为，这种民众参与司法的行为除了司法民主、人民主权的工具价值之外，对于司法程序的自身价值的实现也具有重要意义，如司法公正与司法公开。

通说认为，人民陪审员制度的价值主要在于政治意义。有观点总结，陪审制度首先是一种政治制度，其次才是一种司法制度。[5]具体而言，学者总结的陪审制的意义主要有两个方面：一是司法民主，为社会公众接近司法、参与司法提供途径，并实现公众对司法的监督，体现人民的主权地位。这也被认为是陪审制最重要、最基本的价值；二是司法的大众化，职业法官的司法是一种精英司法，有僵化、傲慢、脱离社会生活的可能，而陪审制可以通过普遍公众的参与，以当地民众的社会经验与道德观、价值观影响案件的审判，弥补法官的社会经验之不足，增强案件处理的社会效果。

司法公开既是现代诉讼制度的核心价值，也是国际通行规则，联合国《世界人权宣言》与《公民权利和政治权利国际公约》均对此作出了明确的规定。针对司法公开的重要意义的相关论述非常风靡，但从本质上而言，公开原则服务于法官活动透明化的

〔1〕　张建伟：《司法竞技主义——英美诉讼传统与中国庭审方式》，北京大学出版社 2005 年版，第 44 页。
〔2〕　Brian J. Ostrom and Neal B. Kauder, *Examining the Work of State Courts: A National Perspective from the Court Statistics Project*, New York: National Center for State Courts, 1996, p. 30.
〔3〕　丁相顺教授在"蓟门决策：司法制度的基石——陪审制"专题论坛中的发言，参见 http://news.sina.com. cn/pl/2014-09-25/143330913561.shtml，最后访问时间：2018 年 5 月 3 日。
〔4〕　樊崇义主编：《诉讼原理》，法律出版社 2003 年版，第 492 页。
〔5〕　汤维建："英美陪审团制度的价值论争——兼议我国人民陪审员制度的改造"，载《人大法律评论》2000 年第 2 期。

目的，是对独立和中立的司法信任的基础。[1]

就陪审制度而言，其在司法公开方面的意义在于：

（1）这是陪审员本人接触司法的有效途径。对于作为陪审员参加审判活动的特定人员而言，这是其亲身参与并全面了解审判过程、知晓审判活动真实情况的有效途径。

（2）陪审制有利于促进诉讼活动对当事人公开。诉讼中当事人的知情权，主要是指当事人对于诉讼过程、诉讼活动、诉讼结果及其论证过程等事项，享有及时、全面、充分被告知的权利。知情权是当事人诉权的基本内容之一，是其诉讼主体地位的重要标志。司法公开首先应当满足当事人的知情权。在人民陪审员参与审判，特别是庭审活动的情况下，整个庭审活动必须考虑陪审员的业余身份和法律知识水平，在事实调查与质证、法庭辩论过程中，对相关问题进行社会化、通俗化的交流与解释。这不仅有利于陪审员了解案情，掌握争点，对案件作出自己的判断，而且有利于同样是法律门外汉的当事人及旁听人员更加深入地了解案情，促进庭审公开的实质化。

（3）陪审制促进诉讼活动对社会公众的公开效果。德国将对公民知情权的关心分为对程序的关心、对控制的关心、对信息的关心。对信息的需要可以分为主观的需要与客观的需要两个方面，前者意味着缺乏信息的主观感觉，后者则意味着客观上需要一定的信息以解决特定问题。[2]现代法治社会，法律规范的功能一方面在于被强制性的适用在具体纠纷之上定纷止争，另一方面在于为社会普通公众树立行为的指导与预期。诉讼活动是法律适用的重要场景，是社会公众了解法律知识的重要途径，对诉讼活动及其结果的关注是人民群众法制意识提高的重要表现。我们应当在制度设计方面迎合这一需求。当前，社会公众了解司法有两个主要途径：一是旁听庭审过程；二是从媒体渠道了解相关信息。而在陪审制下，诉讼活动所体现出的社会化、通俗化特征，对这两种方式之下信息传播的有效性具有积极的促进作用，远好过由职业法官完全运用法言法语进行庭审活动的效果。

（4）陪审制是一种更为直接的司法公开路径。作为陪审员的社会民众完成陪审任务，回到其日常社会生活中之后，不仅会向身边亲友介绍自己参审的情况，也会介绍通过参审所获得的法律知识，成为法律知识与诉讼常识的宣传者，成为社会法治的播种机，是司法公开的重要参与者与推动者。

陪审制在司法公开方面的积极意义虽然是其与生俱来的优势，但如若制度设计与运行方面不甚合理，则不仅会使优势消失殆尽，并且反而会有害于诉讼公开目标的实现。

---

〔1〕 ［德］汉斯-约阿希姆·穆泽拉克：《德国民事诉讼法基础教程》，周翠译，中国政法大学出版社 2005 年版，第 68 页。

〔2〕 樊崇义主编：《诉讼原理》，法律出版社 2003 年版，第 493 页。

三、我国陪审制度的发展与现状

(一) 宪法层面

1949 年，具有"临时宪法"地位的《中国人民政治协商会议共同纲领》第 17 条规定：废除国民党反动政府一切压迫人民的法律、法令和司法制度，制定保护人民的法律、法令，建立人民司法制度。1954 年《宪法》第 75 条将陪审明确为一项宪法制度和司法基本原则。1975 年《宪法》并未规定陪审制度，但规定"检察和审理案件，都必须实行群众路线。对于重大的反革命刑事案件，要发动群众讨论和批判"。1978 年《宪法》第 41 条规定：最高人民法院、地方各级人民法院和专门人民法院行使审判权。人民法院的组织由法律规定。人民法院审判案件，依照法律的规定实行群众代表陪审的制度。对于重大的反革命案件和刑事案件，要发动群众讨论和提出处理意见。人民法院审判案件，除法律规定的特别情况外，一律公开进行。被告人有权获得辩护。从 1975 年《宪法》的行文中我们可以看到浓浓的时代痕迹，与 1978 年版的《宪法》的痛定思痛，拨乱反正有显著区别。历史发展到 1982 年，新《宪法》及其后的四次修正均未提及人民陪审员制度，但是，司法公开仍然被规定在其中。两相对比，我们可以看出立法者对于陪审制与司法公开的不同态度，故有说法认为"文革"之后陪审制已经由宪法原则降格为一般的诉讼制度。

1949年 ➡	1954年 ➡	1975年 ➡	1978年 ➡	1982年及以后 ➡
•《中国人民政治协商会议共同纲领》明确要求建立人民司法制度	•《宪法》第75条将陪审明确为一项宪法制度和司法基本原则	•《宪法》并未规定陪审制度，但规定审理案件必须实行群众路线。对重大反革命刑事案件，要发动群众讨论和批判	•《宪法》第41条规定人民法院审判案件，依照法律的规定实行群众代表陪审的制度。	•新《宪法》及其后的四次修正均未提及人民陪审员制度

图 7-1　我国陪审制度的发展

(二) 法院组织法层面

1951 年，《中华人民共和国人民法院暂行组织条例》规定："为便于人民参与审判，人民法院应视案件性质，实行人民陪审制。陪审员对于陪审的案件，有协助调查、参与审理和提出意见之权。"1983 年修改后的《人民法院组织法》将一审程序应实行陪审的要求改为"由审判员组成合议庭或者由审判员和人民陪审员组成合议庭进行"。由此，陪审由一项强制性制度变成了选择性制度。

(三) 专项决定层面

2004 年，《全国人民代表大会常务委员会关于完善人民陪审员制度的决定》正式颁布实施，对于陪审制度相关的陪审范围、陪审员资格、陪审员权利义务、经费保障等事项做出了具体规定，极大地促进了陪审制度的发展。2013年上半年，全国法院审理的一审普通程序案件陪审率已达71.7%，比2006年提高了52%。与此同时，全国各地人民陪审员共计8.7万人，比2006年增加了3.1万人，增长了约55%，总数已超过基层法院法官的1/2。[1] 2014年，全国法院系统提前完成人民陪审员"倍增计划"。2015年底，全国人民陪审员总数达到21万人，共参审案件219.6万件。[2]

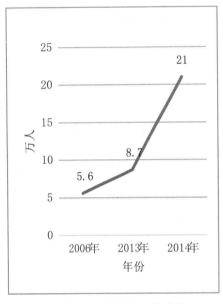

图7-2 陪审员人数变化

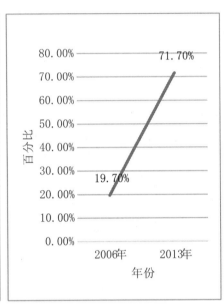

图7-3 陪审率变化

（四）人民陪审员法层面

2015年4月1日，中央全面深化改革领导小组审议通过了《人民陪审员制度改革试点方案》，确定了陪审员的选任条件、选任程序、参审范围、参审机制、参审职权、退出和惩戒机制以及履职保障制度等事项，标志着陪审制新一轮的发展期的到来。

在经过了几年的起草、论证与征求意见之后，2018年4月，全国人大常委会正式通过了《中华人民共和国人民陪审员法》（以下简称：《陪审员法》）。其中明确指出，为了促进司法公正，提升司法公信，制定本法，明确了公民有依法担任人民陪审员的权利和义务。该法还规定了陪审员的任职条件、产生程序、参审机制、合议庭组织形式、具体权利义务、奖惩等内容。2019年4月24日，《最高人民法院关于适用〈中华人民共和国人民陪审员法〉若干问题的解释》（以下简称《陪审员法适用解释》）公布。同日，最高人民法院、司法部还公布了《人民陪审员培训、考核、奖励工作办法》。这一系列法律、司法解释和有关规范性文件的相继出台必将进一步促进我国人民

---

〔1〕 参见 http://news.xinhuanet.com/politics/2013-10/23/c_125584397.htm，最后访问时间：2018年6月25日。

〔2〕 参见 http://www.chinalaw.org.cn/Column/Column_View.aspx? ColumnID＝726&InfoID＝13900，最后访问时间：2018年6月25日。

陪审员事业的蓬勃发展。

四、我国陪审制在实践中的异化

陪审制在司法民主、司法公开方面等价值的实现取决于陪审员在司法实践中正常功能的发挥，以实现预期的民众参与司法的目标。但在当前的实践中，陪审制的运用却有一定的异化现象。具体表现在：

（一）精英化

当前陪审员的挑选主要是选任制，由单位推荐或个人自荐、法院审查、上级审核、常委会任命四大步骤组成。这一严格的选任要求使最终陪审员的人选更加精英化，而脱离了大众司法的初衷。

调查数据显示：河南全省人民陪审员中党政机关人员 2583 人，占 38.2%；企事业单位人员 1632 人，占 24.1%；科研院校人员 226 人，占 3.3%；离退休人员 296 人，占 4.4%；城市普通居民 461 人，占 6.8%；进城务工人员 32 人，占 0.4%；农村普通村民 934，占 13.8%；其他人员 598 人，占 8.8%。地区分布：人民陪审员中城镇人口 5067 人，占 74.9%；农村人口 1695 人，占 25.1%。[1]各地普遍存在农民陪审员比例过低的现象。如广东省的 3283 名陪审员中，仅有 174 名农民，仅占 5.3%；安徽省的 1682 名陪审员中，仅有 82 名农民，仅占 5%；吉林省的 2105 名陪审员中，仅有 85 名农民，仅占 4%。[2]

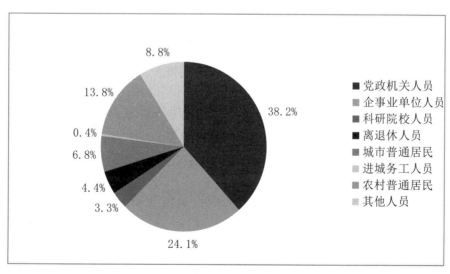

图 7-4　河南省陪审员职业构成情况

---

〔1〕　王韶华："我国人民陪审制度'团式'改造探析"，载 http://blog.chinacourt.org/wp-profile1.php？p=412967&author=31477，最后访问时间：2016 年 5 月 5 日。

〔2〕　廖永安、刘云勇："社会转型背景下人民陪审员制度改革路径探析"，载《中国法学》2012 年第 3 期。

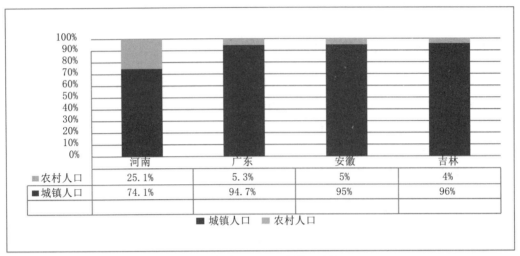

	河南	广东	安徽	吉林
▉农村人口	25.1%	5.3%	5%	4%
■城镇人口	74.1%	94.7%	95%	96%

■城镇人口　▉农村人口

图 7-5　各地区陪审员户籍所在情况

公务员群体在当前社会环境下被认为是社会群体中的精英群体，与法官相同。公务员比例过高与陪审制的大众化的初衷并不相符，也降低了陪审员的代表性，类似的情况还有企事业单位人员。人民陪审员选任上的"蒸馏"过程，又为之后履职的"专职化和常任化"奠定了基础，同时亦加剧了制度的职能异化。[1]

（二）专职化

陪审员本应当被随机挑选，兼职参加不特定个别案件的审理。但在实践中，因为选任的陪审员数量本身有限，导致部分陪审员因自身工作原因不愿意履行陪审职责，使得实际参与案件庭审的陪审员愈加集中。而法院面对案多人少的实际困难与普通程序案件开庭审理的压力，以及最高法院对陪审率的考核要求，会使得这些勤快的陪审员出镜率愈加提高，由兼职变成了专职。一些法院将人民陪审员固定在某个审判庭或合议庭之中，使其长期驻庭。[2]

人民陪审员的"专职化和常任化"在很多地方已呈明显趋势。例如，在湖南某法院有 8 名人民陪审员在 2009 年参审案件数量在 100 件以上，海南的一名"全国优秀人民陪审员"在一年多的时间里陪审了近 300 个案件。[3]在知识产权纠纷案件中这种现象较为普遍。以 2012 年为例，某中级人民法院的 39 位陪审员共参与案件审理 2621 件，其中，有 3 位陪审员参审案件数量分别为 383 件、499 件和 674 件，合占陪审员参与审

---

〔1〕 蔡彦敏："人民陪审制度的职能异化及其克服——以民事诉讼为视角"，载《中山大学法律评论》2013年第 1 期。

〔2〕 王韶华："我国人民陪审制度'团式'改造探析"，载 http://blog. chinacourt. org/wp-profile1. php？p＝412967&author＝31477，最后访问时间：2016 年 5 月 5 日。

〔3〕 数据源自"天心区人民法院 2009 年度人民陪审工作总结表彰大会举行"，载 http://www. hnfz. net/Item/53434. aspx，最后访问时间：2011 年 4 月 19 日；董纯进、吴春萍、黄叶华："访全国优秀人民陪审员：治保主任的陪审经历"，载《海南日报》2007 年 1 月 18 日。

理案件总数的 59.4%，"长期驻庭"和"编外法官"现象较为突出。[1]

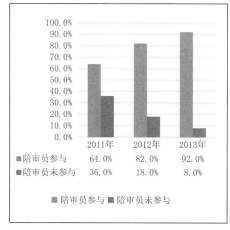

图7-6 某中院陪审员参与案件审理情况

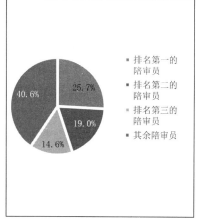

图7-7 2012年某中院陪审员参审案件占比情况

（三）专业化

业余的陪审员参加审判是缓解职业法官固定化思维的手段。人民陪审员应当具有自身特质，应当保持其"原生态"的评判标准和思维习惯，在某种程度上，对法律的无知是一种"美德"。德国的陪审员基本上没有实质意义上的培训机制，陪审员只须凭借朴素的民间思维和惯常的认知能力对案件作出裁断。[2]

但在我国的实践中，有的法院基本上是套用法官培训的模式，把人民陪审员分批次安插在法官岗位培训班中进行培训。仅从对陪审员的培养机制上即可看出，法院在陪审制的落实方面并未能领会与尊重陪审制这一本质特点，反而是在用培养法官的方式培养陪审员，用管法官的方式管陪审员。

（四）空心化

司法审判对刑事案件的被告人有"生杀予夺"的权力，对民事、行政案件的当事人亦具有重要影响。行使如此重要的审判权，法官们战战兢兢，谨小慎微，但陪审员似乎并未有太大的心理负担，没有全身心投入其中。调研显示：在接到陪审通知后，几乎没有陪审员从庭审前就主动开始考虑如何参与审理案件；有63%的人从庭审阶段开始考虑；有25%的人从合议阶段才开始考虑；另外还有12%的人根本就没有考虑过案件的情况，在庭审和合议时仅仅应付了事。[3]这一现象的产生，部分原因是陪审员的自身责任心问题，部分原因是陪审员对案件不了解，缺乏法律知识而导致自信心不

---

〔1〕 江户川漫步："三议'技术调查官'"，载 http://www.zhichanli.com/article/8182，最后访问时间：2016年6月26日。

〔2〕 刘峥："司法与民主的完美结合——怎么看人民陪审员制度"，载 http://www.chinacourt.org/article/detail/2012/04/id/511262.shtml，最后访问时间：2018年4月23日。

〔3〕 宋景婵、王馨楠："人民陪审员只参与事实审问题研究"，载 http://pdszy.hncourt.gov.cn/public/detail.php?id=7247，最后访问时间：2018年5月3日。

足。还有一种原因就是这些"编外法官"会因无从激发自身责任心而导致的倦怠。

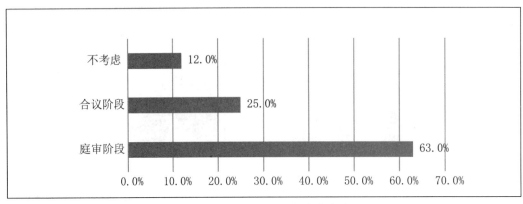

图7-8 陪审员何时开始考虑案件

（五）空洞化

有学者对中国法院网"现在开庭"栏目直播的2010年刑事案例进行了实证统计。结果显示：在177件陪审案件的庭审过程中，98.31%的陪审员没有提问，69.49%的陪审员与法官没有交流。[1]而从合议的情况来看，人民陪审员也缺乏独立见解，在抽样调查的500起案件中，人民陪审员参加合议时，发表的意见与合议庭意见不一致的仅有4件，占0.8%；而发表的意见与合议庭意见一致的有496件，比例高达99.2%。大部分案件的陪审员在合议庭评议时未独立发表意见，只是简单地"同意承办人或审判长意见"，对疑难复杂的案件，陪审员更是基本不发言。[2]这种状况实际减损了诉讼合议制的纠错效果。

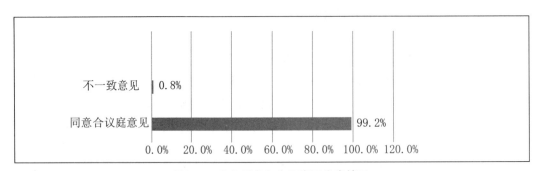

图7-9 陪审员参与合议意见发表情况

---

〔1〕 何家弘："陪审制度纵横谈"，载 http://www.law-lib.com/lw/lw_ view.asp? no＝340，最后访问时间：2018年6月26日。

〔2〕 宋景婵、王馨楠："人民陪审员只参与事实审问题研究"，载 http://pdszy.hncourt.gov.cn/public/detail.php? id＝7247，最后访问时间：2018年5月3日。

五、陪审制实践的异化影响司法公开

决策者抱着美好的愿景，设计与推行人民陪审员制度，让普通群众协助司法、见证司法、掌理司法，更集中地通达民情、反映民意、凝聚民智，充分体现司法的民主功能。[1]司法民主虽然是陪审制度的首要政治功能，但其亦有利于司法公开的实现，若司法民主在实践中被弱化、虚化，其在司法公开方面的促进作用与功能也将被削弱。笔者在前文所概括的陪审制在司法实践中的精英化、专业化、专职化、空心化、空洞化的五大问题，大大降低了此类陪审之下审判程序的司法公开效果。其具体表现在：

（一）精英化减少了普通公众接近司法的机会

在当前的陪审员中，公务员等社会精英分子占比过大，而这些人员在接触与获取法律知识、诉讼常识等方面的便利程度与全面性本就优于常人，其作为陪审员参审对法律知识的传播与诉讼公开的法制宣传与教育效果并不突出。而那些法律意识不强的普通社会民众则缺乏有效接近司法的机会，被层层筛选的推荐与选任程序拒之门外，无法通过参与司法，了解法律与司法。

（二）专职化极大地缩小了陪审制诉讼公开的受众范围

陪审员的专职化打击了其他陪审员参与审判的积极性，而由于这些专职的陪审员在积极性与参审熟练程度、配合默契等方面具有优势，因此反过来又增加了承办法官在挑选其他陪审员时的顾虑与惰性。另外，专职的陪审员一方面忙于参审，没有充足的时间与机会去寻找听众，没有充足的时间与精力去传播其参审的见闻，另一方面也不再有参审的新鲜与兴奋的感觉，对案件具体情况感兴趣的程度也大大降低，这也降低了其对外传播的主动性。抱有好奇心而感兴趣的进不来，习以为常的出不去，司法公开的效果怎能如愿？

（三）空心化与空洞化降低了司法公开中信息传播的有效性

孟子有一句名言，徒法不足以自行。陪审制在司法公开方面的积极作用以陪审员个人在参审过程中的积极表现为基础，以其在参审之外的主动传播为手段。但在当前的陪审制实践中，陪审员参审的空心化、空洞化问题致使陪审员在信息接收、记忆、传播方面存在一系列的问题：一是接受信息的实效性。心不在焉的陪审员在庭审过程中不能专心致志地倾听双方当事人的质证与辩论，在合议过程中盲目点头称是，未能注意吸收相关法律知识，深入了解案件的审判思路。二是理解信息的正确性。法律是一门实践性的社会科学，不仅有许多专有名词与概念，而且一些日常用语也有特定的含义与指向。如故意，在刑事犯罪与民事侵权方面就有不同的判断标准。陪审员在参审过程中不能全程、全方位地予以专注，无法跟上法官审理案件的节奏，致使其对于所见所闻无法正确理解其中法律意义。三是传播信息的主动性与准确性。一个无心参

---

〔1〕 杨维汉、郑良："让普通群众协助司法、见证司法、掌理司法——最高人民法院常务副院长沈德咏谈人民陪审员制度"，载 http://www.gov.cn/jrzg/2010-05/14/content_1606276.htm，最后访问时间：2010 年 8 月 3 日。

审，只想着完成陪审任务的陪审员，不会对参审案件的相关法律知识与审判的具体情况有深刻的记忆，也不会有在日常生活中传播相关内容的主动性。即使其被问到审结案件的相关情况，其也无法准确描述审判过程与关键争点的解决过程，无法解释相关法律概念的确切含义。

以上这些问题都在客观上阻碍了陪审制司法公开功能的发挥，导致立法目的无法实现。

六、陪审制改革试点概况与重点

2015 年 4 月 1 日，中央全面深化改革领导小组审议通过《人民陪审员制度改革试点方案》。2015 年 4 月 24 日，十二届全国人大常委会第十四次会议通过《关于授权在部分地区开展人民陪审员制度改革试点工作的决定》。据此，最高人民法院、司法部等组织开展了试点工作。周强院长在总结时指出，试点工作实现了"四个转变"，即：人民陪审员选任方式主要由组织推荐产生向随机抽选转变，人民陪审员参审职权由全面参审向只参与审理事实问题转变，人民陪审员参审方式由 3 人合议庭模式向 5 人以上大合议庭陪审机制转变，人民陪审员审理案件由注重陪审案件"数量"向关注陪审案件"质量"转变。试点中，各地法院围绕试点要求，探索多种手段，实现了选任理念由"方便""好用"向"广泛""随机"的转变，建立了分类随机抽选机制，在随机抽选系统中设置 10 件 ~30 件不等的人民陪审员参审案件上限，防止出现"驻庭陪审""编外法官"等问题，制定了关于事实审与法律审分离的陪审操作规程。[1]

河南、陕西两省法院则出现了第三种模式的人民陪审团路径探索。[2] 2009 年 6 月，河南省高级人民法院出台《关于在刑事审判工作中实行人民陪审团制度的试点方案》，并于 2010 年 3 月在全省全面推行，也有观点将其命名为人民观审团。这一制度在人员遴选、独立性、参与程度、任期等方面均有所创新，但在合法性、合理性方面也受到了一定的质疑。[3]最高人民法院政治部时任主任徐家新同志去河南调研时亦指出，各试点法院要积极构建人民陪审员随机抽选常态工作机制，积极探索"事实审"机制改革；要遵循"适度""可控""稳步"推进的原则，积极探索采用大合议庭陪审模式审理案件。[4]

七、以陪审的大众化、实质化促进司法公开

在试点中，各法院围绕试点方案要求，采取了多种方式进行探索，增强了陪审的

---

〔1〕 周强："最高人民法院关于人民陪审员制度改革试点情况的中期报告"，载 http://www.npc.gov.cn/npc/xinwen/2016-07/01/content_ 1992685.htm，最后访问时间：2017 年 2 月 1 日。

〔2〕 孙晗宁："河南、陕西人民陪审团改革试点的评析"，载《知识经济》2015 年第 4 期。

〔3〕 江国华、付中一："人民观审团制度：陪审制改革的可能向度——以河南省法院系统的试点为例"，载《中州学刊》2015 年第 3 期；崔海燕："人民观审团制度完善之刍议——以河南省法院的试点为视角"，载《法制博览》2015 年第 28 期。

〔4〕 徐家新："围绕改革试点中期评估扎实推进人民陪审员改革试点工作"，载 http://courtapp.chinacourt.org/zixun-xiangqing-18752.html，最后访问时间：2017 年 2 月 1 日。

公开性、公正性、民主性，有些做法也确实发挥了作用，如合理分配陪审员比例，设置陪审数量上限的"硬杠杠"等。但在试点中，一些基础性的问题并未得到解决，为妥善解决上述问题，笔者建议：

（1）以随机抽取代替选任。选任陪审员是普通社会公众成为陪审员的重要程序机制，当前我国在这一方面的主要问题在于，人民法院对于陪审员人选的绝对控制权损害了陪审制司法民主的基础，而法院在挑选过程中必然以自己的"好恶"为出发点，实践中，公务员或企事业人员在陪审员中所占比例过大的现象并非是无心插柳的结果。法院的这一权力及运用妨碍了陪审员在社会阶层中的广泛性、代表性的实现。为此，我们应当采取随机抽取的方式确定陪审员的候选人范围，而不应再采用层层推选后选任的方式。当前，有些法院已根据人口数量、性别比例、地区特点、行业分布、民族结构、案件类型等因素，积极探索分类随机抽选机制，解决人民陪审员分布不均、结构失衡、参审不便等问题。[1]这对于加强陪审的民主性，增强司法公开效果具有积极意义，但不改变选任制，陪审员的固定化、长期化现象依然存在，陪审的民主意义就会打折扣。

（2）废除任期制。当前，我国陪审员普遍采取的是任期制，一名普通群众在被选任为陪审员之后，由本地人大常委会任命，该任命5年内有效。这也就意味着在5年的时间内，有资格参与陪审的只有这有限的几十人而已。而在这些人之中，由于交通问题、自身工作繁忙程度、参审意愿等主观或客观的原因，能够积极主动，或者在收到通知时愿意参加到具体案件审判之中的人数就更少了。这是导致我国陪审员专职化的重要原因。这种设计一方面导致陪审员的数量相对固定，人选范围相对缩小，从而违反了司法民主的制度目的，另一方面也使这些陪审员与"业余参审"的原始形象渐行渐远，参审数量与参审人数不尽如人意。为此，笔者建议废除任期制，坚持"随机抽取、一案一选"的原则，为陪审制真正的民主化、公开化奠定制度基础。

（3）赋予当事人陪审过程中广泛的选择权。当前，在是否适用陪审制的审判方式选择问题上，法院仍然是主导者与决定者。我们认为，这种绝对化、职权化的处理方式并不符合现代诉讼尊重与保护当事人主体性地位的基本原则。陪审虽然在司法民主、司法公开等方面确有其优势，但在审判效率与效益、审判的专业化等方面也有其劣势。是否采取陪审制，对于案件当事人而言，在程序运转、诉辩策略、法律解释等方面具有重要而直接的现实影响。因此，我们应当将是否采取陪审制作为当事人的选择事项，将申请陪审作为当事人享有的一项重要诉讼权利，法院不应具有单方决定权。

（4）建立合意邀请陪审员制度。当前，陪审员的选择也属于法院职权决定事项。实践中，一般承办法官或法官助理会打电话给陪审员询问其是否能够参加某一案件的审判工作。而这一陪审员的确定则主要由法官根据案情需要（如有专门性问题亟待解

〔1〕罗书臻："司法民主的新实践——人民陪审员制度改革试点情况综述"，载《人民法院报》2016年6月29日。

决而需专家陪审员）或者熟悉程度、某陪审员之前的参审积极程度、配合默契程度等考量确定。换句话说，主要由承办法官根据个人感觉确定人选。承办法官这一挑选合议庭成员的权力与做法对于合议制群策群力、互相制衡的目标构成了一定的妨碍，也妨碍了陪审制立法目的的实现。为此，在废除选任制与任期制之后，我们可以借鉴商事仲裁的做法，建立当事人（广义的当事人，包括刑事诉讼中的检察院与被告人、附带民事诉讼当事人、普通民事诉讼中的当事人、行政诉讼中的行政机关与行政相对人）合意选择陪审员的机制，以增强审判组织在当事人心中的公正性、权威性、可接受性。

（5）建立、健全法官的释明机制。陪审制在司法民主、司法公开方面的功能与效果的发挥，需要职业法官的参与。法官在诉讼中应当积极做好释明与诉讼指挥工作，这主要包括三个方面：一是法官应当向当事人释明采取陪审制的特点与规则，为当事人的选择提供必要的信息基础；二是法官应当向陪审员释明诉讼程序及案件实体内容的要点与规范，帮助业余的陪审员了解案情并作出判断；三是法官作为审判长在指挥庭审过程时，应当克服法律职业习惯，如过多地适用法学概念、法教义学、法律逻辑等，而是始终为缺乏法律知识与审判技巧的陪审员考虑，将审判要点与目的以通俗化、平民化的方式呈现，以助于陪审员实质化参与审判。由此，不仅当事人可以适当地行使选择权，更好地了解合议庭的审判思路，回应合议庭的关切，陪审员也可以更加深入地了解自己的工作内容与判断基础，更加实质性地参与审判过程，而不至于因对法律术语感到陌生、不解而形同被排除在庭审之外。

（6）建立更加科学的陪审员考评奖惩机制。要提升陪审员参审的效果，不仅需要从外部制度设计上为陪审员行使审判权提供程序便利与技术保障，更需要在其内心中提升参审的荣誉感，树立责任意识。为此，我们需要建立一套科学、合理、周全的考评体系。这一体系应当实质化、客观化，摒弃以往由合议庭其他成员进行主观性、随意性打分的方法，而力求客观性的、可量化的测评方案与指标，如对其庭审发问次数与内容、合意发言内容与针对性、表决情况等进行记录与统计。结合此客观记录，我们对该陪审员的陪审情况进行评估，进而依据相关制度规范进行奖惩，如对参审补贴的数额与比例予以调整，对故意违反常识而做出错误判断的行为进行处罚等。

八、有关陪审员法及相关司法解释的改革与创新

我国《陪审员法》及《陪审员法适用解释》在总结与提炼各界对现行陪审制度意见与建议的基础上，认真研讨其得失，吸收各地改革试点的成功经验，对现行陪审制度进行了大范围、大幅度的改革。《陪审员法》及《陪审员法适用解释》针对实践中存在的问题规定了如下主要事项：

（1）陪审员资质的社会化。《陪审员法》完全否定了陪审员自身资质精英化、专业化的思路，而是坚决贯彻了司法民主的要求，将陪审员的来源完全社会化，将陪审员定义为社会一般公众利用生活常识与公共知识参与司法的人员。根据《陪审员法》第6条的规定，人民代表大会常务委员会的组成人员，监察委员会、人民法院、人民检察

院、公安机关、国家安全机关、司法行政机关的工作人员或律师、公证员、仲裁员、基层法律服务工作者，不能担任人民陪审员。

（2）陪审员来源的随机化。《陪审员法》第9条和第10条明确规定，司法行政机关会同基层人民法院、公安机关，从辖区内的常住居民名单中随机抽选拟任命人民陪审员数5倍以上的人员作为人民陪审员候选人，对人民陪审员候选人进行资格审查，再从候选人名单中随机抽选确定人民陪审员人选，由基层人民法院院长提请同级人民代表大会常务委员会任命。

为了满足实践需要，陪审员法也保留了非随机产生的陪审员机制。《陪审员法》第11条规定了自荐与推荐机制，允许在审判活动需要时，可以通过个人申请和所在单位、户籍所在地或者经常居住地的基层群众性自治组织、人民团体推荐的方式产生人民陪审员候选人，经司法行政机关会同基层人民法院、公安机关进行资格审查，确定人民陪审员人选。但为了避免由此产生的法院挑选陪审员以及陪审员职业化的问题，该法明确规定此类陪审员不得超过人民陪审员名额数的1/5。

（3）拒绝陪审员专业户。针对司法实践中少数陪审员长期"职业"陪审，一年陪审上百个案件的异象，《陪审员法》做了专门规定。主要包括三个方面：一是任期制与连任限制，该法第13条规定人民陪审员的任期为5年，一般不得连任；二是限额制，其第24条规定，人民法院应当结合本辖区的实际情况，合理确定每名人民陪审员年度参加审判案件的数量上限；三是参审中的随机制，《陪审员法》第19条规定，基层人民法院审判案件需要由人民陪审员参加合议庭审判的，应当在人民陪审员名单中随机抽取确定。这对于提高司法民主与司法公开的实效，改变既有某些陪审员由"流水席"变成"坐地户"的现象大有裨益。

（4）重新设定陪审合议机制。《陪审员法》开篇明义，直接规定陪审员参加人民法院的审判活动，一般与法官有同等权利。对于陪审员的具体参审范围与参审权力，该法又做了类型化的区别处理。《陪审员法》第14条规定，人民陪审员和法官组成合议庭审判案件，由法官担任审判长，可以由1名法官和2名陪审员，或2名法官和1名陪审员组成三人制合议庭，也可以由法官3人与人民陪审员4人组成七人制合议庭。对于前一种合议机制，法律规定陪审员可以对全案发表意见并进行表决；对于后者，陪审员仅对事实认定发表意见并表决，对法律适用事项，可以发表意见，但不参加表决。《陪审员法适用解释》第13条第2款规定："人民陪审员全程参加合议庭评议，对于事实认定问题，由人民陪审员和法官在共同评议的基础上进行表决。对于法律适用问题，人民陪审员不参加表决，但可以发表意见，并记录在卷。"这一设计相对于原来试点过程中普遍采取的陪审员"事实审"的做法又进了一步，扩大了陪审员的权力范围，也更符合诉讼中事实与法律问题密不可分的关系。对合议庭组成人员意见有重大分歧的，陪审员和法官都拥有将案件提请上审委会讨论决定的权力。另外，《陪审员法适用解释》第9条规定："七人合议庭开庭前，应当制作事实认定问题清单，根据案件具体情况，区分事实认定问题与法律适用问题，对争议问题逐项列举，供人民陪审员在庭审时参考。事实认定问题和法律适用问题难以区分的，视为事实认定问题。"

（5）对陪审员的法律支持。鉴于案件处理中事实认定与法律适用作为"车之两轮，鸟之双翼"的同等重要性，更考虑到我国作为大陆法系国家的法律逻辑与司法路径上的特点，为了解决陪审员在法律知识方面的不足，《陪审员法》明确规定了法官对于陪审员的法律释明义务，规定审判长（法官）应当履行与案件审判相关的指引、提示义务，合议庭评议案件时应当就本案中涉及的事实认定、证据规则、法律规定等事项及应当注意的问题，向人民陪审员进行必要的解释和说明，但法官不得妨碍人民陪审员对案件的独立判断。

（6）进一步明确了陪审员在履行审判职务上所应当享有的权利。《陪审员法适用解释》第 10 条规定："案件审判过程中，人民陪审员依法有权参加案件调查和调解工作。"《陪审员法适用解释》第 11 条规定："庭审过程中，人民陪审员依法有权向诉讼参加人发问。审判长应当提示人民陪审员围绕案件争议焦点进行发问。"《陪审员法适用解释》第 11 条还规定："人民陪审员列席审判委员会讨论其参加审理的案件时，可以发表意见。"

（7）陪审案件类型的法定性与选择性。陪审员参加陪审的具体案件类型问题，在各国都是陪审制度设计的重点问题。通过比较法研究，我们可以明显地看到不同国家的不同选择，以及一国在不同历史阶段、社会背景下的沿革过程。我国陪审员法与现行陪审制度相比，在这一方面的完善主要体现在两方面：一是案件类型进一步精细化；二是明确赋予当事人程序选择权。《陪审员法》第 15 条概括性地将涉及群体利益、公共利益的案件或人民群众广泛关注或者其他社会影响较大的案件包括在陪审范围之内，还设定了兜底条款以备不时之需。《陪审员法》第 16 条更是明确陪审员参与的七人制合议庭审理：①可能判处十年以上有期徒刑、无期徒刑、死刑，社会影响重大的刑事案件；②根据民事诉讼法、行政诉讼法提起的公益诉讼案件；③涉及征地拆迁、生态环境保护、食品药品安全，社会影响重大的案件；④其他社会影响重大的案件。该法还明确规定一审刑事案件被告人、民事案件原告或者被告、行政案件原告可以申请就其案件采取陪审制进行审理。

第二节　陪审事实审与证据制度改革

最高人民法院、司法部制定了《人民陪审员制度改革试点方案》（以下简称《试点方案》），已经中央全面深化改革领导小组第 11 次会议通过。十二届全国人大常委会第十四次会议作出《关于授权在部分地区开展人民陪审员制度改革试点工作的决定》，提出了"逐步探索实行人民陪审员不再审理法律适用问题，只参与审理事实认定问题"的新要求。在该方案中，最高人民法院对这一新的职权改革方案的实施设定了相应的辅助性规则，如法官的说明义务、纠错程序等。但限于方案内容的篇幅，许多相关问题未能涉及，更未能提出解决的对策。笔者认为，在陪审员事实审制度之下，我国证据规则的改革与完善是切实保障陪审制顺利运行，提高陪审制下事实认定的正确性、合法性、适当性的当务之急。这不仅是对陪审制度发展历史经验的总结，也是我国陪审制度发展的实际需要。我们应当在准确界定事实审中事实的性质与内涵的前提下，对现行民事诉讼法、《民诉法解释》《民事证据规定》中的相关内容进行仔细梳理、分类完善、查漏补缺，在证据许可规则、证据衡量规则、证据程序规则三个方面对现行证据制度进行完善，为陪审事实审奠定良好的基础。

一、陪审事实审的发展与现实意义

(一) 陪审事实审发展的简要历程

在中世纪的欧洲，国王组建陪审团是一种实用主义的考虑，即躲避可能因判决不公所引起的当事人对王权的指责，将这种指责引到做出裁决的陪审团身上，故赋予陪审团与法官不同的独立的事实决定权。[1]历史上的陪审团是一个"知情群体"（self-informing body）。在中世纪的农业社会中，陪审团成员因为都是乡里乡亲，所以自然应该知道嫌犯是否有罪，他们不是到法庭上来听取证据，而是直接来宣布真相的，作出决定依据的都是陪审团自身了解的情况。[2]1166年，英王亨利二世颁布《克拉灵顿诏令》规定，在发生刑事案件后，必须由熟悉情况的12名陪审员向法庭控告并证明犯罪事实。[3]

陪审团后期的发展经过与脉络虽然较为复杂，但基本特征已脱离了原有的由知情人提供已知事实的基本设定，而是转向通过听取证据来认定事实。在当代比较法上，陪审事实审的典型代表即美国。《美国宪法修正案》第6条规定，刑事诉讼中，被告享受由公正的陪审团迅速和公开审理的权利；第7条规定，在普通民事诉讼中，如果争执价值超过20美元，由陪审团审判的权利就应该得到保护。在美国，司法体系出于公正性的考虑，从很早开始就有意地避免选用那些已经获悉案件信息的人作为陪审团成员。[4]在现在的诉讼中，最常见的做法是法官要求陪审团遵照法官对法律的理解来审理事实，并且禁止辩护律师提醒陪审团有废法权。[5]陪审团的主要职责是根据法庭许可的证据，裁定被告人有罪还是无罪，即是否犯有公诉方指控的罪行，如果陪审团认定被告人有罪，法官便依法量刑。但也有通常理解为事实问题，但由法官解决的例外，

---

〔1〕　叶自强："陪审制的分权机制与证据法的发展"，载《证据科学》2014年第4期。

〔2〕　慎事既心："从陪审团的变迁看陪审团制度是否适合中国"，本文来自最高人民法院法官何帆主办的微信公众号"法影斑斓"，载 http://www.guancha.cn/ShenShiJiXin/2014_ 01_ 12_ 199086.shtml，最后访问时间：2018年4月23日。

〔3〕　霍思德："中国需要陪审团制度？——与何兵、陈泰和商榷"，载 http://www.guancha.cn/HuoSiDe/2015_ 03_ 09_ 311521_ s.shtml，最后访问时间：2018年4月23日。

〔4〕　慎事既心："从陪审团的变迁看陪审团制度是否适合中国"，本文来自最高人民法院法官何帆主办的微信公众号"法影斑斓"，载 http://www.guancha.cn/ShenShiJiXin/2014_ 01_ 12_ 199086.shtml，最后访问时间：2018年4月23日。

〔5〕　霍思德："中国需要陪审团制度？——与何兵、陈泰和商榷"，载 http://www.guancha.cn/HuoSiDe/2015_ 03_ 09_ 311521_ s.shtml，最后访问时间：2018年4月23日。

如：①证据的可采性应由法官决定。②对于证人答复某一问题时是否可以援引特权拒绝答复，应由法官决定。③在某些情形下行动是否符合情理，应由法官决定。④外国法律虽为事实问题，但应由法官决定。在英国，除英格兰法外，所有法律（包括苏格兰法和英联邦各国法律）都是外国法。⑤文书的解释一般作为法律问题由法官决定。但如果法律允许提出证据解释文书，这项证据应由陪审团处理。[1]

（二）陪审事实审的现实合理性

历史的发展既有偶然性，也有必然性，陪审事实审制度亦然。虽然通说认为陪审制度的首要价值在于司法民主，但如果陪审员不能较好地发挥定纷止争的作用，陪审无法正确、适当地解决现有纠纷，则其亦将失去存在的现实意义。无论是在比较法，还是在我国改革方案中，陪审制度走向事实审都是我们对于陪审制度的特性、陪审员的能力与特征、案件审判的要素等一系列问题进行深入研究之后的选择。我国陪审员法将七人制合议庭中陪审员表决的事项范围限定为案件中的事实认定问题，原因在于：

首先，这是审判工作自身特点的要求。霍姆斯大法官曾言：法律的生命在于经验。审判是一门职业化程度很强的工作，法官成长需要时间，需要实践、需要历练。当前，绝大多数法院均招录硕士研究生进入法院，以书记员或法官助理的身份接触实际审判工作，学习审判方法与技巧，经过 2 年~3 年的实践锻炼后被任命为助理审判员承办案件。尽管有以上前期准备过程，但法院内部与社会公众仍在质疑与抱怨法官过于年轻、缺乏社会经验、审判经验，审判质量与效果堪忧。为提高案件的质量与效果，当前司法改革进一步明确了法官"精英化"的方向与要求，对法官的任职条件提出了更高的要求。而与此同时，在陪审问题上，如若保持原有的制度设计，业余的、法律知识与素养更低、审判经验更加缺乏的人民陪审员反而全面从事审判工作，岂非更难堪重任。

其次，这是陪审员自身特点与能力的要求。陪审员参加审判，以有别于法律人专业审判的平民审判为基本特性。有观点以德国的大众陪审员无需专门培训，也无需具备大量、深入的法律知识和专业知识，只要凭借朴素的民间思维和惯常的认知能力对案件作出裁断为例，认为陪审员对法律的无知在审判中已经被看作是一种"美德"。[2]该观点确有一定的道理，但也存在一定的不足。法院的审判从逻辑过程上看，有确定大前提，认定小前提，适用法律效果三个阶段，这也是三个独立又互相关联的思维内容。将法律适用于具体纠纷，既需要对法律规则的选择、适用与解释，也需要对具体事实情况的认定。后者可以由陪审员凭借社会经验、生活常识等予以解决，也是其可以胜任的工作，但前者则属于完全专业化、职业化的知识与方法，陪审员不知法如何运用。虽然"人民陪审员的特殊身份和生活背景，使其可从社会公众认识角度和普遍伦理标

---

[1] 沈达明编著：《英美证据法》，中信出版社 1996 年版，第 30 页。

[2] 刘峥："司法与民主的完美结合——怎么看人民陪审员制度"，载 http://www.chinacourt.org/article/detail/2012/04/id/511262.shtml，最后访问时间：2018 年 4 月 23 日。

准等方面对案件进行分析、判断，从而为职业法官提供另一种思维角度和方法"。[1]但司法过程毕竟是依法决断，陪审员仅依据常识、社会道德观念伦理是不能为案件的判决提供支撑的，也是共同审理案件的法官所无法接受的。故多数观点认为，我国现行陪审制度把职业的法官与非职业的陪审员同等对待，同审同权，是简单化的主观主义做法，超越了陪审员自身业务能力所容许的范围。[2]

最后，这也是当前陪审制度效果不佳的重要原因。有学者抽样调查了 500 起案件，人民陪审员参加合议时，发表的意见与合议庭意见不一致的有 4 件，占 0.8%；意见一致的有 496 件，比例高达 99.2%。调研中发现，大部分案件陪审员在合议庭评议时未独立发表意见，只是简单地"同意承办人或审判长意见"，表面上是人民陪审员参加合议案件，实际上却仍然是法官主导审判。审判工作的专业性很强，人民陪审员绝大多数既没有法律知识背景又缺乏司法审判经验，无法理清纷繁复杂的法律法规体系，对案件该如何适用法律难以作出正确的判断。[3]还有问卷调查显示：有 56% 的人民陪审员认为自己发言较少的原因是"法律适用太专业，自己弄不清楚"，还有 27% 的人民陪审员认为"法官比自己专业，说的应该是对的"。[4]正是在法律适用方面客观上的能力缺陷导致了陪审员在审判过程中的自卑心理、逃避心理，影响了陪审功能的正常发挥。

	案件事实太复杂，自己搞不明白		法律适用太专业，自己弄不清楚		法官比自己专业，说的应该是对的		其他原因	
	人数	比例	人数	比例	人数	比例	人数	比例
人民陪审员	12	12%	56	56%	27	27%	5	5%

图 7-10　当前陪审制度效果不佳的原因

二、陪审事实审中的事实如何定位

有国外法官感慨道：没有规则或原则可以无差错地将事实认定和法律结论区别开

---

〔1〕　刘峥："司法与民主的完美结合——怎么看人民陪审员制度"，载 http://www. chinacourt. org/article/detail/2012/04/id/511262. shtml，最后访问时间：2018 年 4 月 23 日。

〔2〕　叶自强："陪审制的分权机制与证据法的发展"，载《证据科学》2014 年第 4 期。

〔3〕　宋景婵、王馨楠："人民陪审员只参与事实审问题研究"，载 http://pdszy. hncourt. gov. cn/public/detail. php? id=7247，最后访问时间：2018 年 5 月 3 日。

〔4〕　宋景婵、王馨楠："人民陪审员只参与事实审问题研究"，载 http://pdszy. hncourt. gov. cn/public/detail. php? id=7247，最后访问时间：2018 年 5 月 3 日。

来。[1]国内也有问卷调查显示：法官方面，97%的人认为法律审和事实审不能分开；人民陪审员方面，80%的人认为法律审和事实审不能分开；社会公众方面，56%的人认为法律审和事实审可以分开。[2]也有观点提出，事实问题和法律问题是可以区分的：事实问题就是判断某一事件或行为是否客观存在或者发生的问题，法律问题是法律关于特定事件或行为的评价问题。[3]这一问题是陪审事实审制度建立与设计的前提性问题。

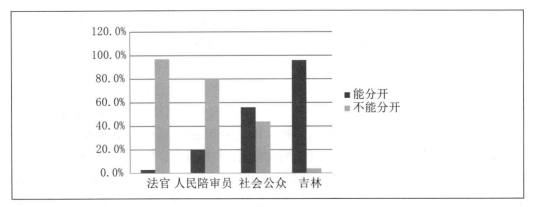

图 7-11　法律审与事实审能否分开

笔者认为，陪审事实审中是指陪审员在审判中应当负责认定当事人主张的能够引起民事法律关系变动的特定现象是否真实发生，而不负责对此现象的法律意义进行判断。我们可以从以下方面入手，明确此处事实的准确含义：

（一）陪审事实审中的事实指客观现象

在民法上，与民事法律规范的规定相对应，能够引起民事法律关系发生、变更、消灭的客观现象即为（民事）法律事实，其可根据是否有人的参与而分为事件与行为。司法审判中主要解决的是诉讼请求、法律关系、法律事实、法律效果是否相对应的问题。在这一过程中，在原告诉讼请求确定的情况下，首先应当明确其请求权基础与法律关系性质，明确原告请求所依据的法律规范，进而明确条文规定的、应当具备的事实"小前提"（即当事人主张的现象，如殴打行为）是否真实存在，然后才能适用法律，判定相应的法律后果。

值得说明的是过错、善意、意思表示真实性等主观心理问题应当如何定性？应当由法官还是陪审员予以认定？德国理论认为，意思表示是否存在属于事实问题，而表示行为的意义、表意人的内在意思如何、意思表示有无错误、意思表示是否为真实的

---

〔1〕［日］小室直人：《上诉制度研究》，有斐阁1961年版，第201页；Pulman-Standard v. Swint, 456 U. S, 288（1982）；Henry P. Monaghan,"Constitutional Fact Review", *85 Columbia Law Review*, 223（1985），转引自向前、陈莉："人民陪审员审判职权改革的困境与出路"，载《法律适用》2005年第11期。

〔2〕宋景婵、王馨楠："人民陪审员只参与事实审问题研究"，载 http://pdszy. hncourt. cn/public/detail. php? id=7247，最后访问时间：2018年5月3日。

〔3〕张卫平："民事诉讼法律审的功能及构造"，载《法学研究》2005年第5期。

意思表示等，属于法律问题。在日本，对于法律行为的解释在于解释法律效果的内容，即是对法律行为进行法律上的评价，而不是确认当事人主观上的意思。因此，法律行为的解释问题属于法律问题，而非事实问题。〔1〕

　　笔者认为，虽然过错等属于内在的、主观的问题，但仍应属于陪审事实审中的事实。理由有三点：其一，行为人的主观状态是裁判者应当认定的，在纠纷发生时是否存在的现象，其状态虽为主观，但解决这一问题的实质仍属认定是否曾客观存在的事实认定问题，属于事实查明的范畴；其二，虽然行为人的意思表示为主观状态问题，但其从属于相应的法律行为或事实行为，而行为属于法律事实；其三，对主观状态的描述与认定属于依靠日常生活经验与常识做出的判断，类似善意或是恶意、故意或是过失等主观状态，本身也属于日常生活中人们经常要做出的判断，适合陪审员的身份与能力。

　　（二）陪审事实审中的事实为法律事实

　　法的适用实际涉及一系列关于思维方式、诉讼程序设计以及审判制度安排上的问题，如在思维方式上法的适用以严格区分法律问题和事实问题为前提，不仅是在得出最终结论的阶段才需要适用法律，而且必须按照适用法律的需要涉及或构成从提起诉讼到终结诉讼的整个程序过程。〔2〕这一点在事实与法律的关系上表现得尤为明显。

　　在比较法上，对于事实如何提出，如何查明，两大法系有不同的传统。"给我事实，如此，我给你法律"（da mihifacta, dado tibiius）的法谚在英美法系体现得更为显著。就英美法系而言，基于其普通法的法律渊源与"判例拘束"的法院审判过程，其对事实更专注于原本的"故事"本身，然后看这个故事与判例中的故事是不是相同。大陆法系由于制定法的法律渊源与推演式的逻辑推理过程，对事实更关注其作为"小前提"的身份及与法条规定的相符程度。故有观点总结英美法系为从事实中发现法的"事实出发型"特征，体现出了强烈的"规范出发型"色彩。〔3〕对于大陆法系而言，事实与法律联系更为紧密，如何区分的问题更为复杂。

　　我国在法律渊源上具有大陆法系制定法传统，在民事司法过程中也具有"规范出发型"的三段论特性。有一种说法主张，法律规范在逻辑上是由一个主项和一个谓项结合构成的，其中主项表述了某种法律上必须具备的事实，谓项则表述了法律上将要产生的后果，即法律效果。〔4〕从这个方面看，进入法院审判视野的事实都不再是原本的社会事实本身，而是经过整理的、具有法律意义的事实。法律事实是经由特定法律

　　〔1〕　［日］小室直人：《上诉制度研究》，有斐阁1961年版，第201页；Pulman-Standard v. Swint, 456 U. S, 288（1982）；Henry P. Monaghan, "Constitutional Fact Review", 85 *Columbia Law Review*, 223（1985），转引自前、陈莉："人民陪审员审判职权改革的困境与出路"，载《法律适用》2005年第11期。
　　〔2〕　王亚新：《社会变革中的民事诉讼》，中国法制出版社2001年版，第9页。
　　〔3〕　包国伟、唐运："人民陪审员制度中法律审与事实审分离机制研究"，载 http://cqfy. chinacourt. org/article/detail/2015/12/id/1765782. shtml，最后访问时间：2018年5月12日。
　　〔4〕　参见 http://baike. baidu. com/link? url＝T_ 8i68d8oqopQjC6ysSnbW3IK1f4rtO78ZmGtvWTI8WwQim6jISXJ4r0 MmFwfgwxxkAhLyBwziE4c8g8gvIX3_ 最后访问时间：2018年5月5日。

系统的规则和习惯等剪裁或格式化而成的。[1]

诉讼中的事实是法律事实这一点是由我国大陆法系传统和司法判断的逻辑过程所决定的。陪审事实审应当针对法律事实，而不能是社会事实。其原因在于：一方面，审判中在法律规定这一"大前提"确定的情况下，产生法律效果需要以作为"小前提"的事实存在为前提，故此时的事实必须是特定法律规范指向的法律事实，否则审判将失去事实基础；另一方面，如果陪审事实审只确认社会事实，而不确定法律事实存在与否，则裁判者在法律适用时将难以解决事实基础是否存在且充分的问题，仍需再补强相关事实认定。举例而言，陪审员如果只认定被告打伤了原告的事实存在，而不认定过错、因果关系等要素，则法官无法认定侵权事实的存在，无法判定赔偿责任。

（三）陪审事实审的事实应当要件化

同样由大陆法系传统决定，我们在审判中不仅需要对双方之间发生的原始事实进行"格式化"，更需要对案件纠纷过程进行"要件化"描述，如打伤他人的赔偿纠纷是否符合人身侵权的伤害行为、损害后果、过错、因果关系这四大要件。

从司法逻辑上看，事实问题与法律问题是可分的。而在陪审事实审制度设计中，重要的是明确陪审事实审针对的是什么事实？陪审员与法官的分工界限何在？笔者认为，陪审事实审中的事实应当指要件事实。对要件事实的理解可以参考举证责任分配理论研究中"法律要件分类说"的相关论述，尤其是其中的"特别要件说"，区分现行法律规范中权利发生规范、权利妨害规范、权利消灭规范、权利受制规范的不同性质，明确相关要件。

诉讼中，法官应负责认定法律关系，分解法律要件并告知陪审员，陪审员则应当认定要件事实是否真实存在及状况，法官再据此判定法律后果。仍以伤害赔偿为例，法官应当明确本案为人身侵权赔偿纠纷，并告知陪审员侵权相关事实要件的要求，陪审员则负责根据庭审情况认定本案事实要件是否具备，包括认定受害人受到的具体伤害结果与医疗费用等损失，法官再据此判定侵权人的赔偿责任范围与数额。再以合同法上的合同撤销问题为例，《合同法》第 54 条规定欺诈的合同可以请求撤销，实践中争议比较大的是隐瞒是不是欺诈。就此问题，界定隐瞒是不是欺诈是法官的职责，认定是否有隐瞒未告知的情况存在则属于陪审事实审的职责。

（四）陪审事实审的事实是认定的对象

在诉讼法上，事实可分为客观事实、证据事实和法律事实。这一点与历史学中研究的历史的原生态、遗留态、认识态有一定的相通之处。[2]在陪审事实审中事实的定位上，还应当把握以下要点：

---

〔1〕 朱晓阳："纠纷个案背后的社会科学观念"，载苏力主编：《法律和社会科学》（第 1 卷），法律出版社 2006 年版，第 183 页。

〔2〕 概言之，历史的原生态为历史的本来面目，遗留态为历史过程遗留的痕迹（如史书记载），认识态为现代社会对历史的描述，详见李琦："法的确定性及其相对性——从人类生活的基本事实出发"，载《法学研究》2002 年第 5 期。

1. 该事实非证据事实

有观点主张事实审应当是仅仅是对证据事实的审查，而非是法律事实的审查。[1]笔者认为，这一观点与证据事实的概念不符，也不符合法院审判的事实认定过程。在法学研究中，证据事实这一概念通常在两个完全不同的意义上被使用。一种观点认为，证据事实是指证据所记载和反映的事实，是双方当事人通过向法庭提交特定证据，以证据的内容来证明的特定事实。换句话说，证据事实是裁判者经过对特定证据的审查，采信该证据内容而得出的事实上的结论。这种证据事实是裁判者运用生活常识、日常经验规则等对特定证据合法性、真实性、相关性的判断，具有个体性、具体性、片段性的特点，是对个别证据的认定，而非是对整体案件事实或具体事实要件的认定，而所有证据事实的综合才能构成案件中的法律事实，构成法院判决的事实基础。还有一种观点认为，证据事实是在司法审判中，据以认定案件情况的事实本身，其表现形式为证人证言、物证等证据材料，故这一概念与证据来源、证明手段可以通用。但通说认为这种证据事实并不能成为证明对象[2]，因此，不可能成为法院事实认定的对象，也就不可能成为陪审事实审的对象。

2. 该事实非原因事实

原因事实这一概念主要用于民事诉讼法学中研究诉讼标的的识别问题。新诉讼标的理论中的二分肢说以诉的声明结合原因事实作为诉讼标的。但值得注意的是，所谓原因事实并非"原始"事实。有学者指出，原因事实并不是自然的历史事实或生活事实，而应当是与诉的声明密切相关的，在诉讼场合下经过审判程序评判的法律事实。[3]而从诉讼标的理论的主要内容与功能上看，从学界质疑二分肢说常用的票据事实与买卖关系事实在诉讼标的的识别关系上看，"原因事实"的主要功能在于帮助当事人、法官明确诉讼标的，帮助解决立案审查时对重复起诉问题的判断问题，而且，这是根据原告起诉所持的事实陈述进行的判断。这种判断是一种对主张的事实与请求之间在法律关系认定、法律规范适用等问题上的对应性关系的法律判断，并不涉及该事实是否真实、客观的问题。故原因事实这一概念与陪审最终决断的功能、与陪审事实审的基本定位并不相适应。

三、陪审事实审需要证据规则的支持

（一）陪审制与证据规则间的互动式发展历程

梳理外国法制史发展的历程，我们可以清楚地看到陪审与证据规则之间紧密联系、互相促进的关系。如中世纪的欧洲，随着陪审员从知情的邻居向不知情的路人转变，教会法发展出了一门对于案件事实进行司法调查的科学，各种规则被精心设计出来，

---

〔1〕 郑斌："分离机制研究人民陪审员制度中法律审与事实审"，载 http://www.sichuanpeace.gov.cn/system/20151123/000199132.html，最后访问时间：2019 年 5 月 3 日。

〔2〕 樊崇义主编：《证据法学》（第 3 版），法律出版社 2003 年版，第 266 页。

〔3〕 江伟、韩英波："论诉讼标的"，载《法学家》1997 年第 2 期。

以阻止多余证据、无关证据、含糊和不确定的证据、过泛的证据（会引起含混的问题）以及与事物性质相反的证据（不可能予以相信的问题）的引入。[1]现代美国陪审团制度与证据规则的发展亦然。国外多位学者均有过"陪审团制度是英美法系诉讼制度的主要特色之一，英美证据法首先也最主要是陪审团制度的产物"[2]，或陪审制、集中审理、对抗制对证据规则形成具有决定性影响之类的论断。[3]我国学者亦认为："陪审团和证据法是互相促进的。陪审团的萌芽和发展带动了证据法的发展；而证据法的发展和完善则有力地促进了陪审团地位的形成和巩固。"[4]

比较法上，陪审事实审与证据规则的互动关系体现在许多方面。如：①证据合法性规则的制定与运用，通过这个规则限定陪审团所应当审查、考量的证据范围，"非法证据排除规则"的运用是法官与陪审员分工协作的典型，法官应当告知陪审员相关的规定，根据证据收集与提供的主体、程序、方式是否合法等，决定某一项特定证据是否具有合法性，美式法庭剧中经常出现法官告知陪审团不得考虑某一证据的场景也是真实场景的写照，合法的证据则由陪审团对其真实性加以衡量。②证据程序规则的配套，比如为了解决陪审费时费力问题，美国通过充分的审前准备程序与一次性集中审理的程序设计，提高庭审效率，节省人力财力成本。又如区分行为意义上的"提出证据责任"与结果意义上的举证责任与陪审事实审的程序设计有重大关联，决定了法官与陪审团之间的职权分工与程序分野，在当事人未提供证据而没有尽到提出证据责任时，应视为双方当事人之间没有事实争点，由法官将案件作为法律问题以即决裁决的方式直接作出裁判。只有双方争执不下，证据彼此对抗时，才有陪审团进行事实认定的必要。

（二）证据规则能为陪审事实审做什么？

我国的陪审事实审改革的口号刚刚提出，许多问题亟待解决。在制度设计方面，证据规则的完善与调整是提高陪审事实审的成效与正当性、合法性的必要前提，证据规则可以为陪审事实审解决以下问题：

1. 通过证据规则明确并落实法官与陪审员之间的职能分工与配合

证据规则是调整和规范与案件事实认定相关的证据收集、提出、许可、评价、采信整个过程的规范条文的总称。陪审事实审需要证据规则来明确哪些问题属于事实问题，哪些问题属于法律问题，哪些事项由陪审员认定，哪些事项由法官依法决断，如证据的三性——合法性、真实性、关联性中，证据规则应当将对证据以上问题的解决分别分配给法官与陪审员，法官应当依法判断证据的合法性问题，陪审员则依据社会

〔1〕 ［美］哈罗德·J. 伯尔曼：《法律与革命》，贺卫方等译，中国大百科全书出版社 1993 年版，第 541 页。

〔2〕 ［美］米尔建·R. 达马斯卡：《漂移的证据法》，李学军等译，何家弘审校，中国政法大学出版社 2003 年版，第 2 页。

〔3〕 ［意］莫诺·卡佩莱蒂等：《当事人基本程序保障权与未来的民事诉讼》，徐昕译，法律出版社 2000 年版，第 5 页。

〔4〕 叶自强："陪审制的分权机制与证据法的发展"，载《证据科学》2014 年第 4 期。

经验与常识判断证据材料本身的真实性、证据内容与案件事实的关联性。

在比较法上，虽然事实问题由陪审团审理和决定，但法官可以通过向陪审团指出存在法律推定，或行使传唤证人和命令证人退庭的权力等影响事实认定，上诉法院还能以陪审团事实断定所依据的证据不足为由，撤销该项断定。[1]在我国"试点意见"提出陪审事实审的要求的情况下，我们也应当为其设定一定的纠错机制。

2. 通过证据规则设计符合陪审事实审规律的证明程序

有学者曾言：如果陪审团缺乏解决纠纷的合理价值，那么所谓陪审团的民主价值便都是虚无缥缈的空中楼阁，缺乏司法工具价值的陪审团是无根基的。[2]陪审制度的设计首先应当满足诉讼定纷止争基本功能的实现，证据规则的制定应当在这一方面具有基础性作用。经过历史的发展与法治的进步，我们将陪审制的功能限定在事实认定方面。与此相应，我们应当有一整套完善的证据制度，根据陪审员的自身能力与特点，为陪审员发挥好证据审查与事实认定职能奠定基础。

有学者指出，陪审员在审理过程中对证据的理解或认识，是以一种"叙事"（narrative）的结构进行的，陪审员裁决的认知信息处理理论可概括为"故事模型"。多数研究陪审员的社会学家也认为，陪审员们解读信息时，并不是轮流逐个地赋予每个证据以分量，而是建构两个相互竞争的叙事模型，尔后决定哪一个更有说服力，按照故事序列出示的证据更有说服力，证据出示序列的微小差异也会对结果产生巨大影响。[3]类似这些研究成果，对于我们设计证据规则具有重要的参考意义。

3. 通过证据规则实现陪审事实审的公正

事实认定是裁判者对当事人事实主张的真伪问题纯主观的认识，故很难设定一个客观的标准加以衡量，因此，这一过程中程序的"正当化功能"[4]就显得尤为重要。正如我国学者在研究证明度问题时所指出的，证明度既然是主观的判断就无法以外在的标准加以制约，大陆法系的学者努力从心证形成角度去寻求证明标准，在制度方面强化间接制约。具体包括：其一，心证的公开化。其二，强化审判中言词原则。其三，真正贯彻公开原则。其四，强化合议功能。其五，有效保障当事人的质证权。[5]陪审是诉讼程序中的重要制度，亦应符合诉讼法的基本原理与规则，追求事实认定过程中的程序公正。在"试点意见"强调陪审员的实质性参与，明确陪审员的事实认定权的情况下，我们应当通过证据规则的设定，加强陪审事实审的程序公正性，以公开促公

〔1〕　沈达明编著：《英美证据法》，中信出版社1996年版，第30页。
〔2〕　汤维建："英美陪审团制度的价值论争——兼议我国人民陪审员制度的改造"，载《人大法律评论》2000年第2期。
〔3〕　Lisa Kern Griffin，"Narrative，Truth，and Trial"，*Georgetown Law Journal*，January，2013，p.3，转引自陈林林、张晓笑："认知心理学视阈中的陪审团审判"，载《国家检察官学院学报》2013年第5期。
〔4〕　诉讼程序的设计与运作应当符合正当化原理的需求并发挥相应的正当化功能。正当性原理（或正当化机制）指纠纷的解决或审判制度在整体上为当事者以及社会上一般人所承认、接受和信任的性质及制度性过程，换句话说，即其过程和结果为什么会被当事人和社会接受。参见王亚新："民事诉讼与发现真实——法社会学视角下的一个分析"，载《清华法律评论》1998年第1期。
〔5〕　张卫平："证明标准建构的乌托邦"，载《法学研究》2003年第4期。

正，如设计公开、公正的举证、质证程序，要求陪审员及法官公开心证等。

4. 通过证据规则提高陪审事实审的效率

效率是重要的程序价值。证据规则应当在尊重与体现陪审事实审的特征与需求的情况下，设定相应的证明规则。"试点意见"为了避免陪审员不了解案情便仓促上阵，直接开庭导致陪审效果不佳等问题，要求健全人民陪审员提前阅卷机制，人民法院应当在开庭前安排人民陪审员阅卷，为人民陪审员查阅案卷、参加审判活动提供便利。与此相适应，我们应当进一步完善、强调与落实审前准备程序的功能与程序要求，明确当事人应当在开庭前完成相应的举证活动，保证庭审开始前双方证据已经提交完毕，鉴定、勘验等工作已经完成，事实争点已经固定，以利于陪审事实审的进行。

四、陪审事实审背景下证据许可规则的完善

证据许可规则解决的是证据的合法性问题，决定了哪些证据材料可以作为证据被提交法院，只有被许可的证据才可以作为裁判者认定事实的证据基础。证据的合法性是决定证据能力、证据资格的关键，后者是指以一定事实材料作为诉讼证据的法律上的资格，区别于评价证据材料对案件事实的证明价值的证明力。证据能力，涉及的是有无的问题，而证明力，涉及的是大小的问题。[1]

（一）证据许可规则的类型与内容

一般认为，民事证据的合法性主要包括了以下三个方面的内容：

1. 证据形式的合法性

证据形式的合法性，是指作为证据形式上应当属于法定证据种类并符合法律规定的形式要件的要求。例如，《民诉法解释》第115条规定，单位向人民法院提出的证明材料，应当由单位负责人及制作证明材料的人员签名或者盖章，并加盖单位印章。

2. 证据来源的合法性

来源合法主要是指其取得方式必须合法，不得违反法律的相关规定。比较法上，在1914年的时候，美国联邦法院在"威克斯诉美国案"中排除了非法搜查的证据，放弃了"证据的取得方式不影响证据的可采性"这一古老的普通法法则。1966年，美国最高法院在审理"米兰达诉亚利桑那案"时创建了著名的"米兰达规则"，主要针对非法取得的言词证据。[2]

我国最高人民法院曾在1995年《关于未经对方当事人同意私自录制的资料都不可以作为证据使用的批复》中排除了此类私自偷偷录音的证据材料的合法性。但2001年的《民事证据规定》却改变了态度。其第68条规定："以侵害他人合法权益或者违反法律禁止性规定的方法取得的证据，不能作为认定案件事实的依据"，私自录音不再被作为非法证据对待。又如，《民诉法解释》第107条规定，在诉讼中，当事人为达成调

---

〔1〕 李浩："民事诉讼非法证据排除规则探析"，载《法学评论》2002年第6期。

〔2〕 何文魁、蒋少波："论非法证据排除规则的不足与完善"，载 http://hjsfy. chinacourt. org/public/detail. php? id=859，最后访问时间：2019年2月17日。

解协议或者和解协议作出妥协而认可的事实，不得在后续的诉讼中作为对其不利的根据，故此情形下的当事人陈述不得被作为证据。

3. 证据提出方式的合法性

证据材料被作为证据提交给法院，应当符合相应的程序性要求，否则不能作为证据用于认定案件事实。如我国在相关司法解释中借鉴国外经验，建立了举证时限制度，《民诉法解释》第 101 条再次明确了超期举证而不属于法律许可的新证据的，法院不予采纳。又如人民法院对单位证明可以要求制作证明材料的人员出庭作证，单位及制作证明材料的人员拒绝人民法院调查核实，或者制作证明材料的人员无正当理由拒绝出庭作证的，该证明材料不得作为认定案件事实的根据。《民事诉讼法》第 78 条规定，鉴定人应当出庭作证。经人民法院通知，鉴定人拒不出庭作证的，鉴定意见不得作为认定事实的根据。

（二）证据许可规则的适用

一种法律规则的产生和存在往往会受到一定法律体系内外诸多因素的影响。就非法证据排除规则而言，其制度功能和价值即与法庭结构有着密切的关系。英美法系普通法实行的是二元制审判组织，排除规则的执行权归属于庭审法官，二元法庭结构对证据排除规则具有内在的制度需求和可操作性。[1]在美国，联邦证据规则及其实践中关于证据非法与排除的规则非常多，也有众多例外，如善意的例外、必然发现的例外、独立来源的例外、"毒树之果"的例外等等。这些规则均属于专业法律知识，无论从法官与陪审员的相关知识储备的差异，还是从相关实践运用的能力与经验考虑，这一问题均应交于法官解决。故陪审员只能考虑法庭告诉他们可以考虑的证据。[2]这一制度也是保证诉讼审理合法性的必要措施。

就我国的陪审事实审制度而言，也存在同样的情况：证据的合法性问题属于法律适用问题，但事实认定以合法证据为基础。证据合法性问题在司法实践中也经常遇到各种问题，产生争议，如悬赏征集证人，就是通过许诺报酬的方式寻找知情人，如交通事故现场的在场人员，并将其作为证人陈述证言，此证人证言是否因有收买证据之嫌而违法；又如私家侦探的取证行为的合法性问题一直有较大争议；再如美国证据法中的传闻规则（hearsay）排除了传来证据的合法性，但在我国其证据资格不受限制，"听来的"仅作为衡量其证明力的因素；等等。

为了解决好两者之间的关系问题，并据此明确法官与陪审员之间的分工，在证据许可规则的适用问题上，笔者建议：

（1）在规则的制定与立法技术安排问题上，我们应当对我国民事诉讼法及司法解释中关于证据合法性的规定进行梳理，并可以按证据形式的合法性、证据来源的合法性、证据提出方式的合法性三个层面，分门别类地予以整理，具体内容不再赘述。

---

〔1〕 张立平："中国民事诉讼不宜实行非法证据排除规则"，载《中国法学》2014 年第 1 期。
〔2〕 慎思既心："从陪审团的变迁看陪审团制度是否适合中国"，本文来自最高人民法院法官何帆主办的微信公众号"法影斑斓"，载 http://www.guancha.cn/ShenShiJiXin/2014_01_12_199086.shtml，最后访问时间：2019 年 4 月 23 日。

（2）在职权分工问题上，我们应当明确证据合法性问题属于法律问题，并限定由法官对此问题进行判断，陪审员不介入这一问题的解决。

（3）在程序安排问题上，我们应当将证据合法性问题原则上放在庭前准备阶段中处理，法官应当在此过程中组织双方就特定证据的证据合法性问题进行质证与辩论，并听取当事人的意见，法官在对特定证据的合法性做出判断之后，应当公开告知当事人是否排除该项证据，以避免此类非法证据进入庭审，影响陪审员的判断。

（4）在庭审质证过程的安排问题上，庭审中出现非法证据争议的，法官应先就该证据的合法性问题组织质证与辩论，法官应当向陪审员说明相关证据许可规则的内容以及对特定证据做出判断的理由与结果，许可该证据之后才能对该证据的真实性、关联性展开质证。

（5）在合议过程的安排问题上，法官应当首先告知排除的证据材料范围及原因，告知陪审员不应在认定事实时考虑该证据的证明作用，并应尽量避免该证据已经出现在陪审员眼前后引发的潜意识的影响。在此基础上，法官与陪审员依据合法的证据，共同合议，认定案件事实。

五、陪审事实审背景下证据衡量规则的谦抑

（一）证据衡量规则的兴衰

在诉讼法、证据法的发展过程中，概括而言有一个从神明裁判到法定证据制度，再到自由心证制度的演变过程。神明裁判以特定形式探求神的意志以断是非，法定证据制度以立法者的抽象观点来断是非，自由心证制度则将事实的认定权授予审理案件的具体人员。

在法定证据制度中，立法者根据证据的不同形式与来源，预先在法律中规定各种证据材料的证明力大小和判断证据的规则，法官必须依照法律的规定，准确地通过计算的方式确定案件事实证据是否充分、完全，据此做出判决。这一证据制度的代表性法典是 1532 年神圣罗马帝国的《加洛林纳刑法典》。该法典把证据分为完全证据和不完全证据两大类。完全证据就是能够确定案件事实的充分证据；不完全证据就是有一定的可信性，但不足以定案的证据，不完全证据的叠加可构成一个完全证据。两个善意证人在宣誓后提供的证言是完全证据，一个证人证言则是不完全证据。两个证人证言不一致时，男子优越于女子，显贵人优越于普通人，僧侣优越于世俗人。被告人在法庭上的供认被认为是完全证据中的最好证据；被告人在法庭外所作的供认则是不完全的证据。被告人在法庭外的供认加上一个证人的证明才能构成完全证据。1875 年《俄罗斯帝国法规全书》也有类似的规定。[1]在法定证据制度中，"法定"的是证明力的大小，这些规则即证据衡量规则。

---

〔1〕 http://wenku.baidu.com/link? url＝77PZm_ WElq02etTS6w7-FHdZaHko4JEKMjWc5YYsGNRCpvBvRt-xo9Ta XqkKTj6Kv2IABbvtWn_8Kfg9fuCWunr1dhQ5fwrGGlcEqshPQK3K；http://baike.baidu.com/link? url＝EpMVTTGTaiBnv1w M8JfUbX4ID5gjhCG1ptyhkFt0Zsk1LzeNrtpv7jeJsPX8VpQe1-NzXOPWJS6kXdDBxi6GVvq，最后访问时间：2019 年 3 月 22 日。

在中世纪渐渐远去，封建社会向资本主义社会过渡之后，自由心证制度兴起。法律不再预先规定证据形式的不同证明力及大小，不再设定统一的证据衡量规则来约束法官只能做机械的计算，法官开始有权针对具体案情、具体的证据，根据经验法则、逻辑推理，秉持自己的良心，自由地判断证据的真实性，认定事实真伪。1791 年法国宪法会议正式废除了法定证据制度，宣布法官负有把自己的内心确信作为裁判的唯一根据的义务。1808 年法国颁布了《刑事诉讼法典》，明确规定了自由心证制度。该法第 342 条规定：法律对于陪审员通过何种方法而认定事实，并不计较；法律也不为陪审员规定任何规则，使他们判断是否齐备及是否充分；法律仅要求陪审员深思细察，并本诸良心，诚实推求已经提出的对于被告不利和有利的证据在他们的理智上产生了何种印象。法律未曾对陪审员说："经若干名证人证明的事实即为真实的事实"；法律也未说："未经某种记录、某种证件、若干证人、若干凭证证明的事实，即不得视为已有充分证明"；法律仅对陪审员提出这样的问题："你们已经形成内心的确信否？"[1]在这一制度下，法定的是证据的可采性，即合法性，相关各种排除规则的规定与要求日渐丰富，而与证据衡量规则则渐行渐远。

但需要注意的是，法律对事实认定与证明的规定并不仅限于此，现代证据法中仍然存在大量的事实认定规则，如自认规则、法律推定规则、免证规则、孤证不能定案规则等，这些规则主要针对特定事实的证明与认定的要求，但不涉及对具体某一项证据的证明力的衡量问题。如下所述：

1. 自认规则

自认规则是指除涉及社会公共利益等事项之外，在诉讼中，一方当事人就对方当事人主张的事实予以认可的，法院原则上应当认定该事实的真实性。《民事证据规定》第 74 条规定：诉讼过程中，当事人在起诉状、答辩状、陈述及其委托代理人的代理词中承认的对己方不利的事实和认可的证据，人民法院应当予以确认，但当事人反悔并有相反证据足以推翻的除外。《民诉法解释》第 92 条的规定更加完善：一方当事人在法庭审理中，或者在起诉状、答辩状、代理词等书面材料中，对于己不利的事实明确表示承认的，另一方当事人无需举证证明。对于涉及身份关系、国家利益、社会公共利益等应当由人民法院依职权调查的事实，不适用前款自认的规定。自认的事实与查明的事实不符的，人民法院不予确认。

在这一规则下，法律规定法院原则上应当认定双方当事人陈述一致的特定事实的真实性，而不是对法院如何衡量当事人陈述这一证据材料的真实性作出规定。这一规则的法律基础在于现代民事诉讼中当事人主义、辩论主义的效用，[2]而不是此时事实的真实性。

---

〔1〕　http://baike. baidu. com/view/323727. htm.
〔2〕　张卫平：《诉讼构架与程式：民事诉讼的法理分析》，清华大学出版社 2000 年版，第 100、415~416 页。

2. 法律推定规则

法律推定是指，根据法律的规定，当基础事实存在时，必须假定推定事实的存在。这一推定本身并非证据或证明方法，而是一种证据法则。法律推定不同于事实上的推定，后者是在基础事实的前提下，根据经验法则和逻辑推演进行推理而得出的结论。我国现行法律体系中存在大量的法律推定规则，散布在诉讼法与各实体法之中，如：其一，妨碍作证的不利推定。《民事证据规定》第 95 条规定："一方当事人控制证据无正当理由拒不提交，对待证事实负有举证责任的当事人主张该证据的内容不利于控制人的，人民法院可以认定该主张成立。"这一规定比《民诉法解释》第 112 条的规定[1]适用范围更加宽泛。其二，婚生子女的推定。比较法上，许多国家的立法例均明确规定了婚姻关系存续期间所生子女应为婚生子女的内容，如《德意志联邦共和国民法典》规定，子女出生前的 181 日至 302 日为受胎期；夫妻在受胎期同居者，所生子女为婚生子女。《法国民法典》以子女出生前的 180 日到 300 日为受胎期；结婚达 180 日以上所生的子女，婚姻终止后 300 日以内所生的子女，均为婚生子女。我国《关于适用〈中华人民共和国婚姻法〉若干问题的解释（三）》第 2 条规定："夫妻一方向人民法院起诉请求确认亲子关系不存在，并已提供必要证据予以证明，另一方没有相反证据又拒绝做亲子鉴定的，人民法院可以推定请求确认亲子关系不存在一方的主张成立。"这一规定虽然针对的是拒不配合鉴定的后果，但前提是婚生子女的推定，该解释要求当事人申请亲子鉴定的应提供必要证据。其三，夫妻共同债务的推定。我国《关于适用〈中华人民共和国婚姻法〉若干问题的解释（二）》第 24 条规定："债权人就婚姻关系存续期间夫妻一方以个人名义所负债务主张权利的，应当按夫妻共同债务处理。但夫妻一方能够证明债权人与债务人明确约定为个人债务，或者能够证明属于《婚姻法》第十九条第三款规定情形的除外。"司法实践中，多数观点认为这一规定属于证据规则中的推定法则，是为了保护债权人的利益而设定的。[2]其四，关于死亡顺序的推定。《关于贯彻执行〈中华人民共和国继承法〉若干问题的意见》第 2 条规定："相互有继承关系的几个人在同一事件中死亡，如不能确定死亡先后时间的，推定没有继承人的人先死亡。死亡人各自都有继承人的，如几个死亡人辈分不同，推定长辈先死亡；几个死亡人辈分相同，推定同时死亡，彼此不发生继承，由他们各自的继承人分别继承。"

综合以上推定可见，这一类规则本身并不确定某具体证据的可信度或证明力大小，

---

〔1〕《民诉法解释》第 112 条规定："书证在对方当事人控制之下的，承担举证证明责任的当事人可以在举证期限届满前书面申请人民法院责令对方当事人提交。申请理由成立的，人民法院应当责令对方当事人提交，因提交书证所产生的费用，由申请人负担。对方当事人无正当理由拒不提交的，人民法院可以认定申请人所主张的书证内容为真实。"

〔2〕参见《上海市高级人民法院关于审理民间借贷合同纠纷案件若干意见》（沪高法民一〔2007〕第 18 号）第 3 条，载 http://china.findlaw.cn/info/minshang/zwzq/falv/77499.html，最后访问时间：2014 年 10 月 4 日。王礼仁："破解夫妻共同债务司法困境之构想"，载夏吟兰、龙翼飞主编：《家事法研究》（2013 年卷），社会科学文献出版社 2013 年版，第 166 页。

但在裁判者对基础事实达到了内心确信的情况下，他也应当确信推定事实的存在，除非对方当事人可以举证推翻。

3. 免证规则

《民诉法解释》第93条规定，对自然规律以及定理、定律，对众所周知的事实，对根据已知的事实和日常生活经验法则推定出的另一事实，当事人无需举证。以上规定也是法律对于特定事实认定做出的规定，而不涉及裁判者衡量证据的问题。

4. 孤证不能定案规则

这一规则源于刑事审判，原意是为了防止刑事审判中过分追求与注重被告人供述。民事诉讼中也吸收了这一规则，例如，《民事证据规定》第90条中规定有关证据不能单独作为认定案件事实根据的五种情形。当事人对自己的主张，只有本人陈述而不能提出其他相关证据的，其主张不予支持。但对方当事人认可的除外。这一规则是对案件事实认定的证据数量的要求。

（二）证据衡量规则应当保持谦抑

在封建时期的法定证据制度中，证据衡量规则大行其道，证据的证明力大小具有法定性、抽象性、普适性、形式性、等级性的特点，立法者在法律规范中根据证据的不同形式而规定不同的证明力大小及等级，这种证明力普遍适用于所有案件，而不考虑具体案件中的具体证据情况。在现代民事诉讼中，自由心证已经成为通行各国的证据采信与事实认定的制度，在此大背景下，证据衡量规则的制定与适用应当保持谦抑。谦抑性原则源于刑法，又称必要性原则，指立法机关只有在该规范确属必不可少，没有可以代替刑罚的其他适当方法存在的条件下，才能将某种违反法律秩序的行为设定成犯罪行为。[1]对于民事诉讼中的证据衡量问题，法律规范的制定者亦应以必要为限，减少此类条款，降低其"存在感"，将对具体证据的证明力大小的衡量与判断交由裁判者自行解决。

但在我国的法律体系中，证据衡量规则却较为常见，并集中规定在《民事证据规定》之中。这些规则有些是基于一定的价值追求和司法目的而设定，有些则纯粹是实践经验的总结。有些内容加以明文规定以彰显立法者、最高人民法院对特定问题的态度，有些则属于教导性的指示。但实践中的情形纷繁复杂，对于这些规则的科学性、适当性、必要性，笔者持一定的怀疑态度。正如学者在讨论证明标准时所指出的：作为判决基础的有关案件实体的事实这种证明度只是形容或比喻，在任何制度化的司法实践中，长期经验积累导致法院内部就证明程度产生并形成某种普遍的基准或标准——"沉默的智慧"。[2]这种隐藏在司法实践之中，深埋在裁判者心中的主观的感受与判断能否外在化，能否准确地表达又准确地被理解与再运用，值得进一步思考。而在陪审事实审制度之下，在国家以司法民主、法律与社会的互动等为题，倡导"业余的"陪

---

〔1〕 屈学武："正确理解刑法的谦抑性原则"，载 http://www.people.com.cn/GB/guandian/1035/2168803.html，最后访问时间：2018年5月21日。

〔2〕 王亚新：《对抗与判定：日本民事诉讼的基本结构》，清华大学出版社2002年版，第214页。

审员参与司法，尊重与促进陪审员作为社会一般公众，基于社会常识、良知对案件事实的认定发挥独特作用，以此解决"现代诉讼程序结构中诉讼中当事者的日常生活逻辑与法律家的专门技术逻辑之间的矛盾"〔1〕时，证据衡量规则的必要性与适当性是否应当受到更加严格的限制的问题。

笔者认为，现行司法解释中的证据衡量规则可以根据其内容分为以下三类，这三类的存废各有不同：

1. 必要的证据衡量规则

这些规则不仅是对判断证据真伪的经验的总结，如2001年《民事证据规定》第77条曾对数个证据的证明力大小作出规定，〔2〕更反映了规范制定者的特定目的。如辩论主义之下2001年《民事证据规定》第72条曾规定的当事人对证据的承认的效力问题，即"一方当事人提出的证据，另一方当事人认可或者提出的相反证据不足以反驳的，人民法院可以确认其证明力。一方当事人提出的证据，另一方当事人有异议并提出反驳证据，对方当事人对反驳证据认可的，可以确认反驳证据的证明力"。此处当事人认可的是特定证据，而非自认所针对的特定事实，类似于美国民事诉讼法中的"对文书的承认"，后者指的是当事人一方对他方提出的文书的真实性予以承认的行为，它使对方不必对自己提出的文书证据提出补强证据。〔3〕又如《民诉法解释》第93条规定的免证事项的后几项，包括为了保护生效裁判的权威，赋予"预决力"的"已为人民法院发生法律效力的裁判所确认的事实"，为了促进纠纷的多元解决机制的效果而认可的"已为仲裁机构生效裁决所确认的事实"，为了促进公证事业发展，提高公证预防纠纷效果而认可的"已为有效公证文书所证明的事实"。

2. 可有可无的证据衡量规则

这些规则的内容主要是一般性、概括性、宣示性的指引，对具体的证据衡量操作并无明显裨益，故此类规定存在的合理性存疑。如《民事证据规定》第88条规定："审判人员对案件的全部证据，应当从各证据与案件事实的关联程度、各证据之间的联系等方面进行综合审查判断。"又如《民事证据规定》第96条规定："人民法院认定证人证言，可以通过对证人的智力状况、品德、知识、经验、法律意识和专业技能等的综合分析作出判断。"笔者认为，以上规则并无特别之处，无论是对于职业法官，还是对于陪审员，这一规则对于判断具体证据均无实际效用，不要也罢。

3. 应当废止的证据衡量规则

对于证据的衡量，我们应当根据不同的证据形式，不同的证据来源或产生方式等

〔1〕 王亚新：《社会变革中的民事诉讼》，中国法制出版社2001年版，第9页。
〔2〕 2001年《民事证据规定》第77条规定："人民法院就数个证据对同一事实的证明力，可以依照下列原则认定：（一）国家机关、社会团体依职权制作的公文书证的证明力一般大于其他书证；（二）物证、档案、鉴定结论、勘验笔录或者经过公证、登记的书证，其证明力一般大于其他书证、视听资料和证人证言；（三）原始证据的证明力一般大于传来证据；（四）直接证据的证明力一般大于间接证据；（五）证人提供的对与其有亲属或者其他密切关系的当事人有利的证言，其证明力一般小于其他证人证言。"
〔3〕 白绿铉：《美国民事诉讼法》，经济日报出版社1998年版，第93页。

进行不同的考量，运用不同的考量方法，但直接在法律规范中预设各种不同证据形态的证明力的大小，似有法定证据制度之嫌，而且此类规范的规定虽然有其合理性，但百密一疏，无法应对纷繁复杂的实践情况，容易造成司法审判中的困扰，以下举例说明：

（1）《民事证据规定》第90条中规定："下列证据不能单独作为认定案件事实的根据：（一）当事人的陈述；（二）无民事行为能力人或者限制民事行为能力人所作的与其年龄、智力状况或者精神健康状况不相当的证言；（三）与一方当事人或者其代理人有利害关系的证人陈述的证言；（四）存有疑点的视听资料电子数据；（五）无法与原件、原物核对的复印件、复制品。"这一条文的问题在于：其一，这一规定忽视了当事人陈述本身即为证据的一种，故这些证据材料往往与提供此证据的当事人的陈述相对应，所谓"不能单独作为认定案件事实的依据"就失去了加以限制与降格的作用；其二，上述规定内容多数属于社会常识，如"小孩的话能信吗""你家的人当然向着你说话了"，故在法律规范中加以规定没有必要；其三，在存在疑点的情况下，视听资料与其他证据种类相比，并没有特殊之处；其四，无正当理由未出庭的证人证言应当否认其合法性，而非降低其证明力。

（2）2001年《民事证据规定》第70条规定："一方当事人提出的下列证据，对方当事人提出异议但没有足以反驳的相反证据的，人民法院应当确认其证明力：（一）书证原件或者与书证原件核对无误的复印件、照片、副本、节录本；（二）物证原物或者与物证原物核对无误的复制件、照片、录像资料等；（三）有其他证据佐证并以合法手段取得的、无疑点的视听资料或者与视听资料核对无误的复制件；（四）一方当事人申请人民法院依照法定程序制作的对物证或者现场的勘验笔录。"这一规定针对的是个别的证据材料，但问题在于：其一，证据的证明力并不是用来被确认的，而是被衡量大小强弱的；其二，证据证明力的大小需要与其他证据材料的对比才能更好地认识与衡量，单个证据的证明力的确认并不扎实；其三，证据的证明力大小并不单单取决于是原件还是复印件，如伪造签名的借条，虽然是原件，但并不比转款证明的复印件更有证明力。

（3）2001年《民事证据规定》第71条规定："人民法院委托鉴定部门作出的鉴定结论，当事人没有足以反驳的相反证据和理由的，可以认定其证明力。"[1]但就鉴定意见的证明力而言，该规定的问题在于：其一，证明力重在大小，前文已述；其二，这一规定强化了鉴定意见的定案作用，该立场本身在实践中有一定争议[2]；其三，这一规定忽略了裁判者对鉴定意见的审核义务，直接概括性地肯定了鉴定意见的真实性、科学性、正确性，不合常理，亦不符合诉讼中事实认定的规律；其四，这一规定未注意到鉴定意见本身应当符合的"立论"条件，如鉴定机构、鉴定人具有相应法定资格、

---

[1]　现行《民事诉讼法》已经将"鉴定结论"修订为"鉴定意见"，故文中的表述一律改用"鉴定意见"。
[2]　山东省淄博市沂源县人民法院："规范重复鉴定　提升司法公信"，载《人民法院报》2014年6月5日。

鉴定检材与样本真实且双方当事人认可，鉴定程序与方法符合常规标准，没有明显错漏等，实践中这些条件缺失的情况屡见不鲜，对此有严重瑕疵的鉴定意见直接予以肯定是不妥的。

六、陪审事实审背景下证据程序规则的配套

对于证据与证明的问题，我们不仅应当从人类如何认知事物的认识论的角度考虑，也应当从诉讼程序的设计与运行的角度考虑；不仅要从制度设计的静态角度考虑，也要从制度的实践者（即裁判者）运用过程的角度考虑。对于美国的陪审制，有美国学者总结称："没有对于陪审团审判的理解不可能弄懂大部分美国的民事诉讼程序，证据法、指示裁决、即决判决、重新审判动议等都根植于陪审团审判制度中。"[1]对于我国的陪审事实审而言，同样存在类似的需要，即对于完全由业余人员担任的陪审员，其在审判案件（即认定事实）的过程中，需要如何进行不同于职业法官的证据举证、质证、认证的程序设计？这正是证据程序规则所应当解决的问题。

笔者认为，在这个问题上，主要需考虑以下两个方面的因素：一是鉴于法官与陪审员的共同参与，二者在证据审查、事实认定过程中的分工与配合机制；二是基于陪审员认定事实的能力与特点，如何设计能让其在此过程中充分发挥效能的程序需求。基于以上两点考虑，我国的证据程序规则应当做如下设计：

（一）法官对陪审员的法律事项指示机制

《试点方案》规定，人民陪审员在案件评议过程中独立就案件事实认定问题发表意见，不再对法律适用问题发表意见。审判长应将案件事实争议焦点告知人民陪审员，引导人民陪审员围绕案件事实认定问题发表意见，并对与事实认定有关的证据资格、证据证明力、诉讼程序等问题及注意事项进行必要的说明，但不得妨碍人民陪审员对案件事实的独立判断。这次，《陪审员法》也基本延续了这一要求。这一规定是我国陪审事实审制度下建立必要的法官对陪审员的法律事项指示机制的基础。

在比较法上，在以陪审事实审为基本原则的美国，法官在开庭审理案件之前和庭审终结到陪审团进行评议前都要向陪审团作出"指示"，说明证据规则、本案的法律适用与审判程序、起诉书中所指控的被告人行为的构成要素以及约束陪审团审议和事实认定的规范等，给陪审团成员提供思维上的或者是行动上的框架。[2]在我国，这种指示机制也具有突出的现实意义，这是解决业余陪审员参与审判时面对事实问题与法律问题交织的审判难题的必要保障。从陪审员认知案件事实的思维特点上看，陪审员通过"故事模型"的方式听审，综合双方陈述及举证、质证情况，形成自己对案件事实

〔1〕［美］史蒂文·苏本、玛格瑞特（绮剑）·伍：《美国民事诉讼的真谛》，蔡彦敏、徐卉译，法律出版社2002年版，第231页。

〔2〕何家弘主编：《中国的陪审制度向何处去——以世界陪审制度的历史发展为背景》，中国政法大学出版社2006年版，第77~78页。

这一故事的理解，从彼此竞争的多种理解，多个故事中挑选一个"最佳的"故事。[1]这一故事围绕权利请求与法律关系主张而建立，又在诉讼程序中展开，故在认定时既需要一般社会常识，也需要法律专业知识，而法官的指示是解决这一内在矛盾的根本途径。

在证据与证明的问题上，笔者认为，法官的指示应当注意以下要点：

（1）全面指示。除了《试点方案》中已经提出的证据资格（即合法性）等事项之外，法官还应当向陪审员指示以下事项：一是请求权基础，即原告主张的诉讼请求的权利性质与法律依据。二是双方法律关系性质，这是案件审判中的基础性法律问题。三是法律要件，即原告主张，或被告抗辩的权利所必须具备的要件，典型的如普通侵权的四大要件。四是举证责任的分配，对此问题，大陆法系国家多以法律要件分类说为通说，我国亦然，且这一问题主要由实体法规范确定，应由法官结合案情指示陪审员具体的要求。另需注意的是，举证责任分"行为意义上的举证责任"与"结果意义上的举证责任"，前者在一方举证达到证明标准的情况下将转移给对方，对此事项，法官应作特别提示并要求陪审员予以关注。五是证明标准，我国民事诉讼的证明标准有一个从"内心确信"到"证据优势"，再到"高度盖然性与排除合理怀疑"[2]的转化过程。该标准虽然难以言表或数字化，但对于陪审员认定事实仍有加以区别对待的指导作用，法官应当予以指示。

（2）主动指示。有观点主张，对陪审员所困惑或者不解的相关证据规则等法律知识进行解释，该解释必须是陪审员主动发问，法官被动解释，而不能是法官的主动释明。[3]对此，笔者难以认同，原因在于：一是没有案件相关法律背景知识的介绍，陪审员对事实认定的对象与要求都无从知晓，更无法实质性地参与庭审；二是陪审员对案件相关法律事项完全不知晓，自然无从发问。

（3）事先指示。《试点方案》要求主审法官在庭审前应将案件主要事实进行分类罗列，以书面形式将案件事实争议焦点告知人民陪审员，但这还远远不够，我们应当要求法官在庭审前将举证责任分配、证明标准等事项告知陪审员，以便于其实质性地参与庭审，并在审查认证时提高正确性与效率。理想的情况是，陪审员事先能依据法官

〔1〕　[美]里德·黑斯蒂主编：《陪审员的内心世界》，刘威、李恒译，北京大学出版社2006年版，第234页。

〔2〕　2001年《民事证据规定》第73条规定："双方当事人对同一事实分别举出相反的证据，但都没有足够的依据否定对方证据的，人民法院应当结合案件情况，判断一方提供证据的证明力是否明显大于另一方提供证据的证明力，并对证明力较大的证据予以确认。因证据的证明力无法判断导致争议事实难以认定的，人民法院应当依据举证责任分配的规则作出裁判。"《民诉法解释》第108条规定："对负有举证证明责任的当事人提供的证据，人民法院经审查并结合相关事实，确信待证事实的存在具有高度可能性的，应当认定该事实存在。对一方当事人为反驳负有举证证明责任的当事人所主张事实而提供的证据，人民法院经审查并结合相关事实，认为待证事实真伪不明的，应当认定该事实不存在。法律对于待证事实所应达到的证明标准另有规定的，从其规定。"该司法解释第109条规定："当事人对欺诈、胁迫、恶意串通事实的证明，以及对口头遗嘱或者赠与事实的证明，人民法院确信该待证事实存在的可能性能够排除合理怀疑的，应当认定该事实存在。"

〔3〕　宋景婵、王馨楠："人民陪审员只参与事实审问题研究"，载http://pdszy.hncourt.gov.cn/public/detail.php?id=7247，最后访问时间：2019年3月3日。

的法律指示形成一个认知框架。这样，当陪审员评估每一个证据并试图建立与其他证据之间的联系时，框架就能起到指引的作用。[1]

（二）法官对证据程序事项的指挥权

证据程序事项围绕证据与证明问题而展开，贯穿于庭前准备到庭审结束的全过程，主要包括设定举证时限，准许当事人的调查举证申请或依职权决定调取证据，证据保全、委托鉴定、现场勘验、组织证据交换、准许证人出庭并传唤证人、组织庭审质证等内容。这些事项均需要裁判者一一予以解决，而这也是裁判者行使诉讼指挥权的对象。诉讼指挥权是为了保证诉讼程序的顺利、高效运行，保证案件审判相关实体性事项的顺利形成，法律赋予法官或合议庭在诉讼中依据职权，运行诉讼程序，决定诉讼事项，对当事人及其他诉讼参与人进行指导、监督、约束，其应当配合的权能。法院之诉讼指挥权的基本内容应当包括两个方面：一是诉讼程序运作之诉讼指挥权；二是形成实体内容[2]之诉讼指挥权。[3]在这两个方面，证据与证明的相关内容都是主要组成部分。在陪审事实审的大背景下，我们应当强调法官对相关证据程序事项的指挥权，理由在于：

（1）证据程序事项的法律性。证据程序事项主要表现为诉讼程序中与证据相关的各项诉讼行为的处理，其解决有赖于诉讼法对相关事项的法律规定的适用，均属法律问题，故应由法官处理。

（2）陪审员的自身能力。陪审员以其社会经验与一般常识参与审判活动，运用日常生活逻辑等审查证据认定事实。针对围绕当事人的主张与抗辩、请求权基础与法律关系界定、法律要件的主张与反驳而展开的证据收集、提供、组织质证等事项，既需要裁判者准确适用民事诉讼法，也需要裁判者指挥、安排诉讼进程的经验与较高的审判技巧。这些事项不适合由初次参与审判的业余陪审员来解决。

（3）陪审事实审自身的制度设计。陪审事实审重在改变合议庭的内部职责分工，强调陪审员审查证据、认定事实的职责。但应当指出的是，审查证据与准备证据是两个不同的事项，参与听取质证与组织质证也是两个不同的事项，故强调陪审事实审与赋予法官完全的诉讼指挥权并不矛盾，而是相辅相成的关系。

（4）陪审员参加审判的方式。陪审员非法院的固定人员，其只是在随机的情况下被选中，其本人有自己的工作，无法保证一直参与案件审判的全过程，特别是长期性、持续性的庭前准备程序，法律也没有赋予其参与庭前准备的权力，如调查取证需法官进行。故陪审员参加诉讼主要是为了参加集中式的庭审，《试点方案》也是明确法院应当为其庭前阅卷提供条件，而未规定应参加庭前准备，后者更适合由职业法官来进行，这种区分类似于会期制的人民代表大会与其常设机构的人大常委会的关系。

---

〔1〕 陈林林、张晓笑："认知心理学视阈中的陪审团审判"，载《国家检察官学院学报》2013年第5期。

〔2〕 关于案件实体内容的问题，参见王亚新："诉讼程序中的实体形成"，载《当代法学》2014年第6期。

〔3〕 唐力："能动司法：法院诉讼指挥权之法理分析"，载《法律适用》2006年第5期。

（5）比较法上的经验。在同样强调陪审事实审的美国，陪审团坐而听审，不涉其他。在整个庭审活动中，陪审团的全部职责就是静坐一旁听取控辩双方的辩论，而无须像法官那样对双方辩论是否符合法律规定进行监督。陪审员不需要组织诉讼，更不需要收集证据。[1]

（6）防范先入为主与预断。陪审员未经过职业培训与长期锻炼，对于如何在庭前准备程序中防止受到当事人初期举证的影响，将证据的评价与判断留待质证之后，缺乏能力与经验，故我们在制度设计上应当避免此类问题的发生。

（三）审前准备程序的全面性

为提高陪审事实审的质量与效率，对于实行陪审制审理的案件，法院应当进行充分而全面的审前准备程序，固定证据与争点，为陪审员在庭审过程中审查证据、认定事实提供基础。开展并做好庭前准备工作，这不仅是 20 世纪 90 年代以来，以 1998 年《最高人民法院关于民事经济审判方式改革问题的若干规定》为代表的审判方式改革中的主要成果与核心要素，也是陪审事实审的必要条件。相关内容前文已述，不再重复。

（四）庭审程序的集中化、实质化与通俗化

1. 集中庭审

比较法上，英美法系国家传统上即采取了集中审理的方式，大陆法系国家（如德国）原采取以多次连续庭审为特征的并行审理模式，以 1897 年德国民事诉讼法为代表，但在 20 世纪下半叶，其逐渐转变为集中审理方式，以 1977 年的《简化修订法》与 2001 年《民事诉讼法改革法》为代表。[2]

实行集中审理原则，通过设计一次性的、集中式的庭审，保证案件审判顺利、迅速、公开、公正地进行，也有利于裁判者基于对案件事实审理过程的"新鲜感受"展开合议，这既与直接言词原则、公开原则等现代诉讼的基本原则密切相关，也是实现实体公正的重要举措，更是实现诉讼公正与高效的诉讼价值的重要手段。

鉴于业余陪审员"兼职"参与案件审理的特殊方式，笔者认为，我国的庭审审理应当集中化，避免反复开庭、连续开庭，以提高陪审的效率与效益。

2. 庭审实质化

2014 年 10 月 23 日，党的十八届四中全会《中共中央关于全面推进依法治国若干重大问题的决定》明确提出，要"推进以审判为中心的诉讼制度改革"。随后，最高人民法院提出"审判案件应当以庭审为中心"的号召。有观点将"庭审中心主义"解读为一种指导思想与司法原则。[3]对于陪审事实审而言，这一要求也具有重要意义，只有以庭审为中心，保证实质化庭审，保证庭审在裁判者审查证据、听取质证与辩论而形成心证的过程中发挥决定性作用，才能保障与促进陪审员在案件审理中作用的发挥。

［1］ 王丽英、赵颖："英美国家与中国陪审制度之比较"，载《辽宁商务职业学院学报》2002 年第 3 期。
［2］ 刘万洪："大两法系集中审理比较研究"，载《西南民族大学学报（人文社会科学版）》2011 年第 8 期。
［3］ 蒋惠岭："重提'庭审中心主义'"，载《人民法院报》2014 年 4 月 18 日。

以庭审为中心是落实直接言词原则的重要手段。直接言词原则包括直接原则和言词原则两项原则，前者又可分为形式的直接审理原则和实质的直接审理原则。[1]直接言词原则要求裁判者应当在法庭上亲自听取当事人、证人及其他诉讼参与人的口头陈述，案件事实和证据必须由双方当事人当庭提出并质证，裁判者应当而且只能在其庭审所了解的信息的基础上认定事实、作出判决。

庭审中心主义、直接言词原则与庭审实质化是相互关联、相辅相成的，其对立面即卷宗中心主义。这些原则的共同要求即我们不能把庭前准备、庭外阅卷与调查、请示汇报作为决定审判结果的主要方式，避免先定后审、庭审虚化走过场以及"审者不判，判者不审"的问题。这一点对于陪审员参审的程序安排尤其重要，因为陪审员受身份限制不可能参与庭前准备、庭后汇报等工作，我们在制度安排上又将庭前准备、证据程序事项的指挥等事项交到法官手中，故陪审员真正参与证据审查与事实认定过程，发挥事实认定作用只能在庭审中。《试点方案》规定在经审判长同意后，人民陪审员有权参与案件共同调查、在庭审中直接发问、开展调解工作等，也是基于这个原因。

3. 通俗化

不同的证据形式、事实争点需要不同的质证方式，不同身份的裁判者也需要不同的庭审安排。由法官担任的裁判者在庭审中应当围绕案件双方诉辩焦点、请求权基础与抗辩依据、法律关系性质与要件等，运用其丰富的审判经验与技巧，在各种事实审查与质证的方式之间灵活选择适合本案情况、符合自己的认识与习惯的做法，如整体质证与认证、一事一质、一证一质、分组质证等。但在有陪审员参审的情况下，作为庭审指挥者的法官，应当照顾到陪审员的业余身份与不同需求，在庭审的证据审查与事实认定过程安排上做出特别的处理，将案件事实审理过程通俗化以利于陪审员弄懂案情，听清争点，明确事实的关键与证据的证明目的，并成功地将之一一对应。正如有研究者所述，陪审员参审对事实的认定是故事化的，证据与故事之间的关系应当是"双向的"———叙事被构造成符合证据的样子，但对证据的认知和理解也通过了叙事的过滤。[2]

笔者认为，在这一方面，可以考虑采取以下方式：一是审判长应当在庭审之初详细介绍庭前准备情况，总结双方的争议焦点，以减少陪审员需要关注的对象，集中精力解决核心问题；二是审判长应当结合双方诉辩主张，分解并说明各方当事人的请求权或抗辩权基础及相应的法律要件，分析双方事实主张的法律意义，总结本案的关键事实问题并向双方当事人及陪审员说明；三是审判长应当指挥双方当事人围绕具体法律要件展开事实，提出相应证据并明确证明目的；四是庭审事实调查过程本身应当阶段化，根据不同要件或不同事实争点分步进行，掌握好节奏，除简单案件外，不应组

[1] 苗存囤："直接言词原则应用探析"，载 http://www.chinacourt.org/article/detail/2015/10/id/1729929.shtml，最后访问时间：2019年1月26日。

[2] See Cf. David Sklansky, "Evidentiary Instructions and the Jury As Other", *Stanford Law Review*, March, 2013, p.8, 转引自陈林林、张晓笑："认知心理学视阈中的陪审团审判"，载《国家检察官学院学报》2013年第5期。

织双方当事人"一竿子插到底"地将证据目录上的全部证据全都按顺序过一遍；五是应当将案件事实细节化，比较法上法国设置了问题列表制度，由专家对案件进行要件解读，发给陪审团的是一大堆表格，对每个事实的认识是对还是错，打个钩还是打个叉。通过这种方式把案件事实还原成一堆陪审团可运用平民常识来理解的问题，[1]这一做法值得我们借鉴。

有观点主张，德国、法国在民事诉讼活动中都实行强制律师代理制度，这一做法值得借鉴。[2]对此，笔者持保留态度，虽然强制律师代理确实有利于案件审判，但陪审制本身就是提倡用社会一般观念与日常生活逻辑缓解案件审判中法律专业色彩的司法民主化措施，在我们将陪审员的职责从全面参与过渡为事实审，法官负责案件中的法律问题的大背景之下，就此强调律师的法律知识与能力的参与，关联性、必要性似乎并不突出。

（五）事实认定的心证公开

司法公开是当事人、社会公众对我国审判工作的共同要求，也是现代司法的重要评价指标。司法公开要求裁判者陈述事实认定与法律结论的理由。这有助于防止专断，确保结论来源于案件材料，也有助于司法审查，防止错误或不正确的判决，并增强判决的可接受性。[3]案件判决书对事实认定部分的充分公开更是司法公开的重要一环。

对于陪审事实审中的事实认定过程，我们不应满足于用陪审员的中立性、随机性或无法律职业偏见等因素来树立其事实认定的权威性、公正性，更应通过加强事实认定过程和心证公开的制度设计来督促陪审员公正参审、认真履职、审慎认定，进而增强陪审制的社会效果。在这一方面，应当从以下方面着手：一是裁判文书不能仅概括性地表明或认定事实结论，而不表明具体的采信或不采信某一项事实主张的原因，特别应当明确事实认定是基于对方当事人的自认、在先裁判文书已经认定的事实的结果，还是基于对本案证据的综合评价而来；二是文书对质证过程与认证结果的表述与论证应当具有针对性、全面性，不应概括性地表述为"举证不足"；三是文书中应当具体介绍对重点证据的证明力评价、分析、对比的思维过程，应当结合证据的合法性、关联性、真实性具体展开分析，而不应只是公式化、形式性地表述为不合常理等；四是对于生活常识、商业惯例、日常生活逻辑、经验法则等在事实认定过程中的运用，应当予以明确。生活常识与经验法则是社会公众在日常生活过程中逐渐积累并经多次实践之后逐渐形成的一种相对确定性的知识。但在裁判者的具体运用过程中，其又因个人知识结构、成长过程、生活阅历等的不同而对经验法则及证据与待证事实之间的关系存在差异性看法，从而使得这一过程不可避免地具有主观性、不确定性。将裁判者运

［1］ 施鹏鹏教授在"蓟门决策：司法制度的基石——陪审制"专题论坛中的发言，载 http://news.sina.com.cn/pl/2014-09-25/143330913561.shtml，最后访问时间：2019年1月3日。
［2］ 向前、陈莉："人民陪审员审判职权改革的困境与出路"，载《法律适用》2015年第11期。
［3］ 樊崇义主编：《诉讼原理》，法律出版社2003年版，第248页。

用经验法则的过程与情况予以公开，有助于当事人与社会公众理解裁判过程、接受裁判结果。

第三节 专家陪审制质疑

诉讼过程中，在事实认定问题上，特别是在致害原因、因果关系与损害结果的确认过程中，裁判者经常遇到一些技术性问题，在知识产权领域的专利许可与侵权纠纷中，此类技术性问题更是案件的主要争点。解决此类问题，裁判者需要掌握此类专门知识与技能的技术专家的参与。

当前，技术专家参与诉讼存在多种方式，依据我国法律的规定，司法实践中技术专家可以代理人、专家辅助人、鉴定人、技术调查官，以及专家型人民陪审员的不同身份参与诉讼。其中：第一，专家作为代理人是指该专家作为当事人的诉讼代理人直接参加诉讼，代表当事人进行诉辩主张，通过其在庭审过程中参与质证或发表代理词，而对案件相关专业问题进行解读与阐释，使法官接收该方当事人对案件中的技术问题的主张，进而采信其事实与理由。第二，专家作为鉴定人是指技术专家所在的鉴定机构接受当事人或法庭委托后，委派该专家对案件中的专门性问题，如笔迹鉴别、工程质量、产品质量等，出具鉴定意见，并到庭接受双方当事人质证的人员，作为法庭证据的人员。第三，专家辅助人是我国最高人民法院《民事证据规定》正式确定的新诉讼参与人，是当事人向法院申请出庭就案件的专门性问题进行说明的专业人员，双方当事人和法官可以对其进行询问。第四，技术调查官是最高人民法院于2014年底在《关于知识产权法院技术调查官参与诉讼活动若干问题的暂行规定》中新设的诉讼参与人，即知识产权法院在审理有关专利、植物新品种、集成电路布图设计、技术秘密、计算机软件等专业技术性较强的民事和行政案件时，可以指派技术调查官参与诉讼活动，技术调查官属于司法辅助人员，可以参与庭审并向当事人、专家辅助人发问。第五，司法技术咨询辅助人员是2006年9月最高人民法院在《关于地方各级人民法院设立司法技术辅助工作机构的通知》中新设的司法技术辅助机构中的专职技术人员，司法技术人员运用自己的专业知识，以提交书面报告或咨询意见的形式，就案件涉及的技术问题提出自己的意见并对法官提出的专门性问题进行解答或联系业内专家为法官提供咨询，为人民法院的审判和执行工作提供司法技术保障。第六，专家陪审员是指技术专家被法院聘请担任陪审员，在某一具体案件中担任合议庭的组成人员，参与庭审，可以向当事人及代理人、鉴定人、专家辅助人等发问，并在合议阶段与法官享有同等的事实认定方面的权力。

在上述不同身份条件下，技术专家的意见与看法的客观性、重要性、可采性有所不同：在其作为代理人时，其是一方当事人利益的代言人，其立场并不中立，故其意见无法为法官所轻易相信与采用；作为专家辅助人也有同样的问题，其是一方当事人向法院申请出庭支持其事实主张的人，其费用也是由该方当事人承担，所谓"吃人嘴短，拿人手短"，也得为一方说话，其中立性、客观性存疑；而在其为鉴定人时，其鉴定意见只是一种普通的证据材料，提交给法院供认证，而其委托方是当事人还是法院，对于其意见的可采性、客观性、科学性等具有极大的影响，当事人自行委托的鉴定意见在证明力方面受到比较多的限制。[1]故在司法实践中，法院更加倾向于把技术专家转变为"自己的人"，或者是合议庭自己找来技术调查官、技术咨询专家，给合议庭提供技术支持，或者直接找专家陪审员作为合议庭成员发挥作用，而后者目前被运用得最为广泛，也得到了一定的认可。

但笔者认为，陪审员专家化是对人民陪审制在司法实践中的扭曲，偏离了该制度的本来目的与自身价值，尽显司法实践中人民法院的实用主义追求与功利性心理，其在价值正当性方面存在缺陷，在实践操作方面也有一定的不足与障碍，故不应推广，反而应当限制。以下试讨论之。

一、我国专家陪审的实践发展历程

在产品质量侵权、交通事故、知识产权纠纷、医疗事故纠纷等专业性较强的案件中，为了弥补法官在专门领域的专业知识与技能的欠缺，查明案件事实，我国法院自20世纪90年代开始陆续开展了专家陪审制的试点，多地法院从案件事实认定中特定问题的相关专业领域内选任一定数量的专家、学者、技术性人员作为陪审员参与到案件审判之中，这些专家的职能定位是从专业角度运用自身的专业知识，帮助合议庭准确认定案件事实，适用法律。这些专家主要是自然科学或工程技术领域的专家，与某些观点中提出的"进一步提高陪审员的选拔条件，甚至完全比照选拔法官的标准选拔，以吸纳体制外的司法优才参与审判，建构专家陪审机制"[2]中提到的法律专家是完全不同的指向。

（一）最高人民法院的肯定态度与推进措施

1990年，北京市高级人民法院就能否聘请专家担任陪审员，参加专利案件的审理向最高人民法院请示，1991年6月最高人民法院做出《最高人民法院关于审理第一审专利案件聘请专家担任陪审员的复函》，并在该复函中指出，人民法院在审理第一审专利案件时，可以根据该案件所涉及的技术领域，聘请有关技术专家担任陪审员。

2005年7月，最高人民法院时任院长肖扬在讲话中提出："过去实践中一些基层法院聘请各个领域的专家陪审员的做法是成功的，要结合新的规定，加以完善并大力推广。"[3]

---

[1]《民事证据规定》第40条第1款规定："当事人申请重新鉴定，存在下列情形之一的，人民法院应当准许：（一）鉴定人不具备相应资格的；（二）鉴定程序严重违法的；（三）鉴定意见明显依据不足的；（四）鉴定意见不能作为证据使用的其他情形。"《民事证据规定》第41条规定："对于一方当事人就专门性问题自行委托有关机构或者人员出具的意见，另一方当事人有证据或者理由足以反驳并申请鉴定的，人民法院应予准许。"

[2] 廖永安、刘方勇："社会转型背景下人民陪审员制度改革路径探析"，载《中国法学》2012年第3期。

[3] 肖扬："树立科学的司法观，扩大民主，促进司法公正"，载《人民法院报》2005年7月8日。

2009 年，为贯彻党的十七大提出的"实施知识产权战略"及国务院《国家知识产权战略纲要》，最高人民法院制定了《关于贯彻实施国家知识产权战略若干问题的规定》。其中明确要注重发挥人民陪审员的作用，通过多种方式和渠道有效解决专业技术事实认定问题。

2010 年 1 月，最高人民法院公布了《关于人民陪审员参加审判活动若干问题的规定》。其第 5 条规定："特殊案件需要具有特定专业知识的人民陪审员参加审判的，人民法院可以在具有相应专业知识的人民陪审员范围内随机抽取。"

(二) 地方法院的积极实践

1996 年，北京市高级人民法院正式聘请技术专家以"人民陪审员"的身份参与北京第一中级人民法院、第二中级人民法院的知识产权案件的审理，任期 1 年。当年，北京市第一中级院聘请著作权专家作为人民陪审员参与审理的一起著作权纠纷案，即引发了较大的关注。[1]

2001 年 7 月，为适应专利行政案件数量逐年增多的审判新态势，北京市高级人民法院进一步将专家参审制度常态化，从国家知识产权局专利复审委员会聘请资深审查员担任知识产权案件的参审员，发挥专家学者的技术优势，帮助法院解决知识产权案件的专业技术难题。

2008 年底，北京市第二中级人民法院进一步发挥技术专家作用，创立知识产权案件审理新模式——"三人技术组、五人合议庭"模式。审判机构组成人员包括技术专家（来自国家知识产权局等知识产权行政部门的参审员）和法官（具有理工科本科学历和法律专业硕士学历的审判人员）。"三人技术组"负责甄别、裁判技术事项，"五人合议庭"组织双方当事人就法律问题及不涉及技术的事实问题进行质证、辩论，通过"三人技术组"和"五人合议庭"的二次合议形成案件的处理意见，并经二次核改签批裁判文书。对北京市第二中级人民法院的专家陪审调研显示，法院在专业性较强的案件中对技术专家较为依赖，技术问题越复杂的案件，专家型人民陪审员参与审理的比重越大。其中，侵犯发明专利权纠纷案件全部都有专家型人民陪审员参与审理。而以"一般消费者"的认识作为判断基础的侵犯外观设计专利权纠纷案件则主要由 3 名法官组成的合议庭进行审理。[2]

---

〔1〕 张景义、滑玉珍："京城，'有千名不穿制服的法官'——北京市落实人民陪审员制度采访札记"，载《人民法院》1999 年 6 月 24 日。

〔2〕 崔宁："技术专家担任陪审员的制度基础与路径选择"，载 http://bj2zy.chinacourt.org/public/detail.php? id=863，最后访问时间：2019 年 3 月 8 日。

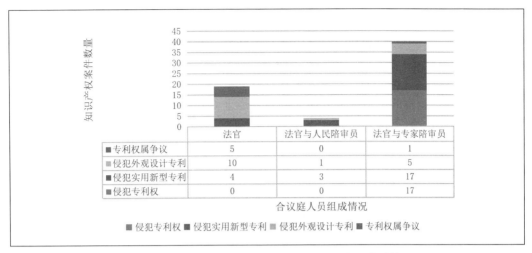

图 7-12　不同组成人员合议庭 2009 年审理专利案件情况

2011 年 8 月，最高人民法院发布了《关于海事法院人民陪审员选任工作的意见（试行）》，就海事法院人民陪审员选任、使用问题作出了专门规定。其中虽然未明确对专家陪审提出要求或建议，但下级法院的取向非常明确。如武汉海事法院鉴于该院海事海商案件专业性强，管辖范围为长江主干线，其在人民陪审员选任公告中即将陪审员的选任范围限定为该院案件管辖范围内的长江干线港口城市从事航运管理、港务监督、外贸运输、商品及船舶检验、银行保险、航运理论研究的公民个人。[1]

二、专家陪审的利弊之争

专家陪审的出现与发展与其自身存在的优势是分不开的。对此，理论界与实务界也多有总结，但也不乏对此热点保持清醒态度者，双方各持己见，但肯定说在理论研究与实务操作中更占优势。

（一）专家陪审的优势

客观地说，专家陪审为法院审理案件，处理专业性、技术性问题带来的好处与帮助是显性的、容易达成共识的。主要表现在：

1. 提升技术专家意见的中立性、客观性、科学性、可采性

技术专家作为代理人、专家辅助人参加诉讼时，其本为一方当事人利益而来，故在专门知识的选择、运用、解释方面难免会受其自身立场的影响，不尽客观。即使我们相信专家在诉讼中不会颠倒黑白，但在现代科技发展的过程中不可避免地存在大量尚未能形成定论的问题，当这些问题进入法院诉讼领域时，选择哪一种观点或学说对于案件结果具有直接的影响，故对于作为代理人、专家辅助人的技术专家的意见，法官只能将信将疑。而把专家变成自己人，变成共同审理案件的合议庭成员，使其在程

---

〔1〕　http://www.cnaas.com.cn/shownews.php? id＝15725，最后访问时间：2019 年 1 月 4 日。

序地位上中立于一方当事人，既可以使其摆脱对个别当事人的密切关系，也可以督促其认真地履行审判职责，客观地向合议庭其他成员（特别是向职业法官）解释与说明案件中的专门性问题。

2. 补强职业法官知识短板，提升案件审判质量

案件审理过程中的事实认定方面需要运用专业知识的场景很多，如参与涉及专业性问题的证据真实性的审查、证据关联性的判断、形成证据的现场勘验与证据保全、对科学证据（包括鉴定意见）的质证与分析等。当这些问题出现在以法律为专业的法官面前时，法官也得挠头。而技术专家作为陪审参与审理，则可以有效地解决上述专门性问题，在收集、审查、询问、采信证据，包括鉴定意见的过程中，发挥重要的积极作用，提升认定事实的科学性、准确性。

3. 提高诉讼效率，降低诉讼成本

专门性问题的解决或者交由当事人自行解决，或者由法院"内部"解决。交由当事人解决的方式包括由其聘请代理人、专家辅助人或申请鉴定，这一过程本身就较为漫长，而法官与这些技术专家就专门性问题的交流，法官对专门性问题的解决方案的抉择，也需要一定的时间与步骤，费时费力。专家陪审员则是法院内部解决专门性问题的最佳方式，陪审员在审查认证及合议过程中即可以运用其专业知识与技能，解答相关问题，并为法官所信任与采用，审判效率将有显著提高。与此相应，案件的诉讼成本，无论是当事人自身所需花费的成本，或是社会总成本，都将有所节省。

4. 增强陪审员的参与感，促进其实际参审

有学者抽样调查了 500 起案件，人民陪审员参加合议时，发表的意见与合议庭意见不一致的有 4 件，占 0.8%；意见一致的有 496 件，比例高达 99.2%。调研中发现，大部分案件陪审员在合议庭评议时未独立发表意见，只是简单地"同意承办人或审判长意见"，表面上是人民陪审员参加合议案件，实际上却仍然是法官主导审判。[1] 产生这一现象的原因在很大程度上是陪审员在案件审判过程中不熟悉法律，缺乏司法审判经验，从而对审判工作消极对待，对法官产生了依赖心理。但当陪审员具有了不同于职业法官的专门性知识与技能，并能与法官形成互补时，其参加审判工作的积极性、主动性将得到明显提升，法官也会对他们抱有更高的期待。

5. 以专业性提高权威性，提升审判的实际效果

在审判过程中，技术专家作为陪审员参与专门性问题的解决，其权威性与专业能力将增加当事人对审判的认同感和信任感。这一点在实践调研中也有所体现，当事人对法院裁判的认可度更高。[2] 专家陪审员还可以把案件的审判过程与司法掌握标准在业内进行宣讲，有助于圈内人加深对法院裁判的理解，提高司法公信力。

---

〔1〕 宋景婵、王馨楠："人民陪审员只参与事实审问题研究"，载 http://pdszy. hncourt. gov. cn/public/detail. php? id=7247，最后访问时间：2019 年 2 月 3 日。

〔2〕 刘晴辉："关于专家在民事诉讼中地位的思考——以专家陪审模式为视角"，载《社会科学研究》2009 年第 1 期。

6. 吸收比较法的成功经验，符合发展趋势

世界上的许多国家都有自己的专家裁判制度。1999 年 4 月 26 日，英国实施了新的《民事诉讼规则》，建立了专家陪审制度。其第 35 章第 15 条规定：技术陪审员协助法院处理其掌握技术和经验之事项。技术陪审员是完全属于法院的专家，协助法院处理其掌握技术和经验之事项，完全忠实于法院和真理，独立性至高无上。美国最高法院从 1996 年开始规定陪审团也应由相应科学技术背景的专家组成，即专家陪审团。专家陪审团并不是和普通陪审团一样，从选民登记册、驾照号码、纳税单、电话簿中随机抽选，而是从专业知识、训练和经验的专业人员中抽选。[1]德国则有技术法官制度，依德国《专利法》第 65 条、《联邦德国法官法》第 120 条的规定，德国联邦专利法院的法官包括法律法官和具有技术专长的技术法官。技术法官与法律法官享有同等的审判权利。德国的技术法官多由专利商标局的资深审查员担任，通常应在大学、技术或农业高等学校或矿业学院通过了技术或自然科学专业的国家或大学结业考试，之后在自然科学或技术领域至少从事 5 年的职业活动并具备必要的法律知识，具备这些条件才能作为技术成员选任技术法官。[2]

（二）专家陪审制的隐忧

对专家陪审的批评与质疑主要集中包括以下三方面的内容：一是对专家陪审员的中立性的质疑，认为其基于行业背景可能偏袒同行；二是对专家陪审制的科学性、操作性的质疑，认为无法寻找、审查、确认能够解决具体案件中特定问题的真正专家；三是对专家陪审的制度目的与功能的质疑，有学者认为，专家陪审制是法院借助专家的专业知识协助法官审理案件，但对体现司法民主却会形成了障碍。[3]对于前两个问题的相关内容，笔者将在后文中详细论述，此处主要介绍第三个方面的情况。

陪审制度是人民主权的体现，其诞生与发展的本来目的是实现司法民主，是通过普通人民群众参与司法过程，实现大众化思维对精英化思维的制约，反对司法专权，并实现社会日常生活与法治的互动。因为陪审员由普通公民担任，而不是精英化的法官，其可以更多地从"平视"的角度看待纠纷及双方当事人，而不是以居高临下的审视角度进行审判，更多地从社情民意、日常生活逻辑等角度看待纠纷，而非教条化、刻板的法律。故有观点认为，陪审制度实质上是一种"草根民主"，它的"草根性"在于它通过普通百姓参与审判，平衡精英化的法官对法律的垄断，防止司法的过度精英化。

但专家陪审制偏离了这一初始目标，其出发点是加强法院的职能，强化审判效果

〔1〕 http://www.chinalawedu.com/news/20800/213/2006/5/xi0158329511225600212834-0.Htm，最后访问时间：2016 年 6 月 14 日。

〔2〕 郭寿康、李剑："我国知识产权审判组织专门化问题研究——以德国联邦专利法院为视角"，载《法学家》2008 年第 3 期。

〔3〕 崔宁："技术专家担任陪审员的制度基础与路径选择"，载 http://bj2zy.chinacourt.org/public/detail.php?id=863，最后访问时间：2016 年 5 月 8 日。

与效率。专家也属于社会的精英层，掌握着较常人更多的社会政治、经济、人脉资源，这一身份与陪审制的大众化身份不符，而过度强调这一身份，强调其专家的业内顶尖地位与资格，并将其在陪审中的作用奠定在这一身份基础之上，是另一种精英司法，这与陪审制的本来目的与性质不符。

三、专家陪审制下审判程序公正性的瑕疵

公正是程序的基本价值。美国学者泰勒（Tom R. Tyler）认为评价某一法律程序是否公正的价值标准有：①程序和决定的参与性；②结果与过程的一致性；③执法者的中立性；④决定和努力的质量；⑤纠错性；⑥伦理性。另一位美国学者戈尔丁（Golding）则认为程序公正包含以下九项内容：①任何人都不能作为有关自己案件的法官；②结果中不应包含纠纷解决者个人的利益；③纠纷解决者不应有支持或反对某一方的偏见；④对各方当事人的意见均给予公平的关注；⑤纠纷解决者应听取双方的辩论和证据；⑥纠纷解决者只应在另一方当事人在场的情况下听取对方的意见；⑦各方当事人应得到公平机会来对另一方提出的辩论和证据作出反应；⑧解决的诸项内容需应以理性推演为依据；⑨分析推理应建立在当事人作出的辩论和提出的证据之上。[1]

笔者认为，专家陪审制确实具有一定的优势与作用，但在专家陪审员参审的情况下，相应的审判程序存在一定的程序公正性瑕疵。虽然有观点认为陪审员因为来源的随机性和广泛性，又属于客串参审，因而可以避免受到法院内部的干预，腐败风险也较低，故其审判行为更为公正。"但就专家作为陪审员参加那些专业特点较强案件的审判来说，其可能带来的隐患主要有两点，一是专业技术知识的片面性；另一点是专家对所处行业的保护性。"[2]部分技术专家可能不能秉持公正之心，客观地反映专门性问题的真实情况。这一点是学界、司法界所普遍提出的问题，也是当事人与社会公众的主要质疑之处。在专家陪审制下，审判程序的公正性的瑕疵主要表现在以下几个方面：

（一）陪审员中立性的偏差

专家陪审员的中立性问题是一个颇受质疑的问题，相关论述较多。专家陪审员的中立性主要受以下三方面的影响：

1. 专家的技术自信导致的预断与亲疏感

在科学发展过程中，理论论证应当与实验检验相结合，实验须具有可重复性，这些要求并不能解决对特定科学技术问题的分歧与争议。在互相矛盾的几种不同观点与解决思路中，专家有自己的选择。而当诉讼中面临这种争议性问题时，专家容易基于自己的既有观点形成对案件的认识，而比较难接受对立的主张，由此导致在诉讼中不关注、不听取相反的意见。这也会影响其对当事人的认同感。在审查认证的合议过程中，专家往往会从自己的观点出发解释相关专门性问题，评价双方的对立观点，这种

〔1〕 肖建国："程序公正的理念及其实现"，载《法学研究》1999年第3期。
〔2〕 王敏远："中国陪审制度及其完善"，载《法学研究》1999年第4期。

专业偏见又对合议庭的研究过程及结果具有决定性的影响，有碍司法公正。

2. 专家的角色重合与身份混同

专家是运用自己掌握的专业知识参加审判，其对知识的了解与观点的选择具有特殊性、个体性，在这一点上此时的情况不同于《民事证据规定》中所述的免于证明的众所周知的事实或者自然规律及定理。在法官审判过程中，法官可以运用自己熟知的自然规律或众所周知的事实判案，如2008年北京市在奥运会期间限制施工，当时对本市所有的建筑工程施工造成了普遍影响，但法官不能基于自己所知道的特定事实作出裁判。比如在道路交通事故赔偿案件中，法官不能基于自己当时在场看到了被告撞人而认定其侵权，在此情况下法官应当主动回避，摆脱本案裁判者的身份而转作证人。对于专家陪审员也存在同样的问题，专家陪审员运用自己对案件相关专门性问题的个体了解与个人观点参与审判，发表评议意见的，与法官运用自己对特定事实的了解认定事实一样，在参加诉讼的身份与作用问题上有所混淆。专家陪审员在庭审质证过程中询问当事人、证人、鉴定人、专家辅助人，其有可能就专门性问题的解决与鉴定人、专家辅助人意见不一致而发生争执，这将影响双方当事人、旁听群众、社会公众对其中立性立场的判断。

3. 专家所从属的行业利益与人际关系

由于专家从属于某一专业领域，也有其行业利益的考虑或感情倾向的表达，或现实的人际关系的干扰，这些都可能影响专家立场与意见的客观性、公正性，而更容易站在为"自己人"开脱的角度发表意见。常见如专利复审委、商标复审委的专家参与专利类、商标类行政案件的审查、医院的医生参与医疗侵权纠纷案件中的过错认定等。故有学者指出，当案件的处理涉及的一方当事人与陪审员具有相同或相似的社会角色时，专家陪审容易对这一方当事人倾注过多的同情，从而偏离审判中立之精神。[1]

（二）司法公开的不足

伯尔曼教授有一句名言："没有公开则无所谓正义。"英国著名法学家G.休厄特也有句名言："正义不仅要实现，而且要以人们看得见的方式被实现。"[2]近年来，司法公开的重要性已经得到了越来越多的人的认同，相关制度也在不断地建立与完善。"阳光是最好的防腐剂"，必须把司法审判工作，把审判权的运行以加强司法公开的方式置于"阳光"之下，才能最大限度地防范权力寻租现象，最大限度地保障司法公正，防范司法腐败、树立司法公信力。但专家陪审制有碍于这一目标的实现。

在专家陪审制下，以下事项当事人及社会公众无从知晓，有损于当事人的知情权，违背了司法公开原则：

1. 专家资格审查

在我们对于技术专家的专业知识与技能给予了过高重视的同时，我们并没有在合

---

[1] 刘峥："对我国人民陪审员制度改革的构想"，载《中国法律评论》2016年第1期。
[2] 崔艺红："深化司法公开　彰显法治文明"，载《人民法院报》2014年2月20日。

议庭组成人员告知程序中设定专门的环节告知当事人这一陪审员的特殊身份与作用，更没有向当事人明确其所在的研究领域与擅长或精通的专门性问题的范围。

2. 专家的专门知识与个人观点披露

专家对于专门性问题的个人见解并没有特定程序予以公开，即使是在法庭上就专门性问题向当事人、鉴定人、专家辅助人发问，也仅能表明其关注点，而不足以公开其观点，这与同样是技术专家的鉴定人应当出庭接受双方当事人质证及法庭的询问，法官对于专门性问题的解决以庭审质证后的鉴定意见为基础有显著区别。

3. 心证形成的基础与过程

合议庭的评议过程应当保密，不对当事人公开，但即使是在合议庭内部，专家陪审员能否，或者会不会、愿不愿、有没有时间与精力将案件中的专门性问题的背景与观点争议、自己的个人见解得失优劣等向其他合议庭成员，特别是职业法官介绍清楚，也值得怀疑。

4. 文书公开的效果

案件裁判文书的撰写由法官进行，在缺乏上述专门性知识背景介绍的情况下，法官如何能够在文书中公开心证，如何能对双方就专门性问题的相反观点的取舍做出充分、科学的阐释。

专家陪审员的专家意见在审判公开性上的缺陷造成其参审的诉讼的正当化功能会受到损害，使参加庭审的当事人和旁听群众怀疑诉讼公正性，怀疑最后的法院裁判是"暗箱操作"的结果，由此降低了当事人和社会公众对纠纷解决的接受程度。

（三）当事人程序主体权的虚化

比较法上，随着现代民事诉讼制度与法学理论研究的发展，当事人的程序主体性原则逐渐为各国所接受，当事人的程序主体权与主体地位逐渐确立。[1]对于这一原则确立的原因，有"发现真相说"与"正当程序说"的不同解释。日本学者即认为，当事者之间的相互作用才是诉讼程序的中心部分这一观念，一般地或者以这样能够最大限度地发现案件真相的理由来说明，或者由当事者接受涉及自己切身利益的处理时必须得到陈述自己意见的机会这种正当程序的原理演绎而出。[2]

民事诉讼中当事人的程序主体地位及相应的程序保障要求虽然有多种观点，但基本都包含了尊重与保护当事人的知情权、选择权、实质性参与权、质证权、辩论权等内容，而与之对应的是裁判者的告知义务、释明义务、心证公开义务等内容。当事人程序主体权与程序保障的一般性内容，相关论述较多，在此不再赘述，仅就专家陪审制在这一方面的缺陷进行探讨。

笔者认为，专家陪审制对于当事人的程序主体性地位构成了妨害，侵害了当事人的知情权、选择权等基本诉讼权利，使裁判者成为此程序中唯一的主角，当事人对于

〔1〕邱联恭："程序选择权之法理——着重于阐述其理论基础并准以展望新世纪之民事程序法学"，载《民事诉讼法之研讨》（四），三民书局1993年版，第576页。
〔2〕［日］棚濑孝雄：《纠纷的解决与审判制度》，王亚新译，中国政法大学出版社1994年版，第255页。

程序的运行及其结果的参与权被虚化,其诉讼主体地位降格为"法院审理活动所支配之客体",具体而言表现在:

1. 当事人缺乏对是否采用陪审制的发言权

根据现行规定及实践中的通常做法,是否采用陪审制完全由法院自行决定。根据目前最高人民法院的审判绩效指标考核体系,一审诉讼程序的陪审率也是其中一项重点指标,故整体而言,法院对于采用陪审制确实有较为积极的态度。但就个案而言,是否采用陪审制,则完全由承办人自行确定,当事人就此缺乏申请权或异议权。而对专家陪审而言,其参审的案件范围目前仅有原则性、建议性的规定,并无限定性的要求,是否采用仍由承办人决定。此时,对于专家陪审制这种在陪审员的职能与作用、案件事实认定过程及机理等方面显著不同于一般审判组织的审判方式,当事人仍然没有事先知情与表达个人意愿的机会,显然背离了当事人主体性原则的基本要求。

2. 当事人缺乏对专家陪审员的选择权与异议权

对于个案中专家陪审员的确定,法院的做法一般是直接在事先制定的专家陪审员名录内根据案件需要指定特定专家或者在条件允许、人员充足的情况下随机抽取。对这一过程,当事人无法知晓更无权参与,仅能在合议庭组成人员确定之后得到正式的通知,实践中还有迟至开庭时才得知专家陪审员姓名的情况,没有发表意见甚至合意选择专家的机会,其主体性并未得到尊重。

3. 当事人缺乏对专家资格的知情权、异议权

即使当事人被告知合议庭组成人员,知道了陪审员的姓名,当事人也无从知晓该陪审员是以专家身份参审或是以一般人民陪审员的身份参审,该人员是不是专家,是哪方面的专家。即使审判长在介绍合议庭组成人员时,对陪审员的职业与身份情况进行了介绍,但在当前的陪审制度下,当事人对该陪审员的专家资格也没有提出异议的机会。依据现行法律制度,当事人对合议庭组成人员可以提出异议的仅限于申请特定人员回避,但回避事由目前仅限于有亲属关系、直接的利害关系等情况,不能涵盖此时专家陪审员的专家身份是否"适格"的问题。

4. 当事人缺乏对专家陪审员个人意见的知情权、异议权

在法官审判中,法官的心证公开是现代民事诉讼法的一项重要要求。民事诉讼法学者认为,加强法院释明是避免来自法院审判"突然袭击"的重要手段。法官持有与当事者不同的法律观点时,不应以"法律问题是法官的专属权限"为理由而保持沉默,而应当向当事者进行开示并尽量求得共同的理解。这样的开示近来被法学界提到法官的义务的高度,称为"法律观点开示义务",并成为程序保障的重要内容之一。[1]同理可知,在专家陪审制之下,专家陪审员对于案件中专门性问题的个人观点亦应当充分告知双方当事人,并听取当事人的意见。但在当前的司法实践中,担任陪审员的技

---

〔1〕〔日〕谷口安平:《程序的正义与诉讼》(增补本),王亚新、刘荣军译,中国政法大学出版社2002年版,第146页。

术专家在庭审阶段并没有达到这一要求，也没有制度或规范对其提出此要求。当事人对于专家陪审员的个人意见与观点选择没有知情与提出异议的机会，使当事人对案件中专门性问题的解决缺乏实质性的参与，程序主体地位未能得到保障。专家陪审员只有在合议庭评议阶段才能就案件中的专门性问题发表意见，而其发表意见时对于所依据的专业科学技术知识是否进行了充分说明尚不可知，对于一些在该科学技术领域内有争议问题的不同观点是否进行了介绍及客观、充分的点评亦不可知。而其他合议庭成员（特别是职业法官）对于此类争议并没有直接予以判断的知识背景，也没有听取各方意见特别是当事人及其专家辅助人、鉴定人等的意见，再做综合评判的基础，也不可能重启庭审，而只能被动地听从或采纳专家陪审员的观点。这不仅对于合议庭事实判断中专门性问题解决的科学性造成了实质性影响，更对审判程序的正当性造成了妨碍。

5. 当事人对专门性问题的质证权与辩论权被架空

专家陪审员运用其个人掌握的专门知识与技能，直接对案件中的专门性问题作出判断。由于当前制度下缺乏类似"心证公开制度"那样要求陪审员告知当事人其事实审查、判断的过程与基础的制度，导致当事人无法针对陪审员个人的关注点与意见进行质证与辩论，无法就其中的关键问题进行充分的、实质性的举证、质证，从而失去了实质性的影响案件实体性问题确定的机会与可能，损害了当事人的程序主体权。

四、专家陪审制可操作性之忧

专家陪审制虽有众多优点，但制度优点的发挥依赖于法院能寻找到正确的专家且其能积极履职等条件。而在实践中，这些前提性事项可能难以满足，而专家陪审员的参审又使得当事人、法院对专门性问题的解决有缺乏充分质证、辩论之基础的危险。笔者认为，专家陪审制在以下方面存在操作性障碍：

（一）确定专家资格的困难

判断某个人是否为专家，最简单的方法即看其在本业务领域内的评价，这种评价有的是外显的，如学位（硕士或博士）、职位（如部门或单位领导）、职称（教授、研究员、调研员、主任医师等）、头衔（硕士生导师、博士生导师等）、社会兼职（如专业学会内理事以上、兼职导师等）；有的只能具体衡量，如根据工作时间长短、参加实验或学术活动情况、发表论文情况、参加的科研项目情况等。前者相对容易些，后者则难以具体化、规范化。

（二）选择专家的困难

在具体的个案中确定合适的专家陪审员，需要解决该专家的专长与案件中专门性问题的关联性问题。这一方面的问题主要是专家陪审员的专业背景及知识、技能水平是否与案件的主要事实争点相对应。随着社会科技的进步与社会分工的细化，各类科技知识与技能呈爆炸式增长，所谓的专家只能是某一专业学科中细分领域的专家，如医学中的外科与内科，心脑系统与呼吸系统、消化系统各有不同专家，即使在同一细分领域内，各个专家的专长也有所不同，如口腔医院内也有牙周病科、牙体牙髓病科、口腔颌面外科、口腔修复科、口腔正畸科、口腔种植科等多个不同科室。技术专家即使在其本身所属专业领域内也可能存在大量不甚了解之处，不可能解决本领域内的所有问题。因此，当法官好不容易确定了本案中专门性问题的准确范围后，如何在此基础上寻找合适的专家就有了大海捞针的感觉。

另外，假定确实存在某具体案件中的特定问题方面的特定专家，如何发现、审查、评定其该方面的专业资格将是一项费时费力的工作。而案件的诉讼成本、诉讼效率与审限要求等方面的问题也不能忽视，所谓"迟到的正义非正义"，这些程序价值可能又与发现真实这一目标相冲突，阻碍我们将大量时间与精力花费在寻找特定问题的合适专家之上。

（三）专家入职的困难

依据《全国人大常委会关于完善人民陪审员制度的决定》的要求，符合担任人民陪审员条件的公民，可以由其所在单位或者户籍所在地的基层组织向基层人民法院推荐，或者本人提出申请，由基层人民法院会同同级人民政府司法行政机关进行审查，并由基层人民法院院长提出人民陪审员人选，提请同级人民代表大会常务委员会任命。新的《试点方案》规定，基层和中级人民法院每5年从符合条件的当地选民（或者当地常住居民）名单中随机抽选当地法院法官员额数5倍以上的人员作为人民陪审员候选人，制作人民陪审员候选人名册，建立人民陪审员候选人信息库。基层和中级人民法院会同同级司法行政机关对人民陪审员候选人进行资格审查，征求候选人意见，从审核过的名单中随机抽选不低于当地法院法官员额数3倍~5倍的人员作为人民陪审员，建立人民陪审员名册，提请同级人大常委会任命。

根据上述规定，陪审员的选任与履职具有极强的地域性限制，只能在本地常住人口中筛选，服务于本地的审判工作。在大众陪审制下，这一地域限制有利于体现社情民意与本土化特征。但对于专家陪审而言，这种地域限制极大地影响了制度的可行性。除了北上广之类的大型城市之外，其他地区基层法院及中级人民法院依托本地资源，构建起"全门类"的专家库的可行性极低，当缺乏此类候选人时，问题如何解决？即使有本领域的专家，对于涉案的具体问题其是否具有专门性知识，也难以保证，此时问题如何解决？在案件中涉及多个跨领域的专门性问题或同一专业领域内不同细分事项时，或者案件中的专门性问题有所变化时，真正适当的专家如何成为陪审员？如何加入合议庭？

（四）专家意见质证的困难

专家只是有一定的专长，其意见并不必然较鉴定人、专家辅助人高明或可靠，在许多领域的具体问题上，专家内部即存在观点的争议，而在一些专门性问题（如文字书写时间或盖章时间的确定、精神病鉴定、笔迹同一性认定）等方面，其技术方法本身的有效性、答案的唯一性尚有异议，更不能盲从个别人的意见。

但由于陪审员作为合议庭组成人员，整体而言其角色是听取双方当事人的举证、质证与辩论，虽然按照《试点方案》的要求，其可以发问，但这不是陪审员亲自参与其中与某一方当事人质证、辩论，否则极容易引起该方当事人对其中立性的质疑。而另一方面，如果陪审员在某些争议性的专门性问题的答案上隐藏了自己的个人观点，未告知双方当事人，则当事人无法有的放矢地进行质证与辩论。在这一问题上，相关程序设计很容易陷入两难的境地。

（五）合议庭合议的困难

案件中的专门性问题需要专门的解决方式，但需要在当事人对立抗辩与裁判者居中决断的基本框架之下。在这个方面，笔者认为，司法鉴定的定位与运用方式较为妥当。证据法学上认为，鉴定是一种"证据方法"，当事人可以运用这一方式补强其物证、书证等其他证据材料，对方当事人可以对鉴定人的鉴定意见提出异议，鉴定人应当庭作出回应，法院根据双方质证及辩论情况进行判断，决定是否采信。民事诉讼法在修改时将原有的"鉴定结论"的表述改为"鉴定意见"，正是这一定位的准确表达。而在专家陪审制下，在案件评议过程中，除了专家陪审员，其他的合议庭组成人员并不掌握相应的专业知识，如果没有庭审中的充分质证与辩论的基础，其亦缺乏其他有效途径去了解、思考与判断其中的真伪是非。这种情况对于合议庭合议的有效性、科学性及案件审判结果的正确性都是一种损害。

（六）二审及再审审查的困难

没有了庭审质证与辩论的基础，在一审合议庭简单地根据专家陪审员的个人意见处理案件事实认定中的专门性问题并做出判决之后，当事人提出上诉的，二审审理很可能将遭遇审查无门的困难。二审合议庭无法在案卷中确定一审法院处理专门问题的解决依据与思路，也无法根据一审审理情况，特别是质证笔录，对案件中的专门性问题做出自己的评价与判断，而二审合议庭依据规定又不能由专家陪审员参与，相关专门性问题也不具备简单处理的方法，由此便会造成二审审查判断上的困难。这一问题在再审程序也同样存在，不再赘述。

五、解决诉讼中专门性问题的基本原则

专门性问题是司法审判中必然出现的现象，也是裁判者在事实认定过程中必须要解决的事项。就此问题的解决，学界与司法界众说纷纭。我们应当在此过程中注意遵守以下三项基本原则：

（一）采取多元化处理及多渠道解决的灵活态度

我们应采取多种方式，邀请或允许技术专家以不同的身份进入诉讼之中，通过不同渠道发挥其专业知识与技能。如在我国台湾地区，以专门性问题最为集中的知识产权案件审理为例，除了司法鉴定制度之外，其先后设定了技术调查员制、专家参审制等不同的制度来共同服务于此问题的解决。

（二）坚持裁判者对事实问题的最终决定权

这里主要强调的是法官或陪审员应当在对证据（包括作为证据方法的司法鉴定）、

对各种专家意见与观点进行综合审查评价的基础上，对案件相关事实问题做出自己的判断。另外，裁判者应当是合议庭全体成员，既包括职业法官，也包括陪审员，而不能是一人解决。其他人不能不假思索地盲从鉴定人、专家陪审员的意见。有观点提出，如果专家陪审员与法官意见不统一，应当充分尊重专家陪审员的审理意见，如果是针对专门问题事实认定的问题，应当以专家陪审员的意见为主，而不是相反。[1]对这一观点，笔者不敢苟同。对于司法审判中的事实认定问题，还是应当坚持裁判者的独立判断权与审查职责，而不能将该权力让渡或委托给鉴定人之类的技术专家。

（三）坚持程序保障原则，注意对诉讼当事人诉讼权利与诉讼主体地位的保障

现代民事诉讼中的当事人的程序主体性原则提出之后在学者中得到了广泛的认同，"应赋予对程序的进行有利害关系的人以相当的程序保障"[2]的观点日益成为共识。在专门性问题的解决制度设计上，无论是采取司法鉴定制度、技术调查官制，还是专家陪审制，这一共识均应当体现其中。如有学者即指出，对是否需公开技术调查员的专业意见的问题，日韩等国实行不公开制，但技术调查员的职责已超出了"咨询"范畴，对法官裁判有决定性影响。出于保护当事人实体及程序利益，避免突袭性裁判之目的，应将调查报告向当事人公开，并要求技术调查员出庭接受质询，让法官能够通过技术调查员与当事人之间的交互诘问，清楚知悉技术调查员的认知有无错误，从而作出相对公正的裁决。[3]专家陪审制中的程序保障问题将在下文中展开讨论。

六、技术专家参与诉讼的注意事项

在以上三项原则指引之下，我们可以通过以下途径解决诉讼中的专门性问题，技术专家参加诉讼应当达到以下要求：

（一）在辩论主义的框架下加强当事人的技术对抗

1. 辩论主义简述

日本学者谷口安平指出，以什么样的事实作为请求的根据，又以什么样的证据证明所主张的事实存在与否，都属于当事人意思自治的领域，法院应当充分尊重当事人在这一领域的自由，这就是辩论主义最根本的含义。[4]辩论主义包括以下内容：其一，直接决定法律效果发生的主要事实必须在当事人的辩论中出现，法院不能以当事人没有主张的事实作为判决的基础；其二，对于双方当事人都没有争议的事实，法院应当作为判决的基础，换言之，法院应当受当事人自认的约束；其三，法院对证据的调查，原则上仅限于当事人提出的证据，而不允许法院依职权主动调查证据。[5]

---

[1]　岳军要："专家陪审制度探析"，载《郑州大学学报（哲学社会科学版）》2013 年第 5 期。

[2]　江伟主编：《中国民事诉讼法专论》，中国政法大学出版社 1998 年版，第 2 页。

[3]　徐雁："质疑与革新：大陆知识产权专家参审制度的完善——兼论台湾地区知识产权审判专业化"，载 http://www.xmqyflxh.com/detail.aspx？newsid＝2582，最后访问时间：2019 年 3 月 8 日。

[4]　[日]谷口安平：《程序的正义与诉讼》（增补本），王亚新、刘荣军译，中国政法大学出版社 2002 年版，第 139 页。

[5]　[日]兼子一、竹下守夫：《民事诉讼法》（新版），白绿铉译，法律出版社 1995 年版，第 95 页。

对辩论主义的根据，理论上存在本质说、手段说、防止意外打击说、程序保障说、多元说、法探索主体说、信赖真实协同确定说等观点，它们从不同的角度论证了实行辩论主义的必要性，其中以"本质说"与"手段说"为主要学说。"本质说"认为，民事诉讼是关于私权的争议，民事诉讼的对象是当事人能够自由处分的私法上的权利或者法律关系，对于这种私法上的权利或法律关系，应当充分尊重当事人的自由处置。因此，把诉讼资料的收集之权限和责任委任给当事人，是民事诉讼的当事人自治之本质所致的结果。"手段说"认为，辩论主义乃系利用当事人利己之心以发现客观真实的有效手段。因为：其一，与案件的利害关系使当事人抱有一种尽可能求胜的心理状态，由其收集诉讼资料必定较为尽力；其二，当事人是最有可能知道案件事实经过的人，把诉讼资料的收集之权责委任给当事人，对于案件事实真相的查明是最合理的；其三，假如法院全面、自主地收集诉讼资料，由于法院力量的有限性，很难对全部的案件进行彻底的审理；其四，由当事人收集诉讼资料，在当事人如果因未尽力提出事实、证据而招致败诉时，不至于责怪法院的不公平。另外，"程序保障说"实际属于以上两种学说的综合体。该说认为，辩论主义是为了保障当事人的攻击防御机会而承认的诉讼原理。辩论主义包括两种意义上的辩论主义：一种是本来意义上的辩论主义，是指作为判决基础的事实由当事人收集提供，这是从当事人责任和权能的角度来认识的；另一种是功能意义上的辩论主义，指当事人没有提出的事实法院就不能加以认定，给当事人提供程序上的保障，保障当事人平等地进行攻击或防御，在心理上使当事人得到满足，并进一步实现真实的目的。[1]

2. 辩论主义在专门性问题解决中的运用

在辩论主义的指导之下，对于专门性问题的解决及技术专家的身份与参诉方式，我们也应当注意以下事项：

第一，专门性问题的解决思路与方案原则上由当事人自行提出。辩论主义主要针对的是案件中的事实问题，我们在此所讨论的专门性问题也是事实认定过程中遇到的问题，而非法律适用问题。在解决这一问题的方式上，我们应当以当事人自行提出意见与依据为原则，以举证责任分配，特别是"提出证据责任"或"行为意义上的举证责任"为法律手段，以举证不能时的败诉后果承担，即"结果意义上的举证责任"动员与激励当事人主动寻求技术帮助的措施。在具体措施上，应当向承担举证责任的一方进行释明，询问其是否申请鉴定。对于鉴定意见的质证，应当允许对方当事人申请专家辅助人参加诉讼，就案件中的专门性问题展开对抗。

第二，制度设计与运用应当为当事人之间的技术对抗提供程序设计上的便利与保障。所谓技术对抗是指对于专门性问题的解决意见与依据，双方当事人可以就其中运用的专业知识与技能、鉴定方法与科学原理的正确性、适当性等展开质证与辩论。对

---

〔1〕 刘学在："辩论主义的根据"，载 http://wenku.baidu.com/link? url=_ 3mglrHL7TIng1RKGl4gOYrbMOSTi DXsvEscVMgmDKb68h3a0JzpIY9Gq4eV2NYbs0EWAyJHxTiwqNHM－kt－dyFrsLvi6H3ozgHOrR6ZxRq，最后访问时间：2018 年 12 月 17 日。

于这一问题，美国诉讼法是通过专家证人制度解决，美国的《联邦证据规则》将具有专业知识解决专门问题的专家作为专家证人归入证人类。该规则第702条规定："如果科学、技术或其他专门知识有助于事实审理者了解证据或决定争议事实，因其知识、技术、经验、训练或教育而具有专家资格的证人，（在下列情形下）可以意见或其他方式对之作证：①该证言是基于充分的事实或资料，②该证言是由可靠的原理或方法推论而来，且③该证人已将这些原理或方法可靠地适用案件的事实。"[1] 这种专家证人在诉讼地位上从属于该方当事人，这一点不同于大陆法系中鉴定人更多地被树立为法官的助手的定位。我国《民事诉讼法》《民事证据规定》中确定的专家辅助人的地位与作用则更类似于美国的专家证人，是为该方当事人进行技术对抗提供帮助的技术专家，其费用也由该方当事人自行承担，而不是鉴定费用分担的方式。其只能由当事人申请参加诉讼，而不能由法院依职权委托，当事人有权申请鉴定人回避，但不能申请对方专家辅助人回避。这些特点均表明了专家辅助人对一方当事人的附属地位与技术支持作用，我们对此应当秉持更加积极的态度，欢迎专家辅助人的加入，真理越辩越明，当事人技术对抗的实质化、均衡化有助于提高裁判者审查判断的质量。

第三，裁判者应当谨慎地提出专家意见。裁判者，包括具备一定专业知识与技能的法官与专家陪审员，对于案件中的专门性问题，应当在发表专业性意见方面保持谨慎，应当以将专门性问题交由第三方专家解决，引导双方当事人进行技术对抗为第一选择，以保持自身立场的中立性。但需指出的是，裁判者基于一般人所知晓或应当掌握的社会经验与常识做出的判断不在此限，如通过"章压字还是字压章"判断合同文本是先打印后盖章还是先盖章后打印，通过印章字体、大小、完整程度等显而易见的区别判断印章的同一性问题等。

第四，裁判者对专门性问题的意见与看法应当告知当事人并听取双方意见。这是保障当事人知情权与质证权，实现司法公开与程序保障的重要内容，相关内容前文已述，不再重复。

（二）法院技术辅助人员参诉应符合程序保障原则

专门性问题的解决在各国诉讼法中均属难点，各国普遍采取了为法院寻找技术支持、聘请技术专家为审判提供技术服务的方法。《法国民事诉讼法》规定有专家实施的证据调查，具体包括专家诊断、专家确认、专家鉴定三种，法官借助大量的专家意见判断案件事实。[2] 德国法律将鉴定人认为是法庭的特别助手，也被称为法庭的延伸的大脑，职责是在法官缺乏发现事实真相的必要的专门知识时提供有关信息。[3] 在美国，联邦巡回上诉法院法官都配备了技术助理（scientific law clerk），技术助理是法官的技

---

〔1〕 陈界融译著：《美国联邦证据规则（2004）评析》，中国人民大学出版社2005年版，第78页。

〔2〕 毕玉谦主编：《〈最高人民法院关于民事诉讼证据的若干规定〉释解与适用》，中国民主法制出版社2002年版，第230页。

〔3〕 〔德〕托马斯·魏根特：《德国刑事诉讼程序》，岳礼玲、温小洁译，中国政法大学出版社2004年版，第178~181页。

术顾问（technical advisor），协助法官了解技术争点，并就技术领域的基本知识，与法官进行单方面的交流。韩国的《专利法》《实用新型法》《外观设计法》均规定技术调查员可以受院长指示，就商标案件以外的知识产权案件中涉及的专业技术问题提供咨询和建议，后者非法院常任人员，仅为个案提供咨询服务，属"任务型"技术顾问。日本目前在知识产权高等裁判所、东京地方裁判所、大阪地方裁判所分别以常勤公务员的方式配置有 11 名、7 名、3 名技术调查官。其中大部分是具有数年审查经验的专利局审查员。[1]

就此现象，笔者认为，无论从现代社会分工的精细化程度与科技发展的尖端程度出发，还是从诉讼程序本身效率与效益的要求出发，这种比较法上的共同做法均为合理选择。在我国，最高人民法院在司法解释中设定了司法技术辅助人员的专门职责，并在知识产权审判中专设了专家调查官负责技术性事项，其出发点与其他国家并无不同。在此情形下，我们应当将更多的注意力放在如何设计此类技术辅助人员发挥作用的程序性要求之上，使其在发挥技术特长与辅助作用的同时不影响诉讼本身的三角结构与法院的中立立场。为此，笔者认为：

1. 技术辅助人员仅发挥辅助作用，而不能行使裁判权

技术调查官仅仅是帮助裁判者审查判断案件中专门性问题的技术专家，其本身不是裁判者，法官亦不能将自己的审判权让渡或委托给这些辅助人员，或以不加审查的完全接受技术辅助人员意见的方式变相地放弃审判权。在德国，对于作为法庭助手的鉴定人的意见，由于鉴定人对法庭判决仅仅起辅助作用，因此法庭不受其意见的约束，但法庭反驳鉴定人的结论，必须在书面判决中详细地记录驳回的理由。[2]

2. 技术辅助人员仅参加专门性问题的解决活动，不应参加其他诉讼活动

证人作证应当基于其亲身感受到的案件事实，而非听到的传闻证据，为了保证证人证言的真实性，避免其受到当事人陈述或其他证人证言等证据的干扰，《民事证据规定》第 58 条规定，询问证人时，其他证人不得在场。同理，为了避免案件中的其他事实与情节影响技术辅助人员的判断或使其产生一定的心理、感情倾向，我们也应当禁止其参加专门性问题之外的诉讼活动，如旁听案件庭审过程。

3. 技术辅助人员应当公开发表意见

"心证公开"是现代民事诉讼中程序公正的重要内容之一，也是司法公开的重要环节。心证公开不仅是对法官的要求，也应当适用于作为法官助手的技术人员，其应公开发表意见，包括自己对案件中关键性科学技术争议的观点，以利于双方当事人就此进行实质性的辩论。日本知识产权高等法院的 200 名专家委员仅在法官认为案情需要时到庭就案件的某一技术问题进行阐释，但就案情向法官所作的口头陈述或书面报告

---

〔1〕 刘影："日本技术调查官与专门委员制度"，载《中国知识产权》2014 年第 12 期。

〔2〕 ［德］托马斯·魏根特：《德国刑事诉讼程序》，岳礼玲、温小洁译，中国政法大学出版社 2004 年版，第 181~182 页。

均为"咨询意见",属审判秘密,不仅当事人无权查询,而且不得作为证据或裁判依据。[1]对于这一做法,我们认为有待商榷。

4. 技术辅助人员应当当庭与双方当事人就专门性问题进行交流

技术辅助人员参加诉讼应当符合案件审理的固有程序制度规范,符合诉讼三角形结构的本质属性,并符合程序公正、对当事人的程序保障等要求。故技术辅助人员参与鉴定、勘验等具体诉讼活动,帮助法官进行科学技术类证据的质证、审查,帮助法官引导鉴定人、专家辅助人陈述科学技术上的意见等,均应当在诉讼中,特别是在庭审过程中,与双方当事人(包括其代理人、专家辅助人)进行专业知识与技术方面的交流,对当事人所持意见进行点评,对双方当事人就其所持意见的异议予以回应,在庭审中充分展示案件专门性问题所涉及的专业知识技术,为案件裁判者的自由心证提供基础。

(三) 专家陪审制的运作应以当事人合意选择为基础

1. 专家陪审制存废之争

对于专家陪审制在我国现有诉讼制度之下所存在的价值缺陷与实践难题,在前文中已经有所论述,不再赘述。有观点就此提出我国应当废除专家陪审制度,而以大众陪审制为唯一选择。也有观点认为,人民陪审员的广泛性和专业化之间并非存在绝对的矛盾和冲突,可以在扩大选任规模和严格选任标准的前提下得到协调和平衡。[2]还有学者认为,我国应当实行"人民陪审团"与"专家陪审员"二元制的陪审制度。[3]

笔者认为,考虑到专门性问题存在的客观性、广泛性,考虑到技术专家参加诉讼,乃至直接参加合议庭,对于解决此类问题在时间、效率、效益、科学性方面的优势与实效,完全取消专家陪审制在制度设计方面显然并非合理选择。

另外,"徒法不足以自行",对于社会现象的分析,我们不仅要关注客观的制度,更应当关注运行这一制度的人,这正是"过程分析"的精髓与现实意义所在。[4]而考虑到当前法院案多人少的巨大压力与承办法官"多结案快结案"的主观意愿,考虑到当事人自身对于定纷止争的迅速性、简便性的追求,单纯取消专家陪审制也不符合诉讼主体的共同愿望。

故我们认为,既然不可能完全取消专家陪审制,我们就应当在保留专家陪审制的同时对其加以完善,对其在程序公正、公开、中立等方面的瑕疵予以补正,重点在制度设计中为当事人的程序保障奠定坚实的规范性基础,并采取有效措施解决其操作性难题。

2. 专家陪审制下程序保障的实现

结合前文论述,笔者认为,专家陪审制应当从以下几个方面加强对当事人的程序

〔1〕 刘影:"日本技术调查官与专门委员制度",载《中国知识产权》2014年第12期。
〔2〕 刘峥:"司法与民主的完美结合——怎么看人民陪审员制度",载 http://www.chinacourt.org/article/detail/2012/04/id/511262.shtml,最后访问时间:2019年1月23日。
〔3〕 汤维建:"论民事诉讼中的参审制度",载《河南省政法管理干部学院学报》2006年第5期。
〔4〕 [日]棚濑孝雄:《纠纷的解决与审判制度》,王亚新译,中国政法大学出版社1994年版,第6页。

保障：一是在诉讼中公开陪审员身份，特别是作为技术专家的特长与资格，以利于当事人了解审判组织构成的特殊性，便于其有针对性地开展诉讼活动；二是要求专家陪审员公开技术观点，以利于当事人知晓审判组织对专门性问题的技术性的立场；三是专家陪审员应当公开心证，将其对案件中专门性问题的观点告知双方当事人，为当事人进行实质性的辩论创造条件；四是专家陪审员在庭审中应与双方当事人就案件中的专门性问题进行充分的交流，包括向当事人及其代理人、鉴定人、专家辅助人发问等，在庭审中充分展示专门性问题的科学技术背景与观点差异，为合议庭其他成员审查判断哪一方当事人的主张应予采信提供素材，也为二审法院审查提供庭审笔录等资料；五是专家陪审员应当在合议时客观而充分地介绍与点评相关技术性问题，专家陪审员应当充分地介绍案件中专门性问题的科学技术背景，并就特定问题在科学解释中本身存在的观点差异进行客观的介绍，对双方当事人在诉讼中所持观点及依据进行评价，并与其他合议庭成员共同认定案件事实。对于以上事项的具体内容，前文已有论述，此处不再展开。

3. 专家陪审制的运用应以当事人的程序选择权为基础

鉴于专家陪审制度本身优点与缺陷均十分显著的特性，在强调对专家陪审制度本身进行程序保障方面的完善的同时，我们亦应从根本上改变对其程序的"正当化机制"的认识与设定，从制度的法理基础入手弥补其缺陷。所谓正当性或正当化的概念，意味着纠纷的解决或审判在整体上为当事者以及社会上一般人所承认、接受和信任的性质及其制度性过程。[1]就陪审制度而言，司法民主与解决大众司法与精英司法之间的紧张关系是其正当化原理，是陪审制度的法理基础与程序设计的出发点。但就专家陪审制而言，情况有所不同。专家陪审制度并不具有一般意义上的陪审的大众化、平民化特征，故司法民主与大众司法不再足以作为其正当化原理或法理基础。在此制度中，法院过度强势的职权作用与解决结案压力的主观目的使当事人从诉讼主体沦为诉讼"客体"，当事人的诉讼权利，特别是程序选择权严重缺位。这从另一方面也妨碍了其审判程序与结果的正当性。为此，我们应当重塑专家陪审制的正当化机制，不再简单地套用大众陪审制的正当化原理，而应将当事人的合意选择作为其正当化原理与制度的法理基础。

笔者认为，在专家陪审制的设计上，我们可以借鉴商事仲裁制度的成功经验，将当事人对诉讼过程中各项程序性事务的自主选择权与合意作为专家陪审制设计、启动、推进的出发点。此次《陪审员法》虽然规定了民事案件中当事人可以申请采用陪审制审理，但未涉及专家陪审员相关的具体内容，该问题仍需我们进一步努力完善。具体而言，我们应当赋予并保障双方当事人对以下事项的程序选择权：

第一，当事人有权共同选择采用专家陪审制进行审理，没有当事人的合意，法院

---

〔1〕 王亚新："民事诉讼与发现真实——法社会学视角下的一个分析"，载 http://blog. sina. com. cn/s/blog_700696b70101futr. html，最后访问时间：2019 年 1 月 20 日。

不得依职权决定采用专家陪审制，否则无法解决法院将专家陪审制在程序公正、公开方面的价值瑕疵强加于当事人之上的程序正当性问题。这对于诸如专利许可争议行政纠纷、医疗事故侵权纠纷之类的相关技术专家有较强的利益相关性的案件尤其重要。

第二，当事人有权共同决定专家陪审制解决的事项范围，这既是当事人选择是否采用专家陪审制的关键，也是决定陪审员人选的重要因素，故当事人亦应当有权决定。

第三，当事人有权在陪审员名录之内选定专家陪审员，法院应当在陪审员名册中公示每一位专家陪审员的专业背景、技术特长与职称、职务等信息，以利于双方当事人选择，以资解决专家资格的确定难题。法院可以向当事人推荐人选，但均应当得到当事人的认可。双方当事人既可以共同选择一名或两名专家陪审员，也可以各自选择一名专家陪审员，并在此基础上通过合议制共同解决科学技术方面的认定问题。

第八章

从形式公开到实质公开

——我国裁判文书公开之瓶颈与出路

第一节　我国裁判文书公开现状及问题

一、裁判文书公开概述

裁判文书是法院审判活动的实录，法官结果心证的最终呈现载体。裁判文书可以分为判决书、裁定书等。裁判文书公开是指将裁判文书通过报纸、期刊、互联网等媒介向公众公布，其主体一般是法院。裁判文书公开包含两个方面的内容，即形式的公开与实质的公开。裁判文书形式的公开是指将裁判文书本身向当事人和公众公开，如裁判文书上网；裁判文书实质的公开是指将裁判文书必备的要素，如程序记载事项、裁判认定事实、裁判理由、裁判结论，以受众能够清楚知晓的方式公开，涉及裁判文书的结构、要素以及裁判文书的说理问题。

裁判文书公开，可以规范法官的审判行为，保障案件当事人的合法诉权，保障民众对司法的知情权，可以推动裁判标准的同一；可以为法学研究和法律教学提供丰富的素材，促进法学教育事业的发展；可以发挥司法对社会的引领和规制作用，培养法律信仰，完善社会诚信体系建设。以下，笔者将从裁判文书的实质公开和形式公开两个角度，分析目前我国裁判文书公开存在的问题，并通过比较研究，探索符合中国模式的裁判文书公开路径。

二、裁判文书形式公开现状

2009 年以前，我国并不存在裁判文书公开的概念，更不存在制度层面的裁判文书公开要求。然而，最高人民法院会定期公布典型案例和公报案例，以提供审判指导；各地人民法院也以案件宣传、调研成果转化、统一裁判尺度为目标，不定期地通过各种载体、媒介公布一些具有社会影响力或具有典型意义的案例。[1]

自 2009 年以来，各级人民法院采取了多种措施推动司法公开工作，依托最高人民

---

[1]　案件宣传、调研成果在 2009 年以前已成为各法院对法官考核的重要指标事项。最高人民法院出版和发行的《人民法院案例选》《中国审判案例要览》《人民司法》《人民法院报》等均收纳诸多法官撰写的典型案例，案例收录案件情况将计入法官的绩效考核档案。

法院政务网站建立的二级网站"中国裁判文书网"[1]也已建成，最高人民法院于2013年7月初集中公布了第一批生效裁判文书。[2]

2013年7月，最高人民法院通过了《裁判文书上网公布暂行办法》。按照该办法，除法律有特殊规定的以外，最高人民法院生效裁判文书将全部在最高人民法院政务网站下属的中国裁判文书网予以公开。《四五纲要》强调，要"继续加强中国裁判文书网网站建设"，严格按照"以公开为原则，不公开为例外"的要求，实现四级人民法院依法应当公开的生效裁判文书统一在中国裁判文书网公布。按照最高人民法院的统一安排，2014年1月1日起，全国各级法院全面启动了裁判文书上网工作。

2016年期间，裁判文书上网率成为法官绩效考核的重要指标。[3]《最高人民法院关于人民法院在互联网公布裁判文书的规定》自2016年10月1日起施行。进一步明确了文书公开范围。以北京市为例，2015年，北京市法院系统全年裁判文书上网率为93.74%，2016年裁判文书上网率为98.25%，2017年裁判文书上网率为98.1%。[4]从绝对数上看，截至2018年3月25日，中国裁判文书网已公开裁判文书43 464 110篇（具体类别见图8-1）。[5]可以说，我国法院从只对当事人及其代理人公开裁判文书，到法院允许纸质的查阅复制裁判文书，再到现今的全面上网公开，裁判文书的形式公开工作取得了长足的进步。

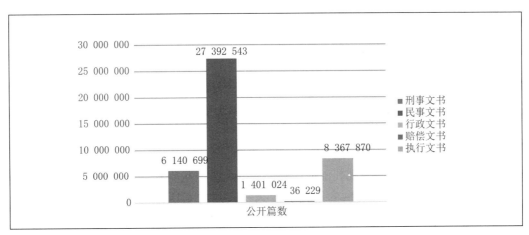

图8-1 中国裁判文书网公开文书数量（截止到2018年3月25日）

〔1〕 http://www.court.gov.cn/zgcpwsw.

〔2〕 参见张新宝、王伟国："司法公开三题"，载《交大法学》2013年第4期。

〔3〕 如北京市要求每位法官的裁判文书上网率必须达到95%，且该指标与法官结案数、法定审限内结案率、改判发回率等均作为法官的重要考核指标。

〔4〕 数据来源于北京市法院审判管理系统。

〔5〕 数据来自中国裁判文书网：http://wenshu.court.gov.cn，最后访问时间：2019年3月25日。

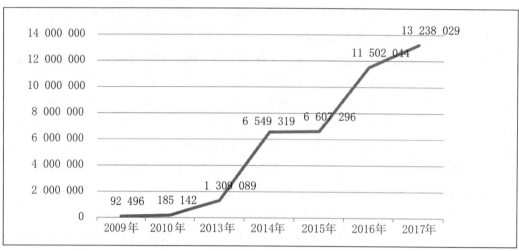

图8-2 公开的裁判数量（按照裁判年份）

然而，裁判文书的形式公开也存在一些不容忽视的问题。具体表现为：部分法官缺乏文书公开的主动性，裁判文书公开不及时、不全面；公开边界把握不到位、存在侵犯当事人隐私权的问题；裁判文书公开缺少监管和审核，存在低级错误，影响文书的权威性；裁判文书公开渠道单一，检索功能简单僵化，文书资源利用效率低等。

三、裁判文书实质公开现状

裁判文书公开是诉讼公开和裁判公开的基本依托和载体，不仅要通过网上公开裁判文书等途径实现形式公开，最重要的是要在裁判文书中全面反映诉讼和法官心证过程，也即是裁判文书的实质公开。特别是公开法官被说服的过程，包括公开各种影响法官的心证的主、客观因素、常识、经验、演绎、推理、反证……表明法官在认定事实方面的自由裁量受程序规则和证据规则约束，从而使裁判获得正当性。[1]裁判文书的实质公开涉及的是裁判文书的结构和要素、裁判文书说理等问题。多年来，无论是从法律层面，还是从最高人民法院的各种通知和要求，均对文书结构、要素和说理进行了要求，但比起裁判文书形式公开的可喜成绩，实质公开进展相对缓慢，存在诸多问题。从文书结构上看，目前存在的问题包括：第一，缺少程序型说理；第二，缺少对当事人诉辩意见的归纳；第三，缺少对焦点的归纳；第四，缺少对证据的认定等。[2]

而文书说理的问题主要存在以下几种类型：一是简单概括，只追求结果正确。此种类型的文书几乎是不进行说理的，完全没有把法官心证的过程展现出来，也不明确

---

〔1〕 傅郁林："民事裁判文书的功能与风格"，载《中国社会科学》2000年第4期。

〔2〕 以上问题，系我们对照中国裁判文书网中公布的裁判文书的结构，与同时期最高院公布的裁判文书样式进行的对比而归纳。

回应当事人争议的问题，只追求结果的正确。如各方当事人对某一份合同是否有效存在争议，则在不进行详细论述的情况下直接认定"双方签订的合同不违反法律、法规强制性规定，合法有效"。二是教条填充，要素间缺乏联系。也即机械地按照文书格式的要求，罗列当事人的诉辩意见、证据情况，基本事实、适用法律的条文，并进行认定和判决，从外观上文书的各项要素齐备，并非从法官心证的角度阐述案件推理的全貌。三是繁简不当，重点不突出。具体来讲，有些对于争议不大的部分有时长篇大论，对于真正有争议的部分则避而不谈。对于认可当事人意见的理由重复罗列，对于未采纳当事人的意见的理由未予辨析和回应。可以说，随着对裁判文书要求的提高以及各种考核项目的设立，有些法官逐渐产生了对某一问题深度论述的动力，然而对于争议的事实，法官仍然存在"不敢"或者"不想"说理的情况，导致裁判文书当说理时不说理，不必说理的部分过分冗长。裁判文书说理，本应是法官将其认定事实以及作出裁判的过程充分地展现出来，令当事人得以知晓法官心证的过程，其主张未被采纳的理由，其核心在于公开法官的心证。而这一问题，是过去几十年内我们所忽略的，也是转型期民事诉讼所应该强调和坚持的落脚点。

第二节　不同受众导向下的裁判文书类型

法官在撰写裁判文书时，应当考虑裁判文书的主要受众是谁，不同的受众决定了裁判文书存在不同的类型。明确裁判文书说理的受众导向是突破现阶段裁判文书说理瓶颈的第一步。在裁判文书形式上全面在互联网公开的今日，如何定位裁判文书的功能和价值，即如何定位诉讼程序的功能和价值直接决定着裁判文书制作的内容和要求。

一、以当事人为中心的裁判文书

案件当事人是一份裁判文书的直接利害关系人，也是对裁判文书最为关注的人。当事人对于裁判文书的要求是追求个案化而非裁判文书的指引作用；追求实体权益的实现而不强调程序权益；追求结果的公正甚至忽略作出结果的理由。尤其是作为败诉的一方，会对裁判文书进行字斟句酌，不放过任何微小的错误，以辅助其自己确信或向上级法院、审判机关展示裁判是草率而不公正的。

以当事人为中心的裁判文书，意味着法官说理需要不仅限于法理，还要讲情理，也就是做到"辨法析理，胜败皆明"。[1]如果法官的论理不能够说服持反对意见的当事人，当事人难免会怀疑法院阐述道理的公正性，这当然从应然层面显示了法律共同体的重要性和法教义学的现实意义，但也在实然层面彰显了法教义学的制度约束和应

---

[1]　中国法院曾一度追求"辨法析理、胜败解服"，近年更正为"辨法析理，胜败皆明"，可谓是对法官说书说理要求的一种进步。

用局限。司法判决以案件当事人为直接和主要对象，它需要对当事人提起的争点和论点作出裁判。因此，判决的一个重要功能就是向败诉方表明判决是合法的，是法院对诉诸司法的公民的一种合理回答，而不单纯是一种具有国家权威的行为。〔1〕此类裁判文书则要求法官在当事人提出的理由不影响案件结果的同时，仍要回应当事人的理由。比如说，在一些案件中，一方当事人会提出一些与法律职业人归纳的争议焦点无关的质疑，如当事人不应委托代理人出庭而应当自行出庭、一审法院不准许当事人查阅卷宗程序违法等，法官仍应对此进行回应。

十几年前，当事人程序主体性原则已成为学界公认的主流价值取向，要求法院的司法活动应当树立"以当事人为本"的观念。〔2〕然而，以当事人为导向的裁判文书在当时的社会背景和职权主义庭审模式下强调当事人的主体地位有着重要意义，然而在强化"审理者裁判，裁判者负责"的现阶段，在裁判文书在互联网全面公开的现阶段，在法官专业化水平已得到较大程度的提高以及当事人诉权有了一定程度保障的时代，以当事人为中心的裁判文书不能凸显法官在裁判文书制作中的主体地位，也就无法适应司法公开的要求。

二、以上级法院、审判监督机关为中心的裁判文书

从理论上来看，我国的每一级法院都应是独立的，不存在领导决定甚至影响的关系。上下级法院仅是为了保障更好地查明真相和当事人权利而形成的审级分工。但事实上，无论是英美法系还是大陆法系，上级法院对于下级法院裁判都会存在或多或少的影响。〔3〕对于判例法国家来讲，"遵循先例的传统使法官更加注重上级法院的意见，对下级法院今后处理类似案件的影响以及对同级法院的示范意义，而非普通公众的意见"。〔4〕

对于我国，一审法官在文书书写过程中会不自然地将二审法官作为潜在的受众。一方面，学者们广为诟病的请示汇报制度、通气制度、会谈纪要指导等非正式制度仍然存在。另一方面，现阶段实行的目标量化考评体系将二审发回、改判比例作为重要的考评数据，在倒逼一审裁判查明真相、论证清晰的基础上，进一步加重了一审法官裁判说理寻求二审认同感的意愿和迫切感。对于审判监督程序的提起者：检察机关、法院内的申诉审查部门也是同一道理。因此，在以上级法院、审判监督机关为受众的情况下，一审法院所看重的是法定二审发回、改判的要件，以及再审提起

〔1〕 张志铭："司法判决的结构和风格——对域外实践的比较研究"，载《法学》1998年第10期。
〔2〕 贺小荣、王松："民事裁判文书制作若干问题探析"，载《人民司法》2005年第12期。
〔3〕 钟瑞栋、江鹏程："'量体裁衣'：判决文书要素析散与整合——以说理受众与语言分析为视角"，载贺荣主编：《全国法院第二十一届学术讨论会论文集（上）：司法体制改革与刑事法律适用研究》，人民法院出版社2015年版，第223页。
〔4〕 王贵东："判决书受众研究"，载《人民论坛》2010年第32期。

的要件。[1]其首先关注的是裁判结果的正确与程序的适当；从语言上考虑的则是法律逻辑的严谨性和准确性。

三、以法律职业共同体为中心的文书

法律职业共同体，主要包括其他法官、检察官、律师、学者等法律专业人士。当事人更加追求与自己相关案件的裁判，学者、律师更加追求提炼裁判规则。尤其是在大数据时代，裁判文书已经成为重要的数据，供法律职业共同体分析、参考和学习。从域外来看，美国和德国的终审程序都是法律审，倾向于法律说理。美国和德国的法官是对律师说理，其预期听众，至少对于上诉审法官来说，主要不是案件的当事人以及关心此案的公众，而是其他法官以及实务和学术法律人。[2]因此，美国和德国的法官的文书说理侧重于法理，在双方的对抗理由中选择一个相对较好的理由，并阐述自己的心证过程即可。同时，法官、律师的说理方式也相对易于统一，法官因此很容易借助双方律师提出的理由，或者干脆加入其中一方，形成简单多数的局面。[3]

当然，法律职业共同体中也包含上级法院、审判监督法院以及检察院，所以以法律职业共同体为导向的裁判文书与以上级机关和审判监督机关为中心导向的裁判文书有一定共同之处。当然，相对于法官，由于这些群体的思维规制较弱，具有一定的学术性和离散性，不同的学理倾向、知识谱系可能造成不同的审视视角，"学者们总是习惯于用自己的偏好作为评断的标准"。[4]因此，以上级法院、审判监督机关、学者、律师组成的法律职业共同体为受众的裁判文书，强调的是逻辑畅通、论理充分、专业化要求较高，是现阶段裁判文书改革的重要要求，但并非唯一要求。

四、以社会公众为中心的文书

随着互联网的发展，随着微信公众号、微博等媒体传播方式的飞速发展，舆论对

---

〔1〕《民事诉讼法》第170条规定："第二审人民法院对上诉案件，经过审理，按照下列情形，分别处理：（一）原判决、裁定认定事实清楚，适用法律正确的，以判决、裁定方式驳回上诉，维持原判决、裁定；（二）原判决、裁定认定事实错误或者适用法律错误的，以判决、裁定方式依法改判、撤销或者变更；（三）原判决认定基本事实不清的，裁定撤销原判决，发回原审人民法院重审，或者查清事实后改判；（四）原判决遗漏当事人或者违法缺席判决等严重违反法定程序的，裁定撤销原判决，发回原审人民法院重审。原审人民法院对发回重审的案件作出判决后，当事人提起上诉的，第二审人民法院不得再次发回重审。"该法第200条规定："当事人的申请符合下列情形之一的，人民法院应当再审：（一）有新的证据，足以推翻原判决、裁定的；（二）原判决、裁定认定的基本事实缺乏证据证明的；（三）原判决、裁定认定事实的主要证据是伪造的；（四）原判决、裁定认定事实的主要证据未经质证的；（五）对审理案件需要的主要证据，当事人因客观原因不能自行收集，书面申请人民法院调查收集，人民法院未调查收集的；（六）原判决、裁定适用法律确有错误的；（七）审判组织的组成不合法或者依法应当回避的审判人员没有回避的；（八）无诉讼行为能力人未经法定代理人代为诉讼或者应当参加诉讼的当事人，因不能归责于本人或者其诉讼代理人的事由，未参加诉讼的；（九）违反法律规定，剥夺当事人辩论权利的；（十）未经传票传唤，缺席判决的；（十一）原判决、裁定遗漏或者超出诉讼请求的；（十二）据以作出原判决、裁定的法律文书被撤销或者变更的；（十三）审判人员审理该案件时有贪污受贿，徇私舞弊，枉法裁判行为的。"

〔2〕 苏力："判决书的背后"，载《法学研究》2001年第3期。

〔3〕 凌斌："法官如何说理：中国经验与普遍原理"，载《中国法学》2015年第5期。

〔4〕 苏力："判决书的背后"，载《法学研究》2001年第3期。

于司法裁判的影响日益加深。由于年龄、职务、性格、生活环境、教育程度千差万别，社会公众对网上信息的认知不同，加上互联网的隐蔽性及责任的不确定性，上网公开的裁判结果也可能有意或无意地呈流变性。对于此类受众的理解呈现一定"合理性和道德性代表正确性"色彩，而这种合理性和道德性在流变特点下仅能在一定范围内把握和衡量。〔1〕

息讼止争的说理目的不仅体现在案件本身，而且关系到裁判可能触及的"潜在利益"这一点尤其体现在重大疑难复杂案件的判断和说理中。〔2〕经过深入调研和分析，欧洲司法委员会联盟就裁判文书上网工作对欧洲法院提出如下建议：公布社会高度关注的案件裁判文书时，应当以通俗易懂的语言对裁判要旨进行归纳，并在互联网上发布。〔3〕

一般说来，判决书越加具有技术性、规范性和演绎性，其能为未经法律训练的当事人和普通公众阅读理解的可能性就越小。这些为数众多的判决在平凡的日子里却深刻地影响着社会，经常改变社会某一群体在某些情况下的策略选择，并最终影响社会本身。还有些判决本身就被全社会关注，这样的判决更是通过自己先天的巨大影响力深刻地改变着社会的行为习惯。同时，法院也可以并应该通过司法判决向当事人和社会证明，自己是具备高超的裁判技能的职业团体。〔4〕在我国的司法实践中，在法律的逻辑之外，辅之以修辞，以通俗、严谨及说理透彻的语言让当事人知法明理，让抽象的法律变得生动、具体，避免法律的僵硬。换个角度看，法官即使认为某个法律争点在本案中并不重要也应当参考德国和美国的范例，在理由部分明确表明该争点应当由日后更合适的案件处理，以配合日渐丰满的我国指导性案例甚至判例制度。〔5〕

五、以法官心证为中心的裁判文书

法官心证是指在形成裁判文书的过程中就诉讼请求的识别、争点的确定、证据的采信、待证事实的判断、法律的适用等一系列问题进行探求、研判所获得的临时性和结论性认知。〔6〕法官的心证公开分为临时心证公开和结果心证公开。临时心证公开主要是指在庭审过程中对于一些重要事项向双方当事人进行告知，结果心证公开是指在裁判文书中将事实认定和法律适用等过程予以阐述。以法官心证为中心的裁判文书是指裁判文书旨在公开法官心证的过程，支持或者不支持当事人观点的具体理由，不仅在于得出结论，而且在于告知法官如何得出这个结论。

---

〔1〕 钟瑞栋、江鹏程："'量体裁衣'：判决文书要素析散与整合——以说理受众与语言分析为视角"，载贺荣主编：《全国法院第二十一届学术讨论会论文集（上）：司法体制改革与刑事法律适用研究》，人民法院出版社2015年版，第233页。

〔2〕 凌斌："法官如何说理：中国经验与普遍原理"，载《中国法学》2015年第5期。

〔3〕 最高人民法院司改办编译："裁判文书公开的域外经验"，载《人民法院报》2013年11月22日。

〔4〕 张志铭："司法判决的结构和风格——对域外实践的比较研究"，载《法学》1998年第10期。

〔5〕 曹志勋："对民事判决书结构与说理的重塑"，载《中国法学》2015年第4期。

〔6〕 毕玉谦："论庭审过程中法官的心证公开"，载《法律适用》2017年第7期。

事实上，裁判文书的功能具有多样性，如满足当事人的诉讼需求、解决纠纷、接受监督、引导社会公众的行为，宣传法律等，这也就意味着裁判文书实际存在多种导向，但哪种导向应是裁判文书的核心？我国法官在撰写裁判文书过程中疲于应对各种"受众"，"使其面对的说理难度，要比美德同行更大：既需要严格依据法律，又必须确保当事人接受；既需要向普通人说理，又没有美国法官的先知地位。这决定了中国法官的说理原则：既要让普通人易于理解，又要防备普通人的潜在质疑；既要符合法律的一般学理，又不能过于学理"。[1]笔者认为，仅从"受众"角度考虑裁判文书的应然状态，无法真正地挖掘裁判文书的核心，也容易引导法官从结果的角度衡量裁判文书的撰写水平。裁判文书公开存在问题的症结，是法官没能将作出裁判文书的心证过程予以公开，而当事人、上级法院、社会公众、职业共同体的不认同，是心证公开不充分的结果，而不是问题本身。因此，以法官心证为核心的裁判文书，才是裁判文书公开的实质性要求，才是未来裁判文书的发展方向。

第三节　裁判文书的形式公开

最高人民法院在裁判文书公开问题上出台了一些指导性的文件，并提出了裁判文书公开的统一标准。然而，各级地方法院对裁判文书公开制度的实施情况仍然存在不同，主要表现在：其一，裁判文书的形式公开存在的部分法官缺乏文书公开的主动性；其二，裁判文书公开不及时、不全面；其三，公开边界把握不到位；其四，裁判文书公开缺少监管和审核；其五，裁判文书检索功能简单僵化等问题仍然存在。本节将我国裁判文书公开制度与其他国家、地区的裁判文书公开的制度进行比较研究，并分析完善我国裁判文书形式公开的相关问题。

一、裁判文书公开的强制性要求

现阶段，裁判文书公开在我国是一种强制性的要求，各法院的生效裁判文书原则上一律上网公布。域外国家或地区有的通过立法强制规定实现文书上网，有的通过法院颁布诉讼规则或司法解释明确文书上网。[2]

美国系在立法和司法机关两个层面强制要求文书公开。美国法院分联邦和州两个系统。联邦法院在裁判文书上网方面的要求比较统一，但各州的做法不一。美国《电子政务法》对裁判文书公开有着明确的规定。[3]2008年，美国司法委员会通过了《关于开放案件电子档案的私人查阅和公开的规定》，要求所有案件的电子卷宗必须对外公

---

〔1〕 凌斌："法官如何说理：中国经验与普遍原理"，载《中国法学》2015年第5期。
〔2〕 龙飞："域外法院裁判文书上网制度比较研究"，载《人民司法》2014年第17期。
〔3〕 《美国电子政务法》第205条规定，所有联邦法院必须建立独立的法院网站，公开以下基础信息：①法院的联系方式和地址；②法院诉讼规则和条例；③法院的内部规定；④所有案件的流程信息；⑤与案件有关的全部实质性书面意见（包括判决书、律师诉状、第三方提交的法律意见）；⑥法院必须提供多种电子下载格式。

开，方便查询，只有特定的刑事案件信息（如未成年人犯罪记录、陪审员信息等）不得公开。目前，联邦法院已经建立专门的"法院电子档案公开网"，方便公众查询法院案件信息。[1]根据《最高法院诉讼规则》，最高法院裁决的任何案件宣判之后，所有案件的判决书、诉状、答辩状、律师意见、"法庭之友"意见书和相关下级法院判决全部可以通过案号、案名和当事人名称进行查询。其他联邦下级法院的网站也参照最高法院网站，公开所有裁判文书和相关诉讼材料。[2]尽管法律依据不一，但美国州法院系统的裁判文书已经实现全部上网。以加利福尼亚州法院网[3]为例，全州裁判文书都可在"判决文书"一栏查询。检索方式包括四种：案件编号、当事人姓名或组织名、律师姓名、案件名，通过检索，可以查阅到加州初审法院、上诉法院和最高法院的全部审判信息，包括判决书、审判流程、争议焦点、判决日期和相关判例等。[4]

为加强司法公开，韩国修改了刑事诉讼法和民事诉讼法，规定裁判文书生效之后，必须对外公开，包括在互联网上发布。俄罗斯通过《俄罗斯法院信息公开法》以单行立法形式明确了法院公布判决的内容。[5]

2010年11月，《最高人民法院关于人民法院在互联网公布裁判文书的规定》以规范性文件的形式大规模推动裁判文书上网。2014年1月1日施行的《最高人民法院关于人民法院在互联网公布裁判文书的规定》取代了2010年的文件，第一次以司法解释的形式规范文书上网。在立法层面，2012年修订的《民事诉讼法》第156条规定："公众可以查阅发生法律效力的判决、裁定书"。有人认为，要想将裁判文书上网纳入法制轨道，还应当单独制定《人民法院信息公开法》。[6]可以说，目前，我国虽然只有最高人民法院的司法解释、通知来进行规范，但对各级法院产生了一定的强制力，裁判文书形式公开的比例大大提高，这与我国司法解释实质上的强大约束力有关。因此，笔者认为，就文书公开的强制性而言，如果将裁判文书公开作为法院的一项工作，最高人民法院各种形式的指令和规范性文件已经拥有足够的强制力，无需制定专门法律，或者说强制力问题并非我国裁判文书公开的核心问题。

二、公开的及时性要求

美国对裁判文书公开的及时性要求最高。根据《美国最高法院诉讼规则》，最高法院裁决的任何案件宣判之后，判决书都必须在10分钟内上传至官方网站。官方网站设定裁判文书公开专栏，公开项目包括：庭审安排、庭审记录、判决摘要、判决意见（含异议意见、协同意见）和法庭指令与公报。[7]英格兰和威尔士的各级法院没有单

---

〔1〕 网址：pacer. com.
〔2〕 最高人民法院司改办编译："裁判文书公开的域外经验"，载《人民法院报》2013年11月22日。
〔3〕 网址：www. courts. ca. gov.
〔4〕 最高人民法院司改办编译："裁判文书公开的域外经验"，载《人民法院报》2013年11月22日。
〔5〕 张志铭："司法判决的结构和风格——对域外实践的比较研究"，载《法学》1998年第10期。
〔6〕 张志铭："司法判决的结构和风格——对域外实践的比较研究"，载《法学》1998年第10期。
〔7〕 张志铭："司法判决的结构和风格——对域外实践的比较研究"，载《法学》1998年第10期。

独的网站，有关信息由英国司法机构网站统一发布。[1]其中，裁判文书主要在"媒介"板块发布。包括了上诉法院 2009 年至今的全部裁判文书（附下级法院裁判文书）和所有裁判所作出的决定，所有判决文书都在宣判后的 48 小时之内上网。除该网站外，裁判文书还可在英国及爱尔兰法律信息研究院、判例汇编联合委员会等网站上查询。[2]

我国最高人民法院于 2016 年 10 月 1 日施行的《最高人民法院关于人民法院在互联网公布裁判文书的规定》第 7 条规定："发生法律效力的裁判文书，应当在裁判文书生效之日起七个工作日内在互联网公布。依法提起抗诉或者上诉的一审判决书、裁定书，应当在二审裁判生效后七个工作日内在互联网公布。"关于裁判文书的生效时间，实践中存在一定的争议。一般来讲，初审案件的裁判文书生效之日应该自上诉期届满之日起算，终审案件的裁判文书生效日期以裁判文书最后一位当事人收到生效裁判文书之日起算。从规范层面来看，我国关于裁判文书公开的及时性要求是合理的，但在实务中，难免会出现当事人来不及提交不予公开裁判文书的申请和理由时，裁判文书已经上网公布这样的问题。这一问题的解决路径是通过案件审理过程中，充分告知当事人裁判文书公开的相应规则，督促其提前提出裁判文书不适宜公开的理由，以供法院参考。以北京市为例，大部分法院在庭审中核实当事人身份以后，法庭调查之前告知当事人裁判文书上网的相关事项。[3]更为突出的问题是部分裁判文书未能及时公布，经过有关实际调研，发现这一问题的主要原因是裁判文书上网率的考核系每月月底进行，这就导致工作人员会不顾上述规定中关于裁判文书上网的期限，而是在每月月底集中上网，当然也涉及法院人手不足等问题。笔者认为，解决这个问题的主要途径是通过技术手段，以加强智慧法院建设为契机，将裁判文书上网的过程从人工操作转为人工智能运作，而不是在此归咎于规范性文件不够细致、执行力不够等原因。

三、裁判文书的公开范围

裁判文书的公开范围，是何种类型的裁判文书可以向公众公布的问题。英国最高法院的网站[4]包括法院简介、访问须知、诉讼程序、已决案件、未决案件和新闻发布几大板块。其中，最高法院裁判的全部案件判决书都可根据案件编号或案件名称关键词在"已决案件"板块查询。最新案例在"新闻发布"板块的"判决速递"栏目也有显示。最高法院成立之前的判决可以在上议院网站查询。值得一提的是，英国最高法院于 2012 年 2 月 6 日开通了官方微博账户，每周发 2 篇至 3 篇微博，内容被严格限定在判决书链接和最高法院声明。也就是说，最高法院每作出一个判决，官方微博都

---

[1] 网址：www.judiciary.gov.uk.
[2] 张志铭："司法判决的结构和风格——对域外实践的比较研究"，载《法学》1998 年第 10 期。
[3] 如北京市第三中级人民法院的庭审模版系在告知双方当事人权利义务，征询当事人是否对合议庭成员申请回避后，向当事人告知裁判文书公开上网的规定、不予公开的范围和程序要求等。
[4] 网址：www.supremecourt.gov.uk.

会同步发布判决名称和判决书的网络链接。[1]

欧盟国家承认并非所有的裁判文书都适合在网上公开。欧洲大多数国家的做法是：最高法院的所有裁判文书都在网上公开，高等法院的裁判文书部分公开上网，初等法院的裁判文书公开上网的数量较少。从各国的情况来看，一般而言，符合以下条件的裁判文书应当公开上网：第一，媒体感兴趣案件的判决；第二，社会公众关注案件的判决；第三，对法律规则的解释具有一定影响的判决；第四，某些利益团体感兴趣案件的判决；第五，对司法和法律专业媒体具有重要意义的判决；第六，较高级别法院的判决。[2]

我国《最高人民法院关于人民法院在互联网公布裁判文书的规定》第4条规定："人民法院作出的裁判文书有下列情形之一的，不在互联网公布：（一）涉及国家秘密的；（二）未成年人犯罪的；（三）以调解方式结案或者确认人民调解协议效力的，但为保护国家利益、社会公共利益、他人合法权益确有必要公开的除外；（四）离婚诉讼或者涉及未成年子女抚养、监护的；（五）人民法院认为不宜在互联网公布的其他情形。"该规定第6条规定："不在互联网公布的裁判文书，应当公布案号、审理法院、裁判日期及不公开理由，但公布上述信息可能泄露国家秘密的除外。"可以说，我国裁判文书公开的原则是以全面公开为原则，涉及特殊利益文书不公开为补充；仅生效裁判文书需要公开。需要说明的是，调解书的形成主要是当事人对各自权利的让渡妥协，只要不违反国家强制性规定和公序良俗、社会道德即可。其不包含法官对案件处理的判断，因此并不具有引导教育社会公众的价值，所以在法律层面上也就没有宣示价值。我国这样的规定存在以下几个问题：第一，国家秘密、国家利益、社会公共利益的概念较难界定，他人合法权益的范围容易泛化，导致裁判文书是否公开仍需要合议庭成员或者庭院长的主观判断；第二，"不宜在互联网公布的其他情形"语境模糊，该规范本身系司法解释，仍运用此类规定导致实务操作可能出现混乱；第三，在要求司法公开、法官心证公开的背景下，如果法院作出了不公开裁判文书的规定，是否要向当事人说明理由？上述规定对此未进行说明，实务中操作不一。笔者认为，上述问题涉及的概念模糊、操作不同等问题是新制度实行下的当然现象，在裁判文书推进过程中，不应仅关注公开的数据，而是要多方调研当事人、文书数据使用人的反馈，发现细化规定的路径。

四、当事人隐私保护及救济

裁判文书的公开，是公民知情权与隐私权的博弈，是个人利益与公共利益的平衡和对特殊利益的保护。一般来讲，当事人对于文书公开的心理状态主要有两种：一种是赞成公开，希望借助舆论推动公正裁判。另一种是反对公开。一是处于个人隐私的

---

〔1〕 张志铭："司法判决的结构和风格——对域外实践的比较研究"，载《法学》1998年第10期。

〔2〕 何帆等："外国裁判文书上网概况"，载《法制资讯》2013年第5期。

保护；二是败诉方担心影响自己的形象。法院判决具有重大的价值和意义，不能因可能涉及个人隐私就全面阻止裁判文书的公开，而应该合理平衡公开与隐私保护的关系。

从域外实践来讲，根据《美国电子政务法》的要求，涉及国家秘密、国家安全和当事人隐私的信息不得公开。联邦最高法院和各州最高法院应当制定专门条例，隐去电子文档中涉及个人信息的部分，以保护个人隐私和安全。法院制定的专门条例应当包括与当事人协商公开范围的内容，但当事人不得滥用隐私权，要求法院隐去包括个人姓名（未成年人或性犯罪受害人除外）或企业名称在内的必要性内容。各法院每两年向国会上报一份关于个人隐私和安全条例的实施情况报告。

欧洲国家都会把判决书中的个人信息隐去之后，再在网上公开。有的仅公开当事人的姓氏，有的则以英文字母代替当事人姓名，有的保留姓名，但对住址、通信方式做技术化处理。而在英格兰和威尔士，网上公布的裁判文书上的所有姓名和地址都是真实的。在一些国家，标的额较小、案情简单的民事诉讼的裁判文书上网公开时，对当事人的姓名不做技术处理。[1]

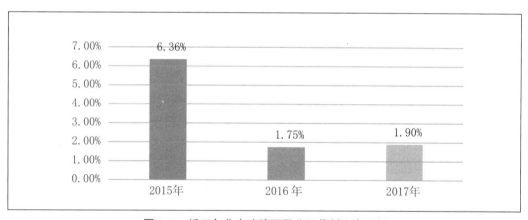

图 8-3　近三年北京法院不予公开裁判文书比例

韩国则将已录入的电子裁判文书在对外公开之前，法院事务官要根据韩国最高法院的规定采取保护措施，即对有侵犯隐私权之嫌的个人信息进行非实名化处理或信息删除。这些信息包括当事人的姓名或名称、住所地和其他相关个人信息。非实名化处理的信息有：其一，自然人的姓名。不管该自然人是否属于当事人，但法官、检察官和律师的姓名不进行非实名化处理；其二，一般法人或公共企业法人（例如电力公司、高速公路管理企业等）的名称。但国家或地方自治团体、公共机关、行政机关维持实名；其三，当事人的住所地。非实名化单词为 A，B，C……AA……BB 及任意列举的罗马数字。需删除的信息则主要包括：其一，判决书内相关人等的身份证号；其二，判决理由部分所显示的地址、公司名、电话号、身份证号、车牌号和账号等。[2]

〔1〕　最高人民法院司改办编译："裁判文书公开的域外经验"，载《人民法院报》2013 年 11 月 22 日。
〔2〕　最高人民法院司改办编译："裁判文书公开的域外经验"，载《人民法院报》2013 年 11 月 22 日。

我国的文书公开中当事人的隐私保护问题分为两个方面。一是公开范围的问题，前文已经论述过。根据最高人民法院2014年1月1日起施行的《最高人民法院关于人民法院在互联网公布裁判文书的规定》，不公开的情况分为三类：一是涉及国家秘密、个人隐私的，涉及未成年人违法犯罪的，以调解方式结案的不需在互联网公布裁判文书。而最高人民法院2016年10月1日施行的《最高人民法院关于人民法院在互联网公布裁判文书的规定》则将不公开的范围更改为：涉及国家秘密的、未成年人犯罪的、以调解方式结案或者确认人民调解协议效力的，但为保护国家利益、社会公共利益、他人合法权益确有必要公开的除外、离婚诉讼或者涉及未成年子女抚养、监护的等。二是规定了隐名处理的情形。如婚姻家庭、继承纠纷案件中的当事人及其法定代理人，刑事案件被害人及其法定代理人、附带民事诉讼原告人及其法定代理人、证人、鉴定人、未成年人及其法定代理人。对上述内容进行行隐名处理时，应当按以下情形处理：保留姓氏，名字以"某"替代；对于少数民族姓名，保留第一个字，其余内容以"某"替代；对于外国人、无国籍人姓名的中文译文，保留第一个字，其余内容以"某"替代；对于外国人、无国籍人的英文姓名，保留第一个英文字母，删除其他内容。三是部分信息应予以删除。包括自然人的家庭住址、通信方式、身份证号码、银行账号、健康状况、车牌号码、动产或不动产权属证书编号等个人信息；法人以及其他组织的银行账号、车牌号码、动产或不动产权属证书编号等信息；涉及商业秘密的信息；家事、人格权益等纠纷中涉及个人隐私的信息；涉及技术侦查措施的信息；人民法院认为不宜公开的其他信息。删除信息影响对裁判文书正确理解的，用符号"×"作部分替代。[1]

我国对于保护当事人隐私权的规定在规范层面上并不存在较大问题，但在操作层面上，各地法院未按照上述规定进行隐名处理和删除处理文书地情形却大量存在，且当事人没有快速、便捷的救济途径。纵观域外国家和地区的规定，对保障公民获取法院裁判文书大多数没有规定救济渠道和监督程序。在这方面，俄罗斯走在了前面。《俄罗斯法院信息公开法》第24条规定："按照俄罗斯联邦法律规定的程序，可以对侵犯获取法院活动信息权利的公职人员作出的决定或作为（不作为）行为提出上诉。"[2] 救济途径的问题是我国裁判文书公开中应当注意和增加的内容。

五、公开文书的应用的便捷性

从裁判文书的公开主体来看，韩国和我国均是由司法机关公布。如我国公布裁判文书的平台及中国裁判文书网。美国除了在其最高法院官方网站（www.supremecourt.gov）和各联邦法院网站上公布裁判文书之外，美国政府印刷署GPO还建立了联邦数据化系统（Fdsys）。2011年10月，美国法院开始试点裁判文书上传美国政府Fdsys系统。在该系统上，公众可以免费使用美国法院电子记录公共访问系统（PACER）提供的服

---

〔1〕 参见最高人民法院2016年10月1日起施行《关于人民法院在互联网公布裁判文书的规定》第8条、第9条。
〔2〕 龙飞："域外法院裁判文书上网制度比较研究"，载《人民司法》2014年第17期。

务。PACER 系统由美国联邦法院行政办公室管理，是一个可以获取联邦法院文件的公共电子平台，允许用户从美国地区法院、上诉法院和破产法院获取已审和待审案件的相关信息。新西兰法院的判决主要通过新西兰法院网站（http://courtsofnz.govt.nz）和新西兰司法部网站（www.justice.govt.nz）公布法院判决。[1]美国还允许民间组织和私人公司搜集裁判文书和公布。美国的 WEST 私人公司搜集了所有联邦和州案件判决汇编到一个统一的系统中，汇编成"报告集"。任何人都可以在图书馆或者网上检索 Westlaw 和 LexisNexis 数据库（付费定制服务），还有一些免费网站如 Justia.com 和 OpenJurist.org 查阅裁判文书。除了官方网站公布联邦最高法院裁判以外，美国联邦最高法院在其网站上公布了有权发行联邦最高法院裁判的机构名单，该名单由美国联邦最高法院工作人员编制并每年更新，以供法院和公众使用。[2]

从裁判文书公开平台的信息运用和检索方式来看，各国的做法也存在差异。经过深入调研和分析，欧洲司法委员会联盟就裁判文书上网工作对欧洲法院提出如下建议：法院网站应当建立裁判文书数据库，供公众自由访问、免费查询。网站上应当有关键词搜索工具；数据库除包含所有判决书全文外，还应当附有为快速浏览而归纳的裁判摘要。[3]总体来看，裁判文书公开经验较为丰富的国家都在官方网站比较明显的位置设置裁判文书查询栏目，设置了关键词、案件编号、案件名等多种搜索、查询方式，同时还给出了最新作出的裁判文书链接。[4]

我国的裁判文书公开平台检索系统亦在不断改善，但仍存在一定的问题。目前文书网的检索系统，关键词的检索仅限于文书标题和内容中的原有字句，这样的检索事实上无法突出裁判文书内容的主题，也无法突出裁判要旨。如想分析和预判一下各地法院对于离婚诉讼中夫妻生育有两名子女的情况下的抚养权确认问题，在"中国裁判文书网"搜索"离婚""两名子女""抚养权"，再将条件选定为"基层法院""裁判年份：2016 年"则仅能搜到 48 件裁判文书，从基本经验判断也可知一年来全国的此类诉讼不可能仅有几十件。[5]有人认为，上传裁判文书时，有必要为文书设定 1 个~3 个关键词，关键词的设定应能反映整个文书的思路，预先建立关键词库，首先对关键词进行分类，在类别下附加多个关键词。职业共同体参与进来，尤其是发挥高校法学院的作用。[6]然而，笔者认为，这种做法工作量太大，不能寻求于寻找"免费劳动力"，而应充分发挥社会和企业的力量，鼓励企业参与到裁判文书公开平台和大数据库的建

〔1〕　龙飞："域外法院裁判文书上网制度比较研究"，载《人民司法》2014 年第 17 期。
〔2〕　龙飞："域外法院裁判文书上网制度比较研究"，载《人民司法》2014 年第 17 期。
〔3〕　最高人民法院司改办编译："裁判文书公开的域外经验"，载《人民法院报》2013 年 11 月 22 日。
〔4〕　最高人民法院司改办编译："裁判文书公开的域外经验"，载《人民法院报》2013 年 11 月 22 日。
〔5〕　中国裁判文书网，http://wenshu.court.gov.cn/list/list/? sorttype = 1&number = 287UJSH6&guid = cfc9da22 - 353a-a544c510-a9e016e737ff&conditions = searchWord + QWJS + + + 全文检索：离婚% 20% 20 抚养权% 20 两名子女 &conditions = searchWord+离婚 + + + 关键词：离婚 &conditions = searchWord + 基层法院 + + + 法院层级：基层法院 &conditions = searchWord+2016+++裁判年份：2016，最后访问时间：2019 年 1 月 10 日。
〔6〕　曾昊清、张玉平："裁判文书公开的类型化体系构建"，载《人民法院报》2014 年 6 月 6 日。

设中，充分竞争，使各界充分享受裁判文书公开带来的便利。[1]这也是在第三次人工智能浪潮下，法律人工智能发展的必然趋势和必经阶段。

第四节　裁判文书的结构与要素

一、我国裁判文书结构之演变

最高人民法院 1992 年发布《法院诉讼文书样式（试行）》，并于 1993 年发布《关于〈法院诉讼文书样式（试行）〉若干问题的解答（民事案件部分）》。根据最高人民法院 1992 年的《法院诉讼文书样式（试行）》，裁判文书包括"原告诉称""被告辩称""经审理查明""本院认为"和"判决如下"五个部分。

最高人民法院在 1999 年发布的《一五纲要》中提出：加快裁判文书的改革步伐，提高裁判文书的质量。改革的重点是加强对质证中有争议证据的分析、认证，增强判决的说理性；通过裁判文书，不仅记录裁判过程，而且公开裁判理由，使裁判文书成为向社会公众展示司法公正形象的载体，进行法治教育的生动教材。

在 2000 年以前，裁判文书的三段论逐步形成，首部—事实—法律分析—主文的结构也已经确定，但证据认定的地位不突出。这种结构的优点在于各要素分类清楚、制作规范，但由于职权主义色彩浓厚，抹杀了实际案件千差万别的个性，难以全面反映案件的举证、质证、认证过程，容易割裂事实和证据、事实认定和法律适用之间的有机联系，造成前后脱节、条理不清。[2]

最高人民法院于 2003 年制定《最高人民法院关于适用简易程序审理民事案件的若干规定》；最高人民法院民二庭于 2003 年发布了《二审民事判决书写作推荐格式及说明》。各地法院纷纷制定了相应的裁判文书规范。如北京市高级人民法院于 2005 年发布了《关于制作裁判文书有关技术要求的规定》以及《关于规范判决书援引法律等有关问题的指导意见》。2006 年，最高人民法院再一次发布《关于加强民事裁判文书制作工作的通知》，将首部、事实构成、判决理由、判决主文和尾部五个部分作为判决书的要素。《民事诉讼法》第 138 条明确以成文法的形式规定了裁判文书的结构和要素："判决书应当写明判决结果和作出该判决的理由。判决书内容包括：（一）案由、诉讼请求、争议的事实和理由；（二）判决认定的事实和理由、适用的法律和理由；（三）判决结果和诉讼费用的负担；（四）上诉期间和上诉的法院。判决书由审判人员、书记员署名，加盖人民法院印章。"自此，裁判文书形成首部、程序、诉辩意见、证据、事实、法律分析、主文等要素，结构更加清晰。

---

〔1〕　如"无讼""国双""华宇元典"，均推出裁判文书智能检索工具。

〔2〕　王松："创新与规制：民事裁判文书的说理方法"，载《人民司法》2008 年第 5 期。

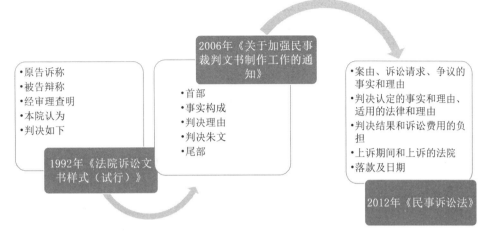

图 8-4 我国裁判文书结构之演变

然而，从我们分析近年来的裁判文书来看，即使完全符合上诉法律和通知要素要求的裁判文书，其仍然存在明显的问题。主要体现在：结构追求形式化，缺乏焦点归纳、事实与证据缺少对应，释法说理缺少逻辑，部分文书过分冗长等。如在"中国裁判文书网"搜索，涉及合同纠纷中法院对约定的违约金进行调整的案件中，有11%的裁判文书未对"损失"进行表述和认定，[1]实际系遗漏了此类纠纷应当审理和认定的一个重要法律事实。在损失都未能确定的情况下，如何认定违约金是否过高和过低？此类裁判文书属于形式上要素齐全，实质上没有论述法官认定事实和适用法律。（损失与约定违约金差距？违约金是否过高或者过低？）因此，也有学者认为："最高人民法院接二连三发布的诉讼文书样式和有关解答，除了在形式上越来越僵化繁琐外，在内容上并无明显的进步，不但不能正确地反映诉讼法律关系的客观要求，反而遏制了法官在判决书制作中的创造性。"[2]

二、文书结构的域外借鉴

在所有国家，司法判决都包含最低限度的内容或要素。衡量最低限度的一种标准是，一个受过法律训练但不熟悉案情的人能够无须求助书面判决以外的材料而评估判决在法律上的正确性。[3]

英美法系裁判文书一般按照案件事实（fact）、理由、裁判结果的格式。美国的民事判决书一般包含以下几个要素：其一，审理法院、法官姓名、审判时间；其二，事实（fact）及当事人的主要主张、反驳意见，以及各自援引的成文法和判例法；其三，

---

〔1〕 具体检索方法为在"中国裁判文书网"中搜索适用《中华人民共和国合同法》第114条的合同纠纷案件数43 125件，并增加搜索条件"关键词：损失"的案件数38 301件，最后访问时间：2018年11月27日。

〔2〕 魏胜强："当面说理、强化修辞与重点推进——关于提高我国判决书制作水平的思考"，载《法律科学（西北政法大学学报）》2012年第5期。

〔3〕 张志铭："司法判决的结构和风格——对域外实践的比较研究"，载《法学》1998年第10期。

判决理由，一般会归纳出案件的争议焦点（issues），分析当事人的请求和反驳意见，全面阐述判决认定的理由；其四，判决主文；其五，法官意见、少数法官意见及签名。[1]

在许多大陆法系国家，对于判决所必须包含的内容，一般在法律上都有明文规定。其中与判决结果的正当性证明密切相关的事项主要有六个方面：①案件所经程序的叙述；②当事人提交证据和所持论点的概述；③案件事实的陈述；④所适用的制定法规则；⑤支持判决的理由；⑥法院的最后判断和判决等。[2]大陆法系国家中，德国、日本均由裁判主文、裁判理由（包括事实认定和法律适用）两部分组成。或由裁判主文、案件事实、裁判理由（认定事实及适用法律的理由）三部分构成。德国裁判文书包括：当事人及代理人的身份信息；法院及法官的姓名；最后一次法庭辩论的日期；判决主文；事实认定；裁判理由。[3]日本裁判文书包括：判决主文；案件事实（包含当事人的诉辩意见，无争议的事实）；裁判理由（包括争议焦点及争议的事实认定，证据的认定、法律适用）等。[4]大陆法系国家则认为，裁判文书是国家机关行使权力的官方文书，因此，法官在裁判文书中不应使用第一人称，最后署名也要署集体名。

有学者认为，可以将裁判文书的结构分为两种模式：经典模式与争点模式。经典模式下的民事判决主要分为五部分：首部，包括当事人及其诉讼代理人的信息"本案法院"法官的姓名以及最后一次口头辩论的日期；判决主文，即对本案诉讼标的的实体审理结果，包括主请求和依附于主请求的从请求；本案事实，即未经法官评价的"当事人眼中的事实"；裁判理由，阐述法官对裁判主文的说理，其中的事实部分则是法官对诉讼资料的评价及相应的心证结果；法官的签名，也是判决书结束的标志。在日本，传统上判决书也应当记录判决主文、事实、理由、最后一次口头辩论的日期、当事人及其法定代理人和审判法院，其中所谓事实也对应类似德国本案事实部分的内容并发挥相似功能。事实部分不必完全引述当事人的事实主张，而只需择取其中证成判决主文所必需的部分。[5]而争点模式则强调一切论述围绕争议焦点展开，美国等英美法系的裁判文书会突出强调争议焦点，并围绕争议焦点展开论述。经典模式要素清晰，方便法官撰写和受众阅读，争点模式重点突出，方便法官充分说理。笔者认为，考虑到目前裁判文书数据化的要求（要素分明的裁判文书更容易转化为智能数据以供使用），我国可吸纳上述各方优点，探索以争点模式为主的要素化裁判文书。

三、裁判文书的争议焦点

争议焦点也被称为案件的争议点、争执点，是纠纷争议的具体事项。争议焦点一

[1] 以上裁判文书的要素是我们分析多份裁判文书总结而得。
[2] 张志铭："司法判决的结构和风格——对域外实践的比较研究"，载《法学》1998年第10期。
[3] 德国立法自1976年以来不再明文区分主文与其他部分，但实践中仍然将主文放在判决的最前面。
[4] 参见王亚新："日本的民事裁判文书：说理的形式和方法"，载《人民法治》2015年第10期。
[5] 见《日本民事诉讼法》第253条第2款。

旦形成，即代表案件审理重点得以明确，各方当事人也就找准了攻击和防御的方向，是案件得以成功审理的关键环节。因此，争议焦点应当是裁判文书重要的要素。没有针对案件的争议焦点进行充分论述，除了整个文书的写作失去重点之外，也使当事人对判决的公正性产生怀疑。[1]

为此，应当注意以下两点：①归纳好争议焦点。首先，法官要对各方当事人的基本诉求和理由主张了然于胸并清晰展示。然而，目前许多裁判文书对当事人的诉辩主张往往归纳概括不准确，曲解当事人的真实意思，有的照搬照抄当事人在起诉书、答辩状和庭审中的陈述，滥用凡言俗语，内容繁琐冗长。因此，目前的裁判文书应首先全面、客观、清晰地展示当事人主张的事实和诉求。其次，对当事人诉辩所涉及的实体法律规范要清晰明了。最后，在每个诉讼环节都及时固定原告的诉讼请求和被告的答辩主张，既做到有的放矢，又避免遗漏争议焦点。②及时总结焦点。首先，应展示当事人的主张、诉求及抗辩意见，这也是以当事人、以社会公众为主要受众的必然要求。其次，裁判文书说理必须涵盖诉求之客观全面展现与疑问之准确合理回应两方面内容，才能传递程序正义和裁判文书的价值。

目前，我国的裁判文书还多采取要素分明的经典模式。争点模式则对法官提出了更高要求，虽然实务中已经有一些法官在这方面做过成功尝试，但是将其普遍推广很可能还需要更多的培训和准备。待裁判技术的根基稳定后，再根据我国的实际情况，全面考虑比较法上改进型的利弊。换个角度看，争点模式与经典模式的差异主要在本案事实部分是否独立和裁判理由的阐述思路上。对于后一点来说，如后所述在裁判理由中回应当事人的争点本就是题中应有之义，在经典模式下也可以充分加强对争点的强调。[2]争点模式的另一个重要意义在于其有利于尽早（如正式开庭之前）确定争议焦点，引导各方当事人展开辩论，有利于在整个诉讼程序中当事人之间，法官与当事人之间，有着更好的互动和沟通，辩论更加充分，有助于推动促进诉讼过程中的协同主义。笔者认为，强调争议焦点，从经典模式向争点模式的转变，应是我国裁判文书结构改革的重点。

四、裁判文书的证据认定

自从最高人民法院《民事证据规定》要求"人民法院应当在裁判文书中阐明证据是否采纳的理由"以来，实践中有种误解，认为只有对全部证据进行罗列和分析、对案件涉及的一切问题作出详尽的法律论证似乎才符合说理的要求，因此往往不是根据当事人的诉讼需求和解决纠纷的需要制作文书，而是热衷于长篇大论，繁简不分，实际偏离了文书应有的功能。例如，有的在事实认定部分不分主次，即逐个罗列和分析证据，但却缺乏对法院认定事实的阐述，有的在事实认定和"本院认为"部分对证据

---

〔1〕 贺小荣、王松："民事裁判文书制作若干问题探析"，载《人民司法》2005年第12期。
〔2〕 曹志勋："对民事判决书结构与说理的重塑"，载《中国法学》2015年第4期。

进行重复分析，还有的照搬、照抄学理资料，夸夸其谈，内容庞杂，晦涩难懂。[1]裁判文书中的证据认定部分教条的陈述提出证据方的证据名称、证据来源、证明目的；对方的质证意见，以及法院对真实性、关联性、合法性、证明力的认证意见，趋于形式化。

在现有的裁判文书中，证据认定这一要素存在如下问题：第一，在争议焦点尚不明确的情况下认定证据，无的放矢；第二，割裂了证据与事实的联系，阅读者不清楚该证据认定与事实和焦点有何关系；第三，证据的关联性与证明力，系需要充分论述方可确定，或者系与其他事实紧密相连的内容，如在证据认定部分进行认定，容易产生论述不清晰或者在裁判理由部分重复认定的问题。因此，笔者认为，有必要探索在裁判文书中取消单独证据认定这一形式上独立的环节，在争议焦点确定后，将证据认定放在事实认定中，以更好地展现案件事实。而实现这一点，不仅需要裁判文书撰写时改变原来的模式，还需要变更原有的机械的庭审证据质证模式。

五、裁判文书的事实认定

目前，从裁判文书结构要求来看，事实认定的位置在证据认定后，法律适用，一般以"经审理查明"或者"本院根据上述认证查明"作为引子。我国裁判文书在事实认定中，存在的主要问题包括：

（1）存在大量与争议焦点无关的事实，没有目的随意分解事实；

（2）为区分存在争议的事实及无争议的事实，未展现有争议事实认定的依据；

（3）认定的事实与证据缺乏对应，事实认定的结论缺少具体的证明和证据方面的理由支持或者相反对于没有争议的事实仍旧赘述证据；

（4）对于争议事实的认定与"本院认为"的说理部分重复；

（5）事实认定与法律适用方面的不对应。

较为圆满地解决上述问题，需要系统论述证据法和法学方法论上的整体思路和具体规则，并非判决书结构问题所能完全覆盖。而证据与事实、事实与说理的对应问题，将在后文裁判文书说理部分进行阐述。在此，笔者主要强调有争议的事实与无争议的事实的区分问题。

在大陆法系国家，法官要同时决定事实问题和法律问题。法官要对双方当事人事实及证据问题上的不同意见进行分析和辩驳，对形成内心确信的理由充分展开论述。德国的裁判文书中关于事实的叙述比较详尽，法国的裁判文书则素以简单概要著称，在法国最高法院的判决中没有专门叙述案件事实或案件来历的段落，只有在必要时才会引述事实。我国的经审理查明部分针对的是法官对案件事实调查后的认识结果，而德国的本案事实部分针对的是未经法院评价的事实，前者的功能是判断和认定，后者则是记载和证明。在英美法系国家，初审法院的事实问题由陪审团处理，而上诉审主

---

[1] 王松："创新与规制：民事裁判文书的说理方法"，载《人民司法》2008年第5期。

要是法律审，集中审理有争议的法律问题，基本不涉及事实认定。而在裁判文书中，会将无争议的事实列在争议焦点之前，有时以类似"undisputed factswereestablished……"为开头[1]，有时则直接在裁判文书正文第一段，在用一句话介绍案件性质（如本案为损害赔偿之诉）后直接陈述无争议的事实。[2]

笔者建议，对于事实要件，首先，要明确依法查明的事实，即要说明哪些是各方共认的事实，哪些是依法认定的事实，哪些是没有认定的事实，哪些是与案情无关的事实；其次，要阐明认定事实的具体理由，对当事人主张事实为什么认定，为什么不认定，为什么无关案情，都要将证据采纳与事实认定一一对应，以最大限度地体现事实认定的正当性；最后，必须对当事人所提交的证据是否采信做出合法、合理、合情的解释，从而证明裁判结果的正确性和合理性。[3]

此外，需要说明的是，裁判文书应当提及余下对最后裁判有实际影响并且在裁判理由中需要引用的程序性事项，比如本案证据调查的概况、可能涉及失权的当事人陈述、法庭组成形式、诉状送达时间和程序中止的起止时间等问题。最高人民法院也曾发文指出，对于审理案件的重要程序事项和诉讼活动要明确表述，包括原告起诉，上诉人上诉时间，重要的诉讼文件和证据提交转递情况，因管辖异议、中止诉讼、委托鉴定等导致审理时间延长的程序事实，采取诉前或诉中的财产保全措施等。[4]

六、裁判文书的裁判理由

裁判文书的裁判理由部分被称为文书的灵魂，一般包括案件事实、法律根据以及两者的逻辑联系等三个方面的内容，也是联结案件事实和裁判结果的纽带。[5]对于裁判理由部分，在任何国家都是裁判文书的重要因素。在结构上，我国裁判文书强行将事实认定（经审理查明）和证明评价及法律适用（本院认为）切割为两部分，经审理查明部分通常只陈述事实结论，而证据评价和事实判断的过程（理由）则通常被作为裁判说理，放在"本院认为"部分，本身系不科学的。而且，正如上文所提到的，我国裁判文书存在争议焦点不突出、结构僵化，裁判理由部分也存在重点不突出的问题。日本最高裁判所倡导了以争点为中心"将事实和理由合二为一"的新做法，这样除了其他需要记载的程序事项，判决书的事实和理由部分被具体展开为诉的声明案情概要和法院对争点的裁判。[6]至于美国，更是未将文书裁判理由的表达方式进行过多限制，从一些优秀裁判文书中可以看到其重视的是实质性的说理充分，而非形式上的结构清晰。此外，我国的裁判文书裁判理由部分，其主要问题更确切地说是裁判文书说理的

〔1〕 Livingstione v. Evans Supreme court of Alberta, 1925［1925］4 D. L. R. 769.
〔2〕 Mills v. Wyman Supreme Judicial Court of Massachusetts, 1825 20 mass.（3 pick.）207.
〔3〕 邱新华、张玉良："展示与回应：民事裁判文书说理模式重塑——兼谈说理指数评估机制"，载《山东审判》2014年第1期。
〔4〕 参见《关于加强民事裁判文书制作工作的通知》。
〔5〕 王松："创新与规制：民事裁判文书的说理方法"，载《人民司法》2008年第5期。
〔6〕 参见［日］新堂幸司：《新民事诉讼法》，林剑锋译，法律出版社2008年版，第461页。

问题，而并非结构和要素本身的问题，故对此笔者将在后文详述。

总的来讲，笔者认为，裁判文书是一种重要的法律文件，为保证诉讼文书的严肃性，需要有一个统一、规范的样式。同时，每个案件的情况又是不同的，在规范化的前提下，还要考虑文书的个性，能够规范的只是文书的基本要素和基本格式，而不可能将文书的全部内容都予以规范。[1]笔者建议，我国的裁判文书结构和要素，在现有基础上，应强制要求归纳争议焦点，并将其放在证据和事实认定之前；区分有争议的事实及无争议的事实；去掉形式化的证据认定要求，可在证据认定与事实认定、裁判理由处表述。当然，正如有些学者所说，单纯调整判决书结构不可能解决所有问题，更不可能改变实践中公开裁判理由与背后真实理由分离的状况。[2]

第五节　裁判文书的实质公开

裁判文书说理是一个裁判文书是否能够展示其程序正当性、发挥其功能的根本。英美法系国家历来重视说理，在裁判文书中说理详尽、分析缜密、涉猎广博。大陆法系虽然在主张法官的责任只是引用成文法律，但随着民主法治的发展，判决说理的理念逐步为人们接受。如果说理不充分，司法的公正就难以显示，更难以得到公众的认可。我国裁判文书说理问题一直为社会各界所诟病，也是裁判文书实质公开的主要症结所在。

一、裁判文书说理难的主要原因

从目前公开的裁判文书来看，有些裁判文书在说理方面比较随意，仅对事实的认定做简单叙述，至于如何根据现有证据认定事实作出法律裁判则语焉不详，致使当事人得到裁判文书却不知如何有这样的裁判结果。对于我国裁判文书的说理，常常引起学界的批评，主要在于中国法官的说理方式不符合一套分析流程或者法律思维，特别是法教义学的形式规定，因此难以实现其程序、实体乃至整体的法治意义。[3]关于我国裁判文书说理难的主要原因，一般常见的谬误可被归结为：一是腐败（法官枉法裁判，不敢进行说理），二是无能（法官素质不高，没有能力说理），三是缺管（缺乏督促措施，法官不愿下功夫说理），四是体制（现行司法制度的原因）。[4]但事实上，我国裁判文书说理难的问题并不能简单地归咎于法官素质。可以说，近几年来，我国法学专业教育有所提高，法院招收的法官也都是高学历、高素质的法学人才，法官素质有了很大的进步。至于腐败问题，更不是裁判文书说理难的主流原因，领导干部干

———————
〔1〕　王松："创新与规制：民事裁判文书的说理方法"，载《人民司法》2008年第5期。
〔2〕　曹志勋："对民事判决书结构与说理的重塑"，载《中国法学》2015年第4期。
〔3〕　参见邱爱民："论司法裁判中的说理"，载《南京工程学院学报（社会科学版）》2006年第1期。
〔4〕　参见王仲云："判决书说理问题研究"，载《山东社会科学》2005年第8期；赵朝琴："裁判说理及其社会效果探析"，载《黑龙江社会科学》2012年第4期。

涉办案也已经大大减少。如果将说理问题简单地归于腐败、无能，甚至是体制等原因，那么将难以解决问题。

笔者认为，裁判文书说理难，是有多方面原因的。中国法官的裁判文书呈现为"简约化""个案化"和"程式化"的说理风格，[1]其原因可归结于几点：一是法官无暇说理。其原因是案件数量多、工作压力大、信访压力大；二是法官不敢说理。当事人缠诉情况、上级法院纠错程序、检察院强势监督、媒体全方位的公布，导致法官说理本着宁缺毋滥、言多必失的原则。"实际上，他们的简洁性和形式主义的风格意在隐藏一种恐惧，即害怕过于详尽可能有碍于审慎周到和严守秘密，而审慎周到和严守秘密正是所有专家权力的重要组成部分。"[2]三是法官缺乏说理的激励。目前，对于法官的绩效考核，最核心的仍然是结案数、服判息诉率、调撤率以及新近的文书上网率等考核指标，并无说理的考核指标。虽然从最高法院到各级法院也会有优秀裁判文书考评，但法官只需要在每年就几个文书进行充分辨法析理即可，无需做到使每个文书充分说理。四是法官培养模式尚不科学。目前，大多数法院对于法官培养采取"师傅带徒弟"的方式，很少系统地培养法官的各项能力。五是中国几千年的历史导致人民缺少法治信仰。在传统上，当事人和公众往往追求结果公正以及合乎情理，愿意去围观媒体的转述和评判，而不去关心法官在裁判文书中得出结果的过程和理由。总之，裁判文书说理难，涉及法官自身的培养、法院的管理模式、司法环境的现状等多方面问题，对该问题的解决，应当着重从多重群体及多维度路径进行探索。

二、争议焦点的地位

如前文所述，争议焦点在裁判文书要素中具有重要的地位，焦点归纳应放在证据认定之前。一切说理活动都应当围绕焦点来展开。

按照当事人的争议情况，可以将案件分为三种类型，即或者只有事实争议，或者只有法律争议，或者两种争议兼而有之，究竟如何进行说理应当区别对待。对当事人只有事实争议的，在认定事实部分进行举证、质证和认证，陈述法院认定的事实，在适用法律部分可不作说理，直接引用法律作出裁判；对当事人只有法律争议的，在认定事实部分陈述当事人无争议的事实，无须进行证据列举、分析和推演，在适用法律部分进行说理后作出裁判；对当事人既有事实争议，又有法律争议的，则根据两种争议之间的关联性是否紧密确定说理方法。如果两种争议联系密切，可以由法官根据具体案件情况和解决纠纷的需要，灵活选择在事实认定部分还是在法律适用部分集中说理，在另一部分则可以不作说理；如果两种争议关联性不大，法官可以分别在事实认定和法律适用部分进行说理。[3]对于证据的认定，如果将其作为文书结构中单独的部分，则也应以争议焦点为主线对证据进行分类，围绕争议焦点展开对相关证据的分析

〔1〕　凌斌："法官如何说理：中国经验与普遍原理"，载《中国法学》2015年第5期。
〔2〕　[美]埃尔曼：《比较法律文化》，贺卫方、高鸿钧译，生活·读书·新知三联书店1990年版，第230页。
〔3〕　王松："创新与规制：民事裁判文书的说理方法"，载《人民司法》2008年第5期。

和认证，突出对重点争议证据的认证说理，避免证据的简单罗列和重复，对于难以通过文字表述的内容，可以通过附图、附表等适当方式予以表达。[1]

总之，充分突出文书说理中焦点的地位，具体体现在以下方面：一是加强说理的准确性，立足于事实，全面、客观地反映当事人的诉辩主张，准确概括当事人的真实意图，叙事清楚，不似是而非，产生歧义。二是加强说理的针对性，避免在细枝末节问题上纠缠，根据案情，紧紧围绕诉辩争议，对当事人提出的各种事实争点和法律争点作出回应，对是否支持当事人的诉辩主张明确表态，分清是非，明确责任，对当事人分歧较大、争议焦点较多的，可以借鉴英美法系"对话—论证式"的说理方式，增强说理性，加强其逻辑性。[2]

三、证据与事实之间的联系

目前，裁判文书关于证据认定这一部分可谓存在两个极端。一个极端是不对证据进行认定，另一个极端是证据认定部分内容求长求繁，与事实割裂，导致事实认定思路不清晰，逻辑混乱。许多裁判文书注重对案件事实的调查和认定，在归纳当事人的诉辩内容后即罗列全案证据，继而对证据进行详细的分析，文书的篇幅虽有明显增加，动辄数十页或上万字，但往往表述混乱，内容庞杂，论述繁复，条理不清。[3]是否需要对证据进行认定，如何建立事实与证据之间的关联，首要问题就是上文所述的区分争议的事实（需要依法查明并根据证据认定的事实）以及无争议的事实（各方当事人共认的事实）。

具体来讲，首先，要明确依法查明的事实。即要说明哪些是各方共认的事实，哪些是依法认定的事实，哪些是没有认定的事实，哪些是与案情无关的事实。其次，要阐明认定事实的具体理由，对当事人主张事实为什么认定、为什么不认定、为什么无关案情，都要将证据采纳与事实认定一一对应，最大限度地体现事实认定的正当性。最后，在证据调查和证明说理时，需要在适用特别的证明标准时首先加以说明，随后解释为何对证明手段形成某种程度的心证，比如为何在相互矛盾的书证之间选择依据哪个认定事实。需要注意的是，裁判说理也必然要求事实与证据和法律适用的对应性。类似审理技术上的不同模式，法官在面对不同证据收集状况时，应当灵活地就其事实认定结果说理。无论是先将证据分组，还是一并说明事实认定的理由，都需要保持事实与证据之间的联系，避免单纯记账式的割裂记录。

四、事实与法律适用之间的联系

事实与法律适用之间的对应问题，是裁判者法律专业能力的重要表现。然而，基于多种原因，我国的许多裁判文书将事实和理由进行割裂，只是机械的认定事实并适

---

〔1〕 王松："创新与规制：民事裁判文书的说理方法"，载《人民司法》2008年第5期。
〔2〕 贺小荣、王松："民事裁判文书制作若干问题探析"，载《人民司法》2005年第12期。
〔3〕 贺小荣、王松："民事裁判文书制作若干问题探析"，载《人民司法》2005年第12期。

用法律。比如一个买卖合同中约定了每日 1‰的违约金，买方收货后违约不付款，卖方起诉要求支付货款并按照合同约定支付违约金。此时，如果买方主张违约金过高，要求调整的情况下，[1]违约金数额的确定是案件的主要争议焦点。诸多判决的表述仅为"结合卖方的实际损失，兼顾合同的履行情况、当事人的过错程度以及预期利益等综合因素，根据公平原则和诚实信用原则将违约金调整为……"即简要的摘抄司法解释的内容，[2]并不对损失情况、过错情况等事实进行查明，直接适用法律，缺少事实与法律适用的联系。

依照《民事诉讼法》的规定，事实认定和法律适用都应当属于判决理由的组成部分。在我国，"本院认为"部分包括法律适用这一做法已经被广泛接受，然而，证据与事实的认定，是否应当在本院认为部分进行说明，存在争议，也存在不同的做法。事实问题当然同时需要法院认定和说理，关键是要看在哪个部分认定和说理更符合裁判技术的要求。目前，多数研究者认为事实认定属于经审查查明部分的当然内容，因此，区别于"本院认为"部分也即判决理由，而相对少数的研究者则明确将事实认定和法律适用都理解为判决理由的内容。事实上，原有判决书结构将事实认定的说理排除在裁判理由之外，也是裁判说理不充分的一个重要原因。[3]

美国的裁判文书并不从结构上争议事实的认定及法律的适用问题。如在"Elsinore Union Elementary School Dist. v. Kastorff 案"中，对于某一条款是否有约束力的问题，法院从四个角度进行了认定和论证：一是关于争议条款是否清晰地写入合同，是否写入是一个事实问题，何种程度可以认定为清晰，则涉及法律适用问题；二是原告在截止日期前是否发现争议条款中的错误，这也是个事实认定；三是该条款本身是否公平，这是个法律适用问题；四是该条款的错误是否属于重大错误，这也涉及合同签订状态等事实问题和重大性（matial）的认定问题。事实问题和法律适用看似交杂在一起，然而从逻辑上却一环扣一环，完整地展示了法官对于争议条款约束力认定的理由。[4]虽然从法学三段论的角度可以区分事实认定和法律适用，但是，这并不能决定两者必须在形式上各占据判决书的独立部分。实际上，法学方法论体现的是法律人的思维方式，是裁判理由遵循的内在逻辑。强调事实和法律问题在形式上的区分，带来的只能是判决书的僵化重复与割裂。[5]

---

[1]《民法典》第585条第2款规定，约定的违约金低于造成的损失的，人民法院或者仲裁机构可以根据当事人的请求予以增加；约定的违约金过分高于造成的损失的，人民法院或者仲裁机构可以根据当事人的请求予以适当减少。

[2]《最高人民法院关于适用〈中华人民共和国合同法〉若干问题的解释（二）》第29条规定，当事人主张约定的违约金过高请求予以适当减少的，人民法院应当以实际损失为基础，兼顾合同的履行情况、当事人的过错程度以及预期利益等综合因素，根据公平原则和诚实信用原则予以衡量，并作出裁决。

[3] 曹志勋："对民事判决书结构与说理的重塑"，载《中国法学》2015年第4期。

[4] Elsinore Union Elementary School Dist. v. KastorffSupreme Court of California, 1960 54 cal. 2d 380, 6 cal. Rptr. 1, 353 p. 2d 713.

[5] 曹志勋："对民事判决书结构与说理的重塑"，载《中国法学》2015年第4期。

五、法律适用与法律解释

为了适应社会的高速发展，立法过程中对于诸多法律概念并未给出确定的定义，需要在法官在个案中对其赋予含义。是否在判决中公开承认存在法律解释争议或对制定法的可选择解读，各国的情况并不相同。大陆法系法官在说明法律适用的理由时多是直接引用法条。其说理的逻辑亦是三段论式的演绎推理，整个推理的大前提是建立在法条之上的，将案件事实作为小前提，并在此基础之上得出结论。在一些国家，最突出的是法国，司法判决一般不公开承认法官需要在对制定法的不同解读间作选择。相反，法国法官普遍以只有一种可能的答案的方式行事，事实上是拒绝承认或回避制定法有解释和补缺的必要。达维说："在法国，法官不喜欢让人感到自己是在创造法律规则。当然，实践中，他们的确是在创造，法官的职能不是也不可能是机械地适用那些众所周知的和已经确定的规则。但是法官却千方百计让人们感到情况是这样：在判决中，他们要声称适用了某项制定法，只有在极其罕见的情况下，他们适用有关平等的不成文的一般原则或格言时，才会让观察者感到法官具有了创造性或主观能动性。"[1]美国的情况则相反，制定法需要解释和补缺被视为理所当然，解释争议被明确而公开地承认。美国法官常常对制定法提出可选择的不同解读，并基于语义论点和其他解释论点而在不同解读之间做公开的选择。[2]正如美国大法官卡多佐所说："司法过程的性质不是发现法律，而是创造法律。"

美国作为判例法国家，其亦有制定法对重要的法律规则进行了规定，如合同法中的口头证据规则（oral evidence rule），但在个案中，具体如何解释和适用这个规则，则往往由法官决定。如在"Mitchill v. Lath 案"中[3]，法官对"口头"（oral）这一词语用大篇幅进行了解释，涉及举证责任分配问题，也涉及口头证据规则的历史发展以及社会经济条件变化等问题。可以说，对于统一词语解释的方法和理由，每个法官均有不同。我国虽然是制定法国家，未实行判例制度，然而对一些法律规定的解释却出现同质化，甚至完全相同的情况。如对于我国《仲裁法》第 58 条中仲裁员"枉法裁判"，数百篇裁判文书对其的解释均为"故意歪曲法律适用而作出裁判"，可以看出我国对法律的解释仍然以模仿其他判决为主，少有将法官个人的理解和解释进行充分阐述。

六、语言的修辞和风格

规范约束体现的是法律的逻辑，情感表达则是某种修辞，逻辑与修辞在判决实践中需要实现一定的平衡。[4]文书语言的修辞和风格，不仅仅体现了法官个人的风格，

---

〔1〕 参见〔德〕K. 茨威格特、H. 克茨：《比较法总论》，潘汉典等译，潘汉典校订，贵州人民出版社 1992 年版，第 233~234 页。

〔2〕 张志铭："司法判决的结构和风格——对域外实践的比较研究"，载《法学》1998 年第 10 期。

〔3〕 Mitchill v. Lath Court of Appeals of New York, 1928 247 N. Y. 377, 160 N. E. 64.

〔4〕 焦宝乾："逻辑与修辞：一对法学范式的区分与关联"，载《法制与社会发展》2015 年第 2 期。

两大法系裁判文书的语言风格也各有千秋。英美法系国家的裁判文书从不同的角度论证法律问题，公开展示不同的意见，具有对话色彩很浓的特点。在文字要求方面，美国联邦法院法官中心的《法官工作手册》指出，判决书的书面文字连接法院和公众，是法院权威的源泉和衡量标准。正因为如此，美国裁判文书行文多采用文学修辞性叙述方式，法官将自己的思考，通过优美和清晰的文字描述，形成极具浓厚美学韵味，又蕴含深刻法理和极高艺术性精品读物。大陆法系裁判文书直接引用法条，作出结论，具有权威性，且要求裁判文书语言表达要专业化和理性化，用语准确严谨。法国最高法院的判决书措词简洁、文字精练、表达清晰、说理简明扼要。德国裁判文书反映德国传统特点，即旁征博引、逻辑严密、论述详尽，但也大胆创新。在篇幅上，英美法系国家裁判文书往往有几十甚至上百页。大陆法系裁判文书一般很简短，少的只有一两页。[1]法国最高法院的判决一般非常简短、概要，常常是寥寥数行或一两节。英美法院的判决则截然相反，它们常常包括对争议问题的详尽而扩展的讨论。

另外，也有一些改革建议是主张模仿美国模式的修辞型裁判，其具体建议是重视"修辞"，将修辞提高到与推理并重的程度，从修辞的角度完善裁判说理，很重要的就是法官裁判说理必须对听众有所准备。[2]具体包括引用一些非正式法律渊源，甚至增加脚注。[3]

笔者初步认为，一份优秀的裁判文书不仅仅要作出明确的法律判断，还应当明确道德指向，以此来增强判决的说服力，扩大判决的社会效果和法律效果，为了实现个案的正义性和妥当性，法官往往需要在判决中引入社会公义、善良风俗、人情道德因素，以此来纠正和弥补法律的刚性之不足。司法中修辞方法的使用，恰为道德伦理价值引入法律运行提供了可能。如果说逻辑实现的是个案决定的合法性，那么修辞则有助于实现个案判断的合理性。在司法中，需要兼顾两种方法的运用。[4]而且，判决书中的引用不应限于法律渊源，不具有法律约束力的资料也可以在判决书中发挥其说服力。

说到修辞，不得不提近年流行的"法官后语"。"法官后语"是法官为帮助当事人更好地理解判决形成的理由，结合具体案件，于法理之外，在判决书后运用社会伦理道德知识对当事人进行道德教育和感化的按语。对此，社会各界毁誉参半。有观点认为，法官应该把重点放在裁判文书说理部分，针对当事人的诉辩主张充分说理，不必附加可能引起非议的后语或忠告。[5]笔者认为，既然在裁判文书说理部分本来即可融入一定的修辞因素，则更应强调法官本职工作——裁判文书说理，而无需要求以"法官后语"此种不伦不类的要素来替代文书的应有功能。

---

〔1〕　张志铭："司法判决的结构和风格——对域外实践的比较研究"，载《法学》1998年第10期。

〔2〕　凌斌："法官如何说理：中国经验与普遍原理"，载《中国法学》2015年第5期。

〔3〕　参见［2013］晋民二（商）初字第642号，采用了五十多个脚注。

〔4〕　焦宝乾："逻辑与修辞：一对法学范式的区分与关联"，载《法制与社会发展》2015年第2期。

〔5〕　贺小荣、王松："民事裁判文书制作若干问题探析"，载《人民司法》2005年第12期。

七、关于公布合议庭少数意见

各国裁判文书的主文表述基本相同，但对不同意见的处理有所不同。英美法系国家认为，在判决中向世人展示法官的不同意见是民主的表现。认为司法过程应是开放的，审判过程是一个认识的过程，每个法官的素养和阅历不同，同样的法律问题得出不同的结论是可以理解和接受的，因而在裁判文书中陈述不同意见也是合理的。大陆法系国家则认为，法官是代表整个法院作出判决，这种判决只能以一种意见出现，方可体现法院的权威。[1]除了英美等国要求在裁判文书中公布法官的不同意见，大陆法系国家亦开始公布少数意见。日本的最高法院不同意见制经过近六十年的运行，得到了充分展开并得以定型化。[2]近些年来，德国的宪法法院亦已开始公布少数意见。此外，联合国国际法院、前南斯拉夫问题国际刑事法庭、以欧洲大陆法系国家为成员国的欧洲人权法院都开始在法院判决书中附上持分歧意见的少数法官撰写的个人意见。因此，有学者认为，合议庭的少数意见在判决书的附页中或制作单独的意见书予以公开，已经成为国际司法的发展趋势。[3]

司法判决是否展示不同意见，以及在何种程度上予以展示，取决于各种复杂因素。其中主要因素有三：第一，坚持民主的司法运作模式的程度；第二，法官对自己在判决制作中的实际作用所负的道德和政治责任。有学者认为文书公开少数意见容易导致当事人对判决结果产生怀疑，为一些拒绝履行生效文书的当事人提供借口，并可能导致一些不必要的上诉、申诉甚至是上访，不利于解决纠纷。[4]事实上，我国已有公布合议庭少数意见的实践，经检索，在中国裁判文书网2 901 777份裁判文书书中，公布合议庭少数意见的裁判文书仅有7件。[5]在一起未成年骑马教学过程中坠马死亡而引发的侵权责任纠纷案件中[6]，法院总结了三个争议焦点，而对于每一个争议焦点均公布了合议庭的多数意见及少数意见，如对于侵权责任的归责原则这一焦点，合议庭多数意见认为该案属于饲养动物致人损害纠纷，应当适用无过错责任进行规则，而合议庭少数意见则认为该案应属于生命权纠纷，应适用过错原则进行归责；对于被告民事责任承担方式，合议庭一致认为应当承担连带责任，但具体理由存在差别；对于受害人过错是否减轻对方责任，合议庭则又是一致意见。该文书论理充分、逻辑缜密，在不同意见的展示过程中，裁判文书的受众更容易了解到案件的争点。因此，笔者认为，在我国完全可以大胆探索公布合议庭少数意见的尝试，但考虑到我国的司法环境，目前仅作为一种探索和法官的自发行为，不宜有强制性要求。

---

〔1〕 张志铭："司法判决的结构和风格——对域外实践的比较研究"，载《法学》1998年第10期。
〔2〕 日本1947年制定的《法院法》第11条规定：最高法院"各法官必须在裁判书上表示自己的意见"。
〔3〕 张新宝、王伟国："司法公开三题"，载《交大法学》2013年第4期。
〔4〕 王松："创新与规制：民事裁判文书的说理方法"，载《人民司法》2008年第5期。
〔5〕 参见中国裁判文书网，最后访问时间：2017年11月1日。
〔6〕 参见北京市第三中级人民法院［2016］京03民终3265号民事判决书。

第六节　裁判文书公开问题的深度分析

一、裁判文书公开的内部价值与外部价值

裁判文书公开的价值和功能分为内部价值和外部价值，也即裁判文书本身属性的要求以及具有外部效应的功能。

裁判文书的内部价值主要来源于民事诉讼的公开审判原则、正当程序原则。公开审判原则又分为公开审理和公开宣判。根据《民事诉讼法》第 134 条的规定："人民法院审理民事案件，除涉及国家秘密、个人隐私或者法律另有规定的以外应当公开进行。离婚案件涉及商业秘密的案件，当事人申请不公开审理的可以不公开审理。"《民事诉讼法》第 148 条第 1 项规定："人民法院对公开审理或者不公开审理的案件，一律公开宣告判决。"此外，《民事诉讼法》第 156 条还规定了公众的查阅权："公众可以查阅发生法律效力的判决书、裁定书但涉及国家秘密、商业秘密和个人隐私的内容除外。"正当程序原则既是诉讼法的基本原则，也是程序正义的根本要求。现代文明社会最低限度的程序正义至少包括程序的参与性、裁判者的中立性、诉讼机会的对等性、裁判结果的合理性、程序的及时性等要求。[1]

而裁判文书的外部价值，则包括落实公共监督、培养法官业务能力、提供培养法学院学生、律师或学者学习的重要素材、方便社会公众的检索和学习等。我国作为实行成文法主义的国家，法官只能适用法律而不能创造法律。一个案件的审判结果并不能作为其他案件审判的法律依据，所以我国裁判文书在功能上仍然更倾向于个案的解决。因此，在很长一段时间里，裁判文书仅对当事人及其代理人公开。这其实是在法典主义传统的影响下只注重个案的公平正义，而忽视了裁判文书公开对社会公众的引导教育的社会价值功能。正如边沁所言："没有公开就没有正义，公开是正义的灵魂，它是对努力工作最有力的鞭策，是对不当行为最有效的抵制。"[2]裁判文书的形式公开可以倒逼法官充分说理，作出公正的裁判。

也有观点认为，裁判文书最主要的功能在于通过对当事人提起的诉讼标的作出裁判结论，向当事人解释法官认定事实、适用法律和作出结论的逻辑性，解释审判活动的正当性，实现对当事人合法民事权益的保护，满足被裁判者的诉讼需求。因此，应当在不违反法律的强制性规定和社会公序良俗的前提下，把满足当事人的诉讼需求作为裁判文书的主要功能和目的，解决纠纷、宣传法律、接受监督等政治和社会功能作为次要或者说第二顺位的功能。这是制作裁判文书所应当遵循的原则和标准。[3]对此，

〔1〕　陈瑞华：《程序正义理论》，中国法制出版社 2010 年版，第 98~105 页。
〔2〕　邱新华、张玉良："展示与回应：民事裁判文书说理模式重塑——兼谈说理指数评估机制"，载《山东审判》2014 年第 1 期。
〔3〕　贺小荣、王松："民事裁判文书制作若干问题探析"，载《人民司法》2005 年第 12 期。

笔者予以赞同，在我国目前诉讼法、文书公开制度"工具化"的情况下，更应当强调裁判文书公开的内部价值和程序正义的本质属性。

二、法治传统及观念对裁判文书公开的限制

我国裁判文书公开（无论是形式公开还是实质公开）存在问题的症结有很多。一是法官们的司法专断意识犹存，部分法官的意识中仍残存着"法不可知则威不可测"的观念，认为公开得越少，暴露的问题越少，威望才能够保住。有许多法官认为，司法公开是法院的事，主动权在法官手里。想不想公开、公开到什么程度应该由法官说了算，或者有些法官将认识局限于狭义的、形式化的司法公开，而未关注到文书实质公开——文书结构的编排、要素的整合和文书说理。二是有的法官将司法专业性与民主性相对立，认为司法是少数受过专业训练的精英进行的活动，其裁判结果不应受普通民众的质疑，也就没有必要公开太多理由和依据，民众只需接受裁判的结果就行了。事实上，中国的裁判文书受众更多的是社会公众，故法官除了练习法律推理能力，还需要强化一定的修辞能力，对法官要求较高。三是裁判结果主义盛行。我国的法治传统是认为判断比说理重要，息讼止争是裁判说理的主要目的。[1]就通常案件而言，法官的判断对了，说理不充分也没有太大关系，当事人还是会大体接受的，判断不对，说理再充分，当事人也接受不了。故我国司法的首要问题始终是判断的适当和适度，而不是说理的充分与完善，息讼止争，法官们追求"个案化裁判"，尽可能避免澄清或改变规则，避免自由裁量和价值判断。

影响中国法官裁判文书说理程度的另一个重要因素是司法权威。相比之下，中国司法的权威还有待提高，在整个政治架构和公众信任层面都需要进一步提升。"这就使得中国法官的裁判说理必然具有最大的防卫性，最小的自由度，和最高的沟通难度，中国法官必须把大量时间和主要精力用于与当事人及其代理人的沟通交流，避免明显的自由裁量和价值判断，减少裁判说理的论证过程。"[2]中国的裁判文书从语言上不能完全照搬美国的"修辞"风格，也不能走法国的"极简"路线。

三、审理中的"沟通"与审判流程动态公开

如上文所说，在息诉罢访作为中国法官审判的主要目标的情况下，再加上案件激增、工作时间有限，中国法官会倾向于认为沟通比说理更为重要。一个案件是否能够充分达到当事人的诉求，沟通和心证公开更为重要，让当事人对判决结果有预期。各国法官也会把主要时间用于审前准备和开庭审理。所以，不能片面地强化裁判文书说理的作用。不是说裁判文书说理不重要，而是说沟通等更重要。司法的内在规律决定了法官把同样的时间用于与律师或当事人的当面沟通，而不是给同行的书面说理，边

---

〔1〕 凌斌："法官如何说理：中国经验与普遍原理"，载《中国法学》2015年第5期。
〔2〕 凌斌："法官如何说理：中国经验与普遍原理"，载《中国法学》2015年第5期。

际成本更低、边际收益更高，法律效果和社会效果都会更好。[1]

事实上，真正实现司法公开的目标，不仅仅是裁判文书的公开，而且是所有文书的公开；不仅仅是裁判结果的公开，而且是裁判结果形成过程的公开；不仅是法院司法行为的公开，而且是司法人员司法行为的公开；不仅是司法行为和结果的公开，而且包括可能影响司法行为和结果的信息公开，包括领导干预的信息、专家学者的法律意见等。[2]

四、司法改革本身面临的多方位问题

对于三审终审的美国司法而言，只有一审包括事实审，二审和三审都是法律审。对于同样是三审终审的德国司法而言，一审和二审都包含事实审，但是三审是法律审。

在"人民群众的道理"中，事实始终比法律更为重要。这正如在"法律人的道理"中，"法律始终比事实更为重要"一样，这就是中外裁判说理方式的根本差异。[3]

裁判文书制作是我国司法改革的一个组成部分，在对其进行制度设计时还必须从我国的现时国情出发。从案件数量的角度来看，法院受理的案件数量每年都在增加，法官的人数却有减无增，每位法官（尤其是基层和中级人民法院法官）的办案负担都在逐年加重，强度和压力也越来越大。从法官的素质来看，法官的素质仍然是参差不齐的，在现有的条件下要求所有的法官都能写出格式规范、要素齐全、逻辑严谨和适用法律正确的高质量裁判文书是不现实的。[4]

此外，司法改革的成功并非法院、法官一方努力便可实现，需要社会各界、多方位、多主体的共同"套改"。如果不能建立良好的非诉纠纷解决机制，法院案件数量居高不下，任何以增加法官工作时间来完成的任务均系不科学、不现实的。此外，如果要实现通过当事人的诉辩意见即可归纳出无争议事实，从而区分有争议事实等问题，还需要当事人一方，最重要的是职业律师的配合。只有职业律师在撰写诉状、答辩状、提交诉讼材料的时候将事实进行清晰阐述、对争议焦点产生一定的认识，法官才可对应地将事实、证据进行整理，对争议焦点进行归纳。

总之，裁判文书公开作为司法改革的重要一部分，与司法改革的其他目标实现一样，不能仅依赖于对法官个人的激励和工作时间的增加，而是需要提高整个社会的法律人员的参与性和能动性。

---

〔1〕 凌斌："法官如何说理：中国经验与普遍原理"，载《中国法学》2015年第5期。
〔2〕 张新宝、王伟国："司法公开三题"，载《交大法学》2013年第4期。
〔3〕 凌斌："法官如何说理：中国经验与普遍原理"，载《中国法学》2015年第5期。
〔4〕 贺小荣、王松："民事裁判文书制作若干问题探析"，载《人民司法》2005年第12期。

第七节　完善裁判文书公开制度的出路探索

上文提到的系对于裁判文书形式公开，裁判文书结构、要素和说理的具体问题进行改进与完善的路径。事实上，裁判文书说理难，实质公开不到位，并非裁判文书撰写过程中的问题。裁判文书的实质公开，与现阶段的司法改革，甚至长远来看的法治建设均有着密切联系。推动裁判文书的实质公开，应当注重解决如下问题：第一，案件本身的问题。即将裁判文书类型化，而在类型化的基础上予以规范化，对案件进行繁简分流。第二，法官的问题。即应加强司法人员的分类管理和职业化培训。第三，管理的问题。应建立推动法官充分说理，心证公开的激励机制。第四，程序的问题。应在庭审过程中就推动法官的临时心证公开。第五，技术的问题。应当依靠智能化解决法官的培训、类案的检索以及案多人少等问题。

一、裁判文书的繁简分流

近年来，民商事案件收案数居高不下且存在持续上升态势。在此背景下，一方面，人民法院面临的审判压力越来越大，另一方面，人民群众对审判工作质量和效率的要求有增无减，社会对法治需求的增加与司法资源的匮乏成了突出的矛盾。如何整合审判力量、优化资源配置、规范和完善案件繁简分流路径成了当前法院审判工作的重要任务。裁判文书的撰写应体现效率原则，节约资源，不仅简易程序中诉讼文书要简化，而且普通程序中的文书也应繁简适度。就案件所占的比例而言，审级越低的法院，简单案件的比例就应该越大，基层法院的简单案件一般应占全部案件的70%~80%。[1]对于简单案件则应将庭审要素化、裁判文书模式化。案件采用不同的文书标准，裁判文书的简化不是要素的删除，而是对要素内容进行合理的简写或浓缩，简化内容应被限定为事实构成和适用法律两大部分。[2]简化的裁判文书主要包括两种类型：一类是事实清楚、争议不大、当事人达成合意或均同意简化文书的案件，在简要概括当事人诉辩主张后案件事实已很清楚，法官在认定事实部分说明"本院认定的事实如原告所述"，或者只简要写明与案件处理结果直接相关的主要事实，省略定案证据和理由；另一类是当事人对案件的主要事实和责任承担没有争议，只对次要事实和责任承担有争议的，可以先简单概括双方无争议的内容，然后针对次要的争议问题简要说理。[3]对事实高度概括，定案证据可以不写；在说理部分法官也没有必要重复讲一些常识性的道理，完全可以简要说明理由或者不说明理由，在明确责任后直接引用法律作出裁判。[4]

〔1〕 贺小荣、王松："民事裁判文书制作若干问题探析"，载《人民司法》2005年第12期。
〔2〕 王松："创新与规制：民事裁判文书的说理方法"，载《人民司法》2008年第5期。
〔3〕 王松："创新与规制：民事裁判文书的说理方法"，载《人民司法》2008年第5期。
〔4〕 如北京市第三中级人民法院，将民商事案件分为两部分，一部分简单案件由快审庭进行审理，一部分复杂案件由精审庭进行审理。

　　然而，目前，繁简分流仍然存在着一定的问题。一是简单案件快审法律定位有缺失，并未明确提及二审快审程序，极大地限制了二审民商事案件繁简分流的探索空间。二是案件繁简区分标准未明确。各法院原则上将事实清楚、法律关系简单、权利义务明确、当事人争议不大的案件划分为简单案件，但这种标准过于概括和抽象。在具体操作中，不同法院存在按照案件性质、诉讼标的金额、案件影响力、当事人合意划分等多种标准，导致繁简分流的适用具有任意性。为进一步完善繁简分流机制，笔者建议，应当明确快审程序的法律定位、明确案件繁简分流的标准。具体应当在案件类型化的基础上将案件性质作为主要标准。具体来说，根据不同的案由，从案件、法官、当事人三个维度考察案件性质。对于案件，则考虑事实认定和法律适用难易程度；对于法官，转化为案件平均审理时间、当事人数量、信访风险、社会关注度等因素；就当事人而言，涉及民生及弱势群体的民事案件和商事案件的当事人通常对诉讼效率有着迫切需求。同时，为充分尊重当事人的程序选择权，如果当事人协商一致，则无论案件为何性质，均可适用二审快审机制。

二、完善司法体制下的司法人员分类管理和培训

　　完善司法体制改革，对于完善裁判文书公开，较为重要的两点是保证物质保障和人员保障。随着我国经济的迅速发展及人民法治观念的进一步提升，法院案件数量逐年递增，而相应的司法资源的递增速度远低于案件数量的递增速度。在这种形势下，裁判文书公开无疑给法院增加了更大的司法成本与压力。这种工作量继续增加会迫使法院必须增加人手或是要求法官加班。这会对法院的财政、管理造成压力。裁判文书公开不仅是一个理念问题，更是一个现实问题，东西部地区发展的不平衡、案多人少等因素都是裁判文书公开面临的难题。在经费和人员得不到保障的情况下，裁判文书公开将因不能得到充足的物质支持而无以为继。

　　而从人员保障来看，英美法系国家的司法文书往往写得"冗长而漂亮"，有的司法判决甚至达到上百页，几乎就可以成为一篇高质量的学术论文。缘何如此？其中一个关键因素就是美国的法律助手制度。[1]美国的司法辅助制度相当完备，法官大多都有自己的法官助理，联邦最高法院的大法官更是有3个~6个法官助理。法官助理可以协助法官搜寻资料、准备要点、撰写初稿、提出修改建议等，确保法官能够集中精力去思考如何说理。有学者经考察指出，判决书完全出自法官之手的后果往往是，长年累月处理单调、重复的案件在边际效益递减原则的规律中，很容易使得撰写者失去兴趣。除了法定的职责之外，他们也没有什么动力去学习、了解新的知识，甚至原先掌握的知识也会在这种司法生涯中消磨殆尽。[2]完善司法辅助人员制度，可以令法官工作强

　　〔1〕　Henry J. Friendly，"the Law of the Circuit and All That"，*St. John's Law Review*，Vol. 140~141，1972，转引自苏力："判决书的背后"，载《法学研究》2001年第3期。

　　〔2〕　Henry J. Friendly，"the Law of the Circuit and All That"，*St. John's Law Review*，Vol. 140~141，1972，转引自苏力："判决书的背后"，载《法学研究》2001年第3期。

度得到合理稀释，法官助理能力也得到充分锻炼，使"师承制"的人才培养模式得以建立。

三、落实裁判文书公开的激励机制

任何制度的推行，所必需的都是对相关人员进行激励，此种激励分为反向激励与正向激励。反向激励实际上是建立追责机制，即要求法官必须保证裁判文书公开上网的比例和及时性，且法官必须在文书中写明法院最终确认的案件事实，并以此为基础裁判案件。如果法官对此加以回避，可以认定其没有履行应尽的职责，构成程序违法。[1] 正向激励目前存在两种方式可进一步深入开展：一是最高人民法院指导性案例的激励机制；二是最高人民法院到地方各级人民法院各种形式的优秀裁判文书的评比，如北京法院裁判文书"百佳奖"。但上述激励方式仅能鼓励法官每年撰写部分优秀文书，难以做到推动裁判文书的全面公开。对此，也有学者建议设置说理指数，笔者认为，有一定的参考价值。其中，归纳诉讼请求指数主要反映判决书归纳当事人诉辩请求的客观性和全面性；归纳争议焦点指数反映所归纳争议焦点的准确性和周全性；回应当事人诉辩指数反映裁判文书对当事人提出的诉辩请求的回应程度；证据采信指数反映裁判文书对证据采信或不采信进行说理的透彻性和全面性；事实与证据关联性指数反映裁判文书在认定事实过程中是否清晰地指明关联性证据；法律规范解释指数反映是否列明拟适用法律规范原文，以及对该法律规范进行解释的程度；法律推理指数反映对认定事实涵射到法律规范这一论证过程说理的准确性和透彻性。A、B、C、D、E、F、G 分别表示归纳诉辩请求指数、归纳争议焦点指数、回应当事人诉辩指数、证据采信指数、事实与证据关联性指数、法律规范解释指数和法律推理指数在裁判文书说理中所占的权数，权重大小取决于司法机关所要实现的说理目标，所有指数之和为100%。[2] 此种方式确实存在可取之处，也能全面地解决激励不足的问题，但需要有一套科学的考评体系，目前存在一定的困难。但笔者相信，随着人工智能与大数据分析技术的发展，此种激励机制的建立指日可待。

四、建立"质辩合一"及临时心证公开的庭审模式

裁判文书说理的结构、方式与庭审模式从形式到内容均紧密相连，法官及时公开临时心证并科学安排庭审模式会直接影响到裁判文书的说理程度。而我国传统的庭审模式存在较大问题：一是在未归纳焦点的情况下机械地开展举证、质证、法庭调查和法庭辩论等环节；二是前后分置法庭调查与法庭辩论的两阶段庭审构造毫无意义。英美法将主要的事实认定交由陪审团完成，与我国庭审架构相差较多，而同为大陆法系

---

〔1〕 王松："创新与规制：民事裁判文书的说理方法"，载《人民司法》2008 年第 5 期。

〔2〕 裁判文书说理指数＝归纳诉辩请求指数×A%＋归纳争议焦点指数×B%＋回应当事人诉辩指数×C%＋证据采信指数×D%＋事实与证据关联性指数×E%＋法律规范解释指数×F%＋法律推理指数×G%。参见邱新华、张玉良："展示与回应：民事裁判文书说理模式重塑——兼谈说理指数评估机制"，载《山东审判》2014 年第 1 期。

的德国和日本在诉讼程序整体上并未区别事实主张与证据调查两个阶段；又因实行辩论主义，从而将庭审区分为口头辩论与证据调查两个阶段以区别诉讼资料与证据资料。有学者早在十几年前即主张改变现行法中法庭调查与法庭辩论分立的做法，即不再将庭审分为法庭调查和法庭辩论两个阶段，旨在废止庭审两阶段划分，以消除庭审阶段功能重复的问题。[1]

事实上，司法解释已经规定法庭调查和法庭辩论可以合并进行。[2] 已有诸多法院对于新庭审模式进行了探索，简称为"质辩合一"模式的庭审，即庭审的法庭调查与法庭辩论合并进行，当事人和代理人可以在法庭调查阶段进行理由阐述，也可以发表辩论意见。此类庭审模式的核心在于法官能够在庭审过程中及时将心证公开，如对案件无争议事实及争议焦点的归纳，以及在当事人对法律关系的性质和法律行为的效力等基础问题认识错误时及时地予以释明。以北京市某中级人民法院的实践为例，"质辩合一"的庭审顺序为：第一，核对当事人身份、告知权利义务、合议庭成员等程序性问题；第二，告知"质辩合一"庭审模式的特点并征求各方同意是否愿意采取此方式进行庭审；第三，总结无争议事实及争议焦点，允许当事人提出异议和补充；第四，就每个争议问题进行举证、质证、事实查明和发表法律意见；第五，就全案的事实和辩论意见进行补充。与此相对，裁判文书也以上述逻辑结构进行撰写。此类庭审模式的推广以法官的临时心证公开为基本要求，以庭前准备程序为程序保障，对推动实质上的司法公开和审理集中化具有重大意义。

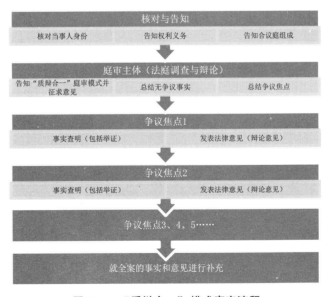

图 8-5 "质辩合一"模式庭审流程

---

〔1〕 参见张卫平："法庭调查与辩论：分与合之探究"，载《法学》2001 年第 4 期。
〔2〕《民诉法解释》第 230 条规定："人民法院根据案件具体情况并征得当事人同意，可以将法庭调查和法庭辩论合并进行。"

五、以智能化为依托推动司法公开

人工智能被称为第三次信息革命的标志，其核心是机器学习。将人工智能应用于司法审判，除了语音识别、司法统计、审判管理等目前已经有了初步进展。运用人工智能技术可以很轻松地自动屏蔽裁判文书中的不宜公开的信息并予以公开上网，无需人工操作，甚至无需监督和激励。

以人工智能推动行业发展是当今社会的发展趋势，以智能化手段推动司法公开和司法公正则是民事诉讼的必然方向。智能化民事诉讼的具体体现包括案件受理网络化、送达一体化[1]、庭审远程数字化、庭审记录电子化（语音识别）、文书生成自动化等。上述技术在各地已经均有成功的实践。从长远来看，人工智能还能被更深入地运用于民事诉讼，甚至可以通过已知事实，并以海量裁判文书为依托，通过数据分析作出裁判结果。在这样的情况下，法官的临时心证公开也不必"犹抱琵琶半遮面"，而是可在智能审判工具的指引下，公开案件的争议焦点，甚至是将通过大数据分析获得的裁判结果告知当事人，令当事人对于裁判的争点十分明晰，对裁判的结果有所预期。这有助于矛盾的化解、司法成本的降低，从根本上保护当事人的诉权。可以说，技术的发展将为转型期民事诉讼带来新的变革和机遇。

---

[1] 如北京市第三中级人民法院建立的送达一体化系统，旨在通过计算机系统自动实现对案件的当事人地址识别、电话送达、电子送达、邮寄送达、公告送达等全面流程。

第九章

司法公开在信息化时代之嬗变
——从"传统程序附庸"到"现代程序内核"

第一节 从边缘转向中心：司法公开从传统到现代的嬗变

一、引 言

人类社会经历了农业革命、工业革命，正在经历信息革命。[1]信息技术进步驱动各领域创新发展，是当今世界经济社会转型发展的重要特征。随着信息化不断迭代发展，各行业各领域均发生着深刻变化，互联网、大数据、云计算、物联网、区块链、人工智能等信息化技术正在重塑社会生产方式，人类生产力再次得到革命性解放。放眼未来百年，信息化当前带来的"数字红利"仍算是处在初步释放阶段。在国家治理层面，我国早已提出国家信息化发展战略，习近平总书记多次强调，"科技是国之利器""没有信息化就没有现代化"。"互联网+"已经席卷中国经济社会各个领域，以支付宝、微信为代表的新经济形态正在深刻影响传统经济模式。

聚焦到司法领域，信息技术同样发挥着先导、促进、保障的作用，成为近十几年来各国司法体制改革的重要支撑。信息技术与司法活动紧密结合，催生了司法公开制度的转型升级。在不同历史时期，司法公开在司法活动中的地位、作用、价值极为不同。以信息化时代前后为坐标，司法公开实现了从"传统程序附庸"到"现代程序内核"的嬗变。在信息化时代之前，司法公开处于诉讼程序的末端和边缘，以有限公开、迟延公开、被动公开等为主要特点，在司法权作为公权力应受监督这一基础原理保障下低调存在。随着公民权利意识觉醒、程序正义价值认同及与之对应的诉讼理念变化、审判构造更新等，司法公开地位逐步上升，特别是进入信息化时代后，依托于科学技术的重大变革，司法公开获得重构和迭代的历史机遇。

美国、英国、德国、日本等国家司法系统，均顺应信息化发展作出一系列改革，以使司法审判机制适应信息化时代要求。党的十八大以来，我国法院"互联网思维"全面确立，"智慧法院建设"加快推进，信息技术与司法审判结合越来越紧密，法院信

---

[1] 参见中共中央办公厅、国务院办公厅：《国家信息化发展战略纲要》，载 http://www.gov.cn/gongbao/content/2016/content_5100032.htm，最后访问时间：2019年3月6日。

息化建设成果显著，在部分应用领域已经居于世界前列。信息化之于我国司法公开意义尤为特殊，是司法公开制度改革的第一驱动力。最高人民法院以信息化建设为支撑，建成了审判流程公开、庭审活动公开、裁判文书公开、执行信息公开四大平台，初步构建起了开放、动态、透明、便民的阳光司法体制。信息技术不仅支撑了现今所有司法公开平台，直接拓展了司法公开的广度、深度、维度，提高了司法公开质量和效率，并且催生了"司法公开理念""司法公开模式"乃至整个"司法理念""司法模式"的转型升级。可以说，没有信息化就没有现代意义的司法公开。

信息化浪潮在带来前所未有机遇的同时，也带来前所未有的挑战。信息化对政治、经济、社会、文化、司法框架内的所有传统事物都产生了巨大冲击。司法公开在迅速适应信息化实现发展的同时，也遇到信息化带来的挑战和风险。当前，我国对信息化时代司法公开的形态、特征、价值等本体论方面认知仍有欠缺，在信息化时代司法公开与隐私权保护、舆论审判、信息安全等运行层面仍有制度缺位，需要在未来智慧法院的语境下，立足世界技术发展、结合中国语境探寻解决之策。

从信息化视角考察司法公开问题，是一个颇为重要的研究领域。本章以司法实务为基础，以法政策学为导向，通过历史考察、实证考察、比较考察，从梳理信息化时代司法公开的嬗变过程入手，归纳了信息化时代司法公开呈现出的形态特征，阐述了其所承载价值的延展情况，探寻了司法公开嬗变的内在原理及对诉讼制度的冲击和反哺，同时分析了信息化时代司法公开面临的挑战与进路，以期在未来智慧法院背景下构建起一套更加成熟稳定的司法公开体系。

"信息化"与"司法公开"本是两个相互独立的概念，从诞生时间上看，"司法公开"较"信息化"要久远得多。人类进入信息化时代后，信息化与司法公开实现融合，在此称作"信息化时代司法公开"，以与传统司法公开模式区分。一般来说，司法公开是主体、是内容，信息化是工具、是手段。但从实际情况看，信息化不单纯是技术手段，其对司法公开的形式和内容均有重大影响；司法公开亦不单纯是利用信息技术，其对信息化的软硬件发展亦有促进作用，所以两者关系是相互作用、相互影响、相辅相成的。

二、信息化与司法公开探源

在人类历史上，记录信息的方式经历了长久而复杂的演变。依据传播媒介的四次跨越式发展，传播学主流理论将人类社会划分为口头传播时代、文字传播时代、印刷传播时代、电子传播时代四个阶段。[1]每一次传播形式的变革，都对包括司法文明在内的人类文明产生了极其深刻的影响。从司法史角度考察，司法公开的产生与发展，始终与司法信息载体密切相关。历史时间轴越接近现代，司法公开越成为一个显性命题，司法公开的内容越丰富，司法公开的效率越高，司法公开的方式越多元。

---

〔1〕 参见李正良主编：《传播学原理》，中国传媒大学出版社 2007 年版，第 61~68 页。

（一）信息化发展历程概述

1963 年，日本文化人类学家梅棹忠夫在《论信息产业》一书中率先提出"信息化"概念，认为"信息化是指通讯现代化、计算机化和行为合理化的总称"。[1]"信息化"一词后被译成英文传播到西方，西方社会于 20 世纪 70 年代后期开始普遍使用"信息社会"和"信息化"的概念，在英文中一般表述为"Informatization"或"Informatisation"。[2]中共中央办公厅、国务院办公厅印发的《2006—2020 年国家信息化发展战略》中，将信息化定义为"充分利用信息技术，开发利用信息资源，促进信息交流和知识共享，提高经济增长质量，推动经济社会发展转型的历史进程"，这一表述较为全面客观。

信息化概念的内涵和外延极其丰富，或者说其是一个集合概念。信息化除与信息、信息技术、信息社会、信息时代、信息革命等属于同位阶概念之外，在信息化概念之下还有一些子概念或者说分支概念，包括计算机（Computer）、互联网（Internet）、大数据（Big Data）、云计算（Cloud Computing）、物联网（The Internet of Things）、区块链技术（Blockchain Technology）、人工智能（Artificial Intelligence）等，信息技术的持续发展将进一步丰富"信息化"的概念。

信息化区别于农业化、工业化而存在，具有其鲜明的个性特征。有的学者将信息化特征归纳为"四化"：智能化、电子化、全球化、非群体化；[3]也有的学者将信息化的特征归纳为"四性"：综合性、竞争性、渗透性、开放性；还有的将信息化特征概括为虚拟性、全球性、交互性与开放性等，均从不同侧面对信息化的主要特征作了描述；[4]

一般认为，信息化发展可分为四个阶段。第一代以计算机为中心，在单台计算机上开展信息系统的建设、应用，关注对信息的数字化管理；第二代以网络为中心，在局域网或广域网（含互联网）范围内实现操作流程的数字化，关注跨部门、跨层级、跨业务协同和信息共享；第三代以数据为中心，基于数据确定业务流程、业务模式，关注数据资源的融合应用；第四代以知识为中心，基于数据提炼业务知识、业务规划，关注智能化辅助支持。目前，我们处在第二代、第三代交叉发展过程中，第四代正在萌芽。

迄今为止，对社会发展影响最大的是互联网，互联网自身也经历了迭代。有学者将我国互联网发展界定为三个阶段。第一阶段为引入期（1980 年至 1994 年），指互联网作为舶来品从美国引入中国的过程。1987 年 9 月 20 日，我国发出第一封电子邮件。

---

〔1〕 参见［日］伊藤阳一："日本信息化概念与研究的历史"，载李京文等主编：《信息化与经济发展》，社会科学文献出版社 1994 年版，第 87、88 页。

〔2〕 http://wiki.mbalib.com/wiki/%E4%BF%A1%E6%81%AF%E5%8C%96，最后访问时间：2018 年 1 月 15 日。

〔3〕 https://baike.baidu.com/item/%E4%BF%A1%E6%81%AF%E5%8C%96%E6%97%B6%E4%BB%A3/2480139，最后访问时间：2019 年 3 月 7 日。

〔4〕 https://zhidao.baidu.com/question/1510800942424032820.html，最后访问时间：2019 年 2 月 26 日。

1990 年 11 月 28 日，注册中国顶级域名 ".CN"。1994 年 4 月 20 日，NCFC（中国国家计算机与网络设施）工程通过美国 SPRINT 公司接入 INTERNET 的 64K 国际专线开通，中国实现与国际互联网的全功能连接。中国被国际上正式承认为第 77 个真正拥有全功能互联网的国家。第二阶段为商业价值发展期（1994 年至今），指互联网借助商业化获得快进步、大发展的过程。第三阶段为社会价值凸显期（2006 年至今），指作为媒体的互联网向草根延伸，自媒体、社交媒体获得快速发展，互联网推动社会进入到"人即传媒"时代。〔1〕还有学者将我国互联网发展分为史前阶段及第一至第四阶段，并对其特征作了描述，如表 9-1。

表 9-1 中国互联网发展阶段与特征〔2〕

阶段名称	史前阶段	第一阶段 互联网 1.0	第二阶段 互联网 2.0	第三阶段 互联网 3.0	第四阶段
大致时间	1994 年之前	1994 年 至 2001 年	2001 年 至 2008 年	2009 年 至 2014 年	2015 年至 2024 年
阶段特性	科研阶段	商业化阶段	社会化阶段	即时化阶段	网络空间阶段
突出属性	学术属性	媒体属性	社交特性	即时属性	网络空间属性
中国网民数临界点	无	3%（3370 万，2001 年）	22%（3 亿，2008 年）	50%（7 亿，2015 年）	70%（10 亿，2024 年）
全球网民数临界点	0.4%（1600 万，1995 年）	8.6%（5.73 亿，2002 年）	23.9%（15.87 亿，2008 年）	40%（30 亿，2015 年）	65%（50 亿，2024 年）
商业创新	邮件	门户、B2C	博客、视频、SNS	微博、微信	变革各行各业
制度创新	科研机构	产业部门	九龙治水	意识形态主导	网络空间治理
文化创新	国际交流	网络媒体	个人媒体		
中国领军企业或应用	邮件	新浪、搜狐、网易、8848 等	百度、阿里、腾讯等	新浪微博、腾讯微信、余额宝等	腾讯、阿里、百度等
全球领军企业	AOL、Compuserve 等	Nelscape、Yahoo、Amazon 等	Google、Yahoo、eBay 等	Facebook、Youtube、Twitter 等	Google、Apple、Facebook 等
全球基本格局	美国绝对主导	美国主导	中国开始崛起	中国崛起	中美两强博弈

如今，互联网已经成为人类生产生活的重要基础设施。根据统计，2018 年全球互联网用户数已经突破了 40 亿人大关，全球有一半的人口"触网"。全球 76 亿人中，约 2/3 已经拥有手机，且超过半数为"智能型"设备，人们可以随时随地、更加轻松地

---

〔1〕 参见陈建功、李晓东："中国互联网发展的历史阶段划分"，载《互联网天地》2014 年第 3 期。

〔2〕 方兴东等："中国互联网 20 年：三次浪潮和三大创新"，载《当代中国史研究》2014 年第 5 期。

获取丰富的互联网体验。[1]根据《中国互联网络发展状况统计报告》统计显示，截至2018年12月，我国网民规模达8.29亿，互联网普及率为59.6%。[2]

（二）信息化时代前的司法公开

美国学者伯尔曼说"没有公开则无所谓正义"。[3]英国王座法庭首席法官休厄特说："正义不仅要被实现，而且要以显而易见和不容置疑的看得见的方式实现。"[4]司法公开就是让"正义"以"看得见的方式实现"。然而，司法审判诞生之初却具有强烈的"神秘"色彩，普通人很难真正了解其中的过程。在信息时代到来之前，司法公开呈现与其时代相称的状态。

从法系角度看，英美法系和大陆法系司法模式存在较大差异，因而在司法公开的范围和方式等方面各具特点。英美法系是当事人主义模式，当事人在诉讼程序推进中起主要作用，法官基本处于"居中"消极裁判地位。在司法公开方面，当事人之间证据开示程序比较完善，很多案件由陪审团参与裁判，庭审活动一般公开进行，允许公众到场旁听，但不得录音、录像、摄影；因英美法系法源主要是判例法，裁判文书原则上一律公开，并编印成册，且由学术机构和大的数据公司收集编撰，多数在先判例成为后续案件的法律渊源。各个国家司法公开程度也不完全一致，个别西方国家司法公开程度极高，比如墨西哥、智利等国家，其最高法院大法官会议允许公众旁听，合议庭或大法官会议的少数意见写进裁判文书，可以让当事人和公众清楚知晓各个法官的明确意见。

大陆法系国家主要是职权主义模式，法官在诉讼推进中起着决定作用，当事人服从法院的指挥，司法公开方面由法官占据主导地位。在对诉讼内关系即对当事人公开方面，证据举证、质证过程由法官决定，证据一般通过法官进行交换，庭审活动除涉及国家秘密、商业秘密和个人隐私外一律公开进行。在对诉讼外关系即对社会公众公开方面，庭审活动允许公众到场旁听，未经允许不得录音、录像、摄影；裁判文书可以向公众公开，有的主动向社会公众公开，有的通过查询的方式获取。

聚焦我国的司法制度，其经历了长时期、多阶段发展。清末以前的中华法系，历经了行政司法合一、行政司法分离、司法机关成为独立部门并逐步完善的过程，司法审判总体上具有"神秘"色彩。国家法律虽然向公众公开，但因大众文化知识有限，司法其实成为某些专业人士所独享的知识和能力。审判的过程亦呈神秘化，公众一般无从知悉，裁判结果公开宣判，但宣判后民众无从也无权查询。清末变法时期及国民党统治时期，法律特别是诉讼制度向德国、日本学习，模式向现代大陆法系转变，但在司法公开领域没有质的变化。在国民革命、抗日战争及解放战争时期的中共统治区，

---

[1]　参见 http://tech.sina.com.cn/roll/2018-01-30/doc-ifyqyesy4182612.shtml，最后访问时间：2019年3月7日。

[2]　参见 https://www.thepaper.cn/newsDetail_ forward_ 3053175，最后访问时间：2019年2月28日。

[3]　[美]伯尔曼：《法律与宗教》，梁治平译，生活·读书·新知三联书店1991年版，第48页。

[4]　[英]丹宁：《法律的训诫》（第2版），杨百揆、刘庸安、丁健译，法律出版社2011年版，第102页。

一般规定"审判案件必须公开，倘有秘密关系时，可用秘密审判的方式，但是宣布判决时，仍须作公开"。[1]中华人民共和国成立以后，诉讼制度参照苏联模式进行构建，同时加入了"马锡伍审判模式"的中国特色，司法呈现比较"亲民"的特点，1954年《宪法》规定："人民法院审理案件，除法律规定的特别情况外，一律公开进行。"司法公开成为一项基本原则，公众可以直接、直观地了解司法情况，但司法公开的领域和范围仍然有限，公开方式比较传统。

综上，从世界范围来看，司法公开的理念和实践自始有之，西方社会更为重视"公开"价值，并能通过"陪审团制度"等使公众直接参与审判，英美法系的判例制度也使得裁判文书公开成为一种必然；我国司法公开除"公开审理""公开宣判"外，其他方面公开并不充分。从历史角度看，在信息化时代之前，各国司法公开模式普遍具有"农业时代""工业时代"的特征，公开的途径和方式呈现传统状态。在公开途径和形式上，以公众旁听庭审、法院张贴公告或通过报纸、刊物等书面公开为主，因法庭空间及报刊阅读范围所限，能够知悉司法信息的受众非常有限。在公开内容和环节上，主要是裁判结果和部分正式庭审活动，司法信息是局部的、少量的、零散的。在公开效率和效果上，因信息传播方式比较原始，经常伴有滞后性或信息失真甚至错误。在公开自主性方面，因法院审判权与公众知情权、监督权是一对矛盾关系，法院主动公开动力不足，被动公开的成分较大。整体上看，信息化时代前的司法公开，只是诉讼程序的简单附庸，没有得到法院足够重视，公众也无力将其改善，司法公开的模式长期处于停滞不前的状态。

（三）信息技术与司法公开结合历程

在当今社会不断进步以及科学技术不断发展的大背景下，随着信息技术产业的兴起和互联网技术飞速发展，人与人之间的交流、联系正在逐步打破传统的面对面或纸书信函方式，取而代之的是采用远程网络信息系统以电子数据作为传播媒介。[2]政务网站、推特、脸书、微博、微信、App等新媒体形式诞生发展，并快速渗透进司法公开领域。可以说，信息化时代到来之后，世界范围内的司法公开步入变革期，逐步实现彻底蜕变。

随着信息化的迭代发展，信息化时代的司法公开历经了多个阶段。以我国为例，主要经历了三个阶段。

第一，起步阶段（1996年至2001年）。1996年5月，最高人民法院在江苏召开"全国法院通信及计算机工作会议"，部署全国法院计算机网络建设工作，确定北京、上海等8个高级人民法院及其辖区法院作为试点单位，制定了《全国法院计算机信息网络系统建设规划》和《全国法院计算机网络建设管理暂行规定（试行）》，标志着人民法院信息化工作的起步，以司法政务信息为主的司法公开开始搬上互联网。

---

〔1〕 参见张涛："ICTs视角下我国法院司法公开体制与机制转型研究"，载《辽宁公安司法管理干部学院学报》2017年第3期。

〔2〕 毕玉谦等：《民事诉讼电子数据证据规则研究》，中国政法大学出版社2016年版，第1页。

第二，发展阶段（2002 年至 2012 年）。2002 年，最高人民法院在山东召开全国法院信息化工作会议，成立信息化建设工作领导小组。2007 年 6 月，最高人民法院印发《关于全面加强人民法院信息化工作的决定》，全面加大对信息化建设的投入。2009 年 12 月，最高人民法院印发《关于司法公开的六项规定》，要求各级人民法院落实立案公开、庭审公开、执行公开、听证公开、文书公开、审务公开。为提高示范法院的司法公开工作水平，最高人民法院于 2010 年 10 月 20 日制定《司法公开示范法院标准》，明确示范标准及考评办法。司法公开与信息技术实现初步融合。

第三，逐步成熟阶段（2013 年至 2020 年）。根据党的十八届三中、四中全会精神，最高人民法院提出，没有信息化就没有人民法院的现代化，没有审判体系和审判能力的现代化，要全面加快信息化建设。2013 年 11 月 28 日，最高人民法院印发《关于推进司法公开三大平台建设的若干意见》，部署推进审判流程、裁判文书、执行信息三方面公开。2013 年 12 月，最高人民法院出台《人民法院信息化建设五年发展规划（2013-2017）》。2014 年 8 月，中国审判流程信息公开网投入运行，以审判流程信息公开网站为核心，向当事人及诉讼代理人及时推送案件流程的八类节点信息。2015 年，中国法院建成以互联互通为特征的人民法院信息化 2.0 版，基础设施建设基本完成，核心应用系统日益成熟。[1] 2015 年，最高人民法院编制《人民法院信息化建设五年发展规划（2016-2020）》，提出建设信息化 3.0 版。2016 年，全国 3520 个法院、9277 个人民法庭和海事派出法庭全部接入法院专网，全国法院实现"一张网"全覆盖。[2] 2016 年 11 月，第十二届全国人民代表大会常务委员会第二十四次会议听取和审议周强代表最高人民法院关于深化司法公开、促进司法公正情况的报告，对司法公开工作给予充分肯定。[3] 2017 年，人民法院信息化建设取得显著成绩，"全业务网上办理、全流程依法公开、全方位智能服务"的"网络化""阳光化""智能化"智慧法院初步建成，人民法院信息化 3.0 版的主体框架已然确定。[4] 从世界范围看，司法公开在诉讼程序中的地位，从"边缘"转向"中心"，从"附庸"升级为"内核"。

三、我国信息化时代司法公开现状考察

全面考察我国信息化时代的司法公开状况，是进一步分析其特点、价值和问题的基础。伴随着信息化的逐步发展，我国司法公开的载体、形式和内容不断丰富拓展，在平台建设上建成了以"四大公开平台"为主的司法公开载体，逐步实现了工作领域全覆盖、审判流程全覆盖、面向对象全覆盖。公开的领域从审判活动拓展到法院情况、

---

〔1〕　参见中国社会科学院法学研究所国家法治指数研究中心法治指数创新工程项目组：《中国法院信息化第三方评估报告》，中国社会科学出版社 2016 年版，第 2~5 页。

〔2〕　参见李林、田禾主编：《中国法院信息化发展报告 No.1（2017）》，社会科学文献出版社 2017 年版，第 3 页。

〔3〕　中华人民共和国最高人民法院：《中国法院的司法改革（2013-2016）》，人民法院出版社 2017 年版，第 35 页。

〔4〕　李林、田禾主编：《中国法院信息化发展报告 No.2（2018）》，社会科学文献出版社 2018 年版，第 2 页。

审判流程、裁判文书、执行活动、司法政务等各个领域。公开的内容从庭审阶段拓展到立案、分案、审理、裁判、结案、执行等各环节。从简单的结果公开拓展到依据、程序、流程、结果的深度公开，实现公开活动贯穿整个审判流程，完整反映诉讼活动全貌。公开的对象由面向当事人，拓展为面向所有诉讼参与人及社会公众，搭建律师服务平台和社会公众服务平台，实现点对点的个性化公开和普遍性的日常公开的有机结合。[1]根据《中国法院司法公开机制全景图》，我国已经构建起到了以司法公开内容为核心，以专门司法公开平台为骨干，以综合媒介为补充的司法公开生态系统。与此同时，司法公开与信息化融合发展过程中并非大功告成、十全十美，在制度构建、平台集约化、发展平衡性、技术和人才保障等方面仍存在一些不足。

（一）司法公开平台建设成果

1. 政务信息公开

最高人民法院官方网站是司法公开平台的总入口，是司法政务信息公开的主要载体，涵盖了政务信息、机构设置、法官队伍、审判业务、裁判文书、文书样式、公报、公众互动等，公众了解法院、法官，当事人参与诉讼获取法律法规、诉讼服务等内容均可在网络上实现。截至 2017 年 12 月 31 日，最高人民法院政务网站文稿发布 2 万余篇，访问量 1.6 亿余人次，[2]同时建成了最高人民法院英文网站。

2. 审判流程公开

2014 年 11 月 13 日，最高人民法院开通中国审判流程信息公开网，这是审判流程信息公开的首要和最集中的展示平台。目前，全国 31 家高级人民法院和兵团分院均已建成审判流程公开平台并连接中国审判流程信息公开网，全国 3500 余家法院均能通过此平台向诉讼参与人发布审判流程信息，变当事人千方百计打听案情为法院主动告知。[3]当事人及其代理人自案件受理之日起，可以凭有效证件号码和密码，随时登录查询、下载有关案件流程信息，了解案件在立案、分案、开庭、延长审理期限、调查取证、委托鉴定、评估拍卖、上诉等各个阶段的信息。通过此网站，当事人还可以实现法律文书签收，与承办法官和跟案书记员沟通联系、查询法律法规、提出意见建议等。除网络查询外，法院还会通过短信、微信等多渠道推送案件流程信息。截至 2016 年 12 月底，各级人民法院公开审判流程信息 26.2 亿项，推送短信 3476.9 万条。[4]2018 年 3 月 16 日，最高人民法院发布《关于人民法院通过互联网公开审判流程信息的规定》（自 2018 年 9 月 1 日起施行），就审判流程信息公开的基本原则、通过互联网公开的审判流程信息的范围、已公开审判流程信息的更正与撤回等内容进一步作出了明确具体

---

〔1〕 中华人民共和国最高人民法院：《中国法院的司法公开（2013-2016）》，人民法院出版社 2017 年版，第 3 页。

〔2〕 李林、田禾主编：《中国法院信息化发展报告 No.2（2018）》，社会科学文献出版社 2018 年版，第 11 页。

〔3〕 李林、田禾主编：《中国法院信息化发展报告 No.2（2018）》，社会科学文献出版社 2018 年版，第 64 页。

〔4〕 参见李林、田禾主编：《中国法院信息化发展报告 No.1（2017）》，社会科学文献出版社 2017 年版，第 16~17 页。

的规定。

3. 庭审活动公开

2016 年 9 月 27 日，最高人民法院建立"中国庭审公开网"，全面覆盖四级法院，将海量庭审直播过程全方位、深层次地展示在网络平台上，公众可以迅速、便捷地了解庭审过程，降低旁听的门槛和时间、经济成本。截至 2017 年底，全国已有 3314 家法院接入中国庭审公开网。[1]2017 年 7 月 1 日起，最高人民法院所有公开开庭的庭审活动原则上全部通过互联网直播。公众关注度高、社会影响大、法治宣传意义强的庭审，固定放置在网站首页，供公众随时观看。截至 2018 年 11 月 10 日，全国累计直播案件1 867 916 件，观看量 124 亿多人次；社会影响较大的"聂树斌故意杀人、强奸妇女再审案"宣判视频点击播放量 300 余万次、"乔丹商标争议行政纠纷系列案件"庭审视频点击播放量 600 余万次。此外，很多地方法院将网站接入其他平台，扩大庭审直播入口范围，比如江苏省高级人民法院建成庭审直播平台，支持法院官网、微博、微信、手机 APP 等多平台直播。除庭审直播外，其他司法活动也在进行直播。2016 年 11 月17 日，安徽省淮南市中级人民法院在集中执行专项行动中，运用"司法直播"手机APP 进行了视频直播，吸引了大量网友围观。[2]

4. 裁判文书公开

2013 年 7 月 1 日，最高人民法院建成"中国裁判文书网"，成为全国法院裁判文书公开的统一平台。按照"以上网公开为原则，以不上网公开为例外"的原则，除涉及国家秘密、未成年人犯罪、以调解方式结案、离婚诉讼或涉及未成年子女抚养等情形外，所有裁判文书均上网公开。2015 年 12 月，中国裁判文书网改版后增加了公开蒙语、藏语、维吾尔语、朝鲜语和哈萨克语等 5 种民族语言裁判文书功能，提供全网智能化检索服务。2016 年 8 月 30 日，最高人民法院发布修订的《关于人民法院在互联网公布裁判文书的规定》，进一步扩大了裁判文书上网范围。截至 2018 年 11 月 10 日，公布文书 5595 万余份，累计访问量超过 203 亿多人次。据官方披露，用户覆盖 210 多个国家和地区，成为全球最大的裁判文书资源库。[3]

5. 执行信息公开

执行是民事诉讼的最后一个环节，是当事人权利实现的最终阶段。长期以来，执行行为暗箱操作、执行信息不透明的问题比较突出。在信息化条件下，执行公开得以实质性、快速推进。2016 年，最高人民法院将 2013 年开通的"全国法院失信被执行人名单信息公布与查询"平台更名为"中国执行信息公开网"，设立"被执行人""失信被执行人""终结本次执行程序案件""司法拍卖""限制消费人员""执行法律文书"

〔1〕　李林、田禾主编：《中国法院信息化发展报告 No. 2（2018）》，社会科学文献出版社 2018 年版，第 64 页。
〔2〕　李旭东："借力信息化打造司法公开新平台"，载 http://news. 163. com/17/0124/14/CBI8868D00018AOP. html，最后访问时间：2019 年 3 月 4 日。
〔3〕　参见 2018 年 3 月 9 日下午最高人民法院院长周强向十三届全国人大一次会议所作最高人民法院工作报告，载 http://www. gov. cn/xinwen/2018-03/10/content_ 5272766. htm，最后访问时间：2019 年 3 月 10 日。

"执行案件"等栏目或链接,满足当事人查询各类相关信息,接受社会公众的查询和监督。目前,最高人民法院已经实现中国执行信息公开网和审判流程信息公开平台的数据对接,公开信息从内网办案平台统一自动对外推送,保障数据公开的准确性和及时性。截至 2018 年 11 月 10 日,累计公布失信被执行人 1239 万余例。

6. 其他司法公开平台

除审判流程、庭审活动、裁判文书、执行信息"四大公开平台"外,最高人民法院还建立了全国企业破产重整案件信息网、中国司法案例网、中国司法大数据服务网、全国法院减刑、假释、暂予监外执行信息网等。各级人民法院也积极通过其他信息平台推动司法公开,打造"指尖上的法院""移动互联时代的法院"。据第三方统计,截至 2017 年底,全国共有 3286 个法院开通官方微博;最高人民法院微博粉丝总数 3425 万余人,累计发布微博 2.9 万余条;最高人民法院微信公号已发布 2500 余期图文消息,订阅用户达 61.4 万余人。[1]同时,为将分散在全国各地各级人民法院各类型案件及其相关数据进行聚合汇总,2014 年 7 月 1 日,人民法院数据集中管理平台正式上线;2015 年 10 月,最高人民法院开发的人民法院数据集中管理平台实现全国法院"案件数据全覆盖"。截至 2016 年 12 月,大数据管理和服务平台面向全国 3520 个法院,共计自动生成 478 584 张报表、超过 1000 万统计数字、1 亿个案件信息项,自动建立了法院、报表、案件三级关联印证机制,全国法院政务系统率先彻底告别了延续近 70 年的人工统计方式。[2]

(二)信息化时代司法公开平台的不足

1. 配套制度建设不够完善

信息化时代的司法公开问题,外部与当事人权益关联,内部与法院各部门、工作人员分工关联,是一个公权力、私权益和内部分工交织的复杂问题。目前,对信息化时代司法公开没有专门的中央文件或者立法机关文件,只有最高人民法院有关规章制度,在制度的位阶上似乎还有进一步提升的必要。在最高人民法院已有的制度当中,审判流程信息公开、裁判文书公开制度相对健全,庭审活动公开、执行信息公开制度仍然比较粗放,在公开的内容边界、操作流程、责任主体、权利救济等方面规定得不够清晰,容易导致司法实践的不规范、不统一。

2. 公开平台集约化不够高

在信息化时代司法公开平台发展过程中,呈现重点突破、逐个建立的趋势,这也是事物发展初期的一般规律。裁判文书网、审判流程信息公开网、执行信息公开网以及其他若干平台先后建立,并且很多是先由各级人民法院分别建立、局部探索,之后由最高人民法院陆续整合的。目前来看,最高人民法院重要的司法公开平台有七八个之多,地方各级人民法院自行建立的具有自己特色的公开平台更多,形成了公开平台

---

〔1〕 李林、田禾主编:《中国法院信息化发展报告 No.2 (2018)》,社会科学文献出版社 2018 年版,第 11 页。
〔2〕 参见李林、田禾主编:《中国法院信息化发展报告 No.1 (2017)》,社会科学文献出版社 2017 年版,第 21 页。

的分散化现象。这种分散化带来当事人和公众使用困难的同时，各平台数据无法贯通导致大数据作用无法充分发挥，在软硬件建设上也存在重复投资之嫌，不利于财政资金的集约使用。

3. 地区发展水平不平衡

信息化时代司法公开做到全国法院"一盘棋"，司法公开水平"一边齐"，才能证明我国信息化时代司法公开真正迈向成熟。如果某个地方、某些法院或者个别领域没有纳入司法公开的大网络中来，不能说建成了完善的信息化时代司法公开系统。根据中国社会科学院法学研究所法治指数创新工程项目组评估结果，"四大公开平台"建设逐步推进，但仍然存在地区发展不平衡、领域发展不平衡等情况，特别是裁判文书公开领域"完成或者部分完成"的法院只占一半左右，说明在平衡发展方面还有较长的路要走。

表 9-2　全国法院信息化第三方评估各项指标完成情况（涉司法公开内容）[1]

二级指标	指标完成情况	完成或者部分实现的法院数量（家）	比例（%）	无法实现法院数量（家）	比例（%）
司法公开	庭审公开	3230	93.76	215	6.24
	审判流程公开	2758	80.06	687	19.94
	裁判文书公开	1705	49.49	1740	50.51
	执行信息化公开	2697	78.29	748	21.71

4. 技术和人才支撑有短板

司法公开取得效果如何，信息技术支撑是地基。如果地基不牢，信息化时代司法公开的质量和效果都会受到负面影响。最高人民法院设立专门机构即信息技术服务中心负责信息化建设工作，该中心因人力所限主要负责提出规划和组织实施，具体开发工作多数委托给第三方公司。由于技术人员几乎均没有审判经历，对司法公开工作理解无法完全到位，对司法平台的开发有时与审判实践需要衔接不够紧密。从资金和人才角度讲，国家机关不可能拿出与腾讯、阿里等互联网企业相匹敌的待遇，在一流人才聚合方面存在一定困难，在运用最新技术实现自主创新方面有一定差距。

四、域外信息化时代的司法公开概览

从西方国家整体情况看，基于司法的谦抑性和稳定性等特点，法院拥抱科技变化较经济领域等偏慢。法院意识到信息化、互联网的巨大价值，积极开始信息化建设是近十几年的事，主要集中在裁判文书公开和庭审活动公开方面。

---

[1]　中国社会科学院法学研究所法治指数创新工程项目组："中国法院信息化第三方评估报告（2017）"，载李林、田禾主编：《中国法院信息化发展报告 No.2（2018）》，社会科学文献出版社 2018 年版，第 54 页。

（一）美国

在历史上，美国对普通法案件实行陪审制并采取公开审理方式，对衡平法案件不实行陪审制并采取非公开审理方式。[1]在新技术条件下，美国的司法公开经历了革命性的信息化转型，从传统书面资料的公开，开始向电子记录公开以及审判过程录音录像上网公开进行转变。美国司法公开的信息化主要依靠联邦法院的案件电子档案系统、法院电子记录公共访问系统。[2]美国法院网站建设主要由2002年制定的《美国电子政务法案》（E-Government Act）规定。按照《美国电子政务法案》的要求，美国联邦高院、美国巡回法院与地区法院、美国上诉法院以及美国破产法院均应建设并维护独立的法院网站。除了涉及国家秘密、国家安全和当事人隐私等不适合公开的内容外，所有经过电子化的文档都应当上网并能让公众检索到。[3]在裁判文书的公开具体范围上，因为初级法院审理的案件没有创造规则，不具有向社会公开的典型意义，故初审法院所作的裁判文书仅有部分上网。[4]

（二）英国

英国对于借助信息手段进行司法公开亦有逐步变化过程。英国庭审一律公开，但1925年《刑事司法法》明文禁止电视录播法院诉讼过程，否则就会招致藐视法庭罪的指控。1981年《藐视法庭法》禁止旁听人员使用录音机，只有法官具有同意使用录音机的权力。博客、微博、推特、脸书等新型社交平台的出现，推进司法公开方式快速转变。2010年前，出于维护司法秩序的目的，微博等社交媒体在英国法院被禁止使用。2010年12月，在威斯敏斯特治安法院关于"维基解密"创始人阿桑奇的保释听证会上，记者向法官申请他们是否可以使用推特进行实时报道，霍华德·里德尔法官表明他并不反对。于是，在阿桑奇的听证过程中，有几名记者使用推特进行了实时报道。[5]之后，法官在多起案件中表达了有条件允许新型的实时文本通讯方式报道庭审过程。2010年12月，英格兰和威尔士首席大法官签发《为公平和准确报道在法庭上适用实时文字通讯（包括推特）的临时性实践指引》；2011年12月，英格兰和威尔士首席大法官签署《为公平和准确报道在法庭上适用实时文字通讯（包括推特）的实践指引》；2011年2月，《英国最高法院对最高法院案件使用推文实时报道的指导性意见》承认了此种方式；2013年10月28日，查尔斯·格雷林大法官签署的《上诉法庭（录制和播出）令》有条件允许录制庭审现场并随后播出。[6]司法审判与信息化实现了从疏远、试探接近到紧密融合的变化。

---

〔1〕参见毕玉谦：《民事证据法及其程序功能》，法律出版社1997年版，第288页。

〔2〕参见陶枫："论法院裁判文书上网公开"，浙江大学2013年硕士学位论文。

〔3〕参见常君："司法公开理论及实证研究"，中国社会科学院2012年硕士学位论文。

〔4〕参见韩朝炜、朱瑞："裁判文书上网与当事人隐私权保护的冲突与衡平"，载《法律适用》2012年第4期。

〔5〕WikiLeaks, "Julian Assange Bail Hearing Makes Legal History With Twitter Ruling", https://www.telegraph.co.uk/news/worldnews/wikileaks/8202262/WikiLeaks-Julian-Assange-bail-hearing-makes-legal-history-with-Twitter-ruling.html, 最后访问时间：2019年3月4日。

〔6〕肖军、张倩："英国庭审公开制度的新发展与启示"，载《法律适用》2014年第12期。

（三）德国

德国自 1998 年起，在网络上免费提供联邦宪法法院裁判；2000 年起，陆续在网络上免费提供联邦最高法院和其他专业最高法院的裁判。[1]尽管最初的改革取得了初步成效，但电子司法领域内的立法进程在随后的十年间几乎处于停顿状态。[2]德国于 2013 年正式颁行了《电子司法法》《加强法院程序和检察署程序中使用视频技术的法律》《改革强制执行中的财产查明法》。这三部法律分别就法院与当事人之间的法律交往的电子化、庭审方式的电子化以及民事执行程序中债务人信息的电子化进行了全面、系统的规定，构建了德国电子司法的整体框架。[3]《德国民事诉讼法典》第 128a 条第 1 款规定："法院可以依申请或依职权许可当事人、诉讼代理人和辩护人在言词辩论期间停留在其他地点，并在那里实施程序行为。审理以图像和声音的形式同步向该地点和庭审房间转播。"无论如何，立法者不允许对转播进行录制，不录制的初衷在于保护人格权。[4]

第二节　由外而内迭代：信息化对司法公开之重塑

信息化外在表层的属性是信息传播方式的变革，深层次的意义是带来人与技术、人与人、人与组织之间关系的深刻调整，从"人与人联接方式升级"的基础层面影响着社会运行的方方面面。司法公开嫁接信息之后成为"信息化时代司法公开"，司法公开赖以生存的"土壤"变为信息化土壤，与传统模式司法公开在原理、形态、价值等方面呈现重大差异，或者说是实现了变异和进化，也即信息化对司法公开进行了全方位的重塑。

一、从弱小转向强大：信息化时代司法公开之形态重塑

司法公开本质上是司法信息向外传播的过程，因此其也离不开传播学的涵摄。以传统司法公开模式为对照，信息化时代司法公开兼具"司法"属性和"信息化"属性，"存在形态"在多个维度上呈现出新的特征，司法公开的方式、内容、效果不同，深刻影响了司法公开的广度和深度。如果以"人"为喻，传统司法公开模式属于其弱小的"少年"时期，在信息化时代，司法公开已进入自己的"青年"时期。

（一）时间维度上呈现即时化、高效性

效率问题是考察司法公开的第一个维度，也是信息化带给司法公开最显著、最外

---

〔1〕　Bernhardt, Die deutsche Justiz im digitalen Zeitalter, NJW 2015, 2775, 2779, 转引自周翠："德国司法的电子应用方式改革"，载《环球法律评论》2016 年第 1 期。

〔2〕　周翠："德国司法的电子应用方式改革"，载《环球法律评论》2016 年第 1 期。

〔3〕　周翠："德国司法的电子应用方式改革"，载《环球法律评论》2016 年第 1 期。

〔4〕　Musielak/Stadler, §128a Rn. 7, 转引自周翠："德国司法的电子应用方式改革"，载《环球法律评论》2016 年第 1 期。

在的特征。在传统司法公开条件下，立案、举证、开庭、判决等司法信息，通过当事人到法院领取、书面材料邮寄、报纸刊发公告甚至宣传栏张贴等形式才能到达当事人和社会公众。其中消耗的时间成本很大，短则几个小时，长则数日、数十日甚至数月，信息生成与传递到受众具有明显的滞后性。

借之于信息技术手段的司法公开，信息传播载体发生根本变化。司法公开信息通过互联网或手机网络实现光速传播，可以直接、即时传递到目标接收人群。比如就发布立案信息来说，当事人在申请立案时提供手机号、电子邮箱地址，法院在完成立案程序，生成案号、合议庭组成人员等信息后，审判流程信息公开系统自动向当事人手机和电子邮箱推送信息，达到当事人实时了解案件进展的效果。

通过传统公开方式与信息化公开方式在时效方面的比较，可以看出两者完全属于不同量级的差别。在同一信息传递方面，传统方式可能耗时几个小时、几天、几十天，而信息化方式只是毫秒级完成推送（接收人何时打开这一信息是另外一个问题）。在信息传播过程中，传统司法公开主要借助于人工处理，司法信息生成后，需要书记员或者法官亲自向当事人传递，工作方式属于人工模式。采取信息化手段后，司法公开的主体虽然仍然是人，但是承担信息具体传播任务的是人工开发的自动化系统，这些系统本质上是司法公开主体的延伸，为司法公开效率带来了质的变革。

（二）内容维度上呈现全面化、全程性

司法公开效率量级化的提升，为司法公开内容的深度拓展提供了基础。司法公开内容的变化，可以从纵向和横向两个剖面进行考察，纵向是指司法公开的领域和范围，横向是指就某个单一案件来说公开内容的尺度变化。在信息技术支撑下，纵向来看，司法公开的内容呈现"全面性"发展；横向来看，司法公开的内容呈现"全程性"发展。

在纵向领域，传统条件下以庭审旁听、裁判文书公开等案件信息为主，对于法院组织机构、法官名录、政务信息、监督信息等不公开或者公开程度有限，特别是全国有3000多家法院，司法信息公开很不平衡，透明度差异较大。在信息化条件下，通过中央和最高人民法院顶层设计和监督指导，采用信息化手段进行司法公开实现对全国法院的全覆盖，涉及法院各个领域的信息都陆续放置在互联网上，司法政务信息、案件流程信息、机构人员信息等全面公开成为一种常态。

在横向领域，司法公开的剖面迅速扩大。在原来以庭审和文书公开为主的基础上，将立案信息、审判组织信息、听证询问信息、调查勘验信息、查冻扣信息等转移到互联网上，很多案件节点信息实现从无到有、内容实现从少到多。到目前为止，除了合议庭评议信息、审判委员会讨论信息等依法不对外公开外，其他案件信息基本实现全程性公开。

（三）数据维度上呈现海量化、无限性

人类进入信息化时代后，也进入信息量爆炸时代。在司法公开领域同样如此，如上文介绍的，各级人民法院发布审判流程信息超26亿条，累计庭审直播案件186万余件，发布裁判文书 5595 余万份，公布失信被执行人 1239 万余例，司法公开的数据量已是名副其实的"大数据"量级，远超传统司法公开模式下的信息量。司法公开数据海量化发展有内、外两个原因，都与信息技术息息相关。

就内在原因来说，是案件数量的不断增长以及司法公开内容的持续丰富。案件数量增长是循序渐进的、代数级的增长，全年法院案件量近五年增长 60%，[1] 并不会带来信息数据几何级的爆炸，因此，单纯案件数量上涨不是信息海量化的主要原因。蕴含在其中的主要原因，是每个案件中实际公开的环节、各环节公开的内容、每项内容中的信息点不断扩大、累积、叠加，形成了司法信息的暴增。

就外在原因来说，是信息形式的数字化、载体的硬盘化、传播的互联网化带来的信息"无限"承载性。以裁判文书为例，美国在计算机、互联网产生之前，只能是把具有判例法意义的裁判文书结集出版，为法官、当事人和公众查阅使用；在信息时代来临后，才能够将庞大的案例导入数据库，通过 Westlaw 等第三方平台或者法院自己向社会发布。中国裁判文书公开更是面临载体限制，全国法院每年有 2000 余万件案件的裁判文书，如果沿用纸质载体向公众发布几乎不可能完成，而这些信息数字化之后，如果是文本格式，占用的存储空间可能只有几十 MB 而已，较一个短视频占用空间都要小。

（四）存续维度上呈现互联化、永久性

信息作为一种客观存在，其一经发布就涉及存在状态的问题。司法公开与信息化特别是互联网结合之后，便具有了互联网信息的大部分特征，最显著的是信息的互联化和存续时间的永久性。

就司法公开信息互联化而言，是指司法公开信息一经发布，便可为所有互联网使用者所获取、备份及网状传播，不再保持传统载体信息源的单一性。互联网是一张由各个网络终端连接而成的网，其中的每个网络终端（主要是计算机、服务器）是网中的一个点，整体呈现扁平化连接和无限延伸状态，没有真正意义上的"核心"。因此，虽然信息的最初发布主体是单一的，是某一个司法公开平台，但信息一经发布便可能为其他主体"截获"并实现多重备份，这些备份信息可以作为信息传播的"原点"再次向外传播信息。

就司法公开信息的永久性而言，是指互联网信息作为一种数字信息，一旦发布便在网络上留下痕迹，为单机硬盘和网络"快照"留存，永远存在于网络空间，即使删去原信息也不能完全"擦除"它的痕迹，目前来看，任何时间、任何人、任何技术都无法完全抹去信息曾经存在的事实。虽然信息内容可以在后续进行编辑修改，但其原始状态及每一个修改版本，都已永远存在于网络空间，成为一种无法改变的客观存在。

---

[1] 2018 年 3 月 9 日下午，最高人民法院院长周强向十三届全国人大一次会议作工作报告时披露，2013 年至 2017 年，最高人民法院受理案件 82 383 件，审结 79 692 件，分别比前五年上升 60.6% 和 58.8%，地方各级人民法院受理案件 8896.7 万件，审结、执结 8598.4 万件，结案标的额 20.2 万亿元，同比分别上升 58.6%、55.6% 和 144.6%。

可以预测，在人类存在时间里，数字信息将永续存在，假使有一天人类不存在了，这些信息可能仍然存在于宇宙当中。

（五）受众维度上呈现普遍化、泛在性

司法公开的目的在于使特定信息为有关人员或者不特定的多数人知悉。传统司法公开模式下，受众分为当事人和其他社会公众；在信息化条件下，受众的大格局仍然如此，但"社会公众"外延越来越大，受众范围呈现"普遍化"，受众分布呈现"泛在性"。司法公开信息成为一种人类社会泛在的信息，不再局限于一地一域，这相对于农耕文明和工业文明是一个巨大的质变。

在受众类别语境下，社会公众不再限于一张通告、一份报纸、一本书籍、一张光盘所能到达的社会群体，而是取决于互联网所能到达的社会群体。这些群体中，不再需要区分法律人、媒体人、同类案件当事人、其他公众，而是实现互联网空间的全覆盖，各个社会群体具有同样的获取资源的条件，司法公开信息可以到达任何一类对此关心的群体。

在地域空间语境下，司法公开信息走出了法院、走出了一省一市，特别是走出了国家的地理概念。中国裁判文书已有210多个国家和地区的人们登录浏览，身处任何国家都可以网上观看"交通运输部南海救助局与阿昌格罗斯投资公司、香港安达欧森有限公司上海代表处海难救助合同纠纷"等案件的庭审直播。同样，身在中国可以查询到世界上所有采用互联网技术进行司法公开的国家的司法信息。

（六）应用维度上呈现多元化、共享性

司法公开的目的不仅在于信息的传递、知悉，还在于基于一般信息的再加工、再利用。传统条件下，法院基于对司法信息的占有优势，可以进行诸如同类案例汇总、裁判要旨提炼等应用，其他机构如科研单位、律师事务所较难获得足够的司法信息，很难对司法信息进行再加工处理。在信息化条件下，司法信息获取更加便捷，大数据分析日益成熟，人工智能辅助萌芽发展，司法信息的多元化深度应用和成果共享机制逐步形成。

在多元化应用方面，法院和其他研究、学术机构均可以对裁判文书等司法资源进行深度开发。比如，最高人民法院开发"法信"平台，对海量案例要旨、裁判文书等资源进行深度加工、分类聚合、串联推送，为用户提供精准、全面、高效的一站式法律解决方案和案例大数据智推服务。比如，民营资本开发的"无讼"平台，对互联网公布的裁判文书等进行深度开发，实现智能案例检索、智能案情分析，创造出了国内第一款法律人工智能机器人。将来，随着信息技术发展，司法公开信息利用将更加智能化。

成果共享性是司法公开信息嫁接互联网后的一个重要特征。法院、高校、科研机构、律师事务所都在从事司法公开信息的深度利用，但这一过程中产生的智慧不再如传统社会的一家独有，而是普遍放到互联网上，继续为社会公众所使用，在知识产权各自保留的前提下，形成一种公益性为主的共享机制。

（七）交互维度上呈现服务性、互动性

信息化特别是互联网的发展，是一个从静态到动态、从单向到交互、从自用到服务的过程。信息化条件下的司法公开，亦呈现这样的轨迹。在传统条件下，司法公开的出发点是因法律规定而公开，出于诉讼管理需要而公开，在公开的方向上以单向信息传递为主，当事人和社会公众缺少信息反馈的渠道。"去科层化"的互联网重构了政治科层体系中的信息沟通，减少了传播的层级，提高了系统内的透明度。[1]在信息化条件下，基于"全民在网"的状态，司法公开平台在技术上实现由单向转为互动，司法公开承载的意义从管理转向服务。

司法公开的服务属性，是一次重大的理念和制度变革。有关法律法规、司法解释、政策性文件搬上互联网的同时，法院机构人员、办事流程、文书样式等全面公开，以信息公开为基础形成了系统化的诉讼服务网络。现今，基本不存在当事人要查找参与诉讼的信息而找不到的情况，服务渗透到诉讼的方方面面。比如上海市高级人民法院建成的"上海法院律师服务平台"，具有网上立案、网上阅卷、网上查询等五大类24项功能，律师作为专业法律人获得了更充分的服务。

司法公开的互动属性，在信息化条件下成为可能。在信息化初始阶段，构成互联网的主要是静态的网页，公众只能浏览信息而无法交流互动，随着微博等交互平台的出现，网络终端双方才实现了互动。最高人民法院"审判流程信息公开网"具有联系法官的功能，其他司法公开平台也都留有当事人和社会公众反馈信息的接口，还有的法院设立网上咨询平台，使法院可以及时准确了解当事人和公众的意见，作出相应的回复和处理。

（八）成本维度上呈现经济化、免费性

信息化给人类带来的"红利"，除了迅速、便捷、丰富之外，最大的红利是经济化，发布和接收信息成本不断降低，在用户端以免费为主。信息技术发展之初，计算机、互联网甚至电话都是极其昂贵的东西，只有少数人和机构可以享受技术的服务。随着信息技术发展，信息硬件成本不断降低，并且信息传递功能持续倍增，具体到某一项信息发、收则成本极小，对国家财政来说已可负担，对绝大部分公众来说已可承受。

信息化时代诉讼服务的目的是"让数据多跑腿，让群众少跑腿，方便群众诉讼，降低诉讼成本"。在司法公开的硬件保障、软件开发等基础层面，国家财政仍然需要大量资金投入，但相对其产生的巨大价值而言，成本并非亟高而且在不断降低。从具体使用者的角度看，司法公开主要呈现免费性，成本几乎可以忽略不计。

法院电子送达是体现信息化时代司法公开成本优势的一个典型例证。根据第三方评估，全国已经有2598家法院开展了电子化送达，占全部评估对象的75.41%，其中上海、天津、湖南、河南、河北、吉林、新疆等7个省份的辖区法院已100%采取电子

---

〔1〕 潘祥辉："去科层化：互联网在中国政治传播中的功能再考察"，载《浙江社会科学》2011年第1期。

送达方式，支持可送达的文书包括起诉书副本、受理通知书、开庭传票、举证通知书等。从电子送达的途径来看，实现电子送达的法院中，有一半以上送达已全面涵盖了网站、邮件和短信三种途径。法院电子送达的广泛适用，不仅方便了当事人，节约了司法资源，更提高了送达效率。[1]

其他信息收发也与之类似。只需要法官或其他工作人员在电脑终端点进行鼠标、键盘相应操作，信息即通过光纤传输到互联网平台。从信息接收来说，当事人更是可以从电脑、手机等多个渠道、从自己最便利的渠道获得与己相关、对己有用的信息。

二、从单一转向多元：信息化时代司法公开之价值扩展

信息时代与农业时代、工业时代所不同之处，核心在于新技术孕育出新价值，包括对旧有存在诠释出新意义。以互联网为代表的信息化既是一种技术，也是一种理念，是技术与理念的结合体。"互联网+司法公开"模式以及未来万物互联视野下的司法公开，将当事人、社会公众以及全世界即时联系在一起，通过技术进步对司法公开的架构、制度、实践进行变革，针对法院、当事人、公众、法学研究者等都孕育出更大价值，信息化时代司法公开的价值实现了同步重构。

（一）司法权行使层面推动智慧审判

法院是司法产品的供给方，是司法公开信息的来源。从信息利用角度上看，法院既是司法公开的提供者，又是司法公开的需求者、使用者、受益者。大数据是信息化发展的新阶段，大数据资源将成为信息化的核心资源。"一个大规模生产、分享和应用数据的时代正在开启。"[2]习近平总书记在2017年12月8日中共中央政治局第二次集体学习时指出，要瞄准世界科技前沿，集中优势资源突破大数据核心技术，加快构建自主可控的大数据产业链、价值链和生态系统。[3]司法公开信息将不只再单纯作为"数据"而存在，这些数据的价值将得到专业化处理和专业化开发，通过司法公开大数据分析，提高裁判的可预测性，并对司法政策和国家治理提供决策参考。在信息技术支撑下，以司法案例为代表的"大数据"正在形成，基于司法大数据的类案检索和智慧审判机制正在形成，促进了司法过程和司法结果的规范化、统一化、标准化，审判权运行机制得到提升和优化。

1. 司法公开促成"司法数据池"建设

根据目前的做法，除涉及国家秘密、商业机密、个人隐私等特殊类型案件可以不

---

〔1〕 中国社会科学院法学研究所法治指数创新工程项目组："中国法院信息化第三方评估报告（2017）"，载李林、田禾主编：《中国法院信息化发展报告 No.2（2018）》，社会科学文献出版社2018年版，第39页。

〔2〕 ［英］维克托-迈尔-舍恩伯格、肯尼思·库克耶：《大数据时代：生活、工作与思维的大变革》，盛杨燕、周涛译，浙江人民出版社2013年版，第9页。

〔3〕 "习近平：实施国家大数据战略加快建设数字中国"，载 http://www.xinhuanet.com/2017-12/09/c_1122084706.htm，最后访问时间：2019年3月4日。

上网公开外，其他案件均在互联网公布。从司法实践看，中国裁判文书网已经发布裁判文书4300万余份，并且每年快速增长。基于我国人口数量世界第一、诉讼案件量世界前列的特殊背景，中国裁判文书上网数量将继续快速壮大，长期保持世界最大裁判文书网的地位。此外，审判流程信息公开、庭审活动公开、执行信息公开等司法信息也在不断积累，这其实是完成了以裁判文书库为主要代表的"司法数据池"的建立，为其他相关应用、深度开发提供了资源，奠定了司法大数据应用的基础。

2. 司法公开推动同案同判

裁判文书公开对法院自身的首要价值是推动同案同判。在传统条件下，同案不同判问题很难发现，只能源于当事人申诉或者由媒体公开追问，且当发现同案不同判时判决书往往已经作出。在信息化条件下，裁判尺度不统一的问题更容易发现，也更好解决。目前的中国裁判文书网已经可以按照案由等参数进行查询，法官在裁判前可以对类似案件进行主动检索，很多法院已经探索类案自动推送或者裁判尺度自动检测，可以对比本院、上级人民法院、最高人民法院的同类案件裁判情况，并且可以对一审、二审、再审裁判演变过程进行追踪，这都对实现"同案同判"起到了推动作用。目前，同案不同判系统在江苏南京、苏州、盐城等7家中级人民法院、56家基层人民法院的300多名法官中使用，成功预警案件120多起，准确率达到92%。此外，北京法院的"睿法官系统"、重庆法院的"智慧E审"系统也都开发了同案不同判预警系统，能够对法官拟作的裁判进行智能评析，有效统一裁判尺度，实现类案同判。[1]

3. 司法公开催化"人工智能辅助裁判"

1956年的达特茅斯会议上，美国计算机科学家约翰·麦卡锡及其同事提出，"让机器达到与人类做同样的行为"，人工智能的概念正式提出。2016年，以AlphaGo为标志，人类失守了围棋这一被视为最后智力堡垒的棋类游戏，人工智能开始快速升温。[2]信息化技术与司法公开结合，为探索人工智能审判提供了基础。当前，人工智能辅助审判仍然处在探索阶段，但这是一个未来必将出现重大突破的命题。人工智能参与审判的第一个环节便是深度学习，即对法官裁判过程的学习，包括对听取陈述、归纳焦点、认定事实、适用法律、利益衡量等方面的学习，海量化的司法公开信息为人工智能辅助审判提供了必要条件。如果没有足够数量、足够多样的司法公开信息，人工智能无法正确、充分学习，自然也无法发挥应有的作用。比如，江苏省苏州市吴江区人民法院"利用人工智能和司法大数据技术，探索搭建同案不同判自动监测系统，通过海量裁判大数据进行智能情节特征提取和判决结果智能学习，建立起具体案件裁判模型，根据案件的情节特征和案件复杂度从案例库中自动匹配类似案例集合，并据此计算出

---

〔1〕　李林、田禾主编：《中国法院信息化发展报告No.2（2018）》，社会科学文献出版社2018年版，第60~61页。

〔2〕　腾讯研究院、中国信通院互联网法律研究中心等：《人工智能》，中国人民大学出版社2017年版，第1页。

类案判决结果"。[1]在美国，人工智能律师已经开始"虐"人类职业律师。[2]阿兰·图灵讲"即使我们可以使机器屈服于人类，然而作为一个物种，我们也应当感到极大的敬畏"。我们完全有理由相信，人工智能审判辅助将是未来的趋势。

（二）司法权监督层面扩大民意权重

从权力监督角度观察，司法公开程度体现的是司法审判权与民意监督权的博弈。"如果在纸面上对各部门作出政制区分就足以安全地保证它们互不侵蚀权力的话，那么所有其他进一步的规定就确实多余了。但经验已经告诉我们不要相信这种安全保证；它告诉我们必须引入各种权力和各种利益的平衡，才能保证纸面上的规定。"英国法学家边沁说："当审判程序完全秘密时，法官将是既懒惰又专横的。没有公开性，其他一切制约都无能为力，和公开性相比，其他各种制约都是小巫见大巫。"司法权作为公权力的一类，民主性是其固有属性之一，接受公众监督是应有之义。但是，公众如何参与司法、监督司法，是一个博大精深的课题。信息化时代司法公开推动了公众监督范围、监督方式、监督渠道的变革，司法监督的广度、深度不断提升。

1. 监督司法渠道发生深刻变化

公众监督司法首先要有监督渠道，要可以接触到司法本身。在传统条件下，公众一般只有到法庭旁听庭审，或者通过报纸等第三方媒体来了解司法、监督司法，渠道非常受限。在信息化特别是互联网条件下，公众可以通过官方网站、微博、微信、裁判文书网、庭审直播平台等新渠道了解司法，可以通过自己最便利的方式与司法进行对接。比如，2013年8月22日，山东省济南市中级人民法院公开审理"薄某来受贿、贪污、滥用职权"一案，全程在新浪微博、人民微博进行图文直播，新浪微话题"薄某来庭审"参与人数达到56万余人，此案审理期间济南中院新浪微博粉丝数突破54万，较直播前增长近8倍。[3]薄某来案微博直播以现代传媒为契机公开庭审笔录的方式，具有时代意义。[4]以此为肇始，通过网络公开审理重大、敏感、社会关注的案件成为惯例，全国人民乃至全世界人民都可以监督司法过程。除了了解司法信息渠道极大拓宽之外，提出监督意见的渠道也愈加畅通，网站、电话、各类公开平台都有举报链接，覆盖各个电子平台的信息反馈渠道基本都已打通。

---

〔1〕 张羽馨、潘志明："吴江法院智能深度融合诉讼全流程"，载《江苏法制报》2017年10月10日。

〔2〕 据媒体报道，法律AI平台LawGeex与斯坦福大学、杜克大学法学院和南加州大学的法学教授合作进行了一项新的研究，让20名有经验的律师与经过训练的法律AI程序进行比赛。比赛内容是四小时审查五项保密协议（NDA），并确定30个法律问题，包括仲裁，关系保密和赔偿。如何准确界定每个问题是比赛的得分要点。在这场比赛里，人类律师的平均准确率达到了85%，而AI的准确率达到了95%。AI也在26秒内完成了任务，而人类律师平均需要92分钟。人工智能在一份合同中也达到了100%的准确率，其中得分最高的人类律师得分仅为97%。简而言之，人类律师被机器"虐"了。李雨晨："斯坦福等高校的AI打败顶级律师，故事要从三十年前说起"，载 https://www.leiphone.com/news/201803/A1CCEEBwex27OqwE.html，最后访问时间：2019年3月5日。

〔3〕 "济南中院薄熙来案微博直播观察"，载 http://yuqing.people.com.cn/n/2013/0829/c210118-22740772.html，最后访问时间：2019年3月11日。

〔4〕 "评论：公开审理薄熙来案见证司法制度自信"，载 http://news.ifeng.com/gundong/detail_2013_08/24/28986207_0.shtml，最后访问时间：2019年3月4日。

2. 监督司法范围发生深刻变化

监督范围与司法公开范围密切相关，在一般意义讲，司法公开的范围实际上决定着公众监督的范围，可以说"没有公开就没有监督"。如前文所述，信息化条件下的司法公开，已经是多领域、全链条、多维度、深层次的公开，除案件合议庭评议过程、审判委员会讨论过程等个别不予公开的节点外，能够向公众公开的已经最大限度地予以了公开。公众可以通过庭审直播从过程上监督，可以通过裁判文书在结果上监督，可以通过组织机构人员信息从外围监督。而且，从监督公众来源的角度讲，司法不仅是接受一地一域公众的监督，而是接收全国公众乃至世界民众的监督。

3. 监督司法效果发生深刻变化

"司法的公开性不应仅仅为了监督，民众对法律生活的积极参与会产生对法律的信任，对法律的信任同时又是他们主动参与这类话题的前提。"[1]监督方式、渠道、范围的变革，直接导向监督效果的变革。案件裁判的庭审过程、裁判文书、执行信息，全程全景式地展现在公众面前，实现了实时监督、实质监督、全面监督。在这个意义上讲，司法不再"神秘化"，司法的细节不再需要通过各种内幕消息来取得，而是通过法院主动司法公开来取得。一个案件程序是否合法、结果是否公正，甚至一份法律文书是否有错字、病句，公众都可以予以评价和监督，在无数双眼睛的"围观"监督之下，法官们失去了边沁提到的可能存在的"懒惰又专横"，司法机关行为更加依法规范，达到倒逼法官提升司法水平的目的，最终通过司法民主促进了司法公正。

（三）程序权利实现层面强化知情权参与权

从信息经济学的角度来看，信息公开是为了解决信息拥有者与信息匮乏者之间的信息不对称问题，从而有助于平衡各方利益。司法公开也不例外，法院审判中的司法信息，对于当事人和社会公众实现自身利益非常重要。司法信息公开对于当事人而言，最大的价值在于满足知情权、参与权。信息化条件下的信息获得方式，较传统条件下更实时、更准确、更全面；司法公开与信息技术结合之后，当事人和社会公众权利得以更好实现。

1. 知情权更好实现

案件审理进展变化情况，是诉讼过程中当事人最为关心的问题。司法信息产生于法院，当事人获取案件信息的方式只能依赖法院。在传统信息传播条件下，当事人只能到法院直接领取有关法律文书，或者通过邮件来获取，成本高、效率低。在信息化时代，信息传递方式被颠覆，电子送达方式正逐步取代传统送达方式，当事人获取信息的方式陆续电子化，信息丰富程度大为增加，实时、高效、全面、免费地满足当事人知情权已经成为现实并不断完善。

2. 参与权更好实现

如前所述，信息化时代司法公开较传统司法公开的重大不同之一，是实现了互动

---

〔1〕　［德］拉德布鲁赫：《法学导论》，米健、朱林译，中国大百科全书出版社1997年版，第177页。

化、双向化，超越了传统的单向化、被动化。当事人不再是单纯作为信息接收方，而是可以实现与法官互动。当前，互动形式很丰富，既可通过互联网联系法官、反映诉求、查询有关信息等，还可以司法公开为基础通过网络参与诉讼程序，比如在线提交立案材料、证据材料、代理答辩意见等。在已经成立的杭州互联网法院，全部诉讼过程均可在网络上实现，司法公开、程序参与全部线上解决。因为网络的经济性、便利性、快捷性等优势，在不久的将来，当事人参与诉讼将实现由线下为主向线上为主的迭代，整体民事诉讼模式将迎接一次大的变革。

（四）社会效益层面推动提升法治观念

黑格尔曾经讲过："法律在特殊事件中的实现，即外部手续的历程以及法律理由等也应有理由使人获悉，因为这种历程是自在地在历史上普遍有效的，又因为个别事件就其特殊内容来说诚然只涉及当事人的利益，但其普遍内容即其中的法和它的裁判是与一切人有利害关系的。"[1]法律的权威源自人民的内心拥护和真诚信仰。司法除了维护社会公平正义之外，兼具法治宣传和公共价值引领作用。2014 年 10 月，中共十八届四中全会通过的《关于全面推进依法治国若干重大问题的决定》提出，坚持把全民普法和守法作为依法治国的长期基础性工作，实行国家机关"谁执法谁普法"的普法责任制。最高人民法院院长周强提出，最高人民法院积极传播法治精神，落实"谁执法谁普法"的普法责任制，通过公开裁判文书、庭审网络直播、强化裁判文书说理、发布典型案例、举办公众开放日活动等，传播法律知识，增强全民法治观念，推进法治社会建设。[2]司法"普法"作用的发挥，主要依托于司法公开。司法公开水平的高低，决定着法治宣传、公共价值引领的效果。信息化条件下的司法公开，造就了信息化条件下的司法"普法"模式。

1. 司法知识普及作用

成熟的公民社会是法治国家的基石，而以建立主体意识、平等意识、权利义务意识、法治意识与参与意识为导向的公民教育又是公民社会的基石。就法治意识而言，法律适用的过程是对公民直接而生动的教育模式。[3]德沃金指出："真正的司法权威并不能依靠将法官个体严实地包裹于机构的神秘面纱之下而得以建立，而是应当建立在司法过程的公开、透明以及司法结果的充分说理之上。"[4]全民守法的基础是全民懂法，全民懂法的基础是全民普法。法院作为法律实务部门，承担普法职责的主要方式是司法公开。司法公开过程就是普法过程，信息化条件下，司法公开信息已经极为丰富，公众可以近距离、低成本、高效率地了解司法过程，长久坚持即可发挥出法律的指引、预测、教育等功能。

---

〔1〕 ［德］黑格尔：《法哲学原理》，范扬、张企泰译，商务印书馆 1961 年版，第 232 页。

〔2〕 荆龙："全面深化司法公开　促进司法公正　提升司法公信——周强向全国人大常委会报告深化司法公开促进司法公正情况"，载《人民法院报》2016 年 11 月 6 日。

〔3〕 徐骏："裁判文书网络公开的制度功能与技术完善"，载《内蒙古社会科学（汉文版）》2011 年第 1 期。

〔4〕 ［美］德沃金：《法律帝国》，李常青译，中国大百科全书出版社 1996 年版，第 273 页。

2. 正义价值引领作用

普法的深层次意义在于价值引领，特别在一些社会公众高度关注、争议很大的案件当中，价值引领作用更加凸显。比如近几年法院审理的"侵犯'狼牙山五壮士'名誉权系列案""于某故意伤害案""医生电梯劝阻吸烟案""农民王某军收购玉米案""见义勇为者朱某彪追赶交通肇事逃逸者案"等，引起社会高度关注、媒体广泛报道以及公众激烈争辩，这些典型案件亦是最佳的普法过程。各方表达观点、博弈的过程，即是公众学习的过程；特别是裁判结果的作出，树立了保护英雄人物声誉、鼓励见义勇为、依法惩治犯罪等正确价值导向，使公众在今后遇到类似情形时作出正确抉择。公众能够深度参与到案件的讨论中，在典型案件中获得价值引领，离不开信息化条件下司法公开的发展。

（五）学术研究层面促进理论实践融合

美国联邦最高法院大法官、著名法学家霍姆斯说："法律的生命不在于逻辑，而在于经验。"其实，法学理论与司法实践是法学的两面，司法实践离不开法学理论的指导，法学理论离不开司法实践的检验。当前，我国法学理论和司法实践仍然比较脱节，存在习近平总书记指出的"学科理论建设滞后于实践，不能回答和解释现实问题"的情况。产生这一问题的其中一个重要原因，是司法实践曾经在很长时间里不为外界所知，司法一线资源很难为理论学术界所获取。法学学者们难以得到司法实践样本，"空对空"研究成为一种无奈之举。信息化条件拓展了司法公开领域范围，司法信息已经比较充分地展示在法学学者面前，为理论学术界提供非常丰富的样本，具备了更真切的实证研究土壤。促成法学理论研究升级换挡，也是信息化时代司法公开的又一大价值。

1. 准全样本研究成为现实

从中国裁判文书公开角度来看，目前已经实现了"准全样本化"（其实在任何国家都不可能实现完全的"全样本化"）。除涉及国家秘密、商业秘密和个人隐私等方面的裁判文书依法不公开外，绝大部分裁判文书已经在互联网公开。在概率上讲，数以千万计的文书已经可以反映中国司法状态全貌。法学研究者在"准全样本"研究条件下，可以更加全面地认识中国的司法实践，分析其中的问题，做到"正确回答和解释现实问题"，避免以前法学研究不顾司法实践或者只是窥豹一斑就片面作出结论的问题。

2. 实证化研究成为常态

从研究方法的角度看，信息化条件下的司法公开促进了实证化研究方法的复兴。当海量的司法信息资源摆在法学研究者面前时，当然不能再忽视实证研究的方法，否则将是法学研究者的失职。在法学研究中可以看到，随着信息化时代司法公开越来越充分，已有越来越多的学者通过司法数据说话，各类表格、案例更多地见诸专著、论文，不再凌驾于司法实践喃喃自语，理论与实践的结合更加紧密。

3. 比较研究开始萌发

法学理论研究是不分国界的，但长期以来，我国学界关注国外、境外的理论和实践多，国外学者关注中国的实践和理论少，其中一个原因是中国司法实践状况很难为国外所知，无法进行深入观察和研究。在信息化时代司法公开情形下，对于外国研究中国法治、司法的学者和机构而言，同样获得了丰富而充实的样本，可以进行更符合中国实际的比较研究。法学研究的国际融合，为世界了解中国开辟了一个新的窗口，可以让中国司法实践走出去，让中国法治自信逐步树立起来。外国学者研究中国法治不再是主观臆测，也不再是神秘莫测，中国司法以更加开放的姿态促进了平等交流，实现了国内外的相互学习、交流、借鉴。目前，已经有很多外国大法官、外国学者和机构对中国司法实践给予高度评价，应当说，这是新时代信息化条件下的司法公开带来的红利。

三、从原理进化到表象投射：动能转换及对司法制度的反哺

如前所述，在信息化时代，司法公开的自身地位、形态、价值发生重大变化，除信息技术支撑的工具变化外，亦有其内在原理作用，即信息化时代技术与信息、人与技术、人与人之间关系重构带来的动力转换，这种内生动力的变化不仅作用于司法公开本身，而且通过司法公开这一局部影响到诉讼程序乃至司法制度的全局，这是信息化时代司法公开基本原理在整体司法制度层面的投射，呈现出因内在原理进化而导致事物外在形态变化的一般规律。

（一）信息化催生司法公开动力转换

信息化外在显性意义是信息传播方式的变革，深层次意义是人与人关系的深刻调整。司法公开融合信息化之后，司法公开赖以生存的"土壤"变为信息化土壤，在基本动能、链接方式、聚合效应等方面实现了进化。

1. 技术驱动转换

技术发展驱动社会进步，农业革命催生农业文明，工业革命催生工业文明，信息革命催生信息文明。司法公开作为司法文明的组成部分，其发展过程始终与技术联系在一起。传统模式司法公开与工业文明和农业文明相联，其技术支撑主要是书写技术、印刷技术，载体主要是报纸、图书以及后期发展的电视、广播等。信息化时代司法公开在原有技术支撑的基础上，扩展到了信息技术应用，特别是依托互联网的发展，建成了司法公开的网站、微博、微信、APP及各类专门平台等。正在蓬勃发展的下一代信息技术即人工智能和工业互联网、5G等，将孕育出新的技术动力，推动信息化时代司法公开继续升级发展。简言之，在从传统模式向信息化模式转变的过程中，司法公开的技术驱动力实现了转换，这种动力转换促成了司法公开在硬件方面的转型升级。

2. 联接方式迭代

社会关系本质上是人与人的关系，人与人联接方式的差异深刻影响社会关系。在传统社会，从政治学角度讲，人是分阶级、分阶层的，一个政治领域中的公民呈现金字塔式的科层结构，人与人联接的方式主要是从上而上或者从下而上联系，人的意思通过层层传导才能到达。"科学技术的迅猛发展，特别是计算机的迅速普及、网络通信技术的广泛应用，缔造了一个以信息化为核心的时代。在这个时代里，人与人之间的

山川阻隔被彻底消除，整个世界成了平的。"[1]在信息时代，随着互联网的诞生，所有登录互联网的人实现了平级、即时互联，人们不再需要某一个核心去串联或者垂直线性联接，人与人的联接方式发生了根本变化，由金字塔结构崩塌成了扁平的网状结构，此时"世界是平的"。司法公开模式的表象是信息传播的方式，本质上是人与人的联接方式。信息化时代司法公开关系中，法院、法官与当事人、公众的联接向扁平化、即时化、直接化发展，一般不再需要领导审批、信息中转等中间层级，信息传播实现起点到终点的直接联系，联接方式的变革在软件层面促成了司法公开的转型发展。

3. 信息聚合升级

从资源能源角度讲，"信息"其实是一种资源，占有的信息越多即占有的财富越多。马云曾讲过，我们正在进入一个新的资源整合的时代，这个时代的核心资源已经不仅仅是石油，还包括大数据的管理、分析和应用，大数据已经成为一种重要而且逐步成为最重要的生产资料。从信息化发展阶段看，下一阶段的人工智能时代，大数据将是不可或缺的基础资源。在传统司法公开模式下，司法信息量少且分散，缺少聚合效应，难以为分析裁判尺度、分析社会矛盾变化提供支撑。在信息化时代司法公开模式下，信息量实现几何倍数的膨胀，特别是这些数据实现分类、聚合，可以进行多维度的分析处理，"小"可以分析某类案件裁判尺度统一与否，"中"可以分析经济社会发展变化情况，"大"可以为国家治理和国际竞争合作提供参考。目前，最高人民法院司法大数据服务网，已经可以自动出具知识产权侵权纠纷、中小型股份制商业银行涉诉纠纷、电信网络诈骗等专题分析报告，正在对相关决策提供参考依据。可以说，司法大数据作为一种资源登上历史舞台，资源属性的变革在应用层面促成了信息化时代司法公开的转型发展。

（二）对司法制度的反哺

司法公开在信息化时代转型发展，一方面是适应其他诉讼程序需要，另一方面也引发了其他诉讼环节的变化。换言之，不只是诉讼程序和司法制度影响司法公开，在信息技术支撑下，司法公开也在反向重塑诉讼程序乃至司法制度本身。司法公开对诉讼程序的投射作用：一是诉讼活动的线下行为逐步转到线上，实现功能替代；二是司法活动的可接近性逐步增强，推动司法协同主义发展；三是有关诉讼程序对应变革，促成证据制度、言辞原则等当事人攻击和防御方面诉讼程序的再造；四是司法制度顺应发展，激励案例指导制度的发展甚至培育出中国的判例法制度。

1. 功能性替代逐步深入

随着互联网成为人类生活的基础设施，网上生存、电子化生存成为趋势，商业谈判、签订合同等原先线下的操作，将逐步转移到线上，电子法律关系成为人与人关系的重要组成部分。相应的，在诉讼领域，当事人起诉、立案、送达等也在逐步由线下

---

[1]　[美]托马斯·弗里德曼：《世界是平的》，何帆、肖莹莹、郝正非译，湖南科学技术出版社2006年版，第42页。

转到线上。"功能等价"是法律交往电子化的正当性基础。[1]在从线下到线上的转移过程初期，主要是"功能"的等价迁移，当事人的诉讼权利、义务暂无实质变化，随着数字化生活方式迭代，相应的诉讼规则必将变化。

2. 协同主义得到发展

诉讼活动推进是法院及各方诉讼参与人共同努力的结果，各方在诉讼中的关系受到信息对称程度的影响。信息化时代的司法公开，大幅增加了司法的透明度，司法的可接近性获得重大突破，当事人诉讼协同合作的基础迅速扩大，协同型的司法关系获得构建契机。从世界范围看，新型的协同主义模式正在吸收当事人主义和辩论主义模式两者的优点而不断扩大，这与信息化带来的司法活动深度公开关系密切。

3. 引发诉讼程序再造

诉讼程序的设计，与资源、技术、效率密切相关。审判流程信息公开、执行信息公开、庭审活动公开、裁判文书公开过程中，其实包含了对审判流程科学化、执行行为规范化、裁判结果公正性的促进。比如对失信被执行人信息的公开，既是司法公开扩大的范畴，也是执行手段升级的范畴；比如庭审活动直播，在满足公众知情权的同时，还督促了法官严格依照民事诉讼程序开庭审理；比如在电子送达领域，随着电子送达正式成为具有法律效力的送达方式，传统送达方式正在逐步被取代。从中可以看出，信息化时代司法公开正在引发部分诉讼程序的完善和重构。

4. 促成司法制度变革

司法公开对整个司法制度内部具有一定冲击作用，为一些重大司法制度变革提供了条件。比如，基于中国裁判文书网的巨大资源，将有力促进指导性案例制度进化，为扩大指导性案例制度适用，甚至为将来扩大法源、引入判例法制度带来契机。信息化时代司法公开为指导性案例筛选奠定了基础。数千万量级的裁判文书汇集之后，可以通过大数据进行筛选确定哪些类型案件有必要出台指导性案例，以及选取哪些案件作为指导性案例，这较目前的法院逐级推荐、筛选更具有客观性、针对性、有效性。信息化时代司法公开为同类案件援引奠定了基础。将几乎所有案件分门别类地放在互联网上，法官可以更加容易地去检索同类案件，并逐步实现依靠软件自动比对筛选可借鉴的案件，为指导性案例的准确便捷适用提供了操作方法。信息化时代司法公开为保证裁判统一奠定了基础。哪些案件应当适用没有适用或者没有正确适用指导性案例，裁判文书网可以智能化筛选出来，提交给原审法院或者上一级法院，从而加强对法官的约束和监督，为法院发现可能的错案提供技术支持。

第三节　基于理论与实践的反思：挑战与进路

根据马克思主义基本原理，发展是新事物必然代替旧事物的过程。任何新生事物

---

〔1〕［德］尼古拉·普鲁士："民事诉讼中电子文书交往的程序法基础"，陈慧译，林涛校，载许多奇主编：《互联网金融法律评论》（2015年第3辑），法律出版社2015年版，第88页。

都具有两面性，在重构原有格局过程中，具有成长进步的一面，也存在滋生破坏和风险的一面。如果认识、把握不够，这种破坏性有可能形成实质性损害。从这个意义上说，信息化时代风险与机遇并存，发现风险、评估风险、避免风险是必修课。目前，信息化与司法公开的结合存在的局限和风险主要表现为：一是不当公开侵害当事人权益问题，包括不公开、不充分公开、过度公开、错误公开，造成对当事人隐私权等权益侵害；二是司法公开与舆论审判的平衡，如何防止因司法公开加剧舆论审判现象的问题；三是信息技术安全问题，信息被损毁、篡改、不当利用等带来的危险。对各种风险的充分认识、努力规避，减少信息化时代司法公开潜在的副作用，是保证信息化时代司法公开这一新事物健康发展的必经之路。在应对这些挑战的过程中，应坚持用发展的眼光看问题，用创新的手段破解问题，促进信息化时代的司法公开更加成熟。

一、司法公开与隐私权保护问题

英国作家查尔斯·狄更斯曾经说："这是最好的时代，也是最坏的时代。"信息化时代司法公开是一把"双刃剑"，我们在充分享受信息化带来的丰厚成果时，也要高度警惕司法公开不当带来的风险。其中，公开与隐私是一对矛盾概念，司法公开的边界如果掌握不好，将危及公民隐私权。

（一）司法公开不当的类型

第一，过度公开，即超越了法定应当公开的范围。最高人民法院有关部门负责人在 2017 年 11 月 17 日答记者问时介绍，推进司法公开的进程中，始终把保护当事人信息安全作为工作的重中之重，为此专门设计了三道保护网，一是明确一部分文书不予公开，二是隐去一部分不宜公开的内容，三是依规对案件中涉及的相关人员姓名进行隐名处理。[1]但是，在司法实践中，很多信息应否公开仍处于模糊地带，有的文书只是对明显不宜公开的自然人身份证号码、银行账号等进行屏蔽，难以完全做到删除所有敏感信息。第十二届全国人大常委会第二十四次会议于 2016 年 11 月 6 日分组审议最高人民法院关于深化司法公开的报告时，不少委员建言司法公开应该加强顶层设计，

---

〔1〕 参见人民法院新闻传媒总社："驰而不息推进司法公开 切实让人民群众有更多获得感——最高人民法院审管办主任李亮谈司法公开工作"，载 http://www.court.gov.cn/zixun-xiangqing-69022.html，最后访问时间：2019 年 3 月 4 日访问。据文章介绍，首先，明确一部分文书不予公开。依据法律规定，对 5 类案件的裁判文书不在互联网公开发布：①涉及国家秘密的；②未成年人犯罪的；③以调解方式结案或者确认人民调解协议效力的，但为保护国家利益、社会公共利益、他人合法权益确有必要公开的除外；④离婚诉讼或者涉及未成年子女抚养、监护的；⑤人民法院认为不宜在互联网公布的其他情形。其次，隐去一部分不宜公开的内容，在拟公布裁判文书中依规删除涉及当事人身份财产内容的 5 类信息：①自然人的家庭住址、通讯方式、身份证号码、银行账号、健康状况、车牌号码、动产或不动产权属证书编号等个人信息；②法人以及其他组织的银行账号、车牌号码、动产或不动产权属证书编号等信息；③涉及商业秘密的信息；④家事、人格权益等纠纷中涉及个人隐私的信息；⑤人民法院认为不宜公开的其他信息。最后，依规对案件中涉及的相关人员姓名进行隐名处理：①婚姻家庭、继承纠纷案件中的当事人及其法定代理人；②刑事案件被害人及其法定代理人、附带民事诉讼原告人及其法定代理人、证人、鉴定人；③未成年人及其法定代理人。

对于公开的内容、范围和标准等作制度化规定，以防止公开的随意性。[1]

第二，错误公开，即信息应当公开但公开的版本或具体内容有误。比如，2011年12月2日，美国法院在通过电子文件对案件进行处理时，不慎泄露了其对苹果、三星诉讼案裁决的部分秘密信息，涉及双方正在全球进行高风险的专利诉讼，法院工作人员迅速发现了这一错误，密封了该电子文档，并在4小时后发布了修订版电子文档。[2]再如，澎湃新闻社于2018年1月30日报道，十堰市中级人民法院2017年审理一件民事二审案件作出了编号一样的两份判决书，判决结果却截然相反，一份有利于上诉人，一份不利于上诉人。主审法官解释，有利于上诉人的判决是其在经合议庭评议后制作的，后经审委会讨论决定最终作出了维持原判的判决。在传上网时，因为自己的工作失误，将没有法律效力的文书传上了网。[3]近年来，类似"鸳鸯判决"并不鲜见。还有的在可以公开的案件中未屏蔽个人身份证号、银行卡号等私密信息，在侵害当事人隐私权的同时，也使得这些信息易为不法分子所利用。另外，还有的因当事人信息过于简单对重名的当事人、重名的企业造成不良影响，也严重损害了司法公信力。

第三，应当公开而不公开或不充分公开。根据现实制度规定，司法"以公开为原则、不公开为例外"，但因为硬件技术问题、回避公众监督问题、公开范围难确定问题、工作人员责任心问题等原因，司法公开在各个地区、不同法院还不平衡。根据第三方早先评估结果，裁判文书公开不全面、选择性公开等问题仍然存在，经对各地法院是否公开不上网裁判文书数量、案号和理由进行观察分析可知，全国法院中尚有2136家法院没有公示不上网裁判文书数量，占62.00%；1808家未公开不上网裁判文书的案号，占52.48%；1819家未公开不上网裁判文书的理由，占52.80%。[4]

（二）司法公开与隐私权保护的关系

司法公开与隐私权保护一直是共生关系。司法公开事关当事人和社会公众的知情权、参与权、监督权，同样事关当事人及相关利益方的隐私权，司法公开不当会造成对隐私权等权益的侵害。隐私权概念本身的不确定性，为隐私权的保护带来诸多障碍。美国学者沃伦和布兰代斯于1890年在其《论隐私权》一文中将隐私权界定为一种"免受外界干扰的、独处的"权利。[5]还有学者认为："隐私权的内涵，与一个人的人格尊严有极大的关系。一个人的私生活受到干扰，将其姓名、照片、肖像等未经同意而公开刊登，必使其在精神上感到不安、痛苦、羞耻或惭愧，则其人格尊严显然已受到

---

[1] 王梦遥："全国人大常委会审议最高法关于深化司法公开的报告：委员建议司法公开加强顶层设计，防止公开随意性"，载《新京报》2016年11月7日。

[2] "法院不慎泄露苹果和三星诉讼裁决机密信息"，载 http://tech.sina.com.cn/it/pad/2011-12-06/07036432354.shtml，最后访问时间：2019年3月4日。

[3] "湖北十堰现'鸳鸯判决书'同案判决相反，审判长：系失误上传"，载 http://www.thepaper.cn/newsDetail_forward_1975504，最后访问时间：2019年3月11日。

[4] 中国社会科学院法学研究所、法治指数创新工程项目组："中国法院信息化第三方评估报告（2017）"，载李林、田禾主编：《中国法院信息化发展报告 No.2（2018）》，社会科学文献出版社2018年版，第50页。

[5] See Samuel D. Warren and Louis D. Brandeis, "The Right to Privacy", 4 Harv. L. Rev. , 1890, p. 193.

损害。"[1]学者王泽鉴先生认为，最近有见解认为隐私系指对个人资料的控制，此具积极的意义；隐私概念的不确定性，固然造成法律适用的不安定，但亦因其开化性，而能适应社会经济及现代科技的发展，应对隐私权的侵害提供必要的保护。[2]学者王利明教授认为，民法中的隐私权不是一般人格权，而是具体人格权，是指自然人享有的私人生活安宁与私人信息秘密依法受到保护，不被他人非法侵扰、知悉、搜集、利用和公开的一种人格权，未来隐私权的内容也应当以此为基础进行发展和扩张。[3]

综合以上表述，网络隐私权，可以界定为：在网络空间下，一个人所拥有的不为外人所知的有关事项的权利。网络隐私权伴随着网络时代的产生而产生，发展而发展，是隐私权的一部分，具有隐私权的基本属性，同时具有网络时代的特点。"按照目前大数据的发展趋势，大家会越来越没有隐私，而当我们体会到丧失隐私后的重大损失时，为时已晚。"[4]基于网络空间共享性、互联性等特点，网络隐私权的界定和保护更加困难。网络隐私权与司法公开的关系，根本上讲是对立统一关系。个人隐私权与公众的知情权、监督权属于同位阶的权利，司法公开本质上是实现公众的知情权、监督权。在司法公开过程中，不能拘泥于有关利害关系人不愿公开而不公开，导致公众无法知悉司法审判的面目，妨碍公众的知情权、监督权；亦不能以绝对的司法公开为由，忽略当事人隐私权的保护，侵害当事人的合法权益。其中的边界或者说度，即是寻找两者的平衡点。

（三）司法公开的规范与救济

就完善信息化时代司法公开来说，其一是完善立法和制度建设，实现依法、规范、准确、充分公开；其二是建立权利受损救济制度，使因司法公开而确实受到利益损害的人，通过法定的渠道实现权利恢复和利益弥补。

就完善立法和制度建设来说，最高人民法院已经出台了《关于人民法院在互联网公布裁判文书的规定》等若干文件，对司法公开的范围、方式、主体、程序、责任、监督等方面作了明确，当前主要是围绕出现的问题进一步修正有关规定，既要在宏观层面上做好制度设计，又要在实践层面上抓住落实司法公开的机构、人员、技术及财政保障，使各方面都能满足信息化时代司法公开的需要，加强制度落实情况的督查指导，防止因人员和技术问题造成司法公开不当的问题。

无救济就无权利，应当建立司法公开争议解决机制。对于裁判文书不当公开或不公开的，应授予当事人及利害关系人在一定期限内提出异议的权利。对当事人提出的异议，法院应当在规定期限提出审核意见，经审核应当予以支持的应及时删除、完善或者修改司法公开信息。受理法院不按规定作出处理，或者对处理意见不服的，当事人可以向上一级法院申请复议，受理复议的法院应给出书面回复。同时，应当完善法

---

[1]　William M. Beanev, *Law and Contemporary Problem*, No. 2, 1966, p. 255.
[2]　王泽鉴："人格权的具体化及其保护范围·隐私权篇（上）"，载《比较法研究》2008年第6期。
[3]　王利明："隐私权概念的再界定"，载《法学家》2012年第1期。
[4]　吴军：《智能时代：大数据与智能革命重新定义未来》，中信出版社2016年版，第339页。

院内部考核、监督机制，对违反法律规定不公开或者擅自公开的人员，应当予以纪律处分，造成严重后果的依法追究法律责任。

二、司法公开与舆论干扰审判问题

舆论审判或者说舆论干预审判，是司法实践中长期面临的棘手问题之一。主要表现在部分媒体或者社会公众，就其掌握的信息形成自己对案件的意见并向外传播，进而形成一种舆论导向，迫使法院朝着某一个方向进行裁判，对司法公正造成破坏，甚至导致社会群体分裂。不少传播媒体未能担当起社会黏合剂的角色来聚合社会共识，却常常企图塑造民意，进而对司法审判产生干扰，削弱了司法权威。[1]长期以来，舆论审判是一种客观存在的现象。比如前些年著名的"南京彭宇案"，在案件审理过程中，一方当事人利用媒体营造"助人为乐反被诬"的舆论，给法院依法裁判施加极大影响，该案最后调解结案，仍导致"老人摔倒扶不扶"的巨大社会争议，直至多年之后法院披露"彭宇确实撞了人"的案件真相，这一舆论导向才有所变化。在信息化条件下，类似负面效应会被放大，因此值得特别关注。

（一）信息化条件下的舆论审判呈现新特点

信息时代，每一个新闻事件都可能在互联网上以极快的速度传播，并形成社会关注焦点。在传统的社会形态当中信息传播和社会变动是两种完全不同的能量结构，它们之间的能量互换需要复杂的因果过渡，是需要时间的，而今天在互联网信息环境中，这种能量转换瞬间完成。[2]互联网传播的巨大效能，大大加快了信息公开的速度。对突发事件舆情应对，从过去传统的"黄金24小时"发布原则，到后来的"黄金4小时"法则，再到如今的"1小时公开"原则，其背后的理念转变都与网络新媒体密切相关。[3]法院对"焦点案件"应对不及时、不妥当，将可能给网络谣言创造土壤。美国社会心理学家奥尔波特和波斯特曼曾给谣言制定了一个公式：谣言＝（事件的）重要性×（事件的）模糊性，事件越重要而且越模糊，谣言产生的效应也就越大。因此，舆论"发酵"快是信息时代的突出问题。勒庞讲"群体只知道简单而极端的感情，提供给他们的各种意见、想法和信念，他们或者全盘接受，或者一概拒绝，将其视为真理或绝对谬论"。[4]这种群体无意识和"跟风"效应，在网络空间中也将进一步放大，如果不能正视这些变化，将难以做出有效应对。

（二）网络司法公开与舆论审判是两面关系

一方面是消解舆论审判。舆论审判的其中一个原因是公众不了解案件事实真相，无法获得官方发布的案件信息，只能依靠道听途说去收集信息和推测结论。在案件信

---

〔1〕 陈柏峰："法治热点案件讨论中的传媒角色——以'药家鑫案'为例"，载《法商研究》2011年第4期。

〔2〕 高钢："互联网时代公共信息传播的理念转型"，载《当代传播》2014年第2期。

〔3〕 张志安、罗雪圆："中国互联网20年与新闻发布变迁"，载《新闻与写作》2014年第6期。

〔4〕 ［法］古斯塔夫·勒庞：《乌合之众：大众心理研究》，冯克利译，广西师范大学出版社2007年版，第69页。

息依法、及时公开后，可以达到"以正视听"的效果，防止形成错误的舆论导向。另一方面是加剧舆论审判。在案件本身事实不够清楚、法律规定不够详尽或者涉及多个价值冲突需要做出抉择的情况下，社会公众获得的案件信息越多，越容易想当然地形成自己的"判断"，所谓别有用心的"炒作者"也可以"有根有据"地去炮制自己的观点，加上一些宜受炒作者操纵的"不明真相的群众"，很容易形成负面舆论导向。同时，一些媒体也未能发挥自身作用，甚至企图塑造民意，进而对司法审判产生干扰，削弱了司法权威。整体来看，网络司法公开与舆论审判的两面关系始终存在，负面效应不可能完全消除，但司法公开使公众更全面了解了案件信息，使恶意炒作者缺少了发挥空间，更大程度上是遏制或者说减少了舆论审判。

（三）网络司法公开与舆论良性关系的构建

在司法公开与舆论审判之间，努力的方向是尽量减少负面作用，着力扩大正面作用，将两者关系坐标最大程度固定在正面作用一侧。总的原则应当是坚持"以公开为原则，以不公开为例外"，能公开的尽量公开，同时高度重视舆情监测、舆论导向预判和及时有效处置，否则，舆论审判的负面作用将占上风。有的学者建议，要通过制度安排和行业自律，切实平衡法院与媒体间的关系，界定司法裁判与媒体报道的分野，给予法院应对舆论挑战的资源，尽力减少媒体炒作干扰司法的空间。[1]在当前法院的工作分工中，舆情问题既是案件合议庭的职责，也是内部新闻宣传部门的职责。法院已对涉法网络舆情应对处置建立"三同步"工作机制（即做到依法处置、舆论引导、社会面管控"三同步"），产生了积极的效果。在与媒体的关系上，应当立法规定媒体只允许客观中立报道，不应有倾向性的意见，以此将新闻的交给新闻，将法院的留给法院。在信息化时代，舆论"热点"案件仍然层出不穷，这是无法避免的客观现象。法院只有做到依法、及时、合理、有效处理，网络司法公开与舆论良性关系才会真正构建起来。

三、司法公开与网络信息安全问题

习近平总书记在2018年全国网络安全和信息化工作会议上指出，"没有网络安全就没有国家安全，就没有经济社会稳定运行，广大人民群众利益也难以得到保障"。信息安全的重要性与日俱增，成为世界各国面临的共同挑战。在国家对互联网战略的规划中，网络安全已经成为一个独立部分。最高人民法院制定《人民法院信息安全保障总体建设方案》，为信息安全建设提供了宏观指引，法院专网、互联网基础网络、重要应用系统等安全保护三级备案、测评，加强网络间数据安全交换。但影响系统正常运行和司法工作连续性的因素有很多，如物理安全、网络安全、系统安全、应用安全、数据安全等。在司法公开领域，同样面临着技术安全、信息安全问题。

---

〔1〕 王涛："英国普通法中的司法公开制度"，载《法律适用》2015年第1期。

（一）信息安全是一个永恒问题

安全问题，在信息时代无法回避，计算机病毒、网络攻击、垃圾邮件、系统漏洞、网络窃密、虚假有害信息和网络违法犯罪等问题日渐突出。党政机关包括法院的网站是网络攻击的重点，在司法领域黑客攻击等问题无一例外地存在，并且每时每刻都在出现，如果应对不力，将对信息化时代司法公开造成严重影响。在未来的电子法院场景下，除当事人诉讼信息安全外，电子支付、电子证据、电子卷宗、云服务中心的安全，是更加重要和困难的问题。

（二）信息安全的风险点及危害

一是信息技术硬件安全，包括信息公开平台的安全，可能因网络攻击而瘫痪，可能因自身水、火灾害而受损，失去应有的服务的功能。二是网络平台软件安全，司法公开平台被劫持，无法完成发布或者更新。三是具体信息内容安全，司法公开的内容可能在未经察觉情况下被删除或篡改，给信息使用者传导了错误信息。四是内网安全，法院办案办公内网信息可以"一键"发布到互联网上，内外网没有完全的物理隔离，攻击者可能通过网络公开程序深入到内网系统，窃取有关案件保密信息，从内部危害公正裁判。五是当事人身份盗用问题。在互联网法院虚拟环境中，存在当事人身份被盗用而形成的虚假诉讼等风险。对当事人而言，系统是否安全主要与其隐私的保护密切相关，信息化中面临如何避免泄露当事人隐私的难题。[1]在电子法院虚拟环境中，当事人身份被盗用而形成的虚假诉讼等风险也存在。

（三）信息安全问题预防和解决

信息安全问题预防和解决是一个系统工程。司法公开作为信息化的一部分，首先应当要树立正确的网络安全观，放在整体安全体系中进行设计和预防；其次，应当根据司法公开各个系统的特点，制定个性化的政策。加强信息安全的重点，主要在于应在硬件上进行足够数量的容灾备份，在软件上着重加强防攻击性，在内容上及时检查确认正确版本。在电子法院安全方面，学者们提出很多建议，比如在电子诉讼中广泛使用数字签名技术。[2]在送达文书工作中，确定分级安全标准，比如，《德国民事诉讼法》规定了在送达传票时，普通的电子签名即可；在送达文件时应当要求加重的电子签名。[3]

第四节　结束语：智慧法院时代司法公开的前景展望

数字化生存是未来人类的生存方式，智慧法院是未来法院的主要形式，电子诉讼是未来诉讼的典型模式。2016年7月27日，《国家信息化发展战略纲要》提出建设

---

〔1〕 李林、田禾主编：《中国法院信息化发展报告 No. 2（2018）》，社会科学文献出版社2018年版，第25页。

〔2〕 参见王福华："电子法院：由内部到外部的构建"，载《当代法学》2016年第5期。

〔3〕 ［德］罗森贝克、施瓦布、戈特瓦尔德：《德国民事诉讼法》（上），李大雪译，中国法制出版社2007年版，第74页。

"智慧法院"。2017 年 7 月 20 日，国务院发布《新一代人工智能发展规划》，提出促进人工智能在证据收集、案例分析、法律文书阅读与分析中的应用，实现法院审判体系和审判能力智能化。2017 年，最高人民法院智慧法院建设蓝图提出，"智慧法院是依托现代人工智能，围绕司法为民、公正司法，坚持司法规律、体制改革与技术变革融合，以高度信息化方式支持司法审判、诉讼服务和司法管理，实现全业务网上办理、全流程依法公开、全方位智能服务的人民法院组织、建设、运行和管理形态"。最高人民法院院长周强在第二十一次全国法院工作会议上提出，智慧法院建设包括"工具重塑""流程重塑"和"规则重塑"三项核心任务。[1]智慧法院将集合大数据、云计算、人工智能等各项最新技术，法院的运行模式和诉讼的架构将发生重大变化。在智慧法院建设过程中，司法公开如何与之匹配，司法公开的发展路径是什么值得关注。

一、智慧法院对应的诉讼模式是电子诉讼

"如果我们把资本和机械动能作为大航海时代以来全球近代化的推动力，那么数据将成为下一代技术革命和社会变革的核心动力。"[2]电子诉讼的概念，有学者做出列举式定义，将网上起诉、远程立案、网上庭审、远程作证和取证、诉讼文书网络短信送达、电子证据采信、庭审视频直播、判决网上公开等诉讼形式都列入电子诉讼范畴。[3]德国学者认为，电子司法是指在整个司法管理系统中应用信息与通信技术，包括互联网联络（例如信息安全、电子签名）、程序电子化（例如视频庭审）以及司法内部管理的电子化（例如电子案卷、电子档案）等内容。[4]韩国学者将电子诉讼描述为将 IT 技术的发展展现于法庭上的一种时代趋势。[5]我国有学者认为，以法院信息化建设为外在形式的内部电子法院构建，是外部电子法院的准备阶段，后者以诉讼公共服务为目标，以当事人为中心。[6]2017 年 8 月 18 日，全球首家真正意义上的互联网法院——中国杭州互联网法院正式揭牌，以"网上案件网上审、网上纠纷不落地"为目标，实现线上证据在线提取、线上纠纷快速审理，探索着涉互联网案件审理新模式。

二、司法公开与智慧法院发展保持同步进化

在智慧法院建设中，司法公开内容和形式持续升级，司法公开将实现同步进化。司法公开将与互联网、大数据、人工智能等信息技术更紧密结合，司法公开的主体、

---

〔1〕　参见王玲芳、蒋丽萍："新时代智慧法院'三个重塑'研讨会在京举行"，载《人民法院报》2018 年 4 月 11 日。

〔2〕　吴军：《智能时代：大数据与智能革命重新定义未来》，中信出版社 2016 年版，第 35 页。

〔3〕　参见刘敏："电子时代中国民事诉讼的变革"，载《人民司法》2011 年第 5 期。

〔4〕　Hoeren, Vision der E-Justiz, in; Technologies del″ information et de la communication（tic）au service de la justice au XXIe siècle, 2013, 123, 124, 转引自周翠："德国司法的电子应用方式改革"，载《环球法律评论》2016 年第 1 期。

〔5〕　参见杨建文："韩国民事电子诉讼制度的发展"，载《人民法院报》2013 年 5 月 3 日。

〔6〕　王福华："电子法院：由内部到外部的构建"，载《当代法学》2016 年第 5 期。

广度、深度和智慧程度将发生重大改变。一是司法公开信息主要可能由人变为机器，主要由法院电子诉讼系统自动生成和发布信息，纯粹由法官处理的工作将逐步减少。二是发布的平台将进一步整合，目前近十个司法公开平台并行的情况将不复存在，发布平台将实现一元化、集约化。三是发布的信息将更加精准、更加系统，比如裁判文书分类更加科学，更加便于查询，更好契合大数据分析的需要。

三、数字权益司法公开与保护的协调

智慧法院时代的司法公开同样面临诸多挑战，这些挑战之大甚至超过上一发展阶段的程度。原有的公开范围、发布主体、发布程序、申诉救济等问题仍然不同程度存在，而更突出的是当事人数据权益（Digital Rights）等新类型权利的界定和保护问题。应对的方案，仍然是在发展中解决发展问题，加强新的权利类型的研究，明确哪些应当依法公开，哪些属于隐私范围等，把握好数字权益保护的"度"，逐步实现充分而适当的公开，保持司法公开与智慧法院、智能审判的协调。

总之，信息化与司法公开的关系是一个交叉学科问题，两者历经了长时间的融合发展。其中，司法公开的目的和内容是根和源，信息化是重塑司法公开的工具和手段。司法公开在信息化时代实现嬗变，本质是人与人联结方式的变革，推动了司法公开在技术基础、表现形态、承载价值、诉讼原理等方面的演化发展，在动能来源、联接方式、聚合效应等方面实现迭代，在自身革新的同时催生了诉讼理念和司法制度的变革。司法公开在信息化时代已经实现了"程序边缘"向"程序内核"的转换，但这种蜕变还没有全部完成。在下一个科技发展周期，科学技术与司法公开将结合得更加紧密，这是历史发展的客观要求和必然趋势。

后 记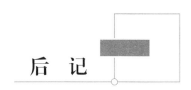

作为国家社会科学基金项目，本书以民事诉讼架构下的司法公开作为研究主题，立项申报和批准立项时的正式名称是《转型时期民事诉讼架构下的司法公开研究》（项目编号：14BFX060）。本课题自立项以来，有关课题组成员不辞辛劳、严肃认真、勤勉耕耘，最终圆满地完成了课题项目，奉献出了丰硕的研究成果。2019 年 8 月 27 日，本课题项目经全国哲学社会科学工作办公室审核已顺利通过结项。因时间关系以及有关课题组成员在掌握文献资料和认识问题上所存在的局限性所致，业已推出的研究成果当中难免存在某些不足或偏颇之处，对此我们诚恳期望有关专家、学者和社会各界人士不吝提赐宝贵意见和建议，以便我们在后续的研究中能够得以弥补和不断完善。

参与《转型时期民事诉讼架构下的司法公开研究》课题研究项目的各课题组成员基本分工如下：

杨小利（国家法官学院教授，国家法官学院执行学院学术负责人，法学博士后）：第一章；

阚道祥（北京市高级人民法院研究室干部，法学博士）：第二章；

窦淑霞（河北省高级人民法院三级高级法官，副庭长，法学博士）：第三章；

杨秀清（中国政法大学民商经济法学院副院长，教授，博士生导师）：第四章；

毕玉谦（中国政法大学教授，博士生导师）：第五章；

杨兵（北京市朝阳区人民法院审判委员会委员、民一庭庭长，北京市审判业务专家，法学博士）：第六章；

黄海涛（北京市第三中级人民法院民二庭副庭长、审判员，北京市审判业务专家，法学博士）：第七章；

郑慧媛（京东集团法律研究院总监，法学博士研究生）：第八章；

郭魏（最高人民法院知识产权法庭干部，法学博士研究生）：第九章。

全书最终由毕玉谦教授负责统稿、定稿。

最后，对于中国政法大学出版社第五编辑部丁春晖主任等在本书的编辑、出版过程中付出的辛勤劳动、做出的贡献，我们在此表示由衷的感谢。

作　者

2020 年 3 月